Bethulie ... onvoltooid

Trudie Venter

Bethulie ... onvoltooid

Posbus 138, Bethulie, 9992
Privaat uitgegee
Gedruk: CreateSpace an Amazon company

ISBN 978-1-727-43751-5
ISBN 978-0-620-81227-6

Buiteblad: Joubertstraat vanaf die kruising met Voortrekkerstraat. (Foto geneem in 1940 deur fotograwe van die Spoorweë, uit die versameling van *Transnet Heritage library*, verskaf deur Johannes Haarhof. Foto no 46910)
Titelblad: Hennie Steyn-brug met 2011 se vloed
Bo: foto vanaf Gert se berg op Bethulie en die ingang, met "Jesus is koning" klippe

VOORWOORD

Deur die jare is Bethulie se geskiedenis goed opgeteken: in Pellissier se omvattende werk, in die Eeufeesalbum, in die twee eeufeesalbums van die NG en Gereformeerde kerke, nog 'n latere geskrif van die 150 jaar van die NG Kerk, die Geskiedkundige dagboek wat deur Daan van Zyl opgestel is, 'n boek oor die konsentrasiekamp en een oor die ABO. Die herinneringe van mense wat neergeskryf is soos die Du Plooys is van onskatbare waarde. Intussen het 'n Nuusbrief vir die dorp inligting verskaf en in die laaste jare is dit die sosiale media wat stories en ervaringe uit die verlede opdiep en inligting deel.

Tog het skrywer gedink nog 'n boek is nodig. Uit haar kontak met besoekers aan die dorp, hetsy oud-Bethulianers, of diegene wie se voormense hier gewoon het, of diegene wat net nuuskierige en belangstellende vrae vra, het dit al duideliker geblyk dat hier baie meer inligting is, al is dit nou hoe 'n klein brokkie, wat ons dorp en omgewing interessant maak. En dit is nodig om dit te bewaar en oor te vertel. Die proses hou egter nie op nie, dit het skrywer ervaar in die byna agt jaar wat sy aantekeninge gemaak het en later begin vorm gee het aan 'n boek en daarom is die titel van die boek: *Bethulie... onvoltooid.* Dit laat die weg oop vir iemand om dit eendag weer te hersien.

Ek het soveel mense wat ek graag wil bedank:

Om mee te begin: ek was die verkeerde mens om die boek aan te durf, ek was 40 jaar van my lewe nie in die dorp nie en dit het 'n yslike leemte gelaat. Hier is ou families en 'n kollektiewe geheue wat die leemte moes vul soos Jacques van Rensburg, Kotie Pretorius, Simon du Plooy. Ander wat hul herinneringe gedeel het was Sydney Goodman, Kallie Kruger, Johan Kotze, Junior Jacobs, Marietha du Plessis, Denise Jacobs, Abrie Griesel, Dup du Plessis, David Frewen, Jacs Pretorius, Tertia van Heerden, Kobus Combrink, Piet du Plessis, Gerhardt Muller, Hannes le Roux, Ria Venter, Jossie du Plessis, Cecil Simon en ander. Baie dankie dat julle hier en daar 'n skat van jul herinneringe met my gedeel het. Ek besef daar is baie meer wat ek nie kon aanteken nie. Lynette Piek wat die aanvanklike vrae moes help antwoord en wat van haar aantekeninge aan my gegee het., Johan van Zyl, 'n oud-Bethulianer en werksaam by die Oorlogmuseum, wat my van die verrassendste brokkies inligting verskaf het.

Dan aan diegene wat vir my kosbare fotos verskaf het: Marius Fryer wat uit sy eie, sy pa, dr Fryer en sy broer, Boet, se versamelings fotos verskaf het. Johannes Haarhof het uit die fotoversameling van die Transnet Heritage Library, vir my ongeveer 80 unieke fotos van Bethulie gebring.

Dankie aan my vriende wat gehelp het met van die tegniese versorging: Pottie Potgieter vir die proeflees van die boek en Sean Frewen vir die hulp met die Amazon publiseringsproses.

Die aanbieding van die inligting was 'n groot uitdaging. Daarom is besluit om 'n paar breë temas te neem, dit in afsonderlike hoofstukke te plaas en die res in 'n alfabetiese orde aan te bied soos in 'n ensiklopdie. Daar is breë temas soos die Gariepdam wat vir afsonderlike hoofstukke gevra het. Maar dan is daar kleiner temas soos die waterstryd in die dorp wat dan inskrywings onder die alfabetiese deel van die boek onder WATER in beslag neem. Tog raak die Gariepdam die waterkwessie ook en daarom word kruisverwysings volop in die boek gebruik. Dit lei noodwendig daartoe dat van die inligting herhaal word. As die kruis- of skakelverwysings bloot aandui: kyk WATER is dit onder Hoofstuk 11 in die alfabetiese lys te vinde, andersins word daar na hoofstukke verwys, bv kyk HOOFSTUK 7: GARIEPDAM.

Gebruik van titels. Ek het net die voorletters (of naam) en van gebruik; wanneer dit nodig was om te onderskei is mnr, mej, mev gebruik en ook titels soos prof, ds, dr. Ek voel ongemaklik om mense op hulle name te noem wat ek as oom of tannie geken het, maar het tog besluit om die aanspreekvorm weg te laat.

Datums: die word in verskeie formate gebruik:
Die geboorte en sterfdatums word soos volg weergegee 20.3.1949
Ander datums in die teks word uitgeskryf 30 Maart 1949
In die bronverwysings word die datums soos volg gedoen
Notule en Facebook 13/3/1895
Tydskrifte, nuusbrief en koerante 13 Aug 1987

Dankie aan elkeen wat die boek gekoop het, dit is omdat die dorp op ons gegroei het en 'n invloed op ons gehad het, maar onthou dit is *Bethulie.... onvoltooid,* daar is steeds meer om te vertel en te onthou.
Trudie Venter.

INHOUDSOPGAWE

HOOFSTUK 11: ALFABETIESE AFDELING

HOOFSTUK 1

BOESMANS IN DIE BETHULIE-OMGEWING

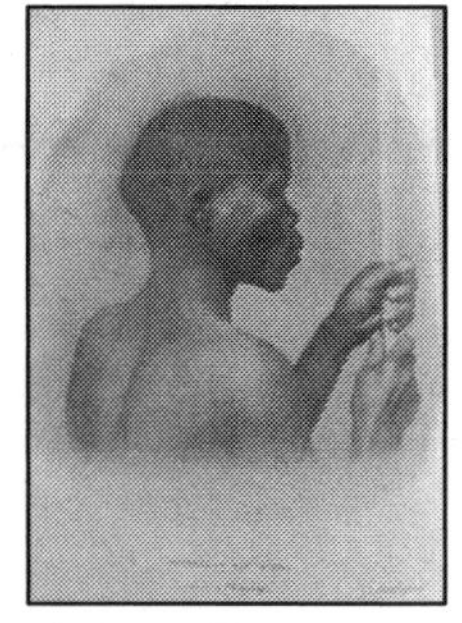

Die eerste en enigste inwoners van die omgewing tot aan die begin van die 19de eeu was die Boesmans. 'n Ryke nalatenskap van rotskuns en klipwerktuie word steeds aangetref. As gevolg van hulle teenwoordigheid in die omgewing is 'n sendelingstasie gestig wat later tot die stigting van Bethulie gelei het.

Skrywer is wel bewus daarvan dat die term *San* nou bo *Boesman* verkies word. Daar is egter besluit om die term *Boesman* te gebruik in die lig van die ou bronne wat aangehaal word. Die term *San* word gebruik vir die bevolkingsgroep wat hoofsaaklik 'n bestaan gemaak het uit jag en insamel van kos, hoewel hulle soms wel vee aangehou en geplant het na gelang van omstandighede; dit is die groep waarna in koloniale rekords en die sendelinge se korrespondensie as *Boesmans* verwys word (McDonald, 2009:375).

Wie was die Boesmans van die Bethulie-omgewing

In die *OFS magazine* van 1877 (soos aangehaal deur Pellissier 1956:191-4) verskyn daar 'n artikel onder die opskrif *A contribution from a Bushman;* die skrywer onder die skuilnaam HA, het die herinneringe van 'n Boesman wie se naam Kwa-ha was ('n kleiner hoof van die groep van die opperhoof) net so oorgedra. (Die skrywer, HA, meld in sy inleiding dat die ortografie of spelwyse van die woorde moontlik nie korrek is nie.) Kwa-ha vertel sy ma was 'n *"bushwoman"* en sy pa 'n *"Gonah Hottentot".* Hy is gebore in 'n grot aan die regterkant van die Caledonrivier, regoor Tweefontein. Hy was 'n jongman toe Clark (die eerste sendeling) hier gekom het, en nie getroud nie. Die opperhoof van die Boesmans was Owk'uru'ke'u. *"His kraal was a little lower down the Caledon than my kraal, and a little above where the Orange and Caledon join".* Sy hoofmanskap het gestrek vanaf Aasvoëlkop tot die samevloei van die twee riviere asook wes van die Caledon van Badfontein tot Bosjesspruit. *"He was a true Bushman, but a big man and fat".* Hy vertel dat hulle van die wortels van plante, vis en wild geleef het. *"There were hippopotami in the rivers and elephants in the kloofs and all sorts of game in the country".* Kinders is nie na hul vader vernoem nie, maar na die plek, soos 'n grot, rivier, bos of boom waar hulle gebore is. Hyself het vier kinders en almal is genoem na die plek wat verwys na wat nou Bethulie is, *K'ouk'oo (Tk'outk'oo).* Die oudste is dan *Tk'outk'ooTng'oi.* Hy het as jongman nie die woord Boesman geken as 'n beskrywing van hulle groep nie, hulle was *Kue* (as 'n enkeling) en in die meervoud *Kay.* Hy vertel hoe hulle hoof deur Lipiri se mense gedood is omdat hulle verkeerdelik daarvan beskuldig is dat hulle vee gesteel het. 'n Visuele beskrywing word gegee van dans deur vroue en 'n balspel van mans. Die bal is gemaak uit die dik nekvel van 'n seekoei.

Stow (1905:184-7) beskryf Owk'uru'ke'u as kort en stewig maar met 'n welige baard en lang snor, daarom dat hy Baardman genoem word. (kyk HOOFSTUK 8: BEROEMDES...). Sy volgelinge het dieselfde kenmerk en daarom word van hulle ook Baardman genoem. Die opperhoof, Owk'uru'ke'u, het later in die omgewing van die samevloei van die Riet- en Modderrivier gaan woon waar hy nog in 1860 gesien is toe sy seun, Baardman junior, hom saam met 'n boer gaan besoek het. Die jonger Baardman het in 1875 op 'n gevorderde ouderdom in Rouxville-distrik gesterf waar hy laas in diens van JC Chase op 'n plaas was.

Kwa-ha ('n kleiner kaptein) is deur Kolbe as Aerk geken. Kwa-ha het aan Orpen vertel dat hulle aan 'n opperwese glo met die naam van T'Koo ('Tikoe of T'Koe) wat goed was vir almal en daarom het hulle na hom as vader verwys, maar hy het nie daarvan gehou as hulle vleis mors nie, anders sal hy nie weer voorsien nie. Daar was ook 'n slegte gees T'ang (Kaang), waarvan hulle nie gehou het om van te praat nie (Stow, 1905:184,187).

Volgens Van der Merwe (1988:146-53) het die Boesmans in afsonderlike stamme geleef, elk met 'n eie naam en die lede daarvan het dieselfde taal gepraat. Daar was verskeie jagbendes, maar geen sentrale gesag wat die sake van 'n stam as geheel gereël het nie. Die jagbende was die politieke en maatskaplike eenheid van die Boesmans; die grootte van so 'n jagbende het gewissel, soms honderde bymekaar, soms net families. Omdat hulle onafhanklik opgetree het, was die sluit van verdrae met hulle amper onmoontlik.

Van presies watter taalgroep die Boesmans in die omgewing was, is nie duidelik nie; die feit dat groepe Boesmans onderskei was na aanleiding van hul taal, word bevestig: "*The Bushmen at Bethulie had links with those from Colesberg and Aliwal North areas. An interview with one of them in 1877 offers a rare piece of evidence concerning the lack of mutual intelligibility between certain neighbour !Kwi varieties. The man Kwea-ha said: I can speak Bushmen language well but I cannot understand the Bushmen of Rietrivier, their language is too double".* (OFS magazine,1877 soos aangehaal deur Pellissier 1956:191-4).

Net soos die verteller na hul hoof as *Owk'uru'ke'u* en na sy westerse naam, *Baardman* verwys, het ander skrywers met 'n variasie van spelling ook na *Bartman* of *Baartman* verwys.

Baardman se stamgebied het gestrek vanaf Bossiespruit aan die weste van die huidige Bethulie, in 'n lyn oor die latere Smithfield tot by Aasvogelberg (Zastron); daarvandaan langs die noordelike oewer van die Oranjerivier, insluitend 'n gedeelte van die Aliwal-Noord-distrik, weswaarts tot by die samevloei van die Oranje- en Caledonrivier; 'n gebied van ongeveer 160 x 80 vk km wat hulle in klein verspreide groepe bewoon het (Du Plooy, 1977:14).

Die eerste opgetekende verwysings

Klipwerktuie en rotskuns wat volop in die omgewing is, dui op die teenwoordigheid van die Boesmans van die laat steentydperk. Die wyer streek tussen wat nou bekend is as die Oranje- en Vaalrivier was bewoon deur Boesmans voor enige ander groep hulle hier kom vestig het; dit het ook betrekking op die suide en westelike deel van die huidige Vrystaat (Schoeman, 1993:139).

Kolonel RJ Gordon het in 1777 die omgewing besoek en een van sy doelstellings was om 'n einde te bring aan die konflik tussen die Boesmans of "*Bosjemans*" en die koloniste. (Kyk ook HOOFSTUK 2). Nadat hy die huidige Steynsburg-vallei verlaat het, het hy Boesmanjagters gewaar, hulle saans hoor sing en selfs van hul vangstrikke gesien, maar kon ongelukkig nooit met hulle kontak maak nie. Toe hy die Grootrivier op 23 Desember 1777 bereik en dit vernoem na die Huis van Oranje het hy onder andere 'n panorama laat skilder van die rivier; op die tekening is 'n nota aangebring waar die posisie van ses Boesmans opgemerk is ten noorde van die rivier. Hy dui die presiese plek op die panorama aan met 'n *(b)*. (kyk onder KUNSTENAARS...). Die res van sy aantekeninge verwys na Boesmans suid van die rivier; of daar enige verwantskap tussen die groep en die aan die noordekant van die rivier is, is nie bekend nie. Hy het amper verongeluk toe hy en sy perd in 'n seekoeivangput val wat deur die Boesmans gemaak is. Gordon en sy geselskap was ook die eerste om rotskuns van die omgewing aan te teken. Op 27 en 28 Desember 1777 skryf hy: "*waiting for the wagon by a stony hill where we saw many sleeping places of the Wild People. On the rocks there were some painting all of the same mettle..... Their sleeping places are like those of an animal: a pit three feet in diameter, seven inches deep in the middle rising towards the sides. There were some reeds in them and they each contain two people. There were stones on which they had rubbed their paints and on which they had smashed bones to eat the marrow; there were also burnt reeds from their fire, since there is no wood here. Where there is wood there are 3 or 4 branched sticks on which they hang their provisions. When they moved house, they take the mats with them, using them to cover one side of their hut. Found some pieces of that here and there."* (Cullinan,1992: 27, 48). Die omgewing waar Gordon op die stadium was, was naby die huidige Burgersdorp.

Verskeie ander besoekers het na die Boesmans van die omgewing verwys as die enigste ander mense wat hulle teëgekom het. In 1809 het kolonel Richard Collins die samevloei van die twee riviere bereik en 'n seekoei geskiet as kos vir die Boesmans. In 1819 en 1823 het GPN Coetsee, saam met Casper en Stephanus Kruger en ander burgers, in die omgewing kom jag en slegs groepies Boesmans teëgekom. In 1826 het die ontdekkingsreisiger, Hodgson, wat tot in die omgewing van die

Modderrivier gereis het, ook verklaar dat die gebied hoofsaaklik deur Boesmans bewoon word (Schoeman, 2003:14-18).

Sendingwerk onder die Boesmans

(Kyk ook HOOFSTUK 3: SENDELINGE).

Die Londonse Sendinggenootskap (LSG) onder leiding van dr John Philip, het vanaf 1814 met sendingwerk onder die Boesmans naby die Oranjerivier begin; die eerste stasies was Toornberg (1814) naby Colesberg en Hephzibah (1816). Die twee stasies sluit egter in 1817 en stasies noord van die Oranjerivier word by Ramah, (naby die huidige Hopetown), Konnah en Philippolis (1822) gevestig.

Die vestiging van sendingaktiwiteite onder die Boesmans het ook as beskerming van die noordelike grens van die Kaapkolonie gedien. Schoeman (2002:42) som dit so op: "*This was the beginning of an ambitious project on Philip's part by which a chain of mission stations, guarded by armed and mounted Griquas, was to be established to protect the indigenous tribes of the interior against white encroachment from the Cape Colony, and the Colony against possible incursions by Mzilikazi and other invaders from the north".* Pellissier (1956:190) lei ook uit die korrespondensie van Philip af dat die LSG se motiewe met die stigting van onder andere Boesmanskool, die latere Bethulie, en die vestiging van die Griekwas in Philippolis, eintlik die daarstelling van bufferstate was om die boere uit die Kaapkolonie te verhoed om hulle noord van die Oranjerivier te vestig. Toe die Boesmans nie daarvoor gebruik kon word nie, is ander groepe gebruik en die Boesmans aan hul lot oorgelaat.

Die sendingstasie of skoolplek vir die Boesmans op Philippolis is gestig op aanbeveling van A Faure, predikant van Graaff-Reinet, met Jan Goeyman, 'n "Hottentot"-bekeerling van die LSG, as prediker. Die stigting staan onder toesig van die LSG van Griekwastad. Die deel was nog dig bevolk deur die Boesmans. Aanvalle deur die Bergenaars en die Kora-bendes op die stasie het 'n onstabiele omgewing geskep en James Clark (kyk HOOFSTUK 8: BEROEMDES...) is op 25 Augustus 1825 as hoof van die stasie aangestel in die plek van Goeyman. Om die stasie te beskerm is Adam Kok, wat toe nog by die Rietrivier was, deur Clark in 1826 gevra om hom daar te kom vestig. Adam Kok het dit aangegryp en *"om onduidelike redes en op twyfelagtige gesag*" het Clark die nedersetting en die omliggende gebied aan hom oorgedra. Kort na die koms van die Griekwas het Clark vir John Melville versoek om hom te kom help as "*junior missionary*". Met die vestiging van die Griekwas is die Boesmans egter verdryf sodat Philippolis in 'n Griekwastasie ontwikkel.

Vroeg in 1827 het Clark tot die gevolgtrekking gekom dat die uitnodiging aan die Griekwas om hulle in die Philippolis-omgewing te vestig, 'n fout was en het hy daaraan begin dink om die "*Bushman station*", die latere Bethulie, te verplaas. Hierin is hy aktief ondersteun deur Stockenström, die landdros van Graaff-Reinet, en ook deur die LSG. Eerw Richard Miles wat in Philip se plek waarneem skryf in Junie 1827 aan die LSG *"... to do something efficiently to promote the welfare of this most abject and oppressed race, I requested mr Melville (sic) and Clark to take the earlies opportunity to explore that part of the country and fix upon the most eligble spot for commencing a new station".* James Clark en John Melville het Philippolis op 11 Desember 1827 verlaat en die Caledonrivier op die 14de bereik, 'n entjie bokant die samevloei met die Oranjerivier. Hier het drie Boesmans hulle besoek en aangedui dat hul kraal daar naby is, van hulle was bekend met die sendeling Van Lingen van Graaff-Reinet. By die kraal is ongeveer 20 Boesmans aangetref. Drie Boesmans het hulle vergesel toe hulle oor die Caledonrivier gaan om die gebied tussen die riviere te verken. Die volgende dag met hulle terugkeer het hulle 'n familie Boesmans gekry wat uit die Kaapkolonie weggeloop het. Nadat hulle deur Slikspruit is, het hulle weer die kraal besoek en saam met die Boesmans vis gevang. Vandaar is hulle na die plek wat hulle as 'n kloof beskryf het waar 'n sterk fontein aangetref is. Dit is die plek waar Bethulie se dorpsdam vandag is en die plek wat dan aanbeveel sou word vir die sendingstasie vir die Boesmans. Op 25 Desember 1827 berig Clark dat 'n plek gevind is naby die samevloei van die huidige Oranje- en Caledonrivier. (Dit is toevallig 50 jaar nadat Gordon sy panorama van die omgewing geskets het en die woonplek van Boesmans hier aangedui het). Hier was genoeg water, vis, hout en moontlikhede vir landbou. Hulle het ook in hul verslag dit duidelik gestel dat die grens met die Griekwa-gebied duidelik afgebaken moet word en het na die westelike grens se "*Table Hill*" (nou Krugerskop) verwys (Pellissier, 1956:170-2).

Nadat die gebied deur Stockenström aan die LSG oorgedra is vir 'n sendingstasie stig Clark in Mei 1828 hierdie stasie wat as "*Bushman station*" of "*Bushman school*" bekend staan, maar waarna ook as "*Caledon River Institution*" verwys is (Schoeman, 1993:132-52). Clark het die verantwoordelikheid van Philippolis, waar toe hoofsaaklik Griekwas was, aan Melville oorgedra en het self hierheen gekom om die nuwe stasie vir die Boesmans te stig. Met die stigting van die nuwe stasie het Philippolis dus opgehou om 'n stasie vir die Boesmans te wees. Hier by Boesmanskool, het GA Kolbe vir Clark as assistent bygestaan. Die Boesmans van die omgewing het na 'n paar dae na die sendelinge gekom en die sendelinge begin help om tydelike huisvesting te bou. Ongeveer 'n veertigtal Boesmans wat Clark voorheen in Philippolis hoor preek het, het ook hier by hulle aangesluit. Teen Desember 1828 skryf Clark en Kolbe aan die LSG dat daar ongeveer 100 volwasse Boesmans is wat die kerkdienste gedurende Junie tot Augustus bywoon, maar as gevolg van die droogte en sprinkane wat die tuine verwoes het, het die Boesmans gekom en gegaan in hulle soeke na kos en was daar teen Desember 50 volwassenes op die stasie.

Die stasie het stadig gegroei; teen 1830 het die amptelike opgaaf getoon dat hier 'n kerkgebou, vier huise, ses hutte en vyf tydelike hutte was en dat daar 50 volwasse Boesmans was wat 120 skape en 12 melkkoeie besit het. Hier is ook aartappels, koring, bone, pampoen en tabak geplant. Teen 1831 het probleme in Philippolis die LSG genoodsaak om Kolbe soontoe te stuur om Melville te vervang. Clark is nou bygestaan deur twee "*Colonial Bastards*" waarskynlik Andries en Mauritz Pretorius. Teen November 1832 skryf Clark dat twee Boesmans tot bekering gekom het: "*I have the satisfaction to inform you that two of the Bushmen of this Station, by their pious and consistant conduct, give evidence ot their conversion to God...*". Hy rapporteer ook die vordering met leeslesse onder volwassenes en kinders. Op 23 April 1833, wat sy laaste brief van hieraf sou wees, skryf hy onder andere *: "very considerable provocation and temptation has been given this last year to the Bushmen (by some of the farmers in this neighbourhood) to commence their old habits of plundering, but they have uniformly resisted and having steadily persued the ways of peace*". Hy skryf ook hoe die droogte hulle beïnvloed het en dat die gewone getal van 60 volwassenes op die stasie woon, waarvan 10 volwassenes en 20 kinders skoolgaan (Pellissier, 1956:180-7; Schoeman, 1993:132-52). Philip het egter gemeen dat die sendingwerk onder die Boesmans nie geslaagd was nie en het die stasie uiteindelik aan die Paryse Evangeliese Sendinggenootskap (PESG) oorgedra vir sendingwerk onder die Tlhaping. Teen 20 Junie 1833 het Philip as gevolg van 'n gebrek aan fondse aanbeveel dat die sendingskool sluit. "*This mission as far as the Bushmen in that country are concerned has never answered our expectations*". Dit is uit die korrespondensie duidelik dat Philip die aangeleentheid met Clark op 'n onverkwiklike wyse hanteer het; hy beveel onder andere aan dat Clark afgedank moet word. Hoe die sake tussen die twee sendelinge hanteer is, is nie duidelik nie, maar teen 2 Julie 1833 nadat Clark aangesê is om die stasie te verlaat, het Pellissier hier aangekom en die stasie in 'n swak toestand gevind; in totaal was daar ongeveer 50 Boesmans, wat binne 'n week verminder het na 10, toe reeds merk hy op "*dit is onmoontlik om iets goeds met die Boesmans uit te rig*". Dus het die Boesmans nie deel gevorm van Philip of Pellissier se planne nie en die Tlhaping is op Boesmanskool gevestig. Teen 11 Oktober 1833 het kaptein Armstrong van die Oosgrens Boesmanskool besoek en geskryf dat die Boesmans die plek verlaat het. Met die oordrag van die stasie is die Boesmans van die omgewing, asook die restante van die Boesmans-stamme in die Transoranje, deur Philip, die LSG en hulle opvolgers eenvoudig aan hulle lot oorgelaat. 'n Aantal het tog nog hier by Boesmanskool 'n heenkome probeer vind en in 1837 skryf Richard Giddy, 'n Wesleyaanse sendeling op besoek, dat hier 'n paar Boesmans op die stasie is, maar hy maak baie neerhalende opmerkings oor hulle. Clark, wat op daardie stadium in Katrivier was, het oor die Boesmans besorg gebly en in 1849 het hy 'n brief aan JJ Freeman van die LSG wat Suid- Afrika besoek het, geskryf en sy kommer oor hulle lot uitgespreek. Binne 20 jaar het die Boesmans as 'n selfstandige bevolkingsgroep uit die Vrystaat verdwyn (Schoeman, 1994:94-97).

In 'n insiggewende artikel *Encounters at Bushman station* van McDonald (2009:372-388) beskryf hy die reaksie wat die sendingprojek op die Boesmans van die stasie gehad het. Die stigting van die stasie was die finale poging van die LSG vir sendingwerk onder die Boesmans. McDonald wys daarop dat die reaksies kompleks was en dat nuwe insigte gevorm moet word *"to dispel a historical perceptions of the San that continue to dominate"*. Om die Boesmans te kersten, het ook kulturele aanpassings ingesluit wat op spirituele en materiële gebiede gestalte gevind het. Op spirituele gebied het dit geblyk asof dit vir hulle maklik was om nuwe idees binne hulle bestaande vloeibare geloofsraamwerk te assimileer, wat dit vir die sendelinge met hulle monoteïstiese leer moeilik gemaak het. Faktore wat op materiële gebied 'n rol gespeel het, was die vervreemding van hul grond, waterbronne en geweld deur en op hulle. In 'n mate het die sendingstasie vir hulle beskerming en 'n bron van oorlewing geword. Die feit dat hulle hulle tradisionele jag en versamelpraktyke gekombineer het met plant en veeboerdery het op aanpassings in hul sosiale en kulturele lewenswyse gedui; op so 'n wyse het hulle tog van hul onafhanklikheid behou, soveel so dat hulle verkies het om 'n 'n goeie reënseisoen die stasie en die "werk" te verlaat om te gaan jag. Dit was nie die LSG se idee van 'n "model sendingstasie" nie waar geletterdheid, arbeid, westerse kleredrag en wonings die kenmerke van 'n Christelike leefstyl was. Maar Clark het in 'n mate begrip vir die nomadies, onafhanklike lewenstyl gehad in teenstelling met Philip en sy "beskawingsprojek". *"However, more than any other respresentative of the LMS, Clark achieved a clear response from the San. His personal popularity with the residence was attested to when the mission was abandoned... his syncretistic approach was bound to cause consternation to the superintendent of the LMS under increasing pressure to conform to settler expectations..."*. McDonald het met die artikel bewys dat daar nie 'n homogene groep Boesmans was wat almal eenders reageer het op die sendelinge, trekboere en ander uitdagings nie. *"Clark's administration of the mission station points to the multifaceted nature of the broader mission project....Rather than being the inevitable victims of the colonial juggernaut, or the hapless laity of zealous missionaries, certain numbers of San sought alternative ways to respond to the social, cultural and economic crises in which they found themselves....adaptation over time and the possibilities of cultural and economic fluidity are more akin descriptions of San responses to the advancing Cape frontier. The missionary encounter at Bushmen Station... stands in sharp contrast to the dominant static image of the San and their eventual demise as an independent people throuthout most modern South Africa by the close of the century"*.

<u>Die Boesmans se kontak met die trekboere, Griekwas en swart bevolkingsgroepe.</u>

Gedurende September 1824 het die Oranjerivier die noordelike grens van die Kaapkolonie geword en in 1825 gedurende 'n groot droogte het Stockenström die boere toegelaat om tydelik oor die Oranjerivier te gaan vir weiding. Die pogings om die grens te handhaaf het ook die welsyn van die Boesmans ingesluit. "*another (if not a more weighty) argument for checking the crossing of the Boundary as is now taking place, is the necessity and justice of leaving the open tract of country lining our northern frontiers to the free enjoyment of that unfortunate race, the Bosjemen. I am sure that the liberal policy of the Government.... will embrace the employing of every expedient to improve the state of that wretched people and atoning in some measure for what they have in earlier days suffered from the Colony"*. Indien die boere toenemend oor die grens gaan en hulself daar vestig, sal die lewensbronne van die inwoners aldaar so versteur en vernietig word dat hulle al meer en meer sal plunder en sodoende sal die kommando's as selfverdedigingsmeganismes aan die lewe gehou moet word.

Philippolis wat as sendingstasie vir die Boesmans gestig is en waar die gronde in 1826 deur Clark aan die Griekwas gegee is met die oog op die beskerming van die Boesmans, het ophou bestaan as plek van die Boesmans as gevolg van die verdrukking van die Boesmans deur die Griekwas, net soveel soos deur ander groepe soos die Korana en Bergenaars (Schoeman, 2002:58-62). Op die nuwe stasie, Boesmanskool (later Bethulie) het die sending onder die Boesmans slegs tot 1833 geduur. Intussen is Toornberg se Boesmans ook al hoe meer verdryf onder andere deur trekboere; in 1825 is die sendinggrond oorgemaak aan die regering en die kerkdorp Colesberg is gestig. Die vernaamste faktor vir die sluiting van die Boesman-sending was die instroming van wit jagters en trekboere. Reeds in 1830 skryf Clark "*large numbers of farmers with their cattle cross over the Colonial boundry into Bushman Country. It is impossible to calculate the exact total number, because at all the several fords they are continually passing their wagons.... Each farmer brings nearly his whole stock of cattle with, including often the herds of one or two friends who have remained at home...*". (Pellissier, 1956:181).

Pellissier (1956:191-2) haal 'n artikel of brief aan wat in *The OFS monthly magazine* van Augustus 1879 verskyn. Hy wys daarop dat die skrywer se datums waarskynlik nie korrek is nie, want Clark wat vanaf Mei 1828 noukeurig verslag doen, verwys nie na die insidente nie. Dus kon die insident wat die skrywer beweer in 1829 plaasgevind het, waarskynlik plaasgevind het voor Clark se koms. Dit is duidelik dat die skrywer al 'n tyd in die omgewing was. Hy vertel hoe Sir Andries Stockenström, landdros van Graaff-Reinet, saam met kmdt Tjaart van der Walt, kmdt Gideon Joubert, veldkornet Piet Aucamp en ander in die omgewing aankom. Piet Aucamp tree as tolk op. Die kaptein op die stasie was Baartman. Die doel van die besoek was om die Boesmans se toestemming te verkry dat boere uit die Kaapkolonie in die winter oor die Oranjerivier trek en die veld tussen die Oranje- en Rietrivier vir weiding gebruik; Adam Kok het blykbaar reeds daartoe ingestem. In ruil daarvoor sou die Boesmans tussen 300 en 400 beeste en 2,000 skape en bokke kry. Die volgende jaar toe die boere hierheen kom vir weiding word daar egter van hul vee gesteel. Daarop het ongeveer 30-35 gewapende mans die Boesmans aangeval, ongeveer op die plek waar Pellissier se tweede kerk later sou staan. (Dit is agter die huis waar die Rooms-Katolieke woning was). Hoeveel daar gesneuwel het, is nie aan die briefskrywer bekend nie. Volgens Schoeman (2003:23-29) het Stockenström die gebied in 1824 en 1825 besoek - kon dit die geleentheid wees wat die briefskrywer onthou?

Probleme tussen trekboere wie se vee die natuurlike kos en wild van die Boesmans vernietig en die Boesmans wat vee steel het tragiese gevolge gehad. So is daar onder andere 'n Boesman met die naam Flink deur trekboere uit Graaff-Reinet doodgeskiet; hieroor het Clark en Kolbe in Desember 1829 aan die landdros op Graaff-Reinet geskryf (Pellissier, 1956:178). Du Plooy (1977:14) skryf: *"Rooftogte vanuit hulle (die Boesmans) se skuilplekke was 'n alledaagse gebeurtenis. Hy vertel hoedat die Boesmans gedurende die nag die beeste vanaf die plaas Truitjesfontein, wat tussen die riviere geleë was, weggejaag het. Hulle is die anderdag deur 'n strafekspedisie agtervolg en byna 30 km verder ingehaal. Toe die Boesmans merk dat hulle in gevaar is, het hulle die beeste se hakskeensenings afgekap en die berg ingevlug. Uit vrees vir gifpyle moes die agtervolging gestaak word en die Boesmans het met 'n ryk buit weggekom"*.

Van die laaste Boesmans in die omgewing het in 'n geveg gesneuwel volgens Simon du Plooy (1982:2) " '*n Groepie Boesmans wat in die omgewing van Bethulie gewoon het, het op 'n dag deur die Grootrivier gegaan en in die Kaapkolonie die beeste van Dirk Coetzee van die plaas Langfontein gesteel. Daar kon nie gewag word nie en dadelik het Dirk sy bure ingelig oor wat gebeur het en hulle hulp ingeroep. Die veldkornet in die wyk waar Dirk gewoon het, was Gert Kruger. Die Boere het die spoor van die beeste gevat. Hulle is deur die Grootrivier gejaag en was êrens in die omgewing waar die Caledon in die Oranje uitmond. Hulle koers was weswaarts. Voordat hulle egter Spitskop met die beeste kon bereik, het hulle agtervolgers hulle begin inhaal. Oudergewoonte het hulle die beeste se hakskeensenings afgesny. Die boere was woedend. Intussen het die Boesmans Spitskop bereik en daar op die neuspunt van die suidekant stelling ingeneem om die boere in te wag. Die boere wat geweet het hoe gevaarlik die Boesman met sy gifpyle is, het 'n paar man om die kop gestuur om hulle van die noordekant af bo van die kop af by te kom. Die slag is gou gelewer en al die Boesmans is doodgeskiet. Dit was omtrent die laaste konfrontasie wat die boere met die Boesmans daar gehad het... Die enkelinge wat nog oorgebly het, het later by een of ander boer 'n tuiste gaan soek. So het Kiewiet by Simon du Plooy op Truitjiesfontein gewerk. Gereeld het hy verdwyn en dan hoor mens maar weer dat daar iewers 'n skaap geslag is... tog het Kiewiet later weggegaan en nooit teruggekom nie... Die laaste Boesmans wat tussen die riviere bekend was, was twee vroue wat op Brakfontein naby die woonhuis in 'n holkrans gebly het. Die een was Deelja (Deliah?) en die nader een was miskien Griet. In*

1870-1880 toe die twee vroue al oud was, en nie meer wild kon vang nie, het die blanke kinders vir hulle kos weggebring. In ruil daarvoor het die twee vroue dan vir die kinders skoongemaakte, gebraaide uintjies gegee... Hulle grafte is tot vandag nog te sien".

Van der Merwe (1988:146-53; 261, 271, 278) gee die volgende vertolking: Hulle ekonomiese omstandighede het van die veld afgehang en daartoe gelei dat hulle chronies in 'n noodtoestand verkeer het en daartoe gedwing was om eers van hulle swart bure en later van die veeboere te steel. Pogings om die Boesmans in vrede toe hou deur die uitdeling van vee het weinig gehelp, dit het net tydelike oplossings gebied of hulle afhanklik gemaak van die boere. Die hele segregasie beleid van die Engelse regering het dus nie geslaag nie. Stockenström wou die Boesmans teen onder andere die Koranas beskerm en wou 'n stuk grond noord van die Gariep vir hulle vry hou, dis is nadat hy besef het dis onmoontlik om die trekboere uit die Transgariep te hou. Hy het nie die Griekwas se okkupasie verhinder nie want hy het gehoop hulle sou die Boesmans beskerm, dit was juis toe hulle wat die groter rusverstoorders word en die Boesmans soos wilde diere doodgeskiet het. Trekboere in Transoranje het nooit probeer om die Boesmans van hulle grond te verdryf nie. Hulle het hulle bevriend deur selfs vir hulle te jag en van hul vee te gee. Veldkornet van der Walt gee in Julie 1829 kennis van 'n ooreenkoms wat hy met die Boesmans langs die Rietrivier gesluit het, waarheen die tydens droogtes getrek het. Daarvolgens het die Boesmans 'n stuk grond van ongeveer 49 myl lank en 12 myl breed aan die boere verruil vir 3,000 stuks kleinvee en 100 beeste. Die Boesmans sou toegelaat word om daar twee fonteine te behou, en hulle sou die eerste drie jaar onder die boere woon en die sou hulle leer om met vee te boer en die grond te bewerk. Teen 1830 was die Griekwas en die trekboere in 'n stryd oor die land in die Transoranje. Die Koloniale regering was nie bereid om op so 'n besliste manier in te gryp om sodoende die Boesmans in die besit van hulle grond te beskerm nie; al wat die regering gedoen het was om sy invloed te gebruik om te belet dat die Griekwa en trekboere veg oor wat aan geen van beide partye behoort nie, maar wat die Boesmans te swak was om te behou.

'n Boesman vanuit Bethulie-distrik wat in twee romans verewig is, is Klein-Snel. Beide die kleinseun en kleindogter van die sendeling, Pellissier, skryf oor hom; Mabel M Jansen in *Sommerso* en SH Pellissier *in Die kaskenades van Adriaan Roux en die kordaatstukke van Klein Snel.* (Kyk ook SKRYWERS).

Klein-Snel op sy oudag foto uit Pellissier (1960).

<u>Rotskuns deur Boesmans in die omgewing</u>

Gordon was in 1777 die eerste om rotskuns in die omgewing, maar suid van die Oranjerivier, aan te teken; hy het nie baie beïndruk geklink nie; "*On the rocks there were some painting all of the same mettle...*".

Min het Gordon geweet dat die San hom ook geskilder het.(Willcox, 1968)

Die omgewing is ryk aan rotskuns en volgens die Nasionale Museum in Bloemfontein se Rotskuns Departement is daar sewe plekke Tussen-die-Riviere, en nege plase in die distrik waar rotstekeninge aangetref word. Die plekke is holtes in kranse, grotte en oorhange en waterval-oorhange. Die onderwerpe sluit in die reëndier, mense figure, onder andere wit en rooi mensfigure, skape, eland en ander bokke, *therianthropes,* leeus, luiperd, vreemde diere soos 'n wit en swart gestreepte koei-agtige dier, ens. Verder kom ook lyne, "*grids*" en kolletjies voor en in een grot ook "*vingertekeninge*". Water het deur die jare baie van die tekeninge beskadig, en weerlig het ook een van die oorhange beskadig. Die tekeninge is nie toeganklik nie en volgens Wet kan dit ook net besoek word nadat toestemming verkry is.

Boesmanskuns dui op fyn waarneming: Rotsskilderye kan as vorm van versetkuns beskou word, sê kenner (deur Charles Smith)

"DAAR was wel nie koerante en fotograwe toe die eerste Boere die Oranjerivier meer as 160 jaar gelede oorgesteek het nie, maar hulle is nogtans deur fyn meesters waargeneem en hul bewegings, houding en kleredrag is in skilderye teen die rotse aangeteken. Boesmans-rotskuns wat gevegte met koloniste van destyds uitbeeld, is redelik algemeen. Skilderye wat die nuwe intrekkers in die Boesmans se jagvelde in duidelike besonderhede teen die rotswande skets, is egter nie baie algemeen onder die nageslag van die Boere bekend nie.

Só 'n rotsskildery is in die omgewing van Bethulie, waar die Boer en Boervrou so goed geskilder is dat dit met die eerste oogopslag ietwat onwerklik lyk. Die stokkiesfigure waarmee die !Xam-skilders hulself gewoonlik voorgestel het, maak hier plek vir 'n byna realistiese tekening. Die Boer is kompleet met sy slaprandhoed en stewels en die Boervrou met haar kappie en gestreepte sisrok tussen 'n bok en volstruis uitgebeeld.

Hierde rotsskildery is in die jare veertig deur die skilder Walter Battiss afgeteken en word nou in die Museum Afrika in Johannesburg se rotskunsversameling uitgestal.

Die artikel sluit ook 'n aftekening van 'n boer en boervrou in - waarskynlik van die eerste boere-intrekkers in die suid-Vrystaat wat deur die Boesmans geteken is". (Volksblad, 7 Jan 2005).

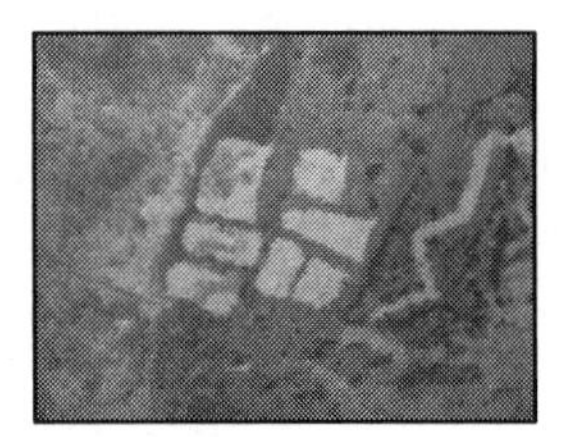

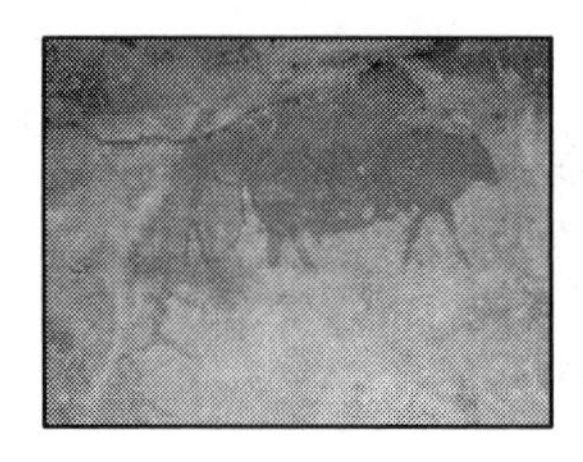

Fotos geneem by Aasvoëlkop, Tussen-die Riviere

Boesmanwerktuie in die omgewing

In die dorp, selfs in die strate wat nou so verspoel is, word steeds oorblyfsels van werktuie aangetref wat geidentifiseer kan word met die Smithfield-artefakte soos hieronder beskryf. Dit is egter veral naby die dorpsdam wat die werktuie volop is, en sommige plekke meer gekonsentreerd. Skrywer het nie ervaring van hoeveel en waar in die distrik werktuie nog te vinde is nie.

Smithfield se naam verewig in argeologie

Bewyse dat Boesmans reeds in die laat steentydperk in die omgewing was, is volop. Smithfield het egter die eer dat sekere artefakte of klipwerktuie die naam van die dorp dra. In 1877 het die geoloog George Stow met opgrawings in 'n grot in die distrik op 'n groot verskeidenheid werktuie afgekom wat dateer van 1800-2000 jaar gelede; met sekerheid is vasgestel dat aktiwiteite in die grot nog plaasgevind het met die koms van die eerste Europeërs. Die meeste werktuie is skrapers, stampers en slypers van klip en been, volstruiseiers vir die stoor van water en erdewerk en selfs glas is gevind. Terminologie in argeologie het in 1926 verander en dit is toe dat die naam *Smithfield* aan die artefakte met die besondere kenmerke toegeken is en dit deel van naslaanwerke in die argeologie geraak net. Hierdie industrie is uitgebrei tot so ver soos Weenen waar daar na *Smithfield N en P* verwys word (Norman, 2013:140).

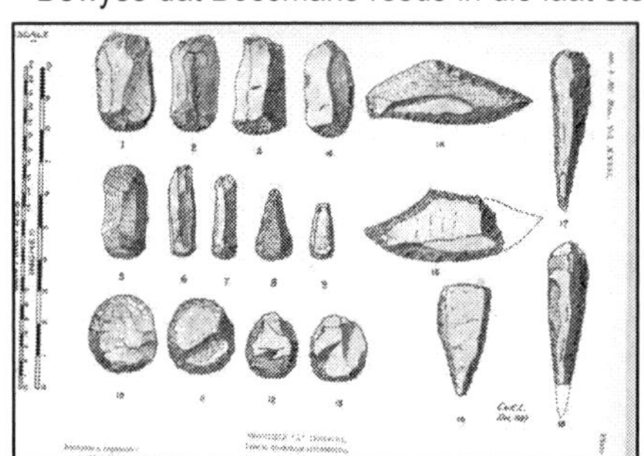

HOOFSTUK 2

VROEË BESOEKERS

Wat hier volg is hoofsaaklik 'n opsomming uit die boek van Karel Schoeman *Early white travellers in the Transgariep 1819-1840* wat in 2003 verskyn het; insetsels uit ander bronne word aangedui. Die beskrywings van individuele of groepe is sover moontlik chronologies gedoen.

Die eerste bewoners van die gebied tussen die huidige Oranje- en Vaalrivier was die Boesmans, wat vir eeue as nomadiese jagters hier 'n bestaan gemaak het. (Kyk HOOFSTUK 1: BOESMANS...). Die eerste Sotho-sprekende stamme het suidwaarts begin trek vanaf die binneland van Suider-Afrika, die Vaalrivier oorgesteek, versprei in die noordoos-Vrystaat en die Mohokarevallei (Caledon) teen ongeveer 1670 bereik. Gedurende die 17de eeu het Nguni-sprekers van anderkant die Qatlhambaberge (Drakensberge) in dieselfde omgewing begin vestig. Ook gedurende die 17de eeu het wit koloniste in die Kaap gevestig geraak en binne 'n paar geslagte het wit en Baster boere diep in die Kaapkolonie gevestig. So het die gebied tussen die Oranje- en die Vaalrivier, die Gariep of Garieb, in die middel van 18de bekend geraak. Die Laer Gariep het in die tyd bekend geraak onder Baster boere van Namakwaland wat gereeld vee laat wei het in die Transoranje en in kontak gekom het met inheemse Korana en Khoi boere wat in klein groepies langs die huidige Oranje-, Vaal- en Hartsrivier gewoon het; asook met die Tlhaping en ander Tswana-sprekers verder noord.

Jagters en verkenningsekspedisies soos Prinsloo en ander boere, uit die Kolonie was reeds so vroeg soos 1776 in die omgewing van Bethulie bedrywig. Forbes (1965:96) vertel van Sparrman wat moontlik teen Januarie 1776 op Willem Prinsloo se plaas, naby die huidige Somerset-Oos, gebly het en toe daar van gerugte van die Grootrivier gehoor het. Swellengrebel het die plaas in Oktober 1776 besoek en maak bekend dat 'n ekspedisie na die rivier gereël sal word. Presies wanneer dit plaasgevind het, kon skrywer nie vasstel nie. In 'n Deklarasie van 17 Januarie 1778 word egter gemeld dat Jochem Prinsloo met drie seuns van ou Willem Prinsloo en twee ander koloniste van die Groot Visrivier-omgewing die Grootrivier bereik het om olifante te skiet maar dat die rivier ondeurgaanbaar was. Die ekspedisie moes gedoen gewees het voor Gordon die rivier bereik het en dit is moontlik van die mense wat hy as gidse gebruik het.

Simon du Plooy (Brakfontein) vertel van vyf ongemerkte grafte op Brakfontein (naby Grootkop); hy maak die afleiding dat dit waarskynlik jagters was wat daar aangeval en vermoor is; die enigste mense wat daar naby gebly het was Boesmans. Die een graf is 'n entjie verwyder van die ander vier en kan moontlik die van 'n agterryer wees. (Du Plooy 1982:7, 56).

RJ Gordon was die persoon wat die eerste keer die omgewing beskryf het en dit reeds in 1777 en selfs sketse daarvan gemaak het. (Kyk ORANJERIVIER; HOOFSTUK 8: BEROEMDES...). Hy word ook as die eerste effektiewe ontdekker van die middelste gedeelte van die Oranjerivier beskou as gevolg van die feit dat hy soveel van sy waarnemings en ervarings gedokumenteer het in sy joernaal, sy sketse en kaarte, ten spyte daarvan dat jagters, soos Jochem Prinsloo, en ander koloniste voor Gordon die Oranjerivier bereik het.

Met sy eerste reis van 1777 na die binneland was van sy doelwitte om 'n einde te probeer maak aan die konflik tussen koloniste en inheemse stamme en Boesmans aan die oosgrens. Hy gaan by Willem Prinsloo se plaas naby Somerset-Oos aan op 3 en 4 Desember. Hier reël hy dat drie trekboere Hannes de Beer, Hannes Meintjes en Jan Durand wat voorheen tot by die Grootrivier was, hom vergesel as gidse. Gordon het op daardie stadium ook 'n wa, tien osse, agt perde en agt Hottentotte as draers asook 'n tekenaar, Schumacher, wat saam met hom reis. Een van die "Hottentotte" was die Griekwa Cornelius Kok en moontlik ook Klaas Barends (Schoeman, 2002:12). (Kyk ook GRIEKWAS). Dus het hierdie mense moontlik al voorheen die omgewing besoek en 'n kennis daarvan gehad.

Uit sy kaarte blyk dit of Gordon die Grootrivier (die latere Oranjerivier) ongeveer 10 km wes van Bethulie op 23 Desember 1777 bereik het, daar waar die rivier 'n groot draai gemaak het. Die volgende dag, 24 Desember 1777, na 'n dag se reis langs die rivier het hy, De Beer en die kunstenaar 'n kop uitgeklim, *"ascending a hill he saw that it (the river) divided itself into two branches towards he east"*. Hy vernoem die twee riviere ter ere van die Huis van Oranje: die noordelike vertakking (tans Caledonrivier) het hy *"Prinses Wilhelmina Rivier"* en die suidelike vertakking *"Prins Wilhelm V"* genoem. Gordon het sover hy gereis het sketse gemaak; ook van die samevloei. Die ander skets van die rivier en omgewing het deel gevorm van 'n panorama wat ongeveer ses meter lank is, die grootste van sy panoramas. Gordon het nooit persoonlike kontak met die Boesmans gemaak nie, maar baie bewyse van hulle verblyf in die omgewing gekry. Een van sy draers het in 'n vangstrik vir wild beland wat deur die "*wild people*" (Boesmans) in 'n seekoeivoetpaadjie langs die rivier gemaak is. Gordon het later byna dieselfde oorgekom toe hy en sy perd in 'n diep vanggat beland het, waar sy perd toe dood is. Hy het ook nie oor die rivier gekom nie, want die was in vloed.

Net soos Gordon het goewerneur **JW Janssens** se geselskap in 1803 nie oor die Oranjerivier gekom nie, maar net tot aan die banke van die rivier regoor die huidige Bethulie.

Op 3 Februarie 1809 het lt-kol **Richard Collins**, vergesel deur Andries Stockenström (jnr), die sameloop van die Caledon- en Oranjerivier bereik, maar het nie die rivier oorgesteek nie. Collins gee die Caledonrivier toe die Europese naam. Hy het gevind dat boere van die omgewing al goed bekend was met die rivier. (Kyk onder CALEDONRIVIER vir kaart).

Trekboere (1813-) Die term "trekboer" word redelik buigsaam gebruik in verskillende bronne en dikwels sluit dit ook die Voortrekkers in. Selfs met die begin van die Groot Trek in 1834 was daar sekerlik steeds trekboere. Presiese datums van wanneer die trekboere oor die Oranjerivier gekom het op soek na weiding, is moeilik om te bepaal, van die bronne meen dat daar al sedert 1813 gereelde besoeke aan die omgewing was en dat sommiges permanent of semi-permanent begin woon het tussen die Modder- en Rietrivier en in die Caledonvallei veral in die Bossiespruit en Slikspruit omgewing. Bewyse hiervan is grafte soos die van Heyla de Beer wat in 1804 in Winburg-omgewing begrawe is en mev Olivier, née Snijder (38 jaar oud) wat op 4 November 1809 naby die huidige Springfontein begrawe is. Verwysings na die trekboere in die Bethulie-omgewing, dus noord van die Oranjerivier, is skaars. Gedurende September 1824 het die Oranjerivier die noordelike grens van die Kaapkolonie geword. Volgens Schoeman (2003:23-29) het Stockenström die gebied in 1824 en 1825 besoek met die doel om die Boesmans se toestemming te verkry dat boere uit die Kaapkolonie in die winter oor die Oranjerivier trek en die veld tussen die Oranje- en Rietrivier vir weiding gebruik.

In Junie 1819 het **GPN Coetse, Casper Kruger en Stephanus Kruger en 'n paar ander** as jagters oor die Oranjerivier die gebied besoek en langs Caledonrivier opgetrek vir 'n jagtog om seekoeie en elande te skiet. Hulle het opgetrek tot by Koesberg en Kornetspruit (naby Zastron). Coetse verklaar voor landdros J Sauer op 12 Junie 1858 dat hulle geen ander mense as Boesmans gesien het nie; al sy verklarings ook van die daaropvolgende reise is voor landdros Sauer afgelê (Suid-Afrikaanse argiefstukke. Oranje Vrystaat no 3, 1960:337).

In 1820 breek groot onrus op die hoëveld uit toe twee groepe Nguni-sprekers (amaHlubi en amaNgwane) oor die Drakensberg kom in hulle vlug vir Shaka. Hulle val die Batlokwa by Harrismith omgewing aan en sodoende begin 'n paar jaar se verwoestende oorloë bekend as Difaqane en Mfecane. Die geweld spoel oor na Kaapkolonie tot naby die huidige Umtata. Nguni sprekers wat in Caledonvallei agterbly het, het bekend geraak as "Matabeles". Na die afloop van die Difaqane het die Batlokwa onder Sekonyela in Maraberg (Ficksburg) hulself gevestig, terwyl die Kwena hoof, Moshoeshoe, die oorlewendes van die stamme om hom skaar rondom Thaba Bosiu, die groep word nog lastig geval deur Griekwa en Kora-stropers vanuit die suidweste; dit is hierdie omstandighede wat die eerste wit waarnemers in 1820 en 1830 hier ervaar en waarin die sendeling hulle toe ook vestig. Gedurende die Difaqane het die area rondom die Riet- en Modderrivier ongeaffekteer gebly, en toe 'n klompie afvallige Griekwas bekend as Bergenaars Griekwastad in 1822 -23 verlaat, het hulle by Gert Goeyman van oorkant die Vaalrivier aangesluit en hulle op die rand van die huidige Philippolis-distrik se omgewing gevestig omtrent twee dagreise vanaf Allemansdrif op die Cradock (Cradock was nog 'n naam vir die Oranjerivier). Hier het hulle 'n bestaan gemaak deur die Batswana, amaXhosa en die beesbesitter Boesmans te beroof; hul hoofkwartier was by Goeiemansberg naby Luckhoff. In 1824 word 'n kommando teen hulle uitgestuur vanaf Griekwastad wat hulle verslaan het op Sleutelspoort naby Fauresmith. In 1824 en 1825 het die Landdros van Graaff-Reinet, Andries Stockenström die gebied besoek in 'n poging om vrede te bewerkstellig - dit het die tydperk ingelui van amptelike Britse betrokkenheid in die Transgariep (Schoeman, 2003:14-16).

In 1823 het **GPN Coetse** weer die omgewing besoek. Hendrik en Petrus Coetse en Abel Pienaar met nog 20 man was saam met hom. Hulle was tot by huidige Jammerberg, (naby Wepener), Byersberg, (Dewetsdorp-distrik), naby die plaas Hexrivier van Andries Venter, (Reddersburg-distrik) na Marsfontein (tussen Trompsburg en Smithfield) af langs Sliksspruit tot by die latere Boesmanskool (Bethulie). "*Wy hebben by deze gelegenheid ook geen Naturellen gezien behalve klompjes Bosmans, er was ook geen kraale of iets dat kon aanduide dat het land vroeger bewoond was (door) volkstamme die vee hadden*". (Suid-Afrikaanse argiefstukke. Oranje Vrystaat no 3, 1960:337).

In 1824 of 1825 is **JH Snyman** as provisionele veldkornet na die streek gestuur om ondersoek in te stel na gerugte van 'n naderende swart nasie. Hy het oor die Grootrivier gegaan na Sevenfontein (noord-oos van die huidige Smithfield en tans bekend as Beersheba). Hy het geen swart mense gesien nie en ook nie 'n naderende nasie nie. Hy het drie keer weer teruggekeer binne ongeveer vier maande tot agter Jammerberg (Wepener-omgewing) en het toe van die Boesmans gehoor dat daar Basotho's in die Koesberg-omgewing is; met die volgende besoek het hy 'n groep Fedcanas (kannibale) gesien; die het egter die gebied verlaat teen sy heel laaste besoek.

In 1825 het **Louis Johannes Fourie** wat tydens sy beëidigde verklaring in September 1858 voor landros JM Howell van distrik Winburg op die plaas Spitskop, distrik Caledonrivier gewoon het, getuig dat hy in 1825 oor die Grootrivier getrek het by Sanddrif (kyk BRÛE, DRIWWE EN PONTE...) en oor die Caledon by Gladdedrif tot by Jammerberg naby die huidige Wepener. *"Ik heb geen menschen gezien, als alleenlijk een klomp Boesmans in de rigting van de plaats van Hendrik Mentz aan de overzijde van Caledon... Ik ben vescheidene malen daana met mij vee doortrokken in de winter... naar de kant van Modderrivier en heb nooit iets anders vernomen als Boesmans*". Hy verklaar egter dat hy in 1827 wel swart mense gesien het met pakosse wat met koring handel gedryf het op pad êrens heen, maar dat hy geen wonings van hulle gesien het nie. In 1835 het hy wonings van wit mense en swart mense gesien. (Suid-Afrikaanse argiefstukke. Oranje Vrystaat no 3, 1960:351-2).

In 1825 was **GPN Coetse** vir 'n derde keer in die omgewing, en wes van die huidige Aliwal-Noord, waar Stormbergspruit uit die Oranjerivier vloei. Hier het hy verhongerde Basotho's gekry wat gevlug het, *"die my beduie dat zy door andere Natien verdreven en verjaagd zyn uit van verre streken"*. Hy het vir hulle wild geskiet en gehelp om die Kolonie te bereik. (Suid-Afrikaanse argiefstukke. Oranje Vrystaat no 3, 1960:337). Dit moes vlugtelinge van die Difaqane wees.

Die **Griekwas** wat in 1826 inwoners van die grensdistrik, Philippolis, geword het, was ook bekend in die omgewing. (Kyk GRIEKWAS).

Op 11 Desember 1827 vertrek **John Melville en James Clark** van die Londonse sendinggenootskap (LSG) vanaf Philippolis op soek na 'n geskikte plek om 'n Boesmanskool op te rig. Hulle kom op 14 Desember net bokant die samevloei by die Caledonrivier uit waar hulle vier Boesmans ontmoet wat hulle na 'n kraal neem waar ongeveer 20 Boesmans was. Hulle het die Caledonrivier oorgesteek en vier ure te perd stroomaf gery vergesel van drie Boesman-gidse. Hulle kry nie standhoudende fonteine nie, net twee waarvan een byna opgedroog is. Die volgende dag is hulle weer terug oor Caledonrivier en in 'n vallei vind hulle drie fonteine, een in 'n lang kloof. Naby die Caledonrivier is 'n oorvloed hout.

Tussen 1827 en 1830 het **GPN Coetse** weer die omgewing besoek en vanaf Melkspruit (naby Aliwal-Noord) na Koesberg gegaan. Op die jagtog is hy vergesel van Jan de Wet. Hy het selfs na die oorsprong van Kornetspruit in die huidige Lesotho gereis en gejag. 'n Paar Boesmans het hom vergesel wat hom vertel dat daar 'n paar Basotho-vlugteling op Koesberg bly. Hy is toe die berg op waar hy omtrent 30, groot en klein, Basotho's kry; "*zy hadden weinig beeste, en het was duidelik dat zy er niet lang warne, en het scheen een gedeelte te zyn van het volk die vroeger de Oranje Rivier doorgegaan zyn*". Hy verwys na die groepie wat hy in 1825 gehelp het om na die Kolonie te gaan. Coetse het ook met die terugkom aan die oostekant van die Kornetspruit naby die Oranjerivier 30 of 40 "*Naturellen*" gesien, "*zy hadden een weinig vee, en zy beduie my dat zy uit de Bergen gekomen waren*". (Suid-Afrikaanse argiefstukke. Oranje Vrystaat no 3, 1960:337). (*Koes* was die Boesmans se naam vir die Basotho.)

In Mei 1828 stig **James Clark en GA Kolbe** van die LSG 'n sendingstasie by die huidige Bethulie. Die stasie moes ook as bufferstaat dien om te voorkom dat trekboere hulle oor die Oranjerivier vestig (Pellissier,1956:190).

Kaptein **AB Armstrong** van die *Cape Mounted Riflemen* het die huidige Bethulie-omgewing vir die eerste keer moontlik aangedoen op pad na Philippolis nadat hy die Oranjerivier by Sanddrift, 'n drif bokant die samevloei (Kyk BRÛE, PONTE EN DRIWWE...) op 1 Oktober 1833 oorgegaan het (Schoeman, 2003:43). Op 11 Oktober op sy terugreis skryf hy: *"Previously to my arrival at Philippolis Adam Kok had driven out of his territories about 1200 Bechuanas, and Mr Pellissier being aware of the humane intentions of the Government towards these people, cause them to take up their abode at his station. On my return I found them located there, they had erected 220 huts in the space of three days and were busily employed digging the ground"*. (Schoeman, 1993:85-97).

In Junie 1831 het **Frans Johannes Cornelus Cronje**, vroeër van Swellendam en op daardie stadium van Colesberg, saam met Piet, Willem en Barend Venter, sy broer Stefanus Cronje en Hendrik Weber, die kommandant van die distrik, en 'n paar ander burgers die Oranjerivier oorgegaan om te kom jag. "*Wy hebben toen de zendelingen Kolbe en Klerk (sic) met eenige Bosmans op Bethulie aangetroffen, er was geen andere volkstammen*". Die verklaring is ook voor landdros Sauer gedoen op 14 September 1858, daarom het hy al die naam Bethulie gebruik. (Suid-Afrikaanse argiefstukke. Oranje Vrystaat no 3, 1960:349).

Kort na die koms van die sendeling, **JP Pellissier,** van die Paryse Evangeliese Sendinggenootskap (PESG) in die omgewing op 2 Julie 1833, het die **Tlhaping** hulle op uitnodiging van Pellissier in die Bethulie-omgewing gevestig op 14 Oktober 1833. (Kyk HOOFSTUK 3: SENDELINGE; HOOFSTUK 4: Tlhaping). Een van kaptein Lephoi se seuns, Lena Lephoi, het die volgende beëdigde verklaring op 14 September 1858 voor landros JJ Sauer afgelê: "*Toen mijn vader op Bethulie is komen wonen was daar een school voor de Bosjesmannen onder toezicht van den zendeling Klerk (sic). De Heer Pellissier is met ons zamen daarheen gekomen van den kant van den Vaalrivier en met verlof van Doctor Philip is hij te Bethulie gebleven. In die dagen was het land van daar langs de Groot Rivier in Caledon op, woest behalven kleine kralen Bosjemans die er in waren en de boeren trokken dikwijls van uit de Kaapkolonie over de rivier en bleven somtyds lang, dat zij ook zaaiden en kleine tuinen maaken, de meest door hen bewerkte plaats was Zevenfontein nu Bersheba genaamd"*. Hy vertel hoe Pellissier vir Rolland aangemoedig het om daar 'n sendingstasie te open en toe daar kom woon "*daar woonde niemand die hij leeren kon. Hij verzocht toe mijn vader om Mooi toe te staan daar henen te trekken, mijn vader gaf zijn consent en Mooi ging daar woonen"*. Lena Lephoi noem ook dat daar 'n paar Basotho's op Zevenfontein gaan woon het. Die naaste Basotho-kraal was by Jammerberg. Hy vertel dat Rolland en Pellissier 'n grens vasstel wat oor Groenvallei loop om te bepaal watter kant Lephoi is en watter kant Moshoeshoe ..."*ik weet niet waarom zij het land zoo verre geheel door Basutos onbewoond aan Moshesh toekende, maar denk het was omdat zy Fransche zendelingen waren en hunne broeders bij Moshesh woonden*". (Suid-Afrikaanse argiefstukke. Oranje Vrystaat no 3, 1960:350-1).

Sedert 1834 het daar ook **Basotho's** en **vrygestelde slawe** op die stasie hier in Bethulie kom woon (Keegan, 1987:193).

Op 12 Augustus 1834 het **Andrew Smith** Bushmen School aangedoen vanaf Philippolis op soek na die loop van die Caledonrivier. In sy reisjoernaal verwys hy na heelwat boere, veral langs Slikspruit, en plekke wat reeds name het, plase, rivier en koppe soos dit nog vandag bekend is. Hy vertel ook van 'n **Carl Kruger** wat in die omgewing woon en hulle gehelp het met een van die waens wat se as gebreek het, hy beskryf hom as 'n goeie smit. As een van die eerste boere in die omgewing het hy sy landerye volgens Smith natgelei met water uit Slikspruit. Hy was egter ook 'n avonturier en het Smith se ekspedisie in 1834 vir twee maande vergesel. Hy is in Augustus 1838 vermoor in die noorde van die land (Pellissier, 1956:207-12). (Kyk TREKBOERE). Smith se ekspedisie kunstenaar is CD Bell. (kyk HOOFSTUK 8: BEROEMDES...)

Van die **Voortrekkers** uit die Groot Trek wat sedert 1834 in alle erns begin het, is in hierdie omgewing oor die riviere. Volgens die meeste kaarte en beskrywings blyk dit asof net twee trekke, naamlik Cilliers en Potgieter, deur driwwe aan die onderkant van die samevloei van die twee riviere gegaan het, dus het hulle net deur die Oranjerivier getrek: Cilliers is by Allemansdrif (net anderkant Norvalspont) oor die Oranjerivier in 1836 en het later by Potgieter se trek aangesluit in die omgewing suid van Boesmansberg. Die Potgieter-trek wat vergesel is van Krugers, Steyns en Liebenbergs is met 'n vlot oor die rivier by Wintershoekdrif net onderkant die samevloei op die plaas van Gideon Petrus Britz; dit was Februarie 1836. Dit is vreemd dat Pellissier nie in sy verslae na hulle verwys nie, aangesien hulle deur sy sendingstasiegronde getrek het. Die Voortrekkers het deur die huidige Bethulie-distrik getrek en oorlewering wil dit hê dat van hulle grafte op plase soos Montgomery, Vaalbank en Kinderfontein is. Die trek van Maritz en Langhans van Rensburg het meer oos van Bethulie getrek in die Rouxville en Smithfield-omgewings. (Kyk GROOT TREK).

James Backhouse 'n Britse *Quaker* vergesel van GW Walker en Gottlob Schreiner (sendeling van Philippolis) besoek die sendingstasies in die Transgariep in 1839; daar was toe reeds 13 in die Oranje-Vaal driehoek. Backhouse noem die Oranjerivier *Zwarte rivier.* Op 29 Junie is hulle by Pellissier se stasie, "Bethulia"; hy beskryf die Tlhaping se huise as *"circular low thatched huts and two or three mat huts for there servants, within a circular inclosure of erect, dry sticks…". 'n* Waardevolle bydrae was is die sketse wat Backhouse hiervan gemaak het. (Kyk HOOFSTUK 4: Tlhaping). Hy verwys ook na boere tussen Bethulie en Beersheba wat gevestig is en ploeg.

Na die vestiging en groei van die tweede sendingstasie onder Pellissier het die besoekers aan die omgewing toegeneem; van hulle was ander sendelinge, handelaars, ens (Kyk HOOFSTUK 3: SENDELINGE).

HOOFSTUK 3

SENDELINGE

Hoe het Brittanje en Frankryk daar uitgesien terwyl die sendelinge Clark, Kolbe, Pellissier, Lemue en die ander Franse sendelinge sedert die laat 1820's in die omgewing van die suid-Vrystaat was; 'n omgewing wat net deur die Boesmans bewoon is, waar daar enkele trekboere gevestig was en die naaste ontwikkelde dorp, Graaff-Reinet ses weke per ossewa ver was?

Polities was dit die tyd na die nederlaag van Napoleon 1 en verskeie rewolusies het in Frankryk gewoed (Pellissier as tienjarige seun het nog self vir Napoleon gesien); dit was die Victoriaanse tydperk in Brittanje. Liberalisme, nasionalisme en industrialisme reël die samelewings van die tyd. In Brittanje en Frankryk sien ons die begin van stoomenjins, treinspore, die uitbreiding van die vervoerstelsel, vrystelling van slawe en die "*penny post*" stelsel. Elders word die dorsmasjien, die naaimasjien en die rewolwer gepatenteer en Morse vervolmaak sy elektro-telegraaf, terwyl Goodyear gevulkaniseerde rubber produseer. Op die gebied van die letterkunde het die Romantiek begin met skrywers soos Victor Hugo, Alexander Dumas, Charles Dickens, die Brönte-susters, ens. Die Romantiek het oorgevloei na ander vorme van kuns; skilders soos Delacroix, Corot, Turner, Constable raak gewild en in die musiekwêreld komponiste soos Berloiz, Chopin en Lizt. Dit was die wêreld wat hierdie sendelinge agterlaat het.

Die Londonse Sendinggenootskap (LSG) in Suid-Afrika

Die Londonse Sendinggenootskap (LSG) is in 1795 gestig. Dit was 'n Protestantse sendingvereniging wat interkerklik was maar Kongresionalisties in beginsel en lidmaatskap. Die doel was om kennis oor Christus aan heidene en ander oningeligte nasies te versprei. Hulle het sendingwerk in die Suidsee, China, Madagaskar, Suid en Suid-oos Asië , Suid- en Sentraal Afrika en in 'n mindere mate ook in Noord-Amerika en in die Wes Indiese Eilande gedoen. Die Genootskap het onder hierdie naam bekend gestaan tot 1999 waarna dit verander het na *Council of World Mission.*

In Maart 1799 kom die eerste twee sendelinge na Suid-Afrka, JT van der Kemp, wat onder die Xhosas gearbei het en later die eerste superintendent van die LSG in Suid-Afrika geword het, en Johannes Jacobus Kircherer wat onder die Boesmans noord van Kaapstad by Zakrivier 'n stasie gestig het; hoewel die stasie nie suksesvol was nie, het hy dikwels noord gereis tot by die Oranjerivier en die weg gebaan vir latere sendingwerk onder die Boesmans. James Read wat in 1800 na Suid-Afrika gekom het, was die derde sendeling van die LSG en hy het aanvanklik onder die Khoi gearbei. Read reis teen 1812 noord van die Oranjerivier waar hy kontak met die Betsjoeanas gemaak het. In 1816 word die later bekende Kuruman-sendingstasie by Maruping gestig deur sendelinge Hamilton en Edwards; Robert Moffat sluit in 1820 by hulle aan.

Die LSG het oor 'n wye terrein stasies opgerig en teen 1812-1813 is John Campbell na die Kaap gestuur om die stasies te gaan inspekteer. In 1818 het Campbell vir 'n tweede keer na Suid-Afrika gekom om die moontlike sluiting van die LSG se stasies in Suid-Afrika te ondersoek weens die vyandige gesindheid van die Koloniste teen die sendelinge wat bekommerd was oor hulle optrede teen die inheemse volke; dr John Philip het hom vergesel. In 1822 word Philip die superintendent van die LSG in Suid-Afrika; dit was in die tydperk wat onderhandelinge begin het vir die vrystelling van slawe in Engeland en Philip het die koloniale regering en die Koloniste begin aankla van misdrywe. Teen 1829 het Read Philip se regterhand geword toe hy na die nuut gestigte Katrivier-nedersetting vir die bruin mense beroep word. (http://www.dacb.org/stories/southafrica/; http://archives.soas.ac.uk)

Die LSG in Philippolis

Die LSG onder leiding van Philip, het vanaf 1814 met sendingwerk onder die Boesmans naby die Oranjerivier begin; die eerste stasies was Toornberg (1814, naby die huidige Colesberg) en Hephzibah (1816; naby die huidige Petrusville). Die twee stasies sluit egter in 1817 en stasies noord van die Oranjerivier word by Ramah in 1817 (naby die huidige Hopetown), Konnah in 1820, (naby die huidige Hopetown), en Philippolis in 1822 gevestig. Die vestiging van sendingaktiwiteite onder die Boesmans het ook as beskerming van die noordelike grens van die Kaapkolonie gedien.

In 1822 is Jan Goeyman, voorheen van Graaff-Reinet en Bethelsdorp, deur ds A Faure van Graaff-Reinet namens die LSG in Philippolis geplaas; hier was nog groot getalle Boesmans waaronder hy sendingwerk gedoen het. James Clark word in Augustus 1825 deur Philip aangestel in die plek van Goeyman. Op daardie stadium het Philip, wat Adam Kok as die leier van al die Griekwa- en Bastergroepe beskou het, besluit om die Griekwas te gebruik om die Boesmans en ander inheemse groepe in die gebied tussen die Oranje- en Vaalrivier te beskerm teen boere wat die gebied inkom op soek na weiding, en ook teen die Bergenaars, Korana en Mzilikazi. Hy het Adam Kok 11 aangemoedig om hom in Philippolis te vestig in 1826. (Kyk ook GRIEKWAS). In 1828 moes Clark die Boesman-sendingstasie verskuif na Boesmanskool, die latere Bethulie, want die Boesmans, vir wie die stasie gestig is en vir wie se beskerming die Griekwas daar geplaas is, is so onderdruk deur hulle beskermers asook deur ander groepe, dat hulle getrek het. Teen 1830 het Philip namens die LSG die sendingstasie aan die Griekwas oorhandig, 'n saak wat in 1836 deur die Britse Parlement ondersoek en bevraagteken is.

Die LSG het met sendingwerk onder die Griekwas voortgegaan, maar dit was 'n tyd van politiekery en onmin; Schoeman (2002:79-128) beskryf Philip se pogings vanaf 1832 om in te meng in die interne leierskap van die Griekwas; dit het hom tot die besef gebring dat hulle minder belangstel in die leiding van die sendelinge in die opsig as voorheen. Daar was ook sprake dat Philip hulle onder die beskerming van die Koloniale regering wil plaas. Kolbe wat toe vanaf 1832 vanaf Boesmanskool weer na Philippolis gestuur is, het dagboek gehou van die gebeure. Dit alles het gelei tot groepvorming en sameswering, nie net tussen die verskillende Griekwa-groepe en leiers nie, maar ook tussen die sendelinge van die verskillende stasies en ook tussen Kolbe en Atkinson op Philippolis. Schoeman skryf verder oor die gebeure en die latere verwydering van sendelinge in Philippolis "*... show how successeful the Griqua and the Bergenaar elements... were in manipulating the missionaries and playing them off against one another to their own advantage... specifically the dismissal of Kolbe in 1837 must be seen as a triumph of the Griqua over the Baster party and of the captaincy over the church: in 1841 Schreiner wrote of readmitting to church membership individuals who were scattered by the painful circumstances attending the dismissal of their beloved and worthy pastor Brother Kolbe*".

James Clark in Philippolis en Bethulie

Die LSG se individuele sendelinge moes self die terme waarop die sendingwerk gedoen word met elke teikengroep onderhandel. Teen 1820 was daar binne die LSG verskeie rolle en benaminge vir die werkers wat deur Philip en Campbell soos volg onderskei is: "*Mechanics*" of "*artisan*" soos James Clark moes oor praktiese vaardighede beskik om die sendingstasie as 'n selfonderhoudende entiteit op te bou, volledig met verblyf, wateraanleg, en die dag tot dag onderhoud; verder moes hy die sendeling bystaan en ook vaardighede soos die verwerking van landerye aan die inwoners oordra. Die ander twee ampte was "*missionaries*" en "*catechists*" (McDonald, 2009:372-3).

James Clark was 'n Skot en aanvanklik lid van Philip se kerk in Kaapstad wat deel van die LSG was. Volgens McDonald (2009:384) was hy 'n steenmaker van beroep. Op 2 Junie 1825 is hy as *Catechist and Artisan* op Philippolis aangestel deur Philip en word die eerste wit sendeling daar (Schoeman, 2003:30). Die Griekwas word in 1826 na Philippolis genooi deur die LSG met die oog daarop om die Boesmans te beskerm. Clark sien vinnig in dat dit 'n fout was, want gou het die Griekwas die Boesmans se grootste vyand geword en hy vra amptelik dat 'n nuwe stasie gestig word en dat hy daarheen oorgeplaas te word. Reeds op 25 Desember 1827 skryf Clark en Melville vanaf Philippolis 'n brief aan Miles, die waarnemende superintendent dat hulle die gebied van die latere Bethulie besoek het met die oog op die moontlike vestiging van 'n sendingstasie. Clark kan dus erken word as die persoon wat vir die stigting van hierdie sendingstasie verantwoordelik was waar hy vanaf Mei 1828 tot Junie 1833 sendingwerk onder die Boesmans gedoen het. In Mei 1828 vestig Clark hom hier saam met GA Kolbe. Hy was toe ongeveer 36 jaar oud. Van die Boesmans van die Philippolis-omgewing het hom na die nuwe Bushman school *vergesel*. Nadat Kolbe teruggeroep is na Philippolis het Clark die "*volle las van die arbei*" op Boesmanskool gedra. Nadat die LSG besluit het om die Boesman-sending hier te staak en Clark ontslaan is, het hy nog sy kommer oor die lot van die Boesmans uitgespreek.

Teleurstellend min is oor Clark bekend; hoewel daar geskat word dat hy ongeveer 36 jaar oud was toe hy Boesmanskool begin het, kon sy geboortedatum nie vasgestel word nie en onsekerheid bestaan ook oor sy sterfdatum; dit blyk asof hy ongetroud was terwyl hy in Philippolis en Bethulie was. Hiermee die enigste inligting wat skrywer vanaf die LSG se rekords en uit korrespondensie met hulle kon vind:

"Unfortunately, I have not been able to find out much about James Clark. The entry for him in the LMS Register of Missionaries (1823) reads as follows, but (unusually) does not give definite dates of birth or death:

Ch.m. [church member] at Cape Town (Philip). Appointed, June 2, 1825, by Dr. Philip as Catechist and Artisan at Philippolis, which appointment was sanctioned by the Directors, Nov 28, 1825. In May, 1828, removed to Bushman Station, a new mission near the Orange and Caledonian rivers, commenced by Mr. Kolbe and himself. On the relinquishment of this mission he removed to Kat River, as an Assistant and Schoolmaster under Mr Read. In 1839, he removed to Hankey and was afterwards employed as Schoolmaster at Kruis Fontein. Died about 1864.

I have not been able to find an obituary for him in either the LMS Magazine or the series of LMS reports held here at SOAS. His death is listed in the report for May 1868, but dated 'about 1864'. No further details are given, but he is listed in the four previous reports (1864-1867) as working at the Kruis Fontein mission, which suggests that this may have been his place of death. Marriages are often noted in the LMS register, but based on this alone it is difficult to say with any certainty that he was not married".

In Junie 1831 het Frans Cronje, vroeër van Swellendam en op daardie stadium van Colesberg, saam met Piet Venter, Barend Venter, Stephanus Cronje en Hendrik Weber in die omgewing van die Oranjerivier kom jag en in die huidige Bethulie vir Kolbe en Clarke met Boesmans aangetref, hy verklaar ook dat hy geen ander bevolkingsgroepe hier gevind het nie (Prinsloo, 1955:26).

Kolbe en Clark van die LSG in Bethulie

(Kyk HOOFSTUK 1: BOESMANS IN DIE BETHULIE-OMGEWING vir 'n vollediger beskrywing).

In Mei 1828 vestig Clark hom hier saam met GA Kolbe; Clark was toe ongeveer 36 jaar oud en Kolbe 26 jaar; Kolbe was getroud met Margaret Downing wat toe 25 jaar oud is. Hulle het reeds drie kinders gehad en die vierde is in 1829 gebore. Van die Boesmans van die Philippolis-omgewing het Clark na die nuwe *Bushman school* vergesel. Teen Desember 1828 skryf Clark en Kolbe aan die LSG dat daar ongeveer 100 volwasse Boesmans is wat die kerkdienste gedurende Junie tot Augustus bywoon. In 1831 het probleme in Philippolis die LSG genoodsaak om Kolbe soontoe te stuur om Melville te vervang, en Clark het alleen agtergebly en die "*volle las van die arbeid op Boesmanskool gedra.*" Op 1 November 1832 skryf Clark nog aan die Sekretaris van die LSG in London dat daar elke oggend met godsdiens 50 volwassenes is wat dit bywoon en hy deel ook die goeie nuus dat twee Boesmans tot bekering gekom het. In sy brief van April 1833 is hy positief en vertel hy van die voorreg om saam met die mense in aanbidding te kniel, en dat daar ongeveer 20 volwassenes en 10 kinders is wat die skool bywoon. Uit verdere korrespondensie blyk dit dus dat die besluit van Philip om die Boesman-sending hier te staak en die stasie aan die Paryse Evangeliese Sendinggenootskap (PESG) te gee, vir Clark as 'n skok gekom het. Philip het op 20 Junie 1833 as gevolg van 'n gebrek aan fondse aanbeveel dat die sendingskool sluit. *"This mission as far as the Bushmen in that country are concerned has never answered our expectations".* Philip was ook nie baie ondersteunend nie toe hy aan Clark die volgende skryf oor sy redes waarom hy hom ook nie by 'n ander sendingstasie kan plaas nie, *"though placed at the head of the Bushmen Mission which was at the time a matter of necessity with me, having nobody else to place there, yet you must be aware that you have never been recognized as a Missionary, you have been there as a Mechanic and Catechist merely, and the Society at home does not know you under any other character*". (Pellissier, 1956:182-9). Volgens McDonald (2009:372-388) was Clark suksesvol omdat hy die Boesmans op 'n veelfaset basis benader het en nie alleen volgens die vooropgestelde idees van die LSG nie. Clark het selfs na sy ontslag nog sy kommer oor die lot van die Boesmans uitgespreek in korrespondensie aan die LSG. Hierdie sendingstasie van die LSG het slegs vir vyf jaar bestaan, waarna dit deur die Paryse Sendinggenootskap met Pellissier as sendeling oorgeneem is vir die Tlhaping. Teen 2 Julie 1833 het Pellissier hier aangekom en die Tlhaping is op 14 Oktober op Boesmanskool gevestig (Schoeman, 1993:32 -152; Pellissier, 1956:170-2).

George Augustus Kolbe is op 7 Desember 1802 in Soho, Engeland, gebore. Op 20 Januarie 1819 trou hy met Margaret Elizabeth Downing. Hy kom met die Britse Setlaars na Suid-Afrika en dit blyk asof hy 'n vakmanskap in aptekerswese deurloop het en word dan ook as apteker aangedui in die lys van setlaars. Hy was reeds in 1824 in Graaff-Reinet waar hy in diens was van die Graaff-Reinet se Sendeling Genootskap om sendingwerk onder die slawe daar te doen. Hy was in hulle diens totdat die genootskap saamgesmelt het met die LSG. Aan die einde van 1828 het hy 'n uitgebreide reis in die Transgariep onderneem saam met Melville, 'n sendeling van Philippolis. In Mei 1828 het hy by Clark aangesluit by die Boesmanskool sendingstasie waar hy vir byna drie jaar gewerk het as sendeling tot 1831; daarna is hy na Philippolis gestuur waar daar toe Griekwas woon waaronder sendingwerk gedoen is. Hy word deur die waarnemende superintendent van die LSG, R Miles, voorwaardelik as sendeling aanvaar op 8 Februarie 1829 en amptelik aangestel op 29 Julie 1829. Op 26 Mei 1833 is hy as sendeling in Philippolis georden deur die Franse sendelinge, Lemue, Arbousset en Pellissier. Op Philippolis word het beskuldig van egbreuk, maar na 'n ondersoek blyk dit vals beskuldigings te wees. In 1837 kom los hy in Bethulie af tydens Pellissier se afwesigheid. Hy word daarna gevra om te bedank en op 9 Junie 1837 het hy alle bande met die LSG verbreek (Pellissier, 1956:196). (Vir verdere inligting oor hom kyk HOOFSTUK 8: BEROEMDES...).

Die LSG het met die aanvang van hulle werk in Suid-Afrika die Boesmans ingesluit deur Kircherer spesiaal na hulle te stuur in 1799. Oor 'n tydperk van 34 jaar is verskeie pogings aangewend om stasies spesiaal vir hulle te skep. Boesmanskool (later Bethulie) wat in 1828 gestig is, was die laaste gesamentlike poging van die LSG om 'n sendingstasie daar te stel wat gerig was op die Boesmans; met die sluiting van die stasie waar James Clark en GA Kolbe gewerk het, het die LSG se werk onder die Boesmans in 1833 geëindig.

Die Paryse Evangeliese Sendinggenootskap (PESG) en hulle eerste sendelinge in Suid-Afrika

In die boek *Jean Pierre Pellissier van Bethulie* wat deur die sendeling se kleinseun geskryf en saamgestel is, word nie net 'n goeie oorsig oor die PESG en hulle sendelinge verskaf nie, maar ook 'n volledige beeld van die werksaamhede op die stasie. Waardevolle inlingting is verkry uit die gereelde verslae wat die sendelinge en in die geval Pellissier, aan die PESG gelewer het. Skrywer kan dus slegs 'n paar sake opsommend aanraak. (Kyk ook onder HOOFSTUK 8: BEROEMDES... vir meer persoonlike inligting oor die sendelinge; kyk ook HOOFSTUK 4: Tlhaping).

Die Protestante was in 1822 sterk genoeg in Frankryk om die Paryse Evangeliese Sendinggenootskap te stig. Hulle eerste leerling is Jean Louis Prosper Lemue, (gebore 1804 in Esquéheries, afdeling Aines), met Samuel Rolland (gebore 1801) en Isaac Bisseux (gebore 1808) wat kort na hom aanvaar word; hulle is op 2 Mei 1829 in die Kerk van St Mary georden. Veral Lemue en ook Rolland sou 'n rol in Bethulie speel. Hulle is na Suid-Afrika gestuur met die doel om sendingwerk onder die Betsjoeanas (die erkende vorm is vandag die Sotho-Tswanagroep) en spesifiek die "Baharutsi" (die erkende vorm is tans Huruthse, 'n senior stam van die Betsjoeanas) te doen (Pellissier, 1956:59,108). Aangesien die LSG reeds ervaring in Suid-Afrika het, word hulle onder die beskerming van Philip van die LSG geplaas wat hulle ook op die bootreis van amper drie maande vergesel na Suid-Afrika. Hulle kom op 7 Oktober 1829 in Kaapstad aan waar hulle verwelkom word deur Franse Hugenote wat onder andere daarop aangedring het dat een van hulle daar moet agterbly om sendingwerk onder die slawe te doen. Dit was Bisseux wat dan ook in Wagenmakersvallei, (die latere Wellington) agtergebly het. Lemue en Rolland het eers saam met Philip die deel wat later as die Transkei bekend was, besoek voordat hulle na die binneland vertrek het. Teen 23 Junie 1830 het hulle op Philippolis aangekom waar die LSG se sendeling, Melville, werksaam was; hier het hulle Robert Moffat van Kuruman ontmoet wat oppad was na die Kolonie. Op 24 Julie 1830 bereik hulle Kuruman waar Moffat van die LSG reeds sedert 1820 werksaam is.

Die situasie onder die Betsjoeanas was reeds baie gespanne toe die sendelinge daar kom. Volgens Pellissier (1956:107) het die Mantatees afkomstig van die Oos-Vrystaat onder hulle geplunder en gemoor. Met die hulp van die Griekwas is die Mantatees verdryf. Kort daarna het Mzilikazi van die Matabeles sy skrikbewind ook onder die groep begin. Rolland is die een wat ywerig soek na 'n plek om 'n sendingstasie te begin en hy gaan tot by Mosega wat hy vir die eerste keer op 11 Junie 1831 bereik. Ongelukkig het Lemue in die tyd ernstig siek geraak en moes Rolland twee maal alleen onderhandel met die Huruthse. Hulle kaptein Mokatla wys vir hom 'n plek aan waar die sendingstasie gebou kan word.

Intussen word nog Franse sendelinge in Parys opgelei en is Jean Pierre Pellissier (gebore 1808) die vierde Franse sendeling wat na Suid-Afrka gestuur word. Hy sluit in Januarie 1832 by die ander sendelinge aan op Kuruman en al drie sendelinge vertrek weer na Mosega waar hulle begin bou aan 'n sendinghuis en die droom van 'n modelstasie. Hulle was pas drie weke daar toe Mzilikazi versoek dat hulle hom besoek. Pellissier was die een wat gegaan het. Hy beskryf die gebeure en Mzilikazi se tirannie volledig. Gedurende die vier weke wat hy daar was, het Mzilikazi besluit op 'n plek waar 'n sendingstasie gebou kan word; hy het ook aan Pellissier met sy vertrek mense gegee om hom te onderrig in hulle taal. Terug in Mosega teen 24 April 1832 het Pellissier verder vir Lemue en Rolland gehelp bou aan die sendinghuis daar. Daarna word ook besluit dat Lemue onder die Hurutshe sou arbei en Pellissier en Rolland onder die Matabeles; hoewel daar elders in die briewe gemeld is dat slegs Pellissier die evangelie onder die Matabeles sou verkondig (Pellissier, 1956:115-26).

Vrees vir Mzilikazi se wraakneming nadat van sy spioene vermoor is, het die sendelinge genoop om na Kuruman te vlug teen Junie 1832, waar Moffat hulle aangesê het om om te draai. Kort daarna het Mzilikazi oorlog teen die Hurutshe verklaar en die groep het die woestyn ingevlug. Onder die omstandighede is die sendelinge terug na Kuruman; na drie maande, in Januarie 1833, het hulle op Lattakoe, 'n LSG buitestasie, 3 myl (4,8 km) noord van Kuruman tydelik gewerk en Sotho leer praat. In die tyd verslaan Dingaan van die Zulus vir Mzilikazi.

Philip het teen 1832 'n besoek aan Kuruman gebring en besef dat die PESG probleme het om hulle sending daar te vestig as gevolg van Mzilikazi se geweldadigheid. Intussen moes die "*duisende Betsjoeanas* (in werklikheid die Tlhaping) *wat gevlug het voor Moselekatse (*Mzilikazi) *en skuiling by Philippolis gesoek het, êrens heen verskuif word. Pellissier het na Suid-Afrika gekom om onder die Betsjoeanas te arbei en dit op dr Philip se aanbeveling. Die oplossing het dus voor die hand gelê. Hy bied aan Pellissier die ontruimde stasie van Boesmanskool aan en stel as voorwaarde dat hy die Betsjoeanas daarheen neem...".* (Pellissier, 1956:185-90). Schoeman (1994:90-) wys egter daarop dat dit Pellissier self is wat aan Philip voorgestel het om sendingwerk onder die Betsjoeanas wat in die omgewing van Philippolis is te doen en om 'n sendingstasie te stig by die opperhoof van die Basotho. Dit het vroeg in 1833 gebeur toe Pellissier en Lemue vanaf Kuruman op pad na Algoabaai (die latere Port Elizabeth) was. In werklikheid het Philip se antwoord van 15 Maart 1833 daarop klem gelê dat die Korana wat vir Moshoeshoe probleme veroorsaak het met hulle rooftogte, dringend sendingwerk nodig het...."*and could a mission to them repress their marauding expeditions, it would be of a great blessing to that part of the country, and you might ultimately have missions with both. In that case you might take up the interesting Bushmen, and should you venture upon such a measure, I would willingly resign to your Society the Bushman station at the mouth of the Caledon".* Van al hierdie planne het Philip nie vir Clark, wat toe nog op Boesmanskool was, oor ingelig nie en Clark het eers in Mei daarvan vanuit 'n ander bron gehoor.

Pellissier het met hulle terugreis vanaf Algoabaai op Philippolis agtergebly en vir Philip geskryf om navraag te doen oor Clark se posisie. Teen 12 Julie 1833 skryf Philip dat die Genootskap eers die oordrag moes goedkeur "*and till I receive their answer, any arrangements between yourself and Mr Clark must be of a friendly nature*". Teen 20 Junie 1833 het Philip as gevolg van 'n gebrek aan fondse aanbeveel dat die sendingskool sluit. Dit is uit die korrespondensie duidelik dat Philip die aangeleentheid met Clark op 'n onverkwiklike wyse hanteer het; hy beveel onder andere aan dat Clark afgedank moet word. Hoe die sake tussen die twee sendelinge hanteer is, is nie duidelik nie, maar teen 2 Julie 1833 nadat Clark aangesê is om die stasie te verlaat, het Pellissier hier aangekom en die stasie in 'n swak toestand gevind; in totaal was daar ongeveer 50 Boesmans, wat binne 'n week verminder het na 10, toe reeds merk hy op "*dit is onmoontlik om iets goeds met die Boesmans uit te rig*". (Schoeman, 1993:132 -152; Pellissier, 1956:170-2). Dus het die Boesmans nie deel gevorm van Philip of Pellissier se planne nie en van die Betsjoeana-vlugtelinge van die Philippolis omgewing, die Tlhaping, is op Boesmanskool gevestig.

Lemue en Pellissier se doel met die reis na Algobaai was om hul verloofdes te ontmoet wat saam met die volgende sendelinge opgedaag het: Casalis, Arbousset en die sendeling-vakman/bouer Constant Gosselin. Pellissier wat die nuus al op pad gehoor het, was teleurgesteld dat sy verloofde besluit het om nie meer by hom aan te sluit nie, maar gedurende die terugreis het hy vir Martha Murray ontmoet en is in Graaff-Reinet in die huwelik bevestig deur ds Andrew Murray. (kyk HOOFSTUK 8: BEROEMDES....).

Met Lemue en Pellissier se terugreis is hulle ook vergesel van die nuwe sendelinge en het hulle by Philippolis aangegaan, waar hulle onder andere op 24 Mei 1833 die bevestiging van Kolbe as sendeling waargeneem het. Hier word die volgende besluite geneem: dat Lemue na Lattakoe, (maar in werklikheid Motito), sou terugkeer en dat Arbousset, (hy het later na Morija gegaan), Casalis (het later na Thaba Bosigo gegaan) en Gosselin sendingwerk onder die Basotho sou doen. Pellissier sou onder die Betsjoeana-vlugtelinge (die Tlhaping) begin werk wat toe in die Philippolis-distrik is. James Clark sou van Philip kennis ontvang om Boesmanskool te verlaat en dan sou Pellissier die Tlhaping soontoe bring. (Pellissier, 1956:162-3). Die drie wat bestem was vir die Basotho is na Morija gestuur waar hulle Sotho leer praat het.

Sendingstasie genaamd Caledon-sendingstasie, Verheullpolis, Bethulie tot Heidelberg

Pellissier skryf dat hy tydens die twee maande wat hy Kolbe op Philippolis afgelos het in Mei 1833 en kort na sy aankoms op Boesmanskool op 2 Julie 1833 stappe gedoen het om al die Betsjoeana-kapteins oor te haal om hulle op Boesmanskool te gaan vestig. Hy was baie dankbaar toe die ongeveer 1,800 mense, hoofsaaklik Tlhaping, uiteindelik op 14 Oktober 1833 hier aankom. 'n Maand later rapporteer hy dat 82 kinders die dagskool besoek en dat 300 mense die Sondagdienste bywoon. Hy preek in Setsjoeana (Sesotho) en in Hollands vir wie dit verstaan. Teen 1834 was hier reeds 2,000 mense op stasie, selfs vlugtende Basothos (Pellissier, 1956:164-5,199).

Kaptein AB Armstrong van die *Cape Mounted Riflemen* het die huidige Bethulie-omgewing vir die eerste keer moontlik aangedoen op pad na Philippolis nadat hy die Oranjerivier by Sanddrift, 'n drif bokant die samevloei (Kyk BRÛE, PONTE EN DRIWWE...) op 1 Oktober 1833 oorgegaan het. (Schoeman, 2003:43). Op 11 Oktober op sy terugreis skryf hy: "*Previously to my arrival at Philippolis Adam Kok had driven out of his territories about 1,200 Bechuanas, and Mr Pellissier being aware of the humane intentions of the Government towards these people, cause them to take up their abode at his station. On my return I found them located there, they had erected 220 huts in the space of three days and were busily employed digging the ground*". (Schoeman, 1993:85-97).

Die grens tussen Philippolis en Pellissier se sendingstasie word in 1835 soos volg bepaal: Die sendingstasie van Caledon word ten weste en ten noordweste gegrens deur Bosjesspruit wat van die noordooste na die suidooste stroom waar dit in die Oranjerivier inloop. Ten noorde word dit begrens deur die Blouberge wat hulle van die noorde na die suidooste uitloop. In die noordooste word die sendingstasie van Caledon begrens deur die grootpad wat begin waar die Blouberge eindig en wat

Slikspruit oorsteek om verder deur te gaan tot by Brypaal (of Breipaal). Dit word verderop ten noordooste begrens deur die Wit- en Donkerberge wat hulle langs die Rietriver uitsteek. Dit is geteken deur Pellissier en Adam Kok met vier getuie op 13 Februarie 1835. (Pellissier, 1956:295).

Op die los kaart wat in Pellissier se boek ingesluit is, blyk dit dat die noordelike grens net oos van Springfontein begin, daar waar Bosjespruit ontspring; dan ooswaarts oor die volgende plase: Westbrook, Slagterskop, Montpellier, Bankfontein, De Put, Blaauwfontein, Naawpoort, Donkerpoort, Blinkkrans, Stillewoning, Welverdient, Poortjie, Breipaal tot by De Bad. Die kaart is deur die Kantoor van die Landmeter-generaal van die Vrystaat opgestel in 1914.

Nuwe sendelinge, Francis Daumas en John Lauga, word deur Pellissier verwag teen November 1835; Lauga sou hom op sy stasie help en Daumas sou vir Lemue op Motito gaan help, maar het 'n nuwe stasie op Mekwatling gevestig. Albei se verloofdes het in 1837 na Suid-Afrika gekom en hulle is op 18 Oktober getroud; Lauga se verloofde was 'n nooi Touza. Pellissier doop die eerste drie bekeerlinge in 1835 (Pellissier, 1956:237-9,284).

In hulle soeke na 'n plek vir 'n nuwe stasie in Basotholand, het Arbousset en Daumas in 1836 op 'n ontdekkingsreis vertrek en so ook op die plek afgekom wat hulle *Mont aux Sources* gedoop het (Pellissier, 1956:248-50).

Kort nadat die Tlhaping op die stasie aangekom het, doen Pellissier verslag dat daar al tuine aangelê is en met water uit 'n fontein wat 'n voet breed en vyf duim diep vloei, natgelei word. Toe Daumas-hulle in 1836 by Bethulie aankom skryf hy oor die stasie: " *'n Klein afstand van die stasie aan die linkerkant het ons die grootste deel van die stat ontdek wat uit 611 hutte bestaan en aan die regterkant het 'n wonderlike vlakte wat oor die Oranjerivier strek, voor ons oë ontplooi. Ons het voor ons 'n reeks berge gehad wat 'n amfiteater om die plek vorm en 'n baie skilderagtige toneel aangebied het. Terwyl ons die skoonheid van die ligging van die stasie bewonder, het ons by die huis van die sendeling aangekom.... Teenoor die huis is die tuin wat goed versorg is en 'n groot hoeveelheid groentes verskaf. Langsaan is die tuine van die naturelle wat sindelik tot aan die Oranjerivier strek en aan die noordekant tot aan die pragtige vallei aan die einde waarvan daar 'n natuurlike dam is wat 250 tree in omtrek is. Die water van die dam....is met sorg eenkant van die vallei uitgekeer en dien nou om die tuine van die stasie nat te lei".* (Pellissier, 1956:260).

Een van twee skilderye van Charles Bell ongeveer. Op beide is geskryf Verhuil, 1834. (Kyk Kunstenaars...)

Verskeie geboue is opgerig. Pellissier se huis wat in 1835 deur Gosselin voltooi is, het in 1856 twee vleuels bygekry; Lagua wat sedert 1836 Pellissier se assistent was, het vir homself 'n huis gebou wat later, toe hy na Lemue in Motito is, as skool gedien het; in 1844 is die T-vormige kerk voltooi (74 vt by 24 vt).

Francois Maeder (1811-1888) wat sedert 1837 in Basotholand gaan woon het, se skildery van 1845 waarvan daar twee weergawes is, die een wat in die museum hang is 'n duplikaat van die oorspronklike, en verskil net effens in styl. Hierop is die huis van Pellissier met sy tuine sigbaar asook die kerk links agter die huis. Lepoi se huis was nog nie gebou nie. Links van die sendeling se huis is die van Lagua en links van hom is die huis van die messelaar. Regs van die sendeling se huis is 'n skuur of pakkamer en daar agter 'n werkwinkel. Regs daarvan is die fontein. Die vestings van die Tlhaping word in die agtergronde as ronde krale met ronde hutte aangedui.(Kyk KUNSTENAARS...)

Pellissier se kerk wat in 1844 gebou is, verskyn links voor op die foto wat kort na 1887 geneem is

Pellissier as sendeling

Pellissier (1956:238) het al teen 1835 'n tydtafel deurgegee van wat daagliks op die sendingstasie gebeur: organisering van en toesig oor hande-arbeid, twee keer per dag huisgodsdiens, skoolhou, toediening van geneesmiddels, besoeke aan siekes en ander, "*hande-arbeid wat niemand anders behalwe ekself kan doen nie*", vertalings "*in die Betsjoeanataal*" en briewe skryf, spreekure wanneer gemeentelede hom besoek, katkisasieklasse en voorbereiding van preke en drie dienste op 'n Sondag.

Hy het gereeld verslag aan die direkteure van die PESG gedoen oor sy werksaamhede, die hoeveelheid mense op die stasie, mense wat bekeer en gedoop is, ens. In 1835 was hier reeds tussen 2,000 en 3,000 mense op die stasie en word die eerste drie bekeerlinge gedoop; hy rapporteer ook dat eredienste goed bygewoon word.

Tog was daar ook tye wat hy geweldig ontnugter was, soos toe Lephoi onder aanhitsing van die Griekwas in 1839 nie sy gesag wou aanvaar nie en mense belet het om kerk toe te gaan. Pellissier was genoodsaak om die kerk vir drie maande te sluit, daarna is eredienste bygewoon deur tot 500 mense. Sy teleurstelling spreek hy in sterk woorde uit (Pellissier, 1956:306-8) en praat van die onbestendigheid en valsheid van die mense..."*die waaragtige bekerings is so dun gesaai dat ons elke drie of vier maande net eenmaal die vreugde kan belewe om een siel aan die voete van Jesus Christus te bring...*".

In 1853 is daar oor die 20 jaar reeds 300 bekeerlinge. Hy hou ook afsonderlike dienste een keer elke tweede week in Hollands vir vrygestelde slawe en Hottentotte. Die 1855 statistieke toon dat daar sedert die ontstaan van die stasie 395 kinders gedoop is en 194 huwelike voltrek is. Sy gemeente was groot, in 1858 het hier reeds 4,000 mense gewoon; die kerk wat in 1844 voltooi is en wat 700 toehoorders kon huisves was soms te klein, veral met 'n oggenddiens (Pellissier, 1956:451).

'n Besondere vrug van die sendingwerk was die invloed wat dit gehad het op die jongman Gabriel David wat ongeveer in 1849 hier in Bethulie gebore is; hoewel hy net bekend staan onder sy Engelse name, het hy verklaar dat hy die seun is van David Maramane. Hy het ook verklaar dat hy geseënd was om 'n Christen-opvoeding vanaf sy kinderjare te ontvang; sy oupa was een van die eerste bekeerlinge van hierdie sendingstasie. In 1890 in Bloemfontein word Gabriel David die eerste Tswana wat as priester van die Anglikaanse kerk georden is. (Kyk HOOFSTUK 8: BEROEMDES...)

Martha Pellissier het onder andere naaldwerkklasse vir vroue gegee en 'n dagskool vir kinders begin waarby sy vir 30 jaar betrokke was.

Nadat Lephoi die sendinggrond verkoop het en die Tlhaping die stasie verlaat het, was daar teen 1863 net 20 lidmate oor. Pellissier was nie meer in diens van die PESG nie en het dus nie meer 'n salaris verdien nie; hy en sy vrou gee nog onderwys aan kinders; plaaswerkers en die lidmate wat oor is van sy gemeente en ander besoek nog sy kerk asook van die wit inwoners van die distrik en dorp. Pellissier het na 'n stryd oor wat hy sou doen besluit om in Bethulie aan te bly en te werk onder die ongeveer 300 Tlhaping wat agtergebly het. Omdat die sendingkerk nou in die dorp val moes 'n ander gebou buite die dorp gebou word. Hy verhuur die sendingkerk aan dr Blake, die eerste geneesheer en koop self die pastorie as woning, asook die tuingronde en buitegeboue. Op eie koste bou hy oorkant die spruit, onder die berg voor die poort 'n groot doelmatige kerkgebou wat 400 mense kan huisves. (Dit is op die grond waarop die latere die Rooms Katoliek woning

gehuisves was; op die foto verskyn dit regs voor. Die oorspronklike kerk was slegs die wit gedeelte). (Kyk KERKE: Sendingkerke). Hierdie gebou sou byna 60 jaar vir die sendinggemeente diens doen tot met die inwyding van die nuwe kerk in die swart woonbuurt op 27 April 1930. Dit is egter eers na Pellissier se dood voltooi in 1873. Hy sterf op 11 Junie 1867 en word deur Prosper Lemue van Carmel begrawe in die begraafplaas op die sendingerf. Die sendinggemeente is amptelik onder Lemue se toesig geplaas waar hy soms erediense gehou het, sakramente bedien het, troues en begrafnisse waargeneem het. Martha Pellissier het nog vir 20 jaar in die huis aangebly tot haar dood in 1887.

In die familiebegraafplaas van die Pellissiers, in die tuin van die Pellissier-museum, is daar drie grafte sonder stene; die grootte dui aan dat dit die grafte van drie kinders is. 'n Interessante moontlikheid is dat een van die grafte die broertjie van Olive Schreiner kan wees. Karel Schoeman (1989: 50) meld in sy boek oor Olive Schreiner dat hy in Bethulie begrawe is.

Gottlob en Rebecca Schreiner het in 1837 in Suid-Afrika aangekom as sendeling vir die LSG. Teen die einde van 1838 het hulle 'n besoek aan Philippolis gebring. In Julie 1842 is die Schreiners na Beerseba waar Rebecca se halfsuster, Elizabeth, gewoon het; sy was die vrou van die sendeling daar, Samuel. Daar het die familie 'n tydjie gebly terwyl Gottlob 'n sendingstasie, Basel, op die huidige Lesotho-grens gaan vestig het. Op 16 November word Albert Gottlob Schreiner gebore, hul tweede seun en derde kind. Rebecca het intussen na Colesberg gegaan. In Maart 1843 is Gottlob na Colesberg om sy gesin na Basel te neem; op pad het Albert siek geraak en hy sterf op 20 Maart in Bethulie. Mens kan bloot bespiegel dat Pellissier die seuntjie van 'n mede-sendeling op geen ander plek as in die familiekerkhof sou begrawe nie.

Sendelinge op Bethulie

James Clark vanaf Mei 1828 tot Junie 1833.

George August Kolbe getroud met Margaret Downing, vanaf Mei 1828 tot 26 Mei 1833.

Jean Pierre Pellissier (2 Julie 1833 - 1867) bygestaan en soms afgelos deur:

John Lauga (1836-38; 1854) wat in 1837 getroud is.

Constant Gosselin, die sendeling vakman/bouer wat Pellissier se huis bou vanaf September 1834 tot April 1835 en weer 'n tyd om te help met sendingwerk in 1839 tydens Lephoi se opstand.

B Schuh (1857-8) los af tydens Pellissier se afwesigheid, maar hy verlaat die stasie as gevolg van moeilikhede voor Pellissier terugkeer.

Daarna het Prosper Lemue en dr FP Lautré vanaf Carmel albei toesig gehou. Dr Lautré het Pellissier ook behandel.

Prosper Lemue: na Pellissier se dood; in 1867 is die sendinggemeente amptelik onder Lemue se toesig geplaas. Hy het ook vir Pellissier begrawe.

Die sendelinge van die PESG het mekaar op verskeie wyses bygestaan

Gosselin (1800-1872) 'n sendeling-vakman het die eerste sendingstasies se huise en ander strukture in Lesotho gebou, ook die huise van Pellissier in die latere Bethulie en van Rolland op Beersheba. Hy het ook die huis op Bethesda wat nou Maphutseng genoem word in Lesotho in 1860 gebou; hy is in 1872 daar oorlede en begrawe.

"Constant Gosselin was one of the first three pioneer missionaries who came to the Kingdom of Moshoeshoe in 1833, and the one who built the first mission stations at Morija and Thaba-Bosiu. While eager to learn about their adopted country, the other two, Eugéne Casalis and Thomas Arbousset, were young and inexperienced intellectuals, and it was Gosselin who raised the buildings without which little could have been accomplished.

After a few years, Gosselin's colleagues travelled to Cape Town to meet and mary wives, and in due course raised families. The missionary society in Paris was concerned that Gosselin should be given a similar chance to marry. A young lady, Clarisse Delatte, was sent out from France, together with two other intended missionary wives, and their husbands to be were expected to travel to Port Elizabeth (then known as Algoa Bay) to meet them. Two of them did, but Constant Gosselin was a

workaholic, so busy with building the Thaba-Bosiu Mission that he could not spare the six months needed for the return journey to the coast by ox-wagon to meet Clarisse. She eventually married another missionary, Francois Maeder, who had travelled on the same ship. Gosselin remained a bachelor until his death in 1872 at Bethesda Mission in southern Lesotho".
(http://www.placenameSA.com/Basotho%20People%20at%20Work.htm)

"Dit was ook Gosselin wat op Maandag 2 Februarie1835 die doodkissie en die graf in die tuin vir die begrafnis van die sendingpaar se eerste kindjie gemaak het". In Maart 1839 skryf Pellissier dat Gosselin hom kom bystaan het in die moeilike tyd toe die Griekwas die Tlhaping opsteek om in opstand teen hom te kom (Pellissier, 1956:230,313-4).

Pellissier se naaste kollegas, Casalis, Arbousset en Gosselin, was tot 1835 in Morija, Basotholand, totdat Rolland die stasie Beersheba (soms Berséba gespel), suidoos van die huidige Smithfield, in April 1835 gevestig het. Pellissier het hom gehelp om 'n geskikte plek te kry en ook mense om hulle daar te vestig. Pellissier beskryf die vreugde wat hy ervaar het om Rolland en sy vrou te ontvang. *"Daar ons nou so naby mekaar woon, het ons besluit om ons konferensie, wat sowel vir die heil van ons siele as vir die voorspoed van ons stasies bevorderlik sal wees, op die laaste Maandag van Junie te laat begin".* (Pellissier, 1956:226).

Daar is dus vanaf 1835 byna jaarliks 'n konferensie gehou wat hulle almal probeer bywoon het. Die eerste konferensie van sendelinge van die PESG vind op 3 Julie 1835 op Beersheba plaas wat Lemue nie kon bywoon nie. Die derde sendingkonferensie is in Bethulie gehou in Februarie 1838. Op 27 April 1840 vind die vyfde konferensie plaas en nou weer op Beersheba. In 1852 was daar 'n konferensie in Carmel. Die verslae van die konferensies het waardevolle inligting oor elke stasie verskaf. In 1860 was die konferensie weer in Bethulie gehou; die laaste hier, want drie jaar later is die stasie as 'n dorp verklaar.

Lauga wat in 1836-1838 as hulp vir Pellissier in Bethulie was, het later weer in 1854 kom aflos toe hy en Lemue albei op Carmel was; Pellissier was vir drie maande afwesig om sy vader in Algoabaai te gaan haal en sy twee dogters vandaar Kaapstad toe te stuur vir hulle studies. In 1857-1858 het Pellissier met sy gesin Kaapstad toe gegaan om hom as dokter te bekwaam. Schuh wat toe op Beersheba was moes in geheel na die stasie omsien, maar het homself in 'n netelige posisie laat beland waarna Lemue en dr Lautré, 'n mediese sendeling, moes oorneem (Pellissier, 1956:450-5).

Saam het die sendelinge die Bybel in Sotho vertaal, Pellissier was vir die vertaling van Matteus verantwoordelik en Lemue veral vir Johannes en Jesaja, maar hy was ook behulpsaam met die hele vertaling; die Nuwe Testament was in 1845 vertaal en die hele Bybel teen 1880. Een van hulle, waarskynlik Rolland, het 'n draagbare drukpers saamgebring om elementêre boeke en die Bybel te produseer, daarom het hy 'n drukkery in Beersheba begin. Die drie sendelinge Arbousset, Gosselin en Casalis wat vanaf 1833 in Basotholand was het die eerste Sotho grammatika boek, *"Etudes sur la langue Sechuana"* gepubliseer in 1841.

Die twee stasies die naaste aan Bethulie

Beersheba 1835-1858

Kyk HOOFSTUK 8: BEROEMDES....)

Rolland verlaat die Motito-omgewing in Maart 1835 waar hy sedert 1830 gewerk het en kom met al sy besittings en gesin by Pellissier aan waar hulle vir 15 dae gebly het; hy was op pad om 'n sendingstasie tussen die Caledon en Morija te vestig. Om 'n geskikte plek te kry het hy en Pellissier per perd vertrek en die plek Sewefontein, wat later Beersheba genoem is, gekies waar die stasie gestig is op 12 April 1835 (Pellissier, 1956:226,228,234). Dit is noordoos van die latere Smithfield geleë.

Hoewel daar positiewe verslae was in verband met die geestelike werk op die stasie, was daar gereeld bedreigings vanuit verskeie oorde. In 1837 rapporteer Pellissier (1956:265,287) dat Beersheba deur die Koranas aangeval is wat vee gesteel het en 'n klompie mans doodgemaak het; hy het na Rolland vertrek *"om hom sy beproewing te help deurstaan".* In 1839 dreig die Griekwas om behalwe Bethulie ook Beersheba deel van hulle gebied te maak. Rolland het op 28 November 1839 by

Stockenström gekla dat die boere op sy sendingstasie se gronde indring. Die sendelinge was bekommerd oor die voortbestaan van die sendingstasies met die stigting van die republiek van die Oranje-Vrystaat op 23 Februarie 1854. In 1858 is Beersheba aangeval deur 'n kommando boere, die stasie is vernietig en Rolland-hulle het 'n tydjie by die Pellissiers geskuil, maar het toe gevlug en in Burgersdorp gaan skuil nadat onrusbarene gerugte van oorlog hulle daartoe genoop het. Na die eerste Basotho-oorlog (1858) is 'n deel van Beersheba by die Vrystaat ingelyf. Elizabeth skryf in haar dagboek (Rust, 2011:78-90) Rolland het in ongeveer 1861 'n nuwe stasie gevestig, Nieu Beersheba, naby Poortjie en in 1869 saam met hulle seun, Emile, na Hermon gegaan.

Na die tweede Basotho-oorlog (1863) is is deel van Moshoeshoe se gebied by die Vrystaat ingelyf: die distrikte van Ficksburg, Fouriesburg, Clocolan, Ladybrand, Hobhouse, Wepener, Zastron en Rouxville en het dit die naam van *verowerde gebied* gekry. Daarom moes die volgende stasies ophou bestaan: Mekwatling, Hebron, Bethesda, Poortjie (of Nieu Beersheba, Rolland se nuwe stasie) Hermon (Rolland se seun se stasie) en Mabolela (Pellissier, 1956: 425,450, 460).

ELIZABETH ROLLAND VAN BEERSHEBA

Elizabeth Rolland is waarskynlik die eerste vrou in ons geweste wat haar herinneringe neergeskryf het. Karel Schoeman het dit geredigeer onder die titel van *The recollections of Elizabeth Rolland.* In Winnie Rust (2011:40-81) se *Margie van die Seminary* deel Elizabeth se agterkleinkind haar herinneringe met die skrywer.

Elizabeth Lyndall het vanuit Londen op 26-jarige ouderdom na Suid-Afrika gekom as kleuteronderwyseres. Sy is beskryf as "*small, delicate, refined looking. A slight upright figure and a lovely face with large, soft and beautiful dark eyes, crowned with a mass of luxuriant black hair*". Op die bootreis van 87 dae ontmoet sy vir Samuel Rolland; hy was van die eerste Franse sendelinge wat in 1829 na Suid-Afrika kom; saam met hom is Isaac Bisseux en ook Prosper Lemue wat op Carmel gearbei het. Sy het eers in Kaapstad skoolgehou en op 2 Januarie 1834 is sy en Rolland getroud.

Die Rollands het eers vir Moffat in Kuruman gaan help, maar in 1835 is hulle na "*die plek van sewe fonteine*", Beersheba, (in die latere Smithfield-distrik) waar hulle vir 23 jaar as sendelinge gearbei het. Net voor hulle vertrek vanaf Kuruman is hul eerste kind en dogtertjie gebore. Elizabeth onthou dat hulle op pad na Beersheba 'n vol rivier (die Vaalrivier) oorgesteek het met die hulp van 'n vreemde swartman wat haar baba op sy een hand bo die water gehou het terwyl hy deurswem!

Sy skryf dat hulle huwelik 'n groot fout was, 'n wrede ontnugtering wat daartoe gelei het dat sy nasionaal en emosioneel alleen was. Ten spyte daarvan het sy alles opgeoffer vir dit wat sy geglo het reg is. Daarom het sy vir Samuel tot die einde versorg nadat hy as gevolg van "*gradual paralysis*" heeltemal afhanklik geraak het. Hy sterf op Hermon, naby Wepener, waar hul enigste seun 'n tydjie sendeling was. Hulle het ook drie dogters gehad.

Op 19 Maart 1858 skryf sy dat daar weer gerugte is van grensgeskille tussen die Basotho's en die Vrystaatse regering maar dat die magistraat in Smithfield hulle beskerming belowe het. Toe gebeur die onverwagte en ergste: ruiters storm aan vanaf Slyptsteenheuwel en die boere is besig om die stasie te omsingel - Samuel gaan hulle met 'n wit vlag tegemoet... maar die boere eis dat hulle in die kerk skuil of aangeval sal word. Sy beleef die waansin van 'n verskrikte menigte, iets wat sy nooit sou vergeet nie. Die hele dorpie met alles daarin word vernietig en afgebrand, almal en alles wat oor 23 jaar bymekaar gemaak is: 700 siele vlug en word haweloos gelaat. (Volgens Samuel se herinneringe was daar 3,000 mense op die stasie). Sy en ander het vier dae gehurk in haar huis gesit. Bisseux het gekom om hulle te help en hulle het in Smithfield by goedgesindes tuisgegaan. Later is hulle terug om 'n paar goedjies te gaan haal; Samuel het vir oulaas vir 'n paar vlugtelinge uit die Bybel gelees, in die veld ingeloop, op sy Franse horing gespeel, maar sy fluit het hy aan die wilgetak laat bly hang.

Hierdie merkwaardige vrou sterf op 98-jarige ouderdom in Grahamstad.

Carmel 1847-1870

Tydens die konferensie op Mekwatling van 30 April 1846 is daar besluit dat daar tussen Beersheba en Bethulie 'n normaalskool gestig sal word waar swart onderwysers opgelei sal word en waar 'n kosskool vir die Franse sendelinge se kinders sou wees. Daar is aanbeveel dat Lemue die direkteur en Lauga die assistent sal wees van die stasie. Die plaas Kwaggafontein wes van Smithfiled is geidentifiseer en aangekoop. Lemue het die naam van die plek na *Carmel* verander en die hoop uitgespreek *"dat dit 'n ware Carmel word, dit is te sê, 'n wingerd van die Here, vrugbaar en vol vrugte van heiligheid en geregtigheid".*

Na 15 jaar op Motito en 18 jaar in daardie omgewing het Lemue dus sy tweede sendingstasie op Carmel gestig waar hy 22 jaar gewoon het. Motito is aan die sendeling, Fredoux, oorgedra en Lemue het, nadat hy Lauga vooruitgestuur het na Carmel om die stasie voor te berei, nog aangebly om hom touwys te maak. Lauga bereik die nuwe stasie op 27 Januarie 1847 waar Rolland en Pellissier hom bygestaan het met raad en aanvoorwerk. Geboue word opgerig en die ongeveer 50 swart inwoners van 'n klein statjie daar naby word na dienste genooi. Lemue kom in Desember 1847 in Bethulie aan waar hy Kersdag saam met 'n deel van Pellissier se gemeente van ongeveer 200 nagmaal gebruik. Hy kom in Januarie 1848 in Carmel aan. Carmel is opgebou en ontwikkel met die doel van onderrig en daarvoor moes die kosskool en ander geboue opgerig word; die gemeente was klein. Teen Mei 1851 doen verslag dat daar slegs 10 toehoorders by kerkdienste is waarvan 47 lidmate is en 30 leerlinge; op daardie stadium was daar ook 10 dogters op skool by mev Lemue, buiten Lemue se eie kinders was daar onder andere Pellissier se twee oudste dogters, Hortense en Clementine en 'n dogter van Henning Joubert van Goedehoop (Pellissier, 1856:387-9,407,410). (Kyk HOOFSTUK 8: BEROEMDES..; HOOFSTUK 9: PLASE).

Foto uit Smithfield Museum: gebou waarin watermeul was op Carmel dateer uit sendingtyd

Die stigting van Carmel wat 35 km van Bethulie is, moes vir die sendelinge baie beteken het. Twee keer moes Lemue en Lauga met Pellissier se langverlof vanaf die stasie hier uithelp, morele ondersteuning met die geboorte en sterfte van kinders en die bedreiging van die stasies deur die opstand van die Tlhaping, die stigting van die Vrystaatse republiek in 1845 en die Basotho-oorloë het hulle almal geraak.

Na Pellissier se dood in 1867 is die sendinggemeente van Bethulie amptelik onder Lemue se toesig geplaas waar hy erediense kom hou, sakramente bedien, troues en begrafnisse waargeneem het.

Lemue se siekte waaraan hy gely het sedert hy in die Kuruman-omgewing aangekom het en as chroniese infeksie van die ingewande beskryf is, het op Carmel in maagkanker oorgegaan. Sy vrou, dr Lautre en die ander sendelinge in die omgewing het hom bygestaan veral toe hy ernstig siek geword het en op op 66-jarige leeftyd op 12 Maart 1870 sterf. Drie jaar later sterf sy eggenote Louise Elenore Colanij op 7 November 1873. Hulle is albei op Carmel begrawe, asook 'n seun wat in in 1874 op 33-jarige leeftyd gesterf het. Die grafte is besonder deurdat dit eintlik 'n grafkelder is wat as 'n nasionale gedenkwaardigheid in 1989 geregistreer is. (Kyk ook HOOFSTUK 8: BEROEMDES...)

Die einde van die PESG se sendingwerk in die omgewing

Die sendelinge se grootste bekommernisse was die toenemende getalle boere wat grond in die omgewing verkry het, die grensgeskille met Basotholand en die Griekwas; dit alles het die onafhanklikheid van hulle stasies bedreig. Hulle het gehoop dat die Britse regering hulle sal kan beskerm soos uit briewe van Laugu in 1848 blyk, nadat Warden as Britse resident aangestel is (Pellissier, 1956:389).

Die situasie in Bethulie het egter getoon dat die Britse besetting juis deel was van die begin van die einde van die stasies.

Die kort Britse besetting, 1848-1854, en bewind van die Oranjerivier Soewereiniteit het die weg gebaan vir wit staatsvorming; grondeienaarskap was vir die regering tot voordeel en transportaktes is uitgereik vanaf 1849 soos Lephoi die sendinggronde begin verkoop het. In 1858 het die proses momentum gekry toe Lephoi Donovan as sy agent aanstel. Die spanning en konflik het gelei tot 'n breuk tussen die sendeling en die kaptein, hofsake en allerlei ingrype van die daaropvolgende regering van die Oranje-Vrystaatse Republiek het gevolg. Die Griekwas het steeds ingemeng tot hulle vertrek in 1861. Op die einde is die stasie verkoop en die gemeenskap opgebreek (Keegan, 1987:196-207).

Donovan, George (1818- 1898) en John Gerald (1848-

Kyk HOOFSTUK 8: BEROEMDES...

George Donovan, van Ierse afkoms was ongeveer 19 jaar oud toe hy saam met die Voortrekkers noordwaarts trek. Teen 1836 koop hy 'n plaas van Lephoi, die Tlhaping-kaptein in Bethulie, wat hy Glendower noem na een van sy Ierse voorstate.

Behalwe die boerdery op Glendower het hy het homself besig gehou as handelaar, landmeter en grondspekulant in die Vrystaat. In 1859 word hy Lephoi se amptelike agent en kry die alleenreg om die sendinggronde te verkoop (Pellissier, 1956:510). Hy en Miles het saamgewerk en Pellissier se aansprake teengestaan.

Volgens Pellissier was die eerste drie persone wat 'n maatskappy gevorm het om die grond van Lephoi te koop waarop die dorp later ontwikkel het, G Donovan, Henning Joubert en JF Klopper, dit was op 6 Oktober 1859 toe 'n koopbrief opgestel is. Die koop het egter nie deurgegaan nie en 'n jaar later is 'n nuwe koopbrief opgestel en Donovan vervang met 'n ander bondgenoot. Op 1 Mei 1860 word Donovan as Lephoi se agent afgedank, hy teken beswaar aan en uit die briewe blyk die onmin tussen verskeie mense en groepe en ou bondgenote wat die verkoop van die grond tot gevolg gehad het. (Pellissier,1956:518-525).

Op 11 Januarie 1900 is 'n gesprek met mev Donovan gevoer wat aangeteken is asook van haar eie herinneringe (Cory notes vol 6:528-531; 'n afdruk daarvan is in die Pellissier Museum beskikbaar). Haar vertolking van die geskiedenis of situasie is uit die aard van die saak beïnvloed deur haar man se werk as agent. Hoewel haar feite nie altyd so korrek was nie gee sy tog 'n interessante siening van gebeure.

"At Bethulie, there was a large clan of natives which had come from Bechuanaland... As soon as the Dutch got the country back, they seem to have wanted the land occupied by these natives... my husband advice the chief Lepoë to sell the land to the Dutch... this was agreed to. Mr G Donovan suggested that he should be the agent to effect the business and was accepted by the chief. The Dutch however chose one Van Ediken, who was a rascal – and the money was paid over to him, he did not give it to the native[s], who lost their land entirely. Some of the natives went to Basotoland and some to Thaba Nchu".

Nadat die Vrystaat in 1854 as 'n republiek verklaar is, het die drie sendingstasies, Bethulie, Carmel en Beersheba, soos eilandjies in 'n groot wit gebied oorgebly. Nadat Lepoi in Bethulie teen 1860 alles verwoes het deur die grond te verkoop en die grootste deel van die Tlhaping weggetrek het na Basotholand sodat net ongeveer 300 oorgebly het, het die stasie ophou bestaan en is die dorp in 1863 geproklameer. Carmel het op 'n 3,000 morg oorgebly en het na die dood van Lemue ook as sendingstasie verdwyn. Beersheba is tydens eerste Basotho-oorlog verwoes deur 'n boere-kommando.

Van die vroeë Franse sendelinge het slegs twee teruggekeer na Frankryk; in 1855 het Casalis teruggekeer om as direkteur van die PESG oor te neem en in 1860 het Arbousset met sy familie teruggekeer. Binne vyf jaar het vier van die eerstes hier gesterf waarvan Pellissier die eerste in 1867, daarna Lemue in 1870, Gosselin in 1872 en Rolland in 1873. Bisseux het 'n lang lewe gehad en hy sterf in 1896 in Wagenmakersvallei.

HOOFSTUK 4

DIE TLHAPING

Kyk ook HOOFSTUK 3: SENDELINGE

Tlhaping word ook soos volg gespel: Thlaping, Bachapin, Batlaping, Tlahaping, Tlapi, Tlaping; dikwels word daar na hulle as Betsjoeanas verwys.

SOTHO-TSWANA
FOKENG
(eerste en oudste Sotho-groep)
HURUTSHE
(senior stam van die Bechuana)
KGATLA
KWENA
ROLONG
TLOKWA PEDI TAUNG
NGWATO NGWAKETSE
TLHAPING

Uit: Giliomee en Mbenga, 2007:36

Die Rolonggroep het omstreeks 1600 naby die Madikwerivier gewoon, maar is deur die Hurutshe verdryf, waarna hulle hulle tussen die Vaal- en die Moloporivier gevestig het. Hulle verwante en ook ondergeskiktes, die Tlhaping, toe onder hoofman Mothobi, het meer suid gaan woon, naby Lattakoe wat drie myl (4,8 km) noord van Kuruman was; hulle hoofstad was Dithakong. Grobler (2007:11-12) verwys daarna dat die Tlhaping, of vismense, op 'n stadium langs die Vaalrivier gewoon het en dat vis een van hul hoof voedselbronne was. Teen die begin van die 19de eeu was hulle een van die sterkste gemeenskappe in die Hoëveld. Reisigers uit die Kaapkolonie was verbaas oor die grootte van Dithakong en meen daar was tussen 2,000 en 3,000 huise. In 1816 word die later bekende Kuruman-sendingstasie by Maruping gestig deur sendelinge Hamilton en Edwards; Robert Moffat sluit in 1820 by hulle aan.

"Dithakong is the name of a place east of Kuruman in the Northern Cape, South Africa, which had been a major destination for several of the earliest nineteenth century expeditions from the Cape to the interior of the subcontinent. In colonial literature the name is often rendered in such ways as Litakun, Litakoo, or Lattakoo". (wikipedia.org/wiki/Dithakong).

Die uitbreek van die *Difaqane* of *Mfecane* (verstrooiingstydperk) het ongeveer in die middel van die 18de eeu begin en die demografiese landskap van veral die westelike hoëveld en die suidooskus van die land verander. Botsings tussen verskillende inheemse groepe het uitgebreek en versprei en nuwe groeperings en magsblokke is gevorm. Toenemende Europese indringing het die proses ook beïnvloed. Die *Mfecane* het ook 'n invloed op die Tlhaping gehad.In 1823 word hulle in Dithakong aangeval deur 'n groep bestaande uit die Fokeng, Phuting en Hlakwana, ook verkeerdelik Mantatees genoem. Mahura was toe die Tlhaping-hoofman van Taung. Moffat het die hulp van die Griekwas van Griekwastad-omgewing ingeroep om te help tydens die slag van Dithakong; Kok, Barends en Waterboer het op sy versoek reageer; so is die Tlhaping gered deur die tussenkoms van Griekwas en sendelinge. In 1826 het die Ndebele onder Mzilikazi, wat hulle pas in die westelike hoëveld gevestig het, die Tswana-hoofmanskappe begin onderwerp. Omdat dit die handel tussen van die Griekwas met die noordelike bondgenote versteur het en jag noord van die Molopo bemoeilik het, het die Griekwas van Jan Boem en Barendse in 1831 in bondgenootskap met die Rolong en Tlhaping teen Mzilikazi opgeruk, waar hulle byna uitgemoor is deur die Ndebele (Giliomee en Mbenga, 2007:124, 130, 136, 155; Pellissier, 1956:109-112).

Adam Kok se groep Griekwa-volgelinge (Kyk GRIEKWAS) bestaan uit verskeie groeperings en in 1825 sluit dit onder andere die Kok en Hendriks-families in, 'n paar Korana-families asook 'n groep wat as Batswana beskryf word en uit hulle omgewing verdryf is deur die "Mantatees" of Ndebele. Een van hulle was kaptein Lephoi, 'n ondergeskikte van Mahura, die Tlhlaping-hoofman van Taung. Lephoi verklaar dat hy in 1825 by Kok aangsluit het: *"when I came out of my country, I came to Dam Kok. Dam Kok was fleeing and I met him at Danielskuil, between Kuruman and Griquatown. Dam Kok was going forward when I was going to the Vaal River - while I was still on the Vaal River, Kok came to the Riet River, and after that I also came to him to the Riet River, and from there we moved along the river to here (Philippolis)".* (Schoeman, 2002:35, soos aangehaal uit Volksraadnotule 1V, 297). Op Philippolis was daar sedert 1823 'n sendingstasie van die LSG vir die Boesmans. In 1826 word Adam Kok 11 deur Philip van die LSG aangemoedig om hulle op Philippolis te vestig as beskermers van die Boesmans. (Die Griekwas het egter die Boesmans in Philippolis mettertyd verdryf en uitgemoor en die dringendheid van 'n nuwe sendingstasie vir hulle het ontstaan. In 1827 het die LSG 'n sendingstasie gestig vir die Boesmans waar die huidige Bethulie is). Dit blyk dus of Lephoi tussen 1926 en 1828 hom met sy volgeling op Philippolis gevestig het; meer waarskynlik dat hy deel was van die groep van Kok wat hulle in 1826 daar gevestig het. In 1828 vind Clark en Melville "Betsjoeanas" daar en in 1830 vind Rolland en Lemue ook "Betsjoeanas" daar.

Wie was die Mantatees?

Webster (2001:131-3) wat met 'n knippie sout gelees moet word, vertel die verhaal van Mantatisi – *"the African Boadicea"*, wat die vrou van Hoof Morithsho van die Batlokwa-stam was. Van die Zoeloe-vlugteling uit Shaka se skrikbewind het by hom skuiling gesoek. Mantatisi raak verlief op een van hulle, Motsholi. Sy vermoor haar man om met Motsholi te trou wat haar egter verwerp. Sy laat haar seun, Sikonyela, Motsholi vermoor. Die Zoeloe-vlugtelinge val daarna die Batlokwa aan en sy en haar volgelinge moet vlug. Sy haal haar woede uit op die Suid-Sotho, Korana en Tswana-mense waarna sy tot by Lekoa vlug, op die walle van die Vaalrivier. Daar leer sy haar manlike volgelinge om soos Shaka se mense te veg. Hulle veg nakend, hul lywe swart gesmeer, met glinsterend krale aan, armbande van koper, en op hul koppe volstruisvere. Wanneer hulle veg trek hulle die vreeslikste gesigte. Haar vegters word van toe af die Mantatees genoem. Syself het glo 'n derde oog gehad; dit blykbaar van 'n diamant wat op haar voorkop gehang het. Hulle het net soos Shaka 'n skrikbewind gevoer teen almal, tot in Transvaal. Sover hulle gaan het hulle vernietig totdat daar ook niks was om te eet nie, met die gevolg dat haar vegters hulle tot kannibalisme gewend het. Hulle is uiteindelik verslaan deur 'n klein groepie Koranas omdat die met gewere geveg het. In die Lekoa-omgewing was daar ook Tlhaping wat by die Griekwas aangesluit het in 'n geveg teen hulle, maar eers toe net die gewondes oorgebly het. Die Tlhaping het die gewondes gedood met swaarde en gestenig en hulle koppe afgekap. Mantatisi het na Basotholand gevlug, waar Moshoeshoe haar en Sekonyela beskerming gebied het. Moshoeshoe het haar nie doodgemaak nie, want hy het geweet met watter gewete sy moes saamleef.

Die Tlhaping vestig hulle op Bethulie

Philip het teen 1832 'n besoek aan Kuruman gebring en besef dat die PESG probleme het om hulle sending daar te vestig as gevolg van Mzilikazi se geweldadigheid. Intussen moes die "*duisende Betsjoeanas wat gevlug het voor Moselekatse* (sic) *en skuiling by Philippolis gesoek het, êrens heen verskuif word. Pellissier het na Suid-Afrika gekom om onder die Betsjoeanas te arbei en dit op dr Philip se aanbeveling. Die oplossing het dus voor die hand gelê... Hy bied aan om die ontruimde stasie dan tot beskikking van Pellissier te stel op voorwaarde dat hy die Betsjoeanas daarheen neem...".* (Pellissier, 1956:185-90). Pellissier was van die PESG en die Genootskap het uitstekend saamgewerk met die LSG; die Franse sendelinge het onder die toesig van Philip van die LSG gestaan. Schoeman (1994:90-) wys egter daarop dat dit Pellissier self is wat aan Philip voorgestel het om sendingwerk onder die Betsjoeanas (Tlhaping), wat in die omgewing van Philippolis is, te doen. Dit het vroeg in 1833 gebeur toe Pellissier en Lemue vanaf Kuruman op pad na Port Elizabeth was. Volgens Pellissier het Philip hulle aangeraai om so te maak en selfs voorgestel dat die genootskap die stasie van die Boesmans oordra aan die PESG en dat Pellissier die Betsjoeanas soontoe bring.

Pellissier skryf dat hy kort na sy aankoms en tydens die twee maande wat hy Kolbe op Philippolis afgelos het in Mei 1833, stappe gedoen het om al die Betsjoeana-kapteins oor te haal om hulle op Boesmansskoolstasie te gaan vestig; hulle het vanaf 'n afstand van 6-7 myl (9,6-11,2 km) gekom om die saak te bespreek. Hoewel die meerderheid geneë was om hom te volg, het hulle toe die tyd aanbreek, geweier. Hy kon nie saam met hulle in die Philippolis-omgewing woon nie, omdat die Griekwa-hoof, Adam Kok 11, hulle terug wou stuur na hulle land. Die res van die Betsjoeanas wat Pellissier nie gevolg het nie, is terug na Lattakoe (Pellissier, 1956: 292). Nadat Pellissier hom op

Boesmanskool gevestig het, op 2 Julie 1833, het hy weer twee keer na Philippolis teruggegaan om hulle te oorreed om hom te volg. Die tweede keer het hulle hul vervoerbare huise op hul osse gepak en getrek. Nadat hulle twee dae op pad was het van hulle siek geraak; dit het hulle 'n maand vertraag. Daarna was hulle vrees vir die Koranas 'n probleem en Pellissier moes hulle weer aanmoedig. Pellissier was baie dankbaar toe die ongeveer 1,800 mense, hoofsaaklik Tlhaping, uiteindelik op 14 Oktober 1833 hier aankom. In sy brief 'n maand later vertel hy dat hulle tuine aangelê het met water uit 'n fontein wat 'n voet breed en vyf duim diep vloei, dat 82 kinders die dagskool besoek en dat 300 mense die Sondagdienste bywoon. Hy preek in Setsjoeana (Sesotho) en Hollands (Pellissier, 1956:164-5). Dit blyk dus dat Lephoi na sewe jaar, vanaf 1826, op Philippolis na die huidige Bethulie omgewing gekom het op 14 Oktober 1833. Kaptein AB Armstrong wat die huidige Bethulie-omgewing twee keer besoek het, eers op 11 Oktober 1833 en toe 'n paar dae later op sy terugreis skryf: *"Previously to my arrival at Philippolis Adam Kok had driven out of his territories about 1200 Bechuanas, and Mr Pellissier being aware of the humane intentions of the Government towards these people, cause them to take up their abode at his station. On my return I found them located there, they had erected 220 huts in the space of three days and were busily employed digging the ground".* (Schoeman, 1993:85-97).

Uit die Notules van die Volksraad van die Oranje-Vrystaat van 1895 soos saamgevat in Suid-Afrikaanse argiefstukke, Oranje-Vrystaat no 4 (1965:299-300) het Pellissier verklaar dat toe Lephoi uiteindelik hier aankom dat daar tot sy verwondering veel meer mense is as wat hy verwag het en dat daar ook kleiner hoofde saamgekom het soos Mushulitse, Ligobi en Shane asook Botilo, Goeiman en Umalitsil. Om orde te handhaaf het hy aangedring op slegs een opperhoof en omdat hy aanvanklik met Lephoi onderhandel het, sal hy hom as die opperhoof beskou.

Hoewel die Tlhaping in die meerderheid op die stasie was, het hier mettertyd ook ander groepe gevestig geraak, maar geen Boesmans meer nie. Sedert 1834 het Basotho's en vrygestelde slawe op die stasie kom woon. *"From the beginning, too, the Bethulie community was a very mixed one, with many Rolong and Sotho as well as considerable numbers of dispossessed people and refugees from the Cape Colony - 'Bastaards', Khoi and freed slaves - many of whom had special skills (such as literacy) which made them influential members of the community. The wealthier members of the community invested in wagons, and transport-riding became an important activity. Wage-labouring in the Colony was common too".* (Keegan,1987:193). (Kyk skets onder Basotho's vir statte van Tlhaping en Basotho's).

<u>Die Griekwas en Lephoi</u>

In 1835 word die grense van die sendingstasie vir die eerste keer bepaal tussen Adam Kok 11 en die sendeling om die Griekwa-gebied van die stasie te onderskei. Die Griekwa-hoof erken Lephoi as onafhanklike hoof. Moeilikheid met die Griekwas het egter kort-kort opgevlam. Die nuwe kaptein, Adam Kok 111 wat in 1837 aangestel is, erken nie die grense nie en stel Pellissier in kennis dat Bethulie deel van sy gebied is. Adam Kok wat Corasi, Lephoi se een seun, onder sy invloed gekry het, het Corasi gebruik om Lephoi in opstand teen die sendeling te laat kom en sy onderdane te belet om kerkdienste en die skool by te woon. Corasi word leier van 'n bende. Hulle beplan om Pellissier weg te jaag. Lephoi was aanvanklik hewig ontstel hieroor; maar teen November 1839 swig Lephoi voor die opstekery. Die situasie het drie maande lank geduur. Die vrede is eers herstel toe Philip, Kok se brouwerk reggemaak het deur 'n brief aan Kok te stuur waarin hy meld dat die Bethulie-stasie onafhanklik van Philippolis is en aan die PESG behoort en Lephoi op uitnodiging hier woon. Corasi word van die stasie verban en deur die gemeenskap verjaag. Lephoi het verskoning gevra en die kerk is weer geopen.

Teen Maart 1840 het die Griekwas weer moeilikheid veroorsaak. Die Griekwa-kapteins, Kok en Waterboer, probeer weer 'n keer om Lephoi aan hulle onderdanig te maak en beweer rekoniegeld moet aan Kok betaal word omdat hulle op sy grond woon. Lephoi is ontevrede en hy sê dat as die Griekwas 'n slaaf van hom wil maak, hy die land sal verlaat (Pellissier, 1956: 306).

In 1841 het die Griekwas die grense ernstig oorskry en neem 15 fonteine in besit, hulle verjaag die Tlhaping van hulle weivelde en verhuur en verkoop die stasie se fonteine aan immigrant boere. Kok dreig selfs om die stasie op 'n vendusie te verkoop. Pellissier wend hom toe die landdros in Colesberg en Lephoi, Pellissier en Kok verskyn voor die landdros, mnr Rawstore. Tydens die saak wil Kok voorgee hy onderhandel net met Lephoi maar toe daar op Lephoi se onafhanklikheid gesteun word, is hy ontevrede. Hy het toe ontken dat Lephoi 'n onafhanklik hoof is, dit ten spyte van sy verklaring van 1835; hy roep uit: "*wie is Lephoi, hy is maar die slaaf van Adam Kok...*". (Pellissier, 1956:324). Die uiteinde van die hele petalje was dat Kok die grense van 1835 moes erken en indien hy aanhou oortree, sou troepe na Bethulie gestuur word om dit te beskerm.

Die reëlings met die Griekwas was elke keer van korte duur. Philip skryf in 1840 aan Kok "*that the station was given by Stockenström as a missionary station to the London Missionary Society, that if any people had any claims upon land they are Bushmen; and the Bechuana chief is there by sufferance only.... You will also recollect that the London Missionary Society gave up its right to that station to the FMS...*". (Pellissier, 1956:305). In 1843 word Khoro, die oudste seun van Lephoi, deur Kok opgesteek om die sendeling weg te jaag; Kok maak hom ook verdag omtrent sy broer Leina, en sê dat dié kaptein wil word. In 1844 word 'n troepemag van die Kaapkolonie op Philippolis gestasioneer om onder andere te verseker dat die Griekwas en die trekboere Bethulie se grense respekteer.

"*In early 1858 Kok travelled to Bethulie despite Lephoi's warning of armed resistance, and formally installed Khoro as chief under his, Kok's, paramountcy. Kok continued to sow dissent in Bethulie, appointing his own local officials and urging the Tlhaping to bring their complaints to his court. Later in 1858 Kok sent a Griqua veldcornet, Jan du Preez, with 35 armed men to Bethulie. Du Preez refused to leave when ordered to do so by Lephoi. 'It is rumoured', reported Lephoi's son, Leina, 'that the Griquas contemplate expelling Lephoi and his people from Bethulie and that they have already applied for grants of land*". (Keegan, 1987:199). Op 30 Mei 1859 het Adam Kok nog vir laas probeer om die stasie in te palm; hy verklaar dat die grond aan die Griekwas behoort en dat die regering nie met Lephoi mag onderhandel nie, want hy wat Kok is het hom afgesit (Pellissier, 1956:526).

Tamboekies en die Tlhaping

'n Ander bedreiging vir die stasie en die Tlhaping was die Tamboekies, 'n Xhosa-groep, onder Denussa uit die Kraaifontein-omgewing, anderkant die huidige Aliwal-Noord (Du Plooy, 1977:13). In Oktober 1837 val hulle die stasie aan; 10 van die Tlhaping se veewagters word doodgesteek, 600 beeste en 3,000 skape gesteel. Daarna het van die Basothos verhuis asook ander wat naby die stasie gewoon het. Die oorblywende mense het in vrees geleef, te bang om hulle huise te verlaat en die helfte minder kom kerk toe, hulle pas ook heeltyd hul vee op. Vier jaar later in Augustus 1841 het die Tamboekeis weer 100 beeste geroof, maar die is geleidelik teruggekry. Die Tlhaping is verdeeld: een groep wil vrede bewaar met die Tamboekies en die ander, onder Khoro, wou wraak neem en het op 'n ekspedisie gegaan wat egter moes omdraai.

Die Koranas en die Tlhaping

Pellissier beskryf die Tlhaping se vrees vir die Koranas alreeds met hulle trek hier na die sendingstasie toe en hoe hy hulle moes aanmoedig. In 1834 beskryf Smith (1975:41-2) ook die bedreiging soos volg: "*...they complained also of their unfortunate position regarding to a horde of Koranas who resides to the northward of them, and ...were constantly exposed to aggression from the plundering parties sent out by the chief....Piet Whitefoot*".

Boere, die Britse regering en die Vrystaatse republiek

Kyk ook HOOFSTUK 2: VROEË BESOEKERS

Jagters het al vroeg die gebied besoek en toe Gordon in 1777 hierdie gebied verken, was daar mense wat hom vergesel het wat bekend was met die omgewing. In 1809 het kol Richard Collins tot by die sameloop van Caledon- en Oranjerivier gekom. Hoewel hy nie die rivier oorgesteek het nie, verwys hy na die naburige veeboere wat reeds die rivier en omgewing goed ken en benut. Teen 1820 het meer en meer trekboere wat weiding gesoek het periodiek en seisoenaal oor die Oranjerivier gekom en hulle vir tydperke in die omgewing gevestig naby fonteine (Schoeman, 2003:21). Die trekboere was lojaliste en wou nie bewustelike breek met die Kaapkolonie nie. Tog is die noordelike grens al meer noord geskuif as gevolg van hulle behoeftes. Op 9 September 1824 word die Oranjerivier as noordelike grens van die Kaapkolonie gestel, maar op 3 November 1825 kry die trekboere amptelik toestemming as gevolg van uitgerekte droogtes om hulle vee vir tye in die Transgariep te laat wei. Later het hulle die fonteine en weiveld begin huur by die Griekwas en die Tlhaping. Lephoi het al sedert die begin van die 1840's fonteine uitverhuur en dit het daartoe gelei dat die grondgebied vir weiding vir die Tlhaping reeds toe al minder geraak het. Die verhuring het later in die verkoop van grond oorgegaan (Keegan, 1987:196-7). Die totale gebied suid van die Modderrivier en ook tussen die twee groot riviere, Caledon- en Oranjerivier, is reeds teen 1832 beset deur ongeveer 1,500 boere soos deur Philip van die LSG gerapporteer (Oberholster, 1964:21-25). In die begin van die 1840's het die trekboere wat hulle steeds as Britse onderdane sien, MA Oberholzer as hulle leier beskou. 'n Groep wat egter nie meer onder Britse gesag wou staan nie, het onder Jan Mocke 'n republikeinse ideal gepropageer. In 1842 het 'n groep Boere onder Mocke na Lephoi gekom en gedreig om Bethulie in te lyf in die republiek. Pellissier jaag in die nag na Colesberg om die Koloniale owerhede in te lig oor Mocke se planne.

Die groeiende onrus tussen die Griekwas, die sendelinge en die trekboere het daartoe gelei dat die Britse regering hom al meer bemoei het met sake in die Transgariep. "*In the 1840's the communities north of the Orange, black and white, were fluid, volatile and ill-defined, based on systems of clientship and involved in relationships of conflict and interdependence with each other. In order to secure stability and peace on the northern borders of the colony, not least to facilitate commerce, the imperial power was drawn steadily into that troubled region in the 1840's as an arbiter in the increasingly bitter disputes over land and jurisdiction between indigenous peoples and the surrounding Boers. Finally, in 1848, after their system of treaties of alliance with major chiefs (namely Kok and Moshoeshoe of Lesotho) had proved ineffective, British sovereignty was declared over the territory between the Orange and Vaal rivers*". (Keegan, 1987:194). In 1848 vind die Slag van Boomplaats plaas, waartydens Brittanje beheer oor die Vrystaat verkry. Bethulie se sendingstasie bly onafhanklik terwyl die res van die Vrystaat onder Britse beheer geplaas is. Die regering begin grondtitelaktes uitgee ook in die Bethulie- omgewing onder andere aan boere. Intussen sluit Adam Kok 111 en Lephoi 'n ooreenkoms oor grense waartydens die sendingstasie se gebied met ongeveer die helfte verklein word. Dit lei onder andere daartoe dat meer as 200 mense die stasie teen 1850 verlaat en teen 1852 skryf Pellissier dat 'n kwart van die stasie se bevolking getrek het.

In 1854 word die Britse gesag vervang tydens die Bloemfontein Konvensie op 23 Februarie en word die gebied 'n Boererepubliek. Bethulie-sendingstasie behou steeds sy onafhanklikheid, maar Pellissier was toe al baie bekommerd oor die toekoms van die stasie.

Die begin van die einde vir die sendingstasie

Op 11 September 1856 verlaat Pellissier Bethulie om vir 18 maande Kaapstad toe te gaan om hom te kwalifiseer as dokter, te rus (vir die eerste keer in 22 jaar), en vir die opvoeding van sy kinders. Mnr Schuh neem waar. Met sy terugkeer op 16 April 1858 vind hy die stasie in 'n warboel. Schuh kon nie die orde handhaaf nie en Lemue en Lautre moes uithelp.

In 1859 het Khoro, oudste seun van Lephoi, blykbaar na 'n tyd van verblyf in Lattakoe teruggekeer na Bethulie en die kapteinskap geeis, waarop Lephoi die hulp van die Vrystaatse president, MW Pretorius, ingeroep het en aansoek doen om inlywing by die Republiek. Lephoi stel intussen vir Mantjes, 'n jonger seun van hom, aan as sy opvolger, dié se beleid was die verkoop van die stasie. Leina, sy tweede seun, was toe reeds 'n drankverslaafde en kon nie langer in aanmerking kom nie (Pellissier, 1956:506, 588-90).

Van Aswegen (1977:86-95) beskryf die stryd om besitsreg van die sendingstasie tussen Lephoi en Pellissier deeglik asook die feit dat albei by die Vrystaat-regering aansoek doen om hulle regte te beskerm. Pellissier se agent, CS Orpen, doen op 24 Januarie 1859 namens die PESG aansoek dat die Republiek die stasie annekseer om 'n einde te maak aan die verkoop van die sendinggrond. Lephoi het die Volksraad ook vir beskerming gevra om sy regte te beskerm.

'n Ondersoek oor die besitsreg oor die Bethulie-sendinggrond begin; op 3 Junie 1859 het waarnemende president Snyman Bethulie besoek en met die agente van die twee partye ontmoet. Snyman en sy kommissie het tot die voorlopige gevolgtrekking gekom dat Lephoi die kaptein van die stasie is, maar dat Pellissier ook sekere regte daarop gehad het. Die saak sou verder bestudeer word, die stasie is onder die Volksraad se beskerming geplaas en die verdere verkoop van grond is verbied. Lephoi het egter voortgegaan met die verkoop van die grond. Albei paryte het hulle weereens na die Volksraad gewend en te midde van baie moeilikhede het die waarnemende president in Oktober 1859 na Bethulie gegaan om met elk van die partye en ook gesamentlik ooreenkomste te sluit; daarvolgens het albei partye afstand gedoen van hulle aanspraak ten gunste van die Vrystaatse regering en die as wettige regering erken; die regering sou ook grond aan die 4,000 Tlhaping gee vir 'n sendingstasie. Die saak is in die Volksraad bespreek; daar is teen die bepaling van die grond vir die 4,000 Tlhaping besluit, en ook om die aanspraak op die grond weer te ondersoek.

Op 14 Februarie 1860 is 'n proklamasie in die Volksraad aanvaar waardeur die anneksasie van die gebied en die onderwerping van Lepoi en sy onderdane, asook Pellissier 'n voldonge feit geword het. Pellissier het beswaar aangeteken omdat dit nie ooreenstem met die Februarie besluit nie, en wou nie verder onderhandel nie. In Maart 1860 het die Uitvoerende Raad met Lephoi se agente en sy seun Mantjies vergader, sonder Pellissier, en na oorweging het die Raad Lephoi se besitsreg erken, sekere toegewings is aan die sendeling gemaak, soos die gebruik van die sendinghuis, tuine en landerye, 10,000 morg is ook aan die Tlhaping toegestaan vir landerye.

Lephoi het hom vrywillig aan die Vrystaat-regering en sy wette onderwerp, en hoewel hy nog die titel as kaptein gehad het, was hy nie meer onafhanklik nie. Lephoi se sake was egter so verward dat hy die nuwe president, MW Pretorius, op 8 Junie 1860 in Bethulie ontmoet het en daartydens het Lephoi en sy Raad al hulle grondsake aan die beheer van die Vrystaat-regering oorgegee. Dit het beteken dat die Vrystaat-regering sou sorg vir die opmeting, inspeksie en beheer en verkoping van die gronde, die invordering van die koopsomme en gelyke verdeling daarvan onder die volk van Lephoi en die hantering van alle probleme wat in die verband mag opduik. Om al die aangeleenthede te beheer het Pretorius 'n landdros in Bethulie aangestel, J van Iddekinge. In Februarie 1861 is die saak tussen Lephoi en Pellissier finaal afgehandel. Die twee partye het nou tot 'n skikking gekom, want hulle het die Volksraad versoek om die besluit van Maart 1860 te bekragtig met die byvoeging dat Lephoi die reg sou hê om dle stasie Bethulie met die daaraan behorende 10,000 morg, te verkoop as hy die toestemming van die sendinggenootskap daartoe verkry. Daardeur het Pellissier alle aanspraak wat hy op die gronde gehad het, laat vaar. Lephoi het vir Richard Miles ('n Tswana wat deur LSG opgelei is) aangestel as "Lephoi se magistraat" en hy help Lephoi om die stasie se grond op te deel vir familie en sy raadslede. Lephoi stel ook vir Donovan ('n Ier) aan as sy agent om verder plase te verkoop veral aan trekboere. Lephoi en sy seuns het die grond baie gou verkoop en teen 31 Augusuts 1860 was daar nog net drie onverkoopte plase. Lephoi, met 'n klein klompie aanhangers en van sy seuns wat nog in Bethulie agtergebly het, was tot met hulle vertrek in 1861 in heelwat geskille met die Vrystaat-regering gewikkel oor die verdeling van die inkomste uit die verkoop van die grond.

Teen 1961 het die meeste van die Tlhaping asook Lephoi vertrek en was slegs 300 oor, waarvan 30 lidmate van die kerk. Khoro het met 'n groot groep volgelinge na Lesotho gegaan na Khoro Khoro naby Thaba Filori. Pellissier het oorweeg om daar sy sendingwerk voort te sit, maar tog op die einde besluit om in Bethulie te bly, vir die oorblywende Tlhaping wat steeds op die stasie is en vir die wat hulle self aan die boere uitverhuur het. Sy gemeente het ook nuwe intrekkers bygekry. In sy laaste brief van 16 Maart 1863 skryf Pellissier dat Lephoi hom op 'n plaas, Kloofeind, wes van Bloemfontein gaan vestig het.

Kaptein Lephoi

Lephoi is ongeveer 1786 gebore. Sy naam word in verskeie bronne verskillend gespel: Le Puy, Lepoi, Lepui. Die naam Lephoi beteken *Tortelduif.* Reeds in 1833 skryf Pellissier dat hy 'n hoofkaptein is en goedgesind is teenoor die evangelie. Sy mag oor sy volgelinge neem toe en hy sorg dat wette nie verbreek word nie. Die sendeling Arbousset wat later Moshoeshoe se vriend geword het, beskryf Lephoi in 1835 as "*gewillig en sonder ambisie en sonder wreedheid*"; hy meld dat 'n klompie kleiner kapteins onder Lephoi staan en dat Lephoi wet en orde handhaaf. Verder is die ywer, sindelikheid en netheid asook die toenemende gereelde kerkbywoning vir hom opvallend (Pellissier, 1956:166, 246, 260).

Andrew Smith doen Boesmanskool in 1834 aan op soek na die loop van die Caledonrivier. Hy vind dat die Tlhaping meer gevorderd is as die ander groepe. Hy oorhandig names die Kaapse goewerneur medaljes aan alle kapteins en hoofde, ook aan Lephoi. Die Griekwa-hoof, Kok, erken Lephoi in 1835 as 'n onafhanklike hoof. In 1837 word hy deur Stockenström as onafhanklike hoof erken. Dus is Lephoi se onafhanklikheid op drie geleenthede erken en is die Griekwa-hoofde se aansprake later ongeldig.

In Oktober 1837 val 300 Tamboekies onder Denussa, die sendingstasie aan. Die Tlhaping wil wegtrek maar Lephoi oorreed die meeste om te bly. Pellissier beskryf die positiewe invloed wat Lephoi om almal het: "*hy gee aan al sy onderhoriges 'n voorbeeld van alles wat goed is....Die standvastigheid van die hoof het baie invloed gehad op die groot massa van die bevolking".* Op 50-jarige ouderdom begin Lephoi leer om te lees en skryf. Hy bekeer hom in 1837 en hy en sy vrou word gedoop. Hy het veelwywery gelos en trou in die kerk met sy eerste vrou, Makhoro (moeder van Khoro). Dit was nie vir hom maklik nie want daarna het hy 'n stryd gehad met sommige van sy onderdane wat gedreig het dat hy nie meer opperhoof sal wees nie as hy hom bekeer. Pellissier skryf vroeg in 1839 dat Lephoi en sy vrou gereelde nagmaalgangers is en dat altwee " *'n geseënde voorbeeld vir die ganse stasie is. Hulle brand soos helder ligte in die duisternis".* (Schoeman, 2003:114; Pellissier, 1956:268-79).

Ongelukkig swig Lephoi in 1939 voor die Griekwas se opswepery en Corasi se invloed en verbied toe sy mense om langer kerk of skool toe te gaan; dit duur vir drie maande lank. Lephoi het verskoning gevra en vir Pellissier verseker dat Corasi hom bedreig het. Pellissier eis dat Corasi verban word van die sendingstasie. Op 18 Januarie 1840 het Lephoi, nadat hy met sy raad oorleg gepleeg het, Pellissier versoek om weer met kerkdienste te begin, Corasi het ook verskoning gevra, maar is verban want selfs die gemeenskap het hom verjaag.

In 1943 skryf Pellissier soos volg oor Lephoi om sy goeie voorbeeld en invloed te beskryf: "*as Christelike kaptein het hy gedoen en doen nog alles in sy vermoë om die wat onder hom geplaas is, in te lig".* (Pellissier, 1956:355). In 1848 bou Lephoi vir hom 'n huis.

Die goeie verhouding wat daar tussen Lephoi en Pellissier was, is vir 'n tweede keer ernstig geskaad toe Lephoi onder die invloed van die verkeerde mense die sendinggronde begin verkoop het. *"Lephoi and his sons had also surrounded themselves by 1859 with several 'Bastaard' advisers; Theuns and Roelf Neuveld, Andries Geel, Frans Valentyn and Galant all sat on Lephoi's 'Raad' - an innovation borrowed in 1858 from Griqua society- and appended their signatures (they were mostly literate) to Lephoi's correspondence and proclamations. Many of these were refugees from the Kat River settlement or from various Cape mission stations*". (Keegan, 1987:197). (Kyk ook hierbo onder "Die begin van die einde van die sendingstasie").

In sy laaste brief aan die PESG op 16 Maart 1863, skryf Pellissier dat Lephoi en sy seuns wat al die grond verkoop het, al verskeie maande weg is en hulle gevestig het op 'n stuk grond wat hulle in ruil ontvang het naby Bloemfontein. 'n Kleinseun van Lephoi se broer is in November 1954 deur HS Pellissier in Bloemfontein opgespoor en hy verklaar: "*Ek, Matolong Meremi, 'n kleinkind van Baiseng, broer van kaptein Lephui, verklaar hiermee dat kaptein Lephui na sy vertrek uit Bethulie by Kafferrivier gaan woon het. Daar het hy getrek na 'n plek net anderkant Kloofeind, ongeveer 'n myl* (1,6 km) *waar die Kloofeind-skool nou is. Hulle het die plek die Hop (De Hoop?) genoem. Daar is hy oorlede en begrawe. Later het hulle hom daar opgegrawe en by Fauresmith gaan begrawe".* (Pellissier, *1956:474,529,644-5).*

Lephoi se kinders

Pellissier skryf dat Lephoi 10 kinders in die skool gehad het; hulle onderskei hulself en ses is in die hoogste klas. Inligting kon oor nege kinders verkry word; die seuns Khoro, Leina, Corasi, Mantjes en Petrus, Jan en Sjogong en twee dogters Monantsi en Delia.

Die oudste seun was **Khoro** (ook Ghoro, Gorro of Kora gespel) en sy vrou was Sani wat onder die eerste drie dopelinge was. In 1841 met die Tamboekies se tweede rooftog, wou 'n groep onder Khoro wraak neem en het op 'n ekspedisie gegaan wat egter weer moes omdraai. Adam Kok probeer in 1834 Khoro teen Pellissier opsteek en hom verdag maak dat Leina hoof sal word en nie hy as oudste seun nie. In 1859 het die ontevredeTlhaping wat bekommer was oor die grond verkope hulle toevlug tot Khoro geneem; Khoro het blykbaar na 'n tyd van verblyf in Lattakoe teruggekeer na Bethulie en was geskok oor wat hy sien. Hy het daarop die kapteinskap geeis, waarop Lephoi die hulp van die Vrystaatse president ingeroep het. Daarna het die sendingstasie sy onafhanklikheid verloor en deel van die republiek geraak. Wat die redes vir die verskil tussen Lephoi en sy oudste seun was is nie duidelik nie; Khoro het nooit veelwyery afgesê nie en was nie 'n kerkman nie. Hy was ook daarteen dat die sendingstasie verkoop word en het in botsing daaroor met sy vader en broers gekom. Op 30 Mei 1859 het Adam Kok nog vir laas probeer om die stasie in te palm; hy verklaar Khoro as kaptein en dat die grond aan die Griekwas behoort. (Keegan (1987:199) dui die datum as 1858 aan). Donovan, Lephoi se agent het ook op slinkse wyses gesorg dat Khoro nie die leierskap oor neem nie. Lephoi stel Mantjes as sy opvolger aan. Die grootste deel van dieTlhaping het Khoro aangehang en na die verkoop van die stasie het Khoro met die groep skuiling gesoek by Moshoeshoe, en wel by Khoro Khoro naby Thaba Filori. Hulle trek van 1860 se einde, begin 1861, word as 'n eksodus beskryf: 120 waens, met swaargepakte osse en perde, beeste, skape en bokke (Pellissier, 1956:240, 338, 342, 475, 500, 502, 506, 510-2, 522, 526, 529, 530, 588).

Die tweede seun van Lephoi was **Leina.** Hy was ook onder die eerste drie dopelinge en Pellissier het hoë verwagtinge van hom gehad. "*Almal is lief vir hom weens sy natuurlike beminlikheid, maar hulle vrees hom weens sy strengheid*". Op 'n ander plek word egter verwys na sy slegte humeur en die feit dat hy handgemeen geraak het met 'n vrygestelde slaaf; daarvoor is hy ses maande onder kerklike sensuur geplaas. Hy het uit sy eie 'n skool begin vir kategese in 1836. Daar is vir 'n tyd lank gemeen hy sou Lephoi opvolg. In 1846 bou hy vir hom 'n mooi huis langs die kerk. Tydens Corasi se opstand in 1839 het Leina niks gedoen om Pellissier te verdedig nie, dit het selfs gelyk asof hy deelgeneem het aan die opstekery. Maar in 1848 skryf Pellissier dat Mantjes en Leina hom baie plesier verskaf in hulle bywoning van kerklike byeenkomste. Pellissier ervaar in 1856 dat van Lephoi se seuns hulle ernstig aanmatig betreffende kerklik gesag. Leina word ernstig siek en dit het daartoe gehelp dat hy tot homself inkeer. Tydens Pellissier se afwesigheid toe hy in Kaapstad was in 1858, het Leina ernstig aan drank verslaaf geraak en teen 1859 was hy 'n gebroke man. Teen 3 Junie 1859 is daar bewyse dat Leina al oorlede is (Pellissier, 1956:240. 255,256, 313, 338,375, 384, 437, 505-6, 512).

Corasi, nog 'n seun van Lephoi, het teen 1836 elke Sondagaand die buitewyke van die stasie besoek om aan die bewoners wat nie die kerkdiens kon bywoon nie oor te vertel wat hy gehoor het. "*Leina en Corasi wat hulle van die begin af onderskei het deur hulle ywer om goed en weldadig te wees teenoor hul landgenote, gaan nog steeds voort met die onderrig van hulle mense*". Maar in 1939 lei Corasi 'n opstand teen Pellissier; hy word leier van 'n bende wat onder Griekwa aanhitsing staak en in opstand kom. Hy beïnvloed Lephoi en hy belet die Tlhaping om kerk of skool toe te gaan. Hy word later na Lephoi se verskoning aan Pellissier onder kerklike ban geplaas; hyself vra ook vergifnis van Pellissier wat dit skriftelik vir hom gee. Die gemeenskap verdryf hom van die stasie teen Julie 1840. Die sendeling Gosselin gee 'n gedetaileerde beskrywing van die opstand (Pellissier, 1956: 255, 313-4, 306-10).

In 1844 vertel Pellissier met entoesiasme van **Petrus** se ywer; hy is van karakter sagter, beminliker en meer buigsaam as sy broer Mantjes, en aard na sy vader. Hy beskryf hoe hy verander het en dat hy saam met Mantjes *"treffende monumente van die krag van die prediking van die Kruis is..."*. Petrus het teen 1852 die skool begin hanteer as onderwyser en kwyt hom goed van sy taak op 'n pligsgetroue wyse. Hy was teen 1855 nog hierby betrokke met 'n leerlingtal wat wissel van 60-100. Teen 1856 begin hy egter agtelosig raak en onthef Pellissier hom van die taak. In 1858 suiwer Pellissier die kerk en sit onder andere vir Petrus uit die kerk as gevolg van dubbele owerspel (Pellissier, 1956: 352, 417, 430, 437, 454).

Daar word die eerste keer na **Mantjes** verwys in 1844 toe Pellissier beskryf hoe hy verander het sedert sy bekering. *"Mantjes was ondraaglik deur sy hoogmoed en het met 'n oog van veragting op sy gelykes neergesien; maar hy het nou nederig en gesellig geword. Hy hou daarvan om van die Heiland te praat deur Wie hy nuwe lewe gekry het"*. Teen 1845 het hy 'n goeie gewoonte aangekweek om elke aand aan ongeveer 30 kinders kategese te gee. In 1948 skryf Pellissier dat Mantjes en Leina hom baie plesier verskaf in hulle bywoning van kerklike byeenkomste en dat hy ook die Sondagskool behartig. Ongelukkig het hy teen 1856 agtelosig en opstandig geraak en is hy van die Sondagskooltaak onthef; gedurende Pellissier se afwesigheid van 18 maande in 1857 het hy ook aan drank verslaaf geraak - egter nie so erg soos Leina nie. Op 9 Junie 1859 tree Lephoi, Donovan en 12 mense van Katrivier heeltemal onwettig op om nie Khoro as hoof te erken nie, maar Mantjes as Lephoi se opvolger aan te wys en hom ook provisiekaptein te maak. Dit was gedurende die tyd met die stryd met Khoro en die verkoop van die sendinggrond. Hy vergesel Lephoi se agent, Richard Miles, in Mei 1859 na die Vrystaatse waarnemende president. Daarna is die grond baie vinnig verkoop met die hulp van Lephoi se twee agente, Miles en Donovan. In 'n brief van Miles van 22 Januarie 1861 blyk dit dat Lephoi en Mantjes albei bedroë uit die transaksies gekom het en dat hulle ontevrede is oor die wyse waarop die verkope hanteer is. Wat daarna van Mantjes geword het is onseker (Pellissier, 1956: 352,374,384,437,506-10,523, 586-7,622-3).

Al wat ons weet van nog 'n seun van Lephoi, **Jan**, is dat Pellissier in 1858 beskryf hoe hy die gemeente suiwer, en dat Jan een van die 20 is wat moet gaan weens dronkenskap en dat hy 'n onbeskaamde brief aan die aflos-sendeling, Schuh, geskryf het. Pellissier sê dat hy sy teregwysing waarmee hy hom uit die kerk gesit het goed opgeneem het (Pellissier, 1956:450-1,454).

Sjogong was die jongste seun van Lephoi en het in 1851 tot bekering gekom ... *"hy is 'n toonbeeld van goedheid en genade"*. (Pellissier, 1956:412).

Daar word slegs een keer in Pellissier se boek verwys na Lephoi se dogters, **Monantsi** en **Delia;** hulle kan lees en skryf en het die evangelie omhels (Pellissier, 1956:412).

Tlhaping en die begraafplaas

Die begraafplaas is geleë aan die voet van die heuwels noord van die Rooidorp. Hoewel die terrein erg oorgroei is, is dit duidelik dat hier ten minste 300 grafte is, waarvan baie min se name op kopstene sigbaar is .Volgense argeoloë is dit duidelik dat die grafte ontstaan het onder Christelike invloed. Daar is al pogings aangewend om die grafte as historiese monument te verklaar, maar dit was tot hede nie suksesvol nie. Hoewel daar onsekerheid bestaan met betrekking tot die begraafplaas kan daar met redelike sekerheid aanvaar word dat die volgende mense daar begrawe kan wees:

- van die oorspronklike Tlhaping wat hier kom woon het sedert 1833
- van die Basotho's wat hulle ook sedert 1834 hier kom vestig het
- van die ander groepe wat van die begin of hier saam met Lephoi aangekom het soos die Basotho, Hotentotte en vrygestelde slawe

- met die dorpsontwikkeling in 1863 was die swart woonbuurt steeds noord van die dorp. Dit is 1929 verskuif na die huidige standplaas. Die woonbuurt het nie net uit die Tlhaping bestaan nie en daar kan aanvaar word dat dit die begraafplaas was vir alle ander inwoners
- die eerste terrein van die konsentrasiekamp was sedert April 1901 tot Junie 1901 net oos hiervan geleë en het ook swart gevangenes bevat. Toe die Engelse die kamp skuif, het die swartmense hier agtergebly voordat die kamp vir swartmense later opgebreek is. Dit sou onmoontlik gewees het dat daar nie sterftes onder die swart gevangenes was nie, en hulle is waarskynlik ook hier begrawe.

Lephoi se gedenkteken en huis

'n Monument is in 1963 opgerig op die plek waar Lephoi se groot hut vanaf 1833 gestaan het en waar hy sy huis in 1848 gebou het. Die huis is later deur John Horspool gekoop en Mary Horspool een van sy dogters, het dit as skool gebruik. Teen 1959 was dit gebruik as 'n koeistal en met die beplanning van die eeufees het dr SH Pellissier voorgestel dat iets gedoen moet word om dit te bewaar. Oorblyfsels van die muur is per abuis in 2004 afgebreek. Die gedenkteken is opgrig deur dr SH Pellissier en Alfred Bilse in 1963. (Kyk MONUMENTE...)

Een van die huise regs onder op die foto kon die huis van Lephoi wees

Gewoontes, huisvesting, kleredrag, ens van die Tlhaping

Op 29 Junie 1839 besoek James Backhouse 'n Britse *Quaker* en sy geselskap die Transgariep se sendingstasies. Hy beskryf die Tlhaping se huise as *"a circular thatched hut and 2 or 3 mat huts for there servants, within a circular inclosure, of erect dry sticks. A multitude of these some of them situated rather distantly among the hills, with a few large circular cattle kraals of sticks or stones interspersed formed this little city of about 2,000 inhabitants"*. Hy verwys ook daarna dat hier verskillende stamme bly en dat hulle huise verskillend gevorm is: "*... those of the Barolong* (verwysend na die Tlhaping met hul kaptein 'Lepui'.) *were circular, and had upright sides plastered with clay, and thatched tops; they were surrounded by a fence of dry sticks, and two or three mat huts for there servants, within a circular inclosure of erect, dry sticks... Some of the others were conical, and others were hemispherical with a protruding neck. Both of the latter were plastered over with clay, and opened into a circular enclosure of sticks, reeds or the cane-like stems of 'sorghum'. The enclosures were neatly swept. The doorways of their huts were so low that some of them could scarcely be entered on the hands and knees. The precautions was adopted to keep out beasts of prey. The doors were of rough wiker work"*. Backhouse het ook sketse van die hutte gemaak. Hy beskryf onder andere van hul kleredrag: "*...the people were all dressed in skins, most of them wore beads round their necks and brass earrings in their ears, some also had rings of brass around their arms"*. Tydens die kerkdiens het hy opgemerk: *"most of the women had cotton handkerchiefs tied about their heads, a few had cotton gowns. Some of the men wore jackets and trousers, surmounted at*

this cold season of the year by karrosses… of jackal and other skins, and some of them had on caps of the same". (Schoeman, 2003:112-4).

Kyk onder HOOFSTUK 3: SENDELINGE na skets van Maeder om 'n idee te kry van die uitleg van die stasie met die Tlhaping vestings in die omgewing. Dit word as ronde krale met ronde hutte aangedui. (Kyk KLIPKRALE)

Foto uit Van Zyl (2012:124) met byskrif: A Barolongs stadt seen before the war

Dat die Tlhaping ook landbouers was blyk uit die feit dat hulle in 1842 14 waens, twee ploeë, en ander gereedskap besit het. 'n Hollander wat die stasie in 1854 besoek het, vertel onder andere van die vroue in die kerk se sang, die is '*onverbeterkijk fraai*'. (Pellissier, 1956: 428).

Giliomee en Mbengu (2007:155, 136) verskaf die volgende fotos wat 'n beeld op die Tlhaping se kleredag gee.

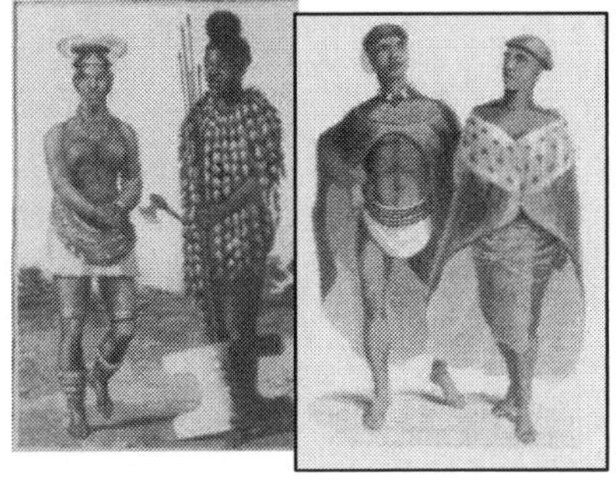

Tlhaping krygsman en vrou

'n Tlhaping-hoofman en sy vrou in die 1820's in Kuruman

Die Tlhaping se pitso (openbare vergadering).

In sy joernaal van 1828 beskryf G Thompson so 'n vergadering wat moes besluit of hulle gaan oorlog verklaar of nie. "*Almal het op 'n oopte met 'n grasheinings rondom bymekaargekom. Krygers met hulle skilde en spiese het die helfte van die sirkel uitgemaak en vroue, kinders en bejaarde mans die ander helfte. Na 'n halfuur se gedans het die koning met sy spies na die vyand se kant toe gewys, en die krygers het met 'n harde sisgeluid geantwoord. So het hulle hul goedkeuring gegee*". (Giliomee en Mbengu, 1977:35).

Wapens van die Tlhaping

Die fotos is uit die boek van Stow (1905)

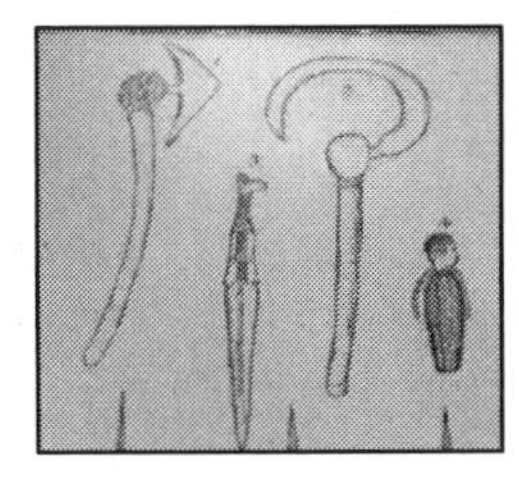

1. 'n Oorlogbyl wat aan hoofman Mothobi behoort het en waarmee hy die koppe van drie Mantatese afgekap het in die geveg van Littakoo (moontlik eerder Dithakong)
2. 'n Mantatees wapen
3. Tlhaping mes met ivoor oor handvatsel
4. Tlhaping ivoor-fluitjie (phola) wat gebruik is in oorlog of vergaderings

HOOFSTUK 5

DORPSTIGTING EN ONTWIKKELING

Kyk ook BRUIN GEMEENSKAP; SWART WOONBUURT; WOONBUURTE; PLOTTE; DISTRIKVESTIGING EN GRENSE

Dorpstigting in die Vrystaat

Trekboere en boere uit die Groot Trek asook Griekwas het hulle sedert die 1820's toenemend in die Transgariep gevestig. Onenigheid oor grondbesit het die Britse regering genoodsaak om in te gryp en in 1848 word die Transgariep deur Brittanje geannekseer en die Oranjerivier-Soewereiniteit (ORS) genoem. In 1854 word dit egter 'n onafhanklike republiek, die Oranje-Vrystaat. Janse van Rensburg (Band 1,1990:133, 302-3,328) vertel van die uitdagings in die tyd van die ORS toe grondkommissies aangestel is om 'n wetenskaplike stelsel vir die opmeet en toekenning van plaaseiendomme daar te stel, die stelsel is na 1854 verder uitgebrei deur die Volksraad. Die eerste landmeters van die ORS was F Rex en R Moffat wat op 8 Maart 1848 aangestel is. Dieselfde uitdagings het met die oorweging van dorpuitleg en erkenning gepaard gegaan. Aanvanklik het die Volksraad die dorpstigtingsproses onvoorwaardelik in die hande van die kerk gelaat. Die eerste dorpe wat gestig is, is Winburg (1842), Bloemfontein (1846), Smithfield (1848 ou standplaas, 1849 huidige standplaas), Sannahspoort (latere Fauresmith) (1849), Harrismith (1849), Kroonstad (1854) en Boshof (1856). 'n Patroon wat duidelik uitstaan met dorpstigting is dat kerkraadbesluite oor dorpstigting geneem is, daarna is 'n plaas vir die doel aangekoop, en dan is erwe gewoonlik opgeveil en daarna het die landmeter opmetings gedoen. In die meeste gevalle is tientalle huise gebou en besighede gevestig voordat daar vir formele goedkeuring van die dorp aansoek gedoen is.

Bethulie is een van die drie oudste nedersetting in die Vrystaat, aldrie het as sendingstasies begin: Philippolis (1822), Bethulie (1828) en Thaba Nchu (1834).

- 26 Februarie 1861 word die distrikgrense bepaal en Bethulie val onder Caledon-distrik
- 25-27 Junie 1862 word erwe verkoop
- 4 Maart 1863 deur die Volksraad verklaar as dorp onder die naam Heidelberg
- 1863 Bethulie word as 'n afsonderlike distrik geproklameer met 'n eie landdros.

Bethulie: van sendingstasie tot dorp

Die Londense Sendinggenootskap (LSG) stig in 1828 'n sendingstasie wat Boesmanskool genoem word. In 1833 kom Pellissier van die Paryse Evangeliese Sendinggenootskap (PESG) hierheen en moedig die Tlhaping aan om hulle hier te vestig. Die stasie het gegroei en floreer. Die Transgariep word in 1848 deur Brittanje geannekseer en toe die Oranjerivier-Soewereiniteit genoem. In 1854 word dit 'n onafhanklike republiek, die Oranje-Vrystaat. Binne hierdie politieke ontwikkelinge het Bethulie as sendingstasie sy onafhanklikheid behou. (Kyk kaart onder DISTRIKVESTIGING).

Sedert 1859 het 'n stryd om die besitreg van die sendingstasie tussen Pellissier en Lephoi geheers; albei het hulle tot die Oranje-Vrystaatse regering gewend. Die stryd van drie jaar met al sy implikasies wat gelei het tot die uiteindelike sluiting van die sendingstasie word volledig deur Pellissier (1956:498-533) en in die Notules van die Volksraad van die Oranje-Vrystaat (1860–1863) beskryf. Op 14 Junie 1860 word die stasie by die Oranje-Vrystaat ingelyf en daar word bepaal dat Lephoi na goeddunke daarmee kan handel en beskikkingsreg sou hê. Van toe af het Lephoi die stasie se gronde as plase verkoop. Die bepaling van die Oranje-Vrystaatse regering het gelui dat die geld van die verkopings deur Lephoi onder die kinders van die kaptein en die volk verdeel moes word. Hierdie bepaling het tot menige petisies en memories gelei, want dit was feitlik onuitvoerbaar. 'n Paar konsessies is deur die regering gemaak vir die sendingstasie onder andere dat 14,891 morg van die stasie beskikbaar gestel moet word vir die 4,000 Tlhaping se vee en landerye. Hoewel Pellissier ernstig beswaar aangeteken het, want die Tlhaping kon nie op die klein stukkie grond 'n bestaan maak nie, het dit niks gehelp nie, selfs die grond is verkoop op 'n veiling van 25-27 Junie 1862. Uit die verkope is

6,056 morg aangekoop deur 'n maatskappy vir die ontwikkeling van dorpserwe; die orige 8,835 morg is in vier plase verdeel, De Rust, Constantia, Morocco en Merino.

Die maatskappy is op 6 Oktober 1859 gestig deur drie persone: George Donovan, Henning J Joubert en Johannes F Klopper. (kyk HOOFSTUK 8: BEROEMDES...). Die groep is verskeie name genoem, "*Committee voor de Bethuliegronden*", 'n kommissie, 'n maatskappy en 'n sindikaat. Die maatskappy se aanvanklike aanbod vir die aankoop van die gronde met die oog op die stigting van 'n dorp, is op 6 Oktober 1859 gedoen, maar dis nooit deurgevoer nie, omdat die uitslag oor die besitsreg van die grond nog nie afgehandel is nie. Teen die einde van 1860 was Donovan nie langer deel van die maatskappy nie en is hy deur Filippus Lourens Kruger vervang. Met die verkoop van die grond deur Lephoi was 'n vierde lid, Johannes Jacobus Sauer (landdros van Smithfield), reeds deel van die maatskappy.

In 1860 word AG Hefer as vrederegter in Bethulie aangestel en Ebenstein as skutmeester en op 13 Desember 1860 word Hefer gekies as raadslid vir die wyk Bethulie (Pellissier, 1956:501-502).

B Jandrell wat op 27 Augustus 1861 as landmeter erken is, het Bethulie in 1862 opgemeet; hy het ook die opmeting van die plaas, Schoolplaats, Bethulie no 303, 14,891 morg groot in die jaar 1861 gedoen (Janse van Rensburg, Band 1, 1990:324-5). Met die veiling van 25-27 Junie 1862 is ongeveer 800 opgemete erwe aangebied en Pellissier (1956:526-8,553) skryf dat die nuwe eienaars dadelik begin het om huise daarop te bou.

Die gewildste erwe was moontlik die "watererwe" wat geleë was tussen die spruit en die watervoor wat oos van die huidige Voortrekkerstraat was; die voor het water vanaf die fontein in die poort vervoer. Die vendusie het baie mense gelok en die verwagting was dat die dorp 'n groot en belangrike dorp sou word. Met die meer verkeer na en oor die nuwe dorp is 'n pont oor die Oranjerivier reeds op 26 Maart 1862 geopen. Die pont verskyn ook op die kaart (Eeufeesalbum, 1963:25-27).

Die oorspronklike kaart sal in die Pellissier Museum bewaar word. Die kaart is baie interessant en dui afmetings, afsnydings en ander besluite van verskeie landmeters aan vanaf 1861 tot met die laaste stempel daarop deur die Landmeter-generaal in 1919.

Die 14,891 morg wat na Lephoi se verkoop van die grond oorgebly het vir die stasie is duidelik op die kaart geteken en beskryf met grense en koördinate. Die eerste inskrywing met die opstel van die oorspronklik kaart lui: "*Bovenstatende figuren A I vertoonde kaart van de School Plaats Bethulie. Bevattende 14,891 morgen en* $377^{0/10}$ *quadrant roeden, gelegen in het district Bethulie. Strekkende noord aan Driefontein en Sleutelspoort, oost aan Broekpoort en Tweefontein, suid van de plaats Draairantjies en die grote Oranje Rivieren westen aan die plaatsen Damfontein, Klein Moordenaarspoort, Spitskop en Requestfontein. Gemeten voor het (?) Committee voor my geteken G B (?) Jandrell 1861, Grondlandmeter*".

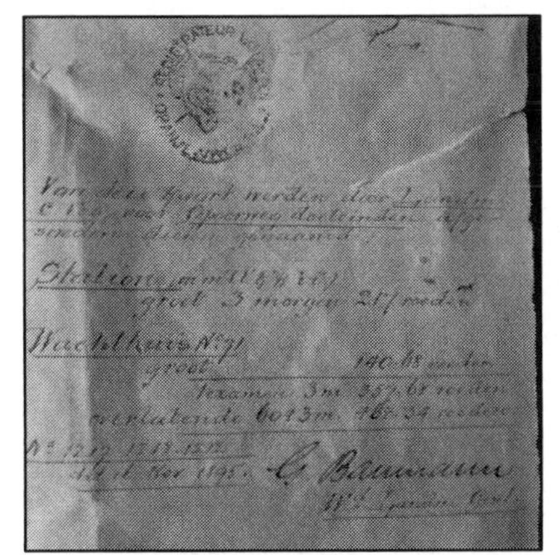

Die tweede inskrywing op die kaart verwys na die stuk grond aan die Oranjerivier wes van die dorp. Die plaas grens aan die suide aan Draairantjies (volgens die kaart maak die rivier daar 'n draai) en die westelike grens is Damfontein. "*Van deze kaart word afgeteken de deel gekleurd rood... groot 1,467 morg en* $431^{10/100}$ *quadrant roeden, verkocht aan Gert Coetzee laatende de overblyfsel 13,423 morgen en 546 quadrant roeden genaamd De Rust. Geteken en afgetrokken deur my GB (?) Jandrel. Grondlandmeter 1861*".

Daarna in 1862, word ook die plase Merino (2,278 morg), Morrocco (2,785 morg) en Constantia (2,303 morg) afgesny. Dit laat Bethulie/Heidelberg met 6,056 morg. Nie een van die drie plase se eienaars word genoem soos in die geval van De Rust nie. Moontlik moes hulle nog verkoop word. Daar is verskeie ander notas op die kaart soos die van 1864 en 1865 wat skrywer nie kan ontleed nie, maar dit blyk asof iemand verklaar dat die kaart verstaanbaar is.

Die volgende groot inskrywing is die verkryging van grond vir die stasie en "wachthuis" wat op pad rivier toe opgerig is, moontlik langs die treinspoor. Landmeter C Vos het die stasie opgemeet. Die inskrywing is in 1895 aangebring. Die stasie is 3 morg en 217 roeden groot.

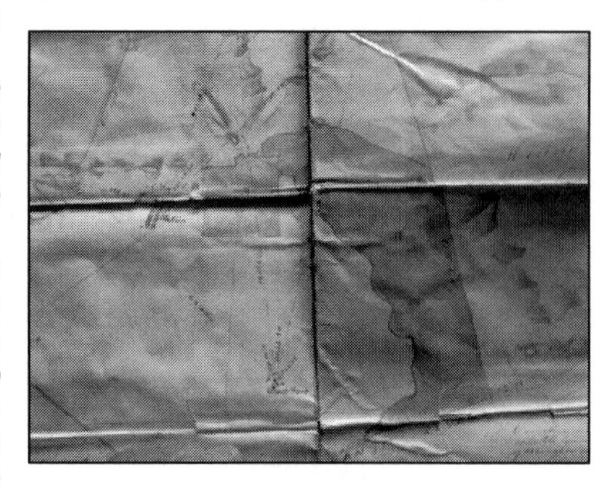

Hiernaas verskyn 'n gedeelte van die kaart wat ongeveer 70 cm 67 cm groot is. Die middelste blok word reeds as Heidelberg aangedui, met die "wacthuis" onder, in die middel van die kaart.

Ds Beijer van die Gereformeerde Kerk van Reddersburg het met sy besoek op 6 Mei 1862, nog voor die vendusie, reeds 14 huise hier aangetref. Hy meen dat die dorp met sy sterk fonteinwater en die nabyheid van die Oranjerivier "... *binnekort een groot en fleurig dorp te zullen worden vanwegen derzelver gunstige en van de natuur zoo bevoorrechte ligging*". (Eeufees-gedenkboek, 1963:16).

'n Resident-vrederegter, Morkel, word in April 1862 aangestel en Bethulie word onder die jurisdiksie van die landdros van Caledonrivier-distrik geplaas. Op 2 Maart 1863 doen Henning Joubert, die voorsitter van die maatskappy, aansoek by die Volksraad dat 'n dorp gestig word met die naam van Heidelberg en twee dae later het die Volksraad die dorp as gestig verklaar. Die aangeleentheid is in die Volksraad hanteer deur AG Hefer, wat toe lid van Grootrivier, distrik Bethulie, was en JH Viljoen, lid van wyk Boven-Grootrivier, distrik Bethulie. "*De Raad verklaar hiermede de zendelingstatie Bethulie tot een dorp onder den naam van Heidelberg; geschiedende zulks op een verzoek van het Committee, dat den gronde van Lephui gekocht heft*". (Pellissier, 1956:635).

Op 4 April 1863 begin SP de Beer, wat voorheen resident vrederegter op Reddersburg was as landdros in Heidelberg (Bethulie) te werk. Op daardie stadium het die dorp die 15 geboue gehad: huise wat soms gekombineer is met 'n besigheid soos die van WD Adcock, SRJ Hare, H Klijnveld en Pietersen; huise van amptenare soos die van die tronkbewaarder (sipier), C Eberlein, en die huis van die landdros; dan natuurlik ook die huise van Pellissier en Lephoi met buitegeboue en 'n huis van die *Committee* (of maatskappy). Ander geboue was die skool, die gevangenishuis (sonder 'n voordeur!), 'n landdroskantoor (10 vt x 10 vt) en 'n klein "dokhuisje" (Pellissier, 1956:504).

Die dorp het vinnig uitgebrei en teen 22 Oktober 1862 motiveer ds Roux van Smithfield die stigting van 'n NG Kerk-gemeente; op 10 September 1864 word die gemeente se eerste kerkgebou ingewy. In Augustus 1863 word die Gereformeerde Kerk se Bethulie-gemeente gestig. Die maatskappy wat die dorp gestig het, het aan albei die kerkgenootskappe verskeie erwe geskenk vir onder andere kerkgeboue en pastorieë. In 'n brief van 1864 waarin die Engelse gemeenskap ds Roux van die NG Kerk bedank vir die dienste wat hy ook vir hulle gehou het, het 16 persone dit onderteken wat die uitgebreidheid van die gemeenskap illustreer.

Uit die Notule van die Volksraad van die Oranje-Vrystaat, Deel V11(1863) is daar op 27 Februarie besluit dat die dorp 3 konstabels met inbegrip van 'n hoofskonstabel sal kry.

Teen 1866 lyk die dorp soos volg:
120 wit inwoners,
45 privaat huise
4 winkels
landdroskantoor
skoollokaal met 40 leerlinge
tronk

koringmeul
3 kerke: NG Kerk, Gereformeerde Kerk, *Chapel of Episcopal.*

Op 11 Junie 1867 sterf die sendeling, JP Pellissier; sy nuwe kerk was nog in aanbou en is eers in 1873 voltooi.

Om verder die groei van die gemeenskap en distrik te demonstreer, kan na die skyfskietgeleentheid wat vir inwoners van die distrik gereel is op 23 Februarie 1867 verwys word; hieraan het 58 mense deelgeneem (Eeufeesalbum, 1963:37).

In 1868 was daar drie Volksraad-verteenwoordigers vir die omgewing. HA Hamelberg vir die dorp (Heidelberg), JH Viljoen vir Bosjespruit en AG Hefer vir Grootrivier.

Op 14 Junie 1872 kry Bethulie weer sy naam terug!

Die eerste dorpsbestuur 1875 tot met die ABO

Die Stigtingsmaatskappy bestuur die dorp tot 1875; in die jaar skryf 'n sekere Gandini aan 'n koerant in watter haglike toestand die dorp is. Daar is gekla oor onreëlmatighede, die toestand van die strate, die verwaarloosde toestand van die kerkhof en te veel vee op die dorpsgronde. Herhaalde versoeke vir 'n dorpsbestuur gekies uit eienaars van erwe is deur die Volksraad geignoreer. Net twee lede van die komitee is oor, Kruger en Joubert; maar Sauer se weduwee tree namens hom op en sy weier om toestemming te gee dat 'n gekose dorpskomitee die dorp beheer; inwoners kla "*die dorp lê onder die voete van 'n vrou!*" Nadat Klijnveld as LV die saak weer op 10 Junie 1875 in die Volksraad geopper het, is selfbestuur toegestaan (Eeufeesalbum, 1963:49-50).

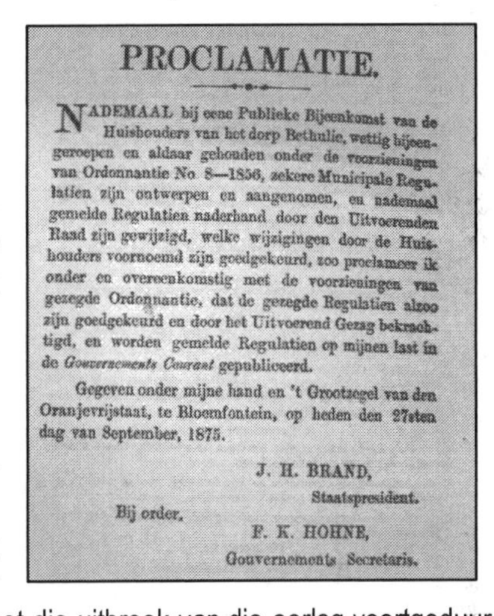

PROCLAMATIE.

NADEMAAL bij eene Publieke Bijeenkomst van de Huishouders van het dorp Bethulie, wettig bijeengeroepen en aldaar gehouden onder de voorzieningen van Ordonnantie No 8—1856, zekere Municipale Regulatien zijn ontworpen en aangenomen, en nademaal gemelde Regulatien naderhand door den Uitvoerenden Raad zijn gewijzigd, welke wijzigingen door de Huishouders voornoemd zijn goedgekeurd, zoo proclameer ik onder en overeenkomstig met de voorzieningen van gezegde Ordonnantie, dat de gezegde Regulatien alzoo zijn goedgekeurd en door het Uitvoerend Gezag bekrachtigd, en worden gemelde Regulatien op mijnen last in de *Gouvernements Courant* gepubliceerd.

Gegeven onder mijne hand en 't Grootzegel van den Oranjevrijstaat, te Bloemfontein, op heden den 27sten dag van September, 1875.

J. H. BRAND,
Staatspresident.

Bij order,
F. K. HOHNE,
Gouvernements Secretaris.

Die eerste regulasies word gepubliseer in 1875 en op 17 November 1875 gee die landdros kennis van 'n vergadering van "huishouders" om vier kommissarisse vir die munisipaliteit te kies. In 1879 verskyn 'n kennisgewing dat Klijnveld die eerste voorsitter is van die dorpsbestuur. Dit blyk asof die stelsel van kommissarisse wat die dorp bestuur tot en met die uitbreek van die oorlog voortgeduur het. Volgens die notuleboeke was die vier kommissarisse teen 1899 HA Rampf, (voorsitter), dr VWT Werdmuller, P Waugh en J Adam. Die vorige voorsitter, H Klijnveld, is 'n Volksraadslid.(Kyk HOOFSTUK 8: BEROEMDES...)

Regulatien voor de Municipaliteit van Bethulie.

HOOFDSTUK 1.—ALGEMEENE BEPALINGEN.

Art. 1.—Het dorp Bethulie met omliggende dorpsgronden, benevens de gronden bij grondbrief aan het Fransche Zendeling Genootschap verleend en geregistreerd als No. 12 in het Landregister van Bethulie, vormen de Municipaliteit van Bethulie.

Art. 2.—Het Municipaal Bestuur bestaat uit vijf Commissarissen, die uit hun midden een Voorzitter kiezen. De Voorzitter heeft eene beslissende stem. Alle besluiten worden bij meerderheid van stemmen aangenomen of verworpen.

Art. 3.—Alle kennisgevingen, uitgaande van het Municipaal Bestuur of een beambte van hetzelve, worden aangeplakt ten Landdrostkantore, en na de oprigting der markt, op het marktbord.

Die dorp raak meer vooruitstrewend as gevolg van die verkeer wat na Kimberley se diamantvelde hier verbygaan; die bloeitydperk was veral tussen 1870 en 1877; die bou van die eerste wabrug oor die Oranjervier in 1879 was 'n groot bydraende faktor. Die twee hotelle floreer; die Royal Hotel reeds in 1873 gebou en die Bethulie Hotel wat in 1880 gebou is. Die wel en weë van die dorp gedurende 1880-1881 skemer deur in die briewe wat die weduwee van die sendeling aan haar kleinseun stuur. Martha Pellissier (Briewe..., 1973) vertel van dr Blake wat die ou sendingkerk koop vir sy praktyk; van 'n David de Beer wat blykbaar geld van die regering gesteel het en gevonnis is; van 'n onderwyser wat geskors is omdat hy met meisies lol; van die put in haar tuin waaruit soveel mense water kom haal; na die boere se vreemde gebruik om na 'n begrafnis 'n ete te hê! – die dorp ontwikkel in 'n tipiese klein dorpie met al sy wonderlike stories!

Die sensus van 1880 toon: 59 huise, 86 hutte, 146 wit mans, 133 wit vroue, 156 swart mans en 171 swart vroue.

Die infrastruktuur van die dorp groei saam met die bevolking. Die groeiende bevolking het mettertyd 'n waterprobleem ontwikkel, en in 1892 is die eerste betondamwal in die poort gebou en die probleem is verlig. Kerkgeboue gee dikwels 'n aanduiding van die grootte van 'n dorp. Die Gereformeerde Kerk het hulle tweede kerkgebou (die eerste was maar 'n huis) in 1879 ingewy en teen 1890 beleef dat die gebou te klein is. Die NG Kerk het hulle nuwe en huidige kerkgebou in 1887 ingewy omdat die eerste, wat in 1864 gebou is, te klein geword het. Verskillende privaatskole is in die dorp bedryf en in 1879 is die eerste Goewermentskool se gebou opgerig. Verskeie besighede ontstaan waarvan name steeds in die gemeenskap se geheue is, soos Dittmar wat in 1887 in Bethulie aangekom en FP Gunn, sedert 1882 'n algemene handelaar hier.

"*Vanaf 1874-1896 het Klaas Vos groot uitbreidings van Bethulie opgemeet. Dit is opmerklik dat Bethulie by die uitbreek van die Anglo-Boereoorlog oor 808 erwe beskik het. Op daardie stadium moes Bethulie dus oor bykans dubbel die getal erwe in vergelyking met die omliggende dorpe in die Suid-Vrystaat beskik het*". (Janse van Rensburg, Band 1, 1990:325.).

Vanaf die ABO tot met die bou van die Verwoerddam

Op 12 Oktober 1899 word oorlog verklaar en die Anglo-Boereoorlog begin. Na 'n geveg by die wabrug neem die Engelse Bethulie op 15 Maart 1900 in. 'n Wit vlag word deur die burgemeester HA Rampf aan genl WM Gatacre van 3rd division of British Forces oorhandig teen 13:00. Op 'n raadsvergadering van 24 April 1900 rapporteer die voorsitter, HA Rampf, dat die militêre kommandant van Bethulie, maj Bode, hom ontbied het en meegedeel het dat dit lord Roberts se wens is dat die munisipale bestuur soos gewoonlik voortgaan en dat Bode die raad die nodige ondersteuning moes gee. Die notule is vir die laaste keer in Hollands gehou. Landdros Wolhuter is vervang met kaptein Grant. Die hoogste gesag in die dorp was egter die kommandant, maj Bode, van wie onder andere passe verkry moes word. In die strate is verskansings met sandsakke opgerig. (Eeufeesalbum, 1963:51-53). (Kyk HOOFSTUK 6: ANGLO- BOEREOORLOG)

Vrede is op 31 Mei 1902 gesluit en aan die begin van 1903 word 'n nuwe Munisipale Raad verkies: H Klijnveld (burgemeester), HA Rampf (adjunk-burgemeester), JHW Dittmar, W Adam en CJ Visser en die eerste "*Town Clerk*" word aangestel. Rampf woon in Februarie 1903 'n konferensie in Bloemfontein by van al die munisipaliteite in die provinsie waar Joseph Chamberlain, die Koloniale Sekretaris, 'n toespraak lewer. Rampf het hier met Chamberlain onderhandel om vir £300 die waterstelsel van die konsentrasiekampboorgat, dit is die enjin en pype, te koop. 'n Lening van £400 is aangegaan en Bethulie kry vir die eerste keer drinkwater in pype met krane in sy strate (Eeufeesalbum, 1963: 55).

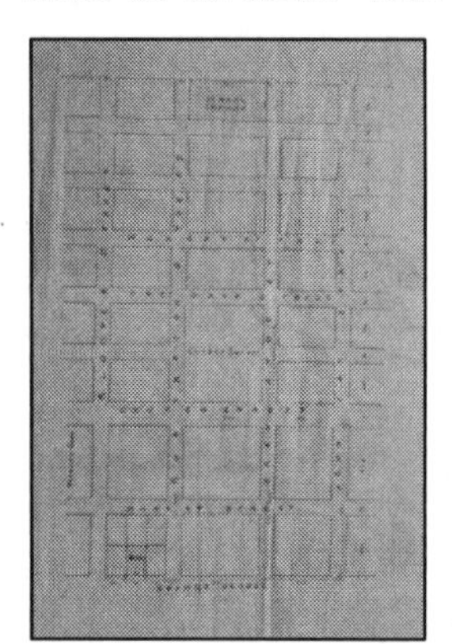

Die Engelse regering trek in 1902 die volgende dorpsplan op (VAB kaart 2/156)

'n Opname van 1904 dui aan dat hier 284 erwe is en 141 huise. Skrywer kan nie verklaar hoe dit so drasties verskil met Pellissier (1956:526-8,553) se verklaring dat daar met die veiling van 25-27 Junie 1862 ongeveer 800 opgemete erwe aangebied is nie, asook met Janse van Rensburg (Band 1, 1990:325) wat meld dat dit opmerklik is dat Bethulie met die uitbeek van die ABO oor 808 erwe beskik nie. Dit hou moontlik verband met die feit dat bykans elke dorp na die ABO in die Oranje-Vrystaat hermeet is as deel van lt-goew Goold Adams se ekonomiese heropbou plan (Janse van Rensburg, Band 1, 1990:13).

Die eerste paar jaar na die oorlog beleef die dorp die volgende ontwikkelinge: toestemming vir die ontwikkeling van 'n gholfbaan word verleen (1903), die nuwe skoolgebou word in gebruik geneem (1904), tennisbane word verskuif na die park (1905), kroukiebane word ontwikkel (1904), die polisiestasie word gebou (1903), die gevangenis word gebou (1907), ens

Na Uniewording in 1910 het die waterkwessie baie aandag geniet en in 1912 word dit aanvaar dat 'n dorpsdam gebou sal word en dat 500 besproeiingserwe, die latere Macsmo, ontwikkel sal word. Die dorpsdam en die kanaalstelsel is in 1921 voltooi. In 1937 word die twee wit opgaardammetjies op die koppe gebou.

Die swart woonbuurt word in 1929 finaal gevestig nadat daar al sedert 1899 geleidelike verskuiwing was .

Verdere infrastruktuur kry aandag soos die uitfasering van die putstelsel en 'n nuwe sanitêre stelsel, 'n proses vanaf 1909 -1936; daar word aan die skool aangebou en in 1921 word die hoërskool ingewy; sypaadjies word in die 1930's gemaak in die strate, en nog watervore; in 1935 word die wildtuin langs die dam gevestig. In 1937 word die kragstasie gebou.

In 1938 verskaf "*The Report on the cost of providing electric light schemes for Bethulie*", die volgende inligting: die bevolking was 1,400 wit en 1,500 swart mense.

In 1954 kom Bethulie met sy uitgebreide dorpsveld onder die grondbewaringswet deur proklamasie en word ongeveer R8,000 gespandeer in verband met die afspan van kampe en die bou van stuwalle (Eeufeesalbum, 1963:76).

In 1958 word begin met die aanbou van 'n doeltreffend atletiekbaan, rugbyveld en skougeboue op die Sentrale Sportkomiteegronde.

Vanaf die bou van die Gariepdam

Honderd jaar nadat die dorp uitgelê is, die vier plase verkoop is en Bethulie/Heidelberg met 6,056 morg gelaat is, word die Oranjerivierprojek aangekondig. Die notule van 10/6/1971 dui die oorspronklike grootte van die dorpsgebied op daardie stadium as 5,056 morg aan. Skrywer het nie vasgestel wat van die verskil van 1,000 morg geword het nie.

Oorspronklike grootte van dorpsgebied	5,056 morg
Deur Dept Waterwese uitgekoop	1,548 morg
Die 3,508 morg wat oorbly is soos volg verdeel:	
Weidingsgronde	2,429 morg
Onttrek agv erosie	47 morg
Bethulie-dam	179 morg
Wildtuin	315 morg
Sportgronde, vliegveld en Frank Gunn park	126 morg
Dorp en Macsmo	412 morg

Reeds op 20 September 1962 besluit die Raad om 30 erwe uit lê en in 1965 vind 'n openbare veiling plaas vir die verkope van die eerste erwe aan die westekant van die dorp (Geskiedkundige dagboek, 1981:13). Teen 1984 dui die landmeter se verslag daarop dat daar nie meer as nege erwe ontwikkel kan word nie. In 1991 word daar besluit om voort te gaan met die ontwikkeling van die uitbreiding (Notule 17/9/1984; 28/11/1991).

Simon du Plooy (Potchefstroom) het die foto verskaf van die voltooide huis van Joh Caltitz (heel links) en die een in aanbou was Simon en Rita du Plooys s'n in Pres Swartsingel. (ca 1968)

In 1971 moedig die Provinsiale Administrasie dorpe aan om te 'kompakteer'; dit was nodig as gevolg van die onekonomiese uitgestrektheid van kleiner dorpe wat dienste baie duur maak. Die deel wat geraak is, was tussen Kruger-, Pellissier- en Suidstraat, aansluitend met die swart woonbuurt. Ongeveer 64 erwe (20 blokke) word geraak en die Administrasie finansier die grootste gedeelte hiervan. Heelwat geboue is gesloop met die kompaktering en van die materiaal is gebruik om meer vakansiehuise van verskillende tipes by die oord op te rig (Geskiedkundige dagboek...1981:15).

Teen 27 April 1972 is besluit om alle dienste in die Macsmo-omgewing te staak in die deel wat weens die Oranjerivierskema uitgekoop is; dit word nie meer as dorpsgebied beskou nie en alle bates soos waterkrane, meters en straatligte word verwyder; die strate sluit en alle dienste word gestaak.

Sensus volgens die SA Munisipale Jaarboeke		
1946-7	Europeans	1463
	Blacks	1414
	Colourds	291
	Totaal	3168
1955-6	W	1461
	S en K	2047
	Totaal	3508
1976	W	1350
	S	2800
	K	600
	Totaal	4750

In Julie 1985 het 'n landmeter die gebied opgemeet wat as Cloetespark bekend sou staan en dienste vir 110 erwe uitgelê. Twee jaar later lui die dorpsverklaring: *"Die dorp is Bethulie Cloetespark Kleurlingwoongebied en is geleë op onderverdeling 19 van die plaas Bethulie nr 303 en bestaan uit erwe 1-179 soos aangedui op die algemene plan..."*. Daar is vyf erwe vir munisipale doeleindes gereserveer, een perseel elk vir 'n skool, 'n kerk en park, nege besigheidserwe en 162 woonerwe (Notule 26/2/1987, 22/10/1987).

Met die bou van die Verwoerddam (die huidige Gariepdam) is daar besluit om die swart woonbuurt, Lephoi, te verskuif as gevolg van die hoogwatervloedlyn. Die besluit het behoorlik tot jare se moeilikheid en onsekerheid aanleiding gegee totdat daar uiteindelik in 1983 daarteen besluit is. (Kyk SWART WOONBUURT).

'n Fotoverhaal van die dorp se ontwikkeling

Een van die huise op die voorgrond regs kon die van Lephoi gewees het. Pellissier se eerste kerk met die Kaap-Hollandse boustyl, is in middel, Die NG Kerk se pastorie in Pellissierstraat 15 wat in 1871 gebou is, is al gevestig met bome; die Royal Hotel wat in 1873 gebou is verskyn op die foto regs agter. (Foto: Nasionale Museum, Bloemfontein)

Die foto is moontlik ook kort na 1887 geneem. Die kerkhof met sy muur is op die voorgrond. Ander bakens op die foto is die Royal hotel (1873), die Bethulie hotel, (1880) en die poskantoor, die eerste goewermentskool (1879) en die nuwe NG Kerk wat in 1887 gebruik geneem is.

Foto in 1904 geneem. Regs agter die kerk is die Britse kwartiere. Let op die tent agter die huis heel regs op die foto; moontlik 'n tent uit die konsentrasiekamp. Die Royal hotel se stoep is verander, moontlik reeds die houttralies wat op die 1906 foto sigbaar is.

Die foto uit 1906 toon 'n paar interessanthede : die kerk se toring word verkort; die brug oor die Oranjerivier is net links van die kerktoring sigbaar; die mark se afdak is reeds op Markplein (waar die stadsaal en munisipale kantore tans is). Die kinderhuis is net agter die kerksaal. Die Royal hotel se veranderde stoep is duidelik; houttralies is aangebring;

Die foto is tussen 1906 en 1910 geneem. Die NG Kerk se toring is reeds verkort. Die onderskrif Bethulie, ORC, dui aan dat dit voor Uniewording geneem is. Die swart woonbuurt in die agtergrond is nog baie klein.

Die hoofstraat, wat nog Voortrekkerstraat was, word die pad na Burgersdorp oor die brug by Holmsgrove in die agtergrond. Die foto is voor 1940 geneem (die Anglikaanse kerk is in 1940 verander); moontlik middel 1930's want die bome wat in Rouxstraat teen 1930 aangeplant is, is nog jonk. Die Gereformeerde Kerk wat in 1924 voltooi is, het nog sy toring op.

HOOFSTUK 6

ANGLO-BOEREOORLOG

Skrywer se boek, *Bethulie en die Anglo-Boereoorlog* wat in 2011 verskyn het, gee 'n vollediger oorsig van die onderwerp en daarom sal daar in hierdie hoofstuk slegs na enkele hoogtepunte verwys word.

Gevegte deur Bethulie se kommando en ander in die omgewing

Die verwagte oorlog het daartoe gelei dat die eerste oproep van die Vrystaatse burgers reeds op 2 Oktober 1899 uitgereik is; daarop is Bethulie se burgers tussen 2 en 4 Oktober deur kmdt FJ du Plooy opgeroep. Bethulie se kommando was ongeveer 700 man sterk. Die oorlog breek op 11 Oktober uit en op 12 Oktober word ER Grobler as Hoofkommandant hier in Bethulie ingesweer; 'n rang wat net tydens oorlogstye in die Vrystaat gebruik is. Bethulie as grensdorp met twee brûe oor die Oranjerivier was van groot strategiese belang en daarom word die brûe al sedert 1 November bewaak.

Stormberg

Om 'n voorsprong op die Engelse te kry is besluit om die Engelse opmars reeds in die Kaapkolonie te stuit, daarom gaan verskeie kommando's oor die Oranjerivier; die kommando's van Bethulie en Smithfield het op 1 November met 900 man oorgegaan en op 15 November annekseer hulle Burgersdorp. Teen 23 November het verskeie kommando's uit die Vrystaat by Stormberg-aansluiting, noord van Molteno, bymekaar gekom waar die Engelse sedert 23 Oktober saamgetrek het. Die Boere vind die plek egter verlate aangesien die Engelse verneem het dat die Bethulie-burgers oor die brug is waarop hulle onttrek het. Hier het die Boere geduldig gewag tot die oggend van 10 Desember toe die Slag van Stormberg plaasgevind het. In hierdie eerste geveg waarin die Boere die Engelse verslaan het, het ook die eerste Bethulie-burgers gesterf, JA (Attie) du Toit en JA du Randt. Dertig Engelse sterf en 633 word as krygsgevangenes geneem. Van die getal krygsgevangenes word 561 later oor die Bethulie-brug gemarsjeer om na 'n kamp in Transvaal te gaan.

Dr VWT Werdmuller was tydens die Slag van Stormberg die enigste dokter teenwoordig waar hy Engelse en Boere versorg het. Sy herinneringe word gedeel in HOOFSTUK 8: BEROEMDES......

Hierdie oorwinning is opgevolg in daardie omgewing deur skermutselings in Dordrecht, Labuschagnesnek,Loperberg, Cyfergat, Schoemanskop (Montmorency Hill) en weer by Labuschagnesnek tussen 3-5 Maart 1900.

Inval van Bethulie en ander gevegte

Die Boere het op 2 Maart 1900 uit Stormberg onttrek en Bethulie se kommando kom op 9 Maart terug oor die Oranjerivier-brug terwyl hulle agtervolg word. Om die Engelse te verhoed om die Vrystaat in te val word vyf spannings van die treinbrug op 10 Maart aan die Koloniekant opgeblaas; 'n geveg by die wabrug ontstaan wat tot 14 Maart duur waar vier Bethulie-burgers sterf.

Bethulie word op 15 Maart 1900 beset deur genl Gatacre en die Boere val terug na Thaba Nchu. Bloemfontein is op 13 Maart beset en baie Boere is van mening dat die oorlog verby is en keer terug na hulle plase; baie neem die Eed van Neutraliteit. Op 20 Maart word daar egter 'n krygsraadvergadering op Kroonstad gehou waar besluit word om voort te gaan met die oorlog en weg te doen met die lomp wa-laers en slegs perde-kommando's te gebruik; dit het die oorgang na 'n guerrilla-oorlogvoering ingelui. Die kommando's is in vlieënde kolonnes verdeel en De Wet se burgers sou die Suidoos Vrystaat vee.

Bethulie se burgers is daarna betrokke by die volgende gevegte en insidente: die Slag van Sannaspos van 31 Maart 1900 wat beskou word as die eerste guerrilla-operasie, die Slag van Mostertshoek op 4 April 1900, die Slag van Zandrivier van 11 Mei 1900, die konvooi van 56 waens wat hulle neem op Swaelkrans so 22 km van Heilbron sonder bloedvergieting, en die Slag van Roodewal op 6 Junie 1900.

Die eerste dryfjag op De Wet

Op 16 Junie 1900 het Lord Roberts, die Opperbevelvoerder van die Engelseleer sy verskroeide aarde beleid aangekondig. Hy het ook gedink die oorlog kan beëindig word as De Wet gevang word en so begin die eerste dryfjag op De Wet op 16 Julie 1900 waar ongeveer 50,000 soldate teen De Wet gemonster word. Die grootste deel van die dryfjag vind in die oos-Vrystaat plaas en kleiner skermutselings waarin van Bethulie-burgers daarna betrokke was, was by Wolhuterskop, Slabbertsnek en Klerksvlei. Die Boere het hoofsaaklik in die Brandwaterkom saamgetrek; die Engelse het die toegange ingeneem en so die Boere vasgekeer. Ongelukkig was die meeste Bethulie-burgers saam met Prinsloo toe hy hier vasgekeer is en met 4,400 man oorgegee het op 30 Julie 1900; hierby was Du Plooy met die grootste deel van Bethulie se kommando ingesluit. Die meeste van hierdie Bethulie-burgers wat gevang is, is na Ceylon se Diyatalawa-kamp gestuur as krygsgevangenes. 'n Paar generaals het geweier om oor te gee en het ontsnap, saam met hulle was ook 'n paar Bethulie-burgers. De Wet het al teen 16 Julie voorsorg getref om uit die omgewing te kom omdat die groot sametrekking van Boere-magte hom bekommer het. Daar was ook 'n paar Bethulie-burgers saam met De Wet. De Wet trek oor die Vaalrivier op 8 Augustus en slaag daarin om pres Steyn by die ZAR regering te kry. Hy keer op 22 Augustus terug Vrystaat toe. Die eerste dryfjag eindig op 14 Augustus 1900.

Die tweede dryfjag

Die tweede dryfjag begin nadat De Wet hom die taak gestel het om die burgers wat voorheen die Eed van Neutraliteit geteken het, te oortuig om weer die wapen op te neem. Suid van Bloemfontein slaag hy en ass-hoofkmdt Piet Fourie daarin om 750 man onder Fourie te verenig. Na 'n krygsraadvergadering van Desember 1900 word besluit dat die burgers na hulle eie distrikte terugkeer om dit te verdedig. Daarna vind gereeld insidente in Bethulie-distrik plaas soos treinspore wat beskadig word en Engelse wat gevang is om sodoende wapens te kry.

Op 27 Oktober 1900 neem pres Steyn, Louis Botha, Smuts en De La Rey 'n besluit dat De Wet die Kaapkolonie sou inval. Die besluit is ook deur Hertzog gesteun. Teen 7 November 1900 het De Wet met sy plan om die Kaapkolonie tussen Bethulie en Aliwal-Noord in te val begin. Pres Steyn en sy regering het met hoë verwagting besluit om De Wet se kommando te vergesel. Op pad sluit verskeie kommandos by hom aan, tot hulle ongeveer 1,500 man is; met een Krupp-kanon, twee Armstrong-kanonne, een Maxim-Nordenfeldt en heelwat ammunisie tussen hulle.

Die poging tot die eerste inval het ook die tweede dryfjag teen De Wet begin toe genl Knox in Edenburg arriveer met drie vlieënde kolonnes om De Wet te volg en te probeer voorkom dat hy die Kaapkolonie inval. Dit word hier meer volledig beskryf aangesien dit tot die grootste skermutseling in die Bethulie-omgewing gelei het. Op pad na die suide besluit De Wet om Dewetsdorp te bevry en vind die Slag van Dewetsdorp van 21-23 November 1900 plaas en word 408 Engelse as krygsgevangenes geneem; verder is twee Armstrong en een Maxim-kanon, perde, ensomeer, gebuit. Hy word egter daarna ernstig agtervolg deur Knox en sy troepe (De Wet, 1999:135-7). Die Engelse doen alles in hulle vermoë om De Wet te keer, by Aliwal-Noord is genl MacDonald se troepe ontplooi en verskeie driwwe word deur die Royal Guards beset; Herbert beset die drif by Slikspruit (Wessels, 2002:172). Kol Knox, Pilcher en Barker is teen 2 Desember 1900 in Bethulie vir die verkryging van voorrade. Bethulie is op daardie stadium versper en in 'n staat van verdediging geplaas (Wilson, 1902:223). Die Engelse is ongeveer 1,700 manskappe sterk. De Wet, vergesel van pres Steyn, beweeg vanaf Dewetsdorp naby Helvetia verby na Breipaal in die Smithfield-distrik, in die rigting van Bethulie. Op pad was daar 'n skermutseling naby Beyersberg in Reddersburg-distrik waartydens veldk de Wet swaar gewond is (De Wet, 1959:132), dit is genl De Wet se broerskind. Hulle trek deur die drooggeteisterde landstreek met min weiding vir hulle honger perde tot by Slikspruit, digby Klein Bloemfontein, waar hulle tot die volgende dag oorgebly het. Dit was 30 November 1900. Hier het Piet Fourie en Gideon Scheepers by De Wet aangesluit. Volgens Lombard, 'n heliograaf, (2002:107) het kmdt Kritzinger, kapts Scheepers, Fouche en Pretorius ook hier by hulle aangesluit.

Op Sondag 2 Desember trek die Boere oos van Slikspruit af na Tafelberg waar hulle 'n kerkdiens sou hou, maar as gevolg van 'n Engelse laer naby op die plaas Goedehoop kon hulle nie. Dit is dieselfde dag wat Knox, Pilcher en Barker in Bethulie aankom om voorrade te bekom (Cloete, 2000:202). Daarna vertrek Pilcher na Springfontein waar hulle versterkings verwag. Die Worcestershire Regiment (Mounted Infantry) en hul perde kom ook die dag op Springfontein aan en 'n deel daarvan gaan na Bethulie.

Speelmanskop, op die plaas Diepfontein, in die middel met Goedehoop en Willoughby wat na regs lê.

Terwyl 'n aantal Boere Goedehoop toe vertrek om die Engelse te probeer verdryf is die res van die kommando met pres Steyn in hulle midde, deur Slikspruit. Lombard (2002:107) sê dat hulle om Speelmanskop beweeg het waar die gewonde veldk de Wet toe gesterf het.

Die skermutseling wat op 2 Desember 1900 begin het, het oor 'n front van 15 km plaasgevind vanaf Slikspruit tot by Willoughby. Dit het soos volg verloop: Herbert wat by die sameloop van Slikspruit en die Caledonrivier stelling in geneem het, het saam die Strathcona's Horse afdeling wat intussen opgedaag het, De Wet in die middel aangeval. Kol Williams met die 1st Mounted Infantry en vier kanonne van die 85th Battery, is deur Knox gestuur om De Wet vanaf die regterflank aan te val. Baker wat met leë voorradewaens inderhaas teruggestuur is vanaf Bethulie, het vanaf die linkerflank aangeval. De Wet slaag daarin om Herbert vas te keer en hulle stellings te behou ten spyte van die flankaanvalle. Die geveg is die volgende dag hervat maar met Pilcher se toetrede teen die einde vanaf Springfontein se kant, was hulle net te sterk vir De Wet en het hy met sy burgers om 14:00 teruggeval. (Wessels, 2002:172; Kestell, 1999:124; Wilson, 1902:223).

De Wet beskryf die skermutseling soos volg: *"hiervandaan het ons in die rigting van Karmel* (Carmel*) vertrek. Toe ons digby die plaas Good Hope* (Goedehoop) *kom sien ons verkenners van die Engelse kolonne van Bethulie se rigting in die rigting van Smithfield verbygaan. Ek het die kolonne onmiddellik van twee kante laat bestorm, maar hulle was in besit van goeie stellings sodat ons hulle die dag nie kon verdryf nie. Ongeveer 4 uur die middag het genl Charles Knox met 'n groot versterking uit die rigting van Smithfield opgedaag, en ons was verplig om ons stellings te verlaat. Hier is ook vier burgers gewond, maar ek meen dat die vyand se verlies aansienlik was*". (De Wet, 1959:132). Hoeveel ongevalle daar met hierdie skermutseling was, is onbekend. Volgens Wilson (1902:223) het die Engelse sewe Boere gevang maar die Oorlogmuseum se Lys van Krygsgevangenes dui geen krygsgevangenes vir hierdie skermutseling en datums aan nie. Daar is wel ongeveer 34 Burgers tussen 6 en 14 Desember 1900 op hulle plase gevange geneem, dit was nie plase waarop die skermutseling plaasgevind het nie, maar sommiges naby of aangrensend; dit is moontlik dat die terugtrekkende Engelse die plase wou "*skoonmaak*".

De Wet kon Knox se troepe ontglip, want Knox het vermoed De Wet gaan in die rigting van Boesmanskop en Klipfontein (wes van die huidige Dupleston) in Smithfield-distrik. Knox het vermoed dat De Wet daar voorrade in die grotte gaan wegsteek en daarom het hy, Pilcher en Herbert soontoe opgetrek. Toe hulle hul fout agterkom, trek hulle terug oor Carmel op De Wet se spoor. Dit het De Wet die voorsprong gegee om by die res van sy troepe aan te sluit en deur die Caledonrivier te kom (Wilson, 1902:223). De Wet skryf dat terwyl die geveg nog aan die gang was by Goedehoop, Hertzog by hom aangekom het. Lombard (2002:107) noem dat hy vanaf Philippolis kom met tien man. Hulle kom ooreen dat Hertzog tussen Norvalspont en Hopetown se spoorwegbrûe sou deurgaan om 'n aanval in die Kaapkolonie te doen, terwyl De Wet dit tussen die spoorwegbrûe van Bethulie en Aliwal-Noord sou doen. Die nag is daar 'n hele ent in die rigting van Carmel getrek terwyl 'n swaar bui reën begin uitsak, hulle het ook die volgende dag in aanhoudend reën voortgetrek. Die Engelse is die volgende nag hier verby. Hulle kon net 'n rukkie afsaal en De Wet sê toe hulle deur die Caledonrivier trek "*reën dit groot duiwels dood en kleintjies been af*". (De Wet, 1959:133). Die plek waar hulle deur die Caledonrivier gegaan het, Kareepoort was naby die plaas van ou mnr du Plessis waar daar ook nie voer was nie, want volgens Du Plessis het die Engelse alreeds twee keer daar deurgetrek en die voer opgebruik (Kestell, 1999:134).

De Wet is met 1,500 man en 400 krygsgevangenes oor die Caledonrivier. Dit was 'n moeë, nat groep wat hier oor is om 7:00 op 4 Desember 1900 nadat hulle 24 uur in reën marsjeer het. Baie van die Boere het nie tente of komberse by hulle nie. Die Krupp-kanon is tot De Wet se ontsteltenis op die rivierwal agtergelaat. De Wet wou die ongeveer 400 krygsgevangenes wat hulle in Dewetsdorp geneem het van die begin af anderkant die Oranjerivier vrylaat (De Wet, 1959:131) maar het besluit om hulle nou op 5 Desember vry te laat, die offisiere is egter nog gevange gehou.

Die aand van 4 Desember 1900 het die voorhoede van die kommando 'n reeks rante ongeveer drie kilometer vanaf die drif by Odendaalstroom wat deur die Oranjerivier gaan, bereik. Dit het steeds gereën. Vanaf hierdie rante kon hulle die tente sien van die Engelse aan die oorkant van die rivier. Dit was volgens Kruger (1974:394) die Coldsream Guards. Intussen het die Oranjerivier ook afgekom en De Wet-hulle het besef dat hulle nie sou kon deurgaan nie. Die perde en muile, nou al so verhonger en nat, kry swaar; Lombard (2002:107) meen daar is toe 200 perde dood, maar nie De Wet of Kestell verwys daarna nie; Kestell (1999:136) vertel net dat hulle 150 perde moes agterlaat omdat hulle te uitgeput was.

Op 5 Desember 1900 begin die Engelse onder Knox met Barker en Williams deur Kareepoortdrif gaan. 'n Reuter-korrespondent beskryf die drif as die mees gedugte drif wat hy nog in Suid-Afrika gesien het met 'n 25 grade styl helling met modder wat 'n voet (30 cm) diep is. Hulle beweeg moeilik; die 1st Mounted Infantry en die 9th Lancers en alle waens en ammunisie is oor, daarna die ambulanse en waterkarre. Teen 16:00 kom die Caledonrivier skielik af en nog net twee voorraadwaens is oor met Strathcona's Horse nog aan die anderkant. Dus is twee-derdes van die manskappe wat oor die rivier is sonder voorrade en bagasie, want dit is by die ander derde wat nog aan die anderkant van die rivier is. Hulle glo dat as De Wet naby was hy toe 'n oorgawe kon afdwing. Die hele nag het Knox moeilik gehad met die reën en geen skuiling, maar sy hoop om De Wet te vang hou hulle positief. Op 6 Desember 1900 het Strathcona's Horse oor die rivier gekom, maar die waens moes toe Smithfield toe gestuur word. Knox het daarna lig gereis met alles wat hy benodig het op die perde (Wilson, 1902:226-8).

Die lot van die krygsgevangenes wat by Dewetsdorp geneem is, word deur Doyle (1901:531) beskryf; "*The Dewetsdorp prisoners had been set loose and began to stumble and stagger back to their countrymen; their boots were worn off and their putties wrapped round their bleeding feet*".

Uit Wilson: Knox deur Kareepoortdrif.

Pilcher en Herbert onder bevel van kol Long is op 6 Desember 1900 na Bethulie gestuur waar hulle oor die brug is en daarna suid van die Oranjerivier tot by Aliwal-Noord getrek het om 'n inval van die Boere te voorkom. Moontlik was dit hulle wat later deur Kritzinger verras is. Dieselfde oggend het De Wet-hulle vanaf 11:00 verder getrek in die rigting van Smithfield, hulle kon nie deur die Oranjerivier nie en die vyand was kort op hulle hakke waar hulle tot by die plaas Smitsrus gevorder het. Teen 24:00 het hulle weer in die modder verder begin trek omdat die vyand so naby soos 15 km van hulle was. Die vyand se getalle het toegeneem en het ongeveer 25 kanonne by hulle gehad. Volgens Doyle (1901:531) het die Engelse 30 kanonne gehad.

Die situasie was kritiek, met twee vol riviere weerskante van hulle waar die Engelse op die walle wag en 'n mag wat hulle agtervolg! Pogings om oor die Caledonrivier se brug by Kommissiepoortdrif te gaan het misluk, want dit was in besit van die vyand. Die drif is net 9 myl (ongeveer 14 km) suidoos van Smithfield. Hier het 'n geveg met die Highland Light Infantry onder lt DA Blair plaasgevind wat twee ure geduur het (Lombard, 2002;107; Kruger, 1964:394; Times... vol 5, 1900-:37). Gelukkig het die rivier nou begin sak en kon De Wet- hulle suksesvol op 8 Desember deur 'n drif 10-12 myl (ongeveer 14-19 km) verder deurgaan, die drif was op die plaas Sewefontein van Jacobus Swanepoel. Vroeër was dit die sendingstasie Bersheeba. (De Wet 1959;133-5; Kestell, 1999:136-9; De Wet, 1999:196).

De Wet het na Sewefontein al vegtend noordwaarts gevlug en op 14 Desember 1900 ongeveer 24 km oos van Thaba Nchu deur 'n blokhuislinie by Sprinkaansnek gebreek. Piet Robinson (Van Zyl, 1948:55) van Bethulie beskryf ook hierdie deurbraak by Sprinkaansnek. Die Engelse het agter hooimiedens geskuil toe De Wet die opdrag gee om te storm *"en die stormjaag van die burgers was vir die Tommies te veel. Sommiges van hulle staan met die geweer in die hand verskrik en probeer nie eens skiet nie. So skiet die burgers hulle van die perde af dood en laat die andere van die perde trap. Die hele kommando van genl de Wet met pres Steyn en al die ander kommandante en generaals glip deur. Toe sluit die Engelse weer die nek"*. Fourie het die hoofkonvooi gelei met De Wet in die agterhoede. Hulle het wel geslaag maar agt Boere het gesterf, 17 is gewond en 33 krygsgevange geneem (Cloete, 2002:207).

Prinsloo (1955:440-1) vertel van Wessel Pretorius se ervaringe gedurende die ABO. Op 'n stadium was hy in kmdt Scheepers se kommando. In die omgewing was Knox toe met sy dryfjag op De Wet besig. Naby Boesmansberg was daar 'n skermutseling waarin Potgieter sleg gewond is - in sy kop. Doors Watson het hom na Kinderfontein geneem, die plaas van Roelf Hefer, daar is hy in die stoepkamer versorg deur Hefer se vrou Lettie met die hulp van 'n mev Fourie wat hom help verpleeg het. Genl Knox en 'n hanskakie, Bolden, het daar aangekom, laasgenoemde was leier van 'n klomp swart mense. Die Engelse dokter het hom daar ondersoek en verklaar dat hy sou doodgaan. Hy het egter herstel en is twee maande later na sy oom Hendrik Potgieter se plaas, Brabant, geneem.

Die tweede dryfjag teen De Wet wat 'n groot deel in Bethulie-omgewing afgespeel het en waaraan 'n paar Bethulie-burgers ook onderworpe was, het op 17 Desember 1900 ten einde geloop.

De Wet was teleurgesteld dat hy nie daarin kon slaag om die Kaapkolonie binne te val nie, maar hy skryf dat hy die beste van 'n slegte saak gemaak het toe hy ass-hoofkmdt Kritzinger en kapt Gideon Scheepers en kapt Fouche met 300 manskappe in die rigting van Rouxville gestuur het, blykbaar kort nadat De Wet-hulle weggedraai het vanaf Odendaalstroom. Hulle opdrag was dat sodra die Oranjerivier gesak het, hulle sonder versuim die Kaapkolonie moet binnetrek (De Wet, 1959:133). In die nag van 15 Desember 1900 om 2:00 gaan Kritzinger-hulle met 300 Boere en 'n Maxim vyf myl (agt km) wes van Odendaalstroom oor die Oranjerivier. Kruger (1964:394) skryf: *"Kritzinger, cutting up a troop of Brabant's Horse who tried to stop him, entered the Cape...with 700 burghers and rebels"*. Die Maxim is egter gou êrens gelaat, omdat dit te swaar is om te hanteer. Hier het Scheepers koue gevat en baie siek geword. Hulle verras 'n klompie Engelse wat sit en kaart speel waarvan hulle agt vang en een wond; twee het weggekom. Dit is moontlik van die manskappe wat saam met Pilcher op 6 Desember 1900 oor Bethulie se brug is. Kritzinger neem Venterstad oor waar 'n klein garnisoen is en vul hulle voorrade hier aan. Nou was die Engelse met Grenfell se troepe kort op hulle hakke en hulle vertrek vinnig hiervandaan (Meintjes, 1969b:100). Kritzinger het toe tot in April 1901 in die Kaapkolonie geopereer.

Die derde dryfjag teen De Wet

De Wet was vasbeslote om 'n tweede invalspoging in die Kaapkolonie te loods veral nadat hy van Kritzinger-hulle se suksesvolle inval in Desember verneem het. Op 26 Januarie 1901 het hy, weer vergesel deur pres Steyn en kommandante soos Lategan, met ongeveer 2,200 man, een kanon en een pom-pom vanaf Doornberg vertrek (Cloete, 2000:218; Wessels, 1988: 185-92). Kitchener het weer besluit om beheer oor die hele dryfjag uit te oefen, soos met die tweede, toe hy op 16 Februarie 1901 na De Aar is. Voor dit het hy tussen 30 Januarie en 7 Februarie 1901 Knox en Hamilton per spoor na Bethulie gestuur om De Wet te stuit (Times History, vol 5, 1900-:34-5) en twee afdelings Engelse soldate word vanaf Bloemfontein na Bethulie gestuur.

In Jan 1901 skryf De Wet *"My ou vriend genl Charles Knox, aan wie dit opgedra was om my uit die Kaapkolonie te hou, is weer met die taak belas... moes erken dat hy 'n lastige vriend was. Hy het die kuns verstaan om in die nag te trek en was ook baie parmantig as hy in die slagveld sy kragte met sy teenstander meet. Genl Knox het nou na Bloemfontein vertrek vanwaar hy sy leer per spoor na die Oranjerivier by die Bethulie-spoorwegbrug laat vervoer het... Ons sou dus maklik by die verskillende drifte gekeer kon word. 'n Plan moes nou gemaak word om die Engelse leers weer om die bos te lei. Met die doel voor oë het ek genl Fourie tot op die plaas Klein Kinderfontein, wes van Smithfield [gestuur]*". Hier het Fourie ten minste twee dae vertoef. De Wet het vals gerugte versprei dat hy Odendaalstroom, naby Aliwal-Noord, met geweld gaan neem en vir die doel het hy Fourie gebruik om die aandag hierheen af te trek vir die volgende twee dae terwyl hyself teen 5 Februarie tussen Springfontein en Jagersfonteinweg (Trompsburg) oor die spoorlyn gegaan het (De Wet, 1959:145-7).

De Swardt (2010:141) haal 'n dagboekinskrywing van die Worcestershire Regiment aan op 2-7 Februarie 1901: "*enemy was in Bethulie district and organizing for big raid into Cape Colony. British troops holding Orange River to stop him*". De Swardt meen die persoon waarna verwys word is Fourie wat met skyn beleggings die aandag op hom gevestig het sodat De Wet oor die Oranjerivier kon kom by Sanddrif. Die dag voor De Wet oor die Oranjerivier is, het genl Hamilton nog na hom gesoek in die Slikspruit-area naby Bethulie. Teen 10 Februarie 1901 is hy by Sanddrif, (die huidige Vanderkloof) 30 km wes van Philippolis, oor die Oranjerivier met onder andere Piet Fourie wat weer by hom aangesluit het; kpl Manie Maritz was ook deel van die magte.

Hierdie inval was gekenmerk deur ontberinge na 'n erge wolkbreuk tussen De Aar en Houtkraal naby 'n vlei waar hulle moes deur. Die plek is later Moddervlei gedoop deur die Boere. De Wet het vandaar via Strydenburg na die noorde van Prieska gegaan wat hy teen 19 Februarie bereik het, vandaar het hy suid van Douglas gedraai op 21 Februarie; op die 23ste was hy by Hopetown en die 25ste by Petrusville (De Wet, 1999:202). Teen 19 Februarie 1901 het De Wet besef dat onder die nat omstandighede en die teenwoordigheid van die groot Engelse magte, hy nie suksesvol sal wees om in die Kaapkolonie rekrute te werf nie en het hy besluit om terug te keer na die Vrystaat. Dit was egter eers op 28 Februarie nadat hulle deur 15 driwwe probeer kom het, dat hulle by Bothasdrif, 25 km wes van Norvalspont, oor die Oranjerivier kon kom, terug in die Vrystaat.

Nadat hulle 'n paar dae naby Philippolis gerus het, het De Wet weer vir Fourie gestuur om soos vroeër in die suidoostelike distrikte te opereer. Daar is ook besluit dat beter werk gedoen sal word as die kommando's in klein afdelings verdeel word, groot slae kon nie meer gelewer word nie en as die Boere verdeel moet die Engelse ook verdeel. Die suidelik deel is toe in vyf afdelings verdeel waaronder een vir Bethulie en Smithfield onder kmdt Gideon Joubert; almal nog onder ass-hoofkmdt Pieter Fourie (later onder GA Brand). Die kommando's het op 3 Maart 1901 opgebreek en verdeel (De Wet, 1959:162).

Blokhuise tot Vrede

Blokhuis by die ou treinbrug

Die derde dryfjag teen De Wet, waaraan Bethulie-burgers ook deelgeneem het, eindig op 11 Maart 1900, maar dit lyk nie of die Engelse gerus geraak het nie. Dit was ook die tydperk van die oprigting van blokhuise. Blokhuise tussen Aliwal-Noord en Bethulie word 'n myl (1,6 km) uitmekaar opgerig. Tussen Springfontein en Bethulie word daar 36 opgerig. Met die blokhuise wou die Engelse die Boere van alle kante "*vee*". Met die doel voor oë het Knox se kolonnes (Pilcher en Thorneycroft) suide toe beweeg en soos 'n waaier gesprei; hulle bereik Bethulie op 26 Julie 1901. Vandaar het hulle na die weste begin vee. Heelwat perde, beeste, voertuie en 'n paar gevangenes is so verkry. Boere-patrollies in die distrik was gereeld in skermutselings betrokke met Engelse patrollies en swart verkenningspatrollies. Twee groepe Boere-patrollies se aktiwiteite in die Bethulie-omgewing word redelik volledig beskryf. Die groep wat veral in die omgewing van Tafelberg, Blaauwfontein, Boesmansberg geopereer het onder kmdt Gideon Joubert word beskryf deur Piet Robinson. Die groep wat tussen die Caledon- en Oranjerivier geopereer het onder kmdt Piet du Plooy se ervaringe word deur sy seun Adriaan J du Plooy en deur Peet Alberts, vertel.

Op 31 Mei 1902 word vrede gesluit. De Wet het na die Vredesluiting rondgegaan om mense te oorreed om wapens neer te lê. Op 5 Junie 1902 het die eerste kommando naby Vredefort die wapen neergelê. Die laaste wat wapens neergelê het was die burgers van Nieuwoudt en Brand, die ass-kmdt van die Suid-Vrystaat, op 16 Junie 1902. Hierdie laaste groep het die Bethulie-burgers ingesluit.

Bethulie-burgers wat sterf terwyl hulle op kommando is:	16
Krygsgevangenes vanuit Bethulie:	371
Sterftes:	15
Britse soldate se grafte in Bethulie-kerkhof:	22
Britse offisiere hier begrawe:	2

'n Merkwaardige ontsnapping

Ronel Botha, 'n vorige kuratrise van die museum, het in 1991 'n brief ontvang van Marie Penberthy. Sy vertel dat een van haar ooms, Piet (1877-1901), 'n ABO-held was en bekendheid verwerf het as een van die vyf swemmers. Hy het blykbaar hier skoolgegaan van 5-15 jaar (1882-1895); dit lyk asof die Bothas dan 16 jaar op Bethulie was. Sy vra of hy moontlik in die Oranjerivier kon leer swem wat hom so 'n sterk swemmer gemaak het, want toe hulle van Ceylon ontsnap het hy drie ure in die see geswem.

Portret deur die Engelse in Groenpuntkamp geneem. Tweede van links: Piet Botha. Heel regs: Willie Steyn.

Foto met dank aan van Nico Moolman soos op FB ABO 9 Sept 2017.

Die merkwaardige storie van die ontsnapping van vyf krygsgevangenes word onder andere vertel deur CJ Barnard in *Die vyf swemmers:*

Willie Steyn, 'n burger van Heilbron, het onder De Wet gedien as veldkornet toe hulle Rooiwal geneem het in Junie 1900. Met die terugval word Willie Steyn en vyf ander, onder wie sy goeie vriend, Piet Botha, deur die Engelse gevang. Hulle word na Ceylon (die huidige Sri Lanka) gestuur. Op 9 Januarie het die *Catalonia* Colombo se besige hawe ingevaar. Dit was toe dat Willie 'n geleentheid vir ontsnapping gesien het, en gou ook vir Piet daarby betrek het. Twee broers, George en Louw Steytler het ook ingeval by die planne, so ook Ernst Hauser, wat Duits kon praat. Hulle beplan om op 'n Franse boot te kom maar land egter op 'n Russiese boot, die *Cherson*; Piet was drie ure in die see! Die Russe wat groot bewondering vir die Boere gehad het, behandel hulle soos helde en help hulle sover hulle kan. In Feodesia het hulle by die Duitse konsul gebly en vandaar is hulle na St Petersburg, 'n afstand van 2,000 km wat ses dae geduur het.

Hulle het tot 13 Februarie 1901 in St Petersburg gebly vanwaar hulle met die sneltrein na Hamburg vertrek. Op 15 Februarie was hulle in Berlyn en op 17 Februarie vertrek hulle na Utrecht in Holland waar president. Kruger was, wie hulle die volgende dag ontmoet het. Op 19 Februarie is hulle na Den Haag waar hulle dr Muller, die Vrystaatse konsul-generaal, ontmoet het. Hier word gereel dat hulle vervalste paspoorte kry, geld en kaartjies vir die bootreis terug na Suid-Afrika, waar hulle so gou moontlik weer op kommando wou gaan. Vandaar is hulle na Amsterdam waar hulle 11 dae moes vertoef. Intussen het hulle met die geld wat geskenk is voorrade en items aangekoop wat hulle sou gereed maak om op kommando te gaan; elkeen 'n splinternuwe Mauser, 800 patrone, bandolier, saal en saalsakke, toom, halter, kos, reenjasse, skoene, ander klere, grondseiltjies, komberse, waterbottel; 'n gesamenlike ketel, suiker, sout en koffie.

Piet Botha uit Barnard,1988 tussen p86-7

Op 10 Maart 1901 gaan hulle aan boord van die *Aline Woermann* met kaartjies vanaf Hamburg na Luderitzbaai. Op 13 April kom hulle in Luderitzbaai aan waar hulle vertoef het tot 22 April toe hulle saam met transportwaens Keetmanshoop toe is; hulle bagasie is vervoer maar hulle moes stap! Die tog gedeeltelik deur die Namib was 220 km. Op 15 Mei strompel hulle Keetmanshoop binne; 23 dae later. Van Keetmanshoop beplan hulle om na Rietfontein, 210 km verder, te gaan, weer eens per voet. Hiervoor is osse en 'n kar gekoop en na 20 dae het hulle in die omgewing van Rietfontein aangekom waar hulle perde gekoop het. Hiervandaan is hulle na Skuitdrif by die Oranjerivier waar hulle ongeveer 2 km laer op 11 Junie 1900 deur die Oranjerivier geswem het en meer as 'n jaar later weer in die Kaapkolonie was. Hier verneem hulle dat kmdt Conroy met 'n rebelle kommando in die omgewing was en hulle besluit om by hom aan te sluit. Daarvoor swenk hulle noordwaarts en gaan weer deur die Oranje ongeveer 15 km onderkant die Augrabiese waterval. Na 'n paar noue ontkomings kon hulle egter nie by Conroy uitkom nie, maar omdat Maritz in die omgewing was besluit hulle om by hom aan te sluit. Hulle het deur Boesmanland gery en 25 km vanaf Brandvlei by van Maritz se manne uitgekom en vandaar is hulle saam tot naby Nieuwoudtville. Die swemmers was in hulle element want nou was hulle weer deel van 'n kommando. Hier het hulle vir Maritz ontmoet en hom, meegedeel dat hulle graag by kommandos in die Vrystaat wil aansluit. Daar was meningsverskil oor waar hulle die Vrystaat sou ingaan, of tussen Petrusville en Colesberg of sou hulle die Oranje by Prieska oorsteek en dan die Vrystaat van die weste ingaan. Hier het die swemmers se paaie geskei en Piet Botha het saam met Louw Steytler, Van Wijk en vier van Maritz se manne besluit om die Vrystaat naby Petrusville in te gaan. Dit moes ongeveer in Augustus gewees het, 14 maande sedert hulle gevange geneem is en sewe maande sedert hulle in Colombo ontsnap het.

Piet-hulle het na 600 km die koppe wes van Petrusville bereik toe hulle skielik omsingel word. Vier van hulle onder wie Steytler word gevang en Piet Botha en 'n Boonzaaier ontsnap per voet. Hulle word egter deur bruin soldate aangeval en Piet word sleg gewond ongeveer 328 km vanaf Kraankuil. Hy is die volgende dag deur die soldate 88 km verder na De Aar se Britse militêre hospitaal geneem, waar hy op 23 September 1901 sterf. Hy was 24 jaar oud.*"Die ontsnapping van Willie Steyn en sy makkers was die merkwaardigste ontsnapping van krygsgevangenes tydens die ABO en een van die klassieke ontsnappings in die Suid-Afrikaanse krygsgeskiedenis"*. (Barnard:1988:190). Hulle was die enigste Boere-krygsgevangenes wat uit Ceylon ontsnap het, trouens van die paar wat reggekry het om vanaf ander plekke soos Bermuda te ontsnap was dit net Willie-hulle wat die reggekry het om weer op kommando te gaan.

Die konsentrasiekamp

Terreine

'n Paar weke nadat die derde dryfjag op de Wet begin het, het die eerste 180 gevangenes in Bethulie-konsentrasiekamp op 22 April 1901 aangekom, hoofsaaklik om die oorvloei van Springfontein se kamp te huisves. Die eerste terrein waarop die kamp gevestig was, was naby die perdedepot waar 'n militêre kamp en 'n *"native constabulary"* was – die is gou die Rooibult of Doringboomkamp genoem. In die kamp was ook die swart mense wat saam met die gesinne op plase gevang is. Teen 28 Junie 1901 was daar reeds 2,440 gevangenes. Van meet af aan was daar 'n probleem om aan die Engelse, die perde en die gevangenes water te voorsien. Die resident-magistraat doen aansoek om die kamp te verskuif omdat 'n put wes van die spruit kan help om water aan die kampgevangenes te verskaf. Die kamp skuif op 7 Junie 1901 en teen 31 Julie 1901 is daar reeds 4,280 gevangenes. Op die stadium is die swart mense geskei van die wittes wat na die ander terrein gaan; hulle is moontlik later na die Edenburg-kamp oorgeplaas of vrygelaat om na die lokasie te gaan; geen rekords van hulle kon gevind word nie.

Die tweede terrein van die kamp wat die naam van Moeraskamp gekry het, was in 'n holte geleë, en in die sewe maande wat die kamp daar gestaan het, is die grootste ellende beleef onder die swak bestuur van die superintendent, Russel Deare. Teen 7 September 1901 met die besoek van die Dameskomitee was daar 4,882 gevangenes. Die Komitee het onder andere aanbeveel dat die kamp verskuif word, wat eers in Desember gedoen is. Daarna is die kamp oor 'n veel groter terrein noord van die holte verskuif en die tente verder uitmekaar opgeslaan; die derde terrein.

Bethulie's Refugee Camp.

Die foto met dank aan Elizabeth van Heyningen van die BCCD-projek (http://www2.lib.uct.ac.za/mss/bccd/.) wat die fotos wat eers onlangs vrygestel is deur die Britse regering, versprei. Die konsentrasiekamp staan hier op die derde en laaste staanplek nadat dit in Desember 1901 verskuif is en die tente verder uit mekaar opgeslaan is.

Toestande in die kamp

In die 13 maande wat die konsentrasiekamp van Bethulie bestaan het, was daar 1,737 sterftes, waarvan 1,311 kinders onder 15 jaar oud; 'n gemiddeld 4,5 per dag, 32 per week en 133 per maand. Daar was maande wat dit baie sleg gegaan het, soos September met 236 sterftes en Desember met 276 sterftes. Van hierdie kamp sê Van Heyningen (2010:5-6) in haar artikel: *A Tool of modernization*: *"But Bethulie was the archetypal 'bad' camp, with soaring mortality rates demoralised inmates and incompetent doctors... Bethulie's mortality pattern was remarkable in another respect as well, for the ratio of adult deaths to child deaths within this camp was far higher than almost any other camp...".*

Faktore wat bygedra het tot die hoë sterftesyfer en ander ellendes in die kamp kan soos volg opgesom word (Venter, 2011:109-144):

<u>Swak administrasie</u>: Die sogenaamde regulasies wat die hoofsuperintendent vir die kampe uitgevaardig het, het dooie letters gebly. Indien dit wel toegepas sou word, sou die kampinwoners veel beter daaraan toe gewees het. Onder hierdie Russel Deare, se nalatigheid en wanbestuur het meer as duisend mense gesterf (Le Roux, 1979:3, 8). Van der Walt (1965:46) skryf hoe hy gesê het dat hy in kampe beter veg as die Engelse in die veld.

<u>Akkommodasie en oorbevolking</u>: Die kamp in Bethulie was die derde grootste konsentrasiekamp. Die holte van die tweede terrein waar die kamp vir nege maande lank in was, was so beknop dat die tente soms letterlik teenmekaar gestaan het. Die tente wat 'n maksimum van ses mense kon huisves het volgens die Dameskomitee dikwels tot 10 mense in gehad. Siektes het onder die omstandighede vinnig versprei. Hulle het ook bevind dat vier vyfdes van die 4,882 mense op die grond slaap, sonder matrasse. Behalwe dat die tente te na aan mekaar gestaan het was die tweede terrein verkeerd gekies, dit was in 'n laagte of vlei en met die koms van die reën het die tente oorstroom, vandaar die naam van Moeraskamp.

<u>Water</u>: behalwe 'n tekort aan water om mee te was, te drink en klere te was, was die water van die spruit ook besoedel van die runderpes-karkasse wat 'n paar jaar voor die oorlog naby die spruit begrawe is. Die spruit het dan ook vinnig die naam van Moordspruit gekry. Water uit die put, *Adam's Well*, kon ook net gelewer word wanneer daar osse was om die waterkar te trek. Klere moes in die watergat in die spruit, wat dikwels net 'n poel modder was, gewas word.

<u>Kos en kookgeriewe</u>: Menige verhale word vertel van min kos, slegte (vrot) vleis en verhongering. Kos wat deur komitees of simpatiseerders gestuur is, het nie altyd by die inwoners uitgekom nie, want die amptenare het na willekeur opgetree (Le Roux, 1979:5). Edith Dickenson het die volgende aan Emily Hobhouse geskryf: "*I was about three weeks in Bethulie ...Speaking to the medical officers and dispensers they told me about September and October when things were at their worst, the death-rate averaged about 120 a week out of 4,000 people!... About August some very bad meat was sent into the camp and the doctors condemned it as being the flesh of cattle which had died of disease. A dispenser told me it was full of yellowish spots. However the meat was returned and the superintendent was told that they must make it do. After this dysentery and enteric broke out. When I was there the deaths were mostly owing to debility.... Children who reminded one of the famine-stricken people of India and who*

were gradually wasting away...But most of the patients had gone too far for any human aid". (Hobhouse, 1902:305-6).

Om kos te kook was 'n groot uitdaging. Die hout wat in die rivier gekap is, is met vyf waens aangery. Dikwels was die hout nat en in reëntye was dit onmoontlik om kos buite die tente gaar te kry.

Rantsoene per persoon twee keer per week
- 228 g vleis
- 228 g stampmielies, of rys of meel
- 42,5 g koffie
- 85 g suiker
- 28,5 g sout
- 1/18 van blikkie kondensmelk

Anna Breedt, die ouma van skrywer wat 12 jaar oud was toe sy in die konsentrasiekamp opgeneem is, het onthou van 'n Duitser "Van Spurken" wat rantsoene uitgedeel het en wat kwaai was en baie gevloek het! Skrywer kon vasstel met die hulp van die BCCD webwerf se rekords dat dit die 42-jarige Theodore Carl Wilhelmus Fredrick Alexander van Spoerken was wat vanaf 8 Junie 1901 tot 4 September 1902 in die kamp was en daarna na Biesjesvlei, Smithfield-distrik teruggekeer het wat hy as sy tuiste aangedui het. Die rekords wys egter dat hy 'n onderwyser was.

Siektes en mediese sorg: Die situasie was dat daar nie medisyne was nie, nie genoeg mediese personeel, nie genoeg kos nie, immuniteitstelsels wat afgebreek is, ouers wat te bang was om kinders na die hospitaaltent toe te laat gaan, want hulle kom nie weer daaruit terug nie. *"Van effektiewe behandeling van siekes was daar geen sprake nie. In al die konsentrasiekampe was daar 'n nypende tekort aan opgeleide personeel en hospitaal akkommodasie. Verder het die Britse owerheid hom bitter min bekommer oor die toestand van die siekes in die kamp, 'n beleid van versuim is toegepas... dit het daarop neergekom om so min moontlik vir die siekes te doen...".* (Raath en Louw, 1993:44). Epidemies soos die van masels het twee keer uitgebreek, die tweede keer het dit gepaardgegaan met ingewande koors.

Higiëne, toilette en lyke: In die kamp was daar voortdurend probleme om onder andere die tente skoon te hou van die stof, baie mense, modder, ensomeer, gereeld teenwoordig. Bedags moes die beddegoed buite in die stof lê en saans moes dit uitgeslaan word en ingebring word. Vele herinneringe verwys daarna dat seep onbekombaar was. Die water van die wasgat waarin alles gewas moes word is vuil en modderig. Sanitasie was 'n groot probleem; die toilette was slegs vore van 40-50 vt lank; 10-12 vt diep, 4-5 vt breed, (ongeveer 12-15 m lank; 3-3,5 m diep en 1,2-1,5 m breed) met stompe daaroor. Hierdie was weer 'n militêre gebruik wat op burgerlikes toegepas word. Dit was ongeveer 100 tree (of 100 m) van die kamp af. Die reuk, die vlieë en die besoedelde grond word deur baie aangehaal (Raath en Louw, 1993:28-30). Daar was ook drie lykstente, ongeveer 100 tree anderkant die hospitaal; dit was die mees vervalle tente in die hele kamp en hulle was die hele tyd oop en het van tyd tot tyd omgewaai (Luckhoff,1904:13). Die Dameskomitee se bevinding daaroor was: *"The mortuaries are too near the camp and hospital and look dirty and neglected".* Daarom hulle aanbeveling *"that there should be more attention to order and cleanliness in the mortuaries, that the doors should be turned the other way, and that the tents should be further removed from the camp".* (Raath, 1999:136; Coetzer, 2000:194).

Die natuur: Asof die mensgemaakte oorsake van die ellende nie genoeg was nie, het die natuur ook sy bydrae gelewer. In Junie, Julie en September 1901 was daar erge stortreëns sodat water tot drie voet (ongeveer 'n meter) deur die kamp stroom, veral omdat die kamp op 'n verkeerde plek opgeslaan was. Baie mense wat op die grond moes slaap se beddegoed het nat geword en kon nie deur die dag droog word nie. Ds Luckhoff (1904:33) beskryf hoe vroue deur die vloed en die modder moet worstel en met nat hout buite in die reën probeer kosmaak. 'n Sneeustorm tref die dorp twee keer, in Junie 1901 en weer in 1902. Die somers se verskriklike hitte met stofstorms, in tente, met geen ander skadu het verdere uitdagings gelewer.

Begrafnisse en begraafplaas: Oom Petrus noem hierdie kerkhof die *"meerkatdorp-begraafplaas."* Ongeveer 60 krygsgevangenes is op parool vanaf Groenpunt oorgeplaas na die konsentrasiekamp om onder andere grafte te grawe en kopsteentjies te maak. Giel Dippenaar vanaf Philippolis-distrik was verantwoordelik vir die uitleg van die kerkhof. In Oktober 1901 met die swaar reëns is die kerkhof oorspoel en van die grafte oopgespoel (Nuusbrief, 21 Apr 1978). Daar was dikwels nie hout om kiste mee te maak nie. Ds Luckhoff (1904:28) skryf oor een so 'n geval in sy dagboek op 12 September 1901: *"Small quantity boards arrived: may we have no more burials in blankets now!"*. Gedurende sulke tye is die oorledenes in kakiekomberse begrawe. Moeders moes soms seepkissies koop en self kissies gemaak het (Raath en Louw, 1993:54-55). Dikwels moes daar uit stukkies afvalhout kiste gemaak word, met tragiese gevolge.

Die dorp gedurende die oorlog

Na die geveg by die wabrug oor die Oranjerivier neem die Engelse Bethulie op 15 Maart 1900 in. Hulle het met orkesbegeleiding en vlieënde vaandels deur die strate marsjeer. 'n Wit vlag word deur die burgemeester HA Rampf aan genl WM Gatacre van 3rd Division of British Forces oorhandig teen 13:00. Die bataljonne wat deur Gatacre in Bethulie gelaat is na die besetting, word teen 21 Maart 1900 na Springfontein geskuif waar Gatacre sy hoofkwartiere gevestig het (De Swardt, 2010:58). Van vroeg April tot 18 April 1900 het die 3rd Battalion, Durham Light Infantry in Bethulie gebly en daarna is hulle ook na Springfontein.

Die Union Jack hang voor die landdroskantoor (nou die AP Kerk).

In 2014 het die Anglikaanse Kerk in Bethulie sy deure gesluit; in die kerk het 'n Union Jack gehang wat volgens oorlewering die vlag was wat deur die Engelse voor die landdroskantoor gehys is toe hulle Bethulie op 15 Maart 1900 ingeneem het. Hoe die vlag uiteindelik in die kerk gekom het kan niemand meer onthou nie. Die kerk het die vlag in 2014 aan die museum geskenk vir bewaring. Dit is erg verwaarloos en eintlik is dit slegs een deel van die vlag wat oor is.

Johan Pretorius besig om die Union Jack af te haal in die kerk nadat dit aan die museum geskenk is.

Onderskrif van die foto: The third contingent on the railway station at Bethulie, Orange River Colony

Op 'n raadsvergadering van 24 April 1900 rapporteer die voorsitter, HA Rampf, dat die militêre kommandant van Bethulie, maj Bode, hom ontbied het en meegedeel het dat dit Roberts se wens is dat die munisipale bestuur soos gewoonlik voortgaan en dat Bode die raad die nodige ondersteuning moes gee. Die notule is vir die laaste keer in Hollands gehou. Daar was drie Engelssprekende lede: Rampf, Waugh en Adam. Landdros Wolhuter is vervang met kaptein Grant. Beweging van dorp- en plaasbewoners is beperk en passe moes verkry word by die kommandant, maj Bode, wat die hoogste gesag in die dorp was. (Eeufeesalbum, 1963:52-53). Teen 17 Junie 1901 bestaan die klein garnisoen wat in die dorp is uit 70 onberede soldate. Mettertyd, veral na die verskroeide aarde beleid ingestel is, het kosskaarste ook die dorpsinwoners getref, maar nie so erg soos in die kamp nie. Volgens Le Roux (1979:9) het die dorp gedurende die oorlog 727 wit inwoners gehad en hulle moes vier treintrokke voorrade per maand ontvang vergelyk met die 4,800 mense in kamp wat net 12 trokke voorrade ontvang het. Daar word geen melding gemaak vanwaar die swart mense voorrade, wat hoofsaaklik kos moes wees, gekry het nie.

Foto uit Van Zyl (2013: 325) met byskrif *British officers with their orderly at Bethulie in 1900* (A van Dyk collection)

Die foto toon die verskansings, sandsakke wat so gepak is dat skietgate duidelik sigbaar is. Die huidige Voortrekker- straat, met links die landdroskantoor (tans die AP Kerk) en regs waar Lewis tans is. Let op die vrou met die stootwaentjie voor die verskansings en bo-op die koppie regs die vierkantige bouwerke wat skrywer nie kon vasstel wat dit was nie.

Skole het met die uitbreek van die oorlog gesluit. Die skoolhoof, JJ van Heerden, het by die Boere-ambulans aangesluit. Intussen het ds Becker (ca:11-12) vrywillig skoolgehou in die pastorie; dit het so voortgegaan totdat Bethulie beset is. Kort na die besetting is die dagskool heropen en Engelse leerkragte is aangestel.

Aangesien die predikant van die Gereformeerde Kerk, ds Willem Postma, tydens die skermutseling by die brug gevang is, was die kerk herderloos en het die oorblywende gemeentelede gereeld leesdienste gehou. Daar was egter min sprake van georganiseerde gemeentelike arbeid. Lidmate van die kerk wat in die konsentrasiekamp was, was nie toegelaat om dienste in die dorp by te woon nie; ds Becker van die NG Kerk het ook die geestelike belange van die Gereformeerdes in die kamp behartig.

Die kerkgebou wat tans as die NG Kerk se saal dien het tydens die oorlog as huisvesting vir Engelse troepe gedien.

Oom Petrus Fourie, wat 'n kampkind was, vertel dat vee deur die dag gewei het waar Bethulie se dorpsdam nou is, die diere het water gekry in die ou fontein. Die deel is kaal getrap sodat min weiding oorgebly het en diere het daar by die hope doodgegaan. Van die dooie diere se vleis is vir die kampinwoners gegee. Hoewel die veld aan die weste van die spoorlyn (dit is die ou spoorlyn) volop weiding gehad het, is die vee nie daar toegelaat nie uit vrees dat dit in die Boere se hande sou val. Snags is die diere in die ou skutkraal gehou wat in die omgewing van die huidige President Swartsingel is. Hulle is ook daar geslag. (Nuusbrief, 2 Jun 1978).

Die Royal Hotel waarvan die eienaar mnr Dobbin was, was die tuiste van verskeie mense tydens die oorlog. Die hotel is geleë op die hoek van Joubert- en Voortrekkerstraat. Dr Dickenson een van die kampdokters het daar gewoon en is ook daar oorlede. Russel Deare het in plaas daarvan om in die kamp te woon en behoorlik toesig te hou, in die hotel gaan woon, onderwyl mense onder sy beheer by die honderde sterf (Le Roux, 1979:8).

Die perde-ontvangsdepot wat in Bethulie gevestig is, was aan die oostekant van die dorp, langs die spruit wat van Maroksberg af kom. Al wat vandag nog getuig van die depot is die dammetjie waarop twee esels geverf is. Die dammetjie is vierkantig en is in twee verdeel. Dit lyk ook asof daar 'n dak op was. Die dam moes moontlik water voorsien vir die perde, vir die Engelse soldate en vir die "*Native Constabulary*" wat in die omgewing was. Later met die vestiging van die konsentrasiekamp was die eerste terrein hier naby die depot en water moes ook vir die kampinwoners verskaf word.

'n Militêre hospitaal vir Engelse soldate is van sink gebou op die terrein waar die swembad nou is. Matrone RD Bowhill was teen Januarie 1902 hier werksaam. 'n Veldhospitaal van 3rd Brigade het ook bestaan. (Report of the Good Hope Society....1902:37). Daar was volgens Ds Becker, (ca:37) 'n Boere-veldhospitaal tussen Bethulie en Smithfield.

Vredesluiting en daarna

Vrede is op 31 Mei 1902 gesluit. Robinson bewoord die gevoel van die burgers: "*....dit was asof daar 'n doodsklok oor my lui. Neerslagtigheid was op elke gesig te lees. Ons moes op 16 Junie naby Bloemfontein gaan wapen aflê en op pad daarheen het ons nog 'n geweldige koue reën en kapok gekry. Ons klere moes maar na gewoonte aan ons droog word, ons het nie ander gehad om aan te trek nie. Ver van Bloemfontein af het 'n Engelse offisier ons met 'n kar tegemoet gekom om ons na die bestemde plek te lei. Daar aangekom, het ons voor 'n Engelse hoofoffisier wapen afgelê – na bykans twee jaar en agt maande se harde stryd teen die oormag – al die donker en koue nagte, al die onrus en angs, al die honger en naaktheid, al die offers van man en vrou en kind wat hulle lewe op die altaar gelê het en die bloed wat vir ons vryheid gevloei het. Van al ons besittings – ons vryheid het ons verloor! Die aarde kan wankel tot sy val, nooit sal ek daardie dag vergeet nie!*". (Van Zyl, 1948: 85).

Ds Becker skryf soos volg oor die kampinwoners se reaksie: "*Toe ek in die kamp kom het die liewe vriende van alle kante my toegestroom om te verneem of dit waar was dat die oorlog verby is...en [toe] ek die ware toestand meegedeel het, was daar 'n storm van wenende mense en 'n vloed van trane. Die slag was te [groot] en die teleurstelling verskriklik groot vir al die lyding. Die Sondag daarna was my gemoed so ontstel en bedroef dat ek byna nie kon preek nie...*". (Raath en Louw, 1993:82).

Grafte van die konsentrasiekamp is almal met klippe bedek deur die inwoners en 'n klipstapel is onder leiding van ds Becker gebou. Gevangenes kon nie dadelik die kamp verlaat nie, onsekerheid oor waarheen as gevolg van hulle verwoeste plase, mans wat gesneuwel het of nog in krygsgevangenekampe is, het daartoe bygedra. Die kommissies begin funksioneer vanaf 31 Junie 1902 en die Eed van Getrouheid moes geteken word; eers daarna, kon inwoners die konsentrasiekamp verlaat en na hulle huise gaan. Die laastes verlaat die kamp teen Desember 1902.

Die oorlog het heelwat kinders wees gelaat en 'n weeshuis is op die terrein van die NG Kerk opgerig. Aangesien die Britse regering geen geld vir die weeshuis beskikbaar gestel het nie, moes fondse ingesamel word deur die Afrikaanse kerke.

Mense moes na die oorlog hervestig word in die verwoeste republieke, nou, kolonies waar minstens 30,000 plaasopstalle afgebrand is en plase verwoes is met geen lewende hawe, gesaaides of weiveld nie. Artikel 10 van die Verdrag van Vereeniging het bepaal dat £3,000,000 beskikbaar gestel sal word as subsidies aan diegene wat as gevolg van die oorlog nie meer in staat is om vir hulle self te sorg nie. Repatriasiekommissies is daarvoor in elke distrik aangestel. JC de Waal (Die herinneringe... 1986:81-82) wat een van die Bethulie-lede was, vertel dat dit 'n moeilike en ondankbare werk was, van die "*omspringende handelswyse*" van amptenare en hoe hulle dikwels deur die amptenare gedwarsboom is, die kommissies is dan gewantrou. "*Vir die Afrikaner het repatriasie op 'n repatriasie-*

skandaal en kompensasie op 'n kompensasie-geknoei uitgeloop... Die kompensasie wat uitbetaal was, was belaglik laag... Die geval van genl Botha is bekend... sy eis was £40,000...die regering het hom £1,800 toegeken...wat van die arme bywoner?". (Widd, 1966:444-5).

In 'n verslag (RC 10775) van Februarie 1903 oor die sluiting van die kampe word gemeld dat gesinne wat teruggaan na hul plase 30 dae se rantsoene kry, 'n klok tent en ander noodsaaklikhede soos komberse. Deel van die repatriasieplanne was om werkskeppingprojekte daar te stel,om diesulkes te help. So 'n projek was om 'n gronddam op Kransdraai te bou. Daar het gesinne in tente gewoon, ook maar geskeurde tente, en as dagloners gewerk vir vier sjielings en ses pennies per dag. Hier is ook 'n hospitaal gebou.

Monumente en begraafplase

Kyk ook onder MONUMENTE vir vollediger beskrywing

Die oorspronklike begraafplaas was op die stuk grond wat tussen die Engelse monument en die naald van die oorspronklike gedenksuil is. Die oorspronklike grafte was almal bedek is met klippe vanuit die spruit en omgewing

Onder leiding van ds Becker is daar op 5 Junie 1902 op die konsentrasiekampterrein 'n stapel gebou van klippe wat vanuit die berg aangedra is. Dit het bekend geraak as die Moederstapel of Klipstapel. Op 22 Maart 1924 word die Moeder-en Kindbeeld ingewy wat langs die Moederstapel opgerig is

Intussen is 'n fonds wat deur die Imperiale (Britse) regering beskikbaar gestel is vir die instandhouding van oorlogsgrafte gebruik om 'n monument as gedenkteken aan die suidekant van die kerkhof op te rig in 1919. Dit is die enigste monument vir 'n konsentrasiekamp wat deur die Engelse befonds is. Die monument is ontwerp deur Reenen J van Reenen van Bloemfontein. Die monument staan ook bekend as die Struktuurmonument of Engelse monument, maar Van Reenen self noem dit die Treurmonument. Dit is 'n monument met pragtige simboliek.

As gevolg van die verwaarlosing van die begraafplaas is daar sedert 1950 pogings aangewend om dit te herstel. Die oorspronklike klipbedekkings word van die grafte afgehaal en by die Engelse monument op 'n hoop gegooi en die grafte bedek met eenvormige betonstene. 'n Gedenksuil met 'n doringboompie ets bo-aan en twee granietblokke langsaan word opgerig. Die herstelde kerkhof en die gedenksuil word op 9-10 November 1953 ingewy.

Met die beplanning van die Oranjerivierskema moes die grafte en van die monumente verskuif word. Op 10 Oktober 1966 word die gedenkkampkerkhof ingewy. Die monument het deur die jare ook verwaarloos en is in 2012 deur die Erfenistigting herstel.

In die dorpskerkhof word die volgende gevind: die Burgermonument wat in 1906 onthul is met die name van die Bethulie-burgers daarop wat in die ABO gesterf het. Van die Engelse soldate wat in die omgewing gesterf het se grafte is op twee verskillende plekke te vind; daar is 22 grafte in die Bethulie-kerkhof. Twee dokters wat in die konsentrasiekamp gewerk het en daartydens gesterf het, is ook hier begrawe, dr Dickenson en dr Fraser. Daar is ook twee grafstene vir die hanskakie Hendrik de Villiers, wat die vroue en kinders so sleg behandel het in die kamp

Die Superintendent van die konsentrasiekamp, Russel Deare, waaronder soveel mense gely en gesterf het se graf is in die *South end cem*etery in Port Elizabeth. Hy sterf op 30 Augustus 1918. Die foto met dank uit die databasis van die Genealogiese Vereniging van SA (*http://www.eggsa.org/library/main.php?g2)*

Bethulie kampmeisie herbegrawe

Die volgende aanhaling uit die boek *Bethulie en die ABO* soos deur een van die gevangenis vertel: *"Na aan die einde van die oorlog, teen 21 April 1902, is ongeveer 500 van Bethuliekamp se inwoners oorgeplaas na Kabusie en moes hulle op die stasie bly, sommiges kon in tente slaap, maar ander moes buite slaap. Na doktersondersoeke is hulle in groepies van 22 verdeel, soveel soos 'n treinwa kon vat. Hulle voel dat hulle soos skape behandel word en is so moeg dat hulle ook so optree. Daarna word hulle in benoude wit gekalkte spoorwegwaens met net twee klein venstertjies vervoer na Kabusie"* (Venter, 2011:65).

Kabusiestasie was 3,5 myl (5,6 km) buite Stutterheim. Hier is 'n kamp opgerig met geboue van yster, sink en hout. 507 mense van Kroonstad is ook soontoe oorgeplaas. Hier sterf Anna Sophia Haasbroek van Sleutelpoort, Bethulie, op 6 Junie 1902 in die ouderdom van 19 jaar. Agt ander mense sterf daar. Deur die jare het die begraafplaas in die vergeteldheid geraak en 'n sokkerveld het daar naby ontwikkel. 'n Lid van die gemeenskap, Dirk Schellingerhout, het met 'n proses begin om die oorskotte te laat herbegrawe. Met die hulp van die Erfenisstigting is die oorskotte op 7 Desember 2013 op die terrein van die NG Kerk herbegrawe.

Anna Sophia Haasbroek was die suster van oom Hannes Haasbroek se pa, dus sy tante. Oom Hannes was die enigste nasaat wat opgespoor kon word van die oorledenes van die Kabusiekamp. Oom Hannes en Tannie Klasie kon die herbegrafnis bywoon saam met sy seun Danie Haasbroek.

Op die foto verskyn oom Hannes by die kissies met die oorskot.

ABO statistieke (afgerond)

(Van hierdie statistiek is verkry uit Wessels 2011:191-192.
Ook te kry op: https://td-sa.net/index.php/td/article/viewFile/237/214)

Teen die begin van oorlog was die boere-samelewing van die twee republieke ongeveer 200,000

Vegtendes in die veld

Burgers	78,000
Insluitend Kaapse en Natalse rebele	16,000
Buitelanders	3,000
Britse Ryk soldate	449,000
Boere-verraaiers	5,000
Swartes wat Boere ondersteun as agterryers	12,000
Swartes wat bewapen was deur Engelse	100,000
Swartes wat Engelse ondersteun as agterryers	70,000

Sterftes onder vegtendes

Boere	
sneuwel	3,990
siektes en ongelukke	1,081
as krygsgevangenes	1,118
Britse Ryk	
Sneuwel	7,792
Siektes en ongelukke	14,658

Krygsgevangenes

Boere en swart krygsgevangenes
Na kampe in Indië, Ceylon, Bermuda, St Helena ea

Boere	32,000
Sterftes	1,118
Swartes	Onbekend

Engelse perde, muile, donkies en esels gebruik	670,000
Vrektes	400,000
Boere se perde gevrek	100,000
Verskroeide aarde beleid se gevolge	
Plaashuise afgebrand	34,000
Swart plaaswerkers huise afgebrand, ongeveer	100,000
Dorpe totaal verwoes	
Transvaal	13
Vrystaat	6
Persentasie weiveld afgebrand	60%
Konsentrasiekampe	
Vir wittes	49
Vir swartes	
Permanente	65
Tydelike	66
Totaal mense in kampe hoofsaaklik vroue en kinders	
Wittes	144,944
Swartes	140,514
Sterftes in kampe	
Wittes	28,000
Swartes tussen	21,000 – 28,000

BETHULIE STATISTIEKE

Konsentrasiekampe	
Derde grootste kamp: gevangenes	5,000 +
In 13 maande sterf	1,737
Tydelike swart kamp, getalle en sterftes:	onbekend
Bethulie-kommando, ongeveer	500
Bethulie krygsgevangenes	371
Bethulie-burger sterftes	
Op kommando	16
In krygsgevangenekampe	15
Britse soldate gesterf en begrawe in Bethulie omgewing	35
Blokhuise tussen Bethulie en Springfontein	36

HOOFSTUK 7

GARIEPDAM

Die gebied waar die dam gebou is, met die begin van die bedrywighede. Fotos met dank aan Elorina du Plessis (née Kruger)

Die dam met vele name

Die dam het aanvanklik bekend gestaan as die **Ruigtevalleidam** na aanleiding van die plaas waarop dit geleë is. Daarna was dit bekend as die **Hendrik Verwoerddam**, en op 1 April 1995 verander die naam na **Gariepdam.** Gariep wat 'n Boesman-woord is, beteken *rooi water* en dit was hulle naam vir die rivier. Op 29 Januarie 2004 het die Vrystaatse premier 'n ontwikkeling aangekondig wat 'n wildreservaat rondom die dam insluit; tydens die geleentheid is die naam verander na **Lake !Gariep** of **Gariepmeer.**

Die beplanning van die dam en die Oranjerivier-projek

Kyk ook onder WATER

Die eerste keer wat die water van die Oranjerivier opgedam is, was in 1929 met die bou van die Boegoebergdam. Kanale vir besproeiing is al so vroeg soos 1883 gebou. Verskeie mense het die idee van nog 'n dam en verdere gebruik van die water van die rivier deur die jare geopper. So het dr AD Lewis, destydse direkteur van die Departement van Besproeiing reeds teen 1928 voorgestel dat 'n tonnel van die Oranjerivier by Bethulie onder deur die Suurberg-plato water na die Groot Visrivier-vallei neem (Kyk ORANJE-VISTONNEL).

Dit was reeds in 1907 dat die Raad die waternood in Bethulie wou verlig deur 'n waterwiel in die rivier: "*Die stroom van die rivier sou die wiel draai en die wiel met bakkies aan die speke sou dan water uitgooi in 'n voor om na die dorp gelei te word. Hierdie skema is egter onprakties gevind*". Teen 1933 het die Raad 'n amptelike en skriftelike voorstel aan die regering gemaak om 'n groot dam by Florence in die Oranjerivier te bou. Dit was die eerste gedagtes wat later gelei het tot die bou van die Gariepdam! In 1951 is dit opgevolg en ook weer versoek dat 'n dam in die rivier, met die wal in die poort gebou moes word (Eeufeesalbum, 1963:57,69,76).

In 1948 is 'n tegniese verslag ten opsigte van 'n projek met tonnels, ens aan die regering voorgelê. In 1962 is 'n Witskrif oor die Oranjerivier-projek in die Volksraad ter tafel gelê en fondse is goedgekeur om die skema te begin. Die skema sou die volgende bouwerke insluit:

- Die Hendrik Verwoerddam: die kernstruktuur van die projek
- Die Oranje-Vistonnel
- Die PK le Rouxdam
- Die Van der Kloof-kanaalstelsel
- Die Vis-Sondagrivier-kanaalstelsel
- Hidroëlektriese kragstasies. Die hoofkragstasie sou by die Hendrik Verwoerddam wees en tot 20 ander sal uiteindelik opgerig word

- Die Welbedachtdam
- Die Hennie Steyn-brug vir spoor en padverkeer
- Agt nuwe konstruksiedorpe en nedersettings sal voltooi word
- Aanvanklik is daar na 'n derde dam verwys met 'n kanaalstelsel: die Torquay-dam wat naby Douglas gebou sou word (Oranjerivier-projek,1968:42)

Die hoofoogmerke van die projek sou die volgende wees:

- Besproeiing in die Karoo en Oos-Kaap
- Aanlê van 9,000 nuwe plase
- Landbouproduksie te stimuleer
- Desentralisasie van nywerhede en werkskepping
- Hidroëlektriese krag te ontwikkel
- Verstedeliking teë te werk en stabiele boerderygemeenskappe tot stand te bring
- Toeriste- en ontspanningsgeriewe in die hartjie van die land te skep.

Met die aangekondig van die projek in 1962 was daar teleurstelling oor die ligging aangesien gehoop is dat die wal naby Bethulie sou wees. 'n Afvaardiging is na die minister om die impak van die bou van die dam te bespreek veral ten opsigte van die feit dat Bethulie-distrik 60% van sy bodem sou verloor; die noodsaak van nuwe pad- en spoorverbindings is ook bespreek.

Teen 1965 aanvaar Bethulie se munisipale Raad die Departement van Lande se aanbod en verkoop die volgende vir die doel van die dam: Die strate en oop ruimtes wat binne die gebied val tot waar die Departement privaat eienaars uitgekoop het, plus alle verbeterings, asook die deel wat onder die uitkooplyn val, ongeveer 1,217.66 morg, plus vergoeding vir die verlies en ongerief - alles vir die bedrag van R125,412. Die Departement wil ook sekere vakante staatsgronde wat aan die dorpsmeent grens teen kosprys aan die Raad aanbied, dit sluit 'n deel van elk van die volgende plase in: De Wilgers, Luckno, De Rust, Damfontein en Kleinmoordenaarspoort (Notule 20/1/1966).

<u>Die bou van die dam</u>

(Skrywer het nie omskakelings tussen die imperiale en desimale stelsels met verwysing na mates en inhoud gedoen nie, maar slegs aangehaal soos die bronne aantoon).

Die bou van die dam het groot belangstelling van Bethulianers ontlok en elke stap is sover moontlik gevolg. Dit was veral naweke wat huisgesinne in motors gelaai is om die bouwerk van die dam, die nuwe dorpe en tonnel te gaan besigtig. Wes van die wal op 'n koppie was 'n uitkykpunt met 'n restaurant vanwaar menige fotos geneem is. Van die mense met rolprentkameras, soos Saai du Plessis (snr) van Ruigtevlei, het die geskiedenis van die bou van die damwal so vasgelê. (Die films wat oorgesit kon word op CD is beskikbaar).

Daar is besluit dat die gedetailleerde ontwerp van en toesig oor die bou van die Hendrik Verwoerddam, die Oranje-Vistonnel, die PK le Rouxdam en die Welbedacht-Bloemfontein pypleiding aan raadgewende ingenieurs opgedra sal word. Die Departement van Waterwese sal die ontwerp en werklike konstruksie van die Welbedachtdam, die Vis-Sondagrivier-kanaalstelsel, die Van der Kloof-kanaalstelsel en ander werke doen. Die volgende ingenieurs was by die bou van die Hendrik Verwoerddam betrokke:

- Siviele werke: Raadgewende ingenieurs: *International Orange River Consultants Company* ('n konsortium van vier Franse en vier Suid-Afrikaanse firmas van raadgewende ingenieurs) en *Gibb Hawkins*.
- Die hoofkontrakteurs was *Union Corporation – Bori-Dumez Dams* ('n konsortium van een Suid-Afrikaanse en twee Franse kontrakterende siviele ingenieursfirmas).
- Meganiese werke: Raadgewende ingenieurs: *Gibbs Hawkins and Partners* ('n konsortium bestaande uit een Britse en een Suid-Afrikaanse firma).

Publikasies uitgegee deur die Departement van Inligting is versprei:

Die Oranjerivier-projek. 1968

'n Magtige rivier getem: die verhaal van die Oranjerivier-projek. 1971

Taming a river giant: the story of South Africa's Orange River Project. 1971

Orange-Fish tunnel. 1975

Alles word in die Pellissier Museum bewaar.

(Inligting en fotos met erkenning hieruit geneem)

Gedurende 1963-1964 is intensiewe veldopnames gemaak om inligting te bekom vir die ontwerp van die konstruksies. In 1965-67 is die infrastruktuur van selfonderhoudende dorpe, met skole, klinieke, sportgeriewe, paaie, ens gebou. Die konstruksiedorpe naby Bethulie was Oranjekrag (by die wal en later Gariepdam genoem), Oviston (noord van Venterstad waar die tonnel se inlaat is), Midshaft wat suid van Oviston is op die halfpadmerk van die roete van die Oranje-Vistonnel.

In November 1966 het die eerste minister, dr HF Verwoerd, 'n driekwart ton dinamiet laat ontplof waar die wal gebou sou word. Dit was 'n tasbare eerste stap vir die bou van die dam, hoewel die werk aan die Oranjerivier-projek reeds in April 1966 begin het. Kragtens die kontrak moes die Hendrik Verwoerddam binne 62 maande voltooi wees.

Die ontwerp van die dam moes met die slikprobleem rekening hou. Die gemiddelde sliklading is nie hoog nie, maar met 'n vloed skep dit baie probleme. So is daar bereken dat gedurende die vloed van 1967 ongeveer 250,000 ton slik elke uur deur die rivier afgevoer is. Die slikneerslag sal die kapasiteit van die dam gaandeweg verminder en die lewensduur verkort. Daar is bereken dat slik die inhoudsvermoë in ongeveer 120 jaar met die helfte sal verminder. Die ontwerp van die dam het dit in ag geneem. Deur die damwal te verhoog sal bykomende opgaarruimte daarvoor vergoed. Die basiese struktuur van die wal is sodanig dat dit eenkeer hoër gemaak kan word; daarna sal aansienlike aanbouings en versterkings van die fondamente nodig wees. Slikopgaardamme kan ook stroomop gebou word. Die gebrek aan bosse en grasse dra egter by tot die wegspoel van grond, daarom moet die slikprobleem deurlopend aandag kry.

Volvoorraadhoogte bo seespieël van die dam

- Aanvanklike hoogte: Volvoorraadhoogte, 4,130 vt en volvloedhoogte 4,150 vt
- Na ongeveer 50 jaar, as gevolg van die sedimentneerslag en 'n verhoging van die wal met 20 vt sal die volvoorraadhoogte 4,150 vt wees en die vloedhoogte 4,165 vt
- Oor 'n paar honderd jaar mag die wal tot 'n absolute praktiese maksimum hoogte met 'n verdere 30 vt verhoog word wat die volvloedhoogte tot 4,200 vt sal bring (Notule 2/3/1966).

Water is reeds sedert September 1970 opgegaar. Die dam is in 1971 voltooi en op 4 Maart 1972 ingewy waar president JJ Fouche die rede gevoer het. Die naweek van die inwyding loop die dam oor! Johan van Wyk, wat toe nog 'n Volksblad-verslaggewer was, onthou: *"Dit was 'n luisterryke geleentheid en 'n emosionele oomblik toe die klanke van Die Stem oor die terrein weerklink het terwyl 'n massa bruin modderwater uit die hoogland van Lesotho oor die wal gestroom en skuimend na benede gestort het. 'n Miswolk het oor die sluise gehang en fyn sproeireën het oor die wal opgestyg".* (Van Wyk, 2013:63).

Interessante feite en statistiek ivm die dam

- Die uitkooplyn van Waterwese was 4,162 vt en die kontoerlyne tot 4,200 vt. Die verhoging van die damwal waarby die 4,180 vt kontoerlyn in gedrang sou kom, sal slegs oor ongeveer 250 jaar wees (Notule 22/7/1976).
- Die tonnel wat by Oviston begin neem water na die Vis- en Sondagsrivier en is 82,45 km lank (kyk ORANJE-VISTONNEL)
- Oppervlak van die dam op volwaterhoogte: 374 vk km
- Die kuslyn 435 km
- Die opgaarvermoë van die dam is 5,958,3 miljoen m^3 (Kyk SA Jaarboek 1975:595)
- Die damwal is ongeveer 88 m hoog en 914 m lank.
- Die dikte van die wal wissel van 10 m aan die bopunt tot tussen 27 en 46 m aan die voet
-

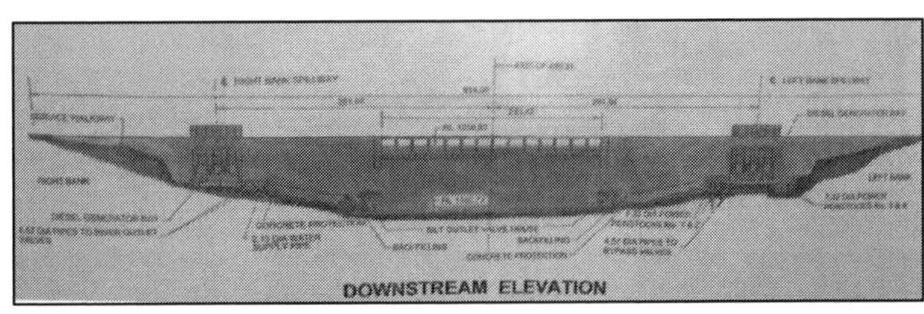

Foto met erkenning aan die Dept Waterwese wat in die damwal geneem is

Die effek van die dam op Bethulie
Kyk ook WATER

"Op 23 Maart 1962 kom die aankondiging van die Oranjerivier-projek, wat soos 'n vloedgolf oor die RSA getrek het en die inwoners van die dorpie Bethulie wat langs die Oranjerivier geleë is vir 'n wyle tot stille eerbied geskok het. Die aankondiging dat die damwal by Ruigtevallei, nou bekend as Oranjekrag, gebou gaan word en nie by die samevloei van die Oranje- en Caldedonrivier soos dit oor die jare heen gemeen was nie, het die inwoners van Bethulie in 'n matelose, magtelose rou gedompel. Net soos sovele ander klein dorpies wat teen die verwoestende epidemie van plattelandse ontvolking verbete geworstel het, het Bethulie toe reeds in hierdie wurggreep gespartel. Om die sout verder in die wonde te vryf, kom toe nog die aankondiging van die damwal aan die onderkant van die dorp. Nou twyfel niemand meer dat die laaste strooi die drenkeling ontneem is nie en dat Bethulie nie langer kop bo water gaan hou nie. Alles in die dorp het tot stilstand gekom soos wat 'n mens jou die oordeelsdag sal visualiseer… Die stadsraad van Bethulie het egter getrou aan die leuse op die stadswapen "Bewaar die geloof", hardnekkig geglo dat die skip nie gaan sink nie en het dan ook nie saam met die rotte gevlug nie. Inteendeel, hul het geen steen onaangeroer gelaat om te probeer red wat daar te redde is nie. Alle projekte is ondersoek om die dorp se voortbestaan te verseker en die enigste redelike sekere bedryf was die toerisme bedryf…". (Notule 24/7/1975 wat Uittreksel uit 'n memorandum wat ook aan die Oos-OVS Streekreklame Vereninging en die Administrateur gestuur is, insluit).

Gedurende die bou

Gedurende die bou van die dam het die dorp 'n tydelike opbloei beleef onder andere met die werkers en hulle gesinne wat hulle tydelik hier gevestig het. Die huismark en akkommodasie het 'n bloeitydperk beleef: huise is verkoop en verhuur, enkellopendes het in huise kamers gehuur en die Frank Gunn-park is ingerig vir karavane. In die begrotingsverslag van 1972/3, nadat die meeste werke tot 'n einde gekom het, word gemeld dat die dorp ongeveer 40 van die tydelike gesinne verloor.

Die onteiening van grond

Kyk ook HOOFSTUK 9: PLASE

Die Vrystaatse Administrateur, GF Froneman, het op 13 Augustus 1970 samesprekings met die Raad gevoer. Die Burgemeeser stel dit dat Bethulie hom al vir 40 jaar lank beywer het vir die opdamming van die Oranjerivier en dat dit oor die jare as vanselfsprekend aanvaar is dat dit bokant Bethulie by die samevloei gebou sal word. Alle vroeë ondersoeke het ook daar plaasgevind. Die aankondiging dat dit naby Norvalspont gebou gaan word was 'n skok, maar die Raad het daarby berus al het dit vir Bethulie sekere opofferings beteken. Probleme wat die dam gebring het wat nou onder die aandag kom, is nie net die noodsaaklikheid van goeie padverbindings nie, maar ook die feit dat gronde, uitgekoop is en daartoe gelei het dat ongeveer 50% van die landelike bevolking wat hulle besigheid in Bethulie gedoen het en hulle kinders hier in die plaaslike koshuise en skool gehad het, uit die omgewing verwyder is. Kerklik, sosiaal en maatskaplik het Bethulie baie prysgegee deurdat ou gevestigde families elders 'n heenkome moes vind.

Plase en plotte uitgekoop vir die Oranjerivier Staatswaterskema

Altesaam 26 plase is in 1967 uitgekoop vir die huidige Tussen-die-Riviere natuurreservaat. Ongeveer 45 plase aan die noordelike oewer van die rivier is geheel of gedeeltelik uitgekoop vir die ontwikkeling van die dam en die Gariep Natuurreservaat. Ongeveer 25 plase aan die suidelike oewer is ook geheel of gedeeltelik uitgekoop vir die dam en die Oviston Natuurreservaat; van hierdie boere het ook hulle besigheid in Bethulie gedoen en van die kinders het hier skoolgegaan.

Ongeveer 70 ploteienaars is uitgekoop (The Frontier Post & Times 14/2/1964:7)

Kyk HOOFSTUK 10: PLASE...

Oorspronklike grootte van dorpsgebied	5,056 morg
Deur Departement Waterwese uitgekoop-	1,548 morg

Die 3,508 morg wat oorbly is soos volg verdeel:

Weidingsgronde	2,429 morg
Onttrek agv erosie	47 morg
Bethulie-dam	179 morg
Wildtuin	315 morg
Sportgronde, vliegveld en Frank Gunn-park	126 morg
Dorp en Macsmo	412 morg

(Notule van 10/6/1971)

Ongeveer 70 ploteienaars is uitgekoop wat belasting betaal het op hulle eiendom, buiten al die ander negatiewe gevolge hiervan, affekteer dit die inkomste van die dorp (The Frontier post & Times 14/2/1964:7).

'n Deel van die dorpsmeent word prysgegee en die Departement van Landboukrediet koop in 1969 ongeveer 1,341 morg van die Raad (Geskiedkundige dagboek, 1981:14). Die uitgekoopte grond word teen 1971 toegespan wat daartoe gelei het dat heelwat vee onttrek moes word. 'n Herindeling van die gebruik van kampe het in 1972 plaasgevind, dit blyk of 17 kampe oorgebly het (Notule 24/8/1972). Skrywer kon nie vasstel hoeveel kampe daar oorspronklik was nie.

In 1972 gee die Administrasie die volgende gebied aan die Raad: die deel tussen die spruit (Macsmo-grense) en die oorspronklike westelike grens van die dorpsgebied soos ingesluit deur Waterwese se grenslyn. Die gebied sal omhein word met vrye toegang onder die beheer van die Stadsraad (Notule 28/9/1972).

Borderlands en De Wilgers is aanvanklik deur die Departement van Lande aangekoop maar 'n gedeelte daarvan is teen 1985 weer deur die Raad teruggekoop, gefinansier uit die erwefonds (Notule 28/4/1981, 22/9/1983, 8/8/1985, 21/2/1989).

Arnold Griesel beskryf die impak soos volg (NG Kerk Bethulie 1862-2012): "*Die sosiaal-ekonomiese oorblyfsels van hierdie gebeure in die Bethulie-distrik was sekerlik, gemeet in 'n kort tydsgleuf, een van die mees drastiese die afgelope 50 jaar. Die aantal plase en boerdery-eenhede, klein en groot, wat uitverkoop is, was meer as 100. In die uitverkoopproses was daar egter ook boerdery-eenhede wat heropgemeet en weer in gekonsolideerde eenhede beskikbaar gemaak is vir enkele nuwe eienaars. Tesame met sekere plase wat nie bewoon was nie, het dit die impak op die bevolking vermindering ietwat versag. Die Tussen-die-Riviere, Oviston en Gariep Wildreservate neem egter oppervlaksgewys baie van die grondoppervlak in beslag na die konsolidering van grond wat die beskikbare landbougrond van Bethulie en omgewing negatief raak. Dan was daar die Macsmo-plotte wat as besproeiingswerke begin vestig het in 1912 toe die Bethulie dorpsdam gebou is. Die plotte (219 morg) word in 1964 uitgekoop om voorsiening te maak vir die opstoot van die water van die Gariepdam en 'n verdere 115 morg word aan die Departement van Lande verkoop. Die strate en lanings is ook uitbetaal aan die dorp se Raad vir 'n bedrag van R34,682. In totaal is die omvang daarvan sowat 1,200 morg. In gemeenskapsgetalle was dit noemenswaardig, want daar was 'n beduidende groep inwoners wat 'n bestaansboerdery gevoer het op die gronde. Dit het gevolglik 'n direkte invloed gehad op die ekonomiese aktiewe dorpsbevolking. Dit was dan ook die begin van die einde van die kanaalstelsel en leibeurte wat 'n jarelange kenmerk van die groen bewerkte Bethulie was.*

Alles ingereken blyk dit uit die gemeenskapsgeheue dat daar 'n geskatte sowat 45 gesinne en meer as 100 kinders die gemeenskap permanent verlaat het.

In 1962 is die gesamentlike belydende en dooplidmate statistiek deur die sinodale kantoor gehou van die Bethulie NGK Gemeente, 901 lidmate. Gedurende die infrastruktuur skeppende periode is die ooreenstemmende lidmaatgetalle in van die piekjare in 1964 1235 lidmate, in 1969 1,071 lidmate en in 1973 na die inwyding en oorloop van die dam is die getal 762. Dit is nie sinvol om akkurate statistiese afleidings hiervan te maak sonder om die detail van die data te analiseer nie, maar dit dui aan dat die gemeente ongeveer sowat 20% in getalle gekrimp het van die lidmaat getalle voor die dam bouery begin het en sowat 40% van getalle gekrimp het van die piek getal lidmate tydens die infrastruktuur skeppende periode.

Wanneer daar met die Gereformeerde Kerk geskakel word oor hierdie tydperk is dit duidelik dat die Gariepdam daar selfs 'n groter invloed gehad het. Bethulie verloor in die proses 'n vername deel van sy bodem aldus 'n ou nuusbrief van Simon du Plooy, toe van die plaas Brakfontein. Die Gereformeerde Kerk dui aan dat hulle na aan 40% van hulle lidmate verloor direk as gevolg van die Gariepdam se bou. Met Nagmaal moes daar voor die grond se uitkopery stoele in die kerk ingedraword, want tot die galery was stampvol. Na die boere uitgekoop is, het die situasie drasties verander en was die kerk daarna nooit weer vol nie".

Oom Petrus sê aan die skrywer Dolf van Niekerk: "*Hier is iets wat mens vashou, jy kan dit nie help nie; die damme moet kom en die land moet vooruit. Maar sit ek hier onder die olienhout, is ek gelukkig, drink ek water uit die fonteintjies, is ek gelukkig, hoor ek die berghaan, is ek gelukkig....en hoe verplant jy 'n ou olienhout?*"

Swart plaaswerkers

In die 1970's was hier nog 'n Bantoe Administrasie wat onder andere aansoeke vir vestiging in die swart woonbuurt moes goedkeur. Die Oranjerivier-projek het ook daartoe gelei dat baie plaaswerkes hulle werk verloor het omdat die plase uitgekoop is; van hulle het aansoek gedoen om in die dorp te kom bly. Daar was beperkinge op die goedkeuring vir verblyf. Toestemming is gegee solank die mense nog in hul werkgewer se diens is, maar sodra hulle die diens verlaat moet hulle in 'n tuisland gevestig word (Notule 26/11/1970).

In 'n verslag van die Raad van 18 Mei 1972 word die posisie van Bethulie beskryf onder die opskrif: *Bethulie se posisie nadat die Verwoerddam sy distrik ingesluk het.* Enkele paragrawe of opsommings daaruit:

"Daar is sedert die aankondiging van die Hendrik Verwoerddam oneindig bespiegel oor Bethulie se toekoms. Sommige menings was swartgallig en die ander het tog 'n toekoms gesien. Die vrese wat gekoester was dat die voordele wat die dam vir Bethulie sou meebring nie in die verlies van ons distrik sal kompenseer nie, blyk nou al te waar te wees. Ons het ons hoop gevestig op die ontwikkelinge wat hier sou plaasvind en veral die inisiatief van die Provinsiale Administrasie. Hierdie hoop is nou finaal die nekslag toegedien met die Administrateur se jongste bekendmaking.

Dat elke klein dorpie se distrik sy enigste voedingsbron is, is bekend. Die eerste tekens en gevolge van verlies vir ons distrik was die verminderde leerlingtal; daarna het die sluiting van besighede soos onder andere 'n garage wat al vir 25 jaar bedryf is, gevolg. Die Raad bly egter positief ten spyte van die Provinsiale Administrasie se onttrekking en hoop dat ontwikkeling in die toekoms sal gebeur. Ons wil nie gaan lê nie maar elke moontlikheid wat ons op hierdie stadium kan benut ten volle inspan en uitbou. Die toeristebedryf het reeds 'n geringe mate van voordeel vir die dorp meegebring en ons sien dit as die enigste moontlike groeipunt... Die moontlikheid van 'n vakansieoord by die Bethulie-dam met verskeie fasiliteite het groot potensiaal en ontwikkeling het reeds begin. Die Administrasie word versoek om 'n toegang na die oord daar te stel vanaf die verbypad".

Pad en spoorverleggings

Opsommend het die projek die spoorlyn soos volg geraak (kyk SPOORLYN EN STASIE)

- Die 19 km verlegging van die spoorlyn
- Die bou van die nuwe stasie
- Die brug in die park is gebou
- Die Hennie Steyn-brug is gebou

Padverleggings (kyk PAAIE) was ook noodsaaklik.

- Die ou Donkerpoortpad na Philippolis was gedeeltelik onder water en moes herbou word wat aanleiding gegee het tot die bou van die R701 wat 'n nuwe brug by Slikspruit insluit
- Die pad na Burgersdorp is verlê met die afbreek van die ou padbrug en die bou van die Hennie Steyn-brug

Klip-of gruisgroewe is ontwikkel soos *Klipstone* se klipgroef, *Savage and Lovemore* se gruisgroef en *Kimber construction* het vir die produsering van gebreekte klip gesorg.

Die foto van die gruisgroef by die dorpsdam met erkenning aan Jacques van Rensburg.

Swart woonbuurt

Die uitkooplyn van Waterwese was 4,162 vt en die kontoerlyne tot 4,200 vt. Die verhoging van die damwal waarby die 4,180 vt kontoerlyn in gedrang sou kom, sal slegs oor ongeveer 250 jaar wees, die nuwe swart woonbuurt kan daarom nie onderkant 4,180 vt beplan word nie (Notule 22/7/1976).

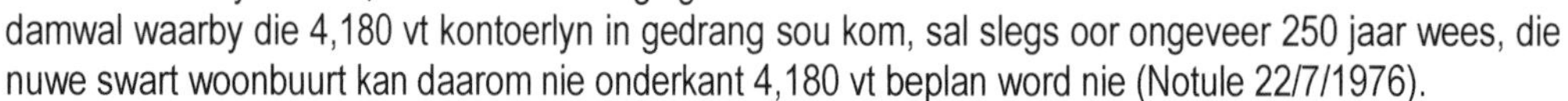

Die volgende is 'n opsomming wat in die Notule van 22/1/1976 verskyn na aanleiding van die pogings op die swart woonbuurt te skuif: Op 29 November 1961 het die Munisipaliteit ministriële goedkeuring ontvang om die swart woonbuurt meer na die suide te verskuif, onder andere om die behuisingtoestand te verbeter. Op 23 Maart 1962 is die bou van Verwoerdam aangekondig wat daartoe lei dat die beoogde uitbreiding binne die damkom sou val. Die gevolg was dat daar sedert 1961, dus vir 15 jaar (teen 1976) 'n verbod geplaas is op die bou van nuwe geboue; aanbouings en grootskaalse verbeterings is ook ontmoedig. Selfs wat dienste betref soos sanitêre dienste is niks verbeter nie sodat dit tans (1976) in 'n haglike toestand is. Die probleem met die Verwoerddam se waterhoogtelyn het ook die proses beïnvloed. Op 3 Maart 1966 is daar in 'n brief deur die sekretaris van Waterwese die volgende gemeld: die huidige volvoorraadhoogte is 4,130 vt bo seespieël. Daar word verwag dat die damwal na ongeveer 50 jaar verhoog sal word en dan sal die volvoorraadhoogte na 4,150 vt bo seespieël verander met vloedhoogte van 4,165 vt. Die Departement het binne die munisipale gebied tot 'n hoogte van ongeveer 4,165 vt uitgekoop, soos deur Waterwese se bestaande omheining geïdentifiseer word. Die Departement maak dus reeds voorsiening vir die volgende verhoging van die damwal. Die Departemet meld ook dat die finale stadium waarskynlik oor 'n paar honderd jaar kan kom met 'n vloedhoogte van 4,200 vt bo seespieël. Indien dit sou gebeur kan 75% van die bestaande dorp binne die Verwoerddamkom val. Geen beperkings ten opsigte van ontwikkelings tussen 4,165 vt en 4,200 vt kontoerhoogtes binne die blanke gebied word deur die Departement van Waterwese vereis nie. Daar kan dus geen rede wees waarom die ontwikkeling ten opsigte van behuising vir swartes nie binne die genoemde sone toegelaat word nie.

Hierdie onsekerheid of die woonbuurt moet skuif of nie het egter tot in 1983 geheers (kyk SWART WOONBUURT).

Monumente en grafte

Hiermee 'n lysie van grafte en monumente wat verskuif moes word as gevolg van die projek

- Grafte op plase is opgegrawe en in die naaste dorpskerkhof herbegrawe
- Die konsentrasiekampkerkhof se grafte is opgegrawe en na die nuwe terrein verskuif
- Sommige monumente van die konsentrasiekampkerkhof is verskuif
- Die Oudefontein-Voortrekkermonument moes verskuif
- Pogings om die blokhuis wat by die brug was te verskuif na die konsentrasiekamp was nie suksesvol nie (Notule 20/10/66).
- Op 16 Maart 1982 word die Raad in kennis gestel dat die Departement van Waterwese vanaf die Departement van Gesondheid kennis gekry het dat die swart begraafplaas se reste moet skuif na 'n terrein bo 4,200 voet hoogtelyn. Dit het op die einde nie gebeur en die begraafplaas is ook nie oorspoel nie

Ander Infrastruktuur veranderings

- Verskuiwing van vendusiekrale in 1972 om nader aan die nuwe stasie te wees.
- Die abattoir moes verskuif word; 'n bedrag van R15,000 is daarvoor as vergoeding gegee, maar die koste van 'n nuwe abattoir is op R40,000 beraam (Notule 15/3/1971).
- Die grense van die Mynhardt-wildtuin is in 1972 verander met die bou van die Donkerpoortpad om te voorkom dat die pad die wildtuin nie verdeel nie.

Pogings na die bou van die dam om ekonomiese lewe in dorp en omgewing te blaas

Met die uittrede van DC van Zyl as burgemeeser en Raadslid na vyf jaar in 1973 word die moeilke tyd van sy termyn geskets wat met die uitkoop van grond vir die dam 'n onbekende toekoms vir die dorp ingehou het. Daar word gemeld dat die Raad nie gaan lê het nie en met ongekende pogings gekom het om hierdie geestelike stagnasie te herskep, waarin hulle in 'n groot mate geslaag het. Van die projekte wat aangepak was in die tyd was die biblioteek, abattoir, vakansieoord, elektrisiteitskema en die kompakteringselsel. Aandag is gegee aan die rioolskema, en verbeterings aan die stad- en raadsale (Notule 22/2/1973). Die verwagtinge in verband met die vestiging van nywerhede is sterk; die teruggekoopte Macsmo-plotte deur die Raad is geoormerk vir nywerheidsontwikkeling (Notule 28/6/73).

Buite instansies het ook betrokke geraak deur voorstelle te maak: die Departement van Landbou het die moontlikheid van 'n boomkwekery ondersoek (Notule 12/4/72); 'n firma het die moontlikheid van 'n bootbounywerheid ondersoek; die Universiteit van Potchefstoom het ook in die omgewing 'n plek gesoek vir die lansering van balonne wat kosmiese strale registreer; die moontlikheid om 'n streeksentrum vir die Amerikaanse saalperd-kampioenskappe hier te vestig is bespreek (Notule 26/7/1973). Planne vir die ontwikkeling van 'n kwekery van aalwyne, vetplante en ander struike is deur die Departement Natuurbewaring afgewys omdat hulle 'n soortgelyke kwekery bedryf. Selfs nog in 1981 toe die ontvolking van die platteland Bethulie se reeds bestaande probleme vererger het, is die volgende voorgestel as nywerhede: produsering van toerusting vir die Weermag, Polisie en Gevangenisdiens soos klere, tente, eetgerei, ens; ook kleiner toerusting en benodighede vir skole (Notule 27/8/1981).

Gebruik van water uit die dam

Bethulie het reeds in 1933 'n amptelike voorgestel gedoen dat 'n dam gebou word om die dorp te help in hulle waternood, die voorstel het jare later gelei tot die bou van die dam. In 1970 het die burgemeeser 'n gemotiveerde memorandum aan die minister van Waterwese, Jim Fouche, gerig vir die gebruik van water uit die Verwoerddam. Skriftelike versekering is ontvang dat Bethulie wel water uit die dam sal kan kry. Die voorwaardes verbonde aan die waterregte sal die ekonomiese haalbaarheid daarvan bepaal (Notule 22/10/1970). In 1980 versoek die Raad dan op grond van die versekering, dat die Staat ondersoek sal instel na die hulp. Die Adminstrateur antwoord hierop en verwys na 'n verslag wat op 'n Raadsvergadering in Junie 1980 hanteer word; die verslag van 'n senior ingenieur bevind dat *"so 'n skema weens hoë kapitale en lopende kostes nie ekonomies uitvoerbaar is nie en dus ook nie tot voordeel van die dorp en sy inwoners kan wees nie"*. Die Raad besluit om die ingenieursverslag aan te vra en dan daarna op verdere optrede te besluit (Notule 26/6/1980, 25/9/1980). Intussen is skriftelike bevestiging van die Departement Waterwese ontvang waar die Raad meegedeel word dat geen finansiële hulp vir besproeiingskemas gegee sal word nie, behalwe in gevalle van bestaande skemas wat deur ondergang bedreig word. Die Raad kom ooreen dat dit hier net gaan oor huishoudelike water. Aanvanklik het die Administrasie die Raad in kennis gestel dat dit nie hulle beleid is om verslae aan buite instansies beskikbaar te maak nie! Na vele gesprekke met die Administrasie is die verslag verkry en die onekonomiese uitvoerbaarheid word aanvaar en so word die aangeleentheid waarvoor Bethulie hom sedert 1933 beywer het, as afgehandel beskou (Notule 23/10/1980, 27/11/1980). En Bethulie baat steeds vir jare nie by bou van die dam nie tot 1995 toe Bloemwater tot hul redding kom.

Die Vrystaatse Administrateur, GF Froneman, het op 13 Augustus 1970 samesprekings met die Raad gevoer en die skok en gevolge daarvan dat die wal nie hier by Bethulie gebou is nie, is bespreek. Daar word ook gesê om hiervoor te vergoed is Bethulie se redding in die Toerismebedryf en enige bydrae vanaf die Provinsiale Administrasie vir die gemeenskap van Bethulie is onontbeerlik. Op hierdie stadium het die Administrasie reeds die moontlikheid van 'n oord in die omgewing van die nuwe brug genoem en die instelling van 'n "passasiersboot" tussen Oranjekrag en die "Wildtuin tussen die riviere". Op streeksvlak word 'n Verwoerddam ontwikkelingsvereniging gestig en Bethulie neem deel (Notule 15/5/1972).

Die beplande ontwikkeling deur die Provinsiale Administrasie van 'n oord by die brug het gou geblyk net leë beloftes van die Administrasie te wees want skielik sluit hulle die ingang na die Verwoerdam vanaf die dorp en bied as rede daarvoor aan dat hulle Bethulie eerder wil help om die oord by die dorpsdam te ontwikkel (Notules 10/7/1970, 27/7/1972, 30/10/1972). In 1967 was daar selfs 'n aansoek vir 'n motel en vulstasie naby die brug.

Ironies genoeg nader die Provinsiale Administrasie die Raad jare later, in 1988, om te verneem of hulle nie belangstel in die ontwikkeling van ontspanningsgeriewe vanaf die Hennie Steyn-brug tot aan die ou grense van die dorpsgronde. Toesig en beheer probleme asook kostes met betrekking tot die ontwikkeling van die infrastruktuur en ook die feit dat watersport nie tot sy reg kan kom as gevolg van wissellende vlakke laat die Raad besluit om die aanbod van die hand te wys (Notule 28/4/1988).

In 1975 (Notule 24/7/1975) word na die volgende verslag verwys: Ontwikkeling van die OVS provinsiale wildplaas Tussen-die-Riviere *"Die stadsraad van Bethulie het egter getrou aan die leuse op die stadswapen "Bewaar die geloof", hardnekkig geglo dat die skip nie gaan sink nie... Alle projekte is ondersoek om die dorp se voortbestaan te verseker en die enigste redelike sekere bedryf was die toerisme bedryf. So is die moontlikheid van 'n wild- en jagplaas tussen die twee riviere aan die Administrateur uitgewys en die ontwikkeling het plaasgevind en die Administrateur word geluk gewens"*. Nou stel die Raad voor dat besoekers of toeriste toegelaat moet word en beskryf die ontwikkeling van 'n bustoerdienste. (Kyk onder NATUURRESERVATE)

Die ontwikkeling van die oord by die dorpsdam was 'n direkte uitvloeisel van die bou van die Verwoerddam. In 'n verslag van die Raad van 18 Mei 1972 word die posisie van Bethulie beskryf onder die opskrif: Bethulie se posisie nadat die Verwoerddam sy distrik ingesluk het; 'n enkele paragraaf daaruit lui: "*Die toeristebedryf het reeds 'n geringe mate van voordeel vir die dorp meegebring en ons sien dit as die enigste moontlike groeipunt. Bethulie het die potensiaal maar nie die finansiële krag om so 'n groeipunt te skep nie. Die moontlikheid van 'n vakansieoord by die Bethulie-dam met verskeie fasiliteite het groot potensiaal en ontwikkeling het reeds begin. Die administrasie word versoek om 'n toegang na die oord daar te stel vanaf die verbypad*". Gedurende 1967 is die Administrateur genader met die oog op die ontwikkeling van 'n vakansieoord. Die bou van die eerste twee vakansiehuise en die ontwikkeling van ontspanningsgeriewe word in 1967 goedgekeur met die volgende twee huise in 1969 (Notules 21/9/1967, 21/11/1967, 24/4/1969). Teen 1974 was daar reeds 20 huise, vier waskamer-komplekse vir woonwa en tentkampering, en ander geriewe (Notule 26/8/74).(kyk OORD).

'n Konferensie vir groot damme se konferensiegangers besoek Bethulie op 3 Maart 1987; daar was 75 oorsese besoekers uit 29 lande

Die Gariepdam na meer as 40 jaar

Bethulie kry sedert 1995 water uit die dam met die vestiging van Bloemwater en sodoende is heelwat van sy waterprobleme verlig.

Die dam en sy "panne" hier by Bethulie is 'n groot bron van vis asook vir ontspanning en hengel.

Die Hennie Steynbrug oor die dam is 'n toeriste aantreklikheid en selfs inwoners geniet die pragtige uitsigte oor die dam.

Goeie teerpaaie verbind die dorp soos die R701 na Gariep en Smithfield, die R715 na Springfontein en die R390 na Venterstad

HOOFSTUK 8

BEROEMDES EN BEKENDES

Sommige van Bethulie se mense wat ouer as 100 jaar oud geword het
Ouma Hartman (née Butler) het in 1968 109 jaar oud geword; sy was Rita Engelbrecht se ouma.
Tannie Annie Bisschoff (1879-1983) het 103 jaar oud geword.
Volgens die notule van 28/4/1980 het mev MWJ Delport op die dag 110 jaar oud geword.
Volgens verskillende notules het Ouma Margaret Gedu 117 jaar oud geword. Daarvolgens is sy in 1874 in die Transkei gebore. In 1978 met haar 104de verjaarsdag word gemeld dat van haar kinders al in die 80 is. Sy sterf in 1991. (Notule 8/6/1978;24/6/1991; Nuusbrief ,13 Jun 1980).

Adam, Douglas John (1928-2014) kyk HOOFSTUK 10: BESIGHEDE

AndyT kyk onder KUNSTENAARS...

Baardman

Baardman is die naam wat sendelinge en boere vir die opperhoof van die Boesmans in die omgewing gegee het; sy regte naam was Owk'uru'ke'u. Stow (1905:184-7) beskryf Owk'uru'ke'u as kort en stewig maar met 'n welige baard en lang snor, daarom dat hy Baardman genoem word (ook Bartman of Baartman gespel). Die Boesmans het die latere Bethulie-omgewing, T'Kout'Koo genoem. Baardman se hoofmanskap het gestrek vanaf Aasvoëlkop tot die samevloei van die twee riviere asook wes van die Caledon van Badfontein tot Bosjesspruit.
(Kyk ook HOOFSTUK 1: BOESMANS...; HOOFSTUK 3: SENDELINGE).

Bailie, John (1788-1852)

Het John Bailie die eerste opgetekende moord in die Vrystaat gepleeg? Hy is op 5.7.1788 in Indië gebore, waar sy pa, Thomas, tot 1790 vir die Britse Oos-Indiese maatskappy gewerk het. John Bailie het onder andere regte studeer en sedert 1814 'n regeringspos beklee waarna hy aansoek doen om na die Kaap de Goede Hoop te immigreer. As deel van die Britse Setlaars kom hy in April 1820 aan boord van die Chapman in Algoabaai aan. Hy vestig hom later in die Albany-omgewing waar hy dikwels optree in 'n regshoedanigheid. Bewerings dat hy die stigter van Oos-Londen was, is volgens 'n brief van die direkteur van Oos-Londen se museum, GN Vernon, nie korrek nie. (Die brief is op 15 Junie 2000 aan me LS Piek gerig en word in die Pellissier museum bewaar).

In 1832 het hy hom as regsagent in Grahamstad gevestig. Met die Sesde Grensoorlog het hy alles verloor, onder andere sy drie plase se huise wat afgebrand is en al sy vee. Daarna tree hy in diens van die First Battalion, Provisional Colonial Infantry. Later het hy in Port Elizabeth gaan woon tot hy in 1844 na sy seun, Thomas, kom wat tussen die immigrantboere in die Caledon-distrik begin vestig het. Net 'n paar maande daarna verskyn 'n brief in die Graham's Town Journal van John Bailie waarin sy afkeer aan die boere blyk. Beide hy en sy seun word voor die kommandant, Jacobus du Plooy van Roodekuil (hy was 'n ouer broer van Simon van Truitjesfontein), gebring op 'n klag van kwaadwillige laster asook vir skade wat 'n handelaar, Donald McDonald, aangerig is. Albei word swaar en volgens hulle onwettig beboet. Hulle beroep hulle sonder sukses op die koloniale owerhede en op Moshoeshoe, waarna hulle Du Plooy in Julie 1845 besoek en herstel van onreg eis. 'n Rusie breek uit en Du Plooy word doodgeskiet. John Bailie het die geld geneem wat hy meen hom toekom en toe na Colesberg gegaan waar hy rapporteer dat hy uit selfverdediging vir Du Plooy geskiet het. Bailie en sy seun word gearresteer vir moord en roof onder die Kaap de Goede Hoop Strafwet van 1836 aangekla. Hulle verhoor is na Uitenhage verskuif waar albei skuldig bevind is en ter dood veroordeel word op 30 Maart 1846. Die Engelssprekende inwoners van die oostelike distrikte se sentiment was ten gunste van die Bailie's en na baie openbare vertoë is hulle straf versag na lewenslange gevangenisstraf met harde arbeid. In Desember 1847 het die nuwe Kaapse goewerneur, sir Harry Smith, hulle vrygespreek.

Bailie het daarna in Durban gaan woon en teen 1852 het hy 'n klein jag gekoop vir die vervoer van goedere. In 'n poging om 'n ander boot te help wat in die moeilikheid was, het hy en vyf lede van sy bemanning op 29.7.1852 naby Port St Johns verdrink.(Nash,1982:131-3; http://1820settlers.com/genealogy/getperson.php?personID)

Bedford, FH kyk onder SKOLE

Bell, Charles Davidson (1813– 1882) kyk KUNSTENAARS ...

Bilse, Charles Erich George Heinrich (1860-1928) en Bilse, AW (1890-1976)

Bo-aan die muur van die huis op die noord-westelike hoek van Pretoria- en Joubertstraat staan daar "est 1880 Bilse Watchmaker". Dit was die huis van Van Buren waarvan Erich Bilse die helfte gebruik het as 'n horlosiemaker. In die 19de eeu was horlosiemakers meester vakmanne. Hy trou op 14 April 1884 met Mary Hannah Horspool (1860-1937) in die Anglikaanse Kerk waar die huwelikbevestiging gedoen is deur RW Winnings. Die getuie met hulle huwelik is HFWK Bilse, waarskynlik sy vader. 'n Seun van Erich, Alfred William Bilse (1890-1976) het waarskynlik sy pa se besigheid oorgeneem; dat sy kundigheid wyer gebruik is blyk uit die onderstaande brief (Nuusbrief, 19 Okt 1979).

To:AW Bilse, Esq
Bethulie

Dear Sir
WINDING OF CHURCH CLOCK AND KEEPING OF CORRECT TIME
I have the honour to inform you that the Council has, in consultation with the Church, appointed you to wind the church clock and to keep the time according to Post Office or Government time at a salary of ¼ per month, plus cost of living allowance of 8/8, total 10/- as from the 1st February 1943.
It is hoped by the Council that no complaints will be made by the public as to the correctness of the time.
It must be however be understood that the Council will not be responsible for any repairs to the clock, nor to any accidents you may have in carrying out the duties.
Please let me hear from you whether you accept the appointment.
Yours faithfully.
W van Straaten
Town Clerk

Boshof, JN (1808-1881)

Die tweede president van die Vrystaat, vanaf 1855-1859, was twee keer getroud en albei kere met vroue van die Bethulie-omgewing. Sy eerste vrou was Arians Petronella Gertruida Joubert (8.7.1811 - 16.12.1878) met wie hy op 3 November 1827 trou toe sy slegs 16 jaar oud was en hyself net 19 jaar oud. Sy was die dogter van Louisa Joubert wat as weduwee met HDJ Viljoen getrou het wat blykbaar op Klipbanksfontein gewoon het. Uit die huwelik is drie seuns en agt dogters gebore. Dit was 'n huwelik van ongeveer 52 jaar. Nie 'n volle twee jaar na Louisa se dood nie, trou Boshof op die ouderdom van 71 met 'n weduwee Van der Berg, skaars twee maande nadat hy haar in die kerk in Bethulie vir die eerste keer gesien het. Hierdie huwelik het maar 17 maande geduur want hy is op 21.4.1881 oorlede. (Kyk HUWELIKE).

Botha, Piet kyk HOOFSTUK 6: Anglo-Boereoorlog

Botha, Tom en Hannie Kyk MUNISIPALITEIT...; BIBLIOTEKE.

Brand, George (1975 – 1922) en Annie

Genl George Brand was die jongste seun van president Brand. Venter (2011:193-4) beskryf sy rol in die ABO en die Bethulie-kommando asook sy rol as ass-kmdt van die Suid-Vrystaat. Gedurende die oorlog is hy gewond. Na die oorlog trou hy met Annie Katrina Jacoba van der Merwe van Weltevede, Smithfield. Sy was in Bethulie se kamp maar het ontsnap. In die kampregister is die volgende aantekening gemaak oor haar ontsnapping: "Notes 12/6/1901: About 5 ft 10 in, brown hair, had a blackish dress on; superintendent believes the reason she decamped was because she did not get on with her parents on account of their being pro-British". (https://www2.lib.uct.ac.za/mss/bccd/)

'n Interessante brief aan Annie Brand kom van 'n oud Engelse bewonderaar:

Background: Lieutenant Andrew Meikle, a British soldier, clearly had some dealings with Commandant Brand's bride to be during the war. Andrew, on reading about her marriage to Brand, writes a letter, dated 19 January 1904, to the new Mrs. Brand reflecting on some of their interactions during the war. It has been suggested that Mrs. George Alfred Brand, a Miss van der Merwe prior to her marriage to George Alfred Brand, walked away from the Bethulie camp and joined a nursing unit where she has been referred to as an angel sent, nursing the ill and wounded – friend and enemy alike.

"My dear Mrs. Brand, It was with a great amount of pleasure, that I received the announcement of your marriage, and I am sure that no one will wish you more happiness and prosperity that I do.

I am afraid my small amount of Taal will not enable me to read all of the announcement, but from what I can make out, it seems you have married Commandant Brand, in which case, I am more pleased than ever.

I remember when I knew you at Wepener, we often talked about him. I would very much like a photo of you both together. Has your pretty golden hair grown again? You remember you cut it off at Wepener. I really was so sorry that you did so. I'm afraid you must have thought that the "Rooineks" were a bad lot... I wonder if you could send me a photo, just for old time's sake. Many were the pleasant moments spent in the company, somehow you were different from the majority of Dutch girls.

Well! I think we are all glad the war is over, and yet I often wish and yearn to be in S. Africa again, trekking across the veldt. Of course there was the excitement of running into our late enemies, sometimes when least expected: but I think we can all claim to be friends now. I should very much like to meet your husband, and when I do go to Africa, which I hope to do soon, I must come and see you both. Do you remember our "trek" to "Tabanchu" from Johannesburg drift: I have always been sorry that I could not offer you more comfort, than I did but trust that you will understand that the exigencies of war does not provide much for the comfort of women, man or beast. With many thanks for your kind remembrances – wishing yourself and husband every good wish.

Your most sincerely

Andrew Fred J. Meikle (Lieut.) PS. Please send photo if you can"

(Author: Carol Hardijzer http://www.theheritageportal.co.za/…/post-boer-war-letter-r… Vanaf Facebook, ABO deur Jennifer Bosch 10/4/2107)

Branders, Paul Karl (1924-2010) kyk SPORT; SKOLE

Burls, Rex en Ralph

Ralph Burls se pa, Rex Burls, het in die droogte en depressiejare van 1933 in Bethulie geland en as kontrakteur gruis vir die Suid-Afrikaanse Spoorweë gelewer. Die gruisgroef in die koppie naby die ou stasie is die plek waar hulle gewerk het en deel van die werkskeppingsprojekte om armoede te verlig. Wit werkers is een sjieling per dag betaal (kyk ARMOEDE). Sy pa het na die klipbrekery die plaas Eerstestap naby Holmsgrove, gekoop. Dr Mynhardt het vir Ralph in die lewe help bring. Ralph Burls het later provinsiale raadslid van ABSA en 'n direkteur van hulle geword. Hy woon sedert die 1970's op Koeberg naby Clarens. Die plaashuis is gebou deur Otto Holm, seun van Sidney Holm van Holmsgrove. (Die Camelot gastehuis in Clarens is ook deur Holm gebou). Ralph Burls is 'n kranige tennisspeler en was op skool (Grey Kollege) gekies vir die Vrystaatspan; as veteraan het hy internasionaal deelgeneem en was kaptein van die Springbokspan wat in 2006 in Turkye deelgeneem het (Fourie, 2006:15-16).

Buys, Francina kyk KUNSTENAARS...

Clark, James (?- ca 1864)

Hy was 'n Skot en aanvanklik lid van dr Philip se kerk in Kaapstad wat deel van die Londense Sendinggenootskap (LSG) was. Volgens McDonald (2009:384) was hy 'n steenmaker van beroep. Op 2 Junie 1825 is hy as Catechist and Artisan op Philippolis aangestel deur dr Philip en word die eerste wit sendeling daar (Schoeman, 2003:30).

Die Griekwas word in 1826 na Philippolis genooi deur die LSG met die oog daarop om die Boesmans te beskerm. Clark sien vinnig in dat dit 'n fout was, want gou het die Griekwas die Boesmans se grootste vyand geword en hy vra amptelik dat 'n nuwe stasie gestig word en dat hy daarheen oorgeplaas word. Reeds op 25 Desember 1827 skryf Clark en Melville vanaf Philippolis 'n brief aan Miles, die waarnemend superintendent dat hulle die gebied (van die latere Bethulie) besoek het met die oog op die moontlike vestiging van 'n sendingstasie. Clark kan dus erken word as die persoon wat vir die stigting van hierdie sendingstasie verantwoordelik was waar hy vanaf Mei 1828 tot Junie 1833 sendingwerk onder die Boesmans gedoen het In Mei 1828 vestig Clark hom hier saam met GA Kolbe. Hy was toe ongeveer 36 jaar oud. Van die Boesmans van die Philippolis-omgewing het hom na die nuwe Bushman school vergesel. Nadat Kolbe teruggeroep is na Philippolis het Clark die "Volle las van die arbei" op Boesmanskool gedra. Nadat die LSG besluit het om die Boesman-sending hier te staak en Clark ontslaan is, het hy nog sy kommer oor die lot van die Boesmans uitgespreek. (Kyk ook HOOFSTUK 1: BOESMANS...; HOOFSTUK 3: SENDELINGE).

Teleurstellend min is oor Clark bekend. Hiermee die enigste inligting wat skrywer vanaf die LSG se rekords kon vind na 'n navraag:

"*Unfortunately, I have not been able to find out much about James Clark. The entry for him in the London Missionary Society Register of Missionaries reads as follows, but (unusually) does not give definite dates of birth or death: "Ch.m. [church member] at Cape Town (Philip). Appointed, June 2, 1825, by Dr. Philip as Catechist and Artisan at Philippolis, which appointment was sanctioned by the Directors, Nov 28, 1825. In May, 1828, removed to Bushman Station, a new mission near the Orange and Caledonian rivers, commenced by Mr. Kolbe and himself. On the relinquishment of this mission he removed to Kat River, as an Assistant and Schoolmaster under Mr Read. In 1839, he removed to Hankey and was afterwards employed as Schoolmaster at Kruis Fontein. Died about 1864."*

I have not been able to find an obituary for him in either the LMS Magazine or the series of LMS reports held here at SOAS. His death is listed in the report for May 1868, but dated 'about 1864'. No further details are given, but he is listed in the four previous reports (1864-1867) as working at the Kruis Fontein mission, which suggests that this may have been his place of death. Marriages are often noted in the LMS register, but based on this alone it is difficult to say with any certainty that he was not married".

Cloete, Moses (1926-2011)

Moses Cloete, beter bekend as Meester Cloete is op 24 Februarie 1926 in Jagersfontein gebore. Het in 1948 in Koffiefontein begin skoolhou en in 1951 het hy by die laerskool Excelsior in Bethulie aangesluit. Hier was hy vir honderde kinders oor baie jare nie net 'n onderwyser nie, maar ook 'n raadgewer, 'n tweede vader. As skoolhoof was hy 'n leiersfiguur. Hy tree in 1992 af. Hy was van jongs af 'n kampvegter vir die bruin mense in Bethulie, en dit is geen wonder dat Cloetespark-woonbuurt na hom vernoem is nie. Hy was ook 'n lekeprediker in die Lephoi-gemeente van die Metodiste Kerk. Vanaf 1993 het hy vir vyf jaar as Raadslid op die Plaaslike Oorgangsraad gedien. Hy was getroud met Dorothy (Nannie) (née Goodman) en hulle het sewe kinders grootgemaak. Hy sterf in 2011 en is in Bethulie se kerkhof begrawe.

Cronje familie kyk SPORT: krieket

De Bruyn, Flippie (1909-2001) kyk HOOFSTUK 10: BESIGHEDE

Dittmar, JHW (1859-1931) kyk HOOFSTUK 10: BESIGHEDE

Dobbin, FJ (Uncle) (1879-1950) kyk SPORT

Donovan, George (1818 - 1898) en John Gerald (1848-?)

Joseph Donovan, van Ierse afkoms het met die 1820 Britse setlaars in Suid-Afrika aangekom, maar in 1827 vertrek hy met sy gesin na Indië. Een van sy seuns, George, kom in die 1830's terug en woon vir 'n tyd in Grahamstown. Hy was ongeveer 19 jaar oud toe hy saam met die Voortrekkers noordwaarts trek. Teen 1836 koop hy 'n plaas van Lephoi, die Tlhaping-kaptein in Bethulie, wat hy Glendower noem na een van sy Ierse voorstate. Dit is na hierdie plaas wat hy sy jong bruid bring met wie hy in 1845 getroud is. Sy was Elizabeth Adendorff, van Franse Hugenote afkoms en toe slegs 16 jaar oud. Haar ma was 'n Du Plessis, afstammeling van die Hertog du Plessis. Pellissier bevestig hulle hier in Bethulie in die huwelik; volgens die amptelike rekords die eerste wit paartjie wat deur hom hier in die huwelik bevestig is. Hulle het agt seuns en twee dogters gehad.

Prinsloo (1955:117-121) verwys na George Donovan se rol as aanvoerder van Warden se troepe toe die Tamboekies in 1851 by Hangklip anderkant Koesberg aangeval is in 'n poging om hulle oor die Oranjerivier te verdryf nadat hulle vee van die inwoners noord van die rivier gesteel het.

George Donovan kon vlot Sotho praat. Behalwe die boerdery op Glendower het hy het homself besig gehou as handelaar, landmeter en grondspekulant in die Vrystaat. In 1859 word hy Lephoi se amptelike agent en kry die alleenreg om die sendinggronde te verkoop (Pellissier, 1956:510). Hy en Miles het saamgewerk en Pellissier se aansprake teengestaan. Donovan koop sommer self 'n klomp plase onder andere Vogelfontein, Dasjespoort, Honingfontein, Schoonbeeksfontein, Tweefontein, Kleinfontein; ens; na sy afdanking as agent het hy byna al sy grond verloor. (Pellissier (1956:508) skryf dat hy op Willougby gewoon het, skrywer kon nie vasstel of dit George of moontlik sy seun John Gerald was nie; die plaas se naam, is ook na 'n voorsaat vernoem).

Volgens Pellissier was die eerste drie persone wat 'n maatskappy gevorm het om die grond van Lephoi te koop waarop die dorp later ontwikkel het, G Donovan, Henning Joubert en JF Klopper, dit was op 6 Oktober 1859 dat 'n koopbrief opgestel is. Die koop het egter nie deurgegaan nie en 'n jaar later is 'n nuwe koopbrief opgestel en Donovan vervang met 'n ander bondgenoot. Op 1 Mei 1860 word Donovan as Lephoi se agent afgedank, hy teken beswaar aan en uit die briewe blyk die onmin tussen verskeie mense en groepe en ou bondgenote wat die verkoop van die grond tot gevolg gehad het. Sommiges meen daar was baie gekonkel en wil Donovan terughê, en stel selfs voor dat wanneer die sendinggrond by die Vrystaat ingelyf word die dorp se naam Donovan moet wees! (Pellissier,1956:518-525).

Op 11 Januarie 1900 is 'n gesprek met mev Donovan gevoer wat aangeteken is asook van haar eie herinneringe (Cory notes vol 6:528-531; 'n afdruk daarvan is in die Pellissier Museum beskikbaar). Sy was van Hugenote afkoms en haar moeder was 'n Du Plessis. Haar vertolking van die geskiedenis of situasie is uit die aard van die saak beïnvloed deur haar man se werk as agent. Hoewel haar feite nie altyd so korrek was nie gee sy tog 'n interessante siening van gebeure. Sy beskryf haar man as majoor Donovan wat in 1845 vanaf King Williamstown gekom het as deel van die 6th Dracon Guards om die Boere te verdryf. Sy beskryf ook die slag van Boomplaas en sir Harry Smith se toespraak waar hy die Vrystaat as Britse kolonie verklaar en die stigting van Smithfield. "...the town formed on this place is called Smithfield. I remember the ceremony – notice had been sent to all around, some wagon canvases had been set up so as to make a kind of enclosure and the public stood around anyhow, while Sir Harry stood on a table and made his speech – it was not very long. About 4 years after this Basuto [war] broke out, Sir G Cathcart came up to kill them but was repulsed- driven over the rocks- he wrote to the Home Government saying thet the country was worthless and very difficult to defend and advice its abandonment, which was done. A meeting was held at Bloemfontein... where all the educated people strongly protested against England giving up the country – while one Venter and some doppers were in favour of it. Venter became the first President, he was our neighbour.

At Bethulie, there was a large clan of natives which had come from Bechuanaland... As soon as the Dutch got the country back, they seem to have wanted the land occupied by these natives... my husband advice the chief Lepoë to sell the land to the Dutch... this was agreed to. Mr G Donovan suggested that he should be the agent to effect the business and was accepted by the chief. The Dutch however chose one Van Ediken, who was a rascal – and the money was paid over to him, he did not give it to the native[s], who lost their land entirely. Some of the natives went to Basotoland and some to Thaba Nchu".

'n Agter-agter kleinkind van George Donovan, Penny Harris se notas oor George en John Gerald is in die museum gevind onder die opskrif Biographical introduction; daar is met dank daarvan gebruik gemaak: In 1870 het Donovan Bethulie-distrik verlaat en in Barkly-Wes gaan woon waar hy sy fortuin wou maak met diamante. Voor sy vertrek, teen 1865, het president Pretorius van Transvaal Donovan se hulp ingeroep om te help met geskille tussen die regering en die swart mense; vir sy dienste is hy 32,000 morg grond belowe. President Kruger het later sy die aanspraak daarop verwerp. Na verskeie hofsake teen die regering was Donovan genoodsaak om sy grond te verkoop om die hofkoste te dek. Hy was op daardie stadium alreeds 72 jaar oud en sterf in 1898 in Bothaville as 'n verbitterde mens. In sy laaste brief vra hy dat sy familie weer hulle bande met Ierland opneem en ook hul van weer na O'Donovan te verander.

Die tweede kind van George, John Gerald is op Quaggafontein, nou Carmel, gebore op 20 Junie 1848. Die seun het in Grahamstad skool gegaan en later in die regte studeer; hoewel hy nooit sy studies voltooi het nie, het hy as regsagent opgetree. Hy het sy pa bygestaan in die 1865 geskille tussen die Transvaalse regering en die swart mense. Met die ontdekking van diamante is hy deur president Brand as Claims inspector and Resident Justice aangestel. In die 1880's het hy bekend geraak vir sy rol in Betsjoeanaland wat uiteindelik gelei het tot die daarstelling van die Betsjoeanaland Protektoraat; hy het as politieke agent vir Kaptein Mankoroane opgetree."

Behalwe Donovanskop, beter bekend as Spitskop, in die omgewing is twee plase ook na familielede van Donovan vernoem: Glendower en Willoughby.

Du Plessis, Danie (1941 - 1990)

Danie du Plessis wat die kortste man, (4 vt 1 dm) in Bethulie was en ook as Danie Piekie bekend gestaan het, is in 1941 in Bethulie gebore. En het hier skool gegaan. Op die rugbyveld was hy dikwels verantwoordelik vir verrassende spel wat teenstanders heeltemal onkant kon vang. Hy het wyer bekendheid verwerf na sy rol in die film Karate Olympia wat in 1976 verfilm is. Na skool het hy by die koöperasie in Bethulie gewerk, toe by Sonop, by Fichardts wat toe Greatermans geword het en later by Kloppers Junior. In die speelgoedafdeling het hy sy talent om met kinders te werk uitgeleef. Hy sterf op 15.3.1990. Die skets met erkenning aan die Volksblad. (Nuusbrief, 15 Apr 1976).

Du Plooy familie

Vandat die eerste Du Plooy hom in die omgewing gevestig het in die omgewing het hulle 'n groot gemeenskapsbydrae gemaak. **Simon J du Plooy (1805-1885)** vestig hom om Truitjesfontein wat tans deel is van die Tussen-die-Riviere natuurreservaat. Onbevestigde gerugte bestaan dat hy hom al in 1834 hier gevestig het, maar daar is bewyse dat hy reeds in 1840 op die plaas was en darom word die datum eerder aanvaar. Op die plaas het hy in 1850 die eerste permanente woning van baksteen opgerig wat tot in die 1951 bewoon is deur opeenvolgende erfgename waarna dit as pakstoor gebruik is tot in 1968 toe die gebou afgebreek is na onteiening van die plaas vir die Oranjerivier-staatswaterskema. Na sy besetting van die plaas was hy aktief in die gemeenskap van sy tyd en het op kerklike-, staatkundige-, maatskaplike- en verdedigingsgebied nie stil gesit nie en gedoen wat hulle moes maar ook op hulle regte gestaan. In 1848 neem Simon deel aan die Slag van Boomplaas en na die gebeure word hy met £50 beboet vir sy deelname. Hy was onder andere volksraadslid van Onder-Caledon. Simon en eggenoot Catharina was stigterslede van Gereformeerde Kerk, Bethulie.

Na sy oorlye is Truitjesfontein in ses gedeeltes onderverdeel te wete: Truitjesfontein Restant, Brakfontein, Waterval, Weltevrede, Osfontein en Du Plooysrus. Met die totstandkomg van die Tussen-die-Riviere natuurreservaat was slegs ongeveer 500 ha se eienaar nie 'n nasaat van die eerste eienaar nie.

Die onderverdeling Brakfontein word geerf deur sy seun **Jacobus Stephanus (1846-1910)** en daarna deur sy seun, ook **Jacobus Stephanus (1870-1961**). Die eerste drie eienaars is almal op onderverdeling Brakfontein begrawe.

'n Agter kleinseun, **Simon J du Plooy (1911-1982)** het op Brakfontein geboer, 'n onderverdeling van Truitjesfontein, asook op Truitjesfontein. Hy trou in 1944 met Maria Cornelia Wiegand (1916-2000) – distriksverpleegster werksaam in Dr Mynhardt se spreekkamer. Hy was die laaste eienaar van die plaas voor onteiening vir die Gariepdamskema. Hy was vir jare 'n stadsraadslid en in 1978-1980 burgemeester. Dit is veral onder sy voorsitterskap van die Bethulie bewaringskomitee waar hy 'n groot bydrae gemaak het. Hy sou nog gids gewees het vir Simon van der Stel Stigting se toergroep wat die dorp in November sou besoek, maar is in September oorlede. Hy laat egter 'n skat van inligting na deurdat hy sy herinneringe en die geskiedenis neergeskryf het, in nuusbriewe en ander publikasies.

Die seun van bogenoemde ook **Simon J du Plooy (1951-)** se bydrae word beskryf onder GENEALOGIE.

'n Du Plooy saamtrek van ongeveer 200 mense vind in Oktober 1987 plaas wat gereel is deur onder andere Simon du Plooy, Marius du Plooy en ander familielede. Dit word deur die Raad as goeie reklame vir die dorp beskryf. (Notule 26/5/1987)
(Inligting met dank aan Simon du Plooy, Potchefstroom)

FJ du Plooy, (1840-1924): Kmdt Floris Jacobus du Plooy is op 22.1.1840 gebore en op 1.11.1924 in Bethulie oorlede. Hy was die vierde seun van Simon J du Plooy (1805-1885) en getroud met sy niggie Susanna Aletta Catharina Du Plooy. Hy het aanvanklik geboer op Osfontein – onderverdeling van Truitjesfontein, maar verkoop op onbekende datum en koop en gaan woon te Diepfontein tussen Bethulie en Trompsburg. (Hy was die oupagrootjie van Lydia en Esther du Plooy en ook Magdaleen Greeff wat hier gematrikuleer het in die laat 1960's) (Inligting met dank aan Simon du Plooy, Potchefstroom).

Hy was betrokke in 1858 met die Witsieshoek onluste en in 1865 toe hy net 18 jaar oud was, was hy een van Wepener se manne in die Tweede Basotho-oorlog en naby aan hom toe hy gesneuwel het. Hy is al in 1889 as Veldkommandant aangestel vir Bethulie-distrik. Hy neem aan die ABO deel van die begin af. In Oktober 1899 word hy tydens die Slag van Stormberg gewond. Daarna het hy Bethulie-kommando aangevoer by Sannaspos, Zandriver, Waterwerke, Dewetsdorp, Rodewal, ens. Met Prinsloo se oorgawe in die Brandwaterkom op 29 Junie 1900 is hy gevang en na Ceylon gestuur. Hy was getroud met Susanna Aletta C du Plooy. Kmdt Griesel hulle het gereel dat hy onder die Vrystaatse vlag begrawe word. Ds van Rooy het die diens gelei vanuit die pas voltooide Gereformeerde Kerk. Met die militêre begrafinis is 'n saluut afgevuur met die sak van die kis.

Du Toit, Japie (1905-1990) kyk ARGITEKTUUR

<u>Ferreira, Thomas Ignasius (1923-1947)</u>

Moontlik was die eerste slagoffer van politieke onrus in swart woonbuurte wat 'n verbintenis met Bethulie gehad het, Thomas Ignasius Ferreira. Hy was hier op skool en sy suster, Ousus, was getroud met Hannes Kruger van Vaalbank. Hy het in 1942 sy SAP-opleiding voltooi.

In 'n SAP-nuusbrief, Nongqai, van Sept 1947:1235, en in die SA Polisie Gedenkalbum, 1913-1988, word 'n volledige beskrywing van die gebeure gegee. Die SAP van Kliptown is ongeveer 15:30 in kennis gestel dat winkels in Moroka geplunder word waarop 'n student-konstabel uitgestuur is om ondersoek in te stel. Hy moes egter met 'n ompad vlug vir sy lewe en kon nie die vyf konstables wat hom sou volg waarsku teen die oormag nie. Omdat die vooraf inligting baie vaag was, het hulle iets soos bende aktiwiteite verwag en nie 'n totale oproer waaraan byna 300 mense deelgeneem het nie. Hoewel hulle gewapen was en 'n paar waarskuwingskote kon skiet het die ammunisie gou opgeraak en het hulle probeer vlug. Die drie is egter ernstig deur die massa aangerand met klippe, stokke en ander voorwerpe. Ferreira is op pad na die kliniek oorlede en Meyer en Puren later in die hospitaal.

Die Fagan-kommissie wat die gebeure ondersoek het, gee die opsomming in hul 1948-verslag: *"Illegal squatters were relocated to the temporary Moroka emergency camp near Kliptown in Soweto. The town council decided to issue trade licences for stalls operating in the camp. All unlicensed traders were removed from the camp. Only three of the 26 successful applicants were Moroka residents. Frustrations resulting from alleged bias in the allocation of such licences as well as high rental charges led to an attack on the newly opened shops. Six police members intervened, three of whom were killed".*
(https://issafrica.s3.amazonaws.com/site/uploads/SACQ53-supplement-Inquiries-into-policing-1910-21105).

Ferreira is een van drie SAP-lede wat op 30.8.1947 in Moroka (later Kliptown) wes van Johannesburg, tydens die onluste sterf. Die ander twee was konst JA Meyer wat op die plaas, Swartfontein, Bethlehem-distrik, begrawe is en konst DH Puren wat in die Brixton begraafplaas begrawe is. Ferreira is in Bethulie se begraafplaas met 'n militêre begrafnis ter ruste gelê. Hy was 24 jaar oud.

Die inligting, fotos en dokumente met dank bekom van kapt Andre van Ellinckhuyzen van Vryheid wat dit aanvanklik onder skrywer se aandag gebring het en ook Johanna en Thomas Kruger wat die gebeure rondom hulle oom onthou het. Van Ellinckhuyzen skryf in die Servamus (Augustus 2017:5) die volgende: "Thomas Ignatius Ferreira was born in Philippolis in the Orange Free State on 3.8.1923, the son of Hester Aletta Sophia Terblanche née Kruger and the stepson of Sgt Terblanche. His service record indicates that he was stationed at Hermanus, Skulpfontein, Hondeklipbaai, Zastron, Vanstadensrus, Bloemfontein and lastly at Kliptown. Const Ferreira was buried with military honours in the cemetery at Bethulie".

Wyle Konst. T. I. Ferreira.

Fourie, Benjamin kyk KUNSTENAARS ...

Gordon, Robert (1743-1785)

Die persoon wat die eerste keer die omgewing van die Oranjerivier hier by Bethulie beskryf het, sketse hiervan gemaak het en die rivier sy naam gegee het, was Gordon in 1777. Robert Jacob Gordon is in Doesberg, Nederland gebore. Sy familie was van Skotse oorsprong. Sy oupagrootjie het in die eerste helfte van die sewentiende eeu van Aberdeenshire na Schiedam verhuis. Hy kom vir die sy eerste besoek in 1973 in die Kaap aan as lid van 'n botaniese ekspedisie onder Thunberg en Masson. Hy onderneem ook ontdekkingsreise tot by Plettenbergbaai en keer weer terug na Nederland in 1774. In 1777 keer hy terug na die Kaap as kaptein in die Kaapse garnisoen; hy was toe 33 jaar oud. In Oktober 1777 vertrek Gordon vanaf Kaapstad na die binneland. Hy het altesaam ses reise in Suid-Afrika onderneem, waarvan vyf se rekords behoue gebly het. Sy bydrae tot die Suid-Afrikaanse geografie is waardevol en sluit kaarte, sketse van die landskap, fauna, flora, klimaat, inwoners, ens in. (Forbes, 1965:94; Cullinan, 1992:9; Panhuysen, 2015:16). Forbes het die volgende onder aan die skets geskryf: "*Colonel RJ Gordon in traveling costume. From drawing by himself or of his draftsman Schumacker.*"

Cullinan (2015:9,11-15), wat die eerste volledige biografie oor Gordon geskryf het, beskryf die stryd wat mev Gordon gehad het om haar man se manuskripte en joernale te publiseer en hoe dit vir byna 150 jaar ontoeganklik gebly het. Dit blyk of Gordon se werk verspreid geraak het. In 1914 het die Rijksmuseum die Atlas bekom wat net uit sy kaarte en sketse bestaan het waaruit Molsbergen in 1916 'n paar artikels oor Gordon geskryf het. Na 1940 het 'n paar gespesialiseerde artikels oor sy botanie verskyn. Maar die eerste uitgebreide artikel oor Gordon word in 1949 gepubliseer deur professor VS Forbes, die artikel is in 1965 in sy boek Pioneer travellers in South Africa opgeneem.

Tog was 'n groot deel van Gordon se manuskripte en joernale nog steeds onontdek. As dit nie vir dr AJ Kieser, die hoofargivaris van die Pretoria-argief was wat in 1964 dit toevallig in die Stafford-argief in Brittanje ontdek het nie, sou dit steeds vergete gewees het. In 1979 is dit op 'n veiling deur Christie's in London aangekoop deur HF Oppenheimer vir die Brenthurst-biblioteek in Johannesburg. Dit is later vertaal en in 1988 beskikbaar gestel.

Cullinan merk tereg op: ..."*one can only speculate how our perception of southern Africa in the eighteenth century would have been affected had Gordon's journals been published during 1804-5. Indeed it is not just a view of history that is the question. Gordon's observations of the interior tribes, the fauna and flora, the topography of the country, as well as his charts and maps, would all have had far-reaching effects on the ideas and knowledge of succeeding generations. Gordon's name would have stood at the front of all the travelers and writers of the period, because his journeys were undoubtedly, the most remarkable and well documented of the time*".

In 2015 het nog 'n boek, *Ontdekkingreisiger of soldaat*, oor Gordon verskyn, geskryf deur 'n Nederlander, Luc Panhuysen en in Afrikaans vertaal deur W van Zyl.

Dit is Gordon se tweede reis (Oktober tot Desember 1777) wat vir Bethulie van belang is. Hiertydens het hy die omgewing van die suidelike bank van die rivier bereik, beskryf, geskets en ook die rivier sy naam gegee: die Oranjerivier! (Kyk ORANJERIVIER).

Simon du Plooy (Brakfontein) wat omstreek 1974 die eerste keer afdrukke van die sketse verkry het en aan Bethulie bekendgestel het, meen dat die sketse gemaak is vanaf die plaas waar Dawid du Plessis later gewoon het. Volgens die Raadsnotule 17/1/1978 het hy onder andere vyf skilderye van Gordon bekom waarvan hy twee stelle van elk laat maak vir die museum en die biblioteek. Skrywer is oortuig dat geen Bethulianer voorheen geweet het van hierdie besondere gebeurtenis wat in 1777 hier afgespeel het nie, sou Simon du Plooy dit nie onder die gemeenskap se aandag gebring het nie. (Die skilderye is eintlik afdrukke van tonele van Oranjerivier en die samevloei met die Caledonrievier.)

Hoewel jagters, soos Jochem Prinsloo, en ander koloniste voor Gordon die Oranjerivier bereik het, kan hulle volgens Forbes nie as die effektiewe ontdekkers van die rivier gereken word nie. Gordon is volgens Forbes die eerste effektiewe ontdekker van die middelste gedeelte van die rivier as gevolg van die bewyse van die besoek soos dit voorkom in sy joernaal, sy sketse en kaart. Hy het ook die uitmonding van die rivier in Augustus 1779 ontdek en ook die middelste deel van die rivier besoek vanaf Ramansdrif tot naby Upington.

Met Gordon se tweede reis, maar eerste reis na die binneland, van 1777 was van sy doelwitte om 'n einde te probeer maak aan die konflik tussen kolonialiste en inheemse stamme; hy wou die Xhosa-hoofde en die "Bosjemans" onmoet. Hy het vanaf Kaapstad na Swellendam en Aberdeen oor die Sneeuberge gereis, klim onder andere die kop wat hy Kompasberg loop uit, naby die huidige dorpie, Nieu-Bethesda, en reis verder tot by die Seekoeirivier, 15 km vanaf Colesberg waar hy omgedraai het en tot in die omgewing van Kookhuis gaan. Van hier keer hy weer na die binneland terug met die bykomende doel om die "Grootrivier" te vind. Hy gaan by Willem Prinsloo se plaas naby Somerset-Oos aan op 3 en 4 Desember. Hier reël hy dat drie boere, Hannes de Beer, Hannes Meintjes en Jan Durand wat voorheen tot by die Grootrivier was, hom vergesel as gidse. Gordon het op daardie stadium ook 'n wa, tien osse, agt perde en agt Hottentotte as draers, asook 'n tekenaar, Schumacher, wat saam met hom reis. Een van die "Hottentotte" was die Griekwa Cornelius Kok en moontlik ook Klaas Barends (Schoeman, 2002:12). (kyk GRIEKWAS). Hulle reis noord-oos en kry die laaste plaas in die huidige Cradock-omgewing en vandaar oor die omgewing van Steynsburg. Op pad het hy dikwels tekens van Boesmans gekry, soos vure en plekke waar hulle gewoon het, maar kon nie met hulle kontak maak nie.

Uit sy kaarte blyk dit of Gordon die "Grootrivier" ongeveer 10 km wes van Bethulie op 23 Desember 1777 bereik, daar waar die rivier 'n groot draai gemaak het. Hy het later aan admiraal Stavorinus vertel dat hy die rivier per ongeluk en onverwags bereik het (Forbes, 1965:97) en in sy eie joernaal skryf hy "*all of a sudden we came upon the steep bank of a great river. It flowed from the east, a good hour to the west, through a gateway in these mountains. At its narrowest here it is about 225 paces wide....The southern bank was about 40 feet high and steep, though it was possible to get to the water. There were reeds growing in the direction of the gateway in places and there were high thorn-trees. The northern bank was lower, with reeds and many willow and thorn-trees. This bank had stony ridges and coarse shining sand... There were reefs here and there, stretching mostly from one bank to the other over which the stream rustled loudly. We called the river the Orange river. It is the same, we believe, that flows out of the Namacquas, the Garie or Great River*". (Cullinan, 1992:44-45).

Gordon gee ook op 23 Desember die koppe suid van die poort name: Robertson Macleods Bergen (op sy kaart noem hy dit egter die Robertson Strowan Bergen) "*The gateway through which the river runs is in the same mountain*". Hulle het ook hier 'n fontein gevind en daar gekampeer vir 10-11 ure. Hierdie Robertson was 'n goeie vriend van hom (Cullinan, 1992:45).

Die volgende dag, 24 Desember 1777, na 'n dag se reis langs die rivier het hy, De Beer en die kunstenaar 'n kop uitgeklim, "*ascending a hill he saw that it (the river) divided itself into two branches towards he east*". Hy vernoem die twee riviere ter ere van die Huis van Oranje: die noordelike vertakking (tans Caledon) het hy "Prinses Wilhelmina Rivier" en die suidelike vertakking "Prins Wilhelm V" genoem. Toe Gordon hierdie sketse gemaak het van die samevloei was die samevloei meer wes as die huidige plek (Forbes, 1965:98).

Hy noem ook die punt waar die twee riviere ontmoet, "*Oranjepoort*". Hier ervaar hy " *'n onlydelyke dorst*'. Die rivier lê ver onderkant hom, maar dit hinder hom nie, hy kou aan 'n grasstingel teen die dors, sit in die skadu van 'n bos en geniet die koelte, die seekoeie in die water en voel tevrede "*omdat hier allerverrukliks is as gevolg van die pragtige rivier*" (Panhuyssen, 2015:63).

Dit was op dieselfde dag wat een van die draers in 'n vangstrik vir wild beland het wat deur die "*wild people*" (Boesmans) in 'n seekoeivoetpaadjie langs die rivier gemaak is. Gordon het later dieselfde oorgekom kort nadat hy 'n seekoei geskiet het. Hy het sy geweer aan die kunstenaar gegee om skoon te maak en ry toe langs die rivier op soek na 'n plek waar hy die rivier kan oorsteek. Hy kom egter tot die slotsom dat hy dit nie met 'n perd sal kan doen nie. Hy draai toe weg van die rivier en volg 'n seekoei-voetpaadjie: "*I fell unexpectedly into a pit which the wild people had made for hippopotamus, my horse going with me. While falling, I pulled at the horse bridle violently so that most of the underside of its body fell below. Dust and stones fell on me from all sides so that in order not to smother I struck up with both hands and made an opening. I gripped the horse, by both ears, closing them tightly, because I had heard that this was the right thing. The poor animal stood still, sweating in its deadly fear and suffocating in the pit. Being unhurt and completely in control of myself, I saw the pit was 8 feet high above me and that I had to make an attempt quickly because breathing had become very difficult. I therefore jumped as high as I could and fortunately remained hanging with my shoulders and feet in the hole above the horse that had started to thrash violently".* Gordon het op 'n manier tog uitgekom..."*I talked to my poor horse and the creature was calm once again. I then ran as fast as I could to the wagon and fetched people with a spade in order to save the creature, but when we arrived at the hole we found that the animal had died of suffocation; the sweat stood like water on its body. It would also have taken us more than a half day to dig it out. Since the pit was 16 feet deep it appeared incomprehensible to my travelling companions and to me how I had got out of the hole without help...".* (Cullinan, 1992:47). Gordon het toe net sy saal en toom en pistole van die perd afgehaal en die dier daar gelos om hulp te soek. Hoewel die perd 'n hartseer einde gehad het, was Gordon se besorgdheid aangryplik. Hy beskryf ook hoe hy op dieselfde dag weer in die rivier wat vol seekoeie is, probeer swem maar die stroom is te sterk.

Duidelik het Gordon nie besef hoe gevaarlik 'n seekoei is nie. Op 26 Desember is hy steeds op die oewer van die rivier. Hy duik weer in die rivier en vind pragtige klippe, onder andere agate... hy gewaar op 'n stadium dat hy omring is deur meer as honderd seekoeie... hy skiet nege...Tot groot plesier van sy metgeselle slaag hy nie daarin om 'n vlugtende seekoei in te hardloop nie. "*ek kan vinnig hardloop en het een agterna gesit wat ses tree van my af uit die water gekom het... en met sy lompe draffie soos die van 'n vark afgesit het na 'n ander kuil. Maar ek het moeite gehad om by hom te bly. Soms het hy na 'n galop oorgeslaan waarvoor ons moes lag*". (Panhuysen, 2015:63).

Omdat hy al die waarnemings gemaak het wat hy kon en nie die rivier kan oorsteek nie, besluit hulle om terug te keer Kaap toe; "*as I was mounting my horse a bird of prey, here called a "witte kraai (white crow) came flying above us and being asked to shoot it, my ball hit it right on the head, smashing it. They then called the place De Fraaije Schoot (the fine shot) ...".* (Cullinan, 1992:48). Volgens die kaart is dit op dieselfde plek waar hy die rivier bereik het op 23 Desember.

Gordon het sover hy gereis het sketse gemaak, ook van die landskappe; elke skets is genommer. Van die sketse is moontlik later met waterverf gedoen. Geskiedskrywers is nie altyd seker of dit hy of sy kunstenaar, Schumacher, se produkte was nie. Van die sketse is moontlik soms eers deur Gordon gemaak en later oorgedoen deur die kunstenaar, daarom is daar soms aantekeninge wat verskil en later aangebring is op die sketse. Die eerste rowwe skets wat van die rivier gemaak is, is vanwaar hy dit die eerste keer gesien het. Die skets was die oorsprong van die latere panorama wat ongeveer 6 meters lank is, die grootste van sy panoramas; bekend as panorama no 29. Die presiese plek vanwaar dit geskets is, is deur Forbes (1965:98) bepaal. Dit was 'n koppie ongeveer 100 meter van die rivier en 300 meter van die plaashuis op Eerste Stap, ongeveer drie en 'n half myl vanaf die ou Bethulie-padbrug. Dit was op 'n stadium die plaas van Herklaas Viljoen. (Hoewel latere ondersoek die teorie aanpas, kyk onderstaandie blokkie met Marius Fryer se insette). Volgens Gordon se dagboek is dit op 23 Desember gedoen. Hy het op die skets verskeie aantekeninge gemaak; onder andere gee hy die kop wat vandag as Krugerskop bekend staan die naam "Hertzog L Brunswijk's berg"; hy noem dit egter "Prins Willems de V" berg op sy kaart. (Forbes, 1965:98). Die plek waar hy ses Boesmans gesien het oorkant die rivier is ook aangedui.

Marius Fryer, 'n oud-Bethulianer, het onlangs moeite gedoen om op die plek te kom waarvandaan 'n groot deel van Gordon se panorama gedoen is en sodoende ook 'n panorama saamgestel. Indien die twee vergelyk word is dit duidelik dat Gordon se panorama wel saamgestel is met sketse wat hy op verskillende dae geteken het. In geheel is dit realisties, maar vanuit verskillende hoeke. Kyk mens na die regterkant van die panorama dan verskyn Spitskop links voor die reeks plat koppe; in werklikheid steek Spitskop net-net daaragter uit wanneer mens op die plek staan waar hy moontlik die skets gedoen het. Verskuif mens jou blik na Krugerkop is die rante wat op Gordon se skets links daarvan verskyn in werklikheid regs. Hy het dus die deel van die skets vanuit die poort naby die huidige Hennie Steyn-brug gemaak. Kunstenaarsvryheid is ook gebruik: die kleiner koppe in die agtergrond, word met 'n dwarrel bedek om ook die landskap in te perk. Tog bly dit uiters waardevol veral omdat die vloei van die rivier die hooffokus is en dit die eerste skets is wat ooit van die omgewing gemaak is.

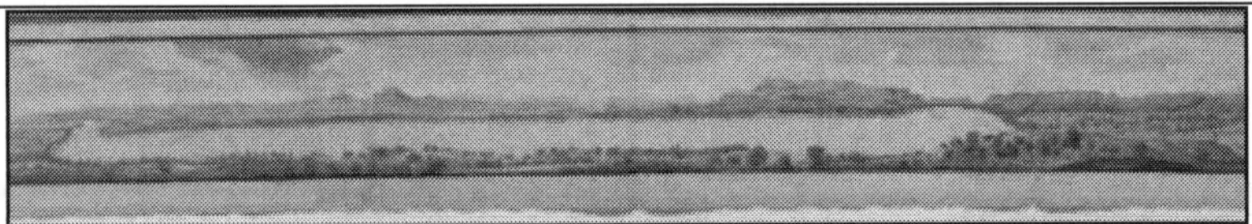

In Junie 1779 vertrek Gordon op sy derde reis en weer is die tekenaar Schumacher saam. Panhuyssen (2015: 96-119) gee 'n interessante beskrywing van die reis wat in Januarie 1780 geeindig het. 'n Boer van die Olifantsrivier-omgewing, Pieter Pienaar, is saam hoofsaakilk om wild te skiet vir kos. (Die Pieter Pienaar is in Marius Fryer waarna hierbo verwys word, se geslagslyn). Die hoofdoel van die reis was om die res van die Oranjerivier se loop te volg tot met die uitmonding en ook om 'n kameelperd te sien. Op een van die ossewaens was 'n boot. Hulle reis het langs die kus noordwaarts gegaan om eers die monding van die rivier te bereik op 17 Augustus 1779. Daarna het hulle vir 'n tyd weer ooswaarts gekeer en daarna noord tot hul weer die Oranje bereik het naby die huidige Groblershoop-omgewing. Vandaar het hulle die rivier weer weswaarts gevolg vir 'n lang tyd maar nie weer tot by die monding nie. Op die reis het hy kameelperde gesien, een laat skiet, ontleed, gemeet, geskets, geslag, ens tot in die fynste detail. Hy het hierdie keer ook Boesmans ontmoet. Die res van die rivier is ook ontdek en geskets.

Hoewel Gordon die rivier reeds sy naam gegee tydens sy besoek in Desember 1777 hier in Bethulie se omgewing, is hy nou oortuig dat dit wel die rivier se uitmonding is wat hy op 17 Augustus 1779 bereik het en daarom kan hy dit nou inhuldig en skryf in sy dagboek: "Het die skuit te water gelaat en gedrink op Sy Hoogheid se gesondheid en op die weersiens van die rivier waarvan ek in 1777 sy naam gegee het, en nog heildronke op die welvaart van die Kompanjie. Dit alles te midde van 'n aantal geweerskote". (Panhuysen 2015:102).

Gordon was vanaf 1780-1795 bevelvoerder van Nederlandse garnisoen in Kaap. Met die eerste inval van die Engelse in die Kaap het die garnisoen onder Gordon oorgegee. Sy manskappe het hom van verraad beskuldig waarop hy selfmoord gepleeg het. Gordonsbaai en die streek Gordonia is na hom vernoem.

Graham, John Alexander kyk GENEESHERE

Greeff, Johannes Wessels (1921-2004)

Johan Greeff, of soos hy bekend was "Boetie" Greeff, was 'n oud-skolier van Bethulie. Hy was Speaker van die parlement vanaf 1984-1986, die derde laaste van die "ou regering". Sedert 1987 was hy voorsitter van die Presidentsraad. Hy ontvang die Orde vir Voortreflike Diens, Klas 1 Goud, op 30 Oktober 1987. (Nuusbrief, 13 Nov 1987).

Griesel, Abraham Jacobus (1879-1964)

Die boekie *'n Oud-stryder kyk terug: kinder- en oorlogsherinneringe van Abraham Jacobus Griesel* verskaf kosbare inligting. Daaruit word 'n paar hoogtepunte gehaal. Hy is gebore op die plaas Cyferfontein, waar Jan en Riette Griesel nou boer. Hy het opgegroei op Rooipoort en Rusfontein. Sy herinneringe sluit in gebeure rondom perde, skape oppas, skoolgaan op die plaasskole, elke ses maand op 'n ander plaas. Hy slaag st 6 met lof en is bly hy kan nou saam met sy pa gaan boer, want hy is nie 'n "lettereter" nie!

Hy en sy pa word saam opgekommandeer vir die Anglo Boereoorlog. Hy het onder andere aan die Slag van Stormberg, daarna die skermutseling by die Bethuliebrug; die Slag van Dewetsdorp, Zandrivier, Roodewal en Lindley deelgeneem en word saam met Du Plooy gevang tydens die oorgawe van Prinsloo. Hy word na Diyatalawa, Ceylon gestuur. Hy onthou hoe hulle luise op die troepeskip gekry het. Hulle kon hulle klere in groot seeppotte kook totdat hulle van die plaag ontslae was, *"die moeilikheid was dat jy nie ander klere behalwe die aan jou liggaam het nie, maar daar kom ons ook deur...".*

Hy gaan boer op Klein Zuurfontein na die oorlog tot sy dood. Griesel het die Dekorasie vir Troue Diens gekry. Na Uniewording word hy as eerste kommandant van Bethulie aangestel. Hy was in 1912 met die groot staking met 500 man verantwoordelik vir die beveiliging van 'n paar brûe oor die Oranjerivier. Hy neem aan albei Wêreldoorloë deel. Tydens WO1 moes hy die distrik teen rebelle beskerm. (Kyk REBELLIE). Tydens WO11 het hy die eed geneem en die Oranjelussie gedra en na die oorlog was hy voorsitter van 'n komitee wat moes ondersoek instel na oorlogspioene.

In 1913 was hy met 'n klein kommando betrokke my die opening van die Vroue-monument in Bloemfontein. In 1925 word die Unie uitgenooi deur die Farmer's National Union om afgevaardigdes na die Engeland te stuur om landbou te bevorder. Hy word as as een van die afgevaardiges gekies wat ongeveer vier maande in Engeland deurbring.

Die biblioteekgebou is geskenk deur kmdt en mev Griesel en is op 4 Junie 1948 ingewy. (Kyk BIBLIOTEKE) 'n Beursfonds is gevestig wat uit erkentlikheid na hom vernoem is.

Die graf van AJ Griesel op Klein Zuurfontein met 'n koperplaat waarop die volgende bewoording verskyn:

O land gekoop met bloed
Deur vrome heldebloed
Jy is my dierbaar
Ek min jou sonnigheid
Jou velde uitgebreid
Deur God self toebereid
Vir vee en mens
My ouerhuis dra jy
Waar ek eens teer en bly
Deur moeder was gevoed, geliefd
Nou rus ek hier.

Grobbelaar, AJ(Abel) kyk VLIEËNIERS...

Gunn, Francis Patrick (1860-1927)

"Frank" Gunn is in die Baai van Bicay gebore toe sy ouers, van Ierland op pad na Suid-Afrika was. Hy kom woon in Bethulie in die 1880's waar hy 'n besigheid begin. Hy was een van die beplanners van die eerste dorpsdam en die park in 1892; die park is dan ook na hom vernoem. Sy vrou was Jessie Glass wat op plaas Glass-Ford by Slikspruit grootgeword het. Gedurende die oorlog was hy 'n sersant van die Town Guard. Hy was die eerste burgemeester na die ABO; met empatie help hy arm Afrikaners om weer op die been te kom. (Twentieth century impressions..., 1906:69). Sy seun Herbert Gunn het die Rooms-Katolieke huis gebou.

Gunning, Jan Willem Boudewijn (1860-1913)

Gunning is op 3.9.1860 in Hilversum gebore. Hy sterf op 26.6.1913 in Pretoria. "*W.B. Gunning, the son of a professor of theology, was educated in the Netherlands at the Universities of Amsterdam and Leiden. During his student days he showed an interest in natural history, particularly entomology and ornithology. By 1883 he was practising medicine in the Stellenbosch district, but in that year returned to Europe and in 1884 was awarded the degree Doctor of Medicine (MD) at Jena, Germany). Returning to the Cape he married Suzanna Neethling of Stellenbosch in November that same year. He practised in the Venterstad district (Cape Colony), then in the Free State at Bethulie and Smithfield, and finally at Edenburg. After his wife died in 1888 he married Miss Ellen E. Dobbin of Bethulie in November*

1889. In 1896 he moved to Pretoria where he was appointed as an assistant at the State Museum (later the Transvaal Museum, now the Ditsong National Museum of Natural History) in October. In April 1897 he became acting director, and in December of that same year the museum's first permanent director. (He remained director until his death in 1913. Gunning was responsible for founding the National Zoo in Pretoria in 1899.) He also taught zoology at the State Gymnasium (a high school) in Pretoria". (http://www.s2a3.org.za/bio/Biograph_final.php?serial=1172.)

Uit die aangehaalde gedeelte blyk dit asof Gunning vanaf 1884-1889 in Bethulie kon wees, maar dat van sy familie nog hier aangebly het blyk uit die feit dat hy gedurende die ABO op 27 November 1900 aansoek gedoen het om 'n permit dat sy familie wat uit ses persone bestaan van Bethulie na Pretoria kan gaan, (TAB PSY vol 63 MC 112/00). Sy eerste vrou Susanna is hier begrawe en ses maande na haar dood trou hy met Ellen Elizabeth Dobbin (gebore 30.12.1867), die eienaars van die Royal Hotel se dogter; hulle was William Rouse Dobbin en Emma Elizabeth Kirkham. Sy was 7 jaar ouer as hy.

Gunning was ook 'n bekende voëlkundige en in 1910 het hy in samewerking met AK Haagner 'n waardevolle boek gepubliseer: *A Checklist of the Birds of South Africa.* Die voëlspesie *Sheppardia gunningi*, ook genoem *Gunning's Robin of Gunningse Janfrederik*, is na hom vernoem.

Hamelberg, HAL (1826-1896)

Advokaat Hamelberg was die eerste Volksraadslid vir Bethulie. Hy is in Holland gebore en kom in 1855 na Suid-Afrika en in 1856 na Bloemfontein waar hy 'n regspraktyk begin. In 1858 word hy as Volksraadslid verkies en in 1864 is hy as lid vir Bethulie verkies hoewel hy nooit hier gewoon het nie. Hy bly in die Volksraad tot 1871 toe hy die Vrystaat verlaat en na Holland terugkeer waar hy as Vrystaatse konsul-generaal optree. Met die 12de herdenking van die stigting van die Vrystaatse republiek in 1866 skenk hy die woorde van die lied wat hy geskryf het met musiek wat Nicolai gekomponeer het, aan die Volksraad. Dit word die volgende dag op 24 Februarie 1866 as Volkslied van die Vrystaat aanvaar (Leierspersoonlikhede uit Bethulie,1994:6-7).(Kyk VRYSTAATSE VOLKSLIED)

Henning, Francois (Snotkop) kyk KUNSTENAARS...

Holm-familie

'n Kosbare bron oor die Holms en waarvan skrywer hier ruim gebruik maak is *A Fist of Steel: the life and times of Sidney Holm in the Orange Free State 1878-1944*; dit is geskryf deur 'n seun van die stamvader.

Die eerste Holms in Suid Afrika was Johann Gustav Adolph Holm (16.7.1836 – 29.9.1882) wat in 1857 na Suid Afrika kom. 'n Ouer broer van Johann GA Holm het ook na Suid Afrika gekom vanaf Hamburg moontlik gedurende dieselfde tyd met die Krimlegeon, hy was Franz Heinrich. Franz was een van Wepener se adjudante tydens die Tweede Basotho-oorlog. Dit blyk asof Johann eers in Suid-Afrika getrou het met en Hulda Antonie Grunow (Ca 1844 – 5.8.1922).

Johann en Hulda het aan die Oranjerivier begin boer aan die Kaapkolonie kant regoor Bethulie. Die plaas het bekendgestaan as Holmsgrove waar die sterk man later ook met 'n pont begin het. (Kyk Driwwe, ponte en brue). Hulle het 10 kinders gehad, ses seuns en vier dogters. Met Johann se vroeë afsterwe is sy weduwee in 'n finansiële verknorsing gelaat, maar sy het die leisels stewig vasgevat en die plaas Holmsgrove opgebou. Gedurende die ABO was daar 'n groot Engelse kamp op Holmsgrove, waar daar onder andere 2,000 perde in die tuin aangehou is; die meeste het daar gevrek van honger. Groot verwoesting is op die plaas aangerig. Drie van haar seuns het in die oorlog geveg onder andere Sidney. Dit is Sidney wie sy ma beskryf as die vrou met "*A Fist of steel*" om al die uitdagings na haar man se dood te oorkom. Dit is ook sy vertellinge wat as basis vir die publikasie dien, aangevul deur sy nageslag.

Die drie wat aan Boerekant geveg het gedurende die ABO was Gustav, Arthur Henry en Sidney. Sidney het in die Vrystaat gewerk en was 'n Vrystaatse burger, die ander twee rebelle. Sidney het as telegrafis aangesluit en aan Stormberg deelgeneem. Hy vertel ook hoe sy ma die Engelse krygsgevangenes wat by Stormberg gevang is, brood gegee het. Sy het 200 brode gebak en vir elke soldaat 'n sny kon gee. Een groot seeppot met koffie en die ander met tee het ook gesorg dat elke Tommie se "*billycan*" vol was. Sidney het aan verskeie veldslae deelgeneem en is gevang tydens Cronje se oorgawe en na Ceylon gestuur.

Twee seuns sterf voor die ABO uitbreek, Otto Franz (1867-1898) en Wilhelm Franz Heinrich (1870-1896). Na die oorlog het sy die plaas en die nuut aangekoopte plaas onder haar vier oorblywende seuns verdeel. Gustav Adolph (1875-1953) het die groot plaasopstal gekry, Arthur Henry (1876-?) die plaas wat later aangekoop is, die jongste Adolph (1882-) het ongeveer 1,500 morg van die oorspronklike plaas gekry plus die huis daarop. Sidney het die res van die plaas gekry, ongeveer 880 morg waarop 'n groot bos was maar geen huis. Die plaas het hy Elzbath genoem. Hierop het hy vir hom 'n nuwe huis gebou in 1904 vir sy Duitse bruid wat op pad was vanaf Duitsland nadat hy haar net drie dae geken het! (Sidney het na die oorlog in 'n diep depressie geval en sy ma het hom Duitsland toe geneem, waar hy toe vir Elizabeth Emma Paulina Rosenthal ontmoet het). Die bos op sy plaas se hout het hy later "verkoop" aan twee swendelaars wat weg is met die hout vir die mynbedryf sonder betaling. Hy en sy vrou het 16 jaar op die plaas gebly en die vyf kinders daar grootgemaak, drie seuns en twee dogters. Hy het selfs 'n regeringskool op sy plaas kon oprig.

My old maid, Sara, made the clothes for us from sheepskin breyed as soft as velvet in bluebush bark and stained a light yellow with red cord binding on the sleeves and trouser legs. They were very smart and pretty (Holm, ca 2000:2).

Van 'n welvarende boer het Sidney se geluk gedraai met die uitbreek van die Eerste Wêreld oorlog, droogtes en die Groot Griep en die val van die wolprys. Hy moes sy plaas verhuur en later verkoop. Daarna het hy gehelp met die bou van Bethulie se dorpsdam in 1821 en 'n besigheid gekoop wat nie 'n sukses was nie. Nadat die Royal Hotel afgebrand het in 1922, het hy die tender gekry om die stene te verskaf vir die herbou van die hotel. Finansieel het dit so moeilik gegaan dat hy sy vrou en twee oudste seuns Duitsland toe gestuur het, maar sy vrou en die oudste seun Johann Maxmillan (1905-1978) het teruggekom terwyl Erich (of eerder Erik) Sidney agter gebly het om sy doktorsgraad in argeologie te voltooi. Gedurende die tyd het Sidney bouwerk elders in die Vrystaat gekry. Later het hy sy geluk op die myne in Transvaal gaan beproef; sy vrou het met tye saam gegaan, asook Erich wat intussen teruggekom het met sy Doktorsgraad en 'n plaas naby Springs gekoop het. Sidney het in Augustus 1939 'n pos as opsigter van die Bloemfontein gholf klub aanvaar. Daartydens het die Tweede Wêreld oorlog uitgebreek. Hy sterf in 1944.

Die seun van Sidney Edward, Erik Sidney (ca 1901-?) wat bekend was as klassieke argeoloog was getroud met Elly en hulle emmigreer in 1939 na Duitsland waar hulle baie swaar gekry het as gevolg van die oorlog. Volgens 'n artikel wat in die By, (bylae van Volksblad, van 18 Febr 2012:50) verskyn het hy 'n pos by die Duitse uitsaaidiens gekry. Tydens die Tweede Wêreldoorlog het hy radioberigte met 'n kortgolf-radiosender deur "*Radio Zeesen*" vanuit Europa na Suid-Afrika uitgesaai, alles oor die verloop van die oorlog. Hy was natuurlik Duitsland goedgesind, en was teen Jan Smuts se SAP-regering. Suid-Afrika was natuurlik ook deel van die geallieerde magte wat Engeland so goedgesind was. Om in Suid-Afrika na "Neef Holm" se uitsending te luister was 'n oortreding, en die Natte in Suid-Afrka het baie versigtig na hierdie suisende kortgolf uitsendings van Holm geluister; opwindende, vars nuus, warm uit die oond, alles in Afrikaans! (Hierdie was die eerste Afrikaanse radiosender en dit het agt uur per dag, net in Afrikaans, uitgesaai. Die Unie-sender was toe uitsluitlik in Engels). Holm het ook propaganda vir die Ossewabrandwag gemaak. Hy is uiteindelik gevang en oorgebring na Suid-Afrika waar hy van hoogverraad aangekla is. Elly word in 1947 na Suid-Afrika ontbied om in haar man se hofsaak te getuig. Sy moes die kinders by haar ma in Munchen laat. Erik is ter dood veroordeel, maar die vonnis is versag tot lewenslange gevangenisstraf in die Baviaanspoort-tronk. Geld is in Suid-Afrika ingesamel om die kinders na hulle ma te bring. Met die bewindsoorname van die Nasionale Party in 1848 is al die oorlogsgevangenes vrygelaat, en Erik ses maande later. Hy het hom naby Hartebeespoortdam gevestig. Hy het onderrig, huise gebou en hom besig gehou met die skryf van boeke. Hy kon egter nooit weer 'n staatspos kry nie, en het ook sy stemreg weens daardie skuldigbevinding verbeur, tot sy dood. Erik en Elly het sewe kinders gehad: Maia (goudsmit en getroud met Beyers), Dieter (argitek), Albrecht (argitek), Constanze (pottebakker), Corneia (kunstenaar), Erik (entomoloog), Tielman (toergids). Elly was 'n baie bekende kunstenaar met nagraadse kwalifikasies verwerf aan bekende Duitse kunsskole.

Elly en Erik Holm

'n Bekende kind van Erik en Elly Holm is die entomoloog, Erik, wat in 1945 gebore is. Hy het aan Tukkies studeer en het daar sy doktorsgraad in insektekunde verwerf. Hy was later daar vir 20 jaar departementshoof. Erik onthou sy oupa hulle het die plaas Holmsgrove in die depressiejare verloor en hyself weet goed van hulle verbintenisse met die plaas en Bethulie, maar hy het dit nie persoonlik beleef nie. (Fourie, 2006:21)

Sidney Edward (1878-1944) se ander kinders was Johann Maxwell (1905-1978), Augusta Rottraut, Otto Wolfgang (1911-1998) en Lotti Paulina; almal in Bethulie gebore. Uit die artikel van Fourie (2006:21) blyk dit dat Augusta Rottraut met Hans Trümpelman, bekende Duitse taalkundige en skrywer van Duitse skoolboeke, getroud was en dat Lottie, 'n alombekende doyen van die kunste in Bloemfontein was en getroud met die eertydse burgemeester, JH (Ami) Pretorius.

Otto (1911-1998), was getroud met Iris E Thurgood.(1907-1998). Hy is in Bethulie begrawe sewe maande na haar dood en sy is in Newcastle begrawe. Iris se broer, James Gilby (Jim) Thurgood (1893-1918) sterf aan die einde van WO 1 aan koors op see en word in Plymoth begrawe. Hulle pa, Walter Gilbey Thurgood (1843-1863), is in Bethulie begrawe. Otto het op die plaasskool skoolgegaan en ook op Hoërskool Pellissier. Hy studeer aan Pretoria Universiteit. Hy was 'n uitsonderlike sportman en het in rugby en atletiek uitgeblink en 'n paar keer vir die Vrystaatspan gespeel. Hy was onder andere die bouer wat 'n huis in Clarens-distrik op die plaas Koeberg gebou het wat toevallig deur 'n oud-Bethulianer bewoon word, Ralph Burls. In Clarens self is die gastehuis, Camelot, wat hy ook gebou het. (Fourie, 2006:16.) Hy het vir 'n hele paar jaar in Bethulie se ouetehuis gewoon tot met sy dood. 'n Seun van Otto, Johan Wolfgang, sterf in die Grensoorlog. (Kyk GRENSOORLOG EN DIENSPLIG)

Hulda Holm het die Pellissiers se huis na Martha se dood (1887) gekoop en Holmsgrove aan ene Waddell uitverhuur wat dit gebruik het as hotel tydens die bou van die spoorwegbrug (tussen 1892 en 1894). *"A certain Robert Waddell saw an opportunity for good business so he hired our house together with the shop... He opened it as a hotel and with the shop fully stocked ... he began transporting the passengers back and forth across the bridge. He had things worked out well. First he would fetch half of the passengers and disembark them at his hotel. The distance from the railway bridge to the Hotel was about a half-mile. Then he would fetch the second halfand off load them at the hotel while he took the first lot further. He kept the system going for more than two years and made a large profit".* (A Fist of steel,ca 2000:5)

Die volgende Holms is in Bethulie se kerkhof begrawe:

Otto Franz Hermann Holm.7.2.1867 - 5.10.1898
Wilhelm Franz Heinrich Holm. 17.11.1870 – 27.8.1896. Hy het oppad van Bulawayo, waar hy gewoon het, gekom om te kuier maar in Palapya gesterf. Sy lyk is die 500 myl deur sy broer Otto gaan haal en teruggebring
Johann Gustav Adolph Holm. 16.7.1836 – 29.9.1882
Hulda Antonie Holm. ca 1844 – 5.8.1922
Gustav Karel Holm.16.1.1913 – 13.6.1925
Freda Holm (née Scott). 1881-1945. Freda Holm was 'n kleindogter van die Pellissiers, haar pa, Robert Scott, was met die een Pellissier dogters, Hortense, getroud.
Otto Wolfgang Holm. (1911- 1998)

Horspool, John (? – 1865) en Mary (1860-1937)

Die huis van die kaptein van die Tlhaping, Lephoi, is later deur John Horspool gekoop en Mary Horspool, een van sy dogters, het dit as skool gebruik. John Horspool het saam met Wepener gesterf by Thaba Bosiu in 1865. Oorblyfsels van die muur van Lephoi se huis is per abuis in 2004 afgebreek. Mary het met Erich H Bilse in die huwelik getree en hul een kind was Alfred Bilse. Alfred Bilse en dr SH Pellisiser het die Lepoi monument onthul.

Jansen, Eben en Herma kyk SPORT

Jansen, Mabel (1889-1979)

Martha Mabel Jansen was die dogter van Samuel Pellissier die enigste seun van die sendeling, JP Pellissier. Sy skryf onder andere die boek Sommerso wat herinneringe uit haar grootword jare in Bethulie-distrik is. Sy was bekend as opvoedkundige, skrywer, joernalis, kultuurleier, politikus en baanbreker in die bevordering van Afrikaans, asook die eggenote van die voorlaaste goewerneur-generaal van die Unie van Suid-Afrika, dr. E.G. Jansen.

Sy trou in 1912 met adv. E.G. Jansen, wat in 1906 as prokureur in Pietermaritzburg begin praktiseer het en later as advokaat tot die balie toegelaat is. Net een kind is uit hierdie huwelik gebore, Erns Louis Jansen, wat 'n Transvaalse regter en later appèlregter geword het en oorlede is in Pretoria op 23.5.2011. Een van sy drie dogters, adv. Mabel Jansen, SC, het in haar oupa en pa se regsvoetspore gevolg en was van 2003 tot 2004 voorsitter van die Pretoriase Balieraad.

Jansen het van omstreeks 1917 tot 1929 baanbrekerswerk in Natal gedoen. Hoofsaaklik deur haar onvermoeide ywer as bestuurslid van die Saamwerk-Unie van Natal is daar begin met Afrikaanse taaleksamens, wat wyer uitgekring het tot dit van omstreeks 1920 af as die Taalbondeksamens afgelê word. Op die eerste bestuursvergadering het Jansen die opdrag gekry om 'n skema vir eksamens in Afrikaans op te stel. Sy het dit in September van daardie jaar voorgelê en so is die eerste eksamen in Afrikaans in Suid-Afrika gebore, bogenoemde Taalbondeksamen. Die taaleksamens het 'n dringende behoefte aan 'n eerste Afrikaanse grammatikaboek laat ontstaan, wat sy in 1917 saam met mnr. C.M. Booysen opgestel het.

In 1920 word sy die eerste vroulike lid van die latere Suid-Afrikaanse Akademie vir Wetenskap en Kuns, Op die stigtingskongres van die Voortrekker-beweging in die ou stadsaal van Bloemfontein op 30 September 1931 is Jansen verkies tot provinsiale leier. Met die stigting van die Federasie van Afrikaanse Kultuurvereniginge (FAK) in 1929 word sy die eerste vroulike lid van die uitvoerende komitee en behou dié onderskeiding dekades lank. Sy is in Centurion begrawe.

Jordaan, Fouché (1951-)

Regter Fouché Jordaan het in 1969 aan die Hoërskool Pellissier gematrikuleer. Hy was vanaf 1977 advokaat in die Vrystaatse balie en 18 jaar lid van die balieraad waarvan drie termyne voorsitter daarvan. Aan die begin van Januarie 2009 aanvaar hy diens as regter in die Vrystaatse Hooggeregshof.

Jordaan, Theuns (1971-) kyk KUNSTENAARS...

Joubert, Henning (1817-1892) en sy nageslag

In 1840 vestig Henning Joubert hom op Goedehoop. Die plaas is steeds in sy nageslag se besit. Sy vrou Adriana het van Colesberg gekom. Henning Joubert was 'n lid van die konsortium wat op 6 Oktober 1859 gestig is en die grond gekoop het waarop die dorp Bethulie later gestig is. Volgens Simon du Plooy (Brakfontein) het hy op daardie stadium ook Draaidam besit (Nuusbrief, 7 Mrt 1980:7).

In 1861 word hy as Volksraadslid gekies vir Smithfield. (Prinsloo, 1955:231). Hy het as kommandant onder Wepener geveg met die Tweede Basotho-oorlog in 1865 en was deel van die groep wat Wepener se beendere in Basotholand gaan haal het; daarvoor het hy 'n kanferhoutkissie gegee. Ons weet van twee kinders van Henning Joubert: Lodewyk, by wie Samuel Pellissier graag op die plaas Goedehoop gaan kuier het, en Petrus J Joubert (1848-1896) wat met Margaret Elizabeth Kolbe (1854-.1948) getroud was. Hulle het op Middelfontein, langs Goedehoop gaan woon. Haar pa was John Gerzen Eliazar Kolbe, die oudste seun van die sendeling. Petrus en Margaret het vyf kinders gehad, waarvan Henning Joubert die enigste seun was. Na Petrus J Joubert se dood trou Margaret op 42 jaar met De Villiers wat die pa van Coenraad Grabe De Villiers (1869-1951) was; Coenraad was getroud met 'n dogter van Petrus en Margaret, Adriana Joubert.

Haar seun Henning Joubert het die wa waarmee sy en haar eerste man in Bloemfontein getroud is in November 1938 aan die museum in Bloemfontein geskenk. Die waentjie is deur sy oupa, Henning Joubert in Natal gedurende die Groot Trek gebruik. Margaret is oorlede op haar skoonseun Brand Wessels se plaas; hy was met haar dogter Petro getroud en die plaas was Rozynplaats, Smithfield-distrik.

Die nageslag van Henning Joubert is steeds in die distrik of kuier dikwels hier. Hy is die agteroupagrootjie van die De Villierse wat op Rietpoort grootgeword het, Pierre, Francois, Lynette en Ingrid; van die De Villierse wat op Goedehoop grootgeword het, Denise en die seun van Grabe, Francois; van Henrie Smith wat al die jare in Smithfield-distrik gewoon het en van Coenie de Villiers, die sanger.(Kyk KUNSTENAARS...).

Klijnveld, Herman (1833 -1907)

(Die alternatiewe spelling Klynveld sal nie gebruik word nie)

Hy was 'n Hollander wat in 1859 na Suid-Afrika gekom het; hy was ook vlot in Engels, Duits en Frans. In 1860 tree hy in diens van 'n prokureursfirma in Colesberg; in 1861 verhuis hy na Bethulie en lê sy Vrystaatse prokureurseksamen af. In Bethulie het hy 'n bloeiende prokureurspraktyk opgebou en ook in verskillende openbare betrekkings gedien. Hy het byvoorbeeld as landdrosklerk, openbare aanklaer, burgemeester, vertaler en as waarnemende landdros opgetree. In 1871 is hy, na Hamelberg se vertrek, as lid van die Volksraad vir Bethulie verkies; 'n posisie wat hy vir 29 jaar beklee het.

Hy was getroud met Charlotte, dogter van JP Pellisiser en hulle het agt kinders nagelaat, vyf dogters en drie seuns.

As kampvegter vir nouer samewerking tussen die Transvaal en Vrystaat en het hy hieroor in botsing met president Brand gekom. Daarteenoor was hy 'n sterk aanhanger van president Reitz en het tydens sy bewind 'n groter leiersrol in die Volksraad gespeel en op verskeie kommissies gedien. (Leierspersoonlikhede... 1994:7-8). In die dorp probeer hy orde skep deur dorpsregulasies in te stel wat vanaf 6 Junie 1875 geld. Vanaf 1879 was hy die voorsitter van die dorpsraad (Ongelukkig is die Notuleboeke van 1875 tot 1890 weg, dus kon min nagespoor word oor sy verdere invloed). Hoewel hy 'n groot aandeel gehad het in die bou van die twee brûe oor die Oranjerivier was hy aanvanklik teen die bou van die spoorlyn; sy ondersteuners het die volgende risikos uitgelig: ingeval van oorlog kan die vyand dan vinnig aanval deur die spoorlyn te gebruik "*while we struggle in the rear to reach it on horseback*" (The Friend, 8 Sept 1888); groot stukke landbougrond sou onbruikbaar wees; dit sal 'n bedreiging vir transportryers se werk wees en selfs die geraas van treine kon 'n gevolg hê: die koeie kon hul melk wegskrik! Selfs die Afrikanerbond van die Vrystaat wat in 1881 gestig is, was daarteen. Dit was 'n groot stryd! Die wat vir die treinspoor is, het selfs sover gegaan om in Bloemfontein 'n strooipop (effigy) in 'n kis van Klijnveld te maak, dit te verbrand en begrafnis te hou. (Malan, SF 1995:97-102).

As lid van die Uitvoerende Raad van die Vrystaat het hy saam met die president besluit op oorlogverklaring wat die ABO ingelui het. Hy het aktief in die stryd deelgeneem. Na die oorlog het hy sy regspraktyk in Bethulie hervat. Hy is op 21.06.1907 oorlede en in die kerkhof begrawe.

Interessante inligting oor die familie word verskaf deur 'n dagboek wat Emma Hemine Klijnveld (later getroud met Fritz Knauff van Dewetsdorp) hou vanaf 1890 tot 1928 en sy onder Emma's Diary gepubliseer het. 'n Kopie daarvan is in die museum.

Klopper, JF (1812-1873)

Johannes F Klopper was een van die stigters van die dorp. (Kyk HOOFSTUK 5: DORPSTIGTING ...).

Skrywer het onlangs die volgende inligting oor JF Klopper bekom van een van sy afstammelinge, prof JFK de Villiers, wat jare Departementshoof van Diagnostiese Radiologie aan die UV was. Johannes Frederik Klopper wat op 10 .8.1812 in Graaff-Reinet gebore is, sterf op 3.8.1873 op die plaas Italie, in die distrik Ladybrand. Hy was die agterkleinkind van die stamvader Hendrik Frederik Klopper, wat van Hoorn, Nederland gekom het en in 1713 aan die Kaap arriveer. Sy oupa Hendrik was die agtste kind, gedoop op 11.6.1730 en was 'n burger van Swellendam en getroud met Hester Botha. Hulle sewende kind was die pa van JF Klopper, Hendrik Balthazar, gedoop op 1.11.1772 en getroud met Martha Louisa Krugel. JF Klopper was getroud met Susanna Catharina Magdalena Dreyer wat in 1816 gebore is. Hy was 'n welgestelde boer wat 13 plase in die Smithfield-distrik gehad het. Hy het volgens Simon du Plooy (Brakfontein) ook die plase Bokpost en Klein Bloemfontein besit en was 'n tyd lank LV, waarskynlik voor 1862, in die Vrystaat. (Nuusbrief, 7 en 21 Mrt 1980).

Fotos van SCM Dreyer en JF Klopper met dank vanaf prof JFK de Villiers

Kok, Adam kyk Griekwas

Kolbe, George Augustus (1802-1844)

Hoewel Kolbe en Clark, die eerste westerlinge was wat hulle hier kom vestig het, is relatief min oor Kolbe bekend en feitlik niks oor Clark, in vergelyking met hulle opvolger Pellissier. (Verskeie dokumente en inligting wat nie alles in die boek openeem kon word nie, word in die Pellissier-museum bewaar.)

Sy ouers, John Gottlieb en Mary Kolbe het voor sy geboorte vanaf Wurthemburg, (die regte spelling is blykbaar Württemberg, maar omdat die spelling op hulle grafsteen staan sal dit gebruik word) van Duitsland na Engeland geemigreer; John Gottlieb was 'n kleremaker van beroep. George Augustus word op 7.12.1802 in Soho gebore. Op 20 Januarie 1819 trou hy met Margaret Elizabeth Downing (23.12.1803 - 25.11.1867) in die St Leonard kerk, Shoreditch. Daar is vae verwysings dat haar pa, lord George Downing 'n Lord in the House of Commons was. Kort na hulle troue doen hy aansoek om as Britse setlaars na Suid-Afrika te kom, wat dan ook toegestaan word. Dit blyk asof hy 'n vakmanskap in aptekerswese deurloop het en word dan ook as apteker aangedui in die lys van setlaars.

5 Church Street
Soho
Sept 23 1819

Hon'd Sir,
From yours of the 28th I understand that 10 individuals must at least offer themselves to Government. Excuse the liberty I take and the trouble which I occasion you, but Sir could you inform me my best way of proceeding to the Cape? I am 20 years old and can advance the sum of £10 myself to Government; at the same time Sir I am at loss to know which is my best mode of proceeding, therefore Sir would you have the goodness to address a line to me or should you be calling our way I should be glad to see you and you will greatly oblige
Your grateful humble & obed't serv't
G.A. KOLBE
Uit: http://www.eggsa.org/1820-settlers/index.php/k-menu/728-%20.html met verwysing na National Archives, Kew CO48/44, 215

As setlaars was hulle deel van die Thomas Owen-geselskap wat met die Nautilus op 3 Desember 1819 uit Engeland vertrek en op 4 April 1820 in Algoabaai geland het. Die boot was die eerste wat setlaars na Suid-Afrika gebring het. 'n Klein stukkie grond is aan hulle toegeken, deels om die Oosgrens te beveilig, in die omgewing waar die Katrivier in die Groot Visrivier uitmond, oos van Bathurst. Van die begin af het hulle swaar gekry. Die stukkie grond was 400 morg groot en hier het hulle byna van honger gesterf omdat Owen nie die beloofde saad en ander middelle verskaf het waarmee hulle 'n boerdery kon begin nie.

Kolbe was teen 1824 in Graaff-Reinet waar hy in diens was van die Graaff- Reinet se Sendeling Genootskap om sendingwerk onder die slawe in Graaff-Reinet doen. Hy was in hulle diens totdat die genootskap saamgesmelt het met die Londense Sendinggenootskap (LSG).

In Mei 1828 het hy by Clark aangesluit by die Boesmanskool sendingstasie (nou Bethulie) waar hy vir byna drie jaar werk as sendeling tot net voor die sluiting van die sendingstasie deur die LSG. Terwyl hy nog op Boesmanskool was, het hy vanaf 13-22 November 1828 saam met Melville, 'n sendeling van Philippolis, 'n uitgebreide reis vanaf Philippolis tot naby die huidige Ladybrand onderneem. Dit word beskryf in 'n brief aan Richard Miles, waarnemende superintendent van die LSG (Schoeman, 2003:32-41). Op 8 Februarie 1829 word hy voorwaardelik as sendeling aanvaar deur Miles en amptelik aangestel op 29 Julie 1829.

Op 13 Maart 1831 is hy na Philippolis oorgeplaas. Op 26 Mei 1833 is hy as sendeling in Philippolis georden deur die Franse sendelinge, Lemue, Arbousset en Pellissier (Pellissier, 1956:196).

Skrywer aanvaar dat Kolbe se vrou Margaret Elizabeth Downing (gebore 23.2.1803) Kolbe vergesel het toe hy na Bethulie in 1828 en na Philippolis in 1831 gekom het. Hulle het 13 kinders gehad waarvan drie vroeg dood is. Toe hulle in Bethulie aankom was hy 26 jaar oud en sy 25, en het hulle reeds drie kinders gehad, die vierde is gebore terwyl hulle in Bethulie gewoon het, sy het blykbaar vir die bevalling Graaff-Reinet toe gegaan; die vyfde en sesde asook die daaropvolgende tweeling is gebore terwyl hulle in Philippolis was. Na sy ontslag in 1837 totdat hy die plaas Wurthemburg gekoop het in 1841, was hy blykbaar op sy plaas Driefontein in Philippolis-distrik en ook by Pellissier in Bethulie. Dit verklaar waarom sy negende en tiende kinders in Colesberg gebore is. John Casimer, die laaste baba word in Bethulie gebore toe Kolbe reeds ongeveer drie jaar op Wurthemburg gewoon het; Bethulie was toe nader as Colesberg en moontlik wou sy naby mev Pellissier wees. John Casimer, was net sewe en 'n half maande oud toe sy pa op 1.12.1844 sterf. (Die Kolbes het nog twee kinders verloor waarvan die geboortedatums onbekend is). Hiermee 'n lys van kinders en waar hulle gebore is:
John G E, 8.7.1822 in Uitenhage;
Catherine Mary Sophia, 14.11.1824 in Graaff-Reinet;
Margaret Wilhelmina Elizabeth, 14.11.1826 in Graaff-Reinet;
Augusta Louisa, 9.3.1829, Graaff-Reinet;
Harriet is in 1831 in Philippolis gebore;
Mary Elizabeth is in 1833 ook in Philippolis gebore;
'n Tweeling is op 23.2.1836 in Burgersdorp gebore, George August en Charlotte F;
Frederich Fortunates, 14.6.1839, in Colesberg;

Keetor Peter Benjamin, 2.10.1840, in Colesberg; sterf jonk;
Johan Casimer ,18.4.1844, in Bethulie.

Teen 1834 terwyl hy nog in Philippolis is, het hy die Andrew Smith ekspediese aangeraai om 'n sendingstasie vir die Koranas tussen die Riet- en Modderrivier te stig. Op hierdie aanbeveling het die Duitse sendelinge die stasie Bethanie gestig (Schoeman, 2003:68).

Die foto hang in die huis in Ruigtevlei, Bethulie wat tans deur CJ du Plessis besit word, 'n nasaat van John Casimir Kolbe wat ook op die plaas gewoon het.

Onrus op die sendingstasie op Philippolis wat onder andere veroorsaak is deur 'n twis oor die kapteinskap het gelei tot die afdanking van die sendelinge. Dit het selfs verskeie aantygings, onder andere owerspel, teen Kolbe ingesluit, wat na 'n ondersoek nie bewys kon word nie. Atkinson, die ander sendeling, het ook vir Kolbe as die opstoker uitgemaak. Hierdie onenigheid tussen hom en die ander sendelinge en Griekwaleiers het daartoe gelei dat hy in Maart 1837 bedank het en op sy plaas, Driefontein, noord-wes van Bethulie, (Schoeman, 2003:90) gaan bly het vanwaar hy ook as handelaar gewerk het. In Junie 1837 het hy alle bande met die LSG gebreek. Schoeman skryf (2002:128) oor die gebeure en die verwydering van sendelinge in Philippolis " ...show how successful the Griqua and the Bergenaar elements... were in manipulating the missionaries and playing them off against one another to their own advantage... specifically the dismissal of Kolbe in 1837 must be seen as a triumph of the Griqua over the Baster party and of the captaincy over the church: in 1841 Schreiner wrote of readmitting to church membership individuals 'who were scattered by the painful circumstances attending the dismissal of their beloved and worthy pastor Brother Kolbe ".

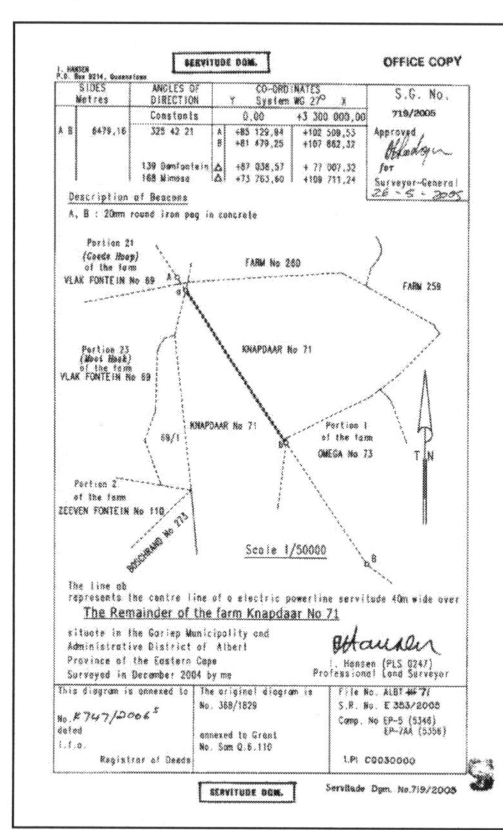

Volgens twee argiefbronne, (KAB vol 552, ref 664 en 667) doen Kolbe in 1839 aansoek om grond van die staat op 'n openbare veiling te plaas: "*Memorials received, land, reverend GA Kolbe, requesting that certain government ground adjoining his farm Knapdaar, district of Colesberg be surveyed and put up for public auction*". Die tweede dokument verwys net na sy plaas en nie na die naam Knapdaar nie. Op 9 Februarie 1841 word grond naby Knapdaar opgemeet: Aangeheg Kaart Albert 69, Vlakfontein 69 waarop die volgende voorkom: "*seperated and surveyed for George August Kolbe ...*". (dit is 69/1 op die kaart). Die 180 morg wat vir hom afgesny word van die plaas Vlakfontein noem hy Wurthemburg, (die dorp vanwaar sy ouers oorspronklik vandaan gekom het), maar die naam is nie formeel geregistreer nie. (Die inligting met dank vanaf Pierre Verster, Bloemfontein).

Kolbe sterf op 1.12.1844, ses dae voor sy 42ste verjaarsdag. Margaret het moontlik in Burgersdorp gewoon tot met haar dood op 65-jarige ouderdom. In Burgersdorp se kerkhof is daar 'n graf met 'n gedenksteen. Volgens die inskripsie op die steen het hy op sy plaas, Wurthemburg, gesterf, waar sy graf waarskynlik nog lê; die moontlike graf, sonder naam, is geidentifiseer as by S 30°59.812; O 026°20.036)

Die bewoording op die gedenksteensteen :

Sacred to the memory of George August Kolbe. Born in London 7 December 1802 and died at his farm Wurthemburg, Division of Albert, 1 Dec 1844. Also his relict Margaret Downing born London 23 February 1803 and died at Burghersdorp 25 November 1867. Happy are the dead. Rec 14:3 .

Op die foto verskyn Derek Kolbe van Malmesbury, met sy vrou Ann en Niggie Alison Horwood. Derek is 'n afstammeling van AG en Margaret Kolbe se 11 de kind, Frederick Fortunates. Skrywer is dank aan hom verskuldig, want baie van die inligting oor die Kolbes het hy verskaf, die soek na die graf van Kolbe en die plaas Wurthemburg was sy inisiatief.

Kolbe nageslag met Bethulie verbintenisse. George August Kolbe en Margaret Downing het 13 kinders gehad waarvan sommige kinders of hulle kinders hulle in Bethulie gevestig het.

- Die jongste Johan Casimir Kolbe (1844-1906) was met Betta (Elizabeth Geertruida) Pienaar (1847- 1932) getroud. Sy was die dogter van JJ Pienaar wat Ruigtevlei in 1861 van Ita Kok gekoop het. Johan C Kolbe koop ook Kromberg en Sterkfontein aan. Johan Casmir Kolbe het tragies aan sy einde gekom deur 'n perd wat hom doodgeskop het tydens 'n skou op Smithfield. Hulle het 11 kinders gehad waaronder Margaret Dowining Kolbe (7 November 1888-9 November 1941) wie met CJ du Plessis trou. Hulle het een seun ook CJ du Plessis (oom Saai) wie met Ria Breedt getroud was. Ook hulle het een seun Charel J du Plessis wat met Marietha Prinsloo getroud was. Een van hulle kinders, CJ, boer tans op Ruigtevlei.
- Met die uitbreek van die ABO Het die *OFS Direc*tory aangetoon dat beide GA en JC Kolbe die eienaars van Sterkfontein is, dit is dan sekerlik Johan C en sy tweede oudste kind, Augustus Kolbe (1869-1947). Hy het aan die ABO deelgeneem en was met Annie Lategan getroud en na haar dood met Margaret Botha. (Hulle is begrawe in die dorpskerkhof).
- George A en Margaret Kolbe se oudste seun John Gerzen Elizer Kolbe het onder andere in die Basotho-oorloë geveg. De Waal verwys ook na hom as 'n man met 'n sagte humeur en 'n held. (Schoeman, 1986:31). Hy het op Kaalspruit en Leeuberg naby Onze Rust gewoon. Een van sy dogters, Margaret Elizabeth (1854-1948) is getroud met Petrus Joubert, seun van Henning J Joubert een van Bethulie se stigterslede. (Smith, H. Die Kolbe familie. Smiffie, Nov 2010:16). (John Gerzen en sy ma sterf in dieselfde jaar 1867, hy in die Basotho- oorlog)
- Die vierde kind van GA en Margaret Kolbe was Augusta Louisa wat in 1850 met CJO Werdmuller von Elgg trou, sy was die ma van dr VWT Werdmuller wat voor en gedurende die ABO in Bethulie was.

Kruger, Carl (? -1938)

Op 12 Augustus 1834 het Andrew Smith by *Bushmen Scho*ol aangedoen vanaf Philippolis op soek na die loop van die Caledonrivier. In sy reisjoernaal verwys hy na heelwat boere, veral langs Sliksspruit, en plekke wat reeds name het, plase, rivier en koppe soos dit nog vandag bekend is. Hy vertel ook van 'n Carl Kruger wat in die omgewing woon en hulle gehelp het met een van die waens wat se as gebreek het, hy beskryf hom as 'n goeie smit. As een van die eerste boere in die omgewing het hy sy landerye volgens Smith natgelei met water uit Slikspruit. Hy was egter ook 'n avonturier en het

Smith se ekspedisie in 1834 vir twee maande vergesel. Hy is in Augustus 1838 vermoor in die noorde van die land (Pellissier, 1956:207-12).

Kruger, Stephanus Johannes Paulus (1825-1904)

President Paul Kruger is op Bulhoek, Steynsburg, gebore op 10.10. 1825. Paul Kruger se pa, Casper, het dikwels van plase verwissel na aanleiding van die weiding wat beskikbaar was. Hy skryf dat die Krugers oor die Suurberge getrek het en vir ongeveer 10 jaar saam met ander families langs die Grootrivier gewoon het; Meintjes (1969:6) skryf dat Paul Kruger op 6-jarige ouderdom na die plaas Rietfontein in die huidige distrik van Venterstad, gebring is. Die plaas lê langs Brakspruit teen die Oranjerivier (nou Venterstad-distrik).

Casper, het in 1935 met sy 2,600 skape by Krugersdrif oor die Oranjerivier gegaan en 'n tyd langs die Caledon vertoef; dit was die tipiese patroon van trekboere op soek na weiding en nie polities geinspireer nie. 'n Tipe Kruger-nedersetting het langs die Caledon ontstaan toe Casper se broers, Gert en Theuns, met hulle families by hom aansluit. Hier het hulle vir ongeveer 'n jaar vertoef totdat daar nie meer weiding of water was nie en weer teruggekeer na Rietfontein.

Met die koms van Hendrik Potgieter wat as Voortrekker die Kaapkolonie verlaat het as gevolg van verskeie griewe, besluit al die Krugers om by hom aan te sluit; geen verduideliking vir hul motiewe kon gevind word nie. In Februarie 1836 steek die Potgieters, Steyns, Krugers, Liebenbergs, Bothas en ander die Oranjerivier oor met 'n vlot wat hulle gemaak het by Wintershoekdrif, net onderkant die samevloei van die twee riviere. Naby die huidige Smithfield het boere uit die Colesberg-distrik asook die trek van Sarel Cilliers-trek by hulle aangesluit. Paul Kruger was toe 11 jaar oud. (Meintjes, 1969: 3)

Du Plooy (1982:23) meen dat Casper Kruger, Paul se vader op Klipbanksfontein geboer het. Hy is van mening dat Kruger deur die naaste drif sou trek wat dan ongeveer een kilometer bokant die ou trein en wabrug was. Casper Kruger het daar 'n klippaal geplant maar wat volgens Du Plooy onder die water is aangesien die rivier baie breer is as in 1836.

Lemue, Jean Louis Prosper (1804-1870)

Louis Prosper Lemue, gebore 1804 in Esquéheries, afdeling Aine, was die heel eerste student in 1825 van die Paryse Evangeliese Sendinggenootskap wat in 1822 gestig is. Hy is op 2 Mei 1829 saam met Rolland en Bisseux in die Kerk van St Mary georden. Hulle al drie word na die Kaap gestuur. Na 'n bootreis van amper drie maande word hulle in die Kaap verwelkom deur Franse Hugenote wat onder andere daarop aangedring het dat een van hulle daar moet agterbly om sendingwerk onder die slawe te doen. Dit was Bisseux wat in Wagenmakersvallei, (Wellington) agtergebly het.

Rolland en Lemue het teen 23 Junie 1830 op Philippolis aangekom waar die LSG se sendeling Melville werksaam was. Op 24 Julie 1830 bereik hulle Kuruman waar Moffat van die LSG reeds sedert 1820 werksaam is. Rolland was die een wat ywerig soek na 'n plek om 'n sendingstasie te begin en hy gaan tot by Mosega wat hy vir die eerste keer op 11 Junie 1831 bereik. Ongelukkig het Lemue in die tyd ernstig siek geword en moes Rolland twee maal alleen onderhandel met die Huruthse. Dit was ook die tyd van onrus en Mzilikazi se skrikbewind. Pellissier sluit in Januarie 1832 by hulle aan op Kuruman en al drie sendelinge vertrek weer na Mosega waar hulle begin bou aan 'n sendinghuis en die droom van 'n modelstasie. Daarna word ook besluit dat Lemue onder die Hurutshe sou arbei en Pellissier en Rolland onder die Matabeles. Lemue het vir byna drie jaar gesoek na 'n plek om 'n sendingstasie te vestig en is uiteindelik in 1833 in Motito gevestig waar hy vanaf 1838 bygestaan is deur Lauga. Lemue was 15 jaar op Motito, hier het hy Livingstone en Mary Moffat in die huwelik bevestig op 2 Januarie 1845. Lemue het begin met vertaling van die Evangelie van Johannes nadat hy Jesaja vertaal het.

Tydens die konferensie op Mekwatling van 30 April 1846 is daar besluit dat daar tussen Beersheba en Bethulie 'n normaalskool gestig sal word waar inboorlingonderwysers opgelei sal word en waar 'n kosskool vir die Franse sendelinge se kinders sou wees. Daar is aanbeveel dat Lemue die direkteur en Lauga die assistent sal wees van die stasie. Die plaas Kwaggafontein is geidentifiseer en aangekoop. Lemue het die naam van die plek na Carmel verander en die hoop uitgespreek "*dat dit 'n ware Carmel word, dit is te sê, 'n wingerd van die Here, vrugbaar en vol vrugte van heiligheid en geregtigheid*".

Motito is aan die sendeling Fredoux oorgedra en Lemue het nadat hy Lauga vooruitgestuur het na Carmel om die stasie voor te berei, nog aangebly op hom touwys te maak. Swaar het hy en Lauga afskeid geneem van die twee graffies onder die mimosabome. Die een was van Eugénie Lauga en die ander van Calédon Lemue, hulle kindertjies wat daar oorlede is. Na 15 jaar op Motito en 18 jaar in daardie omgewing kom Lemue in Desember 1847 in Bethulie aan in tyd om Kersfees hier te vier. Hy kom in Januarie 1848 in Carmel aan. Carmel is opgebou en ontwikkel met die doel van onderrig en daarvoor moes die kosskool en ander geboue opgerig word. Teen Mei 1851 doen Lemue verslag dat daar ongeveer 150 toehoorders by kerkdienste is waarvan 47 lidmate is en 30 leerlinge; op daardie stadium was daar ook 10 dogters onder andere 'n dogter van Henning Joubert van Goedehoop .(Pellissier 1856:387-9, 410).

Lemue het 22 jaar op Carmel gearbei en gewoon. Sy siekte waaraan hy gely het sedert hy in die Kuruman-omgewing aangekom het en toe as chroniese infeksie van die ingewande beskryf is, het op Carmel in maagkanker oorgegaan. Hy wou vir Rolland op Beersheba gaan besoek, en die wa getrek deur osse sou hom en sy eggenote soontoe neem. Op Smithfield word hy egter ernstig siek waar hy dan ook sterf. Sy vrou, dr Lautre en die ander sendelinge in die omgewing het hom bygestaan toe hy op 66-jarige leeftyd op 12.3.1870 sterf. Drie jaar later sterf sy eggenote Louise Eleanori Colanij op 7.11.1873. Hulle is albei op Carmel begrawe in 'n grafkelder wat as 'n nasionale gedenkwaardigheid in 1989 geregistreer is. Hulle oudste seun, Jean Louis is ook daar begrawe; hy sterf op 33 in 1874.

In Prinsloo (1955:226) word hy beskryf as hoogsgewaardeerde lid van die Sendingkonferensie, waar sy hoflikheid, sy wysheid en sy vredeliewende gees hom bemind gemaak het.

Lemue se betrokkenheid by Bethulie strek oor 'n lang tyd. In 1857-1858 het Pellissier met sy gesin Kaapstad toe gegaan om hom as dokter te bekwaam. Schuh wat toe op Beersheba was moes in geheel na die stasie omsien, maar het homself in 'n netelige posisie laat beland waarna Lemue en dr Lautré, 'n mediese sendeling, moes oorneem (Pellissier, 1956:450-5). Pellissier sterf op 11 Junie 1867 en word deur Prosper Lemue van Carmel begrawe in die begraafplaas op die sendingerf. Die sendinggemeente is amptelik onder Lemue se toesig geplaas waar hy soms erediense gehou het, sakramente bedien het, troues en begrafnisse waargeneem het.

'n Fotokopie van die publikasie *Biographical notice of the late reverend Prosper Lemue, French missionary* uitgegee deur die Morija Printing works, word in die museum bewaar.

Lephoi kyk HOOFSTUK 4 :Tlhaping

Loots, Jacques (1925-1991) kyk KUNSTENAARS...

<u>Lubbe, Het</u>

Soms is privaatheid die bron van baie stories. So is dit moontlik gesteld met Het Lubbe. Die storie is vertel deur Annatjie Schmidt (nou Kruger) via Marius Fryer en ook deur Simon du Plooy:

Daar was 'n vrou in Bethulie, Hetta Lubbe, wat 'n baba gehad het, gebore presies dieselfde tyd as Japie Schmidt. Die baba is met geboorte, of kort daarna oorlede. En die tannie het nooit ooit weer uit die bed uit opgestaan nie. Met 'n kanarie of budgie wat heeltyd op haar kop gesit het. Sy was blykbaar later heeltemal spierwit en omtrent deurskynend van nooit buite kom nie. Sy het blykbaar in die nag bietjie rondbeweeg. Annatjie vertel hoe hulle voor haar venster verbygeloop het, en dan kon jy haar in die bed sien lê met die voëltjie wat op haar kop sit. Simon skryf dat hoewel sy bedlêend was, sy kort-kort 'n nuwe paar skoene/pantoffels aangekoop het.

In die begraafplaas is die graf van Jannie Lubbe (1919-1967), Hettie Lubbe (née Venter) met geen datums en dan Tienie Lubbe (1946-1947).

Maeder, Francois Theodore (1811-1888) kyk onder KUNSTENAARS...

Maramane, Gabriel David (ca 1849 – 1898)

Gabriel David is ongeveer in 1849 in Bethulie gebore; hoewel hy net bekend staan onder sy Engelse name, het hy verklaar dat hy die seun van David Maramane is. Hy het ook verklaar dat hy geseënd was om 'n Christen-opvoeding vanaf sy kinderjare te ontvang; sy oupa was een van die eerste bekeerlinge van hierdie sendingstasie. Nadat Bethulie deur Lephoi verkoop is, het hy saam met een van Lephoi se seuns, Mantjies, in Thaba Nchu gaan woon. In 1867 het hy, vergesel deur een van Mantjies se seuns plus nog 'n jongman, na die Anglikaanse Instituut in Grahamstad gegaan vir opleiding. Met die voltooiing daarvan in 1871 het hy die assistent van Reverend Charles Clulee geword wat die St Patrick mission in Bloemfontein begin het vir swart mense. Gabriel David is 'n jaar later getroud en was vir baie jare lid van die sendingstasie as kategeet en onderwyser. In 1883 word hy as diaken georden en in 1890 as priester; Gabriel David word die eerste Tswana wat as priester van die Anglikaanse kerk georden is. Hy sterf op 25.3.1898 en is in 'n oop stuk grond regoor die Metodiste kerk in die Batho-woonbuurt in Bloemfontein begrawe. (Schoeman, 2002: Some notes...113-5).

Marcus, Maurice (ca 1843-1924)

Maurice (oorspronklik Morris) Marcus kom na Suid-Afrika in die 1862 en het pas 20 geword toe hy in Grahamstad aankom en daar in 'n winkel begin werk. Hy skryf vir sy oom John Marcus in Burgersdorp met die hoop om beter werk te vind. John was 'n vriend van die later bekende sir JB Robinson (Kyk Robinson) wat in die 1860's 'n winkel in Bethulie gehad het. In 1863 huur Robinson vir Maurice Marcus as boekhouer. Marcus was vier jaar jonger as Robinson en op daardie stadium sonder geld maar het met die vennootskap groot baat gevind. Marcus het vir vyf jaar hier in Bethulie gewerk en het na Robinson se besigheid omgesien terwyl die oor die land trek met sy perde en ossewaens om wol en ander produkte te koop.

Toe diamante ontdek is, is die twee hier weg na Kimberley. Robinson het die eerste kleimeienaar geword wat diamante na London uitgevoer het; hy wou egter die middelman uitsny en het vir Marcus versoek om die diamante na London te neem. Ter voorbereiding het Marcus toe 'n rooi flennie band vir maande om sy middel gedra; daarin was sakkies waarin die diamante dan uiteindelik in versteek sou word! Hierdie smokkelplan het geslaag en in 1870 het Marcus 'n jaar se stene, die eerste Afrika diamante na London geneem. Marcus het sedert 1876 in London handel gedryf as "diamond and general dealer" en sy twee jonger broers het hom daar bygestaan. Dit blyk uit Lawrence (2001:63,133, 143, 163, 183) se boek dat Marcus gereeld terug is na Suid-Afrika om aan die besigheid met die goudmyne wat hulle bekom het, aandag te gee; hiertydens het hy onder andere koppe gestamp met Beit en Merriman. In 1888 skei Marcus en Robinson se paaie na 25 jaar en in die vroeë 1890's keer Marcus finaal terug na Engeland waar hy vir hom 'n huis "High Trees" in Redhill, Surrey koop en byna 'n kluisenaarsbestaan gevoer het. Hier sterf hy op 14 September 1924.

> An unknown man who lived a lonely, unostentatious life and dressed carelessly, has left £3,145,751, of which £1,354,000 will be a welcome windfall to the Chancellor of the Exchequer.
>
> This disclosure, which will surprise even his friends and former associates in the city, was made when the details were published of the will of Mr Maurice Marcus, of High Trees, Redhill, Surrey. At a moderate estimate his income must have been £150,000 a year, or nearly £3,000 a week.

Die eerste "diamantsmokkelaar" vanuit Suid-Afrika wat 'n tyd lank in Bethulie gewoon het, was nooit getroud nie en behalwe kleiner erflatings het hy die meeste van sy geld aan sy niggies en sy twee broers nagelaat. Sy boedel was meer as driemiljoen pond!
Bykomende bronne:
www.libertyparkusafd.org/1p/Hancock; Webster, 2001:98-100; Lawrence, 2001; paperspast.natlib.govt.nz/cgi.../paperspast?a

Martin, Wille kyk SKRYWERS

<u>Myburgh, Hennie (1896-1943)</u>
Kyk MONUMENTE...

HJJ Myburgh was met Ellie getroud en hulle het twee dogters en vier seuns gehad. Op die foto is hulle saam met hul dogter Anna. Die ander dogter Magriet, trou met Hennie Venter (snr) en dit is een van hulle kinders, Hennie Venter (jnr), wat die gietvorm van die ossies aan die Bethulie gemeenskap geskenk het nadat die ossies gesteel is. Hennie Venter (jnr) is in 2013 oorlede, 'n jaar nadat hy die vorm geskenk het, en kon ongelukkig nie die replikas sien nie. Die hout gietvorm is met 'n knipmes uitgesny. Hy vertel dat sy oupa sy eie gas gemaak het en in 1943 in 'n gasontploffing sterf. Hy het ook die huis met gewels in Rouxstraat 58 self gebou. Met sy dood in 1943 is daar onder leiding van MC Botha namens die Stadsraad 'n mooi huldeblyk aan hom gebring en ook 'n kollektelys as erkentlikheid vir sy werk waarvan die opbrengs an sy weduwee geskenk is.

Dele uit huldeblyk deur MC Botha met sy begrafnis 17/10/1943. "*Ons dink vandag aan die kosbare werk wat hy verrig het veral vir die boere langs die rivier. Die pompenjins van hierdie plaasboere was altyd veilig in sy hande. Onderdele was haas onverkrygbaar of indien nog verkrygbaar maar onbetaalbaar - hy het teen geringe koste in vergelyking met bekende gekwoteerde pryse self gegiet en vervaardig onder moeilike omstandighede....*
Dis dan ook in hierdie omstandighede, also werkende om in moeilike tyd te voorsien in die behoeftes wat sy werk vereis het dat hy plotseling en wreed weggeruk is. Hierdie Boere sal hom mis. Sy kennis, sy vaardigheid, sy hardwerkendheid, sy onvermoeide ywer en onverpoosde belangstelling sal nie meer beskikbaar wees nie.

Op 'n nader manier het Hennie hom ook beskikbaar gemaak deur waardevolle werk wat hy verrig het. In die pers is van hom gepraat as die kunstenaar van Bethulie. In hierdie sin refereer ons na Hennie, die skepper en bouer van ons Ossewagedenkteken. Op 13 Oktober 1938 met die besoek van die wa, Louis Trichardt, 5 jaar gelede was Hennie Myburgh besiel met die groot gedagte om aan ons 'n gedenkteken te gee. Vyf jaar later staan ons in die smartlike uur om hom weg te lê, in die skoot van Moederaarde. Juis op dieselfde datum, 13 Oktober, omstreeks half twee het die onverwagte ongeluk wat sy afsterwe veroorsaak het, hom getref in die rypheid van sy lewe....

In sy ongekunstelde kunstenaarsiel het die beeld van die ossewa op pad van SA hom aangegryp en het hy vir ons en die nageslagte wat na ons sal kom gegee die pragtige gedenkteken. Hierdie pragstuk wat bereken in ponde , sjielings en pennies, baie werd is, sal nog 'n hoër waarde besit. Hierdie werk waarvan die waarde vir Bethulie in ons nageslag onskatbaar sal wees, het hy, so te sê, gratis aan ons geskenk. Die kunstenaar van Bethulie het dit uit groot liefde en toegewyde liefde gegee.

By die onthulling van sy werk, het hy as antwoord op al die lof en eer hom toegeswaai die volgende woorde gebesig: "as ek met die hande wat God my gegee het, iets tot Sy eer kon doen dan is ek tevrede. God kom die eer toe".

Mynhardt, Johannes Tobias (1893-1947)

Dr JT Mynhardt is op 17.5.1893 op die plaas Alpha in die Smithfield-distrik gebore. Gedurende die ABO word albei hul plase afgebrand, Alpha en Blanco. Sy ma, Catharina, word in die Aliwal-Noord konsentrasiekamp met al nege kinders geplaas (2 seuns en 7 dogters) op 29 April 1901. Sy pa Petrus Albertus word as krygsgevangene na Ceylon gestuur. Johannes Tobias het aan die Trinity College in Dublin mediese gaan studeer. Daar ontmoet hy sy toekomstige vrou, Elizabeth Mary Beattie, genoem Lilly (gebore 1893). Hulle trou in 1919 en sy eerste praktyk was in Bethulie.

Hulle het vier kinders gehad, waarvan Patrick, die akteur, die jongste was. Na 12 jaar in die praktyk het dr Mynhardt besluit om te gaan spesialiseer en in Junie 1932 het hulle terugekeer na Bethulie (Mynhardt, 2003:4-7). Hy verlaat Bethulie in 1943 en sterf in1947 in Oos-Londen.

Dr Mynhardt wat onder andere burgemeester van Bethulie was in 1928 en weer in 1936-41, het hier besoek van mense gekry wat later belangrike rolle sou speel soos dr James Moroko die latere president van ANC (1949-1952) en Hans van Rensburg, die stigter van Ossewabrandwag.
Daar is steeds herinneringe aan die Mynhardts in Bethulie:

- Die Mynhardt huis: langs die museum, Voortrekkerstraat 3
- Die verpleeghuis van dr Mynhardt in Pellissierstraat 2
- Die Mynhardt wildtuin
- Die laaste rusplek van:
- dr Mynhardt se suster, Lilly (later Truby)
- Danie en Kathleen, broer en suster van Patrick, se as is hier gestrooi.

Mynhardt, Patrick kyk KUNSTENAARS ...

Nel, Hylton kyk KUNSTENAARS ...

Norval-familie

In 1817 kom drie broers as lede van die Benjamin Moodie Setlaars na Suid-Afrika, Archibald, William en John, John se 22-jarige seun, ook John, het saamgekom. John senior vertrek in 1819 na Colesberg waar hy 'n perdeteler word. Op hulle plaas Dapperfontein, langs die Oranjerivier was 'n drif, Port Glasgow, later bekend as Norvalspont. John Norval junior werk in die Kaap tot 1828 en verhuis na Graaff-Reinet waar hy 'n hoedemakery begin; breë-rand vilthoede wat beskerming teen die son bied. Hy trou in 1831 met Mary Jane Murray in Graaff-Reinet; sy was die ouer suster van Martha Murray wat met die sendeling JP Pellissier getroud was. John junior koop later die plaas Roodepoort (drie km wes van Donkerpoortstasie) oorkant die Oranjerivier. John en Mary het agt kinders gehad (Schoonees, 1985:3-4). Die agtste kind van JP Pellissier (die sendeling) en Martha, Emilie Marquerite (Pomme) (1848-1883) trou met George Norval (1842-), seun van John en Mary Jane; hulle was neef en niggie.

Pellissier, Jean Pierre (1808-1867)

Pellissier se kleinseun, SH Pellissier, het 'n volledige en waardevolle biografie oor hom gepubliseer en die meeste inligting wat skrywer hier gebruik, kom daaruit. (Kyk ook vir meer inligting oor sy werk en invloed in die omgewing na Hoofstukke 3, 4, 5 en 11). Pellissier is op 28.9.1808 in 'n klein gehuggie Le Mas gebore, net buite Saint Arey, Isere "Department", in die Rhone-Alpe streek in die suid-ooste van Frankryk. Saint Arey is 'n klein plekkie van 6,67 vk km en in 2006 was die bevolking 77. (Nommer 38 op die kaart). Die naaste groot dorp is Grenoble na die noorde. Die omgewing is pragtig met berge wat deel is van die suidelike Alpe en mooi riviere. Sy ouers was Jean Pierre Pellissier en Madelene Silvestres; hy was die oudste van ses kinders waarvan slegs drie grootgeword het. Pellissier het nadat hy hom in Suid-Afrika gevestig het, nooit teruggekeer Frankryk toe nie, en dit was net sy pa wat hy ooit weer gesien het toe die in 1854 hier kom woon het; sy een suster, Henriette wou in 1845 na Suid-Afrika kom maar kon toe nie.

Net een uitstaande gebeurtenis uit sy kinderjare is aangeteken: hy het as kind van ses en 'n half jaar vir Napoleon deur die strate van La Mure, 'n naby geleë dorp gesien; dit was in 1815 nadat hy van Elba ontsnap het.

Die Protestante was in 1822 sterk genoeg in Frankryk om die Paryse Evangeliese Sendinggenootskap (PESG) te stig. Die eerste studente wat aangemeld het en na Suid- Afrika gekom het in 1929, was Prosper Lemue Rolland en Bisseaux. Pellissier was die vierde Franse sendeling wat twee jaar daarna na Suid-Afrika gekom het.

Die portret van Pellissier as jongman is geskilder voor hy Frankryk verlaat het; hy het drie eksemplare daarvan saamgebring waarvan een in die museum hang (Pellissier 1956:57).

Voor Pellissier na Suid-Afrika gekom was hy aan 'n me Weippert verloof. Ten spyte van sy pleidooie wou die Genootskap nie toestemming gee dat sy op daardie stadium met hom trou en hom vergesel nie. Pellissier kom in 1831 in Wagenmakersvallei (die latere Wellington) aan, waar hy onder andere Hollands leer; hy was toe 23 jaar oud.

Pellissier het in November 1831 Wagenmakersvallei verlaat en per boot vanaf Kaapstad op 6 Desember vertrek na Algoabaai. Vandaar in 1832 het sy tog oorland begin met 'n wa en 12 osse. Hy reis oor plekke soos Graaff-Reinet, Philippolis en Boetsap en bereik Kuruman op 22 Januarie 1832. Daar sluit hy aan by Lemue en Rolland wat reeds sedert Julie 1830 daar is. In Februarie 1832 vertrek die drie na Mosega (ongeveer 12 myl suid van die huidige Zeerust) waar hulle 'n sendingstasie gebou het. In hierdie gebied het daar onrus geheers, as deel van die tyd wat bekend staan as die Mfecane of Difaqane; hier het Mzilikazi die hoofman van die Ndebele 'n skrikbewind onder die ander bevolkingsgroepe gevoer. In Maart het Mzilikazi versoek dat een van die drie sendelinge hom besoek om die vestiging van 'n sendingstasie met hom te bespreek; Pellissier het gegaan. Tydens sy verblyf, of eintlik meer as gevangene, van ongeveer 'n maand by Mzilikazi is daar ooreengekom dat hy 'n sendingstasie sou bou op 'n plek wat toe later aan hom uitgewys is. Daarna het gebeure gevolg wat die sendelinge verplig het om na Kuruman toe te vlug in die begin van Junie 1832. Daarna is Motito aangelê waar Rolland sou werk; hier leer hulle ook die "Betsjoeanataal".

Lemue en Pellissier het na die kus vertrek via Graaff-Reinet teen Januarie 1833. Die doel van die reis was dat Lemue en Pellissier hul verloofdes, wat op pad na Suid-Afrika was, gaan haal. Ongelukkig hoor Pellissier dat sy verloofde, me Weippert, haar nie geroepe voel om haar lewe aan sendingwerk te wy nie en sy het dus nie saamgekom nie. As gevolg van Pellissier se bekommernis dat hy nie 'n werksveld het nie, het hy tydens hulle verblyf aan die kus aan dr Philip voorgestel om 'n werkveld onder die "Betsjoeanas" of eerder die Tlhaping, wat as vlugtelinge in die Philippolis omgewing aangekom het, te begin. Daar was ook 'n moontlikheid dat dr Philip Boesmanskool aan hom sou oorhandig. Terwyl hulle op pad kus toe was het Pellissier sy toekomstige vrou, Martha Murray, ontmoet, haar later na Graaff-Reinet gebring waar hulle deur ds Murray in die huwelik bevestig is.

Pellissier het met hulle terugreis vanaf Algoabaai op Philippolis agtergebly en nadat Philip besluit het om die LSG op Boesmanskool te onttrek en Clark die stasie verlaat, het Pellissier 2 Julie 1833 hier aangekom om die werk van die PESG te begin. Hy het die stasie in 'n swak toestand gevind; in totaal was daar ongeveer 50 Boesmans, wat binne 'n week verminder het na 10, toe reeds merk hy op "dit is onmoontlik om iets goeds met die Boesmans uit te rig". (Schoeman,1993:132 -152; Pellissier, 1956:170-2). Dus het die Boesmans nie deel gevorm van Philip of Pellissier se planne nie en van die Betsjoeana-vlugtelinge van die Philippolis omgewing, die Tlhaping, is op Boesmanskool gevestig. (kyk HOOFSTUK 3: SENDELINGE, HOOFSTUK 4:TLHAPING.

Pellissier se nalatenskap is buiten sy evangelieverkondiging ook in die volgende te vinde: die huis wat hy gebou het wat vandag die museum huisves, die twee kerke, wat hy gebou het waarvan ongelukkig nog net fondasies en fotos oor is, die vertaling van die Matteus in Sotho in 1837 en die dorp se naam, Bethulie, is aan hom te danke. Hy het hom in 1856 as dokter bekwaam en word dus as een van die eerste 10 dokters in die Vrystaat beskou. Hy en sy vrou beleef hartseer met die afsterwe van vyf van hul nege kinders. In sy tyd ervaar hy die trekboere, ontdekkingsreisigers soos Andrew Smit, ontmoet mense wat later bekend geraak het soos James Backhouse, GW Walker, Gottlob Schreiner. Hy was blootgestel aan die politiek en grondaansprake van die tyd wat die geskille met die Griekwas, die Vrystaatse regering en die Tlhaping ingesluit het. Die eerste Basotho-oorlog in 1858 het ook 'n invloed op sy stasie.

Sy sendingstasie word binne die pas gevestigde groot Vrystaatse Republiek (1854) 'n klein onafhanklike stukkie aarde waarvoor hy moes veg, maar wat uiteindelik in 1863 ingelyf is, sy status verloor het en as dorp verklaar word (kyk HOOFSTUK 5: DORPSTIGTING...). Pellissier besluit om voort te gaan met sy sendingwerk maar hy moes sy huis, erf en buitegeboue terugkoop, sy kerk verhuur aan dr Blake en op eie koste 'n nuwe kerk oorkant die spruit bou wat eers na sy dood voltooi is.

Op 16 Maart 1863 skryf Pellissier sy laaste brief aan die Genootskap in Parys. Hy skryf oor die erge droogte wat in 1862 begin het. Wat van Lepoi en sy volgelinge geword het nadat die die sendingstasie se grond verkoop is, hoe hy ook nou meer dienste in Hollands as gevolg van die boere in die omgewing hou asook van sy eie stryd of sou hy in Bethulie bly of na Basotholand gaan waar baie van die ou inwoners van Bethulie hulle gevestig het. "...mag 'n mens Bethulie verlaat? Is hier niks meer te doen nie? Sou dit verstandig wees om iets wat seker is te laat staan vir iets wat onseker is ... Bethulie kan as 'n nuwe stasie beskou word waar alles weer opnuut gedoen moet word behalwe die stoflike deel van die inrigting...". Nadat hy ook sy eie gesondheidstoestand en ouderdom in in ag geneem het, besluit hy: "As die stasie op Bethulie tot niet moet gaan moet dit saam met my sterwe, ek sal dit nie verlaat nie. Origsins is die voortsetting van die sendingwerk op hierdie plek vir my aangenaam en die kan sonder die onkoste vir die genootskap gedoen word. Wat meer is, in die uitoefening van my amp ondervind ek geen teenkanting van die kant van die koloniste nie".(Pellissier, 1956: 473-6).

Op 11.6.1867 sterf Pellissier aan watersug in sy huis en word hy begrawe deur sy mede-sendeling en vriend, Prosper Lemue, van Carmel. (Kyk vir meer inligting oor sy grafsteen onder MONUMENTE). Hy was 58 jaar en 8 maande oud.

Pellissier en sy vrou se gesamentlike testament is op 29 April 1867 opgestel. Die twee ondertekenaars van die testament was die latere mynmagnaat JB Robinson en M Marcus, 'n werknemer en latere bondgenoot van Robinson (kyk Robinson; Marcus) (Pellissier, 1956:647-8).

Pellissier, Martha (née Murray), (1814-1887)

Sy was 'n dogter van James Murray (1772-1836), gebore in Skotland, en Sarah Armstong, gebore in Ierland in 1780. Hy het na Ierland geïmmigreer waar hy Sarah ontmoet het. Hulle is in in 1802 in Dublin getroud. Die Murray's het met die boot East India as deel van Parker se groep uitgekom as Britse Setlaars. Hy was reeds 48 en sy 40 en het agt kinders gehad waarvan sewe saamgekom het, Martha was toe 6 jaar oud. Hulle is aanvanklik na Clanwilliam gestuur maar is later na 'n plaas, Chelsea Farm, in Port Elizabeth omgewing en vandaar in 1827 na die plaas Hartfell naby Somerset-oos waar hy met die boerdery gehelp het; hier het hy deur die goedheid van die eienaar gewoon tot sy dood in 1836. Dit is hartseer om te sien hoe Murray die een petisie na die ander gerig het om grond te kry soos aan die setlaars belowe is; hy is dood sonder dat enige grond ooit aan hom toegeken is. (Pellissier, 1956: 141-159, 670).

Martha se oudste suster, Mary Jane, wat in 1810 gebore is, is in 1831 met John Norval ook 'n setlaar, getroud. Dit is dieselfde ds A Murray van Graaff- Reinet wat vir Pellissier en Martha in die huwelik bevestig het wat hulle ook in 1831 getrou het (hulle een seun, George, is met sy eie niggie Emilie Marquerite (Pomme) Pellissier getroud, Jean Pierre en Martha se jongste dogter).

Die kleinseun van Pellissier (Pellissier, 1956: 140, 159) bespiegel dat Pellissier vir Martha ontmoet het in die tyd toe hulle in 1833, op pad kus toe, by ds Murray aangegaan het. Hy vermoed ds Murray het, nadat Pellissier verneem het dat sy verloofde nie meer na Suid-Afrika kom nie, Martha

Murray by hom aanbeveel. Die kleinseun meen ook dat die plaas, Hartfell, baie ontoeganklik is en dat Pellissier moeite moes doen om daar uit te kom. Die plaas is 80 myl van Graaf-Reinet na Somerset-oos se kant. Pellissier het gegaan om kennis te maak "*maar ook sou hy nie daarvandaan vertrek voor hy haar nie verower het nie... die Fransman wou geen afwykende antwoord of 'n nee-woord aanneem nie. Hy volg Martha oral op die werf - by die voordeur uit, om die huis en weer by die agterdeur in. Eindelik het sy ingewillig*". Op 22 April 1833 vind die huwelikbevestiging in Graaff-Reinet deur ds A Murray plaas.

Martha was van die begin af betrokke by die gemeente; sy het onder andere naaldwerkklasse gegee en 'n dagskool begin wat sy 30 jaar lank aangebied het; sy het twee keer per dag skool gehou, in die middag vir die volwassenes en in die oggend vir die kinders. Sy het ook later die Sondagskool behartig. Sy was die gasvrou vir al die baie besoekers. Van haar nege kinders is vyf vroeg dood. Nadat haar dogter Louise Hortense van haar man Robert Scott geskei en weg is, het sy haar drie kleinkinders in die pastorie grootgemaak. Die drie was Henri, James Arhur en Alice. Haar briewe aan Arthur in 1880-1881, toe hy op Stellenbosch en en later op Grey in Bloemfontein was, gee 'n goeie beeld van die familie en dorp se gebeure. Die briewe is saamgevat in 'n boek deur haar kleinkind, HS Pellissier.

Na die sendeling se dood in 1867 woon sy nog 20 jaar in die huis. Sy het na die stigting van die dorp by die NG Kerk aangesluit, een van haar loseerders was die eerste predikant van die kerk, ds Cloete. Sy was steeds die geestelike moeder van die dorp.

Sy sterf op 17 Oktoeber 1887 op 73-jarige ouderdom en is ook op die erf van die pastorie begrawe.

Kinders van Jean Pierre en Martha Pellissier

- Henriette: 25.1.1831 – 1.2.1831, sewe dae
- Jean Henri: 17.5.1836 – 31.8.1843, sewe jaar
- Amelia: 25.11.1838 - 26 12.1838, 31 dae
- Angeline: 11.8.1839 – 4.1840, agt maande
- Louise Hortense: gedoop 18.4.1841 - 1921, 80 jaar (omstreeks 1860 getroud met Robert Scott)
- Marie Clementine: 29.9.1843 – 22.12.1857, 14 jaar
- Charlotte: 11.6.1846 - 26.10.1927, 81 jaar (getroud met Herman Klijnveld)
- Emy Marguerite: 16.8.1848 – 14.7.1883, 34 jaar (getroud met George Norval van Norvalspont)
- Samuel Henri: 19.7.1850 - 29.7.1921, 71 jaar (getroud met E Roux)

Pellissier SH (1850-1921)

Samuel is die negende kind en die enigste oorlewende seun van die sendeling, gebore 19.7.1850. Hy gaan vir sy skoolopleiding na die Albert Academy in Burgersdorp van 1862 tot Junie 1867, toe sy pa oorlede is. Hy het na die sendeling se dood op Rietpoort gaan boer toe hy 17 jaar oud was om sy moeder te onderhou. Scott was toe daar weg. Na drie jaar ruil Martha die plaas vir Requestfontein waar hy agt jaar boer voordat hy met Elize Roux van Smithfield trou; hulle woon nog twaalf jaar op die plaas. Met Martha se dood word die plaas verkoop. Elize Roux was 'n dogter van ds. Piet Roux, die eerste leraar (in 1853 bevestig) en grondlegger van die NG gemeente Smithfield. Roux was die eerste konsulent van Bethulie se gemeente toe dit in 1862 gestig is.

Samuel Henri Pellissier, middel voor, saam met kinders en skoonkinders. Agter van links na regs: George Murray Pellissier; Martha Mabel Jansen; Ernst George Jansen; Carl Roux Pellissier; Josephine Elise Hugo; Victor Hugo; en Samuel Henri Pellissier. Links voor is Cornelia van Zyl. Dit is nie duidelik wie regs voor sit nie. (Foto uit museum)

Samuel het die plaas verloor en moes daarom op huurplase woon: Nooitgdacht (1892-4; 1897-1900);

Boesmanspoort (Venterstad-distrik) (1894-96) en Constantia (1900-1912). Hoewel hy finansieel swaar gekry het, kon vier van sy sewe kinders universitêre opleiding geniet.

Hy het hom saam met dss Olivier en Marquard vir 'n nuwe kerkgebou in Bethulie beywer wat toe in 1887 ingewy is.

Hy sterf op 29.7.1921 en word in die kerkhof in Bethulie begrawe.

Poisat , Paul (1869-1952) kyk HOOFSTUK 10: BESIGHEDE

Postma-familie

Ds Dirk Postma het na Suid-Afrika gekom as die stigter van die Gereformeerde Kerk in Suid-Afrika. Hy het later bekend gestaan as Vader Postma. Die eerste Gereformeerde gemeente in die Vrystaat is in 1859 in Reddersburg gestig. Met hierdie gebeure het JJ Venter, oud waarnemende staatspresident wat by Slikspruit geboer het, 'n leidende rol gespeel. In 1863 is Bethulie as tweede gemeente gestig met ds DS Venter, JJ Venter se broer, as eerste predikant en die eerste Suid-Afrikaans opgeleide Gereformeerde predikant. In 1878 het ds D Postma konsulent van Bethulie geword tot 1879, waarna hy as professor van die Teologiese skool in Burgersdorp aangestel is.

Sy jongste seun, ds Willem Postma (1874-1920) was vanaf 1897 tot 1905 predikant van die Bethulie gemeente; dit was sy eerste gemeente. Hy was ook bekend vir sy liefde vir Afrikaans en as taalvegter skryf hy onder die skuilnaam dr O'Kulis. Hy het 'n groot aandeel gehad in die vertaling van die Bybel in Afrikaans en selfs die boek Titus vertaal. Sy ander passie was die onderwys en die eerste CNO-skool, die latere Sentraal Laerskool in Bloemfontein, was sy inisiatief. Die Willem Postma skool in Bloemfontein is na hom vernoem. Hy was getroud met Susanna Elisabeth Susara Snyman, oudste dogter van ds. W.J. Snyman, Gereformeerde predikant op Venterstad. Gedurende die ABO word hy gevang en na Middelburg gestuur. Na die oorlog vertrek hy na Bloemfontein. Hy was vanaf 1915-1920 aan die Gereformeerde Kerk van Reddersburg verbonde. In 1914 help hy vir genl Hertzog om die Nasionale Party in Bloemfontein te stig en stel die konsepgrondwet daarvan op.

Na ds Willem Postma het ds Jan A van Rooy die predikant geword. Hy was getroud met Brechtje Postma, 'n dogter van ds Dirk Postma. Ds van Rooy was 26 jaar hier predikant.

Ds Willem Postma se derde seun was Philippus Snyman Postma wat 'n onderwyser in Bethulie was vanaf 1930-1936. Hy was getroud met Magdalene Wille wat onder die skuilnaam Minnie Postma (1908-1989) meer as dertig boeke vir kinders en volwassenes geskryf het, onder meer die Meintjie- en die Legende-reeks. Laasgenoemde is ook in Engels vertaal en in Amerika uitgegee (Die Beeld, 16 November 1989). Die Meintjie-reeks is volgens haar outobiografies. Meintjie word mevrou, speel in Bethulie af, die karakters het skuilname en die dorp Oranje is Bethulie.

Philippus en Magdalene (of dan Mimmie Postma) se een dogter is Wille gedoop en het in Bethulie gematrikuleer. Sy het na haar studies aan die UV as joernalis by Die Volksblad gewerk. Hier ontmoet sy haar man, Earl Martin, ook 'n skrywer. Wille Martin (née Postma) is bekend vir haar liefdes- en jeugverhale; sedert sy begin skryf het in 1958 het meer as 200 titels verskyn. (Kyk SKRYWERS)

Foto: Wille Martin

Pretorius, Elidius (1944-2010) kyk KUNSTENAARS ...

Raubenheimer, Johan Adam (1840-1865)

In die Nuusbrief van Junie 2008 het Simon du Plooy die bydrae gelewer wat hier effens aangepas is. Raubenheimer se pa was Philippus Johannes Raubenheimer, gebore 30 November 1816 op Saffraanrivier, Attakwaskloof, Oudtshoorn; hy boer later op Moerasrivier, Oudtshoorn. Sy ma was Anna Catharina Ferreira. Johan Adam is op 16.11.1840 gebore en in George gedoop op 6 Desember 1840. Hy sterf op Thaba Bosiu op 15.11.1865. Hy was moontlik ongetroud.

Adam het alleen te perd van Moerasrivier, Oudtshoorn, na die Vrystaat gery om by Louw Wepener se kommando aan te sluit vir die Tweede Basotho-oorlog. Hy het een van Wepener se staatmakers geword, toe hulle Thaba Bosiu bestorm, het hy teen die hang van die berg langs Wepener gesneuwel. Hulle is saam in 'n vlak graf aan die voet van die berg begrawe. Toe Wepener se seun in 1866 die oorskot van sy pa gaan vra het, was die beendere van die twee so deurmekaar dat hulle nie van mekaar onderskei kon word in die graf aan die voet van Thaba Bosiu nie. Die twee strydmakkers is dus weer saam in dieselfde graf begrawe op Wepener se plaas, Constantia, agt kilometer buite Bethulie in die hoek van 'n kraal. Vir 'n derde keer is hulle begrawe toe SH Pellissier vir die herbegrafnis van Louw Wepener en Johan Adam Raubenheimer in 1938 en die oprigting van 'n monument verantwoordelik was.

Interessant is dat SH Pellissier se eggenote, Judith Raubenheimer, die kleinniggie is van Johan Adam Raubenheimer; sy was die dogter van sy neef Hendrik Jacobus Raubenheimer (1855-1926) (Kyk Wepener)

Robinson, Joseph Benjamin (1840–1929)

Sir JB Robinson is die enigste Suid-Afrikaans gebore mynmagnaat wat sy loopbaan gevestig het en sy fortuin gemaak het op die diamant- en goudvelde vanaf die 1870's. Sy pa was Robert John Robinson (1794-1866) gebore in Kent, England wat met die skip, Brilliant, na Suid-Afrika gekom het toe hy 26 jaar oud was, hy was 'n slagter van beroep en getroud met Martha Strutt. Hy sterf in Cradock.

JB Robinson was die jongste van 15 kinders, gebore op 2 (sommige bronne meen dit is 3) Augustus 1840 in Cradock. Sy vier broers was, Robert (1816-1857), wat op Jantjiesfontein naby Springfontein sterf), John Henry (1818-1851), Philip (1819-1885) en William (1820-1914). (Daar kon nie met sekerheid vasgestel word watter een van die broers Piet Robinson van ABO-faam se oupa was nie, die waarskynlikse is Robert wat op Janjiesfontein gewoon het volgens die webwerf http://1820settlers.com/genealogy/. Piet Robinson was van die plaas Eensgevonden van sy pa, WJ Robinson).

Volgens Lawrence (2001:16-26) se biografie oor JB Robinson word hy 'n bekende vee en wol handelaar in Dordrecht, maar teen die einde 1863 het hy as 23-jarige in Bethulie aangekom waar hy vyf jaar gewoon het. Hy vertel jare later "*doing a large business in Bethulie... the building I had was, I believe, the finest in the whole country. I also had two farms on the town lands for breeding cattle, sheep and angora goats*". In dieselfde jaar het hy 'n vennoot gekry, Maurice Marcus, (Kyk Marcus) wat vir 25 jaar saam met hom was, en aanvanklik as boekhouer vir hom gewerk het.

In 1865 het Robinson by die Bethulie en Smithfield-kommando aangesluit onder Wepener en aan die Tweede Basotho-oorlog deelgeneem. Robinson het vertel toe hulle terugtrek het die saal van sy perd geskuif, hy het afgeval met sy voet nog in die stiebeuel en is 'n ent deur die perd getrek terwyl die vyand hulle agtervolg. Hy het geglo dat hy van die oorlog doofheid oorgehou het wat hom sy lewe lank gepla het; tog blyk dit of dit eerder geneties was, want van sy kinders was ook doof.

In Bethulie was hy 'n betrokke en gerespekteerde inwoner. Hy en Marcus tree byvoorbeeld as getuies op op 29 April 1867 toe JP Pellissier en sy vrou hulle testament laat opstel deur hulle skoonseun Herman Klijnveld, 'n prokureursklerk. Robinson was ook een van die ondertekenaars van 'n brief wat die Engelse gemeenskap aan ds Roux van die NG Kerk gerig het in 1864; hierin is ds Roux bedank vir sy dienste aan die Engelse gemeenskap. Hy is in 1868 lid van die Vrystaatse komitee van die maatskappy wat gestig is vir die oprigting van 'n brug naby Bethulie oor die Oranjerivier (Pellissier, 1956:541;544-5; 559, 648, 660).

Met die ontdekking van diamante langs die Vaalrivier het die twee Bethulianers, Robinson en Marcus, vinnig opgetree. Robinson vestig hom in 1869 by Hebron waar hy grond van Jan Bloem, 'n Griekwa kaptein, aan weerskante van die Vaalrivier koop en veral aan die oostekant begin prospekteer. Hy besef hy het beeste nodig om te ruil vir diamante en laat Marcus kom met al hulle beeste en waens en hulle verkoop ook al hul grond in Bethulie. Hulle betaal met vee vir diamante wat die Basotho-werkers vir hulle kry. Hy en Marcus het na laasgenoemde se koms binne ses weke 30 stene met 'n waarde van £10,000 gekry! Om hulle diamante te beskerm trek hulle vier waens in in vierkant, grawe 'n gat in die middel en begrawe hulle diamante daar. Daarna maak Marcus en Robinson beurte om op die stoel wat van kratte gemaak is en bo-op die gat is, te sit! Robinson het die eerste kleimeienaar geword wat diamante na London uitgevoer het; hy wou egter die middelman uitskakel en het vir Marcus versoek om die diamante na London te neem.Ter voorbereiding het Marcus toe 'n rooi band vir maande om sy middel gedra; daarin was sakkies waarin die diamante uiteindelik in versteek sou word. Hierdie plan het geslaag en in 1870 het Marcus 'n jaar se stene, die eerste Afrika diamante na London geneem. Marcus het nooit weer teruggekeer na Suid-Afrika nie en in 1888 bande met Robinson verbreek. Hy sterf egter jare later as 'n baie ryk man in Surrey.(kyk Marcus).

Daar is baie geskryf oor Robinson se kleurvolle loopbaan as mynmagnaat en dis duidelik dat hy 'n kontroversiële figuur was. Hy het die bynaam "Old Buccaneer" gekry na aanleiding van sy besigheidsmetodes (Standard Encyclopedia of Southern Africa, 1976 Vol 9:385). In Kimberley het hy vinnig naam gemaak en selfs die voorsitter van die Raad van Mynwese geword. Hy vestig die Kimberley Light Horse wat hy ook aanvoer en in 1880 word hy die Burgemeester van Kimberley en lid van die Kaapkolonie se Wetgewende Raad waarop hy vier jaar dien. Na die ontdekking van goud aan die Witwatersrand koop hy 'n deel van die plaas Langlaagte waar die Robinson Gold Mine Company as die grootste privaat onderneming ontstaan tydens die vroeë jare van Johannesburg. Hy het sy eie bank begin, verskeie koerante en heelwat ander privaat ondernemings. Hoewel hy 'n groot rol gespeel in die ontwikkeling van die goudmynbedryf het dit gepaard gegaan met baie wrywing tussen hom en die ander mynmagnate veral van die De Beers. Hy het veral nie van Rhodes se beleid ten opsigte van die uitlanderkwessie gehou nie en Kruger se regering na die Jameson inval finansieël gesteun.

In 1908 het hy baronetskap ontvang op aanbeveling van Louis Botha en staan sedertdien bekend as sir JB Robinson. Aan die einde van die 19de eeu het hy in London gaan woon en in 1916 het hy sy aandele verkoop aan die Johannesburg Consolidated Investment Company. Hy keer in 1923 terug na Suid-Afrika en vestig hom in Wynberg waar hy op 30.10.1929 sterf; hy was 89 jaar oud. Hy is in 1887 met Elizabeth R Ferguson van Kimberley getroud. Hulle het 13 kinders gehad waarvan net ses hom oorleef het. Sy vrou Elizabeth sterf in 1930 in Muizenberg. Hul derde kind en hoof erfgenaam was Ida Louise wat met Prins (sommige bronne meen hy was 'n graaf) Natale Labia getroud was; hy was 'n aristokraat en die eerste Italiaanse ambassadeur in SA.

In 1986 het die *Independent film centre* namens die SAUK 'n film gemaak oor JB Robinson se lewe en goedkeuring word gevra vir verfilming van besigheidsaktiwiteite plaaslik (Nuusbrief, 12 Mei 1986).

Rolland, Samuel kyk HOOFSTUK 3: SENDELINGE.

<u>Schoeman, Jacob of Wormpie...(1879-1844)</u>

Van Simon du Plooy in Potchefstroom kom die volgende interessante bydrae. Uit die *boekie Oranje, Blanje, Blou: die romantiek van die Vrystaatse dorpe*, word daar op bladsy 26 oor Harrismith die volgende geskryf:

Aan ds (Aart Anthonie) van der Lingen kom die eer toe dat hy 'n kind gedoop het wie se naam, wat lengte betref, seker nooit oortref sal word nie. Die naam bestaan uit die teks van Jesaja 41:14 en lui: "*Vrees niet, gij wormpie Jakobs, gij volkje Israel! Ik help u, spreekt de Here, en uw Verlosser is de Heilige Israel*". Die doopplegtigheid het op 6 April 1879 plaasgevind. Die vader van die seuntjie, was Johannes Christoffel Schoeman en die moeder Gesina Johanna Schoeman gebore Potgieter. Dis nie heeltemal seker wat die persoon genoem is nie, Jacob of Japie of Wormpie? Maar dit blyk dat hy tydens die ABO in Harrismith gevang is as krygsgevangene na Ceylon gestuur is.

Hy is op 6.6.1944 in Bethulie oorlede.

Scott, Robert (Alexander?) (1834 – 1892)

Robert Scott het ongeveer 1850 na Suid-Afrika gekom en met 'n Engelse skool in Bloemfontein begin, die latere Grey College; teen 1858 was daar 52 leerlinge in sy skool waarvan 30 van Engelse afkoms was. Hollandssprekende boere het ook hul kinders na sy skooltjie gestuur as gevolg van 'n gebrek aan goeie onderwysers. Toe Grey Kollege op 27 Januarie 1859 formeel geopen is, is die Engelse department deur Scott waargeneem (Haasbroek, J.1980:152,155). Tydens 'n vakansie in Bethulie ontmoet hy Louise Hortense Pellisiser, hulle is in 1860 getroud (A fist of steel, 2000: i)
Scott het vir 'n kort rukkie, vanaf 1860 tot ongeveer 1861, onderwys in Bethulie gegee vanuit die sendinghuis hoofsaaklik vir die jongste drie kinders van die sendeling. Volgens Pellissier (1956:463,494,541) is die skool gesluit nadat Scott die seun van die sendeling, Samuel (gebore 1850), ongenadiglik geslaan het omdat hy een van sy susters geterg het; Scott en sy gesin is toe na een van Pellissier se plase, Rietpoort, gestuur om te gaan boer. Pellissier (1956:463, 494), die kleinkind van die sendeling skets 'n negatiewe beeld van Scott: *" 'n Paar honderd skape is vir Scott gehuur sodat hy vee kon hê om sy boerdery mee te begin. Hy het 'n mislukking van die boerdery gemaak en toe sy skoonvader weer van hom hoor, was hy weg van Rietpoort*". Hoe lank hy op Rietpoort was is nie duidelik nie; hul jongste kind, Alice, is nog in Bethulie gedoop in Maart 1867. Na die sendeling se dood op 11.6.1867 het Samuel op Rietpoort gaan boer, hoe lank na sy dood is ook nie duidelik nie, maar toe was Scott al weg. Scott het sy vrou en kinders by sy skoonouers op Bethulie gelaat en na die Kaapprovinsie verhuis. Dit word genoem dat Hortense as goewernante op plase in die Smithfield-distrik gaan onderwys gee het en die drie Scott-kinders in die sorg van haar moeder, Martha Pellissier gelaat het. Martha sterf in 1887 en dit blyk dat hulle boedel eers in 1890 afgehandel is. Weer eens word daar 'n negatiewe beeld van Scott gegee: *"Robert Scott moes blykbaar 'n swak finansier gewees het. Sy skoonvader het verskeie kere vir hom in sy sake-ondernemings in die Kaap-Kolonie borg gestaan met noodlottige gevolge. Om die geld te kan inbetaal, moes verbande op die plase geneem word. Met die afsluiting van die boedel moes Hortense se erfporsie met £2,945 gedebiteer word. Nog sy nog haar man het iets besit en derhalwe was hierdie skuld 'n dooie verlies vir die boedel."*

Uit korrespondensie van 'n agterkleinkind van Scott, Robin Scott, aan die destydse kuratrise, Ronel Botha, blyk dit of Scott tot 1868 op Rietpoort geboer het en toe na Dordrecht vertrek het. Hier het hy agt keer in die hof verskyn vir slegte skulde. Hy sterf in 1892 in Dordrecht in die Wodehouse hotel. Robin Scott noem ook dat hy nie die graf kon opspoor nie. Verdere onsekerhede wat Robin aan skrywer genoem het: "I am now working on the hypothesis that greatgrandfather, Robert, had been born long before the said 1834 and that he had been more than 7 years older than greatgrandmother, Hortense. He was more likely 35 than 21 when he transferred his English School to Grey in 1855." Volgens sy sterftekennis word net een naam aangedui, maar die vermoede bestaan dat sy tweede naam Alexander is. Dit blyk ook uit die sterftekennis dat hy tot sy dood 'n onderwyser was en dat hy getroud was tydens sy afsterwe; dit was moontlik sy tweede huwelik.

Wat vir skrywer vreemd is aan van die interpretasies oor Scott in Pellissier (1956) is die volgende: indien Scott, vir argumentsonthalwe, tussen 1867 en 1868 die plaas verlaat het en die sendeling in 1867 gesterf het, hoe is dit moontlik dat hy soveel keer vir Scott kon borg staan en verbande op sy plase neem? Lê die antwoord nie dalk in Martha se testament nie: *"I hereby declare to disinherit absolutely and wholly my daughter Louise Hortense, married to Robert Scott, for the reason that she has eloped with and committed adultery with certain George James Levey*". (Soos verskaf deur Robin Scott). Die testament is op 12 April 1876 geteken.

Robin Scott (1865-1947) en Hortense (wat 80 jaar oud geword het) het vier kinders gehad. Sy oudste seun Henri Pellissier Scott is op 18.8.1861 gedoop, hy sterf op 12.8.1943 in Boksburg-Benoni hospitaal. Sy eerste vrou was MJ Keyser en tweede vrou HS du Plooy. Die tweede kind David Samuel

Scott, sterf op 8 maande in 1864. Die derde seun is James Arthur gebore op 12.2.1865. Hy is twee keer getroud; vir die eerste keer in 1894 met Josephine Holm en later met haar suser Freda Holm. Hy was in Stellenbosch op skool. Hy was vier keer tussen 1911 en 1927 burgemeester van Bethulie waar hy as wetsagent praktiseer. James se een seun Henry Howard trou met 'n Morrison dame; een van hul kinders is Robin wat sy herinneringe House at Bushmen school geskryf het en die familienavorsing doen. Alice Martha Scott was Robin en Hortense se jongste kind en sy is op 25.3.1867 gebore. Sy het onderwys gegee in Smithfield waar sy met 'n Engelbrecht getroud was.

Smit, Gert (1934-2012)

Ek het Gert leer ken as die man van die begrafnisonderneming wat mense bystaan in hul hartseerste oomblikke, altyd professioneel en hulpvaardig. En toe begin ek agterkom daar is 'n anderkant van Gert: 'n onverskrokke en ondernemende man.

Die eerste storie het Sean Frewen volledig in sy Bethulian (in 8 uitgawes vanaf Junie tot Augustus 2007) vertel van hoe Gert Smit daarvoor gesorg het dat Bethulie televisie ontvangs gekry het. (Kyk TELEVISIE). Dit het onder andere daartoe gelei dat die kop wes van die dorp op pad uit, die een met die gruisgroef bekend geraak het as "Gert se berg"

In die tagtiger jare het Gert twee microlites gebou. Hy het geen vliegopleiding gehad nie en homself leer vlieg vanuit 'n handleiding. Op 'n keer was die vlug nie so suksesvol nie en het hy neergestort; die gevolg 'n gebreekte rugwerwel wat hom sewe maande bedlêend gemaak het. Inwoners kan nog onthou hoe hy in die tuin van sy destydse huis, waar Riaan en Henley Hays nou woon, uitgedra is. Een van sy gemodifiseerde microlites is deur die ambassade van Israel gekoop en uitgevoer na Israel.

Nie lank daarna nie, in die negentigerjare, het Gert begin motorfiets ry; op pad na Pretoria val hy en met 'n af sleutelbeen en ander wonde ry hy aan tot in Pretoria! Nog was dit nie die einde van sy valle nie: met die veranderinge aan die slagpale was hy besig om op 'n hoë punt te sweis toe hy val - die gevolg was 'n geskeurde long.

In die dae van die oord het Gert twee bote gehad, een motorboot en die ander 'n kajuitboot. Hy het daarmee sy kinders leer ski en menige mense die plesier van 'n rit op die dam gegee en ook deelgeneem aan die kersvader en kersfeesvieringe wat soveel van die inwoners nog onthou.

En dan was daar die karretjie wat gemaak is met twee fietse weerskante, 'n kar sitplek in die middel, 'n grasnyer se masjien as die trappery van die fietse te erg raak. Dit was toegerus met ligte, remme, 'n dakkie, 'n nommerplaat, ens. Dit was so spesiaal dat daar selfs 'n artikel in Country Life daaroor verskyn het.

Om by die gemeenskap betrokke te wees was vir Gert belangrik; hy het op die Raad gedien, finansiële steun verskaf met die bou van die skool in Lephoi, en soveel mense gehelp waar hy kon. As besigheidsman was Gert onder andere area-bestuurder van Old Mutual, (hier het hy die *International Quality A*ward van internasionale versekeringsvereniging gekry (Nuusbrief, 13 Jun 1975) Gert het ook die slagpale van die munisipaliteit gekoop en dit so verander en uitgebrei dat die boere nie meer hulle vee tot sover soos Durban hoef te vervoer nie. As uitvloeisel van die slagpale het hy 'n slaghuis, "Bethulie biltong", geopen vanwaar hy biltong oor 'n wye gebied buite Bethulie verkoop het. Hy het die plaas Ebenhaezer vir 'n tyd besit en daar onder andere Amerikaanse saalperde geteel en aan skoue deelgeneem.

Gert sterf op 78 in April 2012. Voorwaar een van Bethulie se legendes!

(Met dank aan Tertia van Heerden wat inligting en fotos oor Gert verskaf het).

Snotkop kyk KUNSTENAARS ...

Snyman, Esias Renier (1822-1884)

Snyman was 'n politikus en waarnemende president van die OVS. Hy is in 1822 in Swellendam gebore. Sy seun, Christoffel, het op Klipheuwelspoort in Bethulie-distrik gewoon waar ER Snyman se vrou, Magdalena Johanna Snyman (née van Schalkwyk) in 1891 oorlede is.
Die plaas is op die grens tussen Bethulie- en Trompsburg-distrik en behoort tans aan Kotie Pretorius. ER Snyman het op Winterpoort, Bethulie, geboer en ses erwe in Philippolis besit. Hy tree in 1854 tot die politiek toe en word lid van die Raad van Representaten en moet met die Britse regering oor onafhanklikheid onderhandel. As lid van die Raad was hy 'n medeondertekenaar van die Bloemfontein-Konvensie in Februarie 1854. Tot met sy uittrede in die politiek het hy 'n aktiewe rol in die politiek gespeel as volksraadslid, waar hy 17 jaar by betrokke was, as voorsitter van die Volksraad en in 1859-60 as waarnemende president. Hy het aanvanklik die wyk Sannaspoort in die Philippolis-distrik in die Volksraad verteenwoordig, daarna verskeie ander wyke. Hy het vir vier termyne opgetree as voorsitter van die Volksraad. Met die verkiesings van waarnemende staatspresidente het JJ Venter hom teengestaan (kyk VENTER, JJ). Snyman was waarnemende staatspresident tydens die geskil tussen Moshoeshoe en Letelle, die Griekwa-grondvraagstuk in Philippolis en die geskil tussen Pellissier en Lephoi oor die eiendomsreg van die Bethulie-sendingstasie. Sy kommissie se uitspraak wat ten gunste van Lephoi besluit het, het baie kritiek uitgelok. Dit het later geblyk dat die kommisie nie onpartydig was nie, want belanghebbendes in die grondaansprake het op die kommissie gedien (Le Roux, 1980:1-11). Pellissier (1956:508-13) beskryf ook Snyman se rol in die onderhandelinge met Lephoi. Hy is op 14.7.1884 oorlede.

Tyhokolo, Mzi (1976-)

Mzi Tyhokolo was in 2006 een van die deelnemers aan die eerste reeks van die televisieprogram op MNet, *Survivor South Africa*. Hy het goed gevaar en is eers in die 9de episode van die 13 episodes uit die reeks. "*Survivor SA Panama is the first season of the South African reality television show Survivor South Africa, a spin-off from the popular US reality television series Survivor, which itself was a spin-off from the Swedish Expedition Robinson. It was set in Panama, with 14 castaways who competed in two tribes for 29 days, the winner's prize being R1,000,000*" (http://www.ovguide.com/tv_season/survivor-south-africa-season).

Mzi Tyohokolo is op 15.7.1976 in Bethulie gebore en was tot standerd 8 (graad 10) 'n leerling aan die plaaslike Hoërskool Wongalethu. Hy matrikuleer in Welkom en behaal sy BSc-graad in Aptekerswese aan die Natal Universiteit, 'n Honneurs-graad aan Rhodes Universiteit en werk by Sasol as chemiese raadgewer. (Volksblad, 24 Sept 2006; Nuusbrief, Okt 2006).

Tyhokolo, Andile kyk KUNSTENAARS...

Tshegare, Daniel Moses Bethuel kyk SKOLE

Van der Walt, Nico kyk onder KUNSTENAARS...

Van Rensburg familie

Drie geslagte wat hul lewe wy aan diens aan die gemeenskap, dit is soos die Van Rensburgs gesien kan word; van Apie tot by Jacques.

AJJ (Apie) van Rensburg

Toe Apie en Kies dorp toe trek in die 1950's het hy om verveeldheid tee te werk betrokke geraak by munisipale sake. Gou was hy Raadslid en teen 1955 Burgemeester. In sy termyn is die stadsaal gebou. Hulle het 'n huis laat bou deur Japie du Toit in Pretoriastraat 18. Kezia van Rensburg, gade van 'n voormalige burgemeester, AJJ (Apie) van Rensburg, skenk toerusting vir 'n speelparkie. Die speelparkie by die stadsaal het vir jare aan baie kinders vermaak verskaf.

JHJ (Rums) van Rensburg (1918–1991)

Toe hy op 14 November 1991 oorlede is het hy 28 jaar diens aan gemeenskap gelewer deur in die stadraad te dien; agt termyne as Burgemeester en baie jare as Bestuurskomitee voorsitter en as Bestuurskomitee lid (Notule 28 1991). Hy ontvang in 1989 'n oorkonde van die Vrystaatse Munisipale Vereniging vir raadslede wat meer as 20 jaar diens het. Hy word die eerste lid wat Raadsheer genoem word (22/2/1989). Van sy bydraes is onder andere sportgronde; in 1958 word begin met die aanbou van 'n doeltreffende atletiekbaan, rugbyveld en skougeboue op die SSK se gronde en word die gronde vernoem na Rums van Rensburg wat hom hiervoor beywer het. Hy was burgemeester in 1963; 1966-1968; 1982-1985. Sy vrou Rhona onthou dat hy nie net opdragte gegee het nie, maar hande uit die mou gesteek het en dikwels self gehelp het met take. Sy onthou dat hy altyd wanneer hy so werk sy bril se oor in sy mond vasgebyt het; eendag het 'n rioolpyp gebars en sy bril het uitgeval; hy was so betrokke by wat hy doen dat hy dit opgetel en weer in sy mond gesit het.... !

"Dink veral na vandag se besoek aan die Bethulie-dam terug aan die aande voor Kersfees, waar Oom Rums en sy familie baie gedoen het om dit vir al wat kind is 'n ongelooflike ervaring te maak. Kersvader is in Van Rensburgbaai ingewag deur opgewonde kindertjies. Net as dit donker genoeg was, het Kersvader oor die dam met 'n vlot of boot oor die water gekom, met kersmusiek en vuurwerke wat afgeskiet is. Elke kind het 'n geskenk by Kersvader ontvang, wat ouers/groot ouers die middag al by die Oom Rums kom los het. Elke kind sal seker hierdie gebeure nie vergeet nie". (Marianne Visser, Facebook, Friends of Bethulie,4/1/2014). Jacques onthou dat die eerste kersboom by die dam in 1963 of 64 was.

Jacques van Rensburg (1953 -)

Met sy pa se dood in 1991 het Jacques ingestaan in sy posisie as Raadslid vir die res van die termyn. So het hy deur die jare op verskeie rade gedien soos die Oorgangsraad, die Distriksraad van Xhariep, die Landelike raad, ens. Hy speel op die gebied van boerdery 'n groot rol; vir die afgelope 26 jaar is hy voorsitter van die Bethulie Distriksboere Unie en ook van Streek 19 wat die suid-Vrystaat insluit. Die Unie is by Vrystaat Landbou geaffilieer wat op hulle beurt met AgriSA geaffilieer is.

Van Rensburgbaai waar die bote by die dorpsdam vasgemeer het sy naam te danke aan Jacques en Piet Haley. Hulle het met klippe en sand wat hulle aangery het opvullings en werk daar gedoen. Piet was die Lugmag se kartograaf en op 'n kaart wat hy uitgebring het, dui hy toe die plek aan as Van Rensburgbaai.

Jacques en Suzette het die tradisie van die kersboom voortgesit tot 1990.

Van Rooy- familie

Olivier, (1973:77-87) verskaf die agtergrond van hoe die Van Rooy-gesin na Suid-Afrika gekom het en ook van hulle verblyf in Bethulie waaruit skrywer ruim aanhaal. Die baie volledige bron, Die familie Van Rooy in Suid-Afrika deur AJ van Rooy (1992), word as agtergrond gebruik. Jean Corneille van Rooy en Anne F Holsters wat vanaf Nederland in 1875 na Suid-Afrika kom, het hulle aanvanklik in Colesberg-distrik gevestig as rondgaande onderwysers op plase, waarna hulle in die distrikte van Middelburg, Cradock en Burgersdorp gewerk. Hulle vestig in Steynsburg waar hulle 'n kerkskool gestig het. Anne het hier met 'n winkel begin waarby van die seuns betrokke geraak het en selfs mee kon aangaan nadat hul vader in 1889 sterf en syself in 1904; dit het in 'n suksesvolle familiebesigheid ontwikkel. Hulle het 10 kinders gehad, waarvan vyf seuns: Henri Charles, Antoine Charles Auguste (Sarel) wat op die boot gebore is, Johannes Cornelis, Willem Izak, Jacobus Albertus (Koos). Daar was ook vyf dogters waarvan een Paulina Johanna (1870 – 1934) ook met Bethulie verbind word; sy was met Paul Poisat getroud (Kyk Poisat). Die volgende Van Rooy's het verbintenis met Bethulie.

Ds JA (Koos) van Rooy (1868-1962), die sewende kind van die stamouers, was predikant van die Gereformeerde Kerk vanaf 1905-1931 in Bethulie. Hy was getroud met Brechtje Postma (1871-

1936) 'n dogter van ds Dirk Postma, stigter van die Gereformeerde Kerk in Suid-Afrika (kyk Postma). Hy was eers 'n onderwyser en sy liefde vir die onderwys het daartoe gelei dat hy in 1916 as Lid van die Vrystaatse Provinsiale Raad gekies is om aan onderwyskwessies aandag te gee. Hy was ook 'n voorstander vir Afrikaans en die gedagte van Afrikaanse Psalmberyming het by hom opgekom en 'n versoek is aan die Sinode gerig. 'n Kommissie is benoem waarvan hy as voorsitter gedien het. Prof JD du Toit, beter bekend as Totius, is onder andere deur Van Rooy genader om daarmee te help. Nadat hy Bethulie verlaat het, het hy as hoof van die administratiewe buro van Potchefstroom gaan werk. In 1936 het hulle die Sinodesitting in Bethulie bygewoon waar onder andere die Afrikaanse psalms in gebruik geneem is, 'n

Johannes Cornelius (Jan) van Rooy (1859-1944), die derde kind van die stamouers, koop in 1903 Koppieskraal wat tydens die ABO aan PC Snyman behoort het. Gou het sy boerderyprestasies agting afgedwing. Reeds in daardie tyd was jakkalse 'n groot probleem en was hy een van die eerstes wat sy plaas met jakkalsdraad voorsien het. Hy word op die gebied veral onthou vir die teling van die Van Rooyskaap wat in 'n mate 'n vetstert-tipe is wat veral in die Karoo, Suid-Vrystaat en Namibië aard. Hy was ook op politiek gebied aktief, hy was eers LPR asook LUK van die Vrystaatse Provinsiale Raad. Sedert 1929 was hy 'n senator.

Hy was drie maal getroud. Sy eerste vrou was Aletta Johanna Smit van Wonderboom, Burgersdorp. Sy sterf tydens 'n kersdiens in die kerk. Hy en sy eerste vrou Aletta Johanna Smit is albei in Bethulie begrawe. Hulle het 11 kinders gehad waaronder hul tweede kind Lettie (Aletta Johanna, 1883-1919) wat met ds Willem de Klerk getroud was –dus die vader en moeder van senator Jan de Klerk wie die vader van die latere president, FW de Klerk, geword het. Lettie en Willem se jongste dogter Susanna (gebore 1910) was met die Hans Strijdom, Eerste Minister, getroud.

Jan van Rooy se tweede oudste seun Koos het op 'n onderverdeling van Koppieskraal, Kleinplaas, geboer en met 'n dogter van Piet Snyman van Vlakplaas getrou. Een van sy ander dogters, Annie (Anna Francina, 1886-1974), is weer met 'n seun van Piet Snyman getroud, Sarel Daniel (1885-1941). Annie en Sarel se kleinseun Piet Snyman koop in 2008 'n huis in Bethulie, die Mynhardt-huis. Piet maak met sy studies in argeologie 'n bydrae tot Bethulie se geskiedenis en as vryskut kameraman vir televisie help hy Bethulie bekendstel.

Antonie Charl August van Rooy (1857-1948) is die tweede kind van die stamouers en die een wat op die boot gebore is toe hulle ouers emigreer. Hy is vernoem na die boot, Carl August, en na die kaptein Antonie! Hy was met Susanna Smit getroud en hulle het 12 kinders gehad. Na haar dood trou hy in 1919 met AJ du Plessis en hulle het een dogter. Hy het tussen 1903 en 1919 die plase, Lincoln en Klaverfontein in Bethulie-distrik besit. Hy het ook tussen 1903 en 1929 'n winkel in Bethulie gehad waar sy swaer Paul Poisat hom sedert 1922 kom bystaan het. Hy het ook op 'n stadium saam met sy broer Jan 'n winkel bedryf; die winkel was op die noord-westelike hoek van Joubert- en Voortrekkerstraat, daar waar Shopwise vandag is.

Paulina Johanna van Rooy (1870 – 1934) die agtste kind was getroud met Paul Poisat (kyk Poisat).

Venter, Hampie kyk Hoofstuk 10: BETHULIE SE BESIGHEDE

Venter, Jacobus Johannes (1814-1889)

JJ (Koos) Venter wat vier maal waarnemende staatspresident van die Vrystaat was, was 'n bekende politikus, boer en kerkman. Hy is op 21.3.1814 in die Colesberg-distrik gebore. Hy verlaat in 1852 die Colesberg-distrik en vestig hom op De Hoop aan die Kaalspruit in die wyk Kafferrivier naby Bloemfontein. De Hoop was 'n baie groot plaas en herhaaldelik onderverdeel. In 'n ruiltransaksie van 12 Oktober 1861 met die Tlhaping-hoof Lephoi, verruil Koos 'n gedeelte van De Hoop vir Broekpoort naby

Bethulie (VAB AKT 2/1/1/17 en 2/1/11.) In 1862 verhuis hy na Broekpoort waar hy woon tot sy dood op 21.1.1889 en waar hy ook begrawe is.

Die 18-jarige Venter trou op 6 Januarie 1833 met die 13-jarige Hester Sophia du Plessis. Sy is gebore in 1819 en is oorlede in 1834 toe sy 14 jaar oud was. Hulle was 'n jaar lank getroud en het nie kinders gehad nie.

Venter trou weer op 20-jarige leeftyd op 11 November 1934 met Anna Catharina Jansen van Vuuren wat toe 16 jaar oud was. Sy is gebore in 1818 en word 39 jaar oud voordat sy oorlede is in 1857. Hulle het elf kinders gehad.

Daarna trou Venter op 43-jarige leeftyd in 1875 met die weduwee Elsje Philippina Swanepoel (née Lombard). Sy is gebore in 1826 en word 87 jaar oud voordat sy oorlede is in 1913. Hulle het ses kinders gehad; sy het sewe kinders uit haar eerste huwelik gehad.

Foto: JJ Venter en Elsje Swanepoel

"Broekpoort is op 6 Mei 1862 oorgedra in die naam van Koos Venter. Met die aanvanklike "opmeet" van die plaas is aangedui dat dit 3,600 morg groot is. Later is aangedui dat dit 3,108 morg groot is.

Met verloop van jare het Koos die plaas onderverdeel in 'n hele aantal plase. Op die kaarte van die Landmeter-Generaal word daar egter vir Broekpoort en die meeste van die onderverdelings nie name aangedui nie. Gedeelte van Broekpoort word aan die westekant afgesny en Kleinfontein genoem. Die gedeelte word op 23 Oktober 1880 verkoop vir £300 aan sy seun, Sarel Jacob Venter. Die opdeling van die res van Broekpoort geskied blykbaar soos volg: Deel afgesny vir Pad nr. 307 (8 morg); Lokpoort 386 (870 morg); Elim 387 (837 morg), Erfdeel 388 (37 morg), Alfalfa (26 morg); Herbertshope(?)406 (291 morg) en restant van 291 morg. Daar is egter met Koos (1889) en Elsje (1913) se boedels nog verwys na Broekpoort. Elim was blykbaar die gedeelte wat as Koos se hoofsetel gedien het. Sliksspruit vloei deur die grond. Koos se graf is ook daar geleë.

Foto: Murasie van wat eens die huis van Koos Venter was

Net wes van die oorspronklike Broekpoort is Morocco geleë. Op die plaas is die Morocco Kop wat 'n taamlike hoë kop is en duidelik sigbaar is vanaf die pad wat van Bethulie na Smithfield gaan. Op Morocco het die Van der Walts gewoon met wie Koos se dogter Aletta Sophia getroud was. 'n Gedeelte van die plaas word afgesny as Waterval 159 en verkoop aan Koos Venter. Dit was ietwat noordwes van Kareefontein. Op 23 Oktober 1880 is Middelbult, wat 278 morg groot was aan Koos verkoop vir £300. Na Koos se dood tree sy en Elsje se testament van 1880 in werking. Onder die eiendom word verwys na Broekpoort 57, Waterval 159 en Middelbult 152 wat voorheen deel van Katfontein was, plus erf no. 63 te Bethulie. Die oorgrote gedeelte van die roerende goed, insluitende die vee, is op 1 Mei 1889 op 'n vendusie verkoop vir £1,074. Elsje het vruggebruik op die grond behou. Toe Elsje in 1913 oorlede is, word in haar boedel weer verwys na die plase Broekpoort, Waterval en Middelbult en was die boedel blykbaar £1,028 groot".

(Inligting uit: Du Preez, RJ .2012. Die storie van Koos en Annie van der Walt).

Venter was 'n gerespekteerde man en het sy lewe gewy aan die bevestiging en ontplooiing van die Vrystaat as onafhanklike republiek; hy was ondertekenaar van die Bloemfontein Konvensie en lid van die eerste Vrystaatse Volksraad en Volksraadslid vanaf 1854-1881. Hy word later voorsitter van die Uitvoerende Raad en dien op talle diplomatieke sendings na Moshoeshoe, Transvaal en Kaapkolonie onder andere toe MW Pretorius in 1857 byna met 'n staatsgreep die Vrystaat wou oorneem. Die vier keer wat hy waargeneem as president was na Hoffman se afsetting en tydens Boshof se verlof en bedanking, na MW Pretorius se bedanking en ook tydens Brand se verlof. Behalwe kampvegter vir die Vrystaatse onafhanklikheid, was hy ook 'n kampvegter vir Holandse taalregte, sy pleidooie vir 'n nasionale onderwysstelsel vir die behoud van 'n Hollands-Afrikaanse kultuur en vir die vrywillige beginsel waarvolgens elke kerk sy eie predikant sonder staatshulp onderhou. Ondanks sy geringe skoolonderwys word hy in 1861 selfs voorsitter van die appèlhof. (De Kock, 1986: deel 1: 881-3).

Venter was 'n ruwe diamante wat nie geskroom het om hom uit te laat nie en dikwels impulsief opgetree het. Hy word verder beskryf as "*oplopend, aggresief en strydlustig..., maar hy vertoon dieselfde natuurlike insig, volharding, ruimte van blik en nasionale offervaardigheid...*". Hy was 'n uitstekende spreker. Du Preez (2012:16-) haal aan uit die dagboek van Hamelberg waar hy vertel dat Koos Venter, meermale "*... krachtige uitdrukkingen ...*" gebruik. Hy haal dan die volgende voorbeeld aan: "*Ik zal hem schieten, dat hij barst – Ik zal hem een' oorkonkel geven dat zijn hartslag hem voor de voeten valt – Ik zal hem schieten dat zijne hersens tegen den muur spatter*". Hamelberg het op 'n stadium 'n Latynse uitdrukking in die Raad gebruik en toe val Venter hom in die rede om hom te herinner Engels word nie toegelaat nie! Venter het ook sterk gevoel oor nouer samewerking met Transvaal en het 'n memorie voorgelê. Hendrik Mentz van Smithfield het anders oor die saak gevoel en 'n teen-memorie voorgelê. Venter was woedend en toe hy dit sien spring hy op, wys daarna en sê: "*Dis weer die addervenyn! Dis weer die duiwelsvergif! Dis weer die helse verraad van Smithfield! Ja 'n wolf verander van haar, maar nie van nukke nie, en net so is 'n Engelsman. Een jaar mag hy goed doen, maar die tweede jaar nooit!*" Van die lede het gevoel hul nasionale eer is aangetas en hy moes verskoning vra.

Uit die herinneringe van Adriaan Roux (broer van JP Pellissier se skoondogter, Elize en seun van ds Roux van Smithfield) kom die volgende staaltjie: Toe Adriaan omtrent 12 jaar oud was het hy sy pa na Bethulie vergesel. Op pad terug het hulle by Broekpoort aangegaan waar oom Koos Venter die bekende en waarnemende staatspresident gewoon het. Oom Koos was op die lande en die tante het hulle ingenooi. Sy het oor die onderdeur van die voorhuis gaan leun en met 'n skril stem geroep: "*President, President! Hier is mense, kom huis toe!*" (Pellissier, 1960:22-23)

Du Preez, (2012: 16-) wat hoofsaaklik hier aangehaal word, skryf Koos Venter was die enkele persoon wat die grootste bydrae gelewer het tot die stigting van die Gereformeerde Kerk in die Vrystaat. Hy was die onbetwiste leier van die Doppers in die Vrystaat en ook 'n spreekbuis van die Doppers in die Overvaal, Vrystaat en Noord-Oos Kaap. Venter het op 21 Januarie 1858 skriftelik bedank uit die NGK Bloemfontein. Op 30 Maart 1859 skei Koos hom af van die NGK Bloemfontein en alle kerke onder die Kaapse Sinode. Van sy redes was dat hy nuwighede en 'n nuwe godsdienstige gees opmerk wat afwyk van die oorgelewerde Gereformeerde godsdiens. Hy probeer met ds Callenbach, 'n konserwatiewe predikant van die Hervormde Kerk in Nederland in aanraking kom om 'n ope beroep van 'n predikant daar uit te stuur. Dit was nie geslaag nie. 'n Ouderling vanuit Nederland bied hul kerk se ondersteuning aan waarop Venter 'n brief aan hom rig vir 'n predikant vir Bloemfontein; die laat hom weet van ds D Postma wat reeds na Transvaal afgevaardig is. Venter het Postma van die nuut gestigte Rustenburg-gemeente na die Vrystaat gebring waar hulle instrumenteel was in die stigting van die eerste Gereformeerde Kerk in die Vrystaat, Reddersburg, op 12 Mei 1859. In 1861 lê hy die hoeksteen van die eerste Gererformerde Kerkgebou in die Vrystaat. In 1862 het Ds. Beijer uit Nederland, die gemeente Reddersburg se eerste predikant geword. Venter en sy vrou het op die stigtingsdag lede van die Reddersburg-gemeente geword tot hulle vertrek het na die gemeente Heidelberg (Bethulie) op 8 Maart 1870.

Die Gereformeerde Kerk te Bethulie is in 1863 gestig, maar die lidmateregister is eers vanaf 1865 bygehou. In 1865 en 1866 is van Koos en Elsje se kinders ingeskryf in die lidmateregister van Bethulie en is aangedui dat hulle van Broekpoort afkomstig is. Ds Sarel D Venter, 'n jonger broer van Koos Venter word in 1866 hier bevestig. (Kyk Venter, SD). Koos en sy broer Sarel Venter het sedert die einde van 1869 in botsing gekom met ds Postma wat toe as dosent van die Teologiese skool in Burgersdorp opgetree het. Dit lei in 1877 tot 'n skeuring in die Gereformeerde Kerk Bethulie. Ds Sarel Venter word geskors en stig 'n afgestigte gemeente waarvan Koos deel is. Na Koos se dood het onderhandelinge tussen die Venter-kerk en die Gereformeerde Kerk uitgeloop op hereniging tussen die meeste lidmate in 1890.

Die volgende grafte is in die begaafplaas op Elim:

JJ Venter wat sterf op 21.1.1889
Elsie Philippina Lombaard sterf op 2.12.1913
Een maand oue baba van P en CC Venter sterf in 1894
Petrus Venter 1910 -1923
Martha E Kruger geb de Bruin oorlede 1914
J Venter kind van SD en JP Venter wat in 1878 sterf
Ongeveer 13 ongemerkte grafte

Op 16 September 1982 word 'n bronsplaat by die Venter-grafte onthul deur staatspresident M Viljoen, op Elim, (toe die plaas van Kosie van den Heever). Die grafte is herstel deur die Bewaringkomitee van Bethulie met geldelike bystand van die Venter-familie. Simon du Plooy (Brakfontein) wat net 'n week voor die inhuldiging oorlede is, het die leiding geneem in die projek. (Nuusbrief, 13 Aug 1982; Notule 8/10/1981).

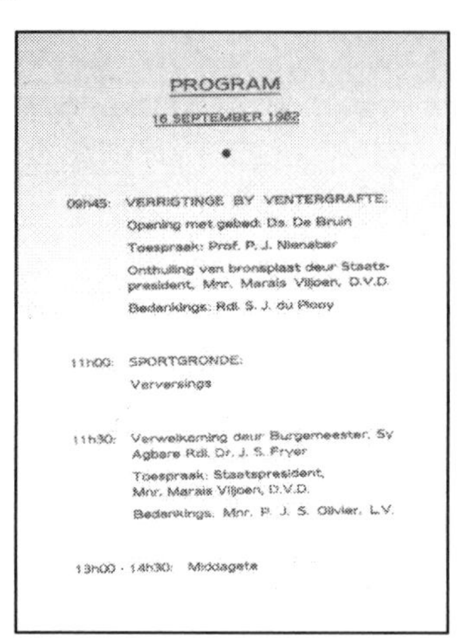

PROGRAM

16 SEPTEMBER 1982

•

09h45: VERRIGTINGE BY VENTERGRAFTE:
Opening met gebed: Ds. De Bruin
Toespraak: Prof. P. J. Nienaber
Onthulling van bronsplaat deur Staatspresident, Mnr. Marais Viljoen, D.V.D.
Bedankings: Rdl. S. J. du Plooy

11h00: SPORTGRONDE:
Verversings

11h30: Verwelkoming deur Burgemeester, Sy Agbare Rdl. Dr. J. S. Fryer
Toespraak: Staatspresident, Mnr. Marais Viljoen, D.V.D.
Bedankings: Mnr. P. J. S. Olivier, L.V.

13h00 - 14h30: Middagete

In Maart 2018 het Tjaart en Peet Venter, agterkleinkinders van JJ Venter weer die erg verwaarloosde grafte kom herstel. Hulp is deur gemeenskapslede verskaf. Die herstelwerk het die volgende ingesluit: die ingevalle grafte is herstel, die graftstene is herstel en die letterwerk is weer leesbaar gemaak, 'n nuwe omheining en hekkie is aangebring, die heiningpale en die traliewerk om van die grafte is geverf en die begraafplaas is geskoffel.

Venter, SD (1826 -1895)

Sarel Daniel Venter is 'n jonger broer van JJ (Koos) Venter, hy is 12 jaar jonger as sy broer. Aangesien daar nie plaaslike opgeleide predikante vir die Gereformeerde Kerk was in die beginjare nie, is 'n proses gevolg om begaafde lidmate vinnig op te lei. Een van diegene wat in Reddersburg deur Ds. Beijer opgelei was, was Sarel Daniel (SD) Venter, 'n jonger broer van Koos.

Ds. Sarel Venter word dan in Bethulie bevestig op 21 Oktober 1866 as die eerste Afrikaansgebore predikant van die Gereformeerde Kerk in Suid-Afrika. Hy was op 'n stadium die enigste Gereformeerde predikant in die hele Vrystaat. Onder sy leiding is 'n gemeente ook in Boshof gestig. Sedert 1869 was daar ontevredenheid in die Gereformeerde Kerk en het hy in botsing gekom met ds D Postma, dosent aan die teologiese skool in Burgersdorp. Dit lei tot skeuring in die Gereformeerde Kerk in Bethulie in 1877 en ds Venter word geskors, hy bedank later self en stig 'n eie afgestigde Gereformeerde Kerk, met omtrent die helfte van die lidmate wat hom volg. Die Algemene vergadering van die Gereformeerde Kerk van die Vrystaat onthef hom van sy amp. Ook uit ander dorpe se gemeentes het lidmate hulle by sy kerk aangesluit. Die gemeente bekend as die Venter-kerk bestaan tot 1889 hier in Bethulie. Hy het later weer probeer terugkom as predikant maar dit het misluk.

Hy gaan woon op sy plaas Kapteinskraal waar hy op 12.10.1895 op 69-jarige ouderdom sterf en begrawe word. In 1890 vind hereniging tussen die Venter-groep en die Gereformeerde Kerk plaas, diegene wat nie herenig het nie, het by die NG Kerk aangesluit.

SD Venter, sy vrou Johanna en seun Daniel wat op 'n vroeë ouderdom sterf wat hom sonder nageslag laat.

Venter is ook onthou vir sy hardkoppigheid en onwrikbaarheid: In 1885 het pokkies in die distrik uitgebreek. De Waal beskryf (1986:46) hoe hulle dit probeer beveg het. Die mense wat gesterf het wou hulle nie laat inent nie, hulle predikant, Sarel Venter, het beswaar teen inent gehad, en dit het gemaak dat Josop van der Walt met sy familie in die moeilikheid kom.

Wardhaugh , James Jacob (1880- 1968)

Die bekende prokureur het as Jas Wardhaugh bekend gestaan (Nuusbrief, 20 Aug 1976). Gebore in Potchefstroom. Sy vader, van Skotse oorsprong was William (1856-1930?) en is in Grahamstad (volgens grafsteen) gebore. Hy was getroud met Odina HJ Kloppert (1857-1947) wat in Rotterdam gebore is. (Jas se ouers is albei hier begrawe) Sy oupa (gebore in Skotland) het met 10 kinders na Suid-Afrika gekom. William was 'n meubelmaker en rondreisende onderwyser. Jas het in Burgersdorp grootgeword en skoolgegaan met tydgenote soos ds L Cachet, ds JA van Rooy, Totius en 'n latere kollega in Bethulie, JH de Klerk. Hy het regte studeer aan die Universiteit van Kaapstad. Gedurende die ABO was hy 'n tuiswag in Bugersdorp en het na die oorlog in 1903 na Bethulie verhuis waar hy 'n regspraktyk geopen het en ook verskeie agentskappe bestuur het soos vir versekeringsmaatskappye. Hy was ook teen 1906 stadsklerk (Twentieth century impressions...1906:68). Hy was in 1921 en weer in 1929-35 burgemeester van Bethulie. Onder sy burgemeesterskap het hy die dam laat bou en die Macsmo-plotte ontwikkel. Dit blyk uit 'n ou foto of die munisipale kantore sommer in sy praktyk was.n(kyk MUNISIPALITEIT OF PLAASLIKE BESTUUR).

Hy was getroud met Frederika Katarina Schaefer, haar pa was 'n grof- en hoefsmit. Uit die huwelik is vier kinders gebore waarvan Gwendolene deur baie onthou sal word as miss Gwen wat Latyn en Engels aan die plaaslike skool gegee het. Wardaugh het Floris Coetzee laat oplei en later met hom in 'n venootskap gegaan. Hy het ook 'n jong Gronuw opgelei. Hy het op die plaas Florence vir diamante geprospekteer. Hy en sy vrou is in Bethulie begrawe.

Waugh, Peter (1838-1921).

Peter Waugh is in Skotland gebore en immigreer in 1860 na Suid-Afrika waar hy met 'n Magdalene Raath trou. Vir meer as 50 jaar bou hy huise in Bethulie en ook bekend as skrynwerker en sleutelmaker. Van die huise wat hy in die dorp gebou het was die een in Rouxstraat 9, wat hy vir sy jongste dogter Bessie gebou het, wie vir jare 'n onderwyseres hier was. Hy het ook die tweede Gereformeerde Kerk gebou. Hy was ook verantwoordelik vir die skryn- en timmerwerk van die huidige NG Kerk. Vanaf 1871-1874 was hy die bank en penningmeester van die NG Kerk. Teen 1899 was hy een van die vier kommissarisse wat die dorp bestuur het.

Weitz, Fransi (1917-2011) kyk onder KUNSTENAARS ...

Wepener, Louw (1812-1865)

'n Omvattende artikel is geskryf deur Simon du Plooy in Genesis, 28 Februarie 2014 waaruit hier ruim aangehaal word.

Lourens Jacobus Wepener is op 21.7.1812 in Graaff-Reinet gebore. Hy was in die bekende skool van William Robertson waar sy een leermeester ds Andrew Murray was, wat hom vir predikant wou laat studeer het. Met die vroeë dood van sy ouers het daar egter niks van gekom nie en hy word later 'n timmerman in die distrik van Somerset-oos. In 1832 vestig hy hom op die plaas De Nek in Aliwal-Noord-distrik. Hy neem aan die oosgrens oorloë deel, 1834-1853 en tydens die Sesde Oos-grensoorlog (1835) neem hy as veldkornet waar. Met die uitbreek van die Agtste Oos-grensoorlog (1850-53) tree hy as veldkornet op vir 'n klompie burgers van Aliwal-Noord en word later as kommandant aangestel. Hy was toe al bekend vir sy dapperheid. Met die uitbreek van die eerste oorlog tussen die Vrystaat en Basotholand in 1858 steur Wepener hom nie aan die Kaapse neutraliteitsproklamasie nie en gaan oor die grens om die Vrystaatse magte te help.

Wepener is op 6 Desember 1840 met Hester Susanna Nel getroud, maar sy is die volgende jaar oorlede toe hulle seuntjie, Frederick Daniel Jacobus (bekend as Dick) Wepener, slegs drie maande oud was. Hierdie seun word later lid van die Vrystaatse Volksraad en landdros van Wepener en in die ZAR landdros op Zeerust en Heidelberg. Dit is ook hy wat die boekie, Louw Wepener: die oorloë van die Oranje-Vrystaat met Basotholand, geskryf het.

In 1843 trou Wepener met die weduwee Hilletjie Maria Levina du Rand (nèe Van Aardt). Hulle het drie seuns en drie dogters. Een van haar eie seuns, Christian du Rand, was by toe Wepener op Thaba Bosiu gesterf het. Sy ooggetuie verslag word aangehaal deur FDJ Wepener.

Tydens die vendusie van 26 en 27 Junie 1862 kort voor dorpstigting koop Wepener die plaas Constantia naby Bethulie vir £1/19s/5d per morg (Pellissier, 1956:504). Hier bou hy vir hom 'n pragtige huis van klip. Hy koop ook later die aangrensende Moordenaarspoort. Na dorpstigting het die NG Kerk se lidmate besluit om 'n kerkgebou op te rig. Op 29 November 1863 word 'n boukommissie benoem met Louw Wepener as voorsitter; met die inwyding die jaar daarna op 10 September was hy sekerlik teenwoordig. Hy tree dus ook hier as gemeenskapleier na vore en word tot vrederegter benoem.

Met die uitbreek van Tweede Basotho-oorlog word hy as waarnemende kommandant van 'n grenswag aangestel en sluit in Winburg by die burgermag aan. Daar word besluit om die Vrystaatse mag in drie te verdeel onder kmdt Jan Fick, C de Villiers en Wepener en om Basotholand van drie kante tegelyk aan te val en dan net soos die eerste oorlog weer naby Thaba Bosiu bymekaar te kom. Wepener word tot kommandant van die suidelike afdeling benoem. Onder sy leiding val agt vestings waaronder Vegkop, Mohalishoek, die Hel, Tandjiesberg en Korakora. (By Die Hel sneuwel Daniel du Plooy van Bethulie). Op 31 Julie 1865 het Wepener die gebiede wat hy verower het tot Vrystaatse grondgebied geproklameer. Daarna sluit hy en sy manskappe in Augustus by die hooflaer naby Thaba Bosiu aan waar 'n aanval op die byna onneembare vesting beplan word onder opperbevel van kmdt-genl Fick. Die eerste aanval vind op 8 Augustus plaas en is 'n fiasko.

Van die ander Bethulie-burgers wat saam met Wepener op kommando was, was die latere kmdt FJ du Plooy, kmdt Henning Joubert, Horspool wat ook sterf, JR Robinson, Thomas Peter McDonald, GA Kolbe en Franz Holm, ouer broer van Johann Gustav Holm.

Fick besluit om vroeg die oggend van 15 Augustus die berg aan te val deur die "geut", 'n ruimte tussen twee hoë kranse met 1,000 vrywilligers en agter die vrywilligers nog 1,000 gekommandeerde man. Wepener het die berg gaan verken en in sy sakboek 'n kaart van die omgewing gemaak. In die laer het hy verduidelik hoe die berg bestorm moet word. Daarna is besluit om die magte in drie te verdeel: die regterkant se manne onder kmdt Venter van Bethulie sou die linkerkant van die beskanste berg beskiet; die linkerkant se manne onder kmdt Wessels van Bloemfontein sou die regterkant beskiet en Wepener sou in die middel opklim. Daar is besluit om die berg die volgende nag te bestorm. Elke kommandant se manne was verdeel in drie afdelings van drie man diep in een lang ry; dus was daar altesaam nege afdelings. Een uur die nag het die nege afdelings vertrek en gehalt op 'n sekere plek om te wag vir Fick se bevel om te storm. Teen dagbreek het Fick vir Wepener laat roep en laasgenoemde het die manskappe ingelig dat hulle nie vandag die berg gaan bestorm nie. Wepener was by Fick tot ongeveer

13:00 waarna Wepener weer die berg gaan bespied het met sy verkyker en aantekeninge in sy sakboekie gemaak het. Onverwags gee Fick opdrag dat die berg wel bestorm moet word, toe Wepener beswaar aanteken kom Fick met sy 2,000 man aan en herhaal die opdrag. Wepener het nie saamgestem nie omdat dit te laat in die dag was, maar die bevel gehoorsaam (hulle sou in die nag aanval soos die aanvanklike besluit was); slegs 300 vrywilligers het hom gevolg. Halfpad teen die berg uit word kmdt Venter gewond en kort daarna waarnemende veldkornet Horspool, ook van Bethulie. Christiaan du Rand vertel dat toe hulle by die voet van die krans kom Wepener eerste uitgeklim het; Du Rand, Carl Mathey, Adam Raubenheimer en Engelbrecht was die eerste vier wat hom gevolg het. So het hy na die tweede en derde skans beweeg met nog 'n paar manne wat by hulle aangesluit het; toe Raubenheimer hom uit die tweede skans wil volg, word hy dodelik gewond; onsekerheid bestaan wanneer Engelbrecht doodgeskiet is. Wepener word in die derde skans geskiet en roep "*Ek is dodelik gewond*" waarna hy dood neerval. Du Rand en Mathey het hom in die skans neergelê en sy hoed op sy gesig geplaas. Nadat 'n sekere Lewis Wepener dood sien, gee hy tekens vir die wat agter hom volg dat Wepener dood is. "*Ons hoor toe die gedruis en skreeue van die [Basotho] en toe begryp ons dat die mense terug vlug, soos dit ook werklik was*". Hulle moes ook retireer; Mathey het Wepener so oorlosie en hoed geneem en later die oorlosie aan Du Rand gegee.

Die Basotho het die poort versper deur rotsblokke af te rol terwyl Wepener en sy manne met pistole gewapen teen die loodregte kranse probeer uit en amper die onmoontlike reggekry het. Die verslag van Johan Frazer van Smithfield soos aangehaal deur Antjie Krog (2010:205) beskryf dit so: "*All went well while we climbed up to mountain. Although the Basotus opened fire upon us we reached the actual rock fissure which gave access to the top of the mountain in the immediate vicinity of Moshesh's house, unharmed, but then sharp, close fighting with firearms, sharp assegais, and rock fragments set in, and the Basotus made a strong defence and had us in a great disadvantage. Across the top of the fissure... a strong stone barricade had been drawn and from behind this the Basotus fought...General Wepener found his way up to the left of the fissure and with his revolver endeavoured to clear the enemy out of the schans on that side, a extraordinarily brave attempt which unfortunately cost him his life as it left him uncovered to the fire of the enemy and het was shot dead, close toe the schans... The Basotus seems to have provided themselves with rough boulders of sandstone, and as soon as we made a rush these were hurdled promiscuously over the top, coming down upon us with considerable force... Unfortunately a large boulder struck me too breaking the sock of my rifle clean through, and hitting my thigh with such force that I was thrown down*". Hy het in groot pyn die berg afgegaan en terwyl hy aan Fick sê dat die oorblywende mans op die berg nie alleen die berg kan vat nie "*we heard a terrible noise like a thunderbolt, and shouting from the mountain, and had to realize that the burghers had forsaken the point and were coming down the mountain like an avalanche, a truly heart-breaking site*".

Heelwat onsekerheid bestaan hoeveel burgers op Thaba Bosiu gesterf het. "*This list and that in the Roll show various discrepancies which point to the need for further research. The Friend, 2 September, 1865, gives the losses in the assault on Thaba Bosiu as:*

Name .. .. Commando
Commdt. Louw Wepener Bethulie
Sampson Daniel .. .. Bethulie
Johannes Dry . .. .Smithfield
John Horsepoole . .. . Bethulie
Gert Joubert . .. . .Kroonstad
Adam Raubenheimer .. ..Volunteer from Somerset East
Wilhelm Hoevels . .. . Kroonstad
Jacobus Stoltz ..(Wepener's agterryer) .. .. Man of colour
Doris van Ede ... . Kroonstad".
http://rapidttp.co.za/milhist/vol015gt.html

In Grobbelaar se roman wat redelik getrou met die name van persone omgegaan het, word ook na Seef Minnie verwys wat naby Wepener geval het asook 'n 'n Griekwa van die Baadjies- groep.
In die werk van Wepener onthou Du Rand ook van 'n Engelbrecht wat gesneuwel het.

Verskeie weergawes bestaan oor presies wat met Wepener se lyk daarna gebeur het. Du Rand en die ander moes so vinnig moontlik vlug en kon nie die lyk saamneem nie. Sy seun Dick skryf dat die landdros op Aliwal-Noord, John Burnett, twee dae na Wepener se dood sy lyk gesien het en dat hy instruksies aan Moshoeshoe se seun, George, gegee het om die lyk te begrawe en dat daar wanneer daar vrede is en die familie die lyk wou hê, dit aan hulle gegee sou word. De Kock (1968:912) meld dat die sendeling-geneesheer, dr Prosper Lautré, Wepener en een van sy adjudante, (Raubenheimer) op die kruin begrawe het.

Op 7-8 April 1866 was Dick Wepener deel van die groep wat na Moshoeshoe gestuur is terwyl daar oor vrede onderhandel is. Dick het gevra na sy vader se oorskot en Moshoeshoe se seun, George, het hom soontoe geneem. Wepener en Raubenheimer se graf was ongeveer 12 treë vanwaar Wepener geval het. Dit was in 'n sloot en daar was 'n groot klip aan die kant. Dick Wepener het aanvanklik getwyfel of dit die regte oorskot was, maar dit herken aan die twee geslyte tande waar die pypsteel dit geslyt het. Hy het beide se oorskot, dit is Wepener en Raubenheimer, in 'n sak gesit wat hy by George gekry het en teen skemering by die laer waar die vredesonderhandelinge plaasgevind het, aangekom.

Klaas Vos, die landmeter het die volgende rympie gemaak:

"In het scheemering van het avond
Kwam Dick Wepener in het lager terug,
Met zijn Vaders beenen op zijn rug"

In die laer is die oorskot in 'n kamferkis, gemaak deur Henning Joubert, geplaas. Wepener is op Constantia begrawe: "in die hoek van die landmuur, van uit die voordeur van die huis, ongeveer 300 treë in 'n suidoostelike rigting" Geen grafsteen is op sy graf gesit nie.

Nog was dit nie die laaste rusplek van Wepener en Raubenheimer nie. In 1938 word die graf weer gevind en besluit op die herbegrawe van die oorskot op die randjie noord van die woonhuis. Die monument is ontwerp deur Coert Steynberg en op 31 Mei 1941 onthul deur dr SH Pellissier. Buiten die groot borsbeeld van Wepener word die slag van Thaba Bosiu in reliëf uitgebeeld waar Wepener en sy manne teen die geut op die berg bestorm. (Kyk MONUMENTE)

Wepener is op verskeie wyses vereer

- Die SAW het hom vereer deur twee militêre dekorasie na hom te vernoem: Louw Wepener-dekorasie (1952-1975) vir buitengewone heldemoed en die Louw Wepener-medalje (1967-1975), vir dapperheid by die redding van lewens.
- Die SAW het ook 'n Weermageenheid, die Regiment Louw Wepener (sedertdien ontbind), na hom vernoem.
- Die dorp Wepener is na hom vernoem.
- Nog twee monumente is vir hom opgerig, een in die dorp Wepener en een op die plaas De Nek waar hy geboer het, buite Aliwal-Noord op pad na Jamestown.
- JJG en PW Grobbelaar het 'n historiese jeugroman oor die slag van Thaba Bosiu en Wepener geskryf met die titel, Die Nagberg
- FW Reitz het 'n gedig oor hom geskryf.

Werdmuller, VWT (1857-1938)

Volgens die notuleboeke is die dorp bestuur deur vier kommissarisse en teen 1899 was die lede HA Rampf, (voorsitter), dr VWT Werdmuller, P Waugh en J Adam. Die vorige voorsitter, H Klijnveld, is 'n Volksraadslid. 'n Openbare vergadering word op 12 Oktober 1899, die dag na die oorlogsverklaring, in Bethulie gehou om 'n veiligheidskomitee vir die dorp te benoem. Dr Werdmuller is afwesig, want hy is op kommando as hoof van die ambulans van Bethulie (Eeufeesalbum...1963:51).

Die volgende het as veldkornette gedien met die eerste oproep: WF Robinson en HC de Wet en assistant-veldkornet JP Kruger vir Grootrivierwyk; VWT Werdmuller en waarnemende veldkornet JH Coetzee vir die dorp.

Anchen van der Merwe van Malmesbury skryf die volgende aan skrywer: "*My oupagrootjie se name is: Valentine Wilhelm Tell Werdmuller - en dan word von Elgg ook nog soms aangeheg. Die Werdmullers stam van Switserland en daar is 'n kasteel (Schloss Elgg) naby die dorpie Elgg wat nog in die Werdmullers se besit is en as 'n museum behou is*". Sy heg die "*Herinnering en ondervindinge van 'n ou medicus*" aan. (Die oorspronklike dokument is in die Oorlogmuseum te Bloemfontein. Min verbeteringe is aangebring en spelling - ook van mediese terme - onveranderd gelaat. As die betekenis onduidelik is, word die frase of woord donker gedruk en stippels vir onleesbare gedeeltes.)

"Op Burgersdorp gebore 14.2.185, "sy val en tens" dag soos my naam ook aandui het ek my jongelings- en skooljare in daardie dorp deurgebring tot my 17de jaar, en wel my onderwys op die Albert Academy verkry toe Dr. Brebner daar 'n beroemde skool gestig het, wyd en syd in daardie omtrek geken en kinders van tot en by die 20 jaar ouderdom getrek het van plekke en distrikte toe nog nie gestig nie, soos Steynsburg, Lady Grey, Molteno, ens, en ook ander toe alreeds bestaande dorpe, soos Aliwal Noord, Dordrecht, Bethulie, Smithfield, en waaronder vername manne opgelei is... Hier was ook in die tyd die Dopper of afgeskeie kerk gestig deur Ds M. Postma, wat net langers ons gewoon het, en waar ook Prof.Jean Deon Cachet een van die Proffesore was wat die "Sewe Duiwels" en wat hul gedoen het geskrywe het, en een van die eerste voorstanders was van die Afrikaanse taal.

In 1873 op 17-jarige leeftyd het ek na aflegging van die 3de klas sertifikaat (nou gelykstaande met matriek) na Edinburgh vertrek. In begin 1881 is Dr. Beck en ek na Suid Afrika met dieselfde skip teruggekom. Ook Voegt en Esselin as ambulans vir die boere. Ons het geland net na die slag van Amajuba, en toe was die oorlog oor.

Ek is toe huistoe vir enige maande, en het op versoek van inwoners my op Bethulie O.V.S. gevestig waar 'n Amerikaanse Kollega was, wat die eerste ovariotomie sukesvol in S.A. gedoen het, en vir beloning die prys vir 'n reisieperd gevra het, namelik £150.

Met die uitbreek van die Boere oorlog, was ek aangestel as hoof van die Suid Oranje Vrystaatse Veldmagte, en het ook na die geveg op Stormberg 10 Desember 1899 die gewondes moes alleen versorg namelik 84 engelse, en 16 boere. Onder die engelse gewondes was daar 4 offiesiere, die Kolonel, 2 Majoors en 1 Kaptein. Die Kolonel het 9 wonde gehad, 'n gebroke been wat op Kersfeesdag 1899 afgesit is. Hy het van al die wonde herstel en is middel van Januarie 1900 na die Base Hospitaal vervoer, maar ongelukkig het hy later koors siekte gekry, waar hy aan beswyk het. Hy was 'n dapper man, en nieteenstaande hy op geen kant kon lê nie, sonder om op 'n wond te druk, het niemand ooit 'n kreun van hom gehoor nie....Omrede dat ek die enigste dokter op die slagveld was .... het ek na 'n paar dae die boerkommandant versoek om die engelse dokter te ontmoet, wat gedoen was, en na drie weke weer ontslaan was....

In 1901 is ek deur die Britse gesag uit die O.V.S. gesit en het my toe op Malmesbury gevind waar ek 7 maande op parool gebly het en elke dag my by die Landdros moes rapporteer.., en waar ek nog al die tyd praktiseer van Oktober 1902". (Malmesbury. Datum onleesbaar: moontlik 8 10 1933 (oorlede 8.10.1938) V.W.T. Werdmuller).

HOOFSTUK 9

PLASE, BOERE EN BOERDERY

'n Rykdom van inligting en geskiedenis lê in ons plase opgesluit. Skrywer het van die inligting probeer versamel, om dit egter weer te gee sal 'n afsonderlike boek verg. Daarom is besluit dat hierdie hoofstuk slegs kortliks gaan verwys na die ontstaan van plase in die distrik, veral na die sendingtydperk, die invloed van die ABO en dan na plase wat geraak is met die bou van die Gariepdam en die vestiging van die wildtuine.

In die Nuusbriewe van 1974 en 1975 het Simon du Plooy (Brakfontein) 'n kosbare reeks artikels oor die geskiedenis van ouer plase in Bethulie gepubliseer. Die Nuusbriewe word in die museum bewaar. Die boek van Olivier, *So onthou ons die oewerbewoners van die ou Grootrivier*, bied ook baie inligting oor die plase langs die Gariepdam.

Kaart en transport

Die geskiedenis van die Transgariep en die latere Oranje-Vrystaat is nou verweef met die vestiging van plase. Trekboere en boere uit die Groot Trek asook Griekwas het hulle sedert die 1820's toenemend in die Transgariep gevestig. Onenigheid tussen die groepe oor grondbesit het die Britse regering genoodsaak om in te gryp en in 1848 word die Transgariep deur Brittanje geannekseer na die Slag van Boomplaats (kyk BOOMPLAATS). Dit staan toe bekend as die Oranjerivier-Soewereiniteit (ORS). In 1854 word dit egter 'n onafhanklike republiek met die ondertekening van die Bloemfontein-konvensie, die Republiek van die Oranje-Vrystaat. Janse van Rensburg (1990:133, 302-3,328) vertel van die uitdagings in die tyd van die ORS toe grondkommissies aangestel is om 'n wetenskaplike stelsel vir die opmeet en toekenning van plaaseiendomme daar te stel, die stelsel is na 1854 verder uitgebrei deur die Volksraad.

In die begin van die 19de eeu het trekboere (kyk TREKBOERE) tot teen die Oranjerivier gekom en in droogte tye toestemming van die Kaapse regering gekry om oor die rivier te gaan. Hulle het meestal uit die wyke Winterveld, Middenveld en Onder-Seekoeirivier gekom. Aanvanklik was die trekke periodiek maar vanaf die jare twintig het dit seisoenmigrasies geword. Dit is veral as gevolg van die droogtes in die jare twintig en dertig in Noord-Kaapland, daarom het meer hulle sedert 1825 permanent noord van die Oranjerivier gevestig. Janse van Rensburg (1990:65) dui aan dat die trekboere dan ook volgens die internasionale erkende reg van eiendomsreg deur okkupasie, waaraan hulle vir bykans twee eeue gewoond was, op die "*uitvlugt-plase*" aanspraak gemaak het. Die hele gebied suid van die Modderrivier en ook tussen die twee groot riviere, Caledon- en Oranjerivier is tussen 1825 en 1840 deur trekboere beset. In 1832 rapporteer dr Philip van die LSG dat daar reeds 1,500 boere in die Transgariep is en in 1834 rapporteer GA Kolbe, wat toe sendeling in Philippolis was, dat daar ongeveer 1,120 boeregesinne tussen die Oranje- en Modderrivier woon. Hulle leier in die gebied was MA Oberholzer wat naby die Rietrivier gewoon het. Die groep was sonder georganiseerde kerk, en daarom het huisgodsdiens so 'n belangrike plek ingeneem. Die meeste trekboere was vanuit die Ring van Graaff-Reinet met die gemeentes in Graaff-Reinet, Cradock en Beaufort-Wes. Die trekboere het gereeld teruggegaan na die gemeentes vir doop, aanneming en huwelikbevestiging. Die sendelinge het eers vanaf 1826 noord van die Oranjerivier in die omgewing begin vestig.

Janse van Rensburg (1990:107,164,247-8;254) sê dis opvallend dat boere vanuit die Kolonie, waar hulle teen daardie tyd aan die beskerming van hul grondregte gewoond was, na die Transgariep getrek en gewoon het en tevrede was dat hulle regte nie in enige wettige dokument omskrywe was nie. Die Britse betrokkenheid tussen 1848-1854 het oor grondregte van verskillende groepe gegaan en het die Britse regering hulself die reg toegeëien om grondeienaars se regte deur grondkommissies te laat vasstel, hierteen het die boere nie in opstand gekom nie en dit selfs verwelkom.

Die eerste landmeters, F Rex en R Moffat, is op 2 Mei 1848 aangestel. Hulle sou na die opmetings van 'n plaas, grondsertifikate van 'n formele kaart en 'n formele titelakte (grondbrief) uitreik wat in die volksmond as "*kaart en transport*" bekend staan; die landmetres sou saam met die kommissies werk. Ongelukkig was daar nie altyd 'n eenvormige werkwyse tussen die grondkommisies nie. In die periode 1850-1854 is 91 plase opgemeet en 'n totaal van 8,788 morg nog onopgemeet. Die volgende landmeters is ook tydens die ORS tydperk aangestel: FH Hopley, JH Ford, FHS Orpen, JM Orpen, AH Bain en J Hopkins.

Plase is verdeel in distrikte, elk met 'n landdros wat die registrasie van eiendomme behartig het. Die eerste vier distrikte wat opgemeet is was, Bloemfontein, Winburg, Vaalrivier-distrik (later Harrismith) en Caledonrivier-distrik, (later Smithfield). Al vier tydens die ORS tydperk.

Nadat die Britse regering die gebied in 1854 verlaat het en die Republiek van die Oranje-Vrystaat uitgeroep is, het die onopgeleide boere voor 'n reuse taak te staan gekom ten opsigte van die reëling van individuele grondregte. Die kwessie is feitlik geheel in die hande van die eerste drie staatspresidente gelaat en die enigste wyse van eiendomsverkryging en besitsreg was deur okkupasie van onbesette grond. Andersins het onderhandelinge plaasgevind met die Griekwas of ander groepe en 'n wettige ruil of koop transaksie is gesluit. Die eerste staatspresidente het die grondbriewe self geteken.

Tussen 1855 en 1863 is daar 161 plase opgemeet met 'n gesamentlike grootte van 612,263 morg. Daarvan is in Bethulie-distrik die volgende opgemeet: sewe in 1861, twee in 1862, twee in 1863 en vyf in 1864. Die sewe van 1861 was Schoolplaas (wat twee plase was, nr 291 en 303, albei in Maart). Tafelberg, Winterhoek (in Augustus) Katfontein, Middelfontein (in Mei) en Blaauwbank. Die twee van 1862 was Constantia en Merino. Die twee van 1863 was Broekspoort en Cyferfontein. Die vyf van 1864 was Draaidam, Nietteweet, Springbokfontein, Rooikoppiesfontein en Welverdient.

Die hoofbeweegredes was om 'n konsepwet op te stel waarvolgens 'n algemene opmeting van die Oranje-Vrystaat kon geskied en om ongelyke grondbelasting en gronddispute uit te skakel. Dit lei tot die aanvaarding van Ordonansie 30 van 1877 wat in Oktober 1877 in werking tree. Een van die uitkomste was dat bakens vir plase behoorlik opgerig moes word na die opmetings. Die hermeet kaart, ens moes alles aan die landmeter-generaal voorgelê word. Hierdie Wet het etlike wetlike beginsels vir die opmeet en inspeksie van plase daargestel, waarvan die belangrikste was dat die landmeter as voorsitter van die grondkommissie optree. Nadat inspeksie afgehandel is, kon die landmeter sy opmeting van blokke plase voltooi en die kaarte by die landmeter-generaal vir goedkeuring indien (Janse van Rensburg,1990: 284-290; 301).

Op 6 Augustus 1877 word GF Stegmann as die eerste landmeter-generaal van die Oranje-Vrystaat aangestel. Sy rol was om kontrole oor die opmetings uit te oefen; ernstige gebreke wat in grondtitels voorgekom het, is opgespoor. Hy is opgevolg deur JC Fleck in 1883 wat op sy beurt deur G Baumann opgevolg is. Baumann was, vanaf na die ABO, tot met sy dood in 1930, voorsitter van die Vrystaatse Landmeters-genootskap; hy het 'n leidende rol gespeel in die opstel van die Opmetingswet, Wet no 9 van 1927. Die landmeter-generaal het die verantwoordelikheid gehad om grondbriewe uit te reik en so die las van die staatspresident te verlig (Janse van Rensburg, 1990:300,385,450-).

Bethulie is formeel as distrik aangewys in 1861; eers onder Caledon-distrik maar in 1863 word Bethulie as 'n afsonderlike distrik geproklameer met 'n eie landdros. (kyk DISTRIKVESTIGING EN GRENSE). Sodra 'n distrik geproklameer is, is die plase wat tot die nuwe distrik behoort in numeriese volgorde in 'n afsonderlike plaasregister aangeteken en volledige kruisverwysings na die ou register gemaak.

Tussen 1902 en 1937 is die grootste verandering in die opmeet en registrasie van plase in Suid-Afrika gedoen. Die Opmetingswet van 1927 en die Registrasie van Aktes, Wet 47 van 1937, het tot verfyning gelei en is die proses gelykgestel met die Britse stelsel (Janse van Rensburg,1990:456-7).

Bethulie plase aan die einde van die sendingtydperk

Met die beeindiging van die sendingtydperk hier het Lephoi die reg verkry om die sendingronde te verkoop. In 1859 word George Donovan Lephoi se amptelike agent en kry die alleenreg om die sendinggronde te verkoop (Pellissier, 1956:510). Donovan het al teen 1836 'n plaas van Lephoi gekoop wat hy Glendower noem na een van sy Ierse voorstate. (Kyk HOOFSTUK 8: BEROEMDES...). Hy en

Miles het saamgewerk en Pellissier se aansprake teengestaan. Donovan koop sommer self nog 'n klomp plase onder andere Vogelfontein, Dasjespoort, Honingfontein, Schoonbeeksfontein, Tweefontein. Na sy afdanking as agent het hy byna al sy grond verloor.

Volgens Pellissier was die eerste drie persone wat 'n maatskappy gevorm het om die grond van Lephoi te koop waarop die dorp later ontwikkel het, G Donovan, Henning Joubert en JF Klopper, dit was op 6 Oktober 1859 dat 'n koopbrief opgestel is. Die koop het egter nie deurgegaan nie en 'n jaar later is 'n nuwe koopbrief opgestel en Donovan vervang met 'n ander bondgenoot.

Op 1 Mei 1860 word Donovan as Lephoi se agent afgedank, hy teken beswaar aan en uit die briewe blyk die onmin tussen verskeie mense en groepe en ou bondgenote wat die verkoop van die grond tot gevolg gehad het. Sommiges meen daar was baie gekonkel en wil Donovan terughê, en stel selfs voor dat wanneer die sendinggrond by die Vrystaat ingelyf word die dorp se naam Donovan moet wees! (Pellissier,1956:518-525).

van den Oranje Vrijstaat dat ik ondergeteekende onderdaan de gronden, zoowel als degene welke nog verkocht zullen worden, en voorsien zyn van een verklaring door my geteekend, dat ik op deselve al myne regten afstaan, voor en ten behoeve van het Gouvernement van den Oranje Vrijstaat.

NAAM DER PLAATS	GEINSPECTEERD VOOR
De Statie te Bethulie	Kapitein Lephui
Draaijrandjes	Fred. Thomas May
Damfontein	Kapitein Lephui
Moordenaarspoort	J. M. L. Klopper
Vlakfontein	Mantjes Lephui
Draaidam	H. J. Joubert
Driefontein	Kapt. Lephui
Klein Vogelstruisfontein	Kapt. Lephui
Rooirandjes	Kapt. Lephui
Kleinvlakfontein	Leno Lephui
Springbokfontein	D. J. Viljoen
Tweefontein	C. G. Wiesner
Sleutelspoort	C. G. Wiesner
Zwartfontein	J. G. van Aswegen
Tafelberg	J. J. Sauer
Rooikopjeskraal	Fr. J. Viljoen
Kapiteinskraal	Kapt. Lephui
Kraalfontein	A. J. en I. C. Swanepoel
Tweefontein	Leno Lephui
Wintershoek	Fr. H. Swanepoel
Katfontein	Filidor
Broekspoort	Mantjes Lephui
Vogelfontein	G. Donovan
Dasjespoort	G. Donovan
Honingfontein	G. Donovan
Kleinbloemfontein	J. M. L. Klopper
Pandam	Mantjes Lephui
Klipkraal	J. F. Combrinck
Bokpost	J. Hr. Klopper
Requestfontein	Fred van Aswegen
Spitskop	Louis Wessels
Vaalbank	Galantz
Vlakfontein	J. H. le Roux
Schoonbeeksfontein	G. Donnxvan.

Aldus gedaan te BETHULIE desen vyfden dag van December 1860 in tegenwoordigheid der onderstaande getuigen: —

Merk X van Kapt. Lephui.

Als Getuigen: —
H. J. Joubert.
Mantyes Lephui.
J. F. van Eddekenge.

Verklaring van Lephoi in verband met die verkoping van 'n aantal plase, 5 Desember1860 (Pellissier, 1956:639)

Bethulie-plase gedurende en na die ABO

Die ABO het 'n vernietigende uitwerking op die boerdery en plase gehad. Wat hier volg word aangehaal uit skrywer se boek, *Bethulie en die Anglo-boeroorlog* (2011:76-77). Reeds teen 14 Augustus 1900 het verdere proklamasies gelui dat huise afgebrand sou word indien die inwoners Boere sou huisves en ook as hulle weier om Engelse te huisves of te help. Teen 2 September 1900 as 'n reaksie op die guerrilla-oorlogvoering was Roberts selfs bereid "*...to use every means in my power to bring such irregular warfare to an early conclusion*" .. met die volgende uitkomste: "*ruinous to the country ....endless suffering on the burghers and their families*". (Otto, 2005:9-25). Op 18 November 1900 terwyl hy voorberei om Suid-Afrika te verlaat reik Roberts sy laaste instruksies uit oor die verskroeide aarde beleid: "*all cattle and foodstuffs are to be removed from all farms; if it is found to be impossible, they are to be destroyed, whether the owner is present or not*".

Op las van Kitchener is omsendbrief nr 31 *Cleaning of the Orange River Colony* op 31 Maart 1901 uitgevaardig. Die doel was om vyandelike operasies lam te lê en ook om militêre troepe aan te wend op die plase skoon te maak en die burgerlike bevolking weg te voer. Daar is onder andere voorsiening gemaak om al die gesaaides te vernietig, voervoorrade in beslag te neem of te vernietig; gesinne met vee moes weggevoer word. Dit was wyses om die vyand tot oorgawe te dwing (Egodokumente, 1993:158). Hieruit het die verskroeide aarde beleid gevolg wat daartoe gelei het dat 60% van die twee republieke afgebrand word. Dit, en die afbranding van plaashuise, het ook sy effek in Bethulie-distrik gehad. "*At present no two columns do the same thing. Some burn every farm, some none at all. On 1 October 1901 there were hardly any farms in the Bethulie-Smithfield district which either had not been burnt or gutted and disroofed. A column passing through a protected district where the farmers are guaranteed will loot and destroy farms irrespective of the pledges of the District Commandant to the farmers, thereby leaving the impression that it is no good trying to be loyal*". (Fletcher-Vane, 1903:23).

Diere is op groot skaal doodgemaak, soms op wreedaardige wyses. Pieter du Plooy, broerskind van kmdt F du Plooy wat later self kommandant geword het, het vertel dat hy op 'n keer gedurende die oorlog op sy woonplaas gekom het en moes aanskou hoe die Engelse sy trop skape in die kraal ingejaag het, hulle met bajonette deurboor het en hulle op 'n hoop laat lê het. Hy het na die tyd nog halflewende diere en ander wat net vermink is daar tussen gekry (Du Plooy, 1982:30).

Na die oorlog is daar met 'n heropbou-program begin, daar is onder andere voorsiening gemaak vir 'n bedrag van £3 miljoen wat as kompensasie aan burgerlikes wat skade tydens die oorlog gely het, sou dien. In die omgewing is die *Springfontein Repatriation Board (SRB)* gestig om die eise te hanteer. Volgens die voormalige republikeinse leiers was die geld 'n "*free grant*" wat bedoel was as kompensasie aan krygsgevangenes en Bittereinders. Chamberlain het weer verklaar dat alle voormalige burgers, wat ook Hensoppers en Joiners ingesluit het, en hulle skade weens die oorlog kon bewys, hierin kon deel. Die koste van hervestiging sou by wyse van rentevrye lenings deur die Britse regering voorsien word. Die werksaamhede van die SRB het geskied teen die agtergrond van een van die ergste droogtes wat die *Orange River Colony (ORC),* die *Transvaal Colony* en groot gedeeltes van die *Cape Colony* in 40 jaar ervaar het. Oeste wat dit oorleef het is deur sprinkane, hael of ryp vernietig. Die droogte wat vanaf 1902 tot 1904 geduur het, het daartoe gelei dat mielie-en koringoeste in die *ORC* misluk het. Die SRC se store was in Springfontein vanwaar voedsel, saad, landbouimplimente, rytuie en selfs allerlei goedere soos harnasse, tome, saals asook jukke vir trekdiere, skape, beeste, ens om aan die mense te gee of te verkoop vir inkoopprys. Daar is uit die aard van die saak plase wie se eienaars nie teruggekeer het nie, of waarvan dele verkoop is aan Engelse om hulle teenwoordigheid in die distrik te versterk en dus Britse immigrasie aan te moedig. Teen 1905 was daar 13 sodanige plase in Springfontein-distrik, waarvan die onderverdeling herdoopde Engelse name gekry het. Van die families wat tot onlangs nog bekend was in die omgewing was Collett, Kidwell en Grant. (Van Zÿl, JJR. 2017)

Die boeregemeenskap het deur die jare weer opgestaan en begin floreer en spogplase opgebou.

<u>Plase uitgekoop met die bou van die Gariepdam en die vestiging van wildtuine</u>

Plase en plotte uitgekoop vir die Oranjerivier Staatswaterskema

Altesaam 26 plase is in 1967 uitgekoop vir die huidige Tussen-die-Riviere natuurreservaat. Ongeveer 45 plase aan die noordelike oewer van die rivier is geheel of gedeeltelik uitgekoop vir die ontwikkeling van die dam en die Gariep Natuurreservaat. Ongeveer 25 plase aan die suidelike oewer is ook geheel of gedeeltelik uitgekoop vir die dam en die Oviston Natuurreservaat; van hierdie boere het ook hulle besigheid in Bethulie gedoen en van die kinders het hier skoolgegaan.

Ongeveer 70 ploteienaars is uitgekoop (The Frontier Post & Times 14/2/1964:7)

Dit is veral Olivier wat in sy boek *So onthou ons die oewerbewoners*...(1973) wat die onteiende plase en hulle eienaars goed beskryf; hy dek egter net die noorderoewer van die Oranjerivier, dit is die 45 plase. Du Plooy, (1982) beskryf in sy *Die wildtuin tussen die riviere* die lief en leed van die inwoners van die plase wat daar uitgekoop is. In albei die boeke, word die intieme kennis gedeel van die plase se ligging, werksaamhede en bewoners. Die plase wat onder die Gariepdam is se bewoners word hoofsaaklik van na die ABO beskryf. Die meeste het lusern en koring geplant, besproei uit die Oranjerivier, dikwels sonder hulpmiddele en masjiene; die eerste dorsmasjiene word beskryf en pype van hout; hul liefde en afhanklikheid van hul perde is duidelik want feitlik op elke plaas was daar perde wat die skrywer by die naam noem. Armoede was nie 'n vreemde toestand nie, maar deur harde werk is die meeste plase in spogplase ontwikkel.

Een van die plase, De Wilgers, wat aan die rivier gegrens het en verdwyn het met die bou van die Gariepdam. Die lande is uit die rivier besproei.

Du Plooy (2005) skryf dat die eerste wit inwoners in 1840 tussen die riviere ingetrek het. Floris Dirk Jacobus Stephanus Coetzee het op Klipfontein begin boer en Petrus Jacobus du Plooy op Badsfontein en op Truitjesfontein het Simon Johannes du Plooy sy tentpenne ingeslaan. Hy redeneer dat die moontlikheid bestaan dat Simon reeds teen 1834 op Truitjesfontein kon woon maar dat substansiële bewyse nie gevind kon word nie. Die oorspronklike drie plase is deur die jare in 44 plase onderverdeel, en dit tesame met enkele aangrensende eiendomme word in 1972 amptelik as *Tussen-die-Riviere* natuurreservaat geproklameer. Du Plooy skryf dat alle tekens van vyf geslagte lank se verblyf verwyder is; opstalle is afgebreek, heinings verwyder, windpompe is afgebreek en boorde en aangeplante bome het gevrek.

OFFICIAL GAZETTE/OFFISIELE KOERANT. 17th NOVEMBER 1972
[Nr. 224 van 1972] . "Verklaring tot Provinsiale Natuurreservaat".

Die Administrateur het kragtens die bevoegdheid hom verleen by artike] 35(2) van die Ordonnansie op Natuurbewaring, 1969 (Nr. 8 van 196~),die Natuurreservaat beskryf in die bylae hierby tot Provinsiale Natuurreservaat verklaar.

BYLAE Die Wildplaas Tussen-die-Riviere, bestaande uit:

1. Restant van die plaas Winterhoek 514, as sodanig 1034,3297 hektaar;
2. Restant van die plaas Mooidraai 513, groot as sodanig 1034,3297 hektaar;
3. Restant van die plaas Damfontein 341.
4. Onderverdeling 1 van die plaas Damfontein:
5. Die plaas Groot Rivier 445, groot 548,1804; hektaar.
6. Die plaas Rossouw 355, groot 85,6532 hektaar.
7. Restant van die plaas Vergelegen 342, groot as sodanig 570,061 hektaar.
8. Onderverdeling 1 van die plaas Vergelegen groot 570,1061 hektaar.
9. Die plaas Eedendal 354, groot 433.4046 hektaar.
10. Restant van die plaas Klipfontein 340. Groot as sodanig 198.1958 hektaar.
1 I. Onderverdeling 1 van die plaas Klipfontein groot 144.5855 hektaar.
12. Restant van die plaat Grootfontein 339. groot as sodanig 570.1062 hektaar.
13. Onderverdeling 1 van die plaas Grootfontein 339. groot 570.1061 hektaar.
14. Die plaas Smaldeel 505. groot 278.3729 hektaar.
15. Restant van die plaas Wintershoek 343. Groot as sodanig 369,4008 hektaar.
16. Onderverdeling 1 van die plaas Winters hoek groot as sodanig 394,0046 hektaar;
17. Onderverdeling 2 van die plaas Wintershoek groat 393,2851 hektaar.
18. Onderverdeling 3 van die plaas Wintershoek groot 246,3388 hektaar.
19. Die plaas Bedrieghoek 360, groot 428,2659 hektaar.

20. Die plaas Werda 390, groot 370,8826 hektaar.
21. Die plaas Badsfontein 344, groot 827,4183 hektaar.
22. Die plaas Spes Bona 391, groot 827,4183 hektaar
23. Die plaas Erfdeel 476, groot 77,6988 hektaar.
24. The farm Van Ster's Post 477, groot 685,3525 hektaar.
25. Die plaas Straat Drift 395, groot 561,0569 hektaar.
26. Die plaas Dankbaar 475, groot 255,4920 hektaar.
27. Die plaas Zwartkopples. 337, groot 258.4270 , hektaar.
28. Die plaas Olijvenkloof 474, groot 275,4934 hektaar.
29. DIe plaas Geluk 347, groot 83,7317 hektaar.
30. Die plaas Du Plooys Rust 384, groot 366,4273 hektaar; 366,4273.
31. DIe serwituut oor Du Plooys Rust 384.
32. Die plaas Truitjesfontein 349, groot 338,241 hektaar.
33. The farm Brakfontein 350, groot 872,9602; hektaar.
34. Die plaas Namur 383, groot 84,5601 hektaar.
35. Onderverdeling 1 van die plaas Weltevreden 352, groot 22,2700 hektaar.
36. Die plaas Osfontein 348. groot 436.2203 hektaar.
37. Die plaas Helena 452. groot 436,2203 hektaar.
38. Die plaas Inhoek 336, groot 258,4279 hektaar.
39. Die plaas Vervolgzuiping 335, groot 258,4279 hektaar.

Almal geleë in die distrik Bethulie, Provinsie Oranje Vrystaat, en ook

40. Die plaas Fransdraai 381, groot 258,4279 hektaar.
41. Die plaas Caledon Draai 877, groot 513,9 hektaar.
42. Die plaas Rietfontein 6, groot 284,5727 hektaar.
43. Onderverdeling 1 van die plaas Mooihoek746 groot 269,0143 hektaar.
44. Onderverdeling 2 van die plaas Mooihoek 746, groot 269,0143 hektaar.

Almal geleë in die distrik Rouxville, Provinsie Oranje Vrystaat;
en ook Restant van die plaas Bethel 763, groot as sodanig 333,8683 hektaar;
en geleë in die distrik Smithfield, Provinsie Oranje Vrystaat.

[No. 225 of 1972] - [Nr. 225 van 1972]

(Met dank aan Simon du Plooy (Potchefstroom) wat die verskaf het).

Die 26 plase aan die suidelike oewer se geskiedenis is nie neergeskryf nie. Plase wat aan die suidoewer van die Oranjerivier val in die Kaapkolonie en deel vorm van die Tussen- die-Riviere wildtuin is van wes na oos Klipbanksfontein, Roosterhoek, Oudefontein, Caledonsfontein, Oorlogspost, Kranskloof, Renosterhoek en Heuningkrans. (Du Plooy, 2005). Vanaf die brug op pad weste toe lyk dit vir skrywer volgens 'n kaart van 1944 of die volgende plase moontlik onteien of gedeeltelik onteien is: Holmsgrove, Stinkhoutboom (op die draai), Riverside, Horseshoebend, Frewendale, Mooihoek (regoor Mooifontein), Bossieslaagte - amper regoor Bossiesspruit wat aan die noorderoewer uitmond - ook Tevredespoort, De Rust en Waterval, Dagbreek, Saamwerk, Die Wilgers.

Die bou van die Gariepdam het die boerdery gemeenskap 'n groot knou gegee. Arnold Griesel beskryf die impak soos volg *"Die sosiaal-ekonomiese oorblyfsels van hierdie gebeure in die Bethulie-distrik was sekerlik, gemeet in 'n kort tydsgleuf, een van die mees drastiese die afgelope 50 jaar..."* Hy beskryf die negatiewe impak van die boere wat hulle plase moes verkoop en die distrik verlaat het, hoe dit gelei het tot veminderde werkgeleenthede, produksie van primêre produkte wat afgeneem het, skoolgaande kinders het veminder en besighede is geraak. Die aantal plase en boerdery-eenhede soos Macsmo-plotte, klein en groot, wat uitverkoop is, was meer as 100. Alles ingereken blyk dit uit die gemeenskapsgeheue dat daar 'n geskatte 45 gesinne en meer as 100 kinders die gemeenskap permanent verlaat het. (NG Kerk Bethulie 1862-2012, 2012:18-9).(Kyk ook HOOFSTUK 7: GARIEPDAM).

Boere en boerderye

Met die vestiging van die Tlhaping hier in 1832 het hulle hul skaap en beestroppe saamgebring, watter soort is nie opgeteken nie, maar wel dat die vee baie was en ook 'n versoeking gestel het vir die Tamboekies om te kom roof. Die eerste geval wat Pellissier (1956:277) aangeteken het was die van Oktober 1837 waarin 10 veewagters van die Tlhaping gedood is, 3,000 skape en 600 beeste is gebuit. Reeds vroeg is daar ook met bokke en volstruise op Rekwesfontein geboer soos blyk uit 'n briewe van Martha Pellissier aan haar kleinkind in 1880 (Briewe..., 1973:47, 67).

Trekboere het reeds teen 1813 die gebied besoek om weiding vir hul vee te verkry, hoofsaaklik beeste en skape, koring is ook gesaai terwyl daar gewag is om weer terug te keer na die Kolonie. Sommiges het hulle hier gevestig. Volgens Prinsloo (1955:36) het die Voortrekkers meestal met vetstert skape en boerbokke getrek. Dis die skape wat hier aangetref is in die land met die koms van die witmense. Boerbokke is gebruik as voorbokke. Die vetstert skape het 'n goeie uithouvermoë en het die trekkers gehelp om te oorleef, as voedsel, vet om kerse en seep te maak en die velle vir klere en ander artikels.

Simon du Plooy (van Brakfontein) beskryf die aanleg van die oorspronklike plase en die boerdery soos volg: "*Ten eerste is die beste fontein gesoek, 'n veilige ligging vir die plaaswoning, genoeg landbougrond, ook die veekrale moes inpas in die boerderypatroon. Die eerste woning het net 'n voordeur gehad, geen agterdeur nie, elke vertrek een klein venster wat inderwaarheid maar 'n skietgat was, die woning was dus 'n fort omdat die tyd dit vereis het. ...die tweede woning op Truitjesfontein is in 1850 gebou...die mure soos destyds 2½ vt dik, met rowwe klip van die plaas, wilgerhoutbalke wat uit die rivier afkomstig was, dekgras en matjiesgoed vasgewoel met rourieme, die balke met houtpenne. Later is ook sink vir die dakke gebruik en nie meer strooidakke nie. Die veekraal, indien die ligging geskik was, in sig van die woning teen 'n skuinste sodat die veekrale uit die huis verdedig kon word. Die land en tuine was ook sigbaar vanaf die huis, omdat die vee daaruit gehou moes word....Ons vind dan ook vandag nog enkele plase waar die landmure sigbaar is.* (Kyk LANDMURE EN KLIPKRALE*).*

Die seuns het vroegoggend met die vee veld toe gegaan, dan moes pa die landerye oppas...Dadelik moes ook lande aangelê word, want broodmeel was nie te kry nie. Oestyd het ook die dorsvloer gebring. 'n Kaal harde plek is gekies, mooi skoongemaak en dan het die dorstyd begin. 'n Mens verbaas jou om te dink dat daar vir jare nie so-iets soos draad was om om die dorsvloer te span nie, en dan nog 'n klomp wilde perde op die dorsvloer te hou, met rourieme en genoeg mense om buite om te keer vir uitbreek... die hoeveelheid perde was volgens die grootte van die vloer, so 20-30 was 'n redelike hoeveelheid. Daarna het die moeilike stadium gekom om die koring uit te wan, gewoonlik is die wind altyd effens... Nou is die meul 'n noodsaaklikheid en die maalklippe gemaak...Van alle bouwerk, en die voortgang van die boerdery, het feitlik alles uit die plaas self gekom. Kontant in geld was skaars, maar daar is ook nie maklik gemors nie, net die allernoodsaaklikste vir die huishouding is gekoop by die smouse wat van agter uit die kolonie gekom het, en as hy klaar verkoop het, ook sy wa, gaan hy met die geruilde vee terug waar hy weer sy voorrade kon aanvul vir die volgende tog na die binneland". (Nuusbrief, 13 Des 1974).

Daar is ongeveer 40 boere in 2018 in die distrik en die hoofboerdery is steeds skaap en beeste

Skape

Kol R Gordon (kyk HOOFSTUK 8 :BEROEMDES ...) wat in 1777 in die omgewing was en die Oranjerivier sy naam gegee het, ontvang vier merino ooie en twee ramme in 1789 van die Prins van Oranje as geskenk vir die werk wat hy in Suid-Afrika verrig het. Dit het die grondslag gelê vir die merinoteelt in Suid-Afrika en die skaapboerdery in Australie (Ensiklopedie van die wêreld deel 4, 1973: 453. Stellenbosch).

JC de Waal (Kyk HOOFSTUK 8: BEROEMDES...) skryf: *"Op 24 Mei 1906 het ek ... op versoek van die Vrystaatse Regering na Australië gegaan om opregte skape vir die kuddes vir ons wolboere aan te koop. Ons het 7,500 gekoop, tot hul satisfaksie".* Dit was merinos *(Die Herinneringe van JC de Waal, 1986:8;* www.dewaals.co.za/pdfs/dewaal.pdf*).*

Op die foto verskyn De Waal in die middel, hy was vergesel van Helgardt Steyn en Hay (Foto: VAB A325).

Op boerderygebied het Bethulie ook 'n eerste gehad: die Van Rooyskaap wat in 1906 deur Jan van Rooy van Koppieskraal geteel is (Kyk HOOFSTUK 8: BEROEMDES...).

Larry Smith het die foto om Facebook, Friends of Bethulie 20/9/2018 gesit met die byskrif Lusernsny met perde... dis waarskynlik op Macsmo geneem

HOOFSTUK 10

BETHULIE SE BESIGHEDE

Die eerste verwysing na besighede op die sendingstasie was in 'n brief van 'n besoekende predikant uit Nederland, ds Huet; op 20 Junie 1857 skryf hy: "*Bethulie is eene fraaije statie, met goeden gebouwen, eene schoone zendelingswoning, twee winkels welk door Engelschen gehouden worden, en eenige andere gemetselde huizen...* (Pellissier, 1956:456). Op die eerste skets wat van die dorpsuitleg gemaak is in 1862, word twee winkels aangedui, suid van die huis van die Pellissiers (Kyk HOOFSTUK 5: DORPSTIGTING). Of een van daardie winkels die kroeg of drankwinkel was, is te betwyfel, maar dat daar vroeg in die dorp se bestaan aan die behoefte voldoen is, is duidelik. Die eerste "canteen licence" is in 1862 aan mnr Jelly van Burgersdorp uitgereik. 'n Korrespondent van Bethulie wat vir "*The Friend of the Free State*" skryf, beskryf die hartseertoneel van die sendingstasie se strate wat verander in plekke van gevegte van mense onder die invloed. Die mense was die werkers en smouse wat ingekom het om hulle goedere te verkoop aan die mense wat erwe in die nuut gestigte dorp gekoop het. Hy beskryf hoe van hulle deur die landdros van Smithfield gevonnis en opgesluit is in 'n gebou waaruit hulle telkemale maklik uitgebreek het. Die Vrederegter van Bethulie het toe so ver gegaan om die verkoop van drank vir 'n tydperk te verbied!

In 1863 was daar drie winkels: WD Adcocke en SRJ Hare se winkels was by hul huise; en dit blyk asof Ortlepp en Cleve 'n gesamentlike winkel gehad het (Pellissier, 1956:504). Teen 1866 was hier reeds vier winkels in die dorp. Een van die winkels het moontlik aan die latere sir JB Robinson die mynmagnaat, wat reeds teen 1863 hier was, behoort; hy was toe net 23 jaar oud. Hoewel Pellissier onthou dat hy 'n klerk in een van die winkels was. In dieselfde jaar het hy 'n ander bekende, Maurice Marcus, as boekhouer gehuur. (Kyk onder BEROEMDES...). Robinson was later 'n wol en algemene handelaar en hy vertel self: "... *doing a large business in Bethulie... the building I had was, I believe, the finest in the whole country. I also had two farms on the town lands for breeding cattle, sheep and angora goats.*" (Lawrence, J. 2001:16-26). Waar daardie winkel was is nie duidelik nie, dat dit deel van die Royal Hotel kon wees, word uitgeskakel aangesien die eers in 1873 beplan is en hy reeds in 1870 Bethulie verlaat en na Kimberley gegaan het. Moontlik kan dit die huidige Shopwise wees, op die noordwestelike hoek van Voortrekker- en Joubertstaat.

Gandinie het teen 1870 'n winkel gehad (Nuusbrief, 11 Febr 1977) en ons lees van 'n insident by die winkel van Crostwhaite teen 1874 (Ferreira, 1988 :66).

Waar Hendrik Vorster se winkel was kon skrywer nie vasstel nie.

Max Heimann's cash establishment. Met dank aan die Nasionale Museum, Bloemfontein.

Twee families wat al in die 1880's met besighede begin het en waarvan die name vir jare nog voortbestaan het, was Gunn en Dittmar. Frank P Gunn (kyk HOOFSTUK 9: BEROEMDES...) het teen ongeveer 1882 'n algemene handelaarswinkel oopgemaak in die gebou wat tans die melkery is, op die suidoostelike hoek van Roux- en Jouberstraat. Sy tweede winkel was waar Shopwise nou is, op die noordwestelike hoek van Joubert- en Voortrekkerstraat. Hy het altyd in *De Vrijstater* geadverteer: "*Still on the corner. Firewood, coal, etc*" (Nuusbrief, 18 Okt 1974).

Foto van Gunn se winkel; met dank aan die Oorlogmuseum

Herbert Gunn, gebore 1890, was 'n seun van Frank Gunn wat ook later 'n besigheid gehad het.

JHW Dittmar (1859-1831) die stamvader van die Dittmars in Suid-Afrika, wat in Duitsland gebore is, kom in 1887 in Bethulie aan waar hy 'n besigheid oopmaak en dit tot ongeveer 1906 bedryf het. Hy trou met een van Herman Klijnveld se dogters, Henriette Martha (ca1869- 1916). Sy kinders, Hilda en Emile, het later die besigheid oorgeneem wat hulle op die hoek van Grey- en Voortrekkerstraat gevestig het. Teen 1936 het hulle steeds as Dittmar Bros, algemene handelaars,geadverteer (*Jaarblad Bethulie Hoërskool)*

JHW Dittmar se winkel vanaf ongeveer 1887-1906

Besighede het saam met die dorp ontwikkel en in 1899, die jaar waarin die Anglo-Boereoorlog uitgebreek het, het die *Donaldson en Hills, Orange Free State Directory* die volgende aangedui:

Attorney
Klijnveld, H ?
Bakers
Grounow, W
Kruger, JC
Rensburg, TJ
Blacksmiths
Lotter, W
Schaefer, M
Boarding houses
Bothma, DJE
De Villiers HT (Mrs)
Neser, F (Mrs)
Schaefer, H (Mrs)
Butchers
Grounow, W
Kruger, JC
Rensburg, TJ
Cab proprietor
Kruger, B
Contractor
Waugh, P
Carrier
Kruger, JA
Doctors
Werdmuller, VWT
Wohlers, HW
Engineer
Nicolaison, RD
General Merchants
Beamish, Geo
Dittmar, JHW
Gunn, FP
Rampf, HA
Hotels
Dobbin, WR (Royal)
Gunn, W
Horse dealer
De Villiers, JWL
Masons
Coombs, WM
Viljoen, J
Wiesner, J
Miller
Coetzee, John
Painter
Griffin, W
Speculators
Connor, Jas
Francis, AJ
Kruger, JG
De Villiers, JWL
Watchmaker and Jeweller
Bilse, EH

Nog 'n familiebesigheid wat vir soveel jare sinoniem met Bethulie was, was De Bruyn se winkel. Op 2 Januarie 1903 het twee jong Boerekrygers, Jan en Philip besluit om 'n winkeltjie te begin in Rouxtraat 32; die plekkie is Gebr de Bruyn genoem. Na 'n paar maande het hulle ook die huis langsaan

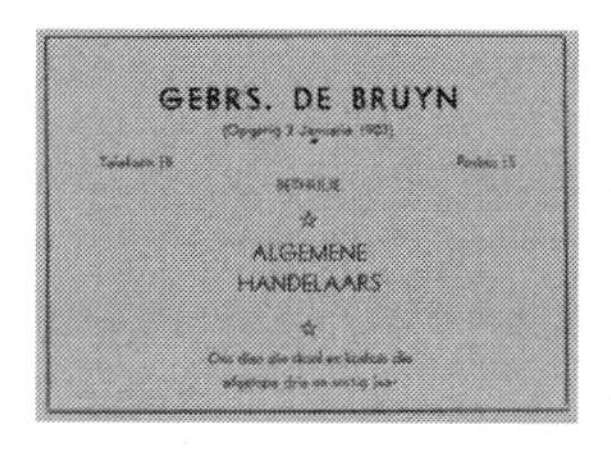

gekoop. Een van die seuns van Philip, ook Philip maar beter bekend as Flippie is in 1909 gebore en het in 1927 gematrikuleer; 'n paar jaar daarna het hy by die twee broers aangesluit. In 1950 het Philip senior afgetree en herbou Flippie die winkel soos hy tot in 2014 gelyk het. Op 3 Desember 1976 sluit hy die winkel; hy was reeds 74 jaar oud. Hy sterf in 2001). (Kyk HOOFSTUK 8: BEROEMDES...)

Simon du Plooy wat in 1969 hier gematrikuleer het onthou De Bruyn algemene handelaar waar *"oom Flippie die eienaar, bestuurder en verkoopsman was. Hy het bykans alles verkoop, klere, skoene. skoolbenodigdhede, kruideniers, hardeware, plaasbenodigdhede, noem maar op...wat oom Flippie nie gehad het nie, het hy vir die klant gekry"* (Nuusbrief, Apr 2012). Skrywer onthou hoe haar ma en ander hulle "notisies" telefonies gelees het en so hulle bestellings vir aankope geplaas het wat later per fiets afgelewer is. Dit was nou diens! Die laaste eienaar, Nicky van der Walt, het in sedert 1985 die winkel as *Protea* bedryf; sy seun het hom later bygestaan maar in 2014 sluit die winkel.

Op die noordwestelike hoek van Joubert- en Voortrekkerstraat bestaan daar jare reeds 'n winkel wat verskeie eienaars en dienste deur die jare gelewer het. Moontlik was Gunn wie se tweede winkel dit was van die eerste eienaars.

Gedurende die ABO het die winkel wat toe aan Rampf behoort het, sandsakke as verskansings gehad. Die landdroskantoor net regs pryk met 'n Union Jack

. ACA van Rooy en later sy broer, JC van Rooy (die latere Senator en teler van die Van Rooy-skaap), het 'n algemene handelaarsaak daar bedryf vanaf 1903-1939. Die besigheid is later oorgeneem deur Jan Lion Cachet.

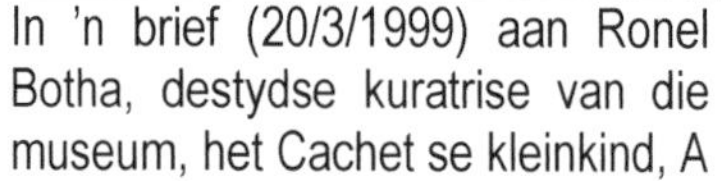

In 'n brief (20/3/1999) aan Ronel Botha, destydse kuratrise van die museum, het Cachet se kleinkind, A Farinha van Silverton, die volgende vertel: Cachet se naam was Karel Efriam Levi; Napoleon het sy naam verander na Lion Cachet, wat beteken 'n leeustempel; hy moes dokumente stempel met die stempel waarop die leeu verskyn.

Besighede wat deur die jare in die gebou gevestig was, was onder andere A Kristal (Patrick Mynhardt onthou hy het chauffeur gehad vir sy 1937 Ford V8 omdat hy nie kon bestuur nie), Boet Dippenaar se kafee, Bethulie supermark van Jossie en Joslyn's, later Herman Zylstra, Tobie Greyling, Koos Wolmarans, gesamentlike eienaars was Naude Stander, Roelf le Roux en Jorrie Jordaan, later Rita Nel. Griesel en Tertia van Heerden het die naam *Shopwise* vir hulle vorige winkel gekies wat op die perseel van die huidige melkery was, en met die trek na hierdie gebou, het hulle die naam oorgedra. Vanaf 2005 besit die broers Riaan en Patrick Hayes die winkel.

Op verskeie van die ou fotos van algemene handelaars se winkels word *nectar tea* geadverteer soos die winkel van JC Venter

en die van TJJ van Rensburg wat in Bergstraat geleë was, net links vanwaar dit by Rouxstraat aansluit. Presies waarvan die tee gemaak is, kon skrywer nie vasstel nie. Dit kan moontlik net 'n handelsnaam wees van gewone tee; verder word ystee, rooibostee en ander gegeurde tees ook verbind met die naam. Die volgende kon opgespoor word: "*South African Nectar Tea Company Limited was acquired by Harrisons and Crosfield Limited (CLC/B/112) in 1914 to pack and sell nectar tea in South Africa. Its head office was in Cape Town. Harrisons and Crosfield Limited sold the company in 1920/1.*(http://www.aim25.ac.uk/cgi-bin/vcdf/detail?coll_id=16931&inst_id=118).

Fotograwe wat 'n geleentheid raakgesien het, is die Klijnveld-broers: "*Mannie and Max made hay during the time the British soldiers were stationed near here and opened a photographic studio. There was a great demand for snaps and photos for the Tommies to send to their wives and mothers in England".* (Uit: Emma's Diary)

Uit die Jaarblad Bethulie Hoërskool, 1936, kry mens 'n idee van die aktiwiteite van die dorp deur na die advertensies te kyk. Dat Bethulie 'n selfonderhoudende dorp was en dat die Jode 'n belangrike rol in die ekonomie gespeel het, is duidelik. (Kyk JODE). Twee garages word geadverteer: *Poisat's motor Service Station* vir *dag en nag petrol diens* en Klijnveld en Co se *Union garage:..vir petrol, olie, buitebande… vry lug en water.*

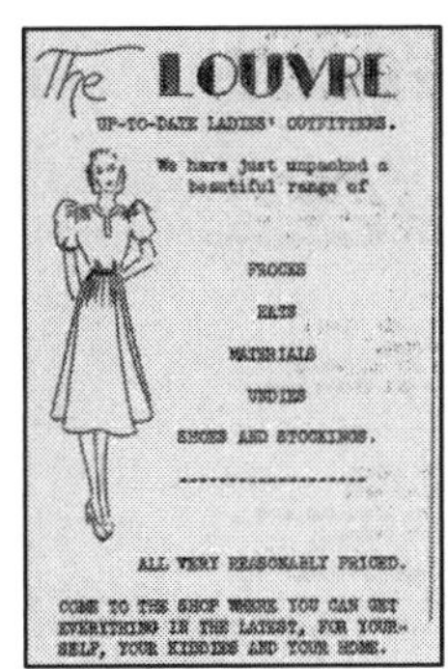

Aan klerewinkels het dit nie ontbreek nie: Ab Edelstein adverteer: *…"just unpacked their full range of summer goods from Europe. Hats and shoes to match… Big selection of dresses from America, Vienna and Paris, also nice washing dresses."* A Kristal adverteer: *"Men's complete outfitters. Sole agents for monatic shirts and pyjamas"*. JF Frank adverteer *"Manspakke vanaf £5.5.0 en hoër. Nuutste mode en snit gewaarborg"*. En dan die winkel met die eksotiese naam, *The Louvre: "a big range of frocks, hats and shoes. For the home: glassware, linens, damask, curtaining, towels, etc."*

Handelaars in hardeware was H Gunn & Co en P Poisat en algemene handelaars was Gebros de Bruyn, Dittmar Bros en P Hamel.

Die dorp het ook die gerief van 'n apteek gehad, die van FG Turner wat hy al sedert 1920 bedryf het: "*drugs, medicines, toilet preparations, photographic goods, cameras, developing and printing, vacuum flasks, torches*".

In 1976 (Notule 12/4/1976) was daar onder andere die volgende besighede

Slagtery van JA Coetzee
Bethulie restaurant
Madeira kafee
Bethulie koöperasie
Foschini
Gebr de Bruyn
Oranje handelshuis (Mev H Kroon)
Hou Koers Patente medisyne
Border stores

ABC Store

Pep stores doen in Sept 1976 aansoek om handelaarslisensie

Deur die jare het besighede gekom en gegaan, na aanleiding van die behoeftes en die beskikbaarheid van kundigheid. So was hier byvoorbeeld 'n apteek vanaf 1920, bedryf deur Fred G Turner. Hy was egter nie 'n opgeleide apteker nie; sy seun wat in Smithfield was, was wel 'n opgeleide apteker. Lood du Plessis het vir hom gewerk en later die "apteek" hanteer vanaf 1939 tot 1978. Louis Hoffman was die eerste opgeleide apteker in die jare sewentigs. Latere opgeleide aptekers was J Holtzkampf, wat 'n apteek bedryf het vanaf 1 Julie 1980 vanuit Joubertstraat 39 .

Besighede anders as algemene handelaars het dikwels interessante kombinasies van produkte aangehou soos in die *Jaarblad Hoërskool Pellissier,*1966 en 1968 verskyn. Voortrekker garage adverteer dat hulle agente is vir General motors produkte en vir Frigidaire-yskaste en stowe. Rita's adverteer rokke en material asook vuurmaakhout, kole en antrasiet.

Banke was nog altyd deel van Bethulie se besighede**.** Volgens Marthie de Klerk het FP Gunn die erf waarop die Barclays bank later gebou is in 1918 gekoop, die gebou in Joubertstraat, (daar waar die *Bethulie Family Fellowship* tans is) is opgerig deur John Giff. Cox was die bestuurder in die 1920's en 1930's. In 1987 is die naam van die bank verander na Eerste Nasionale bank van Suidelike Afrika, (ENB) en later net First National Bank (FNB). 2011 sluit die FNB-tak in Bethulie en laat die dorp sonder enige bank. Intussen was daar in die sestiger- tot tagtigerjare 'n Volkskasbank asook 'n Perm bouvereniging op die dorp. Die eerste Volkskas-tak in Bethulie open op 9 Maart 1962. (Nuusbrief, 28 Nov 1986).

Lood du Plessis as eerste Volkskas kliënt in Bethulie (Foto met dank aan sy seun Marius du Plessis)

Bethulie kry sy eerste OTM in 2004, die van ENB (later FNB) (Nuusbrief, Des 2004)

Die spaarbussie is in die 1950's versprei veral om kinders te leer spaar.

Aansoeke en voorstelle vir besighede 17/8/1967: 'n aansoek van JH Pieterse om 'n inryteater hier te bou is ontvang. Die aansoeker moet self na 'n geskikte terrein kom soek

Ander interessante besighede was:

'n **Droogskoonmakers** wat vir 44 jaar deur Harry en Pieta Wise bedryf is in Krugerstraat 31; hulle sluit in 1980

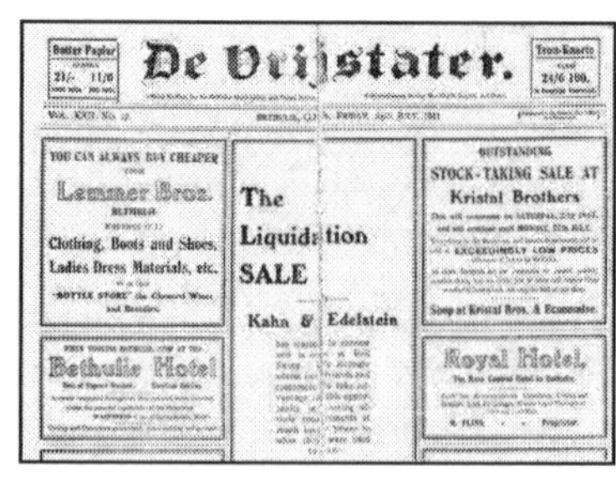

De Vrijstater.

YOU CAN ALWAYS BUY CHEAPER

Lemmer Bros.

Clothing, Boots and Shoes, Ladies Dress Materials, etc.

The Liquidation SALE

Kahn & Edelstein

STOCK-TAKING SALE AT Kristal Brothers

Shop at Kristal Bros. & Economise.

Bethulie Hotel

Royal Hotel.

'n **Drukkery** bekend as *De Vrystater Printery*, was vir baie jare deel van die dorp. Marthie de Klerk skryf dat die besigheid in 1909 begin het en deur Mike Myburgh bedryf is; die besigheid het allerlei skryfbehoeftes verkoop en drukwerk gedoen. Hy is in 1933 oorlede en sy vrou en Corrie van den Berg het dit nog tot 1941 bedryf.

. 'n **Skoenmaker** was op 'n tyd ook onontbeerlik vir die dorp. Dit is veral kinders wat se skoene gereeld versool moes word, hakke wat oopgetrek het en heelgemaak moes word, wat "Oom Skoenmaker", DJ Strydom, gereeld by sy huis op die suid-oostelike hoek van Pellissier en Joubertstraat besoek het. Van die herinneringe aan hom is die van skrywer wat onthou dat die oom 'n groot snor gehad het waaraan die leer se stof vasgesit het en daaraan het sy haar verkyk! Hy het ook altyd 'n bekertjie dikmelk gehad wat eenkant getaan het en wat

hy graag gedrink het. Marius Fryer (Facebook Febr 2014) onthou hy het nooit sy voorhekkie oopgemaak nie. Hy't oorgespring. Omdat hy kon, het hy dan gesê!

Tydens die opening in 1979 van 'n nuwe winkel vir Foschini wat al sedert 1971 in Bethulie was, het die burgemeestersvrou, Marthie Smith, daarop gewys dat Bethulie die afgelope ses jaar 'n groeikoers van 7,04% gehandhaaf het, terwyl feitlik al die ander dorpies in die Suid-Vrystaat gekwyn het.

Garages het nie net werktuigkundige dienste gelewer nie, maar ook brandstof verkoop en dikwels ook motors. Bethulie kry sy eerste petrolpompe in 1928. Van die herinneringe sluit die volgende in:

Fichardt's Motors was in Jouberstraat 19 geleë (soos uit Nuusbrief, 29 Aug 1986). In 1931 het Fichardt en Johannes Abram Kruger as vennote Fichardt's Motor Garage gestig. Hulle was agente vir die Reo Flying Cloud en Rugby karre wat toe nog in kratte op die stasie aangekom het waar hulle wiele eers aangesit is. Teen 1938 word dit slegs Kruger's garage.

Foto van JA Kruger in sy garage (met dank aan Gary Johnson-Baker)

Piet Haley het die besigheid later by George Botha gekoop en doen sedert 3 Mei 1947 daar besigheid. Hy het motors direk van die fabriek gekry en het die GM agentskap gehad. Sy werktuigkundiges is deur die fabriek opgelei en het gereeld kursusse in Port Elizabeth bygewoon. Van sy vakleerlinge was Tom Hodgson, Hampie Venter en Johnnie Hartman. Later het Oscar Haley die besigheid oorgeneem. Die eerste nuwe motor wat hier verkoop is, was in 1947, 'n vierdeur Chev Fleetmaster Sedan. Vanaf 2016 word die perseel weer as 'n werkwinkel aangewend.

Hampie Venter

Hampie Venter is in 1971 aangegestel as lid van die 10de en grootste Suidpool-span, hy was deel van die Tegniese span. Voor hulle vertrek het hulle opleiding in Pretoria en Kaapstad ontvang. Hulle het op 7 Februarie 1972 na die Sanae-basis vertrek waar hulle vir 15 maande sou bly. Ria onthou dat hulle wel af en toe per telefoon kon kommunikeer. Hulle het hare en baard laat groei vir die tydperk.

Hampie was 'n bekende werktuigkundige op die perseel in Rouxstraat wat hy sedert 1986 tot met sy dood in 2009 besit het.

Twee garages word in 1936 in die skoolblad geadverteer: Poisat's motor Service Station vir *dag en nag petrol diens* en Klijnveld en Co se Union garage (eienaar DJ du Plessis) *vir petrol, olie, buitebande, vry lug en water.*

Die foto verskyn in die Panorama van 1974. Die Rooiperd-embleem van Mobil is duidelik voor die garage. (foto vanaf die Bethulie Hotel se stoep

In die sestiger en sewentiger jare was hier selfs drie garages wat gelyktydig petrol verkoop het vir Caltex, Mobil en Shell.

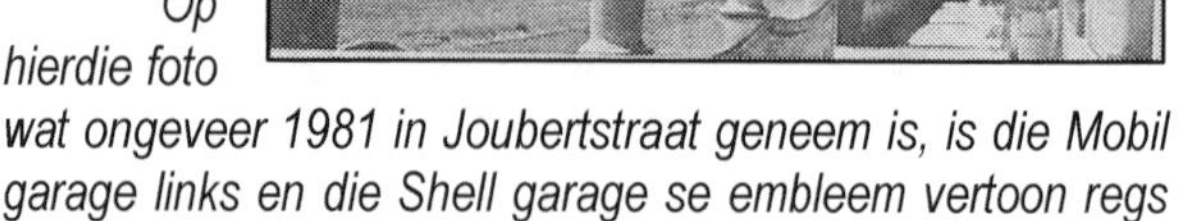

Op hierdie foto wat ongeveer 1981 in Joubertstraat geneem is, is die Mobil garage links en die Shell garage se embleem vertoon regs in die middel.

Aqua motors in Voortrekkerstraat was 'n Shell handelaar en adverteer tussen 1966 en 1968 dat hulle agente is vir Peugeot, Hillman, Rambler, Ford, Chrysler, Dodge Monaco, Dodge LDV en Nuffiled trekkers. Griesel en Tertia van Heerden het die Shell garage gehad, bekend as Griesel motors, wat op die suid-oostelike hoek van Roux- en Joubertstraat was. Hulle het dit van die Van Collers gekoop. Die garage het in die laat sewentiger jare afgebrand

Piet Haley en Johan Pretorius het saam die Caltex garage in Voortrekkerstraat 12 gehad en dit Tabu Motors genoem. Die vertoonkamer was die APK se saal en werkwinkel was die hele Werkmandjie gebou. Piet van Zyl was werktuigkundige in die sestiger jare, Tabu motors adverteer in die *Jaarblad Hoërskool Pellissier*, 1966 dat hulle agente is vir Toyopet- trokke en motors.

Volgens die notule van 3/6/1986 het Johan (JH) Pretorius van Pretoriastraat 44 vir 'n motorgarage lisensie aansoek gedoen. Hy het 'n groot sinkstoor gebou waar hy veteraan motors koop en verkoop en vir eie gebruik 'n werkwinkel daarvoor wil bedryf .

Haarkappers is ook een van die besighede waarvoor daar altyd 'n behoefdte sal wees. Haarkappers wat ook 'n barbier was, was 'n sigbare bedryf in elke dorp, dikwels geadverteer met 'n paal waarop wit en rooi strepe geverf is. So was ene Spöhr 'n haarkapper. Sy kleinkind, David Spöhr, het aan skrywer vertel dat sy oupa 'n Kaapse rebel was wat hom na die ABO hier gevestig het tot in die 1930's. Die haarkappers was vir jare net 'n diens aan die manlike geslag. Vroue en meisies se hare is vanuit huise van 'n paar opgeleide en onopgeleide mense "gedoen" en gesny. 'n Paar haarkappers word nog onthou. Simon du Plooy wat in 1969 hier gematrikuleer het onthou "*Oom Attie du Plessis haarkapper, Gereformeerde Kerk se koster was ook die AVBOB agent en met tye was sy barbierwinkel gesluit as hy begrafnis verpligtinge moes nakom… die plastiek rangskikkings en enkele doodskiste wat vanuit die straat sigbaar was, was met groot agting aangestaar*". Daan Putter, ook 'n haarkapper, se besigheid was langs oom Attie in Joubertstraat. "*Prys vir haarsny was 1 sjieling en 6 pennies (15c) vir kinders en vir grootmense 2 sjielings en 6 pennies (25c). Dinsdae was natuurlik koshuisseuns se beurt, dan moet die dorpseuns wegbly!"*

In die Lisensieraad se notule van Januarie 1973 word onder andere na die volgende haarkappers verwys wat lisensies moes uitneem: Attie du Plessis (wat toe ook aftree) JD Putter en mevr B van der Merwe, J Calitz en C Lotter. In 1989 doen R van Niekerk aansoek om haarkapper lisensie (Lisensieraad, Notule17/2/1989).

Deur die jare is 'n **koöperasie of handelshuis** deel van die dorp. In die *Jaarblad Hoërskool Pellissier, 1966* word die Bethulie Koöperatiewe Handelshuis Bpk geadverteer. In 1976 word daar van die Bethulie Koöperasie gepraat en die woord handelshuis word al minder gebruik. Die Albert Koöperasie was geleë waar Lewis tans is, op die noord-oostelike hoek van Voortrekker- en Joubertstraat, met die kruideniersafdeling reg oor Voortrekkerstraat. Die koöperasie was selfs op 'n stadium in die huidige AP Kerk se gebou geleë. Op 'n stadium het dit SENWES geword tot Maart 2001. Volgens die Nuusbrief van Mei 2001 het dit vanaf 1 Julie 2001 as OVK begin besigheid doen in die groot nuwe winkel op die suid-oostelike hoek van Joubert- en Burnettstraat.

Skrywer onthou die fassinerende wyse waarop geld in die winkel hanteer is. Sou jy 'n betaling wil maak, is die geld by die betrokke toonbank inbetaal. Daarop het die winkelklerk die strokie met die geld in 'n houertjie gesit wat aan 'n lang tou vasgemaak was. Die tou het dan opgegaan na 'n klein kamertjie bo naby die dak waar 'n kassier gewerk het. So word die houertjie "opgeskiet" na die kassier, wat dit ontvang, die nodige kleingeld daarin plaas, asook 'n kwitansie. Sy "skiet" dit dan weer af na die plek waar die klient wag. 'n Hele netwerk van lang toue het oor die toonbanke gevorm en elke houertjie het sy eie roete gehad!

Hotelle

Watter hotel die oudste in die suid-Vrystaat is, kon skrywer nie vasstel nie. Smithfield wat alreeds in 1848 gestig is se hotel is op 12 September 1863 deur Rottcher geopen (Prinsloo, 1955: 243). Onsekerheid bestaan ook oor die eerste hotel in Bethulie. 'n Foto wat in die versameling van die Nasionale museum gevind is met die katalogusinskrywing: *Bethulie hotel,* met geen verdere inligting toon 'n klein geboutjie met 'n naambord bokant die deur: *Hotel.*

Volgens Marthie de Klerk was die eerste hotel op die dorp die van William Gunn wat in 1849 gebore is. Kon die klein geboutjie sy hotel gewees het in die laat sestiger jare? Die Royal Hotel is in ongeveer 1873 gebou toe William slegs 24 jaar oud was en moes hy dan die Bethulie Hotel nog voor die tyd besit het.

Die Bethulie Hotel wat op die foto links verskyn is moontlik 'n latere en nuwe gebou van die eerste Bethulie Hotel. Die hotel was op suidoostelike hoek van Joubert- en Murraystraat. Later het dit slegs as 'n losieshuis bekendgestaan onder andere van mev Arie Kruger (haar man was vir baie jare die dorp se waterfsikaal). Dit het later aan Piet Fourie behoort wat die buitevertrekke aan privaat loseerders verhuur het. Tans is die eienaar Hannes le Roux wat steeds van die kamers verhuur. Wanneer die mooi stoep van die historiese gebou afgebreek is, is nie seker nie.

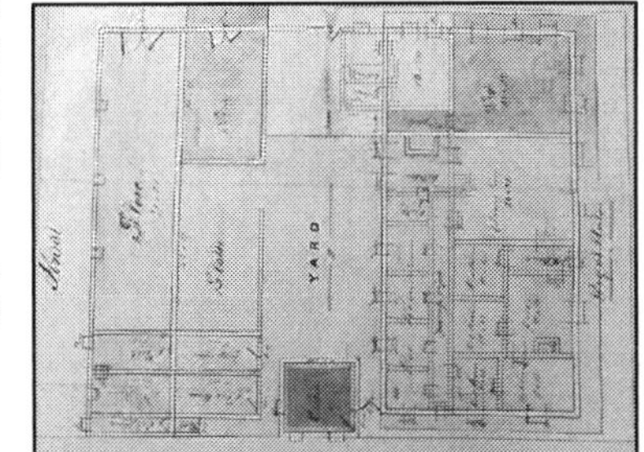

'n Plan van die Royal Hotel wat in September 1873 opgetrek is, dui daarop dat die hotel moontlik kort daarna gebou is (VAB 2/642). Die hotel is op erf nommer 76 geleë wat in 1864 as erf geregistreer is.

Die hotel se voorkoms het deur die jare verander. Aanvanklik het dit pragtige houttraliewerke om die stoepe gehad.

Die foto is in 1905 geneem. Let op die 2 name: die van die eienaar: TS Denbisch's hotel; op die kar staan Royal Hotel. (Uit Donaldson en Hill, 1905:374)

Twee ander eienaars wat later genoem word, is AJ Leech (1905) WR Hobden, 1906-8 (Braby's 1907:327) In 1909 was die eienaar Fredom (Braby's 1909)

Fotos met dank aan die Oorlogmuseum. Geneem na 1906. Royal Hotel se biljard kamer

In 1922 is die hotel byna heeltemal in 'n brand verwoes volgens Marthie de Klerk; Scott (The House...:11) onthou ook die insident. Sydney Holm verkry die tender om die stene te verskaf vir die herbou van die hotel. Daarna is die *hele* voorkoms van die hotel verander met die hoofingang in die middel van die stoep in Voortrekkerstraat. (Nuusbrief, 15 Aug 1986)

Foto met dank aan Johannes Haarhof vanuit die Transnet Heritage Library se fotoversameling (foto nr 46920).

Van die eienaars van die hotel was Rudolph Flink. Hy het van Duitsland gekom en met Sarah Finesinge in die Transvaal getrou. Hulle het in die 1930's die Royal Hotel in Bethulie gehad; hy is bygestaan deur sy seun in die kombuis. Rudolph Flink is in Bethulie se begraafplaas begrawe met net 'n sterfdatum daarop, 28 Julie 1938. Latere eienaars was Louis en Joan (Joey) Pienaar in die laat 1960 vroeg 1970's. Ander eienaars was Hannes le Roux vanaf 1973, JP de Villiers en Flip en Hanke Walker het die hotel rondom 2002 besit.

In 1970 is die woonkwartiere by die Royal Hotel aangebou en in 1972 word toestemming gevra om neonligte aan te bring (Notule 25/6/1970; 14/9/1972).

Daar was ook permanente loseerders in die hotel en Marthie Dippenaar, Abraham Griesel, Jannie de Lange, Jan Kilian en Claude Moorcroft kan nog onthou word. (Nuusbrief, 15 Aug 1986).

Jan Terblanche vertel dat Bethulie in die 1980's gewild was onder die handelsreisigers wat gewoonlik Woensdae in die Royal Hotel oornag het. Hulle het die "*sample room*" gebruik om hul ware uit te stal; daar was tot ongeveer 100 van hulle! Vir die dae het hy vier afvalle uit sy slaghuis verskaf wat all vier opgeëet is – Bethulie het onder die reisigers as die "afval-dorp" bekend gestaan!

Teen 2004 is die hotel as 'n leë dop op 'n veiling verkoop aan die huidige eienaar Tony Hocking wat die hotel omskep het in Suid-Afrika se enigste boeke hotel.

Dat 'n dorp nie sonder 'n **slaghuis** kan bestaan nie is duidelik as na al die advertensies van slaghuise gekyk word. Dat die ure soms lank was dui op die gewildheid van die produk soos Grobbelaar sy slaghuis in 1936 (Jaarblad Bethulie Hoërskool) adverteer: hy is in die week oop van "*6 tot 1 uur en van 3 tot 6, Saterdae oop tot 8 uur in die aand."* Van die eienaars gedurende die laaste helfte van die 1900's was, Jan Botha, Hennie Claassen, Jan Terblanche, Peet en Joseph Coetzee, Johan Fenwick en baie ander. Gert Smit het "*Bethulie biltong slaghuis*" gehad waar hy op groot maat vakuumverpakte biltong landwyd versprei het. Die laaste slaghuis in die dorp het aan Jan Terblanche, bekend as Jan Slag, behoort en het in 1988 toegemaak, waarna die tipe besigheid deel geword het van algemene handelaars soos Protea en Shopwise. In 2016 maak daar weer 'n slaghuis oop in Joubertstraat.

Van die **besigheidsmense** wat onthou sal word is Dougals Adam en Paul Poisat

Douglas John Adam (1928-2013). was die oudste van drie boers wat in Bethulie skoolgegaan het, die ander broers was Jimmy en Ronny. Hulle pa was Alfred James Adam wat op Draaidam geboer het. Hy het op stadium daar gewoon waar die ouetehuis se huis is, dus die ou pastorie van die Anglikaanse kerk. Douglas Adam was een van Bethulie se veelsydige sakemense. Hy het 'n groot bydrae op plase gelewer deur damme vir boere te maak onder die handelsnaam SFS Damme; later het hy met SFS Transport sement en sand vir die bou van die Hennie Steyn-brug in die 1960's as vervoerkontrakteur naam gemaak; hy was baie lief vir sy groot masjiene. Daarna het hy oral in Suid-Afrika help paaie bou en konstruksiewerk gedoen. Douglas was met Cynthia Wrede (1931- 2017) getroud. Haar pa het 'n "*trading store*" hier in Bethulie gehad en sy het aanvanklik in die bank gewerk. Sy het in ongeveer 1972 die besigheid SFS Motors begin, daar waar die AP Kerk vandag is. Gedurende die laat 1970's het hulle 'n groot besigheidskompleks in die dorp ontwikkel waaronder SFS Motors; dit het die geboue suid van Joubertstraat en oos van Voortrekkerstraat ingesluit waar die Caltex garage, 'n kafee woonstelle en Foschini gehuisves was. Hulle was ook die eienaar van die laaste garage wat petrolpompe gehad het, totdat Caltex uit baie dorpe in die platteland onttrek het. (Inligting met dank aan hulle dogter, Shyrel, en uit Nuusbrief, 16 Nov; Okt 2013).

Paul Valentina Poisat (1869-1952) is in Grenoble, Frankryk gebore. (Sy ouers was Gregoire Poisat en Felicie Holsters; Felicie was 'n suster van die Anna F Holsters wat met die Van Rooy's na Suid-Afrika gekom het). Wanneer Poisat na Suid-Afrika gekom het is nie seker nie. Hy trou met Paulina van Rooy (1870-1934) 'n suster van die bekende Van Rooy-broers, dus met sy niggie. Hulle het in 1922 het vanaf Steynsburg na Bethulie gekom en die besigheid van sy swaer, ACA van Rooy van ondergang help red; hy het 'n vooraanstaande handelaar geword.

Hul vyfde kind, Paul Ferdinand (gebore in 1901), het in 1926 sy ouers met die besigheid kom help. Hy trou in 1951 met Johanna M Delport wat 'n verpleegsuster in Bethulie was. Die besigheid was in Joubertstraat, die *Bargain Centre* (Nuusbrief, Okt 1991). Simon du Plooy onthou (Nuusbrief, Apr 2012) dat oom Paul; se winkel fietsonderdele gehad het, kettings, bande en "patch & solution" maar ook dat daar die mees begeerde Joseph Rogers knipmesse was. 90% van die aankope is ingevoer. Reisigers het rondgegaan met voorbeelde en dan is bestellings geplaas. Uit Engeland is gewoonlik ornamente en warmwaterflesse gekoop asook gewere en ammunisie en van Japan teestelle. Die goedere is dan per spoor versend na Bethulie. Oom Paul het daar onder andere 'n tweedehandse karre vertoon kamer gehad en 'n werkwinkel en petrolpompe aan die kant van Rouxstraat.

In die Nuusbrief van 12 Sept 1986 verskyn die volgende: "*daardie twee geboue in Jouberstraat was aanvanklik Spöhr se haarkappersaak. Daarna slaghuis van Grimsdell, Boet Dippenaar se kafee en die algemene handelaar Willie van Wyk. Lood (JL) du Plessis koop dit van Willie van Wyk en het drie jaar lank daar sake gedoen as gekwalifeeseerde horlosiemaker, fotograaf, handelaar in patente medisyne en sagte ware. (die medisyne gedeelte het later Paul se Manswinkel geraak) en later het die medisyne oor die straat getrek waar medisyne en kafee gedoen is*". Op die gebou links staan daar 1928 en op die een regs, 1909 bo in die geuwels

Pogings tot samewerking tussen besighede het gelei tot die stigting van Bethulie Besigheidsaksie in 2000. 'n Gesamentlike stem, opleiding, en reklame vir die dorp was van die doelstellings. Dit het later die Bethulie Sakekamer geword wat 'n volle geaffilieerde lid van die AHI sedert Februarie 2004 geword het. (Nuusbrief, Febr 2004). Die voorsitter op daardie stadium was Schalk Jacobs. Hulle het onder andere die Nuusbrief oorgeneem.

In 2018 bestaan die middedorp uit die volgende:

Shopwise ('n kruidenierswinkel met 'n slaghuis)
U Save sedert 27 Februarie 2014
Ou Karoo slaghuis
Penneblikkie (Skryfbehoeftes en geskenke)
Lekkerbek (lekkergoedwinkel met koffiewinkel)
Watchmaker (restaurant)
Plaaskombuis (tuisnywerheid en restaurant)
Ou Kar (restaurant en kroeg)
Werkmandjie (naaldwerk, gebak en koffiewinkel)
Skrynwerkerwinkel
Tweedehandse meubelwinkel
Lewis stores
Pep stores
Bandediens
Bethulie Hardeware
2 motor herstelwerk plekke
2 bottelstore
Melkery
Thusano begrafnisdienste
Good knight bedding (matrasse)
Timeless tomatoes verwerkingseenheid
Twee klein finansieringsbesighede
'n paar kleiner winkels van buitelanderss wat van kruideniers, elektronika tot klere verkoop.

HOOFSTUK 11
ALFABETIESE AFDELING

Aardbewings kyk NATUURRAMPE

ABATTOIR

Die burgemeester, JJ Wardhaugh, skets 'n duidelike en nie aangename prentjie van die slag van vee in sy "*Burgemeester se oorsig* van 1929/30": "*Toe ons dorp baie kleiner was, het meeste mense by hul huise laat slag...Vandag het ons drie slaghuise en menige vleis word op die mark verkoop en daar moet geslag word of die wind waai of nie...Ons westewinde hoef niks van gesê te word nie...Ons slagpale is onderkant die dorp en in die opelug nie ver van die lokasie nie, nie ver van die lokasiehospitaal, nie ver van ons ashope nie en bo dit alles sonder om water in die nabyheid te hê...Vlieë en brommers kan maar uit die geselskap gelaat word. My Raad het strikke vir brommers gestel wat goed sover beantwoord. Die tyd van die jaar is die posisie van stof en vlieë dragelik, en dan vergeet ons so lig van die warm dorre dae...Die Raad het 'n konferensie met die slagters gehad en hulle klagtes is baie. 'n Abattoir met water is die enigste oplossing... die geskikste plek... om by water te kom is aan die noordekant van Macsmo*". 'n Sinkgebou is toe blykbaar opgerig om as abattoir te dien tot 1937 toe dit vervang is met 'n moderne gebou met al die geriewe volgens standaard vereistes. Die slagpale en die skut was aan die westekant van die spruit suid van Joubertstraat net voor die bruggie.

Hierdie koperplaat is by die latere kragstasie aangebring wat daarop wys dat water, gesondheid en abattoir skemas geopen is deur die Minister van Finansies, NC Havenga.

Met die bou van die Gariepdam moes die abattoir ook verskuif word; in 1973 word die nuwe een noordoos van die dorp, naby die eseldammetjie, in gebruik geneem. Die gebou is aanvanklik ontwerp deur 'n mnr Pretorius, maar later gewysig deur mnr Bronn en word op die einde departementeel gebou. Vir baie jare was die slagpale dus die verantwoordelikheid van die munisipaliteit totdat dit verkoop en geprivatiseer is in 1990; Cassie Fenwick neem dit oor vanaf 1 Maart 1989 (Notule 26/11/1970, 24/6/1971, 12/8/1971, 9/3/1972, 27/7/1989, 22/2/1990). Plaaslike kundigheid en innovering het die abattoir aan die gang gehou en ontwikkel. Gert Smit het byvoorbeeld die krale gebou en vier ou skeepshouers omskep in koelkamers; Griesel van Heerden het die kompressor geinstalleer vir die verkoeling.

In 2008 is die abattoir gesluit as gevolg van arbeidsprobleme. Bethulie se boere moes daarna van naburige dorpe se geriewe gebruikmaak totdat die Driefontein-abattoir in Desember 2015 op die plaas van Henning Joubert geopen is.

AFRIKAANS

Afrikaans is in 1925 as amptelike taal naas Engels en Hollands erken. Dit is voorafgegaan deur twee Taalbewegings wat ook 'n invloed in Bethulie gehad het, veral op kerkgebied. Een van die sterk voorstanders van Afrikaans was ds Willem Postma, predikant van die Gereformeerde Kerk in Bethulie vanaf 1897-1905. Cilliers (1982: 30) meen "*hy was in baie opsigte die siel van die Tweede Afrikaanse Taalbeweging in die Vrystaat*". Hy het reeds in 1905 'n pleidooi gelewer om Afrikaans as skryftaal te bevorder en die gesindheid sou latere aksies van die kerk in Bethulie beïnvloed (Kyk ook ALBERT-DISTRIK; HOOFSTUK 8: BEROEMDES).

In 1916 het ouderling H Snyman van die Gereformeerde Kerk (Eeufees-gedenkboek, 1963:76-80) 'n mosie ingedien dat die kerkraadvergaderings in Afrikaans gehou word; dit was twee jaar voor die Sinode se besluit. Die predikant wat ds Postma opgevolg het, ds JA van Rooy, het hom ook vir Afrikaans beywer en in 1918 het hy gevra dat katkisasieboeke in Afrikaans opgestel moet word; hoewel dit nie gebeur het nie, was die passie daar.

Die eerste notule van die NG Kerk wat in Afrikaans gehou is, was op 2 September 1922 en ds A Stockenström preek in Afrikaans.

Op 26 Februarie 1935 word die huweliksformulier vir die eerste keer in Afrikaans gebruik deur ds Groenewald (1985:25) van die NG Kerk. " *'n Ander afwyking was dat ek op Dinsdag 26 Februarie 1935 vir die eerste keer die huweliksformulier in Afrikaans gebruik het, maar vreemd genoeg het niemand dit eintlik opgemerk nie".*

Met die ontvang van die eerste Afrikaans-vertaalde Bybel in 1933 het die Gereformeerde en NG Kerk-gemeentes dit feestelik in ontvangs geneem. Die gedagte van Afrikaanse Psalmberyming het by ds van Rooy van die Gereformeerde Kerk opgekom en 'n versoek is aan die Sinode gerig. 'n Kommissie is benoem waarop ds van Rooy ook gedien het. Prof JD du Toit, beter bekend as Totius, is onder andere deur ds van Rooy genader om daarmee te help. In Maart 1936 het die Gereformeerde Kerk se Sinode in Bethulie vergader; *"na die oorhandiging van die Psalmboek aan die Gereformeerde Kerk in SA, is die Psalmboek op Sondag 8 Maart 1936 op plegtige wyse in gebruik geneem. Dit het plaasgevind in die kerkgebou van die NG Kerk omdat die hele publiek van Bethulie na die plegtigheid uitgenooi is en die Gereformeerde Kerk te klein sou wees. Die kerkgebou was dan ook daardie aand van hoek tot kant beset".* (Eeufees-gedenkboek,1963:78-79). Daartydens is die bundel met berymde Psalms amptelik in gebruik geneem. Totius, die psalmberymer, het geskryf dat die die Afrikaanssprekende kerke nou ook Afrikaanssingende kerke kan wees.

Die munisipaliteit van Bethulie was ook gretig om Afrikaans te gebruik en die notule van 7 Mei 1918 van die Munisipale Raad word in 'n soort Afrikaans gehou.

Op skoolgebied word daar vir die eerste maal van Afrikaans as medium van onderrig gepraat toe die skoolhoof, mnr Botha, die skeikunde-onderwyser by die skoolkommissie aankla omdat hy nie uitvoering aan die skoolkommissie se besluit gee insake die medium van onderrig nie. Vanaf 1919 word skeikunde en geskiedenis deur medium van Afrikaans onderrig. In 1921 word Hollands deur Afrikaans vervang vir die matrikulasie-eksamen van 1922. Op 11 April 1922 neem mnr Herholdt oor as waarnemende hoof en word die dagboek van die skool vir die eerste keer in Afrikaans, keurige Afrikaans, gehou. Afrikaanse letterkunde as keusevak teenoor wiskunde word vir die matrikulasie-eksamen van 1923 ingestel (Eeufeesalbum,1963:42,144).

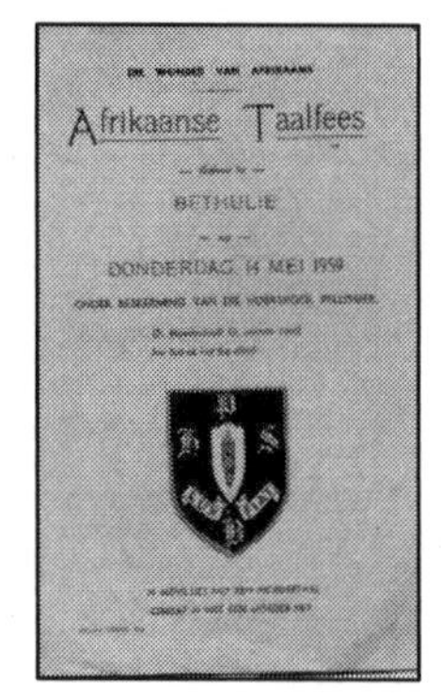

Met die viering van die vyftigste bestaansjaar van die Suid-Afrikaanse Akademie vir Wetenskap en Kuns in 1959 was die tema: *Die wonder van Afrikaans.* Bethulie het aan die vieringe deelgeneem onder leiding van die Hoërskool Pellissier. Die program het veral voordrag en koorsang ingesluit.

Program geskenk deur Simon du Plooy (Potchefstroom).

Afslaers kyk onder BESIGHEDE

Akteurs kyk KUNSTENAARS...

ALBERT-DISTRIK

So dikwels kom die naam *Albert voor,* soos die ou Albert-koöperasie in Bethulie; in Burgersdorp is die naam steeds deel van verskeie besighede; geen wonder, want die Burgersdorp-distrik het as die Albert-distrik bekend gestaan. Met die afbakening van die distrik in 1844 is dit vernoem na *"Albert the Good, the noble consort of Queen Victoria".* Voor dit as distrik Albert bekend gestaan het, is dit Somerset genoem (volgens 'n e-pos van Pierre Verster aan skrywer op 13/9/2017). Met die 1806 oorname van die Kaap deur Engeland het die nuwe regering mettertyd Engels oral verpligtend gemaak, in die staatsdiens en in skole. Die eerste plek in ons land wat hierteen in opstand gekom het was die Albert-distrik in 1858. Hier is ook die eerste taalmonument in die land opgerig in 1893. Ds Willem Postma, latere predikant in Bethulie, het in die kragtige nasionale en Afrikaanse taalbeweging sentrum opgegroei (Cilliers, 1982:1-2, 29). (Kyk ook AFRIKAANS; HOOFSTUK 8: BEROEMDES).

AMBULANS

Soos byna alle gemeenskapsdienste was die ambulansdiens aanvanklik deel van die Stadsraad se verantwoordelikheid. Op 15 Desember 1969 kry die dorp die eerste twee ambulanse, een vir wittes en een vir swartes. Een van die bestuurders was suster Dolly du Plooy. Ongelukke waarby die ambulans betrokke was, is deur die jare gereeld in die notules vermeld soos die eerste in 1973 toe 'n ambulans afgeskryf is. In 1981 het die Provinsiale Administrasie die verantwoordelikheid van ambulansdienste oorgeneem, maar plaaslike besture moes steeds die uitvoering van dienste behartig (Notule 8/10/1981). Tot 1989 was die inkomste wat verkry is uit die vervoer van pasiënte, deel van die Munisipaliteit se inkomste.

Louise Klopper onthou hoe 'n sekere Strydom wat op 'n stadium die ambulansbestuur was, die ambulans omgegooi en gerol het in Voortrekkerstraat, voor die ou Royal hotel, nadat dit die eiland in die middel van die straat getref het. Stefan Bredenkamp het in Junie 1997 by Johanna Anderson oorgeneem (Nuusbrief, Jun 2005). Die ambulans is tans deel van die kliniekdienste.

Anglo-Boereoorlog kyk HOOFSTUK 6: ANGLO-BOEREOORLOG

APARTHEID IN PRAKTYK

Kyk ook SWART WOONBUURT; BRUIN WOONBUURT

'n Kennisgewing wat teen 'n deur by een van Bethulie se garages was. (Met dank aan Tertia van Heerden).

Hiermee enkele grepe en opsommings uit notules wat na die toepassing van apartheid verwys:

Vir baie jare moes die munisipale Bestuurskomitee goedkeuring verleen vir die inslaap en inwoon van huishulpe in die wit woonbuurt. Aansoeke moes skriftelik ingedien word. Die regulasies het onder andere bepaal dat goedkeuring slegs vir enkellopende persone is, die fasiliteite soos toilette en verblyf moes aan standaarde voldoen.

Swart plaaswerkers: In die 1970's het die Bantoe-administrasie rade bestaan wat onder andere aansoeke vir vestiging in die swart woonbuurt moes goedkeur. Een van die gevolge van die Oranjerivierprojek was dat baie plaaswerkes hulle werk verloor het omdat die plase uitgekoop is; van hulle het aansoek gedoen om in die dorp te kom bly. Toestemming is byvoorbeeld in twee gevalle gegee met die volgende voorwaardes: solank die mense nog in hul werkgewer se diens is (toevallig het die werkgewers in die dorp kom bly) mag hulle in die swart woonbuurt kom bly, maar sodra hulle die diens verlaat, moet hulle in 'n tuisland gevestig word (Notule 26/11/1970).

Daar is 30 swart werklose mans in die woonbuurt. As hulle elders gaan werk en na 30 dae nie terug is nie, mag hulle nie terugkeer nie. Dit was volgens die Wet. Die Raad bespreek die dilemma: dit lyk asof die swartes wat nie verblyfreg in die woonbuurt het nie, nie mag werk nie (Notule 19/8/1971).

Daar was ook beheer oor wittes wat na die swart woonbuurt wou gaan; aansoek moes gedoen word en 'n permit wat vir drie maande geldig was, kon uitgereik word. Indien wittes na ure dringend na die swart woonbuurt moes gaan, kon 'n munisipale beampte by die huis gekontak word vir toestemmning (Notules 24/7/1975, 28/8/1975).

Die aandklok-reel: Die regulasie (afgelei van die Wet) beperk die beweging van "anderskleuriges" in die blanke woongebied tussen 21:00 en 4:00; uitgesluit die wat inslaap. 'n Markklok wat op die markplein gehang het, waar die stadsaal tans is, het gelui om die tyd aan te dui. Die klok word in die museum bewaar. Later jare het 'n sirene wat op die kragstasie se dak was die tyd uitbasiun. In 1985 vra die Ontwikkelingsraad en die SAP die Raad se kommentaar oor die moontlike afskaffing van die aandklokreel. Die Raad besluit om dit nie op die stadium te herroep nie (Notule 30/9/1985).

As gevolg van die wysiging van die Wet kan Indiërs permanente verblyf in die Vrystaat bekom. Die gedagte van 'n afsondelike woonbuurt wat as groepsgebied verklaar word, word bespreek (Notule 16/1/1986).

Apteke kyk HOOFSTUK 10: BESIGHEDE

ARGITEKTUUR, BOUSTYLE EN BOUMETODES

Huise

Bethulie se oudste huis, tans die Pellissier-museum, is in 1835 voltooi. Dit het aanvanklik 'n platdak gehad met net die middelste deel as huis. Die twee syvleuels wat steeds platdakke het, is later aangebou. Die mooi houtwerk is op die nuwe staandak aangebring.

Tydens die stigtingsjare van die dorp in die 1860's "*was die huise nog baie eenvoudig van voorkoms met platdakke, voor afgerond met trapvormige of geweldriehoekige borsweringmure of 'n geprofileerde kroonlys. Namate die mense meer geld gehad het, is die verandas aangebou van reguit of s-vormige sinkplate. Daar was 'n tydperk wat die modegier was om die verandas in bane van twee afwisselende kleure te verf. Baie van die verandas is pragtig afgewerk met uitgesnyde houtkrulwerk en 'n houttraliemuurtjie voor. Rou of halfgebakte stene met modderklei is as bou materiaal gebruik. In die pleisterwerk is voeë gesny sodat dit die voorkoms van klipblokke gehad het. Die voeë was om barste tee te werk*". (Janse van Rensburg, s.a:35-6).

Van die oudste geboue in die dorp wat nog bestaan is die volgende:

1864: NG Kerksaal

1864/1965. Bethulie se tweede oudste huis wat nog bestaan is in Greystraat.

1868: Roux-straat 9. Die huis met die houttraliewerk is gebou deur Peter Waugh. Sy jongste dogter Bessie 'n onderwyseres, bly daar tot haar dood in 1973.

1869: Pretoriastraat 19.

1871: Pellissierstraat 15 (eerste NG pastorie wat baie verander is)

1873: of nog ouer, die huis het bekend gestaan as Tall Trees; dit is op die noordoostelike hoek van Oranje- en Ondernoordstraat, gebou vir JA Scott .

1875: Voortrekkerstraat 14. Land-droskantoor, toe later stadsaal, tans AP Kerk,

1875: Rouxstraat 24

1877: eerste Gereformeerde Kerk, tans 'n woning

1879: gebou op die suidwestelike hoek van Joubert- en Rouxstraat, dit was die eerste goewermentskool

1880: Horlosiemaker se huis in Joubertstaat, tans Watchmaker-restaurant

1882: Rouxstraat 3 en 5 .

1887: NG Kerk

Van die eerste bouers van wie die bouwerk nog staan is Peter Waugh (1838-1921) Vir meer as 50 jaar bou hy huise in Bethulie en ook bekend as skrynwerker en sleutelmaker. (kyk HOOFSTUK 8: Beroemdes...)

'n Huis wat aandag trek en waaroor daar bespiegel word dat dit deur Sir Herbert Baker ontwerp is, is in Scottstraat geleë. Hy was wel in Suid-Afrika vanaf 1892-1913 en die erf, no 875, is in 1898 geregistreer. Wanneer die huis gebou is kon skrywer nie vasstel nie.

Openbare geboue

Die bekendste argitek wat in Bethulie betrokke was, is Gerhard Moerdyk (Kyk HOOFSTUK 8: BEROEMDES...) wat die Gereformeerde Kerk ontwerp het. Die bloudruk van die gebou met sy handtekening daarop word in die kerk bewaar.

Die hoë Barok-gewel met die lang smal vensters, spitsfront bokant die hoofingang, ronde vensters hoog bo onder die dak en die oranje dakteëls van Bethulie se Gereformeerde Kerk-gebou skep 'n aantreklike geheelindruk. (Geskryf deur Dirk van der Bank, Nasionale Museum, Bloemfontein.)

Die NG Kerk gebou is ontwerp deur die argitek Arthur Henry Reid. Hy is in 1856 in Plymouth, Engeland gebore. In 1877 immigreer hy saam met sy ouers en broers na Suid-Afrika en vestig hom in Kaapstad. Hy het 'n privaat praktyk vanaf 1882-1886 in Port Elizabeth en verhuis toe na Johannesburg wat die jaar ook gestig is. Reid is in 1897 terug Kaapstad toe waar hy in 1922 sterf. Hy het moontlik gedurende sy tydperk in Port Elizabeth, Bethulie se kerk ontwerp, asook die NG Kerk van Pearston. Volgens Janse van Rensburg (s.a:20) is die boustyl tipies Goties met die kruisplan-vorm. (kyk KERKE)

Die Rooms-Katolieke Kerk gebou in 1947

Die laerskool wat in 1904 gebou is, soos dit oorspronklik daar uitgesien het.

Die polisiekantoor wat in 1903 gebou is.

Trekboere

Interessante oorbyfsels van huise van trekboere word in die omgewing aangetref onder andere op die plaas Brandewynsgat. Hierdie strooikleihuise was moontlik gebou op dieselfde wyse as die muur van die perdemeul soos beskryf deur Simon du Plooy: *"...'n groot gat met los grond, water word ingelei van die fontein, die span osse daarop vasgekeer, die nat klei getrap totdat die os se kloutjie klap wanneer hy dit optel, dan word dit met grawe deurgewerk, en moet ook styf en hard genoeg wees om in sooie gespit te word, in lae van so 'n voet dik en 18 dm breed opgepak tot die muur se vereiste hoogte, dan netjies gemaak solank die muur nog nat is met die graaf gelyk gespit en afgerond en siedaar 'n muur klaar gebou, sommige wat die elemente weerstaan het vir 'n halwe eeu".* (Nuusbrief, Des 1974).

Oorblyfsels van 'n huis wat met klip gebou is word nog op heelwat plase aangetref soos die een op Groenvlei, Smithfield-distrik.

'n Paar interessante opmerkings wat skrywer oor die jare gehoor het:
Die karoo-huise se ruite was klein want die vervoer daarvan was makliker op die waens;
Die wit blokke op mure is om die strale van die son te breek, die gleufies tussen die blokke maak skadus wat die koeler laat word;
Die Engelse boustyle se vensters is hoër as die deure.

Japie du Toit se nalatenskap

Hoe dikwels hoor mens nog "*die huis is gebou deur oom Japie*", dan is dit gewoonlik na een van die mooier en stewiger huise waarna verwys word. Japie du Toit (1905-1990) was 'n bekende bouer hier in die dorp en sy nalatenskap sluit die volgende openbare geboue in: die skoolbiblioteek (nou 'n rekenaarsentrum), en die openbare biblioteek.

Van die huise in die dorp sluit die volgende in met eienaars soos in die middel 1900's:
De Klerk, Gerrit: 1950. H/v Robertson- en Rouxstraat.
Du Toit, Japie: Murraystraat 10.
Fryer, Nic: H/v Pellissier- en Krugerstraat.
Greeff, Michael: H/v Collins- en Robertsonstraat
Grobbelaar, Lena: Collinsstraat 8
Coetzee, Floors: H/v Collins- en Beyerstraat
Jordaan, Hansie: H/v Pellissier- en Klopperstraat
Neethling, Assie: Joubertstraat 65
Steytler, George: H/v Pellissier- en Krugerstraat
Hattingh, Johannes: H/v Grey en Murraystraat .
Van Rensburg, Apie: Pretoriastraat 18.

Op plase het hy ook huise gebou wat vandag nog gebruik word: soos die op Eendrag (van Ben de Klerk ongeveer 1956 gebou), dan ook die huise van Soetvlei, Nietteweet, Goedehoop (1954), Ruigtevlei.

Kenmerke van sy huise was die pragtige plankvloere van dun planke, die mooi en funksionele kaste, die skuifdeure tussen die eet- en sitkamer - die houtwerk het hyself gedoen. Buite was die mure gewoonlik kwartpad van siersteen en dan gepleisterde mure met sulke mooi "roos"patrone op wat met 'n rubber een-een in die sement gedraai is.

In sy eie huis wat hyself ook gebou het, (Murraystraat 10), was 'n sonkamer aan die een kant waar hy altyd self die planne opgestel het.

(Inligting met dank aan die "De Klerk kinders", Johan, Anna-Marie, Sanette en Tersia wat my ook herinner het aan sy bydrae, en ook aan Denise Jacobs).

ARMOEDE EN WERKSKEPPING

Armoede was nog altyd deel van die gemeenskap en is vererger deur gebeure soos die Anglo-Boereoorlog, droogtes, sprinkaanplae, runderpes, die Groot Griep (1918), die Groot Depressie (1929-1933), wêreldoorloë en ander ellendes. Dikwels was dit kerke en vrouegroepe wat ingegryp het om die lot van mense te verlig.

Daarom is werkskeppingprojekte nie 'n vreemde praktyk nie; van die vroegste wat in werking getree het, was net na die ABO. In die omgewing is die gronddam op Kransdraai een van die nalatenskappe. Om diegene wat deur die oorlog verarm gelaat is te help, is die dam gebou. Daar het gesinne in tente gewoon en as dagloners gewerk. Arbeidskolonies het tot stand gekom waar onder Goedemoed in die omgewing.

Die vestiging van Goedemoed was ook so 'n projek. Na die ABO het die Vrystaatse Sinode van die NG Kerk in beginsel besluit op 'n arbeidskolonie ter opheffing van die armblankes langs die Oranjerivier in die Bethulie-omgewing. Vyf plase is vir die doel bekom en Jacobus Odendaal skenk grond aan die NG Kerk. Dit loop uiteindelik uit op die Goedemoed-skema wat sy beslag in 1908 tydens 'n gemeentevergadering van Bethulie op 19 Januarie gekry het. In die verband is daar nou saamgewerk met die nuwe Engelse regering. Met die steun van die Sinodale Kommissie van Barmhartigheid word die skema in 1910 'n werklikheid; ds JF Naude word as eerste superintendent bevestig en 'n skool word gestig. In 1922 word Goedemoed onder die beheer van die Algemene Armsorgkommissie geplaas. Mettertyd het die karakter van die kolonie verander en in 1953 word die eerste gevangenis op Goedemoed gebou. (Kyk ook GOEDEMOED).

Gedurende 1918 en 1919 breek die Groot Griep (kyk GROOT GRIEP) uit en word na sopkombuise en 'n "griepbasaar" verwys. Die pogings is versterk deur samewerking tussen die Armsorgkommissie en die maatskaplike organisasie, die Oranje Vrouevereniging (OVV) (Kyk ook Oranje Vrouevereniging).

Gedurende die depressiejare van 1929-1932 het groot werkskeppingsprojekte ontstaan. Tydens die wêreldwye Groot Depressie het werkloosheid so vererger dat 'n openbare vergadering op die dorp belê is vir 29 Augustus 1933. Daar is besluit om stappe te doen vir werkskepping en na verskeie gesprekke met politici en ander is werkskeppingsprogramme begin deur die bou van damme en paaie. Die gruisgroef teen die randjie naby die ou stasie aan die westekant van die dorp is 'n stille getuie van die tye. Dit was 'n algemene gesig om boere wat damme en erosiewalle met grawe en pikke en kruiwaens maak, te sien. Die werkers se loon was ongeveer 40p (40c) per dag. Pensioentrekkers kry R5.00 per maand.

In 1934 breek 'n sprinkaanplaag uit, dit het ironies ook tydelik werk geskep. Hierdie werkskeppingsprojekte het ook later die NG Kerk se Armsorgkommisise betrek en 'n kerk-staat werkskeppingskema tot gevolg gehad wat tot ongeveer 1938 die armoede probeer verlig het. (Die meeste inligting kom uit: Groenewald, 1985; Ferreira, 1988 en *Herinnering van SJ du Plooy* in Nuusbrief, 5 Sept 1957).

Sydney Goodman onthou van 'n dowe man, Molato, wat ook op die gruisgroef gewerk het en wat tydens 'n dinamietontploffing gesterf het omdat hy nie die waarskuwingsfluit gehoor het nie.

In 'n artikel oor die bekende Ralph Burls, voorheen van Bethulie en nou van die plaas Koeberg naby Clarens, vertel MC Fourie (2006:16-17) van Rex Burls, die vader van Ralph wat "*in 1933, die depressiejare van daardie tyd, vanuit Somerset-Oos op Bethulie aangeland het om as kontrakteur gruis aan die SA Spoorweë te lewer vir die lê van die spoorlyn by Bethulie. Baie blankes het destyds vir Ralph se pa gewerk, teen een sjieling per dag, en hy het nou nog die inbetalingsboek as bewys daarvan. Hy sê sy pa se monument is steeds daar by Bethulie, 'n halfpad weggeneemde klipkoppie waarvan die klipgruis onder die spoorlyne lê! Na die klipbrekery het my pa die masjiene verkoop en vir hom 'n plaas genaamd Eerstestap digby Holmsgrove, die plaas daar by die brug, gekoop*". (Daardie koppie is wes van Bethulie aan die regterkant van die pad net wanneer mens die dorp inkom).

Foto met dank aan Transnet Heritage Library, foto nommer M0034.05, deur fotograwe van die Spoorweë se Publicity and Travel Department

Meer onlangse gevalle om werkloses te help, maar wat ook die dorp gebaat het, is die volgende: In 1985 en 1986 het die Departement van Nasionale Mannekrag R5 miljoen bewillig vir streek D waarvan Bethulie deel was. Die projekte het werk soos die volgende ingesluit: lê en herstel van randstene, skoonmaak van vore en leiwaterkanale, opruim van rommel, gronderosiewerke, hergruis en skoffel van strate en sypaadjies. Die projekte mag nie in die Raad se begroting gewees het nie, dit was tydelik en slegs werklose persone kon in aanmerking kom. Die loonuitgawes het deel van die kostes uitgemaak (Notules 8/8/1985, 10/4/1986). Van die projekte wat met die fondse daargestel is, was die swembad by die oord, die bou van huise vir die bruin gemeenskap, verbetering van die elektrisiteits-verspreidingnetwerke, stormwaterdreinering en die aanbou van die raadsaal en herstel van die munisipale kantore (Notules13/3/1986, 24/4/1986).

Die Kabinet het deur die Provinsiale Administrasie in 1987 'n verlenging van die werkskeppingsprojekte aangekondig en munisipaliteite moes projekte vir vyf jaar voorlê. Daaronder was die uitleg van die gholfbaan by die oord en projekte vir die ontwikkeling van die bruin woonbuurt soos die gemeenskapsaal, sportgeriewe en elektrisiteitsvoorsiening, sokkerbane, ens. Verder is aandag aan grondbewarings-werke gegee. Die nuwe Raadskamer wat op 27 April 1987 amptelik in gebruik geneem is daargestel deur die staat se werkskeppingsprojek. (Notules 25/9/1987, 14/4/1988, 9/3/1989, 12/7/1990).

Sedert einde 1990 is werkskeppingsprojekte in oorleg met die Streekdiensteraad gedoen wat die kontrole uitgeoefen het. 'n Bedrag van R32,000 is goedgekeur. Projekte vir die tydperk was die lapa by die oord wat toegebou moes word, leiwatervore wat herstel moes word, elektrisiteitsverspreidings-netwerk wat verbeter moes word en 'n swembad wat in die bruin woonbuurt gebou sou word. Die program is egter gestaak om eerder op opleiding te konsentreer en die fondse is herroep teen die einde van 1991 (Notules 12/11/1990, 24/6/1991, 12/1/1992).

Meer onlangse pogings het gekom van die Bethulie Herlewingsentrum wat 'n sopkombuis bedryf het sedert 13 Mei 2002. Teen September 2002 het tot 400 mense per dag 'n beker sop en 'n toebroodjie gekry. Sakelui, inwoners en boere se skenkings asook 'n bydrae van staatskant het daarin voorsien. In Maart 2004 het 'n interkerklike sambreelliggaam in Bethulie die sake van die sopkombuis oorgeneem; nege kerke plus Huis Uitkoms was by die stigtingsvergadering. Vrywilligers het hulle dienste aangebied en skenkings is ontvang. Die fasiliteite van die Bethulie Herlewingsentrum is daarvoor gebruik. Armes en noodlydendes uit die totale gemeenskap is gehelp. (Nuusbrief, Sept 2002, Mrt 2004, Okt 2004). Teen 2004 kry 1,600 mense van Maandag tot Vrydag daagliks sop en brood en eenmaal per week 'n bord gekookte kos; 450 liter sop word daagliks in 18 stasies in Lepoi, Cloetespark en in Joubertstraat versprei. Die poging het gelei tot die registrasie van 'n nie-winsgewende organisasie. 'n Tweede been van aktiwiteite was opheffingswerk waar mense vaardighede geleer word soos brei, naaldwerk, kook en bak. Vir vyf jaar tot 2007 was Piet en Marthie Smith aan die stuur van die inisiatief, waarna 'n nuwe bestuur verkies is. Die poging het teen 2008 doodgeloop.

Daarna was daar steeds werkskeppingsprojekte soos die *Expanded Public Works Programme (EPWP)*: *"…..It has its origins in the Growth and Development Summit (GDS) of 2003. At the Summit, four themes were adopted, one of which was 'More jobs, better jobs, decent work for all'. The GDS agreed that public works programmes 'can provide poverty and income relief through temporary work for the unemployed to carry out socially useful activities'… In 2004, the EPWP was launched and is currently still being implemented".* As deel van die projek was die doelstellings van 2010 vir Bethulie die volgende: werkspanne om die dorp se strate en leivore skoon te maak, asook die regmaak van paaie, slaggate en die verwydering van enige obstrukies langs die paaie. 'n Projek was die bou van 'n geplaveide pad teen 'n bedrag van R22,121,294 wat vanaf April 2012 tot April 2013 gedoen is en waarby 16 mense in diens geneem is (http://www.epwpmis.com/xform/...). Van die projekte wat in Bethulie gedoen is, is die skoonmaak van stormwaterpype in die dorp waarby 17 mense betrokke was vanaf September 2013 tot Julie 2014. 'n Bedrag van R200,000 is spandeer. Die projekte is van die Kantoor van die Vrystaatse premier en word deur die provinsiale regering gefinansier. Die laaste paar jaar word die EPWP werkers hoofsaaklik aangewend vir die instandhouding van vore, die skoonmnaak van strate, die skoffel van sekere terreine en die opgradering van die vullisterrein.

Banke kyk HOOFSTUK 10: BESIGHEDE

BASOTHO'S

Die eerste Basotho's het hulle hier kom vestig as vlugtelinge en beskerming by die sendingstasie gesoek. Pellissier skryf dat daar in Junie 1834 reeds 2,000 mense op die stasie was waaronder vlugtende Basotho's (Pellissier,1956: 199-200) .

Op 'n skets deur 'n onbekende kunstenaar in 1836 wat in die museum hang, blyk dit dat die twee bevolkingsgroepe, Tlhaping en Basotho's afsonderlik gewoon het, met die Basotho's oos (op skets aangedui met E) van die sendingstasie en die Tlhaping (of Besjoenanas) wes ,aangedui met D.

Batlapins kyk TLHAPING

Beeldhouers kyk KUNSTENAARS EN KUNSWERKE

Beersheba kyk HOOFSTUK 4: SENDELINGE

Begrafnisse, Begraafplaas, Begrafniswastoor kyk KERKHOF

BELASTINGBETALERSVERENIGING

Die eerste Belastingbetalersvereniging is op 8 April 1987 gestig met die doelstelling om die belange van die dorp te bevorder. Die voorsitter was WP Grobbelaar met T Lombaard as die vise-voorsitter (Notule 23/4/1987). In 2007 is daar weer 'n Belastingbetalersvereniging gestig met min of meer dieselfde doel, maar ook om as drukgroep op te tree teen swak munisipale dienslewering. Die eerste voorsitter was C Beard. Die vereniging loop dood teen 2010 as gevolg van min belangstelling en frustrasie met die houding van die munisipaliteit.

Bemarking en publisiteit kyk TOERISME

Besighede kyk HOOFSTUK 10: BESIGHEDE

Bethulie distrikgrense kyk DISTRIKGRENSE EN VESTIGING

Bethulie, Jesus is koning-klippe kyk MONUMENTE...

Bethulie se naam kyk NAME VAN BETHULIE

Bevolking kyk DORPSTIGTING EN ONTWIKKELING: HOOFSTUK 5

BIBLIOTEKE

Die eerste biblioteek wat die dorp gehad het was die *Coronation Library* wat in 1902 in die gebou wes van die ou poskantoor was met mev Dunn as die bibliotekaresse tot 1950. In 1983 word vermeld dat die huidige biblioteek nog van die ou *Coronation Library* se boeke het en dat daaroor beskik moet word (Notule 15/3/1983).

In 1950 het die dorp 'n vrybiblioteek gekry as deel van die Provinsiale Administrasie se vestiging van biblioteke. 'n Oud-Bethulianer en kleinseun van die sendeling, dr HS Pellissier, was die dryfkrag agter die landwye inisiatief. As deel van die projek het 'n bibliobus ongeveer agt keer per jaar nuwe boeke gebring en ongebruiktes weggeneem. Die biblioteek is sedert 1957 in 'n klein kamertjie links langs die stadsaal gehuisves.

"Tannie Hannie" was die bibliotekaresse in die openbare biblioteek wat 'n groot invloed op menige kind se lewe gehad het. Hannie Botha is in Laingsburg gebore en daar getroud met Tom Botha, die stadsklerk. (Kyk MUNISIPALITEIT). Hulle het hul in Bethulie gevestig waar hulle vir ongeveer 50 jaar hulle lewe toegewy aan Bethulie en sy gemeenskap. So tussen die grootmaak van sewe kinders het sy haar loopbaan in die biblioteekwese begin. Dit het van krag tot krag gegroei van 'n klein biblioteek in die sysaal van die ou stadsaal daarna na die sysaal van die nuwe stadsaal. Die hoogtepunt het gekom toe die nuwe openbare biblioteek in 1969 betrek is en sy met al haar geliefde boeke daarheen kon trek. Daar kon sy haar droom uitleef en haar talente tenvolle gebruik. Sy het begin met 'n leeshoekie en 'n poppekas vir die dorp se kinders. Al die poppe het sy self gemaak en aangetrek. Die skoolkinders gehelp met take en sketse. 'n Hoogtepunt was toe die biblioteek aangewys is as die beste openbare biblioteek in die Suid-Vrystaat! Die dorp se tuine en die van die biblioteek het sy met groot entoesiasme uitgelê en altyd vars saadjies gesaai in die lente. Die eilande in die strate was ook altyd oortrek met namakwalandse daisies! (Inligting met dank aan Jolena Botha Kuger)

Sedert 1966 is 'n nuwe gebou vir die biblioteek beplan wat op die Louw Wepener-plein opgerig is en 1969 ingewy is. Japie (JJ) du Toit is die bouer en die argitekte was Steenkamp, Harris en vennote. In 1975 het die Provinsiale Administrasie die biblioteekgebou oorgeneem; die Raad besluit eenparig op die vervreemding van die erf en om dit vir biblioteekdoeleindes aan die Provinsiale Adminstrasie te skenk (Notule 13/5/1976).

Die skool het in 1948 'n pragtige biblioteek gekry wat deur kmdt en mev A Griesel geskenk is. Die skoolbiblioteek sluit toe die Provinsiale Administrasie in 1983 sy skoolbiblioteekfunksies kombineer met die van die openbare biblioteek. Die gebou is later omskep in 'n rekenaarsentrum.

Met die sluit van die skoolbiblioteek is 'n groot bykomende werklas op die openbare biblioteek geplaas; boekopvoeding as vak word vanuit die openbare biblioteek aangebied. Die Departement van Onderwys het geen subsidie aan die Raad hiervoor vir die personeel gegee nie. Die Bethulie-gemeenskap en die Raad het die waarde van boekopvoeding besef en moes die sinlose besluit van die Departement van Onderwys probeer regstel deur 'n addisionele, deeltydse pos op 28 Julie 1983 goed te keur. Die pos sou betaal word uit 'n klein bedraggie wat die Raad kon bydra en aangevul word deur donasies; later is selfs mense uit die gemeenskap gevra om die pos van maand tot maand te borg! Die openbare biblioteek het ook 'n diens aan die ouetehuis gelewer.

Die daarstelling van 'n biblioteek in die swart woonbuurt word in 1986 deur die Raad bespreek. Die Dorpskomitee sal die gebou en die salarisse betaal en die Provinsiale Administrasie sal die biblioteekmateriaal voorsien (Notule 28/8/1986).

In 2008 het die biblioteke rekenaars met internet toegang gekry.

BIOSKOOP

Van wanneer af Bethulie-inwoners die voorreg gehad het om films te kyk, is nie seker nie. Van die ouer inwoners onthou dat daar films in die ou stadsaal (die huidige AP Kerk, Voortrekkerstraat no 16) gewys is; langs die gebou was daar 'n trap op na die solder en vanuit die solder is die film gedraai. Films is vertoon deur die rondreisende *Parker Talkie Tour Group.* Du Plooy (PW: s.a.:44) onthou dat talle kinders in die 1930's nie kon bekostig om die toegang van 10c (1/-) te betaal nie en "*die gevolg was dat 'n massa van ons elke Saterdagaand soos vinke aan elke venster gehang het om 'n blik op die 'talkie' te kry*".

Sedert 1958 het die Pellissier Hoërskool se personeel bioskoopvertonings in die nuwe stadsaal wat in 1857 gebou is, gereël.

Herinneringe aan die filmrol wat deur die trein afgelewer word op 'n Saterdag is nog helder. Groot opgewondenheid het geheers wanneer gewilde films verwag word, soveel so dat kinders op die stasie gewag het om te sien of dit wel afgelewer is! Net so groot was die teleurstelling as dit dan nie kom nie, of nog erger: as die film begin draai en dit is heeltemal iets anders as wat geadverteer is!

Die tekenprente (*cartoons*) soos *Tom and Jerry, Scoopy Doo, Loopy de Loop, Mighty Mouse en Woody Woodpecker wat* voor die hooffilm gewys het, was deel van die wonderlike ervaring. Die kort "*slapstick*" komedies soos *Laurel and Hardy* en *The Three Stooges* was immer gewild.

Marius Fryer onthou dat daar twee plate was wat altyd voor die film gewys het, gespeel is wat die atmosfeer van afwagting aangevul het: dit was *Wonderland by Night* en *Swingin' safari*, albei van Bert Kaempfert. En wanneer daardie goue leeu van MGM so brul, word voete op die stadsaal se plankvloer gestamp dat dit so dreun....

In Januarie 1963 word 'n kinemaskoop rollerdoek gekoop. Die doek kon oop en toe gerol word en het 'n wit blink voorkant gehad wat die beeld mooi helder vertoon het.

Met die koms van televisie het die gewildheid van die bioskoop afgeneem en het die laaste film, *The Russian Summer*, op 24 September 1977 gewys. Die skoolhoof skryf: "*Sou die televisiegier met verloop van tyd afneem, sal die personeel, indien daar 'n redelike behoefte bestaan, dit oorweeg om hierdie diens weer in te stel*". (Nuusbrief, 26 Aug 1977; 23 Sept 1977).

BLOEMWATER

"Bloem Water, formerly known as the Bloem Area Water Board, was established in 1991 in terms with the Water Services Act (Act 108 of 1997). The primary aim for establishing the Water Board was to operate the Caledon/Bloemfontein Government Water Scheme, constructed to supply purified water to the Municipal areas of Bloemfontein, Bainsvlei, Bloemspruit, Botshabelo and Dewetsdorp. The name was officially changed from "Bloem Area Water Board" to "Bloem Water" in 1994. Bloem Water is, in terms of the Public Finance Management Act (PFMA), Act 1 of 1999, Schedule 3B, a National Government business entity, which reports to the Executive Authority, represented by the Department of Water and Environmental Affairs. During 1995 the service area of Bloem Water was extended to include the southern Free State, adding towns such as Bethulie and Philippolis. In 1996 the Minister of Water and Environmental Affairs further extended the area of supply to include the Thaba Nchu district, which added the responsibility to supply water directly to the inhabitants of rural areas, in addition to the formal urban areas. More recently the service area has been extended to include parts of the Eastern Free State up to the town of Excelsior. Today Bloem Water supplies water to a population in excess of 1.2 million people in the areas referred to above.

The Orange River Region scheme is Bloem Water's small sized scheme and comprises of 4 Water Treatment Works, namely: Bethulie 6 Mℓ/day (currently being increased to 12 Mℓ/day), Gariep 2.8 Mℓ/day, Philippolis 1.2 Mℓ/day and Jagersfontein 2Mℓ/day. Bloem Water owns the Bethulie Water Treatment Works, and performs Operations and Maintenance at the other mentioned Water Treatments

Works on behalf of Kopanong Local Municipality. The Bethulie Water Treatment Works is situated in Bethulie and supplies water to the towns of Bethulie, Springfontein and Trompsburg. The Gariep Water Treatment Works is situated at the Gariep Dam and supplies water to the town of Gariep. The Philippolis Water Treatment Works is situated 50 km from the Orange River (Tolhuis), in the town of Philippolis, and supplies water to this town".
(http://www.bloemwater.co.za/2013.pdf).

Bethulie het nog altyd 'n watertekort gehad en deur die jare verskillende oplossings gesoek (Kyk ook WATER). In 1995 kom Bloemwater tot die redding van Bethulie en word die jarelange droom om water uit die Oranjerivier te pomp bewaarheid; Bloemwater het sy dienste uitgebrei na die Suid-Vrystaat en Bethulie en Philippolis ingesluit.

Die Volksblad van 30 April 1994 berig dat die projek van Bloemwater sal verseker dat Bethulie, Springfontein en Trompsburg genoeg water het tot 2015. Bloemwater se 18 miljoen rand projek sal ongesuiwerde water uit die Oranjerivier trek na die Bethulie-dam, vanwaar die na die suiweringswerke gelei sal word vir onder andere slik onttrekking. Die dam sal tot die optimum bedryfsvlak gevul word om verdamping te voorkom en die water in die dam "*moet genoeg wees om rou water te voorsien wanneer die Oranjerivier dalk staan, hoewel die statistieke wys die kanse hiervoor is uiters skraal*". Die water gaan van die ou ontslikkingsaanleg na die nuwe suiweringsaanleg vanwaar dit na die reservoirs gepomp word. 'n Deel van die ooreenkoms was dat 70% van die plaaslike owerheid se water van Bloemwater moet kom en 30% van boorgate. "*Dit is om te verseker dat 'n sekere hoeveelheid water verkoop word en dat ondergrondse water beskerm en bestuur word. As die ondergrondse water aangevul is kan die uitbreiding van die pypleiding oor 15 jaar uitgestel word*".

Dat die projek toe duurder was as wat aanvanklik berig is, blyk uit die volgende berig van *Die Volksblad* van 15 November 1997 onder die opskrif "*Bethulie se waternood dalk gou iets van die verlede danksy ooreenkoms*"; daarin word gemeld dat die stadsraad 'n ooreenkoms met kontrakteurs en subkontrakteurs van die 26 miljoen rand skema bereik het, om water uit die Oranjerivier te pomp na Trompsburg, Springfontein en Bethulie. Water is as 'n noodmaatreel dieselfde week in die reservoir van Bethulie gepomp.

Bethulie moes nou weliswaar die ou Frank Gunn-park opoffer vir die waterwerkaanleg van Bloemwater, maar die feit dat die prosesse en die gehalte werk wat hier gedoen word 'n goeie watervoorraad vir sover dit moontlik is en ook 99% skoon water vir die inwoners kan verseker, het dit die moeite werd gemaak.

Die suiweringsproses bestaan uit vyf stappe en kan waargeneem word vanaf die stadium wat rouwater ontvang word en met chemikalieë en kalk behandel word, deur die vinnige kronkelkanale waar absorbering plaasvind, na die sedimentasie-tenks, tot waar slik afsak en die filtreringsproses plaasvind waar chloor bygevoeg word. Die hoeveelheid slik wat agterbly is sigbaar in die groot slikdamme onder die damwal. Om die gehalte van die water te verseker word daar onder andere van die water elke Maandag na die Universiteit Vrystaat se laboratoriums gestuur vir toetse. Die Oranjerivierstelsel kan met 'n oogopslag geevalueer word vanaf 'n rekenaarskerm; die drukking in die pype, die vlak van water in die reservoirs en die dam asook die situasie by die pompstasies Hennie Steyn-brug, SAR, Driefontein, Klein Zuurfontein, Springfontein en Brandewijnskuil. Operateurs is 24 uur aan diens om 'n wakende ogie te hou.

Die aanleg in Bethulie kan tot 12 megaliter per dag hanteer. Die water word vanaf die Hennie Steyn-brug na die reservoir naby die stasie gepomp (die SAR stasie), daarna na die berg (White) se reservoir en daarna na die aanleg. Vanaf die aanleg word die water nadat dit gesuiwer is na die miljoen liter-reservoir van Bloemwater bo-op die koppie gepomp. Huishoudings wes van Voortrekkerstraat kry van hierdie reservoir water. Die munisipaliteit pomp van hierdie reservoir water na hul twee kleiner Kopanong reservoirs op die koppie wat dan water aan huishoudings oos van Voortrekkerstraat verskaf. Die vlak van die water in die reservoirs bepaal die drukking van water by huise. Daar word ook van vyf boorgate gebruikgemaak, twee in die Rooidorp en drie in die oord; dit is gewoonlik vir noodgevalle.

Die hele aanleg is netjies en selfs mooi. Skilderye deur Mariaan Eksteen van die aanleg en dorpsdam se wal hang in die ontvangsarea. Bloemwater is ook 'n groot werkverskaffer in die dorp met 60 personeellede teen 2018.

Die jarelange droom van Bethulie wat verwesenlik is toe water uit die Oranjerivier verkry is, word egter tans deur 'n ander faktore bedreig. Nie net heers kommer oor die waterlekkasies in die dorp wat die munisipaliteit nie betyds herstel nie, (so het Bloemwater uit desperaatheid in 2016 byvoorbeeld self 'n lekkasie van 7 jaar herstel), maar inwoners is ook bekommerd omdat Kopanong Munisipaiteit nie hulle rekening aan Bloemwater vereffen nie. In die *Volksblad* van 17 Maart 2017 verskyn 'n berig onder die opskrif *"LUR moet nou ingryp"* Dit verwys hoofsaaklik na die skuld aan Bloemwater wat R167 miljoen is; saam met rente, R190 miljoen. Inwoners skuld R170 miljoen en die invorderingskoers is net 26.3%. Om die skuld te delg moet Kopanong maandeliks R4 miljoen terugbetaal wat hulle gladnie kan doen nie, want hulle vorder slegs R1,8 miljoen per maand in waaruit alles gefinansier moet word. Volgens die OG se verslag van die 2015-16 boekjaar is Kopanong bankrot; dit het aangedui dat sy laste sy bates met R211 miljoen oorskry. (Die skuld aan van Kopanong aan Bloemwater staan in Junie 2018 op R250 miljoen. (Volksblad, 27 Jun 2018)).

BLOMME, BOME EN PLANTE

JH (Johan) de Klerk 'n oud-Bethulianer, het 'n brosjure, *Bome van Bethulie en omgewing,* oor die inheemse bome en struike van die Bethulie-omgewing gepubliseer wat in die museum beskikbaar is. Hy het ongeveer 30 verskillende boomsoorte opgeneem en beskryf en verskaf nuttige wenke oor identifikasie. Die bome onder hullevolksname name is: Basterolien (of witolien), bergbas, berggranaat, bergsalie (of wildesalie), besembos (of besemkaree), bitterdruif, blinkblaar, blinkblaar-wag-'n-bietjie, bloubos, bloughwarrie (of bosghwarrie), bosboekenhout (of kasuur), deurmekaarbos, hoëveldse kiepersol (of bergkiepersol), Kaapse wilg, karee, koeniebos, kruisbessie, nannabessie, olienhout, ouhout, pendoring, rosyntjiebos (of wilderosyntjie), soetdoring, sterretjierysbos, swartstorm, sybas, taaibos (of kareedoring of rivierkaree), vaalbos, wildepietersieliebos, witgat, witkaree, witstinkhout.

Vir versiering van die dorp is daar dikwels bome langs die strate aangeplant. Na die ABO het die nuwe Raad dennebome in Voortrekkerstraat aangeplant. In die *Burgemeester se oorsig van 1929-1930* praat hy (Wardhaugh) van "pynbome" wat oral geplant word. In 1963 word blomperskes en olienhoutbome beide kante van Joubertstraat geplant. Laura Adam (née Voortman) onthou hoe haar ma, Adele Voortman, bome op die sypaadjies van Joubert- en Voortrekkerstraat aangeplant het: 'n olienboom dan 'n wit roosperske, 'n olien en dan 'n pienk roosperske. Piet Fourie was ook 'n ywerige olienhoutboom aanplanter en mense onthou hoe hy die boompies in blikkies geplant en grootgemaak het. Die olienhoutbome op die sypaadjies is deur Tom Botha, die stadsklerk, meer as 40 jaar terug aangeplant.

Pragtige aalwyne en vetplante word in die omgewing aangetref. Met die bou van die Hennie Steyn-brug en die brug in die park is van die plante bedreig deur die werksaamhede; van die plante was in die koppie waar die gruisgat gemaak is. Dr HM Pienaar wat 'n kundige aalwyn en vetplantversamelaar was, het van die plante probeer bewaar deur van hulle uit te haal en te verplant langs die strate, teen die koppies en by die stadsaal. Sy het selfs plante vanaf Van der Kloofdam gaan haal wat ook deur die bou van die dam daar vernietig sou word (Notule 20/10/1965). In 1976 is daar weer aalwyne in die dorp aangeplant wat vanaf D du Plessis se plaas, Paarl, in Burgersdorp-distrik verkry is. Teen 1987 het van die aalwyne so groot geword dat dit die uitsig by kruisings versper het; die aalwyne is in die koppies en naby die swembad in die oord verplant en met roosbome vervang (Notule 24/9/1987).

Dat die dorp se Raad ernstig gewaak het oor die bome blyk uit die notules. Niemand kon sommer 'n boom uithaal of afsaag nie. Die Raad moes goedkeuring daarvoor gee sou die redes aanvaarbaar wees. Selfs vreemde bome soos die kurajong, is nie net uitgehaal en afgekap nie. Wanneer die kuranjongs aangeplant is kon nie vasgestel word nie, maar daar is steeds heelwat daarvan in die dorp te siene. Volgens die skrywer van die rubriek *Vra vir Ernst* in die *Volksblad* is die wetenskaplike naam van die bome *Brachychiton opulneus*. Dit is 'n Australiese boom wat as gevolg van sy droogtebestandheid dikwels in die Vrystaat en Oos-Kaap as straatbome aangeplant is. Dit dra bruin kort bootjie-peule met donserige saad binne in (Volksblad, 2 Nov 2013).

'n Paar spesiale bome in die dorp is die pragtige groot ou bloekoms naby die skool. Een van hulle (links) staan tussen die swembad en rolbalbaan. Sy stam se omtrek is omtrent 5,3 meter. Sy takke is silwerwit. Skrywer wonder hoe oud is hy, hoe hoog, hoeveel skoolkinders het hy by hom sien verbygaan, hoeveel weet hy van die dorp en sy mense. Daar is 'n paar wonde aan sy stam soos name wat daarop uitgekrap is; soms breek daar 'n tak af. Nog 'n groter bloekom (regs) word gevind suid van Joubertstraat en oos van die spruit; sy stam het seergekry en is al gedeeltelik hol (Foto met dank aan Peter Robak)

'n Baie ou peperboom by die seunskoshuis.

Op die terrein van die NG Kerk staan 'n paar swartstam bloekoms wat deur die weeskinders vanuit die Anglo-Boereoorlog daar geplant is; ongelukkig is die meeste in 2014 verwyder omdat hulle takke begin breek het.

Op Kinderfontein waar skrywer grootgeword het, staan 'n laning bome, die "wilde lemoene" soos ons dit genoem het. In die dorp is daar ook een van die bome met sy vreemde vrugte by die "posmeester se huis", op die hoek van Oranje- en Boshoffstraat. Die wetenskaplike naam daarvoor is *maclura pomifera* van die *Moaceae* familie, met ander woorde die moerbei-familie. Dit is oorspronklik van Amerika maar kom ook wydverspreid in Australië voor. Een van die volksname daarvoor is *osage orange*. Die bome word onder andere geplant as heinings omdat dit sulke skerp dorings het. Dit het 'n mooi liggroen vrug, en as mens dit stukkend steek kom daar 'n taaierige wit sap uit. In Australië vreet eekhorings die sade en op Kinderfontein is dit moontlik meerkatte en ander klein knaagdiere wat daaraan vreet. Dis egter nie eetbaar vir mense nie. Kinderfontein is na die ABO deur JC de Waal gekoop. In 1906 is hy na Australië om skape aan te koop en skrywer se teorie is dat hy vandaar saad van die bome saamgebring het.

Twee bolplante wat in die winterblom is die *Massonia jasminiflora* en die *Androcymbium melanthioides* (pyjama plant), albei endemies van die gebied

'n Bolplantjie wat geliefd is, is die aandblommetjie of dan die *Freezia andersoniae L.·Bolus* (van die familie *Iridaceae*). Die blommetjies kom wyd voor in die koppies tussen die doleriet of ysterklippe. Dit ruik heerlik soet en die roomkleurige blommetjies het pienk en geel in.

Die veld het die belangrikse grasse vir skaap- en beesboerdery, naamlik rooigras, vingergras, soetgras, vaalkaroo en gannabos.

Boere en boerderye kyk HOOFSTUK 9: PLASE...

BOEREVERENIGINGS

Die eerste Boerevereniging is op 6 September 1924 gestig, JC van Rooy (Koppieskraal) het die inisiatief geneem. Hy was die eerste voorsitter en HAB Kruger die eerste sekretaris. Met die stigtingsvergadering het 31 lede aangesluit. In 1928 is takke in die distrik gestig om die werksaamhede nader aan die boere te bring; Palmietfontein (noord-oos), Bossiesspruit (wes), Voorwaarts (noord) en Glassford (oos). Later is daar ook die Saamwerk Boerevereniging gestig vir die boer tussen die riviere, maar die het nie lank bestaan nie. Palmietfontein boerevereniging is onder voorsitterskap van Hennie Prinsloo gestig en hy was voorsitter tot dit in die veertigerjare ontbind het; die vereniging het ook heelwat Smithfield boere as lede gehad.

Die Bossiespruit Boerevereniging het bekend gestaan as die een met die meeste ondernemingsgees en lewe. Bekendes wat hier 'n rol gespeel het was Koot Jacobs, Wit Combrink, IJC Jacobs, Archie Adam en A Grunow.

Die Glassford Boerevereniging het JJ Venter van Elim as eerste voorsitter gehad. Bekende lede hier was JJ Venter, Florie Venter, D McDonald, Wessel McDonald, die Pretorius-broers van Oranje en Tweefontein.

Voorwaarts Boerevereniging het die boere van die omgewing van Kroonpos en Ems ingesluit. Boere wat hier die leiding geneem het was M Greeff, H Joubert, S du Plooy (Matjiesfontein) en Dirkie Kruger (Rooikoppies). Die vereniging is ontbind en het by die Springfontein vereniging aangesluit.

Bethulie Sentraal Boerevereniging het bly voortbestaan en die Vrystaatse Landbou-Unie het die sekretaris daarvan, PJS Pretorius versoek om die verenigings saam te snoer om 'n Distrik Boere-unie te vorm. Bossiespruit, Voorwaarts, Springfontein het daarvoor ingewillig. (Dit was in die 1940's). Die eerste voorsitter was George Kolbe en die eerste sekretaris Koot Pretorius wat 15 jaar in die hoedanigheid gedien het. Die Landbouvereniging het ook die Boere-unie as lid bygekry. (Artikel deur PJS Pretorius in Nuusbrief, 14 Febr 1986).

Tans is die Distriksboere Unie steeds die enigste vereniging. Hulle is by Vrystaat Landbou geaffilieer wat op hulle beurt weer met Agri SA geaffilieer is. Jacques van Rensburg is die afgelope 26 jaar voorsitter van die Bethulie Distrikboere Unie en ook van streek 19 wat die suid-Vrystaat dek.

Boesmans kyk HOOFSTUK 1

Boesmantekeninge kyk HOOFSTUK 1: BOESMANS IN DIE BETHULIE OMGEWING,

Bome kyk BLOMME, BOME EN PLANTE

BOOMPLAATS

Kyk ook TREKBOERE

Die Engelse uitbreiding na die binneland het daartoe gelei dat die Oranjerivier in 1847 as Kaapse grens gestel is; daarna het Brittanje, en by name sir Harry Smith, die Transgariep in sy visier gehad. In 1848 vind die Slag van Boomplaats plaas waar die Britte die Afrikaners, onder leiding van Andries Pretorius, verslaan. (Boomplaats is noordwes van Trompsburg). Smith gee aan 139 van sy Engelse vriende grond waarvan slegs 40 op die grond kom woon het. Ses jaar later, in 1854, met die Bloemfontein-konvensie word die grond teruggegee en die Oranje-Vrystaat gestig (Gilliomee en Mbega, 2007:145). Teen 1848 was daar reeds verskeie boere gevestig in die omgewing en het hulle deelgeneem aan die verset en die Slag van Boomplaats. Simon du Plooy en Floris Coetsee is elk £50 beboet vir hul deelname (Du Plooy, 2005:15)

Boorgate kyk WATER

BOSSIESPRUIT

Die naam is ook *Boschjesspruit* en *Bosjesspruit* gespel. Die eerste verwysing na die spruit op sy naam was in die reisjoernaal van dr Andrew Smit in 1834. Met die grensbepalings van die sendingstasie op14 Februarie 1835 is die spruit as een van die grense aangegee: "*Die sendingstasie van Caledon word ten weste en ten noordweste begrens deur Bosjesspruit wat van die noordooste na die suidooste stroom waar dit in die Oranjerivier uitloop*". (Pellissier, 1956:209,295). Volgens die kaarte loop die spruit in die Oranjerivier in tussen die plase Pandam en Kopjeskraal. Op Platkop kom twee sytakke bymekaar. Die westelike tak vanaf die Klaverfontein en die oostelike tak vanaf Kransdraai.

BRANDWEER

In 1982 het die Provinsiale Administrasie brandweertoerusting aan die munisipaliteite toegeken; dit het spuite, brandslange, brandhelms, brandbaadjies en skoene ingesluit. Die Raad moes 'n brandweerspan daarstel wat opleiding moes ontvang. Instandhouding moes gedoen word en die Administrasie het gereeld inspeksies gehou. Die munisipaliteit het 'n tenkwa aangepas om te dien as die brandweer se sleepwa. Teen 1987 word drie addisionele brandblussers gekoop en die installering van vier brandkrane bogronds: twee in die wit woonbuurt en twee in die bruin woonbuurt met twee addisionele brandslange (Notules 8/7/1982, 17/9/1987). Buiten die brandkrane bestaan daar van ongeveer 2008 geen meer van die toerusting nie.

BRûE, PONTE EN DRIWWE OOR DIE ORANJE- EN CALEDONRIVIER IN OMGEWING

Kyk ook SLIKSPRUIT; ORANJERIVIER en CALEDONRIVIER

Driwwe

Lank voor ponte of brûe bestaan het, was dit 'n uitdaging om oor die riviere te kom veral wanneer dit in vloed was. Van vroeg reeds het diere, mense en later waens gebruikgemaak van driwwe. 'n Drif is 'n vlak plek in die rivier, dikwels met 'n klipbank. Vandag bestaan byna geen driwwe meer in die Bethulie-omgewing nie as gevolg van die bou van die Gariepdam.

Du Plooy (1982:22) vertel dat driwwe dikwels 'n bakenklip gehad het; dit was 'n rotsblok wat solank dit bo die water uitgesteek het, dit 'n aanduiding was dat dit veilig is om deur te gaan. Olivier (1973:17) onthou dat op die plaas Berseba 'n "karbaken" was en as hy oop was, kon 'n kar en perde deur die water, wat op die diepste plek drie voet diep was. Die "perdebaken" was die teken dat 'n man te perd kan deur, maar dan moes die perd hier en daar swem. Du Plooy vertel dat die drif op Badsfontein gevaarlik was omdat mens op 'n sekere plek moes afdraai met die stroom om 'n rotsrif te vermy. Mens en dier moes die drif met sy steil wande ken. So het 'n vreemdeling ook die drif aangedurf sonder dat hy kennis van die rivier of bakenklip gehad het. Die rivier was al sterk en toe die perde met die kar in die water kom, het die stroom die perde stroomaf geswaai, waar hulle moes swem. Perd en kar het in die takke van die wilgebome verstrengel geraak. Toe hy om hulp roep het oom Dawid Coetzee wat daar naby gewoon het, hom te hulp gesnel. Oom Dawid was ongeduldig oor so 'n dwase handeling en het die man gevra: "*waarom foeter jy hier in die sterk vloeiende rivier?*" Die man se verweer was: "*die Du Plooys is dan gister hier deur*". Oom Dawid het geantwoord: "*Jy moenie wil doen wat die Du Plooys doen nie. Hulle ken die rivier en boonop sal jy altyd sien hulle het 'n wit perd saamgebring as die rivier sterker is as gewoonlik*". Die ou perd se naam was Bloudon en was baie mak en betroubaar in die water.

Om 'n volledige beeld te probeer vorm van al die driwwe in die omgewing is verskeie kaarte en beskrywings gebruik. In 1899 het die Engelse 'n kaart (*British Intelligence Report; Map Bethulie Imperial 1900-1919*) gebruik waarop die volgende driwwe in die Oranjerivier aangeteken is; die kaart word as basis vir die beskrywing hier gebruik. Bokant Norvalspont was daar die volgende driwwe tussen Colesberg en Norvalspont van wes na oos: **Bothasdrift, Stöckenstroomsdrift** en **Allemansdrift**. Visagie (2014:30) dui egter die orde aan as Bothasdrift, Allemansdrift en Stöckenstroomsdrift aan). Vanaf Norvalspont tot by die samevloei van die Oranje- en Caledonrivier word die volgende genoem: **Gideonsdrift** wat geleë is op die plaas Gideonskraal aan die Kaapkolonie se kant en Knoppiesfontein aan die Vrystaat kant, min of meer regoor Hestershoek. **Franzdrift** was net 'n entjie laer af net langs Eenzaamheid op die plaas Bischuitfontein aan die Vrystaat kant. **Krugersdrift,** op die plaas Klipfontein, suid van die plaas Kopjeskraal en oos van Bossiesspruit, net oos van die 25° grade 40' lyn.

Nog nader aan Bossiesspruit was **Rietfonteindrift,** dan **Van Tondersdrif** en regoor Draaidam **Brakspruitdrif**. Visagie, (2014:30) verwys na **Broekpoortdrift**, daar waar die Brakspruit in die Oranjerivier vloei, en dan naby die "perdehoefdraai" in die rivier dui hy **Glijddrift** aan.)

Daarna was **Olijfboschdrift** na aanleiding van die plaas aan die Kaapkolonie kant. **Horseshoedrift** was regoor Moordenaarspoort, **Stinkhoutboomdrift** was 'n entjie stroomaf van die ou wabrug op die plaas De Rust. **Bosjesmansdrift**, (min of meer waar die Hennie Steyn-brug is) en **Bergplaatsdrift**. Die volgende driwwe in die Oranjerivier bo die samevloei van die Oranje- en Caledonrivier: **Caledonfonteinsdrif** wes van Badsfontein en volgens Pierre Verster is dit op die plaas Vergelegen waar die huidige kantore vir oord-akkommodasie en natuurbewaarders aangelê is. **Oorlogspoortdrift**, na aanleiding van die plaas Oorlogspost en net oos van Palmietspruit aan die Kaapkolonie kant (en wes van Brakfontein), **Sanddrift** is waar die Stormbergspruit en die Oranjerivier ontmoet, **Ventersdrift, Pietersensdrif** en die drif by **Odendaalstroom of Grootrivier wagensdrift.**

Simon du Plooy (1982:22; Nuusbrief, 7 Febr 1975) beskryf 'n paar driwwe soos volg: in die Oranjerivier was **Badsfonteindrif**; hier was 'n bakenklip waarmee rekening gehou moes word; 'n rotsrif en steil wande wat 'n groot uitdaging en gevaarlik was. Kan dit die drif wees soos deur Pierre Verster geidentifiseer as **Oorlogspoortdrif** en op Badsfontein en Spes Bona was? **Damfonteindrif,** was twee km laer af voor die samevloei. Twee driwwe in die Caledon naby die samevloei was: die **Wintershoekdrif** op die plaas Wintershoek en onderkant Badsfontein (net voor die samevloei) en die **Katfonteindrif,** wat 'n onveilige drif was, wanneer die rivier nie "mak" was nie. By Mooifontein op die draai van die Caledonrivier was **Straatdrift** en vroeër bekend as die **Mooifonteindrift.** Hy beskryf dit as 'n veilige drif, solank as wat die bakenklip van 5 vt x 8 vt nog bokant die water uitgesteek het. Daar was 'n skuit, die Gansborsskuit. As die Caledon in vloed was, was die Gansborsskuit die enigste "brug" wat tussen die riviere en Bethulie was tensy jy Smithfield sou omry. Ou oom Simon du Plooy (van Truitjiesfontein) was die eerste persoon wat hiervoor gesorg het. Die Gansborsskuit het massas mense oor die rivier gedra, so ook hulle karre, maar die perde moes deurswem. Wolskeersels van Versterspos, Swartkoppies en Straatdrif is so oor die rivier vervoer.

Kaarte dui die volgende verder op aan: **Kareepoortdrif** was net oos van die plaas Brandewynsgat. Hier het mnr Snyman ook 'n skuit gehad, maar dit was nie teen die vloede van die Caledon bestand nie. **Kloppersdrif** (naby Rietfontein), tussen die plase Lusthof en Groenfontein, noord van die Caledon; op die plaas Weltevreden suid van die Caledon is **Kletterdrift.** Daarna kom **Kommissiedrif**, net anderkant Smithfield en net oos van die huidige brug.

Die meeste Voortrekkers het in die 1830's in die omgewing tussen Norvalspont en Aliwal-Noord deur die riviere gegaan en die driwwe benut (Kyk ook GROOT TREK).

Pont

Die verkeer oor die drif naby Bethulie, waarskynlik Bosjesmansdrift, in die Oranjerivier het deur die jare toegeneem, veral met die stigting van dorpe oorkant die rivier. Nadat Bethulie as dorp geproklameer is in 1863, het die verkeer oor die drif bygedra tot die vinnige groei van die dorp. Nog voor die eerste erwe uitgemeet is, was die noodsaaklikheid van 'n pont bespreek. Volgens 'n verslag in die *Friend of the Free State* van 25 April 1862 is die eerste pont oor die Oranjerivier hier by Bethulie op 26 Maart 1862 te water gelaat en gedoop as *Union Pont* of vertaald, *Vereenigingspont*. Die pont was vasgemeer deur kabels aan 'n groot klippaal. Dit was 'n groot gebeurtenis wat na die samewerking tussen twee regerings, Kaap en Vrystaat, gevier is. Daar was 300 mense teenwoordig. Mev van Iddekinge (die eggenote van Bethulie se landdros) het die pont gedoop deur die breek van 'n bottel vonkelwyn teen die pont, Donovan het twee kanonskote geskiet.

Die foto dui die pont by Norvalspont aan.Soms moes tot 500 waens op 'n beurt wag om die rivier oor te steek. (Met dank aan die Colesberg-museum)

Teen 1864 was daar drie ponte naby Bethulie. Die moontlikheid dat twee daarvan aan Johann Gustav Adolphus Holm behoort het, bestaan; sy ponte se name was *Dewetspont* en *Perserverance* (Volharding). Na Holm se dood in 1870 is die pont vir 'n tyd onder kuratorskap geplaas (Pellissier, 1956:558-562; 658-9,663). Sidney Holm, seun van Johann Holm, skryf oor sy pa en die pont soos volg: Die rivier was daardie tyd ongeveer 450 m breed en daarom het hy besluit om 'n pont te bou vir vervoer oor die rivier. *"he decided to build a pont large and strong enough to carry two wagons, each when loaded bearing 10 000 pounds, and pull them across the river. In 1864 this was a massive undertaking... He get hold of eight "old Jacks", white men who roamed around from place to place... one was a first-class carpenter, another a blacksmith, two were stonemasons and so on. The eight of them build the pont and also worked as four-a-side rowers on the thick steel cable. The wagons crossed the rivier in this manner."* Hy vertel ook van die groot vloed in 1874 waar die Oranje sy walle oorstroom het en die pont wat aan 'n groot wilgerboom vas was, losgeruk het en die bome ontwortel het. "*Down the Orange River went the pont with its foreman, Old Bill, still on board. Nothing could persuade him to leave his ship... one of the others followed the pont on horseback for days until he eventually lost sight of it. Old Bill still on board".* Wat die lot van Old Bill was word nie vermeld nie (Fist of steel, ca 2000:1).

Daar was vir jare klipbakens by ou die wabrug wat aangedui het waar die pont se ankerklippe was. In 1962 was daar pogings van dr SH Pellissier om 'n monumentjie daar op te rig. Nog 'n baken wat onder die Gariepdam verdwyn het. (Nuusbrief, 30 Mei 1975).

Eerste wabrug, 1879

Die groot verkeer oor die Oranjerivier, veral na die diamantvelde ontdek is, het 'n wabrug noodsaaklik gemaak. Dikwels het die waens tot meer as 100 op 'n keer opgehoop omdat die rivier te vol is en hulle dan nie die ponte kon gebruik nie. Samesprekings begin reeds in 1868 tussen Burgersdorp en Bethulie en 'n *Bethulie bridge Company* word gestig wat met onderhandelinge begin. Met die diamantveldkwessie het die brug 'n politieke speelbal geraak sodat die bouplanne en inwerkingstelling uitgestel is, met die gevolg dat die wabrug oor die Oranjerivier eers teen 13 Maart 1879 in gebruik geneem kon word.

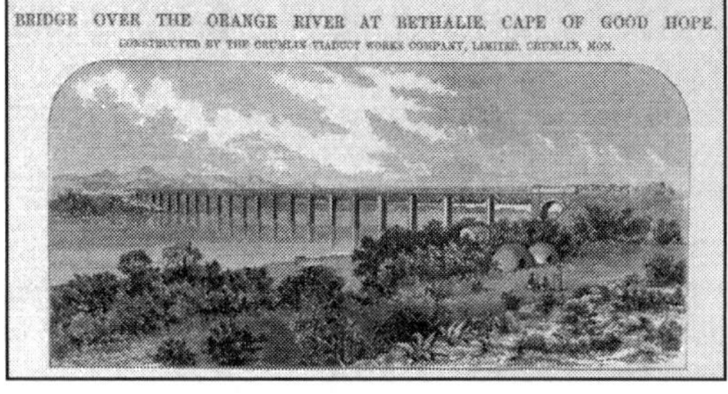

Op die foto staan: Bridge over the Orange river at Bethalie, Cape of Good Hope. Constructed by the Crumlin Viaduct Works Company, Ltd, Crumlin, Mon (Foto met dank aan Dennis Walters wat dit uit "Bridging the Eastern Cape: the life and work of Joseph Newey" verkry het.)

Die Vrystaatse regering het alleenreg gekry om tolgeld in te vorder by die brug. Dit is blykbaar al vanaf 1877 gedoen (Pellissier,1956:558-562; Briewe..1973:66). Harley was tolwagter by die brug, die fondasie van die tolhuis kon tot met die bou van die dam ongeveer 100 meter suid van die brug aan die linkerkant vanwaar die pad was, aangetref word. Die tolhek se hoeksteen is met die bou van die dam in die ontspanningsaal van Oviston se muur ingebou. Daarop staan *Bethulie bridge Tollhouse 1877*

Die hele wabrug is van Engeland ingevoer en per boot vervoer tot by die kus en vandaar met bokwaens. Met die bou van die Gariepdam en die Hennie Steyn-brug is hierdie brug afgebreek en nie opgeblaas soos die ander twee nie. Dit is losgeskroef en verwyder vir skroot.

Sidney Holm (Fist of steel, ca 2000:5) een van Johann Gustav Holm van Holmsgrove se seuns onthou gebeure van 1885: "*New tolls were introduced by the Divisional Council which was responsible for making the roads passable and they charged tolls to cover their costs. The tolls operated on the same system as the one over the bridge except that they were put out on auction on an annual basis and allocated to the highest bidder. Mother managed to obtain the tolls for the triangle of Burgersdorp, Venterstad en Bethulie for the sum of £100. Instead of gates a chain was spanned across the road*". Sydney wat nog te jonk was om skool toe te gaan was die een wat die tolgeld moes insamel. "*The new toll-keeper as yet did not know the difference between a and b, but he could differentiate between coins. So to keep proper records he obtained a facsimile from a toll-book and copied it*

Wagon	2/6d
Cart	1/0d
Horse	3d

If flocks of sheep arrived Mother had to come and deal with them especially as the toll was paid mostly in sheep and not money. Large hand-picked Namaqualand wethers, whose thick round fat tails reached to the ground, were worth 5/-. The toll continued to operate but not everything was rosy. One traveller would want to know what the toll was for, another did not have any money, etc. Nevertheless, at the end of the year when the toll book was added up Mother said: 'Oh well I am totally satisfied the toll has paid well enough' ".

Die eerste wabrug op die voorgrond met die treinbrug agter

Eerste spoorwegbrug 1894

Kyk ook SPOORLYN)

Die plan vir die konstruksie van 'n spoorlyn na die Vrystaat is vir die eerste keer geopper toe diamante ontdek is in 1867. Eers in 1888 is ooreengekom om die spoorlyn te bou via Colesberg vanaf Kaapstad. Die spoorlyn vanaf Oos-Londen het Bethulie op 4 April 1892 bereik. Intussen moes die treinverkeer voortgaan op die lyn wat toe reeds tot by Springfontein gebou is. Dus was die spoor gebou vanaf Burgersdorp tot by die Oranjerivier. Oorkant die rivier was die spoor ook gebou tot by Springfontein.

Die foto van die brug in aanbou met dank aan Johan Van Zyl wat dit in die Kaapse Argief opgespoor het. Hy skryf: Wat ek wel gelees het is dat die Engelse die ou onderbou reg langs die hoofbrug gebruik het om hul tydelike sylyn (diversion) oor te span.

FREE STATE.

OPENING OF BETHULIE BRIDGE.

BETHULIE, Feb. 9.—At a dinner given this afternoon, in connection with the opening of the new bridge, there was a large attendance, Free Staters and East Londoners predominating. President Reitz made some very happy remarks in replying to the toast of his health. He said he regarded the proceedings as tending to union and good feeling, and complimented the builders on the completion of so fine a work as the bridge. The other speakers included the Commissioner of Public Works, Mr. Fraser, Mr. Fischer, several Free State officials, Mr. Fuller, and Malcomess of East London, who explained the value of the border connection, not less to the trade of the Free State than that of the Colony. The proceedings were very enthusiastic, the toasts of the Queen and President being received with equal honour. The hospitality of the Free Staters towards the visitors was marked, as on all previous occasions.

Die spoorwegbrug oor die Oranjerivier word eers in Februarie 1894 geopen. Om die passasiers intussen oor die rivier te kry is 'n tydelike wabrug gebou: "*...low level bridge on concrete piers... having been constructed by Cape government Railway on first construction*". Die wa en trein brûe was 1,250 m van mekaar (Hagen, 2002:11). Die brug was 420 el lank met 9 spanninge en 55 vt hoog .

Fotos met dank aan Johannes Haarhof; uit die versameling van Transnet Heritage Library. Fotos P0466 en P0467 is geneem deur Kaapse fotograaf EH Short in 1895.

Sydney Holm (Fist of steel, ca 2000:5) wat op Holmsgrove grootgeword het skryf*: "A certain Robert Waddell saw an opportunity for good business so he hired our house together with the shop… He opened it as a hotel and with the shop fully stocked he began transporting the passengers back and forth across the bridge. He had things worked out well. First he would fetch half of the passengers and disembark them at his hotel. The distance from the railway bridge to the Hotel was about a half-mile. Then he would fetch the second half and off load them at the hotel while he took the first lot further. He kept the system going for more than two years and made a large profit".*

Op hierdie foto wat in die Nasionale museum se versameling is, staan daar "Bethulie Hotel." Dit is nie die hotel in die dorp nie, kon dit dalk die een op Holmsgrove wees? Op die gebou in die foto staan daar slegs "hotel" bokant die deur

In Bethulie se begraafplaas is die grafte van twee mans wat tydens die bou van die spoorlyn en brug oorlede is. James Williams of Penzance, Cornwall; hy sterf op 29 November 1891: *Died on the railway construction.* Die ander grafsteen is onleesbaar en nie die naam of datum is heeltemal duidelik nie; op die steen staan: *Died on the railway bridge construction, 5 Dec 189?*

Die brûe tydens die ABO

Tydens die ABO het Boere self op 8 Maart 1900 die treinbrug gedeeltelik opgeblaas in 'n poging om die Engelse opmars en inval in die Vrystaat te vertraag (Kyk vir 'n volledige beskrywing Venter, 2011:21-28). Vyf spannings van die brug is verwoes aan die Kaapkolonie kant. 'n Poging om die wabrug ook op te blaas het nie geslaag nie. Die Engelse het die spoorlyn toe herlei om oor die wabrug te gaan; die brug was nie sterk genoeg om 'n lokomotief te dra nie, maar die trokke is met die hand oor die brug getrek. Die omweg vir die spoor was 4 km aan weerskante van die rivier.

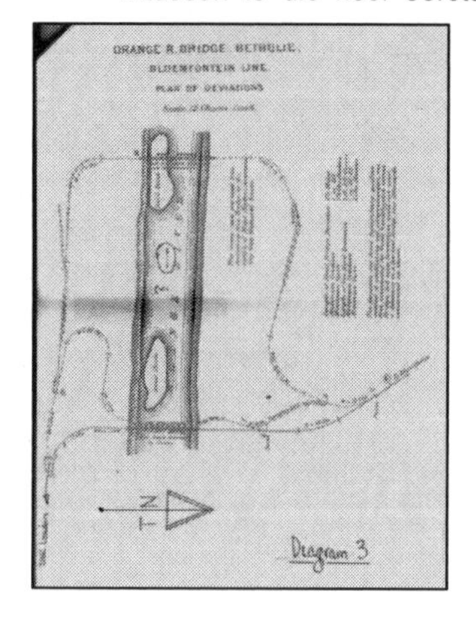

Intussen is die heel eerste brug (daardie *"low level bridge on concrete piers…")* wat as tydelike brug gedien het voor die brug van 1894 voltooi is, se strukture herstel en gebruik. *"Because of the limitations of the road bridge in not being able to carry locomotives, a low level bridge was improvised on the collapsed piers of the original construction by leveling the surface of the fallen piers with concrete, bolting wooden transnomes to these and spanning with timber baulks. Then another deviation had to be constructed to access the bridge…. Although the foundations of*

this bridge were improvised, the structure served its purpose for over a year without mishap". (Hagen, 2002:11). Die treinbrug se spannings is weer herstel deur die Engelse. Die herstelde brug is gebruik tot ongeveer 1960. (Detailed history of the railways in the South African War, 1904)

Foto van treinbrug geneem na Maart 1901; die blokhuis van die ABO verskyn links oorkant die rivier waar Holmsgrove was. (foto met dank aan die Oorlogmuseum)

Kommer het bestaan oor die pilare van die brug wat "*wrought iron*" silinders was en wat met konkreet gevul was. Volgens mondelinge oorlewering het die rooi brug se metaalpilare begin bars, as gevolg van "*metal fatigue*". Die ou brug is in 1966 op aanbeveling van die SAS afgebreek deur *Acho Scrap metals* met die bou van die Gariepdam, want die pilare het 'n potensiale gevaar ingehou vir bote wat op die beplande Gariepdam sou vaar.

Bethulie se brug se onderdele is gebruik om ander brûe mee te bou soos die een by Nelspruit se Rocky drift en die Blaauwkrantzrivier-brug (Fotos met dank aan Johan van Zyl, Oorlogmuseum)

Dup (Pieter) du Plessis vertel: "*As ek reg kan onthou was die brug in so 'n toestand die laaste tyd van sy bestaan, dat die treine eers voor die brug moes stop, fluit en dan sal 'n spoorwerker aan die drywer 'n groen vlag wys wat sê dit is veilig om stadig oor te ry. As jy op die brug gestaan het terwyl daar 'n trein oorgery het, het dit effens heen en weer beweeg. Dit het ek self ervaar saam met my pa. Net links van die brug aan die Vrystaat kant was 'n pompkamer vanwaar hulle water gepomp het na die stasie vir die gebruik deur die stoom lokomotiewe. Daar was altyd sulke groot vierkantige staal tenks op staanders vir die water. Philip Kotze (Floors) se broer was altyd die pompmasjinis wat gesorg het alles loop vlot*".

Jacques van Rensburg onthou hoe hulle as kinders onder die treinbrug na ou muntstukke gaan soek het wanneer die rivier laag was. Daar was 'n klipbank onder die ou brug waar die muntstukke in die holtes van die klippe gaan lê het. Die muntstukke is daar gegooi deur mense vanaf Transkei wat op pad was om op die Kimberley- en ander myne te gaan werk; hulle het geglo daar was 'n slang in die rivier en om sy goedgsindheid te verkry sodat hulle veilig kan reis is daar muntstukke in gegooi.

<u>Die tussentydse treinbrug</u>

Tussen 1958 en 1960 (onsekerheid oor die presiese datum bestaan) is 'n nuwe versterkte sement (beton) brug stroomop gebou. *Roberts Construction* was die kontrakteurs. Die brug is gebou op aanbeveling van die SAS se stelselbestuurder in Oos Londen. Die brug was ongeveer agt jaar in gebruik toe dit deur die Weermag vernietig is omdat die Hennie Steyn-brug in gebruik geneem is. Die brug is oos van die ou trein brug gebou. (Detailed history of the railways in the South African War, 1904). Omdat die brug redelik smal was, is hokke gebou waar spoorwerkers kon gaan staan as daar 'n trein oor die brug ry; twee daarvan is sigbaar op die foto soos deur Dup du Plessis verskaf en beskryf.

Daar was dus op 'n stadium vier brûe oor die Oranjerivier. Hiermee 'n skets uit Hagen, (2002:12) van die vier brûe.

Die skets wys die brûe van links na regs: Hennie Steyn-brug (1972), Robert Construction se treinbrug (1960's), treinbrug (1894) en padbrug (1879) (Hagen, 2002:12).

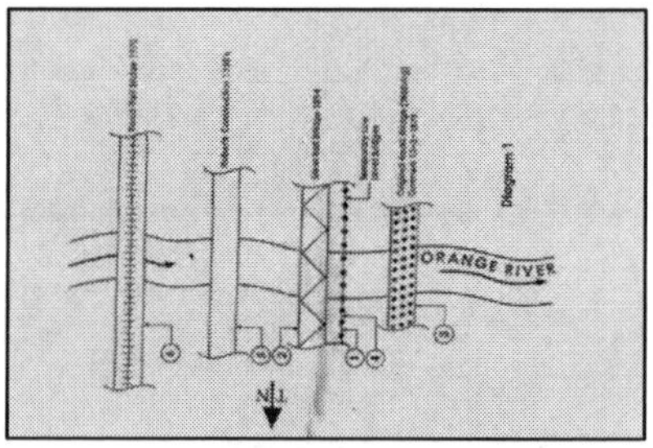

Hennie Steyn-brug

Die Gariepdam is ontwerp om voorsiening te maak vir 'n toekomstige hoër watervlak en daarom moes die brûe ook verskuif word na hoër grond. Die brug wat die langste trein- en padbrug in suidelike Afrika sou word, is gebou en ontwerp deur SA Spoorwee en Hawens. Planne vir die brug is by *Transnet Freight Rail Bridge Office* se kantore in Johannesburg beskikbaar. Die planne is op 28 Junie 1965 afgeteken.

Onder die brug was daar 'n koperplaat wat in April 2014 gesteel is met die volgende besonderhede daarop:

This bridge was constructedby LTA Engineering between 1965 and 1968. The contract was administrated by resident engineer SAR Bloemfontein. In his own way each of these men played a part

LTA	**SAR**
W de V Pitts	HS Hagen
P Haugland	HGJ Vivier
A Koch	
JJ Matthee	

----------------**S Burton-Durham** ---------------------

A Ferreira	J Olivier	K Hyne
J Brand	A Pessegueiro	A Julnao
W Potgieter	K Stainton	F Martins
P van Oudtshoorn	J de Britto	R Mollentze
V Bartolani	A de Sousa	Rvd Berg
T Overmeyer	V de Castro	Cvd Westhuizen
J Benge	J Rebeiro	H Viljoen
A Carvalho	J Gome	L Zwarts

Phillip Dumane	Petrud Bedidi	Festus Nenzenelele
Albert Feni	Danie Masimula	Frans Ramakatsa
Zephanaah Hlope	Jan Mkola	Samuel Skosana
Joseph Kubeka	Seabata Mokoena	Simon Tikolo
Kapok Lesenyeho	Reuben Myeleso	Abram Khatite
Edward Thotolo	John Sephula	

Die ingenieur in beheer van die brug was Willie Pitts; die raadgewende ingenieur was DJR Conradie. Een van die ingenieurs van die SAS, JJ (Jurie) Matthee (hy is met 'n oud-Bethulianer, Rina Bisschoff, Thea du Plessis se suster, getroud) het op navraag so reageer oor die inligting op die plaat: *"Ek dink die plaat is verkeerd gemaak. LTA het ook die groot opvulling aan die Burgersdorp kant van die brug gebou en ek dink die ingenieur in beheer van die grondwerke was S Burton Durham. So die naam S. Burton Durham moet onder LTA wees. Die lys van 24 swartes wie se name daarop verskyn was deel van die LTA werkers op die brug. So ook al die ander name onder S. Burton-Durham".*

Jurie Matthee het nog van sy oorspronklike berekeninge toe hy die brug uitgepen het: "*Ons berekeninge moes akkuraat wees aangesien die brug van beide kante gebou is. Gelukkig het die telerometer net op die mark verskyn en kon my berekeninge vergelyk word... ook berekeninge van hoeveelhede en kostes. Interessante feite uit die swart boek: Die finale koste van die brug was R3,825,243.00 plus 10% toesig R2,524.30 = R4,207,767.30. (Beton was destyds ± R16,00/m³ nou ± R1,600,00/m³. Honderd keer duurder). Die oorspronklike brug tender is aan Lewis Construction toegeken. Lewis Construction, Thompson's Construction en Amalgamated Construction (AMCO) het toe saamgesmelt om LTA te vorm wat die brug gebou het. Vandag is LTA deel van Aveng- Grinaker-LTA".*

Hierdie swart boek met Jurie Matthee se berekeninge daarin is deur hom aan die Pellissier museum geskenk waar dit bewaar word en ook op aanvraag besigtig kan word.

Op 28 Julie 1965 verleen die Raad toestemming aan Lewis Construction vir 'n klipgroef oos van die dorpsdam waar gebreekte klip ontgin sal word vir die bou van die nuwe brug (Geskiedkundige dagboek, 1981:13).

Die spoorlyn moes 19 km herlei word vanaf die ou brug oor die nuwe en 'n nuwe stasie moes gebou word aan die oostekant van die dorp. HS Hagen van SAS was in beheer hiervan. Die brug bestaan uit 26 boë van 39.64 m elk en 25 pilare. Die brug is 1,121 m lank en met die bou daarvan is 120,000 kub m beton en 6,100 ton staalversterkings gebruik. Die hoogte is 52,5 m. Daar is 'n dubbelbaanpad en treinspoor oor hom. By die 18de pilaar vanaf die noordekant is 'n waterinlaat en pompkamer later deur Bloemwater gebou (Kyk BLOEMWATER).

Foto no M8424/1 met dank aan die Transnet Heritage Library. Die plaas Florence se huis was net links op foto

Met Gordon se besoek aan die omgewing in 1777 waartydens hy ook verskillende skilderye gemaak het van die Oranjerivier en die samevloei met die Caledon, het hy die poort waar die brug nou staan *Karoopoort* genoem (Nuusbrief 23 Aug 1974; 30 Mei 1975; HOOFSTUK 2: VROEË BESOEKERS).

Op 30 September 1966 het die stadsklerk 'n brief aan die OVS Reklamevereniging gerig met die volgende versoek: *"My Raad verlang dat die brug na die dorp venoem sal word naamlik Bethulie brug. My Raad misgun nie enige hoogaangeskrewe persoon die eer van vernoeming nie, maar voel dat wanneer 'n persoonsnaam aan die brug gekoppel word meeste mense, wanneer hulle van die brug hoor, nie weet waar dit geleë is nie. My Raad voel oortuig daarvan dat enige hoogaangeskrewe persoon graag terwille van die reklame waarde wat dit vir die dorp sal hê, sal wil afstand doen van sy vernoeming tot voordeel van die dorp...".* Die Raad het 'n jaar later die naam "*De groote wagendrifbrug*" voorgestel (Notule 20/7/1967). Alles tevergeefs, want op die einde is die brug vernoem na dr DH Steyn wat die eerste voorsitter van die *Orange River Development Project Advisory Council* was.

In die Geskiedkundige dagboek (1981:14) verskyn die volgende onder 20 Junie 1970: *"Groot dag vir Bethulie: 'n nuwe stasie met 'n nuwe spoortrajek asook die majestieuse nuwe brug oor die HF Verwoerddam word feestelik in gebruik geneem. Vanaf die ou stasie word 'n spesiale trein met kinders en volwassenes gelaai vir die laaste rit op die ou trajek en ou treinbrug tot by Olivestasie, vanwaar die lokomotief omgedraai en die nuwe trajek gevolg het oor die nuwe brug tot by die nuwe stasie. Die Hoofbestuurder van die Spoorweë, mnr P Kruger, is eregas en hoofspreker by die opening. Hyself is 'n oud-leerling van Bethulie-skool en hy word bygestaan deur die Afdelingsbestuurder, mnr Loots van Oos-Londen onder wie hierdie trajek val".* (Kyk ook *SPOORLYN).*

Reeds in die notule van 25 Mei 1978 word gekla oor die vandalisme by die Hennie Steyn-brug waar mense die betonblokke vanaf die kabelgang op die brug verwyder. Daar word besluit om aan die polisie te skryf om te help om die euwel te bekamp. Dieselfde probleem kom vandag nog steeds voor!

Caledonrivier se brûe

Die brug oor die Caledon is eers in 1913 gebou en die Ramsbottom-brug genoem. Dit was op die plaas Katfontein. Voor die bou van die brug was dit moeilik om oor die rivier te kom en moes mense 'n goeie kennis hê van die sandwalle en driwwe; wanneer die rivier afkom moes daar soms dae gewag word voor die rivier oorgesteek kan word (Du Plooy, 1982:22).

Brug oor Caledonrivier met Spitskop in agtergrond

Tydens die 1988 vloed het die brug oor die Caledon weggespoel. Weer eens was dit die Munisipale Raad wat hom beywer het om die Provinsiale Administrasie in te lig oor die dringendheid van die herstel van die brug as toegang tot Tussen-die-Riviere (Notule 21/2/1989). 'n Laagwaterbrug word toe later oor die rivier gebou, wat heeltemal ontoereikend is, want met die geringste styging van die Caledonrivier kan die brug nie oorgesteek word nie.

Die 75-jarige Ramsbottom-brug is deur Marianne Kruger (nou Visser) se ma, Lena Kruger, afgeneem met 'n besoek aan hul oud-familieplaas. Die brug het kort daarna weggespoel; die hout wat so opgehoop het, het hulle bekommer gemaak dat die brug dalk nie sou hou nie.

Sliksprruit se brug

In 1904 sou daar 'n aanvang gemaak word met die bouwerk aan die brug oor Slikspruit. Dit was 'n groot voordeel vir boere en ook vir diegene van Smithfield, want Bethulie was hulle naaste spoorwegstasie. Maar dit blyk of die bouwerk eers in 1914 begin het (Prinsloo,1955:500, 545). Met die bou van die Gariepdam, die vestiging van die Tussen-die-Riviere natuurreservaat en die bou van die R701 kort daarna is die ou brug afgebreek en die huidige brug in 1969 gebou

Net 'n sandsteen pilaar het oorgebly van die ou brug.

Die brug in die poort

Met die bou van die Gariepdam is die ou brug oor die Oranjerivier opgeblaas en die spoorlyn herlei. Die gevolg was dat die nuwe lyn oor die Hennie Steyn-brug gegaan het. 'n Nuwe stasiegebou is aan die oostekant van die dorp en 'n brug naby die dorpsdam se wal gebou om die spoorlyn oor die poort te lei. Hierdie treinbrug is in 1970 voltooi.

Die brug is gebou en ontwerp deur SA Spoorweë en Hawens en die planne wat op 15 Maart 1965 afgeteken is, is by *Transnet Freight Rail Bridge Office* in Johannesburg. Fourie (2008: 37) verskaf die volgende inligting oor die brug: Dit is 250 m lank en het agt boë van 31.39 m uit mekaar tussen middelpunte van die pilare, 8,685 kub m beton is gebruik. Voorsiening is op die pilare gemaak vir 'n ekstra spoorlyn. Die spoorlyn oor die brug loop teen 'n helling en ook met 'n boog.

BRUIN WOONBUURT

Kyk ook MUNISIPALITEIT OF PLAASLIKE BESTUUR; APARTHEID; SWART WOONBUURT

(Die term Kleurling word gebruik in soverre dit geskiedkundig gebruik is).

Die Departement van Kleurlingsake het in 1961 'n volwaardige staatsdepartement geword met 'n eie minister. Die ekonomiese en staatkundige vooruitgang van die bruin mense is op verskeie maniere bevorder. In 1962 is 'n Kleurling-ontwikkelingskorporasie by wyse van wetgewing in die lewe geroep. Die doel daarmee was om kleurlinge wat die een of ander ekonomiese onderneming wil begin, aan die nodige kapitaal te help. In 1963 is die onderwys van kleurlingkinders onder die beheer van die Departement van Kleurlingsake gebring. 'n Onderwysraad vir Kleurlinge is ook in die lewe geroep. Wet nr. 49 van 1964 het voorsiening gemaak vir die daarstelling van 'n Verteenwoordigende Kleurlingraad van 46 lede, met 'n uitvoerende raad van vyf lede. Die eerste verkiesing van die raad is eers in September 1969 gehou.

In die notule van Februarie 1971 van die Munisipale Raad van Bethulie word die volgende statistieke gegee: kleurlinge: 444 waarvan 60 pensionarisse is, daar is 61 wooneenhede.

In 1971 het mnr P Saunders, destydse Kleurlingverteenwoordiger van die Vrystaatse Raad 'n brief aan die Munisipale Raad van Bethulie gerig waarin hy meld dat meer kleurlinge hulle graag in Bethulie wil vestig, maar dat 'n afsonderlike woonbuurt aanbeveel word (Notule 22/4/1971). Polities is die bruin gemeenskappe in die land deur die Departement van Gemeenskapsbou, Omgewing en Beplanning bestuur. Die Departement het kort daarna aanbeveel dat aparte woongebiede vir bruin mense gevestig moet word en dat die raad dit self moet vestig, onderhou en die koste daarvan moet dra (Notule 27/2/1972).

Die Raad van Bethulie het die finansiële implikasies van die vestiging en instandhouding hiervan onder die regering se aandag gebring. Gedurende dieselfde tyd is daar ook aanbeveel dat die swart woonbuurt verskuif word as gevolg van die waterlyn van die Gariepdam wat toe pas voltooi is. In 1974 is besluit dat met die verskuiwing van die swart inwoners meer huise vir die bruin gemeenskap naby *Cape stands* gebou sal word (Notule 26/8/74). Tot 1975 het die bruin gemeenskap geen verteenwoordiging op die Raad gehad nie en daarom het mnr Cloete, as sekretaris van die Kleurlinggemeenskap, versoek dat die Raad 'n Kleurlingverteenwoordiger op die Raad benoem; mnr SJ du Plooy word benoem (Notule 23/1/75).

In 1976 word die gebied wes van die swart woonbuurt deur die Departement Gemeenskapsbou, Omgewing en Beplanning asook deur Kleurlingsake goedgekeur vir die nuwe woonbuurt vir bruin mense (Notule 25/10/1976). Bethulie se munisipaliteit moet dit ontwikkel en die kostes verhaal van die huurgeld en die heffing van dienstefooie. Ondersoek na verskillende behuisingskemas word gedoen en 'n dorpsuitlegplan word opgestel teen 1978; hierop verskyn 87 wooneenhede, 12 enkelkwartiere, 'n gemeenskapsaal, 'n skool, 'n kleuterskool, sportgronde, kerke, besigheidspersele, 'n park, munisipale gronde asook dienste soos riolering, water en elektrisiteit. Die haglike toestande van behuising word ook met Kleurlingsake bespreek. Net diegene wat oor 'n kleurlingpersoonskaart beskik mag in kleurlingdorpe woon! (Notule 18/7/1978). 'n Oud-Bethulianer en argitek, Celia Janse van Rensburg (née Botha) het 'n gebieds- en dorpsuitlegplan opgestel (Notule 14/9/78). Op 17 November 1980 het die Departement van Gemeenskapbou dit goedgekeur. Daar is beraam dat die totale koste R410,000 sal beloop en 'n lening van 40 jaar word verkry.

Die vertraging om die woonbuurt te begin ontwikkel is hoofsaaklik te wyte aan die feit dat voor daar enigsins gebou kon word, die swart woonbuurt eers verskuif moes word en daarmee word geen vordering gemaak nie. Intussen het die minister ook laat weet dat geen fondse beskikbaar is vir die 1982/83 boekjaar nie. Mnr Cloete, as voorsitter van die Kleurlingverhoudingskomitee in Bethulie, stel voor dat selfbou projekte begin word.

In die 1983/4 jaarverslag word gemeld dat finaliteit gekry is dat die swart woonbuurt nie verskuif gaan word nie; nou word ook finale goedkeuring verkry vir die hersiene dorpuitlegplanne vir die nuwe bruin woonbuurt. Tenders vir die bou van die eerste 60 huise sal aangevra word. Die totale koste van die skema sal nou R500,000 wees en is reeds goedgekeur deur die staat. Daar moet 'n bufferstrook van 200 meter tussen die swart en bruin gebiede wees.Tydens 30 Mei 1984 se samesprekings tussen die Raad, Gemeenskapsraad (mnr A Philips) en Kleurling Gemeenskapsraad (mnrr M Cloete, L Rolls en P Manusa) word daar beswaar aangeteken dat die terrein nie voorsiening maak vir uitbreiding nie en teen Januarie word afgesien van bufferstroke. Teen Julie 1985 het die landmeter die woonbuurt uitgemeet en teen Oktober 1985 is het die ingenieur dienste vir 110 erwe uitgelê.

Die Kleurlinggemeenskap het eenparig besluit om die naam *Toyboy Park* aan die woonbuurt te gee. Die Raad meen dit kan nie met iets uit die omgewing geassosieer word nie, en beveel aan dat 'n nuwe naam voorgestel word. "Meester" Cloete was van mening dat dit net so wel *Vloekershoek* genoem kan word na aanleiding van sommige inwoners se gedrag!

Die naam *Cloetespark* is later voorgestel ter ere aan "meester" Moses Cloete die eerste voorsitter van die Kleurlingverhoudingskomitee en ook gewilde skoolhoof. (Kyk ook HOOFSTUK 8; BEROEMDES...)

Die dorpsverklaring lui: *"Die dorp is Bethulie Cloetespark Kleurlingwoongebied en is geleë op onderverdeling 19 van die plaas Bethulie nr 303 en bestaan uit erwe 1-179 soos aangedui op die algemene plan..."*. Daar is vyf erwe vir munisipale doeleindes gereserveer, een perseel elk vir 'n skool, 'n kerk en park, nege besigheidserwe en 162 woonerwe (Notule 26/2/1987, 22/10/1987).

In 1987 is Cloetespark as groepsgebied afgekondig en op 24 Junie is die instelling van die Kleurling-bestuurskomitee goedgekeur. 'n Lys name word aan die Raad voorgelê wat besluit op vyf persone wat aan die Administrateur voorgelê is wat die eerste Bestuurkomitee aangewys het: Moses Cloete, Lucas Roules, Leon Stuurman, Piet Manosa en Pauline Barnard (Notules 12/6/1987, 24/6/1987).

Cloetespark is as dorp geproklameer in die Offisiële koerant van 23/6/1987 (Notules 19/1/1989,13/7/1989). Dorpstigting is op 10 November 1987 goedgekeur deur die Administrateur. Transport sal in die naam van die Munisipaliteit geregistreer word terwyl kopers van erwe ook transport verkry.

Die volgende statistieke word in Januarie 1989 deur die Departement van Welsyn aan die Raad van Verteenwoordigers verskaf: totale getal bruin gesinne 84; sieletal 403; algehele tekort aan 25 wonings, bruin gesinne nog in swart woonbuurt 13, dit is 43 siele.

Die Kleurling Adviesraad word 'n Bestuurskomitee op 29 Maart 1990. Die lede is M Cloete (voorsitter), mev C Morgan (onder voorsitter), P Manosa, L Stuurman en mej L Arries. (Kennisgewing in Offisiële koerant van 30/3/1990; Notule 23/4/1990).

Die gemeenskapsaal in die woonbuurt word op 18 Mei 1990 ingewy en die sokker en netbalbane word in Julie 1991 voltooi.

Die nuwe terrein vir die skool is aanvanklik benut deur van mobiele klaskamers gebruik te maak; die skool se naam is Excelsior.

BURGEMEESTERS VAN BETHULIE

1890-1994	H Klijnveld
1895-1896	Dr Werdmuller
1897-1989	H Klijnveld
1899-1900	HA Rampe
1901	Military
1902	FP Gunn
1903	H Klijnveld
1904	JC de Waal
1905	H Klijnveld

1906-1908	CJ Visser
1909	JC de Waal
1910	HJ de Villiers
1911	JA Scott
1912	JJ Tromp
1913-1914	JA Scott
1915	Dr J Graham
1916-1917	JH de Klerk
1918-1920	Ds J Leon Cachet
1921	Jas J Wardaugh
1922-1923	JA Scott
1924-1925	Dr J Graham
1926-1927	JA Scott
1928	Dr JT Mynhardt
1929-1935	Jas J Wardaugh
1936-1941	Dr JT Mynhardt
1942-1945	JJ de Bruyn
1946	PJ Jordaan
1947	P de Bruyn
1948	ID Steyn
1949	PJ Jordaan
1950	JP van Vuuren
1951-1953	MA van Coller
1954	JP van Vuuren
1955	AJJ van Rensburg
1956-1957	Floors P Coetzee
1958	JP van Vuuren
1959	CHJ Neethling
1960	Dr NS Fryer
1961-1962	CHJ Neethling
1963	JHJ van Rensburg
1964-1965	Dr NS Fryer
1966-1968	JHJ van Rensburg
1969-1970	CD Kruger
1971	DC van Zyl
1972	RC Pratt
1973	PC Schoeman
1974-1977	Dr B Wessels
1978-1980	SJ du Plooy
1981	Dr NS Fryer
1982-1985	JHJ van Rensburg
1986-1996	PJ Smith

Vanaf 1990 met die begin van die proses van demokratisering het die munisipale strukture begin verander. MG Ntwanambi was die eerste swart burgemeester van Bethulie se Plaaslike Oorgangsraad in 1994. In 2000 het Bethulie deel van Kopanong plaaslike munisipaliteit geword en het nie meer sy eie burgemeester gehad nie, maar wel onder die burgemeester van Kopanong geval (Kyk MUNISIPALITEIT OF PLAASLIKE BESTUUR). Sedert Mei 2009 is XT Matwa nog steeds burgemeester van Kopanong. (Kyk MUNISIPALITEIT OF PLAASLIKE BESTUUR).

Daar word in 1984 besluit dat 'n burgemeestersketting gemaak moet word en Raadslede dra almal R100 daartoe by. 'n Voorstel om die Hennie Steyn-brug as uitbeelding daarop te gebruik sal ondersoek word (Notule 23/8/1984). Die ketting is ook met die inhuldiging van die nuwe burgemeester, Rums van Rensburg, op 21 Maart 1985 vir die eerste keer gedra.

Buurdorpe kyk GARIEPDAM, ROUXVILLE, SMITHFIELD, SPRINGFONTEIN, PHILIPPOLIS, TROMPSBURG

CALEDONRIVIER

Kyk ook BRÛE, PONTE...

Op 24 Desember 1777 skryf Gordon in sy joernaal, nadat hy na die poort tussen die koppe aan weerskante van die Oranjerivier verwys het, en hulle besluit het om die koppe aan die suidekant van die rivier uit te klim: "*De Beer, the artist and I climbed the mountain which was eight to nine hundred foot high and we saw a large plain to the east, although there is a range of fairly high, broken mountains five or six hours away. To the north and north east it is all the same range. All these mountains from the Fish River and the Sneeuw Bergen are alike in formation, with grass on the tops and sides and a few shrubs. Saw that an hour east of the gateway this river consists of two branches, one coming from the E.S.E. and the other from the N.E. by N., though the one from the E.S.E. is the widest. Called the second the Princess Wilhelmina's River after Her Ladyship, the Princess of Orange".* (Forbes, 1965:98). Dit was die eerste skriftelike beskrywing van die huidige Caledonrivier.

Die samevloei afgeneem met die vloed van 2011.

Lt-kol Richard Collins wat die omgewing 32 jaar later in 1809 besoek het, bereik die samevloei van die riviere op 3 Februarie. Hy vernoem die rivier na die graaf van Caledon, Alexander Caledon (1777-1839). (Duidelik onbewus daarvan dat Gordon die rivier Wilhelmina genoem het!). Caledon was die eerste Britse burgerlike wat 'n goewerneurspos beklee het, dit vanaf 1807 tot 1811. Groot hervormings het tydens sy bewind begin soos die verbod op slawehandel deur Brittanje, die skepping van die grensdorp George, die skep van rondgaande howe wat onder andere arbeidsregulasies ingestel het om veral die Khoikhoi se belange te beskerm.

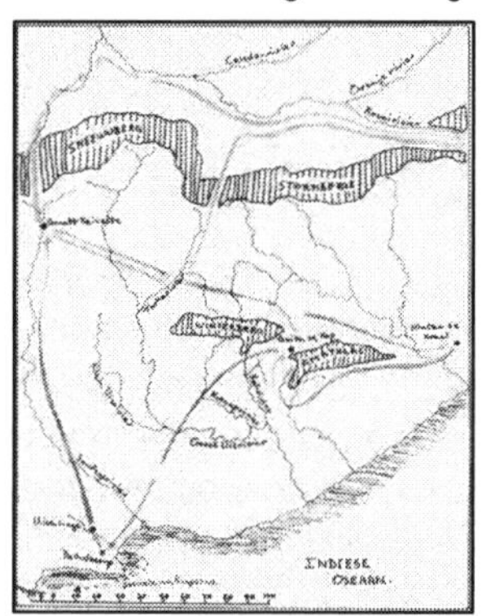

Die kaart soos deur Collins geteken in 1809 wat sy roete aandui. Met dank aan Simon du Plooy. (Bezuidenhout, 1985).

Die Sotho naam van die rivier, *Mohokare*, is reeds in die 1670's gegee aan die deel van die rivier wat deur die noord-ooste van die Vrystaat vloei (Schoeman, 2003:9).

Die Caledonrivier is net soos die Oranjeriver deel van Bethulie se geskiedenis en ervarings. James Clark, die eerste sendeling hier en in diens van die LSG, skryf dat hy en Melville die omgewing verken het met die oog op 'n sendingstasie vir die Boesmans en dat hulle op 11 Desember 1827 die Caledon bereik het en deur drie Boesmans besoek is. Pellissier se eerste brief, 19 November 1833, aan sy direkteure is gerig vanaf Caledon sendingstasie (Pellissier, 1956:170,163) - hy het die rivier so belangrik geag dat hy sy stasie daarna vernoem het.

Die eerste boere wat hulle tussen die twee riviere, die Caledon- en die Oranjerivier, gevestig het, was meer afgesonder as ander boere en het meer uitdagings die hoof moes bied. Uitdagings vir mens en dier om oor die rivier te kom deur die driwwe, voor daar brûe was, het soms noodlottig geeindig vir vreemdelinge wat nie die rivier geken het nie. (Nuusbrief, 15 Nov 1974).

Gedurende die ABO het genl de Wet benoude oomblikke beleef toe hy byna tussen die twee riviere wat in vloed was deur die Engelse vasgekeer is. Hy het die Caledonrivier op 4 Desember 1900 deurgegaan met 1,500 man en 400 krygsgevangenes, waarskynlik by Kareepoortdrif. Op daardie stadium het dit al 24 uur aanmekaar gereën. Vir die Engelse wat hom agtervolg het, was dit ook benoude oomblikke. Hulle beskou die drif as die mees gedugte wat hulle nog gesien het, met 'n 25 grade helling en modder wat 30 cm diep is. Verder af langs die Caledon het 'n skermutseling my Kommissiepoortdrif uitgebreek, maar later het De Wet by Sewefontein se drif die Engelse afgeskud (Venter, 2011:42-46).

Vandag vorm die Caledonriver die oostelike grens van die Tussen-die-Riviere natuurreservaat in die distrik.

Carmel Kyk HOOFSTUK 3: SENDELINGE

Cloetespark kyk BRUIN WOONBUURT

DAMME

Kyk ook HOOFSTUK 7: GARIEPDAM

Dorpsdam

Kyk ook OORD; WATER

Die dorpsdam is gebou op 'n fontein in die poort. Die fontein was sekerlik een van die redes waarom die Boesmans hier gewoon het. Met die beoogde stigting van 'n sendingstasie het Clarke en Melville in 1827 in 'n brief aan Londense sendinggenootskap geskryf dat hulle 'n sterk fontein in 'n kloof gekry het en daarom aanbeveel dat die stasie hier gevestig moet word. In 1836 skryf Pellissier (1956:260) dat daar aan die noordekant van sy huis 'n pragtige vallei is waarvan daar aan die einde 'n natuurlike dam is van 250 tree (meter) in omtrek. Die water het eers verlore geraak maar nou is dit met sorg aan die eenkant van die vallei uitgekeer om die tuine van die stasie nat te lei. Kon dit na die fontein se water verwys?

In 'n brief wat die burgemeester JAS Wardhaugh skryf, verduidelik hy dat water aan die dorp eers vanaf die fontein aan die noordekant uitgekeer is in gravitasievore, en dat 'n kwart van die dorp so van water voorsien is. Die vore het egter erosie veroorsaak en 'n diep spruit in die poort tot gevolg gehad. Na groot vloede is daar gewoonlik sandsakke gepak, maar in 1892 is die eerste sementwal gegooi van 15 vt hoog (5m) (VAB MBE no 1/4/2 Ref MB1/4/2/4).

In 1906 word die behoefte aan meer water vir besproeiingsdoeleindes groter; die voorraad water uit die fontein in die poort, dus uit die dam, was te min. Twee opsies is gedebatteer: om meer water vanaf die spruit en fontein op te vang, of om water uit die Oranjerivier te pomp. Daar het toe niks van gekom nie, maar in 1910 is die probleem weer bespreek en op 10 Mei 1912 word die skema om meer water uit die fontein op te vang deur die gemeenskap aanvaar. Die nuwe dorpsontwikkeling, later Macsmo, se 500 erwe word toegeken en in 1914 word dit deur die administrateur goedgekeur. In Augustus 1918 word 'n lening gevra vir die bou van die dam vanaf die stadsraad van Bloemfontein, wat goedgekeur word.

Die stryd om finansies het daartoe gelei dat daar op die einde vier lenings aangegaan moes word wat ook die bou van kanale of leiwatervore ingesluit het. Die dam met sy kanale is in 1921 voltooi, nege jaar nadat die skema aanvaar is; ongelukkig met 'n skuld van £32,000. Die begroting was

£35,000 maar op einde het dit £67,000 gekos. (Eeufeesalbum, 1963:56-7, 59-60, 63, 65-66, 68-9). Die ingenieur wie se verslag aanvaar is vir die dam was JTB Gellattly van die firma *The Smartt Syndicate Ltd*.

Onderaan die poskaart staan daar: "Capacity 1500 million gallons."

Steeds water probleme

"Vroeër was hier in die dorp net hier en daar 'n waterkraan, waar ons inwoners al ons huishoudelike water moes gaan haal. Daar het ek geleer om die draaghout met twee emmers te hanteer. Later het ons 'n vaatjie met wiele gehad…Gou het ons seuns een van die melkkalwers geleer om die ding te trek.

Die munisipaliteit besluit toe om 'n behoorlike waterskema met huishoudelike water na elke huis. Toe kom die ding. Die Raad besluit met 4 stemme teen 3 om die damwater te filtreer. Nou is die vet in die vuur. Wyle oom Dan en drs Viljoen en Mynhardt, almal raadslede, wil niks weet nie. Hulle wil boorgate hê. Hulle bedank as Raadslede en beroep 'n publieke vergadering. Ek sal Dr Viljoen se woorde nooit vergeet nie "ek verstout my vanaand om 'n vergadering toe te spreek…" 'n yslike besigheid en lawaai, 'n nuwe stadsraad en siedaar, ons wonderlike huishoudelike waterskema.

Met die inwyding van die skema het ons met 'n pad vanuit die park by die reservoirs verby tot langs die begraafplaas ingery. Dit was die Dancilia McDonald rylaan. Oom Dan se eggenote was mev Cecilia McDonald. Groete. Flip". (Uit 'n ou Nuusbrief en geskryf deur Flippie de Bruyn). Oom Dan en Cecilia waarna verwys word, is Denise Jacobs (née de Villiers) se oupa en ouma; die Dencilia is 'n samevoeging van die twee se name. Dit was ook na hom wat die McDonald-dam wat hieronder beskryf word, na vernoem is). In Ferreira (1988:binneblad) verskyn 'n lugfoto van die dorp wat nog duidelik die rylaan aandui soos in 1973 geneem.

Oorblyfsels van die dinamiethuise en die betonstrukture vir die hyskrane wat alles gebruik is vir die bou van die dam, kan nog in die omgewing gesien word.

Die dam was skaars klaar en in gebruik toe die land in geheel begin ly onder die Groot Depressie en droogte en almal kry swaar. In die *Burgemeester se oorsig* 1929/30 is Wardaugh heel geirriteerd met die houding van die inwoners oor Macsmo. Daar is voor die bou van die dam beplan dat Macsmo en die dorp agt leibeurt per jaar uit die dam sou kry. Dit het nie gebeur nie, want as die water sak kon die bodorp nie water kry nie; pompe is gekoop en so het die skuldlas vergroot. Belasting op die watererwe is verhoog en ontevredenheid het ontstaan. Boonop het drinkwater 'n al hoe groter probleem geraak. Wardhaugh skryf "*al die benardheid, pessimisme, verskille, twis, misverstand, onenigheid, onkundigheid, slaphandigheid en wanhoop en vrees van ondergang lê opgeslote in die woorde: dorpskuld en Macsmo……Die verhouding van die publiek teen Macsmo is erg stiefmoederlik om dit op 'n sagte wyse uit te druk… Die dam was nie vir weelde gebou nie en die eienaars van Macsmo het dit ook nie gebou nie"*. Hy pleit dat daar saamgestaan word om die skuld af te betaal en vir 'n staatslening aansoek te doen. (Burgemeester se oorsig..1929-1930). 'n Lening is verkry en in 1934 na verdere probleme en deputasies aan die regering, word 'n groot deel van die damskuld afgeskryf (Eeufeesalbum,1963: 68,70).

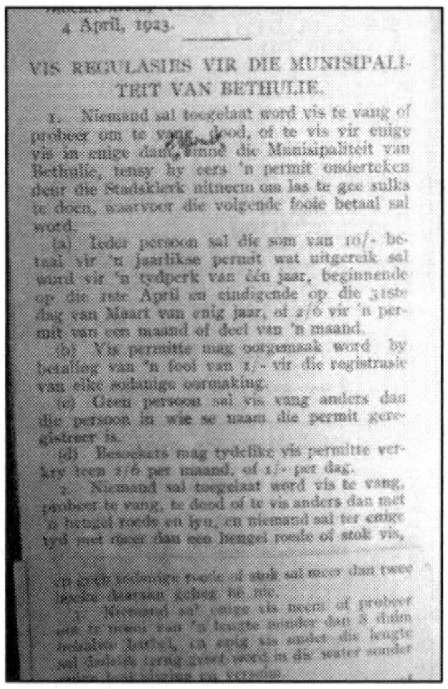

4 April, 1923.

VIS REGULASIES VIR DIE MUNISIPALITEIT VAN BETHULIE.

1. Niemand sal toegelaat word vis te vang of probeer om te vang, dood, of te vis vir enige vis in enige dam binne die Munisipaliteit van Bethulie, tensy hy eers 'n permit onderteken deur die Stadsklerk uitneem om lisensie te gee sulks te doen, waarvoor die volgende fooie betaal sal word.

(a) Ieder persoon sal die som van 10/- betaal vir 'n jaarlikse permit wat uitgereik sal word vir 'n tydperk van één jaar, beginnende op die 1ste April en eindigende op die 31ste dag van Maart van enig jaar, of 2/6 vir 'n permit van een maand of deel van 'n maand.

(b) Vis permitte mag oorgemaak word by betaling van 'n fooi van 1/- vir die registrasie van elke sodanige oormaking.

(c) Geen persoon sal vis vang anders dan die persoon in wie se naam die permit geregistreer is.

(d) Besoekers mag tydelike vis permitte verkry teen 1/6 per maand, of 1/- per dag.

2. Niemand sal toegelaat word vis te vang, probeer te vang, te dood of te vis anders dan met 'n hengel roede en lyn, en niemand sal ter enige tyd met meer dan een hengel roede of stok vis, en geen sodanige roede of stok sal meer dan twee hoeke daaraan geheg hê nie.

3. Niemand sal enige vis neem of probeer [illegible] [illegible] van 'n lengte minder dan [illegible] duim [illegible] [illegible] [illegible] [illegible] [illegible] die lengte [illegible] sal dadelik terug gesit word in die water sonder [illegible]

Met die voltooiing van die dam is daar 25 visse aangekoop en in die dam gegooi; 'n motorboot is toegelaat om op die dam te vaar en passasiers te vervoer. Maar dit was eers met die ontwikkeling van die oord vanaf 1975 dat groter benutting van die dam plaasgevind het. Vakansiehuisies met geriewe, hengelfasiliteite en ander watersport het ontwikkel en meer soorte visse is in die die dam geplaas (Kyk OORD).

In die "ou dae" is hengelpermitte uitgereik soos die regulasies van 1923 aandui. Onder andere is daar bepaal: *"Niemand sal toegelaat word om vis te vang, probeer te vang, te dood of te vis anders dan met hengelroede en lyn en niemand sal ter enige tyd met meer as een hengel roede of stok vis, en geen sodanige roede of stok sal meer dan twee hoeke daaraan geheg hê nie"*

Droogtes het dikwels sy tol geeis met die dam. In 1966 was die dam so leeg dat hope visse gevrek het. In November 1973 was die waterdiepte by die oorloop agter die damwal slegs 10 vt 6 dm en is die dam gesluit vir enige leibeurte (Notule 12/11/73). In 1982 was dit weer so droog dat waterbeperkings ingestel is. Kommer oor die vis in die dam as gevolg van die lae vlak heers en daar word onder andere verwys na die fontein wat in die dam uitmond en dat visse met 'n vorige droogte daar saamgetrek het. Twyfel word uitgespreek of die fontein nog enigsins kan oop wees as gevolg van die slik. Dit word ook aanbeveel dat swartmense in groepe van hoogstens 20 van die vis mag vang onder toesig van die Adminstrasie Raad. (Notules 15/12/1982, 10/2/1983, 24/3/1983).

Om in die toenemende behoefte aan drinkwater te voorsien is daar deur die jare verskeie planne gemaak. Oplossings is onder andere gevind deur water uit die Gariepdam te benut wat daartoe gelei het dat die dorpsdam vol gehou kan word (Kyk ook WATER).

Kommer oor die rietbos wat by die dam oorneem is alreeds so vroeg soos 1978 uitgespreek. Verskeie beheermaatreels is bespreek. Die gedagte om dit te brand is nie aanvaar nie, die bome en die broeiplekke van voëls sal in gevaar wees; verder stimuleer brand blykbaar die groei (Notule 25/5/1978). Teen 1987 bly dit nog steeds 'n groot probleem en daar word besluit om gif, naamlik *Roundup*, te spuit (Notule 12/3/1987).

Deur die jare is die damwal se konstruksie gereeld geinspekteer vir veiligheid en gevaarpunte (Notule 27/8/1987). Vir baie jare is dit die Ingenieursfirma *Ninham Shand* wat die inspeksies namens die Departement Waterwese doen. (Notule 18/5/1992). In sy verslag van 1988 (Notule 25/2/1988) stel die ingenieur voor dat die dam as klas 3 risiko geklassifiseer word aangesien 'n groot deel van die dorp oorstroom kan word tydens 'n ongekende vloed. Teen 1991 word verskeie aanbevelings by die Departement Waterwese gedoen deur die raadgewende ingenieur in verband met die instandhouding; die Raad het onderneem om sover moontlik die aanbevelings na te kom en 'n lening daarvoor by die Streekdienste Raad aangevra (Notule 25/7/1991). Bloemwater het skrywer verseker dat die wal steeds vyfjaarliks geinspekteer word.

Die damwal het van die begin af uitdagings gebied vir Bethulie se avontuurlusitge seuns. PW (Piet) du Plooy skryf (s.a:33) uit sy herinneringe van die 1930's: "*Die middelste deel van die wal is bo-op omtrent drie voet breed en in ons tyd het die polisie dikwels waggehou om die seuns wat met fietse daaroor gery het, te vang. Na so 'n vangs of twee, het die ryery opgehou om die hele proses maar weer net later te herhaal*".

Cecil Simon onthou hoe Jack Jardine met rolskaatse oor die middelste deel van die damwal is!

Skrywer glo, na aanleiding van stories wat tot vandag nog vertel word dat die proses herhaal is totdat Bloemwater die dam oorgeneem het in 1995 en kinders nie meer vrye toegang tot die wal en uitdaging gehad het nie

Die eerste ronde sementdam

Op Ruigtevlei waar CJ du Plessis-hulle woon, is 'n ronde sinkdam met 'n geskiedenis. Die storie is soos volg aangeteken deur CJ se oupagrootjie, ook 'n CJ du Plessis (1889-1972) wat die dam laat bou het. "*Sover ek weet is dit die eerste ronde dam wat in die Suid-Vrystaat gemaak is. Die vloer is eers gelê met groot blokke ysterklip en die openinge tussen hulle met konkreet gevul. Ysterpale is in 'n sirkel ingeslaan. Drade is om die pale getrek. Vir "casing" is 21 vt "ceiling"-planke gebruik. Hulle is*

twee-twee aanmekaar gespyker (1 vt). Hulle is eers oornag in die water gegooi en dan buig hulle mooi binne en buite om die pale. Die volgende dag is die "boxing" 'n voet opgeskuif en so aan totdat die gewenste hoogte van die dam verkry is. 'n Krip is rondom die dam gebou. Die bouer was Hans le Fleur." Die dam is in die laat 1920's of begin 1930's gebou en is tans nog in gebruik. (Met dank aan Marietha du Plessis).

Die eseldam

Die dam waarop twee wit perde of esels geteken is, is gedurende die ABO deur die Engelse gebou.Die plek het gedien as depot waar die Britse soldate van perde voorsien is; een van 24 in die land. Hierdie perde-ontvangsdepot wat ongeveer Maart 1900 in Bethulie gevestig is, was aan die oostekant van die dorp, langs die spruit wat van Maroksberg af kom. Al wat vandag nog getuig van die depot is die dammetjie waarop twee esels geverf is. Die dam moes moontlik water voorsien vir die perde, vir die Engelse soldate en vir die *Native Constabulary* wat in die omgewing was. Later met die vestiging van die konsentrasiekamp was die eerste standplaas hier naby die depot en water moes ook vir die kampinwoners verskaf word. Water is vanuit die spruit gepomp met 'n oliemasjien en moontlik later vanuit 'n sterk fontein aan die bokant van die Engelse kamp. Daardie fontein se water is nog teen ongeveer 1993 opgepomp na 'n reservoir net bokant die eseldam, en het tot in die negentiger jare water aan die stasie voorsien (Venter, 2011:71-72, 118-9).

Die McDonald-dam

Die volgende is net so geplaas soos dit in 'n ou Nuusbrief verskyn het en geskryf is deur Flippie de Bruyn van Gebr de Bruyn-winkel. Die McDonald-dam se wal is nog te sien aan die westekant van die dorp tussen die laerskool en die laaste straat, agter die skougronde. Dit dam is ongeveer 1930 gebou.)

"Toe iemand nou die dag opmerk dat die McDonald-dam weer water het, het net ons ouer garde besef waarvan daar gepraat word. Toe oom Dan McDonald van Glassford af dorp toe gekom het, het hy nie op die stoep gaan sit en koffie drink nie. Hy was gou 'n wakker lid van die Stadsraad. Ons dorp was vol noodvore en houtbruggies - die goed wat ons op Guy Fawkes op 'n hoop gedra het. Oom Dan het die tamaai wal aan die westekant van die dorp daar laat bou met die dennebome bo-op, vandaar die naam die McDonald-dam. Dit was die einde van die noodvore en houtbruggies." (Kyk HOOFSTUK 8: BEROEMDES...*)*

Die dam se wal breek met swaer reën in 2017 en heelwat skade word aangerig.

Opgaardamme

Kyk ook WATER; BLOEMWATER

Om drinkwater aan die dorp te verskaf is daar verskeie opgaardamme in en om die dorp gebou. Die eerste verwysing na 'n reservoir vir die dorp is in die *Burgemeester se oorsig van 1929/30* waar die waternood en planne om water uit die Oranjerievier te kry weer bespreek is... *"as so 'n skema uitgevoer kan word dan het die Raad gemeen om die teenwoordige reservoir te gebruik vir die lewering van water vir die voorgemelde sanitêre sisteem, vir steenmakers en die abbatoir*". (1930:8)

"In die begin van 1937 het die klippe gespat toe die fundament van die toekomstige opgaardam bo-op die berg by die bo-ent van Rouxstraat met dinamiet opgeblaas word". Dit is heel waarskynlik die

twee wit opgaardammetjies op die kop noord van die dorp. Daar is na hulle verwys as Hitler en Mussolini! Skrywer kon geen redes kry vir die vernoeming.

Naby die ou stasie is twee SA Spoorwegdamme wat in 1983 betondakke gekry het om as reservoirs te dien (Notules 16/11/1982, 21/6/1983, 8/9/1983. Vandaar word pyplyne aangelê na die Sportgronde en vanaf die sportgrond is 'n pyplyn aangelê om water veral vir die bodeel van dorp te verskaf wanneer die waterdruk daal. Dit is veral die ouetehuis wat daarby sal baat. Die twee damme is tans in onbruik.

Depressie kyk ARMOEDE

DIAMANTE, OLIE, GOUD EN STEENKOOL

'n Paar keer het hoop opgevlam dat Bethulie se omgewing iets huisves wat welvaart na die omgewing kan bring. Op 28 Desember 1908 is 'n beëdigde verklaring afgeneem van Kameel Mapela wat twee diamante en 'n paar stukke *Olive Carbon* en robyn opgetel het by 'n vuurmaakplek naby die ou wabrug; dit was toegedraai in 'n stuk lap. Hy het 'n beloning daarvoor ontvang en die diamante is na die Jagersfontein myn gestuur (VAB CO 591 Ref 1623). In 1917 rapporteer JJ Tromp dat diamante op die dorpsgrond gevind is en dat die spoelgrond waarin hulle gevind word onder die erwe van Macsmo inloop (Geskiedkundige dagboek, 1963:8). In dieselfde jaar is daar 'n vraag in die Volksraad hanteer oor *"on what farms on the Orange river between Bethulie and Aliwal North have diamonds being discovered, what number of diamonds were found on each, and whether govenrment intends to survey and proclaim any of these farms".* (SAB, MNW, vol 375 MM1466/17). Daar is ook toetsgate by die ou kampkerkhof gesink en op 20 Julie 1922 word 'n maatskappy *Graham, Watson en kie* toegelaat om op die dorpsgronde te prospekteer. De Beers koop die plase Eenzaamheid (later Loudina) en Kortom met die oog op diamantdelwery (Olivier, 1973:38-41). Op Merino, is daar ook in die 1920'2 of 1930's vir diamante gesoek. Hulle het die rivier met sandsakke gekeer en so begin delf. Die eienaar, Lubbe, het selfs nog 'n deel van die inkomste gekry. Toe kom rivier af en spoel alles weg.

Met die ontdekking van diamante op Jagersfontein en Kimberley het fortuinsoekers op die dorpe toegesak en daarmee het 'n groot mark ontstaan vir kos vir mens en dier. Boere, ook uit die Bethulie-distrik, het die geleentheid aangegryp en produkte begin lewer. 'n Mooi storie word deur Pellissier se kleinseun vertel, van vyf mak wilde-kolganse vanaf Rekwesfontein wat op die mark in Jagersfontein verkoop is. Maar teen die tyd wat die eienaar terug was op Rekwesfontein *"het die vyf kolganse hande in die broeksak op die werf rondgeloop en vir hulle namiddag-kos gewag soos gewoonlik*". (Briewe..1973:41).

Op 11 Junie 1901 stuur die Algemene Bestuurder van die Spoorweë in Kaapstad 'n brief aan die Sekretaris van die ORK met die volgende inhoud: *"June 10th result of the enquiries re coal prove three separate outcrops within 6 miles of the town (Bethulie) one of which is south of river. Stop. One is getting samples sent from all".* (VS argief dok CO vol 22 1984/01) Op 17 Julie 1901 stuur die *Cape Governmental Railways* 'n telegram aan Goold Adams dat daar steenkool in Bethulie omgewing ontdek is. Ongelukkig is die steenkool neerslae van lae gehalte en het daar niks van gekom (De Swardt, 2010:252).

Sporadies is daar in die tweede helfte van die 20ste eeu na steenkool, olie, diamante en goud gesoek in die omgewing. Kotie Preotrius onthou dat Soekor in 1964 oor Stormfontein en omgewing elke 100 m gate geskiet het op soek na steenkool en olie en later het De Beers oor Sleutelpoort vir diamante gesoek. Steenkool is ontdek op die plase Sleutelfontein en Dassiepoort noord van Bethulie en ook by Bosjemanspoort (KAB LND leer 1/802 01 L13976) maar dat die van lae gehalte was. In 1971 (Notule 13/5/1971) is 'n aansoek hanteer van 'n maatskappy wat 'n prospekteerkontrak vir diamante op munisipale eiendom vra. Dit is in beginsel goedgekeur. Goud is gesoek aan die westekant van Bethulie onder andere op Cyferbank en Rekwesfontein in die vroeë 1990's; hoewel daar goud gevind is was dit baie diep en onekonomies om te ontgin. Dat dit alles nie die moeite werd was nie, is duidelik.

Diensplig kyk GRENSOOLOG

DIERE

Kyk ook NATUURRESERVATE

Die hartseer verhaal van hoe wilde diere verdryf is deur die mens kom in die volgende vertellinge voor. Die ou mense het van "ongediertes" gepraat en dit blyk asof daar reeds teen 1860 min van hulle oor was (Nuusbrief, 29 Nov 1974).

Die omgewing was ryk aan seekoeie. Behalwe vir die getuies uit rotskuns het Gordon (Kyk ook HOOFSTUK 8: BEROEMDES...) reeds in 1777 verwys na die groot getal seekoeie. Op 24 Desember skryf hy: *"Saw many hippopotami in the river; they were not at all shy but watched us very inquisitively. They amused themselves by looking at us with half their bodies above water, mostly with the whole head above, and then by sinking under. They kept nearest to the other side however where the bank appeared to be more favourable. I had a fine prospect of the gateway here which I called De Oranje Poort. We went to the gateway which becomes narrower here and which is full of hippopotamus paths and signs of wild people... In the late afternoon went swimming in the river which was deep and uneven with stony ledges and holes... Did not dare to risk going far for fear of hippopotamus which are very dangerous in the water. This animal should be called neither seacow nor hippopotamus but river cow or bull...". (Cullinan, 1992:7).*

Op 26 Desember 1777 het hy blykbaar klaar vergeet dat die diere gevaarlik is, want hy duik in die nuut gedoopte Oranjerivier waar hy gewaar dat hy omring is deur meer as honderd seekoeie wat rondê in die vol kuile. Hy skiet nege van hulle en tot groot plesier van sy metgeselle slaag hy nie daarin om 'n vlugtende seekoei in te hardloop nie. "Ek kan vinnig hardloop en het een agterna gesit wat ses tree van my af uit die water gekom het... en met sy lomp draffie soos die van 'n vark afgesit het na 'n ander kuil. Maar ek het moeite gehad om by hom te bly. Soms het hy na 'n galop oorgeslaan waaroor ons moes lag. (Panhuysen, 2015: 63).

Stow (1905:184-185) beskryf die San van die omgewing en die feit dat hulle na die groot getalle seekoeie en olifante verwys, "*In those days all the rivers abounded with hippopotami and troops of elephants were found in every kloof and near every vlei...*". Die Boesmanhoof Kwa-ha vertel ook van die diere: "*There were hippopotami in the rivers and elephants in the kloofs and all sorts of game in the country*". (*OFS monthly magazine,*1877). Rotskuns in die omgewing bevestig dat die diere wel hier was.

In Junie 1819 het GPN Coetse, Casper Kruger en Stephanus Kruger as jagters oor die Oranjerivier die gebied besoek en langs die Caledonrivier opgetrek vir 'n jagtog om seekoeie en elande te skiet. Daar word ook vertel (Nuusbrief, 29 Nov 1974) van 'n seekoei wat in 'n ruie kloof gewei het en wat deur die Boesmans skrik gemaak is. Die dier het van 'n 15 vt (5 m) hoë krans gestort waar hy so seer gekry het dat die Boesmans hom vankant moes maak.

In 'n brief wat die sendeling Clark aan dr Philip stuur waarin hy kla oor die wyse waarop die trekboere en jagters die wyding en wild van die Boesmans uitroei, skryf hy onder andere van 'n boer en sy seun wat 18 seekoeie geskiet het tydens een besoek (Pellissier, 1956:181).

SJ du Plooy (Nuusbrief, 21 Nov 1974; 30 Mei 1975) vertel hoe 'n tier op Brakfontein een nag 'n pasgebore vulletjie wou vang. Die merrie het hom voor teen sy kop geskop; blykbaar dood, want die volgende oggend is die bewys gevind. Die plek het as Tiernek bekend gestaan. Hy beskryf ook hoe die laaste luiperd op die plaas Versterspos in 1850 vankant gemaak is nadat dit weer vee gevang het. Die luiperd het in 'n rotsspleet vir die jagters en honde gaan skuil waar hy toe doodgemaak is; die plek het bekend gestaan as Tierkloof en is geleë naby die klipstapels, net voor die steil afdraende Caledonrivier toe, oos van die ou plaas, Dankbaar.

Dit blyk dat hier selfs leeus was. Die feit dat daar 'n Leeuspruit meer na Aliwal-Noord se kant is, dui ook op die teenwoordigheid van leeus. Simon du Plooy (Genesis 2, 2005:7) vertel van 'n plek genaamd *Minnie se hoek,* (die plek is sigbaar suid van die weggespoelde Caledon-brug, aan die oorkantste oewer wat binne die Tussen-die-Riviere reservaat is): *"Soos aangetoon het hier (*in die distrik*) al mense sedert 1820 gewoon... Ander families het die Caledon by Straatdrif deurgetrek, en* *oorkant die Caledon het die laer of 'n paar waens van 'n sekere familie gestaan net waar Katfontein en Ramsbottom-brug vandag is* (Tans die laagwaterbrug net anderkant die hoofingang van Tussen-die-Riviere). *Die een ou oom was 'n sekere Minnie en hy moes die osse gaan haal om in te span, en toe hy naby die rivier kom het 'n leeuwyfie hom geskraap en gevang, na die rivier se wal gesleep en die man in die sand begrawe. Die leeu het toe na gewoonte na die water gegaan voordat sy haar aas eet. Sy het drie maal probeer en elke keer weer omgedraai om te kyk of die man nog daar lê, en die derde maal het sy tot by die water gegaan. Al die tyd het ou Minnie gelê en loer en toe hy sy kans sien het hy laat spaander met die gevolg dat die leeu hom agternagesit het en deur die ander mense by die waens doodgeskiet is voordat sy Minnie kon gryp".*

In 1980 is 'n jagluiperd tussen die plase Katfontein en Elim gesien. Die mense van Venterstad wat dit gesien het gesê dat hulle eers van mening was dat dit 'n groot hond is toe hulle die kenmerkende kolle op die vel en die lang gekrulde stert opgemerk het. (Nuusbrief, 22 Febr 1980). Geen verdere bevestiging hiervan kon gevind word nie.

'n Ou foto met byskrif "Jaggeselskap, Bethulie" soos in die Nasionale Museum, Bloemfontein gevind.

Jakkalse is reeds lankal as 'n probleem vir veeboere in die omgewing ervaar en word op groot skaal uitgeroei. Vanaf 1966-1993 het Oranjejag (Kyk ORANJEJAG) gepoog om die probleem te beheer.

DISTRIKVESTIGING EN GRENSE

Die eerste aanduiding van 'n grens vir die sendingstasie was in 'n brief deur Clark van 25 Desember 1827 waar hy na 'n kaart verwys wat nooit opgespoor kon word nie. Hy verwys na 'n sterk fontein, sekerlik die een waar die dorpsdam op geleë is, en wes na Table Hill, (Krugerskop), en stel 'n grens voor wat vandaar noord loop (Pellissier, 1956:171-2). Die grense tussen Philippolis en die sendinginstituut van die Caledon word in 1835 soos volg bepaal: Die sendingstasie van Caledon word ten weste en ten noordweste gegrens deur Bosjesspruit wat van die noordooste na die suidooste stroom waar dit in die Oranjerivier inloop. Ten noorde word dit begrens deur die Blouberge waar hulle van die noorde na die suidooste uitloop. In die noordooste word die sendingstasie van Caledon begrens deur die grootpad wat begin waar die Blouberge eindig en wat Slikspruit oorsteek om verder deur te gaan tot by Brypaal. Dit word verder op ten noordooste begrens deur die Wit en Donkerberge wat hulle langs die Rietriver uitsteek. Dit is onderteken deur Pellissier en Adam Kok met vier getuie op 13 Februarie 1835 (Pellissier, 1956:295).

Die tussen Philippolis en Pellissier se sendingstasie word in 1835 soos volg bepaal: Die sendingstasie van Caledon word ten weste en ten noordweste gegrens deur Bosjesspruit wat van die noordooste na die suidooste stroom waar dit in die Oranjerivier inloop. Ten noorde word dit begrens deur die Blouberge wat hulle van die noorde na die suidooste uitloop. In die noordooste word die sendingstasie van Caledon begrens deur die grootpad wat begin waar die Blouberge eindig en wat Slikspruit oorsteek om verder deur te gaan tot by Brypaal (of Breipaal). Dit word verderop ten noordooste begrens deur die Wit- en Donkerberge wat hulle langs die Rietriver uitsteek. Dit is geteken deur Pellissier en Adam Kok met vier getuie op 13 Februarie 1835. (Pellissier, 1956:295).

Op die los kaart wat in Pellissier se boek ingesluit is, blyk dit dat die noordelike grens net oos van Springfontein begin, daar waar Bosjespruit ontspring; dan ooswaarts oor die volgende plase: Westbrook, Slagterskop, Montpellier, Bankfontein, De Put, Blaauwfontein, Naawpoort, Donkerpoort, Blinkkrans, Stillewoning, Welverdient, Poortjie, Breipaal tot by De Bad. Die kaart is deur die Kantoor van die Landmetergeneraal van die Vrystaat opgestel in 1914.

Met die inlywing van die sendingstasie by die Oranje-Vrystaat is 'n versoek aan die staatspresident gerig om die grense van Bethulie-distrik te bepaal; 'n "memorie" van J Norval en 14 ander wat voorgestel is deur Visser en ondersteun is deur Van Heefer word op 26 Februarie 1861 in die Volksraad bespreek. Die voorstel lui: "... *die Grootrivier vanaf die plaas van Martin Coetzee (ongelukkig word die plaas se naam nie verstrek nie, maar dit kan waarskynlik 'n plaas in 'n reguitlyn tussen Straatdif en die Oranjerivier wees) tot aan die Caledon tot by Straatsdrift (regoor Mooifontein); vandaar na Badsfontein na Palmietfontein; vandaar met 'n reguit lyn na Hartebeestfontein; vandaar met 'n reguit lyn na Zandfontein; vandaar met 'n reguit lyn na Visgat; vandaar met 'n reguit lyn na Knoppen; vandaar met 'n reguit lyn na Paljasfontein; vandaar met 'n reguit lyn na Spioenkop; vandaar met 'n reguit lyn na Poortjie, die plaas van Stoffel Snyman; vandaar met die groot wapad na Allemansdrift (volgens ou kaarte is dit naby die brug by Norvalspont) aan die Oranjerivier. Diegene op wie se plase die lyn deur loop kan kies in watter distrik hulle wil val*". (Uit 'n notule van die Vrystaatse Volksraad van 26/2/1861).

Met dank aan Simon du Plooy (Potchefsroom) wat die kaart verskaf het uit: *https://digital.lib.sun.ac.za/handle/10019.2/345.* Dit is deel van die James Walton versameling wat in Stellenbosch biblioteek bewaar word. Die kaart is in 1951 deur James Walton (1911-1999) opgestel.

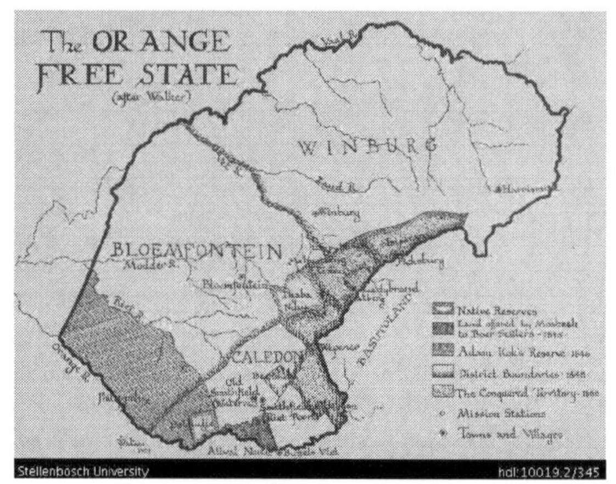

Volgens die kaart is dit duidelik dat Bethulie aanvanklik as sendingstasie nie deel van die Oranje-Vrystaat was nie.

Kyk HOOFSTUK 9: PLASE vir die geskiedenis en proses van die afmeting en afbakening van plase en distrikte. Bethulie is formeel as distrik aangewys in 1861; eers onder Caledon-distrik maar in 1863 word Bethulie as 'n afsonderlike distrik geproklameer met sy eie landdros.

Die grense het deur die jare verander, so byvoorbeeld is die grens tussen Bethulie en Rouxville in 1913 verander (SAB 184 5/26/13). Interessant is dat Bethulie na die Anglo-Boereoorlog vir 'n tydperk saam met Philippolis en Springfontein die Springfontein-distrik gevorm het. Springfontein is as distriksdorp aangewys, maar omdat Springfontein oor geen infrastruktuur beskik het nie, is Bethulie as administratiewe setel behou vanwaar byvoorbeeld die regsproses steeds uitgeoefen is deur 'n magistraat. Die reëling het blykbaar gegeld solank die repatriasieproses aan die gang was. (Van Zÿl, JJR. 2017).

Gewoonlik het dorpe distrikte, maar Bethulie het twee buurdorpe, Gariepdam en Springfontein, wat nie distrikte het nie. Die rede daarvoor is dat die distrikte van Philippolis, Trompsburg en Bethulie gevestig was voor die dorpe ontstaan het. Gariepdam is as dorp in 1994 geproklameer.

Dokters kyk GENEESHERE

DONKERSKOOL

Die terrein naby die abattoir word in 1985 toegeken vir die doel van die "donkerskool" of inisiasiepraktyke van die swart inwoners (Notule 28/2/1985).

Dorpsdam kyk DAMME

Dorpstigting en ontwikkeling kyk HOOFSTUK 5

DORPSWAPEN

In Augustus 1937 het die Raad besluit dat Bethulie 'n dorpswapen kan kry. Dr SH Pellissier was daarmee behulpsaam en 'n deskundige in Bloemfontein het dit ontwerp. Die Franse sendeling se invloed word op verskeie wyses weerspieël. Die leuse *Garde la Foy*, wat ou-Frans is, beteken *Bewaar (of behou) die geloof.* Die drie *Fleurs de lis* verwys na die Franse verbintenis met die sendingstasie waaruit die dorp ontstaan het. (Hierdie ou Franse koninklike simbool is reeds in 1147 aanvaar en in 1376 is die getal blomme verminder na drie). Die vrou wat uitgebeeld word is 'n verwysing na Judith van die Apokriewe boek, Judit. Die oop Bybel met verwysing na hoofstuk V111 van die boek vertel van die dorpie *Bethulua.* (Eeufeesalbum, 1963:71).

In 1987 het die Raad vasgestel dat die dorpswapen nie by die Buro van Heraldiek geregistreer nie; daar is ook besluit om nie voort te gaan om dit te registreer nie (Notules 24/71987, 27/8/1987).

Die wapen van Bethulie hang moontlik êrens in die *stadt* Lohne, Wes-Duitsland! Nadat hulle burgemeester in 1979 hul dorpswapen aan Bethulie geskenk het, het Hannie Botha 'n houtsnee van Bethulie se wapen gemaak wat weer aan hulle geskenk is (Notule 28/5/1979).

In 1987 word 'n bokhaar muurbehangsel met die wapenskild daarop aangekoop (Notule 27/11/1987). Skrywer kon nie vasstel wat daarvan geword het nie.

Driwwe kyk BRÛE, PONTE ...

Droogskoonmakers kyk HOOFSTUK 10: BESIGHEDE

Droogtes kyk NATUURRAMPE

Drukkery kyk HOOFSTUK 10: BESIGHEDE

Eeufees kyk FEESTE

ELEKTRISITEIT

Rhona van Rensburg vertel dat haar pa, mnr Fichardt, wie onder andere die Fichardt-garage besit het, die eerste kragopwekker gehad het. Hiermee het hy ook elektrisiteit verskaf vir die poskantoor se telefoonsentrale tot 21:00 in die aand waarna die sentrale moes sluit!

Die NG Kerk het ook sedert 1924 hul eie elektrisiteit opgewek.

Die ou kragstasie is in 1937 gebou vanwaar elektrisiteit opgewek is met die hoofsaaklike doel om eers net vir water te pomp, maar vanaf 1938 is dit ook gedoen om elektrisiteit aan die dorp te verskaf. Die kragstasie is tot 1964 gebruik toe krag vanaf Bloemfontein verkry is. "*Another source of electricity was for the waterworks scheme which was put into operation during July 1937, comprising of 3 borehole turbines each with 10 horse power electric motors. These pumps pumped water from boreholes into a reservoir, from which the water is pumped by a further 17 horse power centrifugal pump to the reservoirs on the hill. These 3 pumps were electrically operated from a power station. The power station consists of 2 57 horse power Ruston Hornsby Horizontal single cylinder crude oil engines... This power station is used solely for pumping water.*" (Harvey. AQ, 1938. *The Report on the cost of providing electric light schemes for Bethulie:2).*

MC Fourie (2015: 60-61) vertel dat die *vier pragtige ou Ruston Hornby-enjins, drie eensilinders en een tweesilinder, volledig met hulle dryfbande en kraggenerators"*, steeds teen 2015 in die kragstasie staan. Hy beskryf dan die geskiedenis van die maatskappy wat sedert 1840 bestaan en met 'n paar naamsveranderinge tans deel is van die Siemens- groep. (Die kosbare masjiene word ongelukkig nie bewaar of beskerm nie en 'n aanbod in 2014 vanaf die Sandstone Estate in Ficksburg wat ou masjiene, oppas en uitstal, is van die hand gewys deur Kopanong Munisipaliteit).

Die elektriese ingenieur, AQ Harvey, se verslag van 1938 *The Report on the cost of providing electric light schemes for Bethulie,* verskaf interessante inligting:

- Die bevolking was 1,400 wit en 1,500 swart mense
- Slegs twee industrieë het bestaan wat elektrisiteit sou benut, die meul en die spoorweë
- 140 huishoudings het aangedui dat hulle belangstel
- 90 straatlampe is ingesluit by die beplanning; houtpale van 30 vt en 5 dm deursnee sal gebruik word en kos 21/6d per paal
- Verspreiding sal vanaf die kragstasie met 'n kabel na die hoofstraat versprei word waarvandaan dit verder sal gaan soos die dorp in 4 sones verdeel is
- Huise moes bedraad word op eie koste
- Die totale koste van die skema was £5,500.

Die elektrisiteitskema is op 7 Junie 1939 deur die administrateur van die Vrystaat, dr Hans van Rensburg, geopen. Die burgemeester was dr Mynhardt. Die kragstasie wat eers net vir die pomp van water gebruik is, is toe vanaf 1938 gebruik om die dorp se eie krag op te wek en is daarvoor gebruik tot 1964.

In daardie jaar het die munisipaliteite van Bethulie, Reddersburg, Edenburg, Trompsburg, Springfontein en Philippolis 'n maatskappy gevorm wat saam krag vanaf Bloemfontein munisipaliteit aangekoop het. Bethulie het op 'n stadium selfs aan die dorpie Verwoerddam, nou Gariep, elektrisiteit voorsien en lyne is soontoe aangelê. Die gesamentlike maatskappy wat elektrisiteit vanaf Bloemfonterin verskaf het, het teen 1970 as SEVUM (Suid-Vrystaatse Elektrisiteits-voorsiening Utiliteits Maatskappy) bekend gestaan. Later het Oranjekrag (Gariepdam) ook krag van die maatskappy ontvang. Die maatskappy het egter reeds vroeg probleme ervaar en EVKOM neem sedert 16 Augustus 1971 oor. Die maatskappy se likwidasie is in die Staatskoerant van 28 Augustus 1974 afgekondig. Daar is besluit dat die maatskappy se winste aan die geaffilieerde dorpe bewillig sal word vir die aanbring van bykomende transformators want die stroomsterkte sal verminder. Daar sal later oor die Raad se aandele besluit word (Notules 14/8/1970, 24/6/1971, 4/4/1978).

Kragonderbrekings was nooit vreemd vir die dorp nie en die hoop is dikwels op die ou kragstasie gevestig. In 1979 word die inwerkingstelling van die kragstasie bespreek as gevolg van die toename in gebruik van elektrisiteit. Die stasie kan egter net 'n derde van die verbruikers bedien wanneer dit op volle sterkte is. Daar word besluit om dit nie in werking te stel tydens EVKOM se onderbrekings nie, maar om dit slegs aan te wend vir die spoorwegstasie gedurende die nag vir die beheersinjale. Teen 1981 word die kragstasie nog net gebruik vir nood by die waterpompwerke en vir die spoorwegstasie. Die probleem bestaan dat die wisseling tussen EVKOM krag en die kragstasie skade aan motors kan veroorsaak. (Notules 22/11/1979, 20/10/1981). Drien Kleynhans onthou dat haar skoonpa, Jan Kleynhans en haar man Evert, nog vir laas die masjiene aan die werk gekry het na die 1988 vloede, toe soveel van die infratuktuur weggespoel het.

Straatligte het nie altyd deur die nag gebrand nie. In 1985 word toestemming verleen dat die hoofstraat se ligte wel deur die nag mag brand (Notule 30/5/1985). In 1986 het die dorp 'n nuwe distribusiestelsel en nog straatligte vir Joubert-, Grey- en Voortrekkerstraat gekry. Mense onthou hoe straatligte soos lampe aan drade gehang het wat oor die strate gespan was.

In 1990 word elektrisiteitsmeters na die buitekant van die huise verskuif (Notule 3/9/1990).

Simon du Plooy (Potchefstroom) onthou: "*Die huis waar ons loseer het was op die hoek van Beyers- en Rouxstrate, skuins voor die destydse kragstasie, waar ons 24 uur per dag, 7 dae per week met die kragopwekker se gedreun vermaak is. Omrede die geluid eentoning was, was ons en die bure heeltemal gewoond daaraan. Inteendeel, die enkele kere wat die masjiene vir onderhoud afgeskakel is, was die stilte oorverdowend. Die kragstasie met sy masjiene was natuurlik vir ons seuns baie fassinerend en die hoofingenieur oom Pat Henshaw het om ooglopende redes al sy dae gehad om ons daar uit te hou. Buite die kragstasie was daar 'n afkoelingsdam en dit was groot pret om in die aande skelm in die louwarm water te duik en te sorg dat jy betyds weg is voor oom Pat toeslaan*". (Nuusbrief, Mrt 2012).

Handelaars en inwoners het groot skade in die somer van 1997 beleef toe Bethulie vir drie dae nie krag gehad nie, en ook nie water nie, want die elektriese pompe kon nie werk nie. Die weerlig het moontlik 'n transformator beskadig (Die Volksblad, 27 Jan 1997).

In 2001 het Bloemfontein, die Mangaung Plaaslike Munisipaliteit se Elektrisiteitsdepartement, (Centlec) weer as diensverskaffer vir die omgewing en wel vir Kopanong, begin optree. Teen Oktober het alle huise voorafbetaalde meters ontvang, ongeveer 500 meters. Teen die tyd was voorafbetaalde meters reeds vir 'n geruime tyd in gebruik in Cloetespark, Vergenoeg en Lephoi (Nuusbrief, Sept 2001).

"*Centlec is 'n private maatskappy wat in terme van sekere bepalingss van die Munisipale Sistemewet opgerig is, daarvolgens word 'n munisipaliteit gemagtig om 'n sake-entiteit te skep om sekere funksies wat normaalweg deur 'n munisipaliteite behartig word oor te neem. Die hoofdoel is om die entiteit in 'n mate uit die sfeer van plaaslike regering te haal en om dit dan winsgewend as sakeonderneming te bedryf. Centlec is die enigste sake-entiteit wat Manguang het en die Mangaung-munisipliteit* is die 100%-aandeelhouer in Centlec. *So 'n sake-entiteit het 'n raad van direkteure wie se termyn normaalweg drie jaar is. Die Centlec-raad stel die uitvoerende hoofamptenare aan. Die sake-entiteit se begroting word deur die Mangaung-munisipaliteit goedgekeur*". (Volksblad, 24 Jan 2009).

Bekende elektrisiëns deur die jare was Pat Henshaw wat vanaf 1947 tot 1975 in die pos was. Jan Kleynhans het sedert 1970 dikwels hand bygesit en sou slegs op 'n uurlikse basis diens lewer. In 1976 is Hendrik (Boom) van der Walt as elektrisiën aangestel. Iemand wat ook kennis gehad het van die masjiene in die kragstasie was Griesel van Heerden en hy is soms gevra om te help om te kyk of die masjiene nog werk.

Eseldam kyk DAMME

FEESTE

Kyk ook GELOFTEDAG-VIERINGE; SIMBOLIESE OSSEWATREK

Die eerste groot fees wat opgeteken is, was die van uniewording in 1910; hiervoor het die stadsraad £10 geskenk vir vuurwerke. In 1938 was Bethulie deel van die landwye herdenking van die Groot Trek, die Simboliese Ossewatrek. Dit is beskryf as die "*grootste en heerlikste fees wat nog ooit op die dorp gehou is*".

Bethulie het ook deelgeneem aan die Rapportryers se fees ter inwyding van die Voortrekkermonument in 1949. "*In aanloop tot die inwyding van die Voortrekkermonument te Monumentkoppie in Pretoria op 16 Desember 1949, het die gedagte ontstaan om Rapporte (Groeteboodskappe) vanoor die hele land na Pretoria toe te stuur. Aan die begin van 1949 is die Uniale Rapportryer-reëlingskomitee gestig om die vervoer van die rapporte te koördineer. Hierdie rapporte is toe deur perderuiters oor vyftien roetes op 'n aflosbasis deur die onderskeie kommando's van Rapportryers vervoer. Soos die ruiters by dorpe aangedoen het, is nuwe rapporte in die kommando-bladsakke geplaas. Benewens die boodskappe wat kultuurstrewes, godsdienstige oortuiginge, opvoedkundige ideale, volksdeugde, verhewe opvattings en nasionale beskouinge bevat het, het elke kommando ook 'n Bybel in die bladsak geplaas, omdat dit steeds die rigtinggewende boodskap vir die Afrikaner ingehou het. Hierdie Rapportryer-aantog was 'n treffende voorspel tot die inwydingsfees by die Voortrekkermonument, 'n feestelike aantog te perd oor roetes van sowat 22,400 kilometer, en uiteindelik by die Voortrekkermonument afgelewer. Die eerste rapporte is op 29 September vanuit Ovamboland met die SWA-kommando afgestuur, maar die amptelike vertrekpunt was Hartenbos waar die Rapportryers op Krugerdag, 10 Oktober 1949, amptelik afgesien is. Die kommando's het gesamentlik op 14 Desember 1949 by die Voortrekkermonument aangekom waar die bladsakke met rapporte aan die voete van doktor Egbert Jansen, voorsitter van die Inwydingskomitee, geplaas is*". (http://www.afrikanergeskiedenis.co.za/organisasies-se-geskiedenis/rapportryerbeweging/)

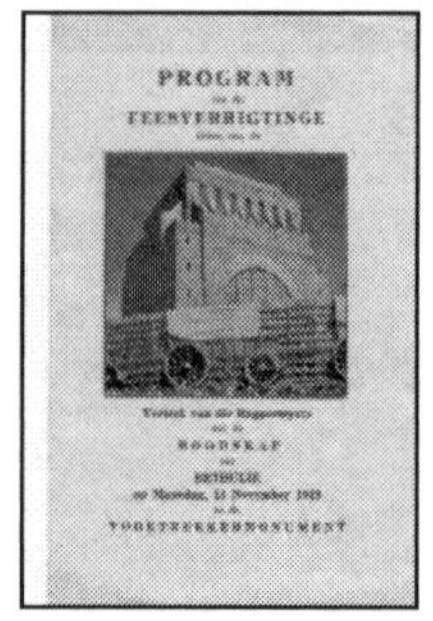

Die ruiters het Bethulie op 14 November 1949 aangedoen. Die voorsitter van die reëlingskomitee was ds SS Wyers en die sekretaris WJ Kruger. Die verrigtinge het in die park begin en van die sprekers was 'n LV, JJ Serfontein, die skoolhoof dr AH de Swardt, en die burgemeester, PJ Jordaan. Van die verrigtinge het die volgende ingesluit: 'n oudstryder van die ABO, CW du Plessis, het die rapportsak, bandolier en rewolwer van kmdt Piet du Plooy oorhandig, 'n perdekommando het die feesgangers later na die ossewamonument begelei waar 'n saluut afgevuur is; die hele optog het na die kampkerkhof vertrek waar die Voortrekkers 'n erewag gevorm het, daarna is 'n kranslegging gedoen by die Helpmekaar-monument (later meer bekend as die Moeder en kind-monument).

Dit onderstaande dokument is verkry , uit die Argief van die Erfenisstigting. Verwysingsnr : Rapportryerboek nr 1, Trekroete nr 2 , bladsy 24. Met dank aan Zabeth Botha. Die brief lees soos volg:

Boodskap van die Rapportryers van 1949
Aan ons volk as rigsnoer vir die toekoms:

Bethulie, die plek waar sommige van die Voortrekkers eerste voet aan die Vrystaatse kant van die Oranjerivier gesit het, bring dank en hulde aan hierdie manne en vroue vir die nalatenskap van die gees van nasiebou, van die vryheidsgedagte, van eerbare sedes, heilige volkstradisies en kerkbewussyn.

Ons boodskap is: Mag die Voortrekkermonument inderdaad 'n ligbaken wees vir ons volkslewe tot in die verre toekoms en met kragtige taal spreek: "Handhaaf en bou". Mag die verrigtinge aldaar almal aanspoor om die Voortrekkers na te strewe en hulle voorbeeld te volg om die hedendaagse en toekomstige draers van die christendom en die beskawing verder te bevorder.

Die voorgaande boodskap is namens die ondervermelde liggame te Bethulie afgestuur op die 14de dag van November 1949 .

Geteken deur die voorsitter van die reelings komitee, SS Wyers en die Sekretaris, WJ Kruger.

Die Stadsraad
Nederduits Gereformeerde Kerk
Gereformeerde Kerk
Oranje-Vroue-Vereniging
Reddingsdaadbond
Voortrekkers

Dingaansfees-komitee Pellissier Hoërskool Jukskeilaer

In 1954 is die Vrystaatse Eeufees gevier. Die program van 16 Februarie 1954 dui onder andere die volgende aan: Die eerste toespraak is deur dr De Swardt gelewer met die tema: Die aanleidende oorsake van die stigting van die Vrystaatse Republiek. Die tweede toespraak is gelewer deur prof EA Venter: Betekenis van die stigting van die Vrystaatse Republiek. Die program is aangevul met 'n sangstuk deur mev Hattingh, 'n voordrag deur mev Louw, 'n musiekstuk deur mej van Eeden, nog 'n sangstuk en dit deur mnr en mev Herman van Rensburg, asook kalviersolo. Die feesgangers het die Vrystaatse volkslied en Die Stem gesing. 'n Optog van 'n perdekommando het luister aan die dag verleen. (Die program word in die museum bewaar).

In 1963 het die dorp sy eeufees gevier op 16-17 Maart. Van die eregaste was onder andere die staatspresidentspaar, mnr en mev CR Swart wat met 'n vliegtuig op die dorp se vliegveld geland het. Daar was 'n lugmagvertoning, 'n regatta op die dam, 'n gewyde konsert onder leiding van mnr Dirkie de Villiers in die NG Kerk, vlotte is gebou wat die verskillende fasette van die geskiedenis uitgebeeld het (op die program aangedui as *historiese taferele*). Kransleggings, kerkdienste, 'n jeugfunksie en 'n noenmaal.

Op 19 Mei 1981 het die dorp Republiekfees gevier (Notule 26/5/1981). 'n Uithourit, kadette en trompoppies was deel van die vieringe en kleurligte is by die ossewamonument aangebring. Die gedagte om 'n perdemonument as deel van die vieringe te laat maak is aanvaar (Notule 14/4/1981). Simon du Plooy (Brakfontein) was die voorsitter van die Feeskomitee.

In 1987 het een van die oudste en bekendste families van die distrik, die Du Plooys, 'n familie fees gereel. Simon du Plooy het die geleentheid gereel (Nuusbrief, 18 Aug 1987).

In September 1988 is die 125-jarige bestaan van die dorp gevier. Marthie de Klerk se boekie oor historiese geboue is beskikbaar gestel. Heelwat aandenkings van asbakkies, koffie en bierbekers, juwelekissies, kersblakers, poeierbakkies tot wynvaatjies is gemaak.

Bethulie het ook deelgeneem aan die Die *Afrikanervolkswag se Groot Trek 150 jaar fees* op 28 November 1988. Weer eens was daar 'n simboliese wa wat die keer vanaf die vendusiekrale na die kamperkhof beweeg het, twee ander waens het later aangesluit en hulle het deur Joubertstraat skougronde toe beweeg. Die simboliese wa het later ook oor 'n betonblad by die Ossewamonumentjie gery en waspore gelaat. (Nuusbrief, Nov 1988).

In 1989 word die eerste "*Bewaar Bethulie fees*" (Nuusbrief, 18 Aug 1989) in *Happy valley* by die oord gehou. Die hoofdoel was fondsinsameling vir die opgradering van die oord. Die nuwe voetslaanpad is ook ingewy. Op 8 September 1990 is 'n soortgelyke fees gehou (Notule 9/8/1990). Vir 1991 en 1992 het die fees se naam verander na "*Bethulie karnaval*" (Notules 20/8/1991, 17/6/1992). Wilma Loots, vrou van die akteur Jacques Loots, het vir die vier jaar inisiatief geneem met die reëlings van die feeste.

Tydens die 100-jarige herdenking van die ABO het Bethulie die lyding van die vroue en kinders onthou deur 'n optog van perderuiters wat die Hendriena Rabie van der Merwe-ossewa begelei het. Die ossewa is deur 20 vroue en kinders geklee in Voortrekkerdrag, deur die strate getrek. Daar het 'n kranslegging by die kampkerkhof plaasgevind. *(Foto: Volksblad, 29 Aug 2001).*

In 2008 en 2009 het die skouvereniging 'n fees aangebied. Op 3 en 4 Oktober 2008 het die eerste "*Legende fees*" plaasgevind. Die tema is gekies om legendes uit die geskiedenis en hede te herdenk. Karavaanstaanplekke en kampering op die rugbyveld het 'n lekker atmosfeer geskep vir die potjiekoskompetisie. 'n Lid van die sterrekundevereniging het sterre gewys. Verder het 22 stalletjies, verskeie kompetisies, motorfiets-boeresport, 'n skattejag in die dorp, demonstrasie van wildvleisbewerking, ens vir baie vermaak gesorg. Die hoogtepunt was 'n eenmansvertoning van die akteur, Frank Oppeman met *Wyk 14.*

Die Pellissier-familiefees het op 27-28 September 2008 plaasgevind wat die 200-jarige herdenking van die sendeling Pellissier se geboorte was. Ongeveer 40 familielede het die fees bygewoon onder leiding van dr Sam Pellissier, agterkleinkind van die sendeling en die seun van die vader van volkspele. Van die hoogtepunte van die fees was die volkspelevertoning deur die Bethlehem-laer en die doop van die sewende geslag JP Pellissier in die NG Kerk. Mooi koorsang deur verskillende kore, onder andere die NGK Langenhovenpark, Bloemfontein se koor en 'n orreluitvoering deur Bouwer van Rooyen is gelewer.

Die Legende fees en die Pellissier-fees het op TV verskyn op die Fiesta program (Kyknet) op 8 November 2008.

Fietstoere en fietsrenne kyk SPORT

FORTE UIT DIE ABO

Oorblyfsels van blokhuise en verskansings wat deur die Engelse gebou is tydens die ABO is nog te vinde in die omgewing. Die blokhuise is vanaf Februarie 1901 hier rond gebou en die laaste is moontlik in Mei 1902 gebou. In 'n verslag word aangedui dat daar teen die einde van Mei 1901 tussen Springfontein en Bethulie,'n afstand van 28 myl, (ongeveer 45 km) 28 Rice tipe blokhuise, ses ander tipe en twee meerverdieping klipblokhuise gebou is. (Venter, 2011:69-71 vir vollediger besonderhede.) In die koppies by die dorp is daar drie goed bewaarde oorblyfsels: op die koppie wat bekend staan as *Gert se berg*, wes van die gruisgroef; op die koppie waarop Bethulie se naam met wit klippe uitgepak is en ook op die koppie waar die drie reservoirs staan. Die klipblokhuis wat by die spoorbrug by Holmsgrove gestaan het is afgebreek met die bou van die Gariepdam.

FOTOGRAWE

In 1846 bring Jules Léger die eerste kamera, die daguarreotipe, aan boord in Suid-Afrika by Algoabaai (Port Elizabeth). Hier neem hy 'n paar fotos en later gaan sy vennoot met die toerusting Kaapstad toe, waar hy minder suksesvol was. Dit was eers in 1851 dat drie ander persone in die Kaap begin besigheid doen met die kameras. Maar die werklike sukses het eers begin toe die nat-plaat tegniek ontwikkel word; teen 1857 was die ateljees van SB Barnard en FAY York reeds gewilde plekke (www.jstor.org/stable/41056585Artiekl) *Was dit hierheen wat Pellissier, sy vrou en klein Samuel, toe sewe jaar oud gegaan het vir die foto? Hulle was in Kaapstad vanaf 1956 tot vroeg in 1858 waar Pellissier sy medies studies voortgesit het.*

Martha Pellissier verwys in Julie 1880 in haar Briewe.. (1973:29) na 'n mnr Armstrong van Bloemfontein wat 'n rondreisende fotograaf was en die dorp besoek het. Mettertyd het Bethulie egter hulle eie fotograwe gekry. Van Bethulie se ou fotos het die name op van die fotograwe PHC Snyman en Klijnveld. Emma Klijnveld skryf in haar dagboek in Oktober 1904 oor haar twee broers*: "Mannie and Max made hay during the time the British soldiers were stationed near here and opened a photographic studio. There was a great demand for snaps and photos for the Tommies to send to their wives and mothers in England"*. (Emma's diary)

Fossiele kyk PALEONTOLOGIE

FRANK GUNN PARK

Pas nadat die damwal gebou is in Oktober 1892 stel H Klijnveld voor dat 'n park aangelê word onderkant die damwal. Bome word bestel vanuit Uitenhage, die park word in 'n ovaalvorm uitgelê, omhein en groot ysterhekke word bestel. In 1893 word nog bome aangeplant wat vanaf Aliwal-Noord bestel is (Eeufeesalbum,1963:49-50). Die park was 126 morg groot. Later word die park na Frank Gunn vernoem, 'n besigheidsman en burgemeester van Bethulie. (Kyk HOOFSTUK 8 BEROEMDES...)

Herinneringe aan die park sluit in die waatlemoenfeeste wat daar gehou is, die ernstiger feeste waar die klavier op die sementblad staangemaak is en menige piekniek onder die bome. Die redes, hetsy Sondagskool of kinderkrans of Voortrekker-geleenthede, is nie meer belangrik nie, net die heerlike samesyn word onthou. Romanse het deel van die park gevorm; die hand aan hand wandelinge word onthou en Gwen Lourens (née van der Walt) vertel hoe jou nie-so-geheime-bewonderaar, dis nou al voor 1950!, jou naam op 'n boom in die park sou uitkrap as hy ernstig oor jou voel; dan het jy hoopvol elke kort-kort die park besoek en gekyk of jou naam nie dalk êrens op 'n boom is nie!

Denise Jacobs (née de Villiers) onthou toe sy in 1959 getoets is vir haar rybewys, die "toetsgronde" nog in die park was met sy draaitjies tussen die bome en sy effense hoogtetjies.

Die park het op 'n stadium 'n tennisbaan, vanaf 1905-1936, kroukiebane vanaf 1904 en 'n jukskeibaan vanaf 1940-1991 gehuisves. Daar was ook 'n hok met pragtige voëls in die park.

Foto met dank aan Johannes Haarhof...uit die fotoversameling van die Transnet Heritage Library. Die foto (nr 46936) is geneem in Januarie 1940 deur die fotograwe van die Spoorweë se destydse Publicity and Travel Department.

Die Munisipale Raad besluit in 1962 om die Frank Gunn Park ook as karavaanpark in te rig met die oog op tydelike werkers tydens die bouwerk aan die Oranjerivierskema (Geskiedkundige dagboek, 1981:13).

Inwoners onthou hoe die water wat oor die damwal gestort het met die 1988 vloed die bome in die park soos vuurhoutjies geknak het en hoe hulle ontwortel is. Met die bou van Bloemwater se watersuiweringsaanleg in 1995 het die park ophou bestaan.

1988 se vloed (Foto met dank aan Marius Fryer)

Garages kyk HOOFSTUK 10: BESIGHEDE

Gariepdam: kyk ook WATER; HOOFSTUK 7:GARIEPDAM

GARIEPDAM-DORP

In 1962 is 'n Witskrif oor die Oranjerivier-projek in die Volksraad ter tafel gelê en fondse is goedgekeur om die skema te begin. Die skema sou onder andere agt nuwe konstruksiedorpe en nedersettings insluit. Een daarvan was met die aanvang van die bouwerk bekend as Oranjekrag, en is tussen 1965 en 1967 as deel van die Oranejrivier-projek gebou. Na voltooiing van die Hendrik Verwoerddam is die dorp op 4 Maart 1972 aan die Vrystaatse Provinsiale administrasie oorhandig met die doel om 'n plesieroord daar te ontwikkel. Later is die naam verander na Verwoerdam soos die van die dam. ('n Magtige rivier getem,1971:17; Kontrei 23 Febr 2005)

In Maart 1990 het die Provinsiale Administrasie die voorsitter van Bethulie se Bestuurskomitee, dr B Wessels, (die burgemeester), PJ Smith en die stadsklerk, P du Plessis na samesprekings genooi waar die provinsiale sekretaris, die regsverteenwoordiger en die direkteur van die Departement van Werke teenwoordig was om oor die toekoms van die dorp, Verwoerddam, te praat. Die moontlikeid om die dorp sy eie bestuur te gee of om dit by Bethulie in te lyf, is bespreek. Die keuse het op Bethulie geval aangesien die Stadsraad oor die kundigheid beskik. Die Provinsiale Administrasie het die dorp teen 'n verlies bedryf. Op daardie stadium was die erwe nie onderhewig aan erfbelasting nie en dit is gekoop onder 'n 50 jaar okkupasieregstelsel. Die dokumente van die onderhandeling het al die eiendomme, besighede, gereedskap, toerusting, ens ingesluit. Die totale oppervlakte van die gebied is 1763 ha waarvan 1369 ha dorpsgebied en 394 ha weidingsgebied. Die Verwoerddam-oord is nie by die onderhandelinge ingesluit nie. Die implikasies van die inlywing vir Bethulie sou wees dat Bethulie opgegradeer sou moes word wat weer hoër belasting, hoër salarisse, meer personeel, en ander kostes insluit wat van Bethulie se belastingbetalers verhaal sou word. Omdat die Bestuur meen dit nie moontlik sou wees nie, het hulle slegs kennis geneem en die Provinsiale Administrasie laat weet dat hulle net belangstel as dit tot voordeel van die dorp sou wees (Notule 12/3/1990).

In 1994 is Verwoerddam as afsonderlike dorp geproklameer en op 1 April 1995 is die naam van *Gariepdam* vir die dorp aanvaar. Die dorp is deel van Kopanong munisipaliteit en val in die Philippolis-distrik, dus het dit nie 'n distrik van sy eie nie.

GELOFTEDAG-VIERINGE

Kyk ook MONUMENTE

Geloftefeeste is van 1915 tot 1965 op die plaas Oudefontein gehou op Geloftedag, 16 Desember, nou bekend as Versoeningsdag; aanvanklik het dit as Dingaansdag bekend gestaan. Die plaas oorkant die rivier in die Oos-Kaap het vir geslagte lank aan die Coetzees behoort; dit was Gert Coetzee met sy kinders, Joseph, Gert Hertzog en Pieter. Met die uitkoop van 'n deel van die plaas vir die Oranjerivierprojek was die eienaar Josef Coetsee.

Die foto is in 1915 geneem.

In 1938 is die Oudefontein-Voortrekkermonument hier opgerig. Die Oudefontein Geloftefeeskomitee het vir jare met toewydig die fees terrein onderhou en uitgebrei en die jaarlikse fees beplan. 'n Tipiese fees het drie dae geduur: laer is getrek onder toesig van die kampkommandant; jukskei is deur mans, vroue en kinders gespeel en daar was skyfskietkompetisies; toneelstukke is opgevoer en later is selfs films gewys; die predikant wat optree was om die beurt van 'n NG Kerk-gemeente of van 'n Gereformeerde Kerk-gemeente; die spreker was gewoonlik 'n minister of ander hoë politikus.

Die 1925 Geloftefees word veral onthou omdat die graaf van Athlone, die goewerneur-generaal van die Unie, teenwoordig was. Pieter Coetzee vertel dat sy oupa, Gert Coetzee, die voorsitter van die Feeskomitee was. Die Komitee het aan die graaf 'n spesiale sertifikaat en 'n kierie gegee en vir sy vrou 'n hout juwelekissie (Nuusbrief, Nov 2012). Marthie de Klerk vertel dat die graaf 'n entjie vanaf die ander gekampeer het, so 100 m hoër op teen die kontoer. Elke dag moes water aangery word vir die twee dames om in te bad. Hulle sou aanvanklik net 'n week bly maar het so lekker gekuier dat hulle twee weke gebly het. (Mondelinge mededeling Marthie de Klerk aan L Piek)

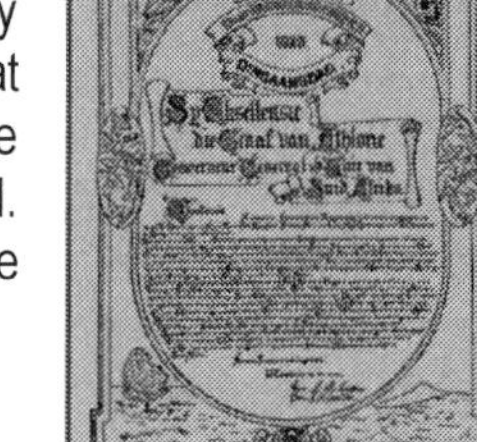

Sertifikaat uit: Bethulie Hoërskool jaarblad uitgawe 3, 1938: 27

Alexander Augustus Frederick William Alfred George Cambridge, 1ste Graaf van Athlone is in 1874 in Londen gebore. Hy ontvang sy onderwys aan die beroemde skool Eton-kollege en die militêre kollege Sandhurst, waarna hy tot die Britse leër toetree. In 1896 neem hy deel aan die Matabele-oorlog in die teenswoordige Zimbabwe. Drie jaar later veg hy in die Anglo-Boereoorlog in Suid-Afrika en ontvang die D.S.O. Vanaf 1914 doen hy diens in die Eerste Wêreldoorlog en word in 1919 *aide-de-camp* van die Britse koning, wat hom in 1923 aanstel as goewerneur-generaal van die Unie van Suid-Afrika van 1924-1930. Hy verlaat die Unie in 1931 en word die volgende jaar kanselier van die Universiteit van Londen. Van 1940 tot 1946 dien hy as goewerneur-generaal van Kanada en sterf in 1957. (Wikipedia)

Johan de Klerk skryf: *"Ek kan onthou dat daar vroeër jare heelwat mense was wat vir 'n paar dae daar gaan kamp het. My ouers, Gerrit en Marthie de Klerk, was nie kampmense nie, en ons het as gesin dus nooit daarheen gegaan nie. En toe, een keer, 16 Desember 1959 (ek was toe in st 5), gaan ons vir die dag daarheen (vriende het my pa en ma seker omgepraat). Alles het goed verloop, en ek neem aan almal het lekker gekuier. My pa se kar, 'n Renault Dauphine, was onder 'n boom vir skaduwee geparkeer, soos hy altyd gemaak het. Die middag het daar 'n sterk wind opgesteek, en minstens een boom omgewaai. Die boom waaronder die Renault geparkeer was! Die boom het oor die voorste venster van die kar geval en gelukkig op 'n dwars stam aan die ander kant van die kar gestut sodat die kar darem nog weer dorp toe kon ry. Ek dink nie my pa en ma het ooit weer 'n trek gehad om daarheen te gaan nie*". (Johan die Klerk Facebook: Pellissier Hoërskool 1/12/2014)

Die eerste maal wat die notuleboek van die Feeskomitee verwys na die bou van die toekomstige Gariepdam en die toekoms van die feesterrein was in 1961. Op 'n vergadering van 19 September 1964 word besin oor die toekoms van die fees en die verskuiwing van die Oudefontein-Voortrekkermonument. Afgevaardigdes het met die minister van Waterwese onderhandel wat 'n bedrag van R4,020 aangebied het vir die saal en verbeterings, nie vir die terrein nie, wat aanvaar is. In 1965 word die laaste fees gehou en besluit om die monument na Burgersdorp oor te plaas. Oor die voortbestaan van die fees het die voorsitter, SJ du Plooy, gesê *"n mens kan nie 'n fees oorplaas nie"*, wat die sentiment oor die einde van 'n jarelange kulturele ervaring weergee. Die orrel wat gebruik is tydens die feeste word aan Bethulie se museum geskenk (Notule 15/12/1965). Pogings om die monument na Burgersdorp te verplaas was nie suksesvol nie, want die sand en klip het verkrummel. 'n Silinder wat in die monument was en dokumente bevat het, asook die naamplaat sou deur die stadsraad van Burgersdorp oorgeneem word. Daar word egter op 'n vergadering van 12 Augustus 1971 besluit om die monument te herbou en dit naby die ossewamonument in Bethulie te plaas; een van die redes was dat dit dieselfde man, HJJ Myburgh, was wat die ossewa en ossies gemaak het wat ook die wieletjie op die Oudefontein- Voortrekkermonument gemaak het. Die monument is op dieselfde wyse gebou, net met ysterklip en graniet en daar is besluit om die volgende woorde op 'n plaatjie aan te bring: *"Hierdie gedenkteken is oorgeplaas na Bethulie vanaf die Gelofteterrein te Oudefontein as gevolg van die bou van die Hendrik Verwoerddam*."

Die komitee is kleiner gemaak en die vyf persone wat al die jare op die komitee gedien het is verkies om die finansiële komitee te vorm: mevr A du Plessis (vir jare die sekretaresse), en mnre D du Plessis, J Coetzee (snr), Hannes Coetzee en Hertzog Coetzee.

Een van die grootste feeste was in 1963 toe die staatspresident, CR Swart, as spreker opgetree het. Daar is programme vir 2000 mense gedruk. Dit was 'n spoggerige geleentheid waar die Voortrekkers 'n erewag gevorm het en perde met perdekarre met die landsvlag die staatspresident begelei het. Geskenke aan die staatspresidentspaar was eie uit Bethulie, 'n juwelekissie en kierie gemaak van olienhout deur S Kruger.

SJ du Plooy (1982:22) onthou hoe daar tydens die feeste in die rivier geswem is en dit 'n belewenis was om 'n paar honderd man in die rivier te sien baljaar tussen die oggend en middag of aanditems. Maar ongelukke kan ook gebeur en so onthou Simon du Plooy (Potchefstroom) van die insident in 1963 met pres. Swart se besoek toe Robert Pfohl byna in die rivier verdrink het – Simon se broer, Koos, het ingeswem en hom uitgehelp – bykans 'n myl stroomaf waar hulle die oewer weer bereik het.

GENEALOGIE

Interessante inligting is oor Bethulie-families beskikbaar, sommige goed gedokumenteer, ander net brokkies inligting of handgeskrewe stambome. Versameling van die inligting word hoofsaaklik toegeskryf aan die ywer en belangstelling van 'n oud-Bethulianer, Simon du Plooy, wie se stokperdjie hom een van die land se beste genealoë maak. Simon du Plooy is op 2 Januarie 1951 as derde seun (en een jonger suster) gebore te Bethulie in die Suid-Vrystaat waar sy ouers (Simon Johannes Du Plooy & Maria Cornelia Wiegand) op die familieplaas Brakfontein, tussen die sameloop van die Oranje- en Caledonrivier geboer het. Hy ontvang sy skoolopleiding aan die Hoërskool Pellissier op Bethulie waar hy in 1969 matrikuleer en verwerf 'n B.Sc graad in Bourekenkunde aan die UOVS in Bloemfontein. Hy woon sedert 1977 in Potchefstroom. Na die onteiening van die plaas vir die Gariepdamskema het sy pa, ook Simon (1911-1982), 'n register van die eerste eienaar, Simon Johannes du Plooy (1805-1885) se nageslag saamgestel. Dit het sy belangstelling geprikkel en in 1983 sluit hy by die Genealogiese Genootskap van Suid-Afrika (GGSA) aan. Sy ma was 'n kleindogter van 'n Duitse immigrant Heinrich Wiegand (1839-1901) en sy eerste werk was 'n publikasie oor die Wiegand-familie wat in 1987 verskyn het. In 2004 is hy betrokke by die stigting van 'n genealogie tak vir die Wes-Transvaalse platteland, paslik genoem GGSA Noordwes.

Simon du Plooy (Potchefstroom)

Simon du Plooy

In die Nuusbrief is daar al 'n paar keer verwys na die werk wat Simon du Plooy doen veral met betrekking tot die begraafplaaslyste en ander genealogiese navorsing. Dit was dan met trots dat ons in die *Volksblad* van 14 Maart 2008 gesien het dat Simon 'n toekenning vir die stokperdjie van hom gekry het. Die GGSA het aan hom 'n toekenning gegee vir die beste artikel oor die naspeur van mense op 'n foto uit die Anglo-Boereoorlog. Die foto is boonop van 'n graf met mense daar rondom vanuit die Bethulie-kampkerkhof geneem. Hy het saam met Frik Venter van Pretoria 'n speurtog begin en heelwat genealogiese navorsingkennis gebruik om die mense te identifiseer sowel as die tyd wat die foto geneem is. In 2014 word hy 'n lid van GGSA se uitvoerende komitee en in 2016 President van die Genealogiese Genootskap van SA.

'n Groot hulpmiddel wat die GGSA daargestel het, was onder andere die grafsteenprojek. Bethulie is in die bevoorregte posisie dat die dorp se grafstene goed gedokumenteer is. Simon du Plooy en Johan Pottas het die meeste grafstene hier afgeneem en op 'n databasis beskikbaar gestel het; dit sluit grafstene in van die dorpskerkhof, die konsentrasiekamp en ander soos by die NG Kerk, die museum en ook sommige plase. Sedert 2004 doen Simon du Plooy 'n beroep op inwoners om inligting, veral van plase, hiervoor by te dra. Die databasis *http://www.eggsa.org* is van onskatbare waarde; nie net om grafte te vind nie, maar ook om familie uit te lê. Genealogiese inligting groei en word steeds aktief versamel en aangeteken. In die Pellissier-museum is daar ook heelwat dokumente, publikasies en inligting wat geraadpleeg kan word.

Bethulie spog met 'n klompie stamvaders, met ander woorde die eerste persoon van 'n spesifieke familie wat hulle in Suid-Afrika gevestig het. Buiten die twee sendelinge, Kolbe en Pellissier, word die volgende aangedui wat verbintenisse met die dorp het:

NICOLAISEN, Robert Dunn, was born in Nov 1854 in Lesso, Denmark. He died on 9 Nov 1907 (VAB N1090/1907) in in the house of his son in law, Fauresmith. Robert married Van den Heever, Martha Magdalena, on 7 Nov 1882 in Bethulie (Annelie Els) (Kry geen sterfkennisse)

VAN ELLINCKHUIZEN, Jacobus Johannes, (VAB E25) was born in Jun 1812 in Utrecht, Netherlands. He died on 13 Nov 1861 in Bethulie. Jacobus married Nachtweh, Cornelia Elizabeth (VAB G1197) daughter of Johan Henri Georg Nachtweh and Hendriks. Cornelia was born on 20 Sep 1828 in Holland. She died on 12 Oct 1912 in in the farmhouse at Hartebeestfontein, Philippolis .

GROBBELAAR, Rudolph Jacobus, wewenaar van Maria van der Heever en Gertruida Elizabeth van Schalkwyk, * 02/08/1810 + 02/03/1882 (VAB G176/1882).

HOLM, Johann Gustav Adolph, *16 Jul 1836, + 29 Sept 1882 (VABH642)
a. Holm, Hulda Antonie, * Ca 1844, + 5 Aug 1922 (VAB 15581)
b. Holm, Otto Franz Hermann, * 7 Feb 1867, + 5 Oct 1898 (KAB MOOC6/9/382.3427). c. holm, Willhelm Franz Heinrich, * 17 Nov 1870, + 27 Aug 1896 (VABH586)
LEMUE,Jean Louis getroud met Louise Elenore Colanij + 1873 (VABC165) (volgens Pellissier, (1956:135) in Uitenhage (Kry geen sterfkennisse)
THURGOOD, Walter Gilby, * 3 Apr 1863, + 23 Aug 1942 (VAB 34274) Born England.getroud met Janse van Rensburg, Hester Catharine, (VAB 1260/1950)
DITTMAR, Johan Heinrich Wilhelm *27 Mei 1859 + 2 Jan 1931 (VAB23251?) Born:Cassel – Germany. Getroud met Henriette Martha Klijnveld. (VAB D887)
a. DITTMAR, Hilda Charlotte Marie, + 12 Mrt 1943 (VAB 34971)
b. DITTMAR, Emile, * Nie ingevul, + Nie ingevul (VAB 450/1950)
EDMAYER, Wolfgang, * 23 Okt 1878, + 15 Jul 1959, Born Mondsee, Austria

http://archiver.rootsweb.ancestry.com/th/read/south-africa-orange-free-state/2011-03/1300097068.
Saamgestel deur Johan Pottas en aangevul deur Simon du Plooy

GENEESHERE

Twee van die eerste 10 geneeshere in die Vrystaat is hier in Bethulie begrawe: Jean Pierre Pellissier en JJ van Ellinckhuizen.

Die mediese kwalifikasies van Pellissier was nie duidelik uitgestip in sy biografie nie. In 'n interessante artikel uit die *SA Medical Journal* van 1965 word aangedui dat hy een van die eerste 10 medici in die Vrystaat was. Die artikel vertel dat die eerste mediese wetgewing wat in die Republiek van die Oranje-Vrystaat gepubliseer is, die volgende goedgekeur het: *"geen Geneesheer, Sjirurg of accoucheur* (dit is 'n dokter wat in obstetrie spesialiseer*) mag in die Republiek praktiseren, alvorens hy nie een bevredigend diploma kan toon om te bewyse dat hy sy eksamens in een Europese Mediese Skool geslaagd het nie, of alternatief, dat hy in die Kaap Kolonie of Kolonie van Natal gelisensieer was om te praktisere nie…".* In 1864 was daar reeds 10 "geneeshere" waaronder Pellissier en Van Ellinckhuizen. (SA Medical Journal, 28 Aug 1965: 720).

Van Ellinckhuizen wat in 1812 in Nederland gebore is, het daar as "vroedmeester" praktiseer; hy het in 1856 in Colesberg kom woon. In 1857 doen hy aansoek om as dokter te praktiseer wat toegestaan is. Blykbaar het hy gereeld in die Vrystaat gehelp en so het hy in 1861 iemand besoek in Smithfield-distrik. Op pad soontoe het hy in 'n geweldige hael en reënbui beland en siek geword. Pellissier het hom laat haal en hier in Bethulie versorg en verpleeg, maar hy is toe hier oorlede en begrawe deur Pellissier. Waar sy graf is, is egter 'n raaisel. Die "Batlhaping-begraafplaas" is deursoek met die hulp van Daniel Mawanga; dit is volgens ons kennis die enigste begraafplaas in die sendingtydperk buiten die familiebegraafplaas. Die graf kon egter nie opgespoor word nie; òf dit het nooit 'n kopsteen gehad nie, òf dit is al verweer. Die dorp se kerkhof het eers na 1864 ontstaan. Van die Van Ellinckhuyzen nasate is van mening dat een van die ongemerkte grafte in die Pellissier-begraafplaas by die museun die van Van Ellinckhuyzen is. Skrywer is egter van mening dat die grafte kindergrafte is.

Jacobus Johannes van Ellinckhuyzen en Agatha Clarah Jongerheldt het in Renswoude, Utrecht provinsie van Nederland gewoon, waar hy 'n "vroedmeester" was. Hulle het sewe kinders gehad. Agatha sterf op 1 Desember 1855 met die geboorte van haar tweeling, en hy kom met sy kinders en huishoudster, Cornelia Nachtweegen, (soms *Nachtweh* gespel) na Suid-Afrika in 1856 aan boord van die *Jan van Galen*. Hy trou later met Cornelia. Hulle vestig hulle in Colesberg. In 1856 doen Van Ellinckhuyzen aansoek om te "*practice as surgeon*" wat dan ook in 1857 toegestaan word. Onderweg na 'n siek familielid in Smithfield-distrik word hy deur 'n geweldige hael en reënbui oorval en word ernstig siek. Hy sterf in 1861 in Bethulie.

Na sy dood trou Cornelia met 'n vermoënde wewenaar, Rudolf Jacobus Grobbelaar van die plaas Hartebeestfontein in Philippolis-distrik. Grobbelaar is op 2 Augustus 1810 gebore en die was sy derde huwelik.

Dr Lautre, 'n Franse sendeling-dokter, wat saam met Lemue sendingwerk op Carmel gedoen het, het al in 1858 met Pellissier se besoek aan die Kaap hier uitgehelp as prediker. In 1860 het 'n maagkoors epidemie uitgebreek en daar word vertel hoe Lautre probeer het om 'n dogter van Henning Joubert van Goedehoop en 'n dogter van Lemue van Carmel te help, die Joubert-dogter het egter gesterf (Pellissier, 1956:462). In 1867 met Pellissier se ernstige siekte het dr Lautre hom versorg tot sy dood. Dr Lautre was teen 1881 nog in die Smithfield- omgewing; Prinsloo vertel van 'n geval waar 'n man deur osse beseer is en deur hom gehelp is (Prinsloo, 1955:358).

Dr JD Blake het die eerste sendingkerk (wat op die hoek van Voortrekker- en Beyerstraat was) aanvanklik net as hospitaal en apteek gebruik soos blyk uit 'n brief wat in 1879 geskryf is deur 'n besoeker (Pellissier, 1956:427). In Julie 1880 skryf Martha Pellissier aan haar kleinkind: "*Dr Blake has treked into the old church. He gave a ball and danced themselves out of the house they lived in"*. (Briewe...1973:30). Wanneer hy egter in Bethulie aangekom het is nie seker nie.

Dr Jan Willem Boudewijn Gunning is in 1862 in Nederland gebore. Hy studeer aan die Universiteite van Amsterdam, Leiden en Jena en kwalifiseer as 'n mediese dokter. Skrywer kon nie presies vasstel wanneer hy in Bethulie gepraktiseer het nie, moontlik vir 'n tyd tussen 1884 en 1889. Hy trou op 10 November 1884 met Susanna Neethling (26.4.1862-14.5.1889) van Stellenbosh. Hy verhuis na Susanna se dood in Mei 1889 (sy is in Bethulie begrawe) en sy tweede huwelik met Ellen E Dobbin in November 1889, na die Kaapprovinsie. (Kyk HOOFSTUK 8: BEROEMDES...)

Dr HW Wohlers (verkeerdelik deur sommiges as Wolhurs gespel) is op 18 Oktober 1850 in Altenbruch, Duitsland gebore. Hy studeer medies in Göttingen en Kiel. Hy is in 1883 met ETI Orpen van Smithfield getroud wat in 1889 sterf. Hy was distriksgeneesheer in Bethulie vanaf 1901 en word reeds op 18 April 1901, dus met die vestiging van die konsentrasiekamp tydens die ABO, as dokter aangestel om ook in die kamp te help. Hy was vir baie maande die enigste dokter in Bethulie wat verantwoordelik was vir die konsentrasiekamp, wat van aanvanklik 180 tot byna 5000 gevangenes gegroei het, daarbenewens was hy ook verantwoordelik vir ongeveer 1500 Britse soldate sowel as die 1800 inwoners van die dorp. Roos, een van die verpleegsters praat met groot lof van hom en sy skryf ook dat hy tot die einde van November 1901 in die kamp is: "*Dr Wohlers and dr McKenzie have left"*. Waarheen hy is, is nie seker nie maar teen 1904 was hy die distrikgeneesheer. Moontlik het hy steeds in die dorp en distrik gewerk; teen 1910 word na sy salaris as distriksgeneesheer van Bethulie verwys. Hy verlaat Bethulie in 1916. (Cd 853; Venter, 2011:128; VAB CO 568 1088/5; SAB PM 1/1/237) (Inligting ook ontvang van Kai Schroeder wat vertaal is deur Peter Robak)

Gedurende die ABO was hier verskeie dokters wat in die konsentrasiekamp en moontlik ook in die dorp diens gedoen het. 'n Meer volledige bespreking oor hulle kan in Venter (2011:128-32) se boek oor die ABO gevind word.

Dr Valentine Wilhelm Tell Werdmuller het vanaf 1882 tot na die ABO in Bethulie gepraktiseer. Dr Werdmuller was aktief by sake van die dorp betrokke. Teen 1899 was hy een van die vier kommissarisse wat die dorp bestuur. Met die uitbreek van die ABO was hy veldkornet van die dorp, maar op 12 Oktober 1899 was hy al op kommando as hoof van die ambulans van Bethulie (Eeufeesalbum...1963:51) (Kyk HOOFSTUK 8: BEROEMDES...).

Dr John Alexander Graham**,** 'n Skot, is op 28 Augustus 1902 as *Senior Medical Officer* in Bethulie aangestel vanaf Winburg. Volgens Roos (1902:15) was hy een van die knap dokters. Hierdie dr Graham het vir jare hierna nog op Bethulie gepraktiseer. Hy was selfs twee keer burgemeester, in 1915 en weer in 1924-25. Hy is later getroud met Anette Christine Klijnveld, 'n kleindogter van Pellissier; sy was die dogter van Charlotte (née Pellissier) en Herman Klijnveld. Sy sterf op 2 Augustus 1919 en is in die dorp se kerkhof begrawe. (Venter, 2011:,132). Emma, 'n suster van Anette, het 'n dagboek gehou en skryf daarin: "*Nettie and Lulu are still at home. Nettie has become engaged to a young doctor from Scotland. He came out at the time of the war and looked after the women and* *children in the concentration camp just across the Orange River* (sic). *He is a very clever young man, and passed all his doctor's examinations before he was eighteen and was too young to practice medicine. He went on his Dr father's rounds with him until he could become a partner. After the Boer War Dr John Graham decided to come back to Bethulie and open a practice there, where one was badly needed. He is very well liked by all. Nettie is 29 so I expect they will be married soon. I'm hoping the wedding will be before I leave in April when Irene will be a year old". (Emma's Diary).*

Dr WA Trumper was hier vanaf 1904 (Donaldson 1904:391; 1905: 381).

Dr GS Clarke was in 1918 hier en daar word gemeld dat hy saam met dr Wohlers en Graham gewerk het

Dr JT Mynhardt was teen 1928 reeds hier en het hier gepraktiseer tot 1943. (Kyk HOOFSTUK 8: Beroemdes...).

Dr PT Viljoen was reeds in 1927 hier. Hy sterf in Oktober 1837 hier in Bethulie op 41-jarige leeftyd.

Dr de Wet 1939-1940

Dr Lambinon: het 'n praktyk hier gehad rondom 1931, sy ouers was van Tafelberg.

Op die foto voor is dr Mynhard en agter hom dr NS Fryer (met dank aan Marius Fryer)

Bethulie was op 'n stadium 'n vooruitstrewende dorp en een van die tekens daarvan was dat hier tussen die 1950's tot in die 1970's vier dokters gepraktiseer het.

Dr NS Fryer 1942 – 1975; hy het dr Mynhardt se praktyk oorgeneem (Hier oorlede);
Dr HM Pienaar 1936 -1992 (hier oorlede)
Dr Odendaal 1936 -1975 (hier oorlede)
Dr Gerrit de Klerk 1947-1979 (Hier oorlede)
Dr Edmyer 1959- ?
Dr Johan Fryer 1971-1984?
Dr Nico Buys1985-?
Dr Mariette Joubert 1986-?
Dr André Nell 1989-2007
Dr Theron 1992 reeds hier ?
Dr Toon van den Heever 1995-1999, terug in 2000
Werner Kruger 2008-11
Aflos dokters vanaf 2011

Dr J Coetzee (1895-1955) oftewel "Poppie-Dik" was 'n gekwalifiseerde homeopaat. Sy is gebore as Johanna Catharina Sophia Blom en was getroud met NJC Coetzee (1886-1949). Sy het in Bethulie en Springfontein gepraktiseer en was baie bekend en gewild. Onder die swart gemeenskap was sy as "Ma Di kart" bekend omdat sy ook "in die toekoms kon sien." (Uit 'n huldeblyk deur haar seun Jan Adriaan Johannes Coetzee)

GEOLOGIE

Op 26 Desember 1777 skryf Gordon is sy joernaal: *"Found several stones in the river which resembled jasper and agate. One has to collect them from the soil under the water by diving. When the river is low it will be possible to obtain beautiful stones".*

Die geologiese geskiedenis van Suid-Afrika is goed beskryf deur McCarthy in sy boek, *Hoe op aarde? Antwoorde tot die raaisels van ons planeet*. Die volgende beskrywing is daaruit aangepas. My dank ook aan Lindi Fryer vir die opsomming.

Die meerderheid van die gesteentes van die Karoo-supergroep bestaan uit sedimente wat afgesak en versamel het in 'n landlaagte wat gevorm het toe Suider-Afrika nog deel was van die superkontinent, Gondwana. Hierdie oerkontinent was oorspronklik geleë naby die suidpool streek en het oor 'n tydperk van tussen 340 en 183 miljoen jaar gelede , geleidelik noordwaarts beweeg totdat die korsplaat na aan die ekwatoriale streek gesit het. Aanvanklik was groot dele van die Karoo-afsettingsgebied bedek met 'n reuse ysplaat, maar mettertyd het die ysplaat opgebreek en ysberge het in die aangrensende binnelandse meer ingedryf en die meer met Dwyka-gletserpuin gevul. Die geleidelike gematigde klimaatsone wat ontstaan het, het die gletsers uiteindelik vervang met deltas en riviervloedvlaktes. Die jong deltas het aanvanklik eers 'n verskeidenheid diepwater-sedimente afgeset, wat mettertyd die hele meergebied opgevul het tot in laagliggende riviervloedvlaktes met vele kleiner vlak meertjies en kronkelende rivierkanale. Hierdie versameling sedimentêre gesteentes staan bekend as die Beaufort-groep, en was afgeset gedurende die middel Perm tot die vroeë deel van die middel Trias periode.

Die geologiese opeenvolging van die Karoo Supergroep (gesteentes in die Karoo-kom) bestaan uit 5 groepe. Dit is soos volg in gedeel

GROEP	FORMASIES	OUDERDOM	GESTEENTES	DIKTE
Drakensberg	Clarens formasie	183milj 198 milj	Lawa Sandsteen Sliksteen	2000m 300m
Stormberg	Eliot formasie Molteno formasie	215 milj 240 milj	Moddersteen Sandsteen Moddersteen Skalie	500m 600m
Beaufort		250milj	Sandsteen Sliksteen Skalie	7000m
Ecca		260milj	Skalie Steenkool	3000m
Dwyka		300milj	Herwerkte Tilliet	700m

Die Bethulie omgewing word onderlê deur skalie, moddersteen en sandsteen van die Beaufort-groep van die Karoo Supergroep van gesteentes wat benaderd 7000 m dik is en ongeveer 250 miljoen jaar oud is. Verder word indringende vulkaniese dolerietplate en -gange van die later en jongere Drakensberg-groep aangetref. Die kenmerkende gesteente tipes van die Beaufort-groep is soos volg:

- Hoofgesteente tipe: hoofsaaklik grysgroen tot rooierige moddersteen en kanaalagtige sandsteenafsettings. Hierdie sandsteenlae is poreus (suikertekstuur) wat beteken dat groot hoeveelhede grondwater in die gebied voorkom.
- Sekondêre gesteentes: hoofsaaklik grysgroen sliksteen en skalie wat geassosieerd met die sandsteen en moddersteen voorkom en alluvium wat langs die "berghange" en "sandslote" voorkom.

Die afsettingtoestande van Beaufort-groep is intensiewe vloedvlaktes wat deurkruis word met riviere wat kronkelend van aard is. Kenmerkend van die Beaufort-groep is die indeksfossiel wat daarin voorkom en verskeie voorkomste van die Lystrausoarus reptielsoort is by geleentheid naby Venterstad (Oranje-Visriviertonnel) gevind. Die fossiel is 'n merker van lae verskillende ouderdom in die Beaufort-groep.

Indringergesteentes is tot doleriet (ysterklip) van na-Karoo ouderdom beperk. Daar word onderskei tussen dolerietplate (horisontaal) en dolerietgange (vertikaal). Die plate het tipies geëtste oppervlak. Die dolerietgange deurkruis die gebied en het 'n strekking van oorwegend oos-wes (135°). Die verweringsone langs die gange is 'n goeie waterdraer (akwifeer) en die meeste boorgate (ongeveer 80%) is in die sone gesink. Lewerings van 50m3/dag (ongeveer 500 gelling per uur) tot 300m3/dag (30 000gpu) kom voor.

Die kwaliteit van die grondwater is goed (ongeveer 600mg/l totale opgeloste soute) behalwe vir die bekende swawelwaterstof water(s) (kruitwater) wat in die gebied voorkom, op plase soos Kinderfontein, Goedemoed en Kwartelfontein (in Smithfield-distrik) die totale opgeloste soute in die water(s) is tot 2000mg/l. Die jong algemene watervoorkomste wissel van 0-16 jaar en die kruitwater is benaderd 2140 jaar oud. Kenmerkend van die kruitwater is dat dit soms tot 35° warm kan wees en dan ruik dit na swaelwaterstof; die reuk word deur mikro-organismes versoorsaak (sporvibrio desulfanicas). Die organismes "eet" die sulfaat in die water, sterf in die proses en skei dan H^{25} (swawelwaterstof) en 'n nitraatverbinding (NO^{3}) af. Soortgelyke voorkomste van kruitwater is onder andere by Aliwal-Noord, Badplaas, Tsipise en Citrusdal. (Dit is die met diesefde chemiese klassifikasie). Die tipe water (kruitwater) is met goeie gevolge in die Venterstad-omgewing op die plaas Rooiwal, vir die besproeiing van uie aangewend. Die chemiese klassifikasie was perfek en kan soos volg opgesom word: lae sulfaatinhoud wat die "toeslaan" van grond beperk en hoë nitraatinhoud wat 'n natuurlike kunsmis is.

Karaktereienskappe van die Beaufort-groep kan waargeneem word by die padsnitte net anderkant die Hennie Steyn-brug, in die Oos-Kaapkant .

Die eerste padsnit is die naaste aan die Venterstad-afdraai en hier sien ons in middel 'n breë dolerietgang (of aar) wat so 10 m breed is waarbinne water is. Die wit haarstrepies hier binne is water met kalk. Die gange kom van onder af en druk die doleriet aan die kante weg. Gange is altyd vertikaal. Plate is horisontaal. Die onmiddellike kontakgesteentes aan die rant van die gang is aureool. Dit is harder as die gang en die gang verweer eerste. Die swart in die gang het yster in wat gekook het as gevolg van hitte. Waterwys instrumente tel die yster op.

In die tweede padsnit regs vanaf die Venterstad afdraai en nader aan die brug: Vloedwater wat vinnig gevloei het, het sandsteen veroorsaak. (Drie kleure sandsteen kom in die tweede padsnit voor). Die onaktiewe tyd tussen vloedwaters veroorsaak dan afsaksel wat sliksteen vorm. Hier is die lagies duidelik sigbaar. As die sliksteen dun is tussen die sandsteen dan het die vloedwaters vinnig op mekaar gevolg. Dikte verskille is veroorsaak deur strome. Die grys fyn klip (gruis) is moddersteen of kolleuvium genoem.(Moddersteen is altyd bruin, en vroeë vorming van steenkool is bruinkool van steenkool, daarom kry mens bruin steenkool.

In die padsnit naaste aan die brug en weerskante van die pad is 'n skuins gang aan albei kante te sien. Dit is gevorm as gevolg van hoë hitte en groot spoedbeweging. Die gang het boulders en baie nate (gange) Die westelike padsnit het groot sandsteen aan die een kant en aan die ander kant baie sliksteen met fyn sandsteen.

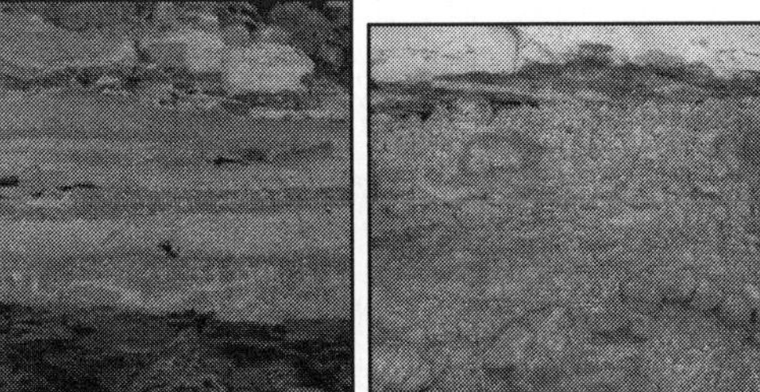

Hierdie is ysterafsaksel in die sandsteen, yster kom hoofsaaklik in sandsteen voor.

Die vierde padsit naaste aan die brug en weerskante van die pad: Hier is 'n skuins gang wat aan altwee kante is. Agv van hoë hitte en groot spoedbeweging. Die gang het boulders in en baie nate (gange). Die westelike padsnit het groot sandsteen aan een kant en aan ander kant baie sliksteen met fyn sandsteen

Binne die Stormberggroep is die Molteno Karoosones ongeveer 230 miljoen jaar oud; op Rekwesfontein is daar bewyse van spoortjies van ongewerweldes en riffelmerke van windaksie op die bodem van 'n oermeer gevind uit die tydperk. Paleontoloë van die Nasionale museum in Bloemfontein, onder andere dr Bruce Rubidge, het die plekke in 1990 uitgewys (Nuusbrief, Febr 1990).

GESONDHEIDSENTRUM

Idees het nooit ontbreek om spesiale dienste in Bethulie te lewer nie, maar om goedkeuring te kry was dikwels die probleem, soos die idee van 'n gesondheidsentrum. Klein kliniek-sentrums in die dorp waar meer as een dokter by betrokke was, was al in dr Mynhardt se tyd beskikbaar en later in die tyd van van drr Pienaar en Odendaal; hier was kleiner operasies uitgevoer en 'n kraamafdeling (*home*) beskikbaar. Die Raad doen in 1977 aansoek vir die vestiging van 'n gesondheidsentrum by die Departement van Gesondheid. Daarvoor skenk die Gereformeerde Kerk in beginsel erwe (no 256-261). Die Raad se idee was 'n sentrum waar mense vir 'n paar dae gehuisves kan word om byvoorbeeld aan te sterk, gekombineer met klein woonstelle vir bejaardes. Die Departement is egter slegs bereid om kliniekdienste van 8:00 -17:00 te verskaf (Notules 26/5/1977, 14/7/1977, 27/10/1977). In 1978 word ondersoek ingestel om Smithfield se hospitaal in 'n gemeenskap-gesondheidsentrum te omskep, daarom sal Bethulie eers van die idee om so iets hier te begin, afsien (Notule 8/6/1978). Uit 'n notule van 15/1/1987 blyk dit of die behoefte steeds bestaan maar in 1992, 14 jaar later, stel die Provinsiale Administrasie die Raad in kennis dat 'n gemeenskap-gesondheidsentrum nie gebou sal word nie (Notule 9/4/1992).

GEVANGENIS

Kyk ook GOEDEMOED

Die eerste verwysing na 'n gevangenis verskyn in die *OFS monthly magazine* van 1879 waarin 'n Hollander sy ervarings en kennis van Bethulie wat hy sedert 1854 opgedoen het, neergeskryf het; aangehaal deur Pellissier (1956:502-5). Bethulie het reeds 'n gebou as gevangenes gebruik teen 1861 toe 'n aaklige aanval op 'n 11-jarige dogtertjie plaasgevind het en die moordenaar in die "gevangenhuis" aangehou is, maar ook dieselfde nag weer ontsnap het. Teen 5 April 1863 toe die eerste landdros hier aangestel is, is 'n opname van geboue gemaak en 'n *"gevangenhuis zonder voordeur*" word genoem asook 'n woning vir die "Cipier", C Eberlein. In 1867 word na JM de Beer verwys as bewaarder.

Die *Geskiedkundige dagboek* (1981:7) se inskrywing onder 1907 lui*: "die huidige tronk word op die perseel gebou waar dit vandag nog staan". (*Die bewaarder hier tydens was 'n Venter volgens 'n kleinkind P Scholtemeyer; hy was hier vanaf 1907-1914). In 1936 word uitbreidings aangebring en in 1970/71 word die ou buitegeboue gesloop en die gebou gemoderniseer

Die gevangenisstelsel van Bethulie word verder uitgebrei toe daar in 1941 besluit is om Bethulie-gevangenis ook die distrikgevangenis vir Smithfield te maak; in 1942 kom Donkerpoort en Philippolis ook by (SAB:UERU Ref 1550; SAB:URU Ref 411). Vanaf 1953 het Goedemoed gevangenis ook onder die beheer van Bethulie geval. Tans is die area se bevelvoering in Goedmoed gesetel.

Sprake om gevangenis te sluit as gevolg van onderbenutting, Vroue afdeling reeds gesluit in 1981.

Die Gevangenisdiens staan sedert 21 Desember 1990 bekend as Korrektiewe Dienste en daar word na die gevangenisse as korrektiewe sentrums verwys. In 2015 het die van Bethulie stof in die oë geskop van 39 ander sentrums van die Vrystaat en Noord-Kaap deur onder andere die minister se eerbewys en 'n eerste prys te ontvang. Aan die hoof van die sentrum was Benjamin Shebe bygestaan deur 25 personeellede (Volksblad, 5 Febr 2015).

Gholf kyk SPORT

GIRL GUIDES

Die *Girl Guides* het die ou kerkie van Pellissier (in Buitenstraat) gebruik totdat die Voortrekkerbeweging dit oorgeneem het; moontlik tussen 1930-1941 (kyk KERKE: Sendingkerk). Volgens Rita Engelbrecht (née Hartman) was van hulle leiers Maxie Hartman en Nellie de Bruyn.

GOEDEMOED

Kyk ook ARMOEDE; GEVANGENIS; KERKE: NGK

Die Anglo-Boereoorlog het die Afrikaner verarm gelaat en vroeg in die vorige eeu het die Vrystaatse Sinode van die NG Kerk in beginsel besluit op 'n arbeidskolonie ter opheffing van armblankes langs die Oranjerivier in Bethulie se omgewing. Vyf plase is vir die doel bekom en Jacobus Odendaal skenk grond aan die NG Kerk. Dit loop uiteindelik uit op die Goedemoedskema wat sy beslag in 1908 tydens 'n gemeentevergadering van Bethulie op 19 Januarie gekry het. In die verband is daar nou saamgewerk met die nuwe Engelse regering. Met die steun van die Sinodale Kommissie van Barmhartigheid word die skema in 1910 'n werklikheid; ds JF Naude word as eerste superintendent bevestig en 'n skool word gestig.

In 1922 word Goedemoed onder die beheer van die Algemene Armsorgkommissie geplaas. Teen 6 Junie 1938 het Goedemoed tot 'n selfstandige gemeente ontwikkel met 280 lidmate; die eerste leraar was ds D de Jager.

PW (Piet) du Plooy (*s.a.*:50-3) onthou dat daar elke nuwejaarsdag tot in 1938 'n groot sportdag op Goedemoed was. Die drie Du Plooy-broers Piet, Simon en Floors, van Brakfontein was goeie atlete en het gereeld deelgeneem. Die stukrag agter die sportbyeenkoms was Poel Coetzee en Jannie du Plooy. Die sport het alle baan en veldnommers ingesluit asook verskeie soorte perdesport.

Mettertyd het die karakter van die arbeidskolonie verander en in 1953 word die eerste gevangenis op Goedemoed gebou wat groot genoeg was om 500 gevangenes te huisves. Die hele nedersetting word van die kerk gekoop en dit word 'n korrektiewe plaas.

Die gemeente was onafhanklik sedert sy stigting in 1938 en ook gedurende Korrektiewe Dienste se oorname, maar in 1964 word Goedemoed by die Bethulie-gemeente gevoeg en alle vaste eiendom van die gemeente op die dorp word deel van die NG gemeente in Bethulie se bates. Van toe was Bethulie se NG Kerk-predikante betrokke in die Goedemoed-gevangenis. Sedert 1965 tot 1972 het ook ds SL Koahela van die swart gemeente in Bethulie onder die swart gevangenes van Goedemoed gearbei. Met die oog op 'n meer voltydse bediening daar kry die Bethulie NG gemeente in 1979 hulle eerste mede-leraar en eerste kapelaan, ds R van de Wall; hy word leraar van die plaaslike kommandement met opdrag Goedemoed gevangenesbearbeiding. Goedemoed-gemeente het egter meer selfstandig geraak en verkry 'n wykskerkraad in 1983. Gedurende 1991 het Goedemoed aansoek gedoen om by die Aliwal-Noord-gemeente ingelyf te word. Dus het die Goedemoed-gemeente vanaf 9 Februarie 1992 onafhanklik begin funksioneer totdat hulle by Aliwal-Noord ingesluit is in Februarie 1993.

Die klein dorpie met sy maksimum-gevangenis was dus vir baie jare deel van Bethulie, kerklik, sosiaal en administratief. Tans is die area se bevelvoering in Goedemoed gesetel wat ses gevangenisse bestuur: Goedemoed se A gevangenis (wat 'n sentrum van uitnemendheid tipe gevangenis is) en B gevangenis ('n maksimum-gevangenis), en die gevangenisse van Bethulie, Edenburg, Fauresmith en Zastron.

Met die bou van die Verwoerddam is plase ook hier deur die regering opgekoop; toe die water nie so hoog opstoot soos verwag is nie, is daarvan weer herverkoop; op die wyse het die Departement Korrektiewe Dienste meer plase bekom.

'n Deel van Goedemoed was gronde wat aan Jacobus Wilhelm Odendaal behoort het; hier het hy in 1889 'n dorp gestig, Odendaalstroom. Daar was onder andere 'n polisiestasie, 'n poskantoor, drie grofsmede en 'n hotel; die dorp het uit 42 erwe bestaan. Odendaal was met die uitbreek van die oorlog 'n parlementslid. Die dorp is in sy geheel deur die Engelse verwoes, maar die Odendaals kon van hulle meubels in die kelder van die hotel wegsteek. Een van die erwe het aan George Albert Paul Bahnisch behoort, hy is in 1845 in Duitsland gebore en het in 1883 na Suid-Afrika gekom. Hy was 'n transportryer wat op Odendaalstroom 'n klein winkel bedryf het. Hy koop en verkoop ook wol en bou 'n pont oor die Oranjerivier wat belangrik geraak het vir die wolhandel. Die pont is ook deur die Engelse opgeblaas omdat hy Boere en rebelle daarmee oor die rivier vervoer het. (Inligting uit dokumente uit Aliwal-Noord se museum en mondelinge inligting verskaf deur mnr M (Killie) Odendaal). Dit is hier waar De Wet probeer het om oor die Oranjerivier te kom met sy eerste poging om die Kaapkolonie in te val. Hy het nie daarin geslaag nie, maar Kritzinger en Scheepers en later Fouche is in die omgewing oor die Oranjerivier; moontlik op die plaas Moerbeidal wat deel van Odendaalstroom was. Op Moerbeidal woon tans 'n agterkleinkind van Odendaal, Smith du Plessis. Hy vertel dat daar ook 'n watermeul vir koring op die plaas was wat afgebreek is deur Korrektiewe Dienste.

Die Oranjerivier by Odendaalstroom waar die keerwal gebou is, (moontlik al in 1884) is waarskynlik in die omgewing waar De Wet hulle oor die Oranjerivier wou gaan tydens die ABO. Die bodem van die rivier hier is rotsagtig.

Goud kyk DIAMANTE, OLIE, GOUD EN STEENKOOL

GRENSOORLOG EN DIENSPLIG

In 1961 is die aanvanklike opleidingsperiode van Burgermaglede tot nege maande verleng; dit het volgens die lotingstelsel geskied. In 1968 is die lotingstelsel deur 'n nuwe diensspligstelsel vervang terwyl die aanvanklike opleidingstydperk tot 12 maande verleng is. Insgelyks is die Diensspligstelsel in 1977 hersien waardeur die aanvanklike diensspligperiode tot 24 maande verleng is. Dit is opgevolg deur verdere wetgewing in 1982 en 1984 ingevolge waarvan die verdedigingslas oor 'n breë spektrum van die bevolking versprei is.(http://sadf.info/SADF.html)

26 Augustus 1966 word erken as die begin van die Suid-Afrikaanse Grensoorlog wat 23 jaar, 6 maande, 3 weke en 2 dae geduur het. Daartydens het 2,280 lede van die SAW het hulle lewens gegee waarvan 776 in aksiegesterf het.

Jong seuns, pas klaar met die skool in Bethulie is Weermag toe; aanvankilk vir opleiding in plekke soos Bethlehem, Pretoria, Tempe, later grens toe, "bosoorlog" toe; as lid van die SA Weermag of as lid van die SAP. Op die Muur van Herinneringe by die Voortrekkermonument verskyn 2,500 name van mense wat vanaf 1966-1989 in oorlogsituasies gesterf het. (http://sadf.info/SADRoll of Honour Border.html). Hieronder is net een oud-Bethulianer wat skrywer kon opspoor: Andries Hercules du Bruyn (Klasie) Rademeyer wat aan regiment 101 bataljon en eenheid Romeo Mike Team behoort het. Hy het die rang van kaptein gehad en het in aksie in Nindango in *Operation Firewood* teen Swapo gesterf, op 31 Oktober 1987; hy was 27 jaar oud en is in Humansdorp se hoofbegraafplaas begrawe. (www.sawargraves.org/lists/saborder_r). In die vroeë sewentigs het die Rademeyer gesin op Bethulie gewoon, Klasie se ouer broer was Heinrich wat in die 1973 matriekklas was.

Hoewel nie in Bethulie gebore of op skool nie, is die Holm-familie welbekend in die omgewing. Johan Wolfgang Holm, die tweede oudste kind van Otto Wolfgang Holm sterf in aksie op 23 Januarie 1975 op 36-jarige ouderdom. Hy was 'n kaptein van die eenheid Danie Theron-krygskool en die Suid-Afrikaanse Infanteriekorps. Hy is in 1976 postuum vir dapperheid onder gevaarlike omstandighede vereer met 'n Honoris Crux; die tweede persoon wat die toekenning ontvang. Hy sterf gedurende Operasie Savannah by Ebo in die suide van Angola toe die Pantserkorps in 'n lokval gelei is deur Kubaanse magte. At van Wyk (1983:12-19, 113) gee 'n duidelike prentjie van wat daar gebeur het deur gebruik te maak van mondelinge vertellinge van ooggetuies. Holm word ook onthou as 'n waaghals, met geen bang haar op sy kop nie; iemand wat lief was vir sy vrou en met 'n kunstenaarsiel soos 'n regte Holm ... en dat hy oral selfs in Angola met sy opsigtelike pienk Hondatjie gery het! Tydens die operasie het sy karretjie wel saamgegaan maar omdat hy bevel moes neem van die voordekking en 'n pantserkar moes gebruik, het Herman van Niekerk daarmee gery. Van Niekerk het oorleef en was die ooggetuie met wie Van Wyk die onderhoud gevoer het. Van Niekerk, van die Suid-Afrikaanse Artillerie is ook met 'n Honoris Crux vereer.

"23 Nov 1975: 67728378PE Captain Johan Wolfgang Holm HC(P) from the Danie Theron Combat School was Killed in Action during Ops Savannah at Ebo, in Southern Angola when his Armoured Car Squadron was ambushed by a superior Cuban Force. During the course of the

engagement he had to expose himself from the turret to physically assist another armoured car out of the ambush area when a Soviet 122 mm Katyusha Rocket exploded behind his Eland 90. He was struck in the head by a large piece of shrapnel, killing him instantly. For his unselfish act in exposing himself in the face of heavy enemy fire thereby saving the lives of others, he was posthumously awarded the Honoris Crux. He was 36".
Honoris Crux 1976 post humous award HC for 1975 is for bravery under dangerous cricumstances. (*en.wikipedia.org/wiki/Honoris_Crux_(1975)*)

Abel Grobbelaar, een van Suid-Afrika se top-vegvlieëniers en spesialis in nagaanvalle was ook by die grensoorlog betrokke; hy het meer as 100 operasionele vlugte met 'n Impala in Namibië uitgevoer (Kyk HOOFSTUK 8: BEROEMDES....)

GRIEKWAS

<u>Die Griekwas van die Kaapkolonie tot Philippolis</u>

Die volgende inligting kom hoofsaaklik uit twee boek van Karel Schoeman wat as die mees gesaghebbende beskou word oor die onderwerp.

In 1713 is daar verwysing na 'n Claas Kok, 'n slaaf wat weggeloop het en by 'n groep, die Guriqua, aangesluit het; dit was 'n Khoi-stam wat 'n onafhanklike bestaan in die omgewing van die Berg- en Olifantsrivier gelei het. In 1738 is daar 'n verwysing na 'n "Hottentot Claas Kok" wat 'n ekspediesie na die latere Oranjerivier meegemaak het.

Die eerste betroubare verslag oor die Grootrivier was deur Jacobus Coetsé van die Piketberg-omgewing wat die area naby Augrabies in 1760 besoek het. Hy was vergesel van "*12 Hottentots of the Gerigriquas nation" remnants of the tribe who had gathered round the Kok family of Basters in the Piketberg region, and who were later to develop into the Griqua people".* (Schoeman, 2003:10-).

Hoewel nie seker of hy verbintenis met die latere Kaptyn van die Griekwas het nie, is dit tog interessant dat daar in die 1750's 'n "Hottentot", Adam Kok, burgerregte in die Kaapkolonie gehad het en weidingsregte in die Piketberg-omgewing, 'n gebied voorheen beset deur die Guriqua. Die kleinkind van die Adam Kok het bevestig dat sy oupagrootjie 'n slaaf was. Die Adam Kok het verskeie mense rondom hom versamel waaronder "Basters", dit is seuns van wit boere en Khoi of vry swart moeders. Kok se seun (die latere Cornelius Kok 1) trou met 'n dogter van Jan Pienaar, 'n Hollandse Baster. Ook trou een van sy dogters met Klaas Barends. Beide die Pienaar en Barends familiegroepe het 'n belangrike rol in die Philippolis Kaptynskap gespeel. Adam Kok se status het so toegeneem dat die Hollandse regering hom as Kaptyn erken het, en so raak hy bekend as Adam Kok 1. (Die titel *Kaptyn* is sedert 1686 gebruik om die hoof van 'n groot groep Khoikhoi aan te dui; die is ook die korrekte spelwyse van die titel). Buiten dat die titel deur die Kaapse regering erken was, was dit ook erflik.

Adam Kok 1 het sy plaas in die Piketberg-omgewing gehad vanaf 1751-1771. Vandaar het hulle noord getrek in die rigting van Namakwaland. Hulle het gereeld van hier op ekspedisies gegaan en ook ander groepe vergesel soos die van Jacobus Coetsé en RJ Gordon (Kyk ook ORANJERIVIER). Hulle het ook al hoe meer weiding gebruik naby die Grootrivier; in 1779 het Gordon vir Klaas Barends in die omgewing van Pella aangetref. In die tye het hulle nie alleen met die Boesmans in kontak gekom nie, maar ook met die Korana naby die Grootrivier asook die Tlhaping en ander Tswana-groepe in die huidige Kuruman- omgewing. Die feit dat hulle vuurwapens gehad het, het hulle goeie bondgenote gemaak. Teen 1820 het Campbell op sy reis ervaar dat hulle ook maklik in Setswana kan kommunikeer. Boesmans, Koranas en Batswana het by die groep aangesluit as afhanklikes of bediendes en dikwels vir beskerming teen ander groepe.

Teen 1795 het Cornelius Kok hom by Bethesda gevestig, 'n Londense Sendinggenootskap stasie (LSG) wat vir Kok se mense gestig is. Dit is eers Oorlamskraal genoem en was halfpad tussen die latere Griekwastad en Pella. Dis moontlik dieselfde plek wat ook Kokskraal geheet het in die omgewing van Keimoes.

Teen 1805 was daar ses stabiele nedersettings vir die Basters in die Transoranje, geleë noordoos tussen die huidige Niekerkshoop en Griekwastad. In 1804 is 'n LSG stasie gestig in Leeukuil (later Klaarwater genoem en nog later Griekwastad). Gedurende 1813 het John Campbell Klaarwater aangedoen as inspekteur na al die LSG stasies. Hy het die groep Basters aangeraai om hulle naam na die stam waaruit hulle kom, *Guriqua,* te verander; van toe af staan hulle as die Griekwa bekend. Hulle het ook 'n stel wette aangeneem en Klaarwater herdoop na Griekwastad. Beide Adam Kok 11 en Barend Barendse het as Provisie Kaptyns opgetree. Campbell se reise het ook daartoe gelei dat 'n sendingstasie vir die Tlhaping in 1815 gestig is, bekend as Lattakoe, 3 myl (4,8 km) noord van die latere Kuruman.

Cornelius Kok 1 het teen 1813 besluit om vanaf Namakwaland te trek en hom ook in die omgewing van Griekwastad te vestig. Mettertyd het groot verwarring ontstaan oor wie die gesagsfigure is; dit feit dat die Kaptyns 'n semi-nomadiese lewe gevoer het, het daartoe bygedra.

Die Griekwas het tot ongeveer 1820 nie belanggestel in die gebied tussen die Oranje- en Vaalrivier nie. Gert Goeyman was die eerste wat toestemming gekry het om in die omgewing te woon. Hy is in 1813 in Griekwastad gedoop toe hy 27 jaar oud was, saam met sy vrou en kinders. Hulle het hulle in die omgewing van die huidige Luckhoff gevestig, by die plek Goeymansberg en word daarom Bergenaars genoem. By die groep sluit ook Koranas aan en selfs Sotho vlugtelinge van die Difaqane vanuit die Caledonvallei. Ongelukkig het hulle 'n bestaan gevoer deur roof en plundering.

Teen die begin van 1820's het die LSG net drie sendingstasies vir Boesmans in die Transgariep oorgehad, in Ramah, in Konnah en in Philippolis. In 1822 is Jan Goeyman voorheen van Graaff-Reinet en Bethelsdorp deur ds A Faure van Graaff-Reinet namens die LSG in Philippolis geplaas waar nog groot getalle Boesmans was. Basters het by hulle aangesluit maar is beroof deur die Bergenaars en Korana. In Augustus 1825 het dr Philip van die LSG vir James Clark in Philippolis aangestel in die plek van Goeyman om sendingwerk onder die Boesmans te doen. Op daardie stadium het Philip, wat Adam Kok as die leier beskou het van al die Griekwa- en Baster-groepe, besluit om die Griekwas te gebruik om die Boesmans en ander inheemse groepe in die gebied tussen die Oranje- en Vaalrivier te beskerm teen boere, wat die gebied inkom op soek na weiding, en ook teen die Bergenaars en Korana, en teen Mzilikazi. Hy het Adam Kok 11 aangemoedig om hom in Philippolis te vestig in 1826. In dieselfde jaar het Adam Kok 11 bedank en Cornelius Kok 11 het by hom die Kaptynskap oorgeneem. Laasgenoemde sterf in 1828 en eersgenoemde neem weer die Kaptynskap op.

Teen 1830 het Philip namens die LSG die sendingstasie aan die Griekwas oorhandig, 'n saak wat in 1836 deur die Britse Parlement ondersoek en bevraagteken is. Die Boesmans, vir wie die stasie gestig is en vir wie se beskerming die Griekwas daar geplaas is, is so onderdruk deur hul beskermers soos deur al die ander groepe, dat hulle getrek het. In 1828 moes Clark die Boesman sendingstasie verskuif na Boesmanskool, die latere Bethulie. (Schoeman, 2002:9-59). Hierdie sendingstasie van die LSG het slegs vir vier jaar bestaan, waarna dit deur die Paryse Sendinggenootskap met Pellissier oorgeneem is vir die Tlhaping in 1832. Teen 1833 het die Boesmans die omgewing verlaat (Kyk HOOFSTUK 1: BOESMANS IN DIE BETHULIE-OMGEWING).

Die Griekwas en Bethulie se Tlhaping

Gedurende Mzilikazi se skrikbewind ten noorde van die huidige Kuruman het 'n groep van die Tlhaping vanaf 1827 skuiling by Adam Kok 11 in Philippolis gesoek, waar hulle gebly het tot Pellissier hulle in 1833 na Bethulie-omgewing genooi het vir sendingwerk onder hulle. Pellissier (1956:103-5) het die Griekwas in 'n brief van hom van 1832 uit Kuruman soos volg beskryf: *"Die Griekwas is die onegte nakroos van Koloniste by slawe. Toe hulle in getalsterkte toeneem het hulle hulself as veel vernamer as die slawe beskou... en 'n aparte volk geword. ...hulle praat almal 'n soort baster-Hollands*". Hy spreek ook sy kommer uit dat dit moeilik is om die Woord te verkondig aan die mense omdat hulle 'n nomadiese bestaan voer.

In 1835 word die grense van die sendingstasie vir die eerste keer bepaal deur Adam Kok 11 om die Griekwa-gebied van die stasie te onderskei. Die Griekwa-hoof erken Lephoi as onafhanklike hoof. Moeilikheid met die Griekwas het egter kort-kort opgevlam. Die nuwe kaptein, Adam Kok 111 wat in 1837 aangestel is, erken nie die grense nie en stel Pellissier in kennis dat Bethulie deel van sy gebied is. Na 'n paar maande is die geskil in die guns van Pellissier en Lephoi besleg, net om weer teen Maart 1840 op te vlam toe Kok van Lephoi 'n onderdaan wou maak. Kok is egter gedwing om die grensooreenkoms van 1835 te erken. In 1841 beset Kok 15 fonteine in die sendingstasie se gebied en verhuur grond aan trekboere; weereens moes hy terugtrek en die grense erken. In 1843 steek Kok die oudste seun van Lephoi op om die sendeling, Pellissier, weg te jaag. Die gevolg is dat 'n troepemag van die Kaapkolonie gestuur is om Kok binne sy eie gebied te hou en die Bethulie-grense te respekteer. Kok het in 1858 en in 1859 vir die laaste keer probeer om Bethulie in te palm. (Kyk HOOFSTUK 4: TLHAPING vir 'n vollediger beskrywing).

Adam Kok III (Kokstad) www.tokencoins.com © Scott Balson.

Die Griekwas verlaat die omgewing

Na die ondertekening van die Bloemfonteinse Konvensie in 1854 het die Britse Spesiale Kommissaris, wat tot nou nog die Griekwas se onafhanklikheid in die Oranjerivier Soewereiniteit probeer beskerm het, die volgende ooreenkoms met die Vrystaatse Republiek aangegaan: "*That whenever any Griqua lands shall be sold to any person of European descent, such lands fall at once under the Orange River Government, and that the Free State Government held authority over the leasable territory*". Die Griekwas van Philippolis het hulle situasie onuithoudbaar gevind en besluit om alles te verkoop en na Nomansland, (die latere Griekwaland-Oos, en die huidige Kokstad) anderkant die Drakensberge te trek. Na 'n verkenningsekspedisie wat in 1859 plaasgevind het, het die groot uittog in 1861 begin. Adam Kok het vanaf Hangklip (wat aan die Oranjerivier binne Basotholand was en waar hulle 12 maande vertoef het) laat weet: "*The number of families who are now ready to go over, are 1,500. The amount of stock is certainly upward of 200,000 sheep, beside a great many horses and cattle...*". Ernstige teenslae het hulle getref, droogte en diefstal van hul vee en perde. Ongelukkig het hulle toe 'n kortpad oor die Drakensberge gevat en nie die pad van die verkenningsekspedisie nie. Geweldige swaarkry, verliese van waens, diere, ens het daartoe gelei dat die eens welvarende groep mense heeltemal verarm in hulle nuwe tuiste aangekom het in 1862. In April 1862 is Philippolis-distrik amptelik by die Vrystaat ingelyf (Schoeman, 2002: 215, 235-247).

GROOT GRIEP

Die ergste wêreldwye pandemie van die moderne tyd was die Groot Griep, of ook bekend as die Spaanse Griep. Die griepepidemie het in 1918 in Asië uitgebreek. Die siekte is onder andere deur skepe die hele wêreld heen versprei. *Volksblad* van 7 Oktober 2005 berig dat daar nou vasgestel is dat dit voëlgriep was; 50 miljoen mense wêreldwyd het daaraan gesterf.

Daar word nou aanvaar dat die dodetal ook in Suid-Afrika ver meer as die amptelike syfers was en dat 'n skatting van tussen 250,000 en 350,000 slagoffers in Suid-Afrika redelik sou wees (Giliomee en Benga, 2007:242). Bethulie is ook nie gespaar nie. Dit het sy hoogtepunt tussen September en November bereik; vandaar ook die naam *Swart Oktober*. In die Gereformeerde Kerk alleen het 12 lidmate as gevolg van die griep gesterf; volgens ds van Rooy se herinneringe was dit: Hermanus Kruger, Johannes Kruger, Andries Kruger (Snr), Gert Britz, Helena de Klerk, Dirk Coetzee, Pieter Aucamp, Johannes van der Walt, Stephanus van der Walt, Christiaan Venter, Levina Venter, en Maria Venter. (www.vanrooy.org.za/Bethulie_GK.html)

Alles het tot stilstand gekom en in baie huise is daar gebrek gely; kerkaktiwiteite is ontwrig en die Gereformeerde Kerk kon selfs nie in Oktober nagmaal vier nie. 'n Algehele noodtoestand het geheers. 'n Skooldogter in die matriekklas, Johanna Maria Kruger, was een van die slagoffers nadat sy by die plaaslike hospitaal behulpsaam was met die verpleging van die siekes (Eeufeesalbum, 1963:142). Volgens die Bethulie-begraafplaaslys is sy op 24 Julie 1889 gebore en sy sterf op 8

November 1819. Volgens die lys is die volgende mense ook vanaf September tot Desember in die dorpskerkhof begrawe; moontlik almal aan die griep.

- Pieter Aucamp op 25 Oktober 1918; op sy grafsteen staan "*aan die griep.*"
- 'n Seun van Herman en Carlotte Klijnveld sterf op 25 September 1918 .
- 'n Groepie van vyf mense wat langs mekaar begrawe is, het in Oktober en November gesterf; hulle is: twee Van der Walts, moontlik broers, Johannes Jacobus (gebore 1879) en Stefanus Petrus (gebore 1884); Anna Susanna Johanna Coetzee (gebore in 1886) en Maria CL Coetzee (gebore1865) met die grafskrif "*lange nachte van 1918*" en Gertruida Cornelia Swanepoel (gebore 1890). Ander is Helena Le Clercq, gebore 1881, wat op 27 Oktober sterf, Salome Greeff, drie jaar oud sterf op 16 Desember, Johanna Maria Kruger (gebore 1889) is op 8 November oorlede.

Volgens die sterfteregister van die NG Kerk het 56 lidmate in 1918 gesterf, hoewel die meeste aan griepsimptome gesterf het kon daar nie met sekerheid bepaal word hoeveel tydens en aan die Groot Griep nie.

Gedurende 1918 en 1919 word na sopkombuise en 'n "griepbasaar" verwys. Die stadsraad stuur kollektelyste uit om fondse in te samel om behoeftiges van sop en voedsel te voorsien (Eeufeesalbum, 1963: 66).

Bettie Snyman in die Groot Griep

Twee oud-inwoners van Bethulie, Eddie en Antjie Eksteen, is 'n paar jaar gelede 'n guns gevra deur 'n broer van 'n oorledene. Die broer wat in Pretoria bly en reeds bejaard was, het hulle versoek om sy suster se graf te onderhou en het selfs 'n bedraggie geld vir die doel gegee. Die suster was Susanna Lucia Snyman wat in 1949 oorlede is; die Snymans het in die huis in Parkweg by die ou park se ingang gewoon. Hy het ook 'n mooi storie oor die suster se dogter, Bettie Snyman, vertel: tydens die Groot Griep, 1918, was sy nog baie jonk maar het ernstig siek geword en "gesterf." Maar net voor hulle haar uit die huis gedra het, het sy weer bygekom. Syself was so aangegryp deur die gebeurtenis dat sy in Februarie 1920 hierdie skildery gedoen het wat sy *Vrede op aarde* genoem het.

Simon du Plooy, (Kyk GENEALOGIE) het speurwerk gedoen oor die skildery en toe sowaar die skildery gevind! Hier volg Simon se storie nadat hy as 'n ervare genealoog die kunstenares se seun, Andries, opgespoor het.

"Die skildery gebaseer op Jesaja 11:6-8 (Die Leeu en die Lam) is wel geskilder deur Bettie Snyman ca 1920. Maar voor die skildery aan die beurt kom is dit nodig om die familie in konteks te plaas.

Bettie Maria Elizabeth Snyman, is gebore op op 11 Februarie 1892 en is omstreeks 1985 oorlede (vermoedelik in Welkom), sy was 'n dogter van A.J.P. Snyman en Susanna Lucia Henning (Geb.1863 - Oorl 21 Nov 1949), beide is in Bethulie-begraafplaas begrawe. Bettie was getroud met Matthys Johannes Van Straaten *1883 + 1955 (begrawe Bethulie- begraafplaas). Hy was stadsklerk vir die dorp en wel vanaf 1924 tot 1943.

Nadat sy die skildery voltooi het, was haar een broer, Flip, op 'n stadium die eienaar daarvan, van hom het dit na sy seun Boet Snyman gegaan en vir jare het dit in Boet se losieshuis in Oos-Londen gehang. Snymans losieshuis was welbekend onder die boere van die N.O.K en Suid-Vrystaat en is veral tydens wolveilings ondersteun.

Boet het later Snymans Losieshuis verkoop en die skildery is na sy suster Pauline (getroud met ene Willem De Vries) in Rustenburg en daar het dit uiteindelik in die motorhuis beland tot 'n paar jaar gelede toe dit deur 'n seun van die kunstenares en kleinneef van Pauline "ontdek" is - sonder raam en in erg verwaarloosde toestand.

Die seun, Andries van Straaten, het die skildery laat restoureer, twee kopieë laat maak en die kopieë geskenk aan die Paul-Kruger kinderhuise in Johannesburg en Pretoria. Die oorspronklike het hy en sy suster, André, aan die Paul Kruger Kinderhuis op Reddersburg geskenk en persoonlik gaan oorhandig.

Op navraag het Me. Henriëtte van Vuuren van die kinderhuis bevestig dat die skildery wel daar is en ook dat "*dit op 'n ereplek in die saal*" hang. Op my navraag oor die waarheid al dan nie van die 1918 griep en die beweerde sterfte van die jong Bettie het haar seun Andries van Straaten bevestig dat sy wel ernstig siek was tydens die 1918 griep, maar haar sogenaamde "dood"en ook die "voor hulle haar uit die huis gedra het, het sy weer weer bygekom" gedeelte kan hy nie bevestig of ontken nie (dit het immers 15 jaar voor sy geboorte in 1933 gebeur).

Tant Bettie, soos sy bekend was, het in die reusagtige huis tweede vanaf die parkingang gewoon, sy was 'n begaafde mens wat alles wat sy aangepak het suksesvol afgehandel het, hetsy dit tuinmaak, koekbak, skilder en vele ander bedrywighede was. Die tuin was daardie dae 'n lushof wat in byna alle behoeftes van die familie voorsien het.

Daar was vyf kinders vir die egpaar:

1. Susanna Lucia (Sannie) later getroud met Pieter Willem du Plooy (Simon se pa se jongste broer en eerste skoolhoof van Jim Fouche Sekondêre skool in Bloemfontein).
2. Anna Francina (Annie) x Gert van den Berg.
3. Willem Jacobus.
4. Andries Snyman.
5. André x Nicolaas Strauss.

GROOT TREK

Kyk ook TREKBOERE

Dat Paul Kruger met Bethulie en die Voortrekkers verbind word, kom vir baie mense as 'n verrassing. Van der Merwe (1988:374) skryf "*Sommige van die voortrekkers uit die omgewing van Colesberg het egter al die kolonie voor 1835 verlaat. In Mei 1833 byvoorbeel trek CJH Kruger van Vaalbank, die vader van Paul Kruger, saam met sy twee broers, Gert en Theunis, oor die Oranje. .... Hierdie trekkie het bestaan uit ongeveer 20 koppe - dus waarskynlik uit die drie families Kruger. Hulle het hulle plase in die Kolonie verkoop en getrek tot aan die Caledon, waar hulle tot 1836 vir Hendrik Potgieter gewag het*" (Hy haal aan uit Gedenkschriften van Paul Kruger, bewerkt door F Rommel p1-3). In 'n brief wat SH Pellissier in 1959 aan ds De Jager geskryf het ter voorbereiding van Bethulie se eeufees vertel hy: "*oorkant die rivier onder die berg by Boesmanspoort is die fondamente van die kleimure van die huis waarin, volgens oorlewering, Paul Kruger as kind gewoon het. Boesmanspoort was die plaas van die broer van Casper Kruger, die vader van Paul Kruger. In 1895 toe ons familie nog op Boesmanspoort gewoon het het die klipmure nog gestaan en het die Holms en die mense van die omgewing vir ons gesê dat Paul Kruger as kind in daardie huis gewoon het voor die trek....'n Paar jaar voor die trek in 1836 het Casper die plaas verlaat en vir 'n paar jaar langs die Grootrivier ergens gewoon*".

Die meeste Voortrekkers het in die 1830's in die omgewing tussen Norvalspont en Aliwal-Noord deur die riviere gegaan en die driwwe benut (Kyk BRÛE, PONTE...vir 'n beskrywing van die driwwe). Volgens die meeste kaarte en beskrywings blyk dit asof net twee trekke, naamlik Cilliers en Potgieter, deur driwwe aan die onderkant van die samevloei van die twee riviere gegaan het, dus het hulle net deur die Oranjerivier getrek: Cilliers is by Allemansdrif (net anderkant Norvalspont) oor die Oranjerivier. Hy het getrek in die rigting van Klipkraal, Strydpoort, Spreeuwpoort, Nie-te-weet, Groot Zuurfontein, Remhoogte, Mount Pellier, Treurfontein en Boesmansberg (Prinsloo, 1955: 29).

Verskeie beskrywings bestaan van hoe en waar die Potgieter-trek oor die Oranjerivier is. Uit Preller (1918:119-120) kom die herinneringe van een van die lede van die trekgeselskap, JH Hattingh. Hy beskryf hoe daar met min helpers (volk) getrek is en dat die kinders, selfs meisies, die vee moes aanjaag. Dit was 'n stadige proses en die verskeie waens en trekke het op afgesproke plekke vir mekaar gewag en mekaar ondersteun. Toe hulle uiteindelik by die Oranjerivier (Grootrivier) aankom was die rivier vol na die swaar reëns. Dit was Februarie 1836. Hulle het egter 'n plan gemaak: *"gelukkig stonden er grote wilgebome langs de rivier, welke nu afgekapt en tot 'n vlot gemaakt werden. Hierop werden de wagens - nadat zij afgeladen waren, - overgebracht, daarna de vragten en dan 't kleine vee dat niet kon swemmen. Van de beesten en paarden zwommen partij door. Eintlik werk 'n gedeelte vrouwen, wier wagens overkant waren, ook op 't vlot gebracht om over te gaan. Elke vrouw nam haar gezangboek in die hand en ging zo naar 't vlot. Ze zoegen Gez 20 op, en stemmend met 't laase vers in, om zingend de rivier over te gaan, met de woorde:*

> *Komt treën wij dan gemoedigd voort,*
> *In vaste vertrouwen op zijn woord;*
> *Hoe moeilik ons de weg ook schijn,*
> *Het eind zal zeker zalig zijn vrouwen.*

Die gezang-vers zingend, ging elk gedeelte vrouwen Grootrivier door, tot de laaste vrouw op de overkant was, met de wagens, 't vee en alles. Nu hoorden men iedereen uitroepen: "hier sta ik op vrij grond, waar 't engels goevernement niets meer zeggen heeft!"

Die plek waar Potgieter met die 70 waens oor is, is 600 m wes van die samevloei van die Oranje- en Caledonrivier, op die plaas Klipbanksfontein wat toe aan, Gideon Petrus Britz, behoort het. 'n Werker van Wintershoek,'n naby geleë plaas, het vertel dat hulle by die groot seekoeigat omtrent 600 tree van die samevloei deur is. Hulle het uit die randjie 'n klip gaan haal waarop hulle geskryf het en dat dit as baken daar geplaas is. Hulle het ook op die rotse daar gekrap (moontlik hul name uitgekrap?). Vanwaar hulle gestaan het, is 'n pad oor die randte gemaak en is hulle aan die oostekant van Donovanskop (Spitskop) verby na Broekspoort, al langs Slikspruit op na Strydpoort, Middelfontein, en Klipfontein. Oral is grafte nagelaat veral op Klipfontein. By Boesmansberg het hulle vir Sarel Cilliers se trek gewag. Toe Potgieter hier opdaag was daar alreeds families gevestig op plase soos Kinderfontein, Breipaal, Waterval, Klipfontein (Prinsloo, 1955: 29-31).

Die Potgieter-trek was vergesel van Bothas, Steyns, Liebenbergs en Krugers. Onder die Krugers was die latere president Paul Kruger as 11 jarige seun. (Uit vd Merwe, 1988: 374 wat aanhaal uit Gedenkschriften van Paul Kruger, bewerkt door F Rommel:1-3).

Die trekke wat deur beide die Oranje- en Caledonrivier moes trek was Tregardt, Maritz en Pretorius, Retief**.** Tregardt is al in September 1835 oor die Oranjerivier. Prinsloo (1955:27-31) beskryf twee moontlikhede: eerstens dat hy naby die huidige Aliwal-Noord oor die rivier is, dus deur Buffelsdrif en deur die Caledon by Kruisementsdrif, daar waar die Leeuwspruit in die Caledon loop. Die tweede moontlikheid is dat hy by Sanddrift deur die Oranje is en vandaar na die Leeuwspruit. Visagie (2014:39) is egter ook van mening dat Tregardt deur Buffelsdrif is.

Prinsloo (1955:27-31) is van mening dat Hans van Rensburg vermoedelik saam met Jan Botes op Beersheba (Zevenfontein) geboer het en op die plaas by Tregardt aangesluit. Maar Visagie (2014:39) meen egter dat Tregardt hom eerder by Van Rensburg aangesluit het, òf op die plaas òf by Buffelsdrif (Aliwal-Noord).

Gert Maritz het in September 1836 uit Graaff-Reinet vertrek en dieselfde jaar nog die Oranjerivier by Sanddrif oorgegaan. Hulle het deur die taamlik gelyk westelike deel van die huidige distrik Burgersdorp getrek om die Oranjerivier by Sanddrif, 'n paar myl oos van die sameloop van die Stormbergspruit met die Oranjerivier, te bereik. (Visagie, 2014:46-47). Hiervandaan druk hulle noordwaarts oor die plase Kromdraai deur Strydpoort waar daar 33 grafte lê, deur Slangfontein, en gaan by Klipplaatsdrif aan die Leeuwspruit oor die Caledon en dan weer effens noordoos na Thaba Nchu, waar hulle op 19 November 1836 aankom het.

Visagie (2014:47) dui aan dat Pretorius 'n rukkie na Maritz ook by Sanddrift deur die Oranjerivier is. Prinsloo (1955:31) skryf dat Piet Retief in Maart 1837 op die spore van Tregardt oor die Oranje is, naamlik by Buffelsdrift en ook deur die Caledon by Kruisementsdrif. Markram (2001:71) het bevind dat Pieter Lafras Uys in 1837 en waarskynlik ook later Landman by Buffelsvlei oor Somersetdrift, die huidige Aliwal-Noord oor die Oranjerivier is.

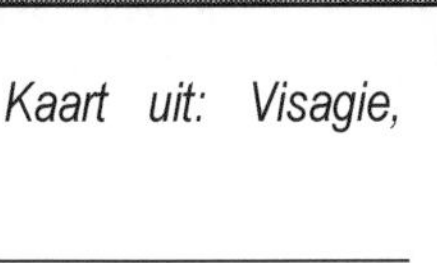

Oorlewering dui op plase in die omgewing waar grafte van Voortrekkers voorkom soos op Kinderfontein, Vaalbank (waar Japie Annandale grafte gevind het) en ook op Montgomery en Klipfontein waar dit volgens Gawie Engelbrecht grafte van die Potgieter-trek is.

Grafte op Montgomery

Kaart uit: Visagie, 2014.

Die Groot Trek is twee maal in Bethulie herdenk: in 1938 met die Simboliese Ossewatrek en weer in 1988 toe die 150 jarige herdenking plaasgevind het (Kyk SIMBOLIESE OSSEWATREK).

Handelshuis kyk HOOFSTUK 10: BESIGHEDE

Hengel kyk SPORT

Hennie Steyn-brug kyk BRÛE, PONTE....

Historiese bewaringskomitee kyk MONUMENTE...

HOSPICE

In die Nuusbrief van Januarie 2002 word aangekondig dat Bethulie se eerste gemeenskap-gebaseerde Hospice gaan open, die voorsitter was vader Peter Surdel en die sekretaris Ted Hope. Die *Good Samaritan Home Based Care Hospice* het hoofsaaklik terminale siek HIV/Vigs pasiënte, weeskinders en kwesbare kinders in Bethulie versorg. Teen 2004 het hulle 323 pasiënte waarvan 124 kinders, gehad. Behalwe die personeel was vrywillige werkers, 'n kunsterapeut, versorgers en beraders betrokke. Die kantore was in Pellissierstraat (Nuusbrief, Sept 2004). Gerda Byleveld was administrateur tot Julie 2005, daarna het Petro Olivier die pos beklee tot hulle deure gesluit het in ongeveer 2008.

Hotelle kyk HOOFSTUK 10: BESIGHEDE

Huis Uitkoms kyk OUETEHUIS

Huise kyk ARGITEKTUUR

HUWELIKE

Die eerste wit paartjie wat in Bethulie in die huwelik bevestig is deur die sendeling JP Pellissier, was George Donovan en Elizabeth Adendorff. Donovan was van Ierse afkoms, en trou in 1845 met Elizabeth Adendorff toe sy slegs 16 jaar oud was. Sy was deel van die Franse Hugenote en sy vertel dat Pellissier, hulle hier in die huwelik bevestig het. (Dieselfde Donovan het later daartoe bygedra dat

Pellissier sy sendingstasie verloor het. Kyk HOOFSTUK 8: BEROEMDES…). Elizabeth beskryf haar troue soos volg: "…*we lived in Stormberg close to Aliwal North where my father died;… at 16 I was married. As there was no village near us then I had to go to Bethulie to be married by a French Miss[i]onary, and as the farm belonging to my husband was not far from the M Station I was taken to it…".* Oor haar lewe op die plaas skryf sy: *"I had to tan the skins of sheep & cattle to get leather for shoes for me, in fact I had to do every thing, make shoes, knit socks, make clothes, candles, soap, matches and everything a family required…".* (Cory, 1900: 530).

Op 18 Februarie 1849, is die tweede wit paartjie hier in Bethulie in die huwelik bevestig deur die sendeling JP Pellissier. Die bruidegom was Lucas Albertus Theunis Johannes Erasmus, 22 jaar oud en sy bruid was Fanny Elizabeth Pringle, 19 jaar oud. Hy het sy beroep aangedui as 'n boer en sy plaas as Boschpoort. Die plaas lê langs die Caledon net wes van die plaas Traacha naby Smithfield. In 'n uitstalling in die museum van Smithfield word gemeld dat Lucas Erasmus die plaas Traacha, waar daar later 'n wolwassery was, in 1850 besit het.

Die derde huwelik was tussen Cornelius Matthysen (21) en Sarah Cornelia M Faber (19) op 11 Junie 1849. Hy het aangedui dat hy op Sterkfontein boer.

Die volgende huwelik was van "dorpsmense" wat 'n bewys is dat 'n nedersetting al sterk hier begin vorm het, reeds voor dorpstigting in 1863. Die skoenmaker William Sameuls trou met Hanna Catharina Gouws op 5 Augustus 1849 en die skrynwerker Thomas Snibbe trou op 23 Desember 1849 met Maria Francina G Herbst. Snibbe dui sy woonplek as Kromdraai aan. Die enigste plaas met die naam kry skrywer naby Aliwal-Noord net noord van die Oranjerivier. Op 17 Februarie 1850 trou Johannes Jacobus Smith (42) van die plaas Waterkloof met Elizabeth Johanna Swart (41). Daar was vyf huwelike tot 1850, almal deur Pellissier behartig, en geen vir die volgende tien jaar nie. (Die inligting oor die huwelike is verkry vanuit 'n databasis wat Simon du Plooy beskikbaar gestel het wat die Genealogie Vereniging saamgestel het. Die databasis dek huwelike wat in Bethulie voltrek is vanaf 1849 tot 1955).

In 1849 is die Vrystaat deur die Britte geannekseer en daarna het Bethulie se sendinggronde (toe nog onafhanklik van die res van die Vrystaat) ook verklein met Sliksspruit as oostelike grens. Smithfield en Aliwal-Noord is in 1848 en 1849 gestig. Baie van die trekboere moes voor dorpe in die Vrystaat gestig is na Graaff-Reinet gaan vir nagmaal, huwelikbevestiging en doop. Dit is moontlik die rede waarom Pellissier huwelike bevestig het van mense wat nie deel van sy sendingstasie was nie.

Volgens die *Cape Argus* van 19 Februarie 1874 is die huwelik tussen Julius Heimann en Sarah Norden die eerste Joodse huwelik wat in die Vrystaat voltrek is en dit in Bethulie. Sarah was deel van 'n bekende Joodse familie wat in Londen gewoon het en het met die Britse Setlaars na Suid-Afrika gekom; Julius kom van Duitsland. Die koerant berig soos volg: *"The inhabitants of the little village, as though sensible of the importance of the occasion turned out en masse (including the Landrost, and other dignitaries) to drink the health of the newly wedded pair, and that of the worthy host and hostess (Mr and Mrs Bernhard Arnholz), the uncle and the aunt of the bride, and that of Mrs Solomon, the bride's grandmamma. We will only add that Mr Heimann was a former resident of Bloemfontein; that, like a true burgher, he did good service in the late Basuto war; and that we hope he and his young wife will live to enjoy very many years of wedded bliss".* 'n Kleindogter van hulle skryf onder andere: "*Samuel Rapaport was appointed marriage officer for the Eastern Cape, Griqualand West and the Orange FreeState … and he officiated at the first Jewish wedding ever held in the Free State at Bethulie*".
(hazel.dakers@blueyonder.co.uk (2011-06-07)
(www.archiver.rootsweb.ancestry.com/th/read/SOUTH-AFRICA/2003-03/1047215631)

'n Onderwyser en President wat haastig is om te trou

Die eerste onderwyser vir die dorpskool was AT Kolver wat op 1 Februarie 1866 diens aanvaar het. Teen 1867 word daar 'n hulponderwyser aangestel en kry Kolver ook 'n huistoelaag van £2 per maand. "*Blykbaar aangespoor deur die huistoelaag tree hy op 'n sekere oggend in September 1867, nog voor ontbyt, in die huwelik met weduwee Badenhorst…!*" (Eeufeesalbum, 1963:138).

Nog 'n haastige bruidegom was oud-president Boshof, toe al 72 jaar oud; toe hy Louisa van den Berg (gebore Perry) in Bethulie se kerk ontmoet het, wou hy sommer dadelik trou! Martha Pellissier skryf in Maart 1880: "*you will be surprised to hear that old Mrs Vanderberg is going to be married and that to an ex president, old mr Boshoff... People say they saw her in church on Sunday! He only came here on Saturday afternoon and on Monday morning at 9 o'clock they were before the office for they want to be marry by Special licence*", maar omdat hy van Natal is kon dit nie. Hy neem haar toe sommer dadelik op sy verewaentjie Natal toe (Briewe ...1973:15; Eeufeesalbum, 1963:44-45). (kyk HOOFSTUK 8: BEROEMDES...).

Op 26 Februarie 1935 word die huweliksformulier vir die eerste keer in Afrikaans gebruik deur ds Groenewald van die NG Kerk. " '*n Ander afwyking was dat ek op 26 Februarie 1935 vir die eerste keer die huweliksformulier in Afrikaans gebruik het, maar vreemd genoeg het niemand dit eintlik opgemerk nie". (*Groenewald, 1985:25).

INTERNASIONALE VERBINTENISSE

Kyk ook JODE

Individue uit ander lande wat 'n nalatenskap in Bethulie gelaat het, of gebruike en artikels uit ander lande wat 'n invloed op Bethulie en Bethulianers gehad het, is interessant; hiermee 'n kort opsomming daarvan. Verdere inligting oor elkeen sal elders in die boek gevind kan word. (Nederland en Engeland word hier uitgelaat aangesien die twee lande die hoofrolspelers in die vestiging van Suid-Afrika was).

Frankryk

- Onder die Franse sendeling Pellissier het die sendingstasie uitgebrei en het die dorp sy naam gekry.
- Pellissier se kollega Lemue, sendeling van Carmel, se nasate is steeds in die distrik en dorp.
- Bethulie se dorpswapen erken die rol van die Franse sendelinge met die Frans leuse *Garde la Foy* en die drie *Fleurs de lis* wat daarop verskyn.
- Van die Franse Hugenote of hul nageslagte het hulle hier gevestig en dit word onder andere herdenk deur die straat wat na die ou stasie gegaan het Hugenoteweg te noem.
- Een van die eerste Hugenote wat hierheen gekom het, was die vrou van Donovan, Elizabeth Adendorff, haar ma was 'n Du Plessis.
- Paul Poisat, 'n geliefde handelaar het van Frankryk gekom.
- Gedurende WO11 is die presidentspaar van Madagaskar, die Fransman Ponviennes, hier geinterneer.
- Met die bou van die Verwoerddam (Gariepdam) het onder andere Franse met verskeie projekte gehelp, van hulle het vir die tydperk in Bethulie gewoon.

Swede

- Met die besoek van die sendeling se kleinseun, HS Pellissier, aan Swede in 1913 het hy gesien hoe die Swede volksdanse doen en liedjies sing. Daar het die idee ontstaan en het hy ons eie Volkspele ontwikkel.

Duitsers

- Kolbe, die eerste sendeling se ouers was van Duitsland en het voor sy geboorte vanaf Wurtemburg in Duitsland na Engeland geemigreer.
- Die Holm-familie wat op verskeie terreine presteer en bekendheid verwerf het, het aanvanklik oor die Oranjerivier op Holmsgrove gewoon en later die sendeling, Pellissier, se huis gekoop. Die stamvader van die Holms is van hier.
- Dr HW Wohlers wat voor, tydens en na die ABO in Bethulie gepraktiseer het, kom van Altenbrucht in noord-Duitsland.
- Die stamvader van die Dittmars het hom hier as bekende handelaar gevestig.
- Die stadswapen van die stadt Lohne, Duitsland is aan die Anglikaanse Kerk geskenk.
- Die Bilse-familie was ook bekend in Bethulie en was Duitse immigrante.

- Gedurende die WO11 is Duitse priesters hierheen gestuur vanuit die interneringskampe en onder huisarres geplaas by die Rooms-Katolieke priester se huis. Gedurende die tyd het vader Schoenen selfmoord gepleeg in Slikspruit.
- Die orrel van die Gereformeerde Kerk is in 1934 deur Boot in Kimberley bestel vanaf die orrelmaker *Walcker en Kie* in Duitsland
- In die konsentrasiekampkerkhof is daar 'n kopsteentjie vir 'n Reichardt-seuntjie wie se ouers Duitssprekend was, die inskripsie is in Duits.
- *Siemens,* die Duitse maatskappy, se ontstekeningslont is tydens die ABO deur die Boere gebruik om die brug oor die Oranjerivier op te blaas.
- Die Duitse Jood, Marx, het 'n winkel in die konsentrasiekamp gehad.
- Duitsers was ook betrokke by die bou van die Verwoerddam en die tonnel.

Ierland

Bekende persoonlikhede wat van Ierland gekom het was:

- Patrick Mynhardt se ma.
- George Donovan; hy vernoem ook een van sy voorouers met die plaasnaam Glendower.
- Frank Gunn.
- Martha Pellissier (née Murray) se pa was 'n Skot wat in Ierand gewoon het.
- Pat Henshaw, die elektrisiën.

Gedurende die ABO was daar heelwat kontak met mense vanaf Ierland:

- Cole Bowen die latere superintendent van konsentraseikamp was 'n Ier.
- Dr Fredrick Augustine Madden 'n kampdokter sterf in die kamp; hy is in die kampkerkhof begrawe en sy naam verskyn ook op die ererol.
- Dr RA Heath was oorspronklik van Ierland. Hy word op 24 Februarie 1902 vanaf Aliwal-Noord na Bethulie oorgeplaas.
- *Royal Irish Rifles* het deelgeneem teen die Boere by Stormberg. Die Boere en Bethulianers wat in die Bethlehem-omgewing was, is onder andere by Wolhuterskop op 7 Julie 1900 deur die *Royal Irish* verslaan.

Skotte

- Die eerste sendeling hier was van die LSG, James Clark, en hy was 'n Skot.
- Me Caske, uit Skotland, was 'n onderwyseres in konsentrasiekamp; haar uitspraak was vir die kinders baie vreemd!
- Die primêre skool se gebou is in 1904 in gebruik geneem. Die skoolhoof was J Baikie vanuit Skotland
- Gedurende die ABO was die volgende mense uit Skotland hier betrokke:
    - Dr John Alexander Graham, is op 28 Augustus 1902 as *SMO* in Bethulie aangestel vanaf Winburg. Volgens Roos (1902:15) was hy een van die knap dokters. Hierdie dr Graham het vir jare hierna nog op Bethulie gepraktiseer. Hy was selfs twee keer burgemeester, in 1915 en weer in 1924-25. Hy is later getroud met Anette Christine Klijnveld, 'n kleindogter van Pellissier.
    - *Ist Battalion of the Royal Scots* was by Stormberg betrokke onder Catacre.
    - *Scottish Yeomanry* en die *Scottish Horse* was in die omgewing betrokke met die jag op De Wet.
    - Die *2nd Cameronians (Scottish Rifles)* was ook in die omgewing betrokke want lt William Michael Joseph White wat gesterf het, was aan die groep verbonde.
- John Edward Runci Coils is in die kerkhof begrawe. Hy sterf op 35 of 55 in Mei 1920, daar het ongelukkig net die letters *"Gebore in Gre....Skotland"* oorgebly en skrywer kon niks meer oor hom vasstel nie.

Amerika

Gedurende die ABO skryf een van die Millett-broers wat 'n vrywilliger uit die VSA was, aan sy ouers in Lelant en vertel hy hoe lt Cowlard, wat hul aanvoerder by die Bethulie-brug was, in

Springfontein se hospitaal oorlede is. *"Private Jim Glasson is making a cross for his grave and also one for private Jones who died in December 1900. The crosses are made out of teak wood, being old sleepers from the bridge the Boers blew down."* Letter from a Lelant volunteer (www.rootsweb.ancestry.com/~comesa2/newspaper.html). Die graf van lt CJ Cowlard is in die ABO begraafplaas in Springfontein met 'n gewone grafsteen waarop die volgende inskripsie: 1899-1902 DCLI. (dit staan moontlik vir Duke of Cornwall's Light Infantry). Daar is ook 'n graf van CG Cowlard waarop bloot die datum 1899-1902 verskyn, moontlik 'n familielid. Kan mens aanvaar Jones sou ook in Springfontein begrawe is? Daar is twee moontlike kanditate: Pte J Jones van 2nd Norfolks en Pte WH Jones. Skrywer het geen inligting oor waar Jones gesterf het en of Cowlard byvoorbeeld aan wonde beswyk het nie.

Italië

- 'n Geelkoperkruis wat uit 1602 dateer vanuit St Markus Kerk in Florence, Italië is aan ds Glover van die Anglikaanse Kerk, geskenk toe hy daar besoek afgelê het kort nadat hy georden is; dit word steeds in die kerk bewaar.
- Tydens die Tweede Wêreldoorlog is Italiaanse krygsgevangenes na Suid-Afrika gestuur; van hulle het as arbeiders op plase gaan werk, ook in Bethulie-distrik.
- Italianers was ook betrokke by die bou van die Verwoerddam (Gariepdam) en die tonnel.

Jagters vanaf die 18de eeu kyk HOOFSTUK 2: VROEË BESOEKERS; DIERE; NATUURRESERVATE

JODE

Kyk KERKE: Sinagoge

"The South African Jewish community traces its origins to the influx of a large number of British settlers in 1820, amongst which were three Jewish families and a handful of individuals. In 1841, seventeen Jews organised the first Hebrew Congregation in Cape Town, called the Tikvat Israel Congregation. Thereafter, the community grew slowly but steadily until the discovery of diamonds (1869) and gold (1886), combined with the massive worldwide migration of East European Jewry at the end of the 19th Century, saw its numbers being dramatically augmented....

Most South African Jews today trace their origins to the arrival of East European immigrants, a high proportion of whom originated from Lithuania, during the growth years of 1880-1940. During the 1930's there was a further influx from Germany as a result of Nazi persecution".
(http://www.jewishsa.co.za/about-sajbd/sa-jewish-history/).

'n Baie volledige bron is die *Jewish Life in the South African Country Communities* wat nie net oor individue maar ook die leefwêreld van die Jode in elke dorp in Suid-Afrika skryf; die bron bestaan uit vyf volumes en verskaf ook waardevolle inligting oor die Jode van Bethulie wat deur die jare ongeveer 50 familie-vanne ingesluit het. 'n Interessante opmerking in die bron is dat die oorspronklike Duits-Joodse setlaars Bethulie alreeds verlaat het teen die tyd dat die Oos-Europese setlaars begin arriveer. Patrick Mynhardt (2003:21-3) se bydraes in sy biografie is ook gebruik om die afdeling saam te stel.

Volgens *Jewish life...* (2012:331) was die eerste Joodse setlaars in Bethulie D Levy en M Marcus. Maurice Marcus wat in 1862 na Suid-Afrika gekom het, het vanaf 1863-1868 vir die latere sir JB Robinson in sy winkel hier gewerk. Robinson en Marcus is van hier weg na die diamant- en goudvelde. Marcus was die eerste persoon wat diamante vanuit Afrika na Londen geneem het vir verkoop - eintlik gesmokkel het. Nadat hy en Robinson se paaie in 1888 geskei het, het hy permanent soos 'n kluisenaar in Surrey gewoon, waar hy as 'n miljoenêr in 1924 sterf. (Kyk HOOFSTUK 8: BEROEMDES...).

Mynhardt skryf in die artikel oor die Jode in Bethulie en die platteland: "*The families came from Germany, Russia, Latvia and Lithuania. They looked different from us, had large noses, used their hands, were demonstrative, had heavy accents, were colourful, warm hearted people who spoke not only their mother tongue, but also Yiddish, knew some Hebrew, spoke English and Afrikaans as well as a smattering of Sotho. They were patriotic people, wonderful citizens and what I would term Boere-Jode. South Africa's platteland, indeed the country as a whole is bereft of these wonderful people who contributed so much to the enrichment of our society".* Mynhardt onthou die volgende families en individue; verdere inligting is deur skrywer aangevul uit onder andere *Jewish life...* (2012:301-339).

Abe en Thekla Kristal was algemene handelaars met 'n winkel op die hoek van Voortrekker- en Joubertstraat (die noord-oostelike hoek, daar waar *Lewis Store* tans is), hul winkel was teen 1920 *Kristal Brothers* en in 1930 was dit *A Kristal - Algemene handelaar*. Hulle het van Latvia gekom en was kinderloos en het 'n aangenome seun Sammy Tankel (Tenkel) gehad. Sammy Tankel het tydens WO11 vrywillig gaan veg teen die Italianers in Afrika, waar hy gesterf het in 'n kar wat gebombardeer is en uitgebrand het, by Sidid Rezegh. (Kyk ook onder WÊRELDOORLOË en MONUMENTE, sy naam verskyn ook op die Monument vir Gesneuweldes). Volgens *Jewish life...*(2012:333) het Abe voor 1939 op die stadsraad gedien en Suid-Afrikaanse Zioniste Vereniging in 1920 gestig waarvan hy die voorsitter was in 1925 en die president in 1939.

In 1937 het hulle ook vir Hymie (sy regte naam was Haims Milners) 'n susterskind vanuit Rusland aangeneem toe hy 18 maande oud was; Thekla se suster het met Hymie se geboorte gesterf. Omdat daar 'n beperking was op die hoeveelheid Jode wat in Suid-Afrika ingekom het, het dr Mynhardt sy vriend, Klasie Havenga, toe minister van Binnelandse Sake, gevra om te help om die reëls effens te buig en reëlings is getref om Hymie na Suid-Afrika te bring. Hymie het later aan St Andrew in Bloemfontein skoolgegaan en daarom het Abe en Thekla in Bloemfontein gaan woon. Patrick Mynhardt het Hymie in 1960 in London raakgeloop waar hy op pad was om sy moeder se graf in Riga te besoek asook die plek waar sy pa en broer gevang was deur die Nazis. Daar sterf hy in motorongeluk. Sy lyk is teruggebring na Suid-Afrika waar hy in Bloemfontein begrawe is. *Die Volksblad* se hoofopskrif was *"Klasie Havenga se seuntjie verongeluk in Duitsland."* Abe het kort daarna gesterf met 'n gebroke hart. Thekla is later in Berea oorlede.

Rudolph Flink het van Duitsland gekom en met Sarah Finesinger in Transvaal getrou. Hulle het in die 1930's die Royal Hotel in Bethulie gehad. Rudolph Flink is in Bethulie se begraafplaas begrawe met net 'n sterfdatum daarop, 28 Julie 1938. Hulle drie kinders was: Maisie, Betty (later Chassay) en Gerald. Maisie Flink (1915-1998) was getroud met Alex Silver en sy was 'n bekende pianis. (Kyk onder KUNSTENAARS ...).

Morris en Sarah Kahn (née Bortz) het twee dogters gehad, Helen en Jeanette. Hulle was die eienaars van *The Louvre* en van die *Bethulie Mail Order House* teen 1929. Die Kahns het later Zastron toe getrek waar hulle 'n hotel gehad; nog later is hulle Humansdorp toe waar hulle ook 'n hotel bedryf het. In Bethulie se begraafplaas is die graf van Samuel Kahn, ca 1874-1931, die pa van Morris Kahn.

Morris (Rosie) Ruttenberg is in Bethulie se kerkhof begrawe met slegs die sterfdatum op die steen, 29 November 1963. Rosie Rosenberg word deur Patrick Mynhardt onthou. Hy was 'n algemene handelaar en "*ou Rosie koop en verkoop*" genoem. Volgens Patrick Mynhardt was hy 'n oujongkêrel wat 'n verhouding met 'n nie-Joodse vrou gehad het en met sy dood al sy geld aan haar bemaak het. Die Jode wou hom nie 'n Joodse begrafnis gee nie, hoewel Mynhardt meen dit kan net hoorsê wees. Hy het saam met Max Klijnveld as afslaer opgetree.

*"Oorlede neef Hannes du Plooy (Hannes en Rietjie van Vlakplaas, Knapdaar) se ma het vertel dat die Rosie 'n vennoot in sy winkel gehad het – sê maar Mr Greenstein. So was die winkel dan ook amptelik as "Rosenberg (of Rosie) & Greenstein – Alg Handelaar" bekend – so is dit op die naambord aangedui, natuurlik ook in Engels. Toe Rosie oorlede is gaan skryf een of ander ondernemende jongman toe op die naambord "**Oorlede** Rosenberg en Greenstein" en die naam was blykbaar lank op die bord. Of dit die waarheid is weet ek nie – maar Tant Mart was nie iemand wat sal leuens vertel nie – wel grappies maak".* (Soos oorvertel deur Simon du Plooy, Potchefstroom).

Max en Hennie Elsbach kom in Oktober 1936 in Bethulie aan vanaf Dusseldorf, Duitsland. Hulle het een seun, Gert.
Abe en Jean Edelstein besit 'n klerewinkel wat hulle later aan Elsbach verkoop het. Hulle het'n tweeling gehad.
Sheba Benn en Lewis (Yehuda Leib)(née Pruchno) kom in 1913 vanaf, Kruk, Lithuania met hulle agt kinders na Bethulie; hier is hy 'n algmene handelaar en bottelstoor eienaar. Hulle drie oudste seuns was Isaac, Harry en Solomon wat saam in besigheid was, *S Benn and Co* (*Jewish life*...2012:336).
Solomon en Ita Benn Solomon Benn (ca 1874-1931) is in Bethulie se begraafplaas begrawe. Langs hom is Jacob Jehuda begrawe (ca 1843-1932) en Sheba wat in 1953 oorlede is, met geen verdere inligting nie. (Die name op die grafte is almal *Ben* gespel). Sy seuns was Israel (moontlik ook Isaac genoem) en Barney, laasgenoemde het met Doris Lemmer getrou.
Barney Benn het volgens Patrick Mynhardt 'n klein winkeltjie met 'n bottelstoor gehad. *Benn's liquor store* was op die suidoostelike hoek van Voortrekker- en Joubertstraat.
Isaac en Rose Benn het 'n winkel naby die swart woonbuurt gehad en sy vrou, Rose, het die damesklerewinkel, *The Louvre,* gehad (Kyk HOOFSTUK 10: BESIGHEDE).
Michael en Clara Pinshaw het *Bargain store* gehad, (regoor die ou poskantoor in Joubertstraat); hier was hy onder andere horlosiemaker en juwelier wat ook grammofoonplate, fietse, speelgoed, ens aangehou het; mense noem hom "galla-galla" dit is *lusmaker.* Hy was van Lithuania en Clara, sy vrou, van Manchester. Volgens *Jewish life*...(2012:338) was Issy Pinshaw hulle seun wat in Bethulie gebore is en op Grey Kollege op skool was. Hy het van kleinsakeman in Bloemfontein gevorder tot latere president van die Vereniging van Koophandel in 1980. Hy het op die Staatspresident se Adviesraad gedien vanaf 1984-1992 en was 'n Nasionale Party LP vanaf 1993-1996.
Philip en Samuel Rothbart het vroeg in die 1900's van Latvia na Springfontein gekom, later het Philip hom in Bethulie gevestig en Samuel is na Smithfield.
Ralph en Cynthia Hirschon het oorkant die Oranjerivier gewoon.
HW Levin, 'n kleremaker en sy vrou het sedert 1904 in Bethulie gewoon (*Jewish Life*...2012: 338).
Ray en Lilly Levine
Nathan, Hardy en Ellie Judas
Joshua Joffe is in Bethulie se kerkhof begrawe met slegs die sterfdatum op die steen: 16 Augustus 1932.
David Marks. Patrick Mynhardt onthou dat "*fun-loving and humerous*" Dave (David) Marks die hotel oorgeneem het by Flink. In 'n biogafie oor Hansie Cronje word daar ook na Marks verwys. Hansie se pa, Ewie, vertel van sy pa, Frans Johannes Cornelius Cronje, se vriendskap met Marks: "*Oom Ewie is convinced that the Cronje's fascination with cricket stemmed mainly form the family's friendship with the affable and worldly-wise hotelier, David Marks, owner of the Royal Hotel in Bethulie. Marks was a keen cricketer, who as a youngster had played for South Western Districts against the 1927 MCC team that came to South Africa. ... Marks was one of the few English speakers in Bethulie – Jews were very often the only English speakers in small Free State towns – and the friendship between a successful Boer farmer and the Jewish hotelier was a fortuitous conjunction of cultures, one that would pay dividends for South African cricketing excellence decades later*". (King, G. 2005:27).

Kon dit hy dalk 'n afstammeling wees van die persoon waarna byna 30 jaar terug verwys is as 'n Duitse Jood (maar *Marx* gespel) wat 'n winkel in die konsentrasiekamp gehad het?
Bernhardt Arnholz is in 1836 in Duitsland gebore en was met Sarah Solomon getroud. Hy was die eerste vrederegter en burgemeester van Ceres voor hy in die 1870's na Bethulie toe gekom het. Hulle het ook met tye in Aliwal-Noord gewoon. Hulle het nie kinders van hul eie gehad nie, maar gesorg vir drie kinders van Sarah se halfsuster; die kinders was Sarah, Rose en John Norden; die oudste broer, Marcus Norden, was reeds 18 jaar oud toe sy sibbe in Bethulie kom woon het; hy was moontlik nie hier nie, maar dit is bekend dat hy in die ABO geveg het. 'n Jonger broer van Bernhardt Arnholz was Adolph Aaron Arnholz; hy en sy vrou Mary (née Levison) het in 1868 in Bethulie gewoon. Hy is in 1841 in

Duitsland gebore en sy in Brittanje. (*Jewish life...*2012:332). Hulle is weer in 1880 terug na Engeland. 'n Interessant storie omtrent die huwelik van Heimann raak ook die familie soos hieronder beskryf.

Julius Heimann is waarskynlik dieselfde person as Max Julius Heimann en later eerder Max genoem is. Hy is volgens *Jewish life...* (2012:332) naby Hanover in Duitsland gebore en het in die tweede Basotho-oorlog geveg. Die eerste Joodse huwelik in die Vrystaat is in Bethulie voltrek tussen Julius Heimann en Sarah Norden, volgens die *Cape Argus* van 19 Februarie 1874. (Kyk HUWELIKE).Die egpaar het in Kimberley en verskeie ander plekke gewoon. Max Heimann is in 1897 oorlede en in Johannesburg begrawe. Sarah sterf in 1937. Volgens fotos het hy 'n winkel in Bethulie gehad.

Ander Jode wat skrywer kon opspoor was:

MA Cantor, **LC Raphael** (wat met **Cecile Arnholtz**, suster van die twee broers, getroud was) en **GI Levy** was in 1876 in Bethulie en lede van die Port Elizabeth se sinagoge (*Jewish life...* 2012: 332-3).

Naftali Norman (Tuxie) Blau seun van mnr en mev H Blau, is in 1927 in Bethulie gebore. In 1943 het hy by die Suid-Afrikaanse Lugmag aangesluit, nadat hy op 16 gematrikuleer het. Gedurende WO11 het hy vliegtuie en personeel na en van Egipte aangevlieg. Met die begin van die Israel se oorlog vir onafhanklikheid in 1948 het hy as vrywilliger by Israel se lugmag aangesluit. In 1951 het hy by El Al aangesluit en vlieg binnelandse vlugte. Later het hy die *Lockheed Constellation*, die Britannia en die Boeing 707 gevlieg. Hy het in 1968 afgetree as vlugkaptein van die El Al en in Johannesburg gaan woon (*Jewish life...*2012:337-8). (Kyk VLIEËNIERS...)

Lion Cachet (wie se regte naam Karel Efriam Levi was) het 'n winkel op die hoek van Joubert- en Voortrekkerstraat gehad tans *Shopwise.*

M Schaeffer die grofsmid.

David Marcus Zweibach is in Lithuania gebore en kwalifiseer as 'n *feldsher* (mediese assistant) in die Kovno stadshospitaal in 1872. Hy het eers in Johannesburg gewoon maar later op die plaas Vischgat naby Bethulie. Hy sluit aan by die mediese korps van die Boere gedurende die ABO en dien in die Boere ambulanskorps naby Jacobsdal. In 1899 word hy twee keer as krygsgevangene na die Groenpunt gevangenes gestuur omdat hy met Boere kommunikeer en aan hulle kos verkoop het. Hy word op parool na die Bethulie konsentrasiekamp gestuur. Volgens die Oorlogmuseum se databasis van krygsgevangenes was hy 52 jaar oud toe hy naby Jagersfontein gevang is op 5 April 1900 en later weer by Jagersfontein op 25 November 1900; hulle dui die kamp waarheen hy gestuur is as "onbekend" aan.

C Searle wat in 1912 *CV Searle en Co* besit het, **JF Frank** wat 'n mansklerewinkel gehad het.

In die 1930's en 1940's is 'n reeks klein fascistiese of proto-fascistiese groeperings in Suid-Afrika gestig: Nazi-simpatiseerders en anti-Semities. Die *Gryshemde* was die belangrikste van die groeperings. In 1935 het JS von Moltke, leier van die *Gryshemde*, vergaderings op die platteland gehou, ook in Bethulie en die publikasie, *Terblanche,* uitgedeel as deel van anti-Semitiese propaganda. Teen 1939 het dr Freund as inligtingbeampte van SAJBD (South African Jewish Board of Deputies) deur die Vrystaat getoer en gerapporteer dat daar 'n sterk anti-Semitiese atmosfeer in Bethulie heers en dat ekonomiese diskriminasie toeneem. Ten spyte daarvan, het hy gevind dat die NGK se predikant vriendelik teenoor Jode was en hulle uitnooi na funksies. In 1944 het Barand Benn versoek dat die SAJBD-pamflet: *"The Nazi within"* aan alle winkeleienaars in Bethulie versprei word (*Jewish life...*2012:339).

Jewish life...(2012:339) verskaf die volgende statistieke vir Bethulie:

1904	7 Jews	3,694 Whites
1936	74 Jews	1,464 Whites
1951	17 Jews	3,142 Whites

Judith (of Judit) kyk DORPSWAPEN; NAME VAN BETHULIE

KAMPE VIR WEIDING OF MEENTGRONDE

Reeds in 1875 met die instelling van 'n dorpsbestuur, word daar op die staat van inkomste die item "weiveld vir vee" aangedui. In 1954 kom Bethulie met sy uitgebreide dorpsveld onder die grondbewaringswet deur proklamasie en word ongeveer R8,000 gespandeer met die afspan van kampe en die bou van stuwalle (Eeufeesalbum, 1963:76).

Uit 'n verslag van 9 Julie 1971 van die *Kommissie belas met beskikking oor kampe* kom die volgende gegewens:

Oorspronklie grootte van dorpsgebied	5,056 morg
Deur Dept Waterwese uitgekoop	1,548 morg
Die 3,508 morg wat oorbly is soos volg verdeel:	
Weidingsgronde	2,429 morg
Onttrek weens erosie	47 morg
Wildtuin	315 morg
Sportgronde, vliegveld en park	126 morg
Dorp en Macsmo	412 morg

Die weiding op die dorpsgronde is in kampe verdeel. Teen 1970 het verhuring vir 12 maande gegeld (Notules 23/7/1970, 10/6/1971). Sommige kampe is met nommers en letters aangedui, K9 of K20D; sommiges het ook noemname gehad, byvoorbeeld kamp F was ook *Middelkamp* genoem; daar was ook *Marokskamp, Kalwerkamp, Cottage kamp* ens. Die slagter het ook 'n paar kampe gehad.

Met die bou van die Verwoerddam het die Departement van Waterwese van die grond uitgekoop en dit teen 1971 toegespan, dit het daartoe gelei dat heelwat vee onttrek moes word. 'n Herindeling van die gebruik van kampe het in 1972 plaasgevind, dit blyk dat 17 kampe oorgebly het (Notule 24/8/1972). Skrywer kon nie vasstel hoeveel kampe daar oorspronklik was nie.

Vanaf 1975 het die huur van meentgronde (kampe) per openbare veiling geskied en later is dit selfs in *Die Landbouweekblad* bekend gemaak en omsendbriewe aan boere in die distrik gestuur (Notules 10/7/1975, 13/8/1981). Die huurtermyn is later na drie jaar verleng. Om oorbeweiding te bekamp het die Provinsiale Grondbewaringskomitee vereistes met betrekking tot veegetalle en wisselweiding met die Raad se samewerking ingestel.

Teen 2012 was daar 22 kampe van wisselsende grootte, byvoorbeeld K31 was net 12 ha en K405 was 405 ha. Die verhuring van kampe was tot 1998 'n goeie bron van inkomste van die Munisipaliteit.

Denise Jacobs onthou hoe die koeie van die dorpskamp, wat wes van die ou stasie en spoorlyn was, gehaal is en dorptoe gejaag is om gemelk te word. Soos hulle die straat afstap draai hulle dan vanself af in die systrate na hul eienaars!

Daardie kamp wat alreeds vir 'n paar jaar bestaan het in 1930 het gereeld waterprobleme gehad. Wardhaugh skryf in sy *Burgemeester se oorsig* van 1929/1930 dat daar uiteindelik water gekry is, maar kruitagtig...."*tog heel goed vir die vee*".

KERKE

Sendingkerke

Kyk HOOFSTUK 3: SENDELINGE

Die eerste sendelinge, Kolbe en Clark van die Londense Sendinggenootskap, het blykbaar nie 'n kerkgebou opgerig nie, maar moontlik is 'n tydelike skoolgebou ook vir die doel gebruik. Pellissier verwys daarna met sy aankoms en beskryf die treurige toestand waarin die plek was toe hy hier gekom het. Die klein woonhuisie en die skool was in alle opsigte bouvallig (Pellissier, 1956:164). Waar dit geleë was is onbekend.

Aanvanklik het Pellissier, die volgende sendeling en van die PESG, kerkdienste onder die bome en in 'n tydelike struktuur gehou. (kyk Hoofstuk 3: SENDELINGE na skets van Bell in 1834 van 'n kerkdiens in die tydelike struktuur). Die eerste kerkgebou in die dorp was die sendingkerk van Pellissier, die perseel wat nou op die suidwestelike hoek van Beyers- en Voortrekkerstraat is, regoor die sendingpastorie, die huidige museum. Teen Maart 1863 (dieselfde tyd wat amptelike erkenning gegee is vir die stigting van die dorp) het Pellissier nog dienste vanuit sy eerste kerk gehou. "*My gemeente is 'n gemengde een, bestaande uit Betsjoeanas, vrygemaakte slawe en Hottentotte, ook baie mense van die blanke bevolking...*". (Pellissier, 1956:474).

Op 13 April 1873 word die nuwe kerk wat Pellissier begin bou het, ingewy deur ds Cloete van die NG Kerk; die kerk was nader aan die noordelike randjies. Pellissier wat in 1867 oorlede is het hierdie kerk op eie koste gebou en het nie die voorreg gehad om vanuit die kerk dienste te hou nie. Die gebou is later hoofsaaklik deur die swart gemeente gebruik tot 1930.

Fondasies van die kerk is nog sigbaar op erf nommer 1618; dit is een van die erwe waarop die huis, gebou deur Herbert Gunn wat later die Rooms-Katolieke priester se woning geword het, staan. Dit blyk uit die fondasie en die foto, wat in 1920 geneem is met die kerk regs voor, dat daar aangebou is aan die oorspronklike kerk van Pellissier. Die wit deel wat noord-suid front, is waarskynklik die oudste en die deel wat deur hom gebou is. Die rooi baksteen gedeelte wat oos-wes front en aansluit by die eerste deel, is later aangebou. Die fondasies is op die erwe tussen Buiten- en Adcockstraat; Adcockstraat loop egter tans dood in Oranjestraat. Die sendingkerk van Pellissier word op 1 Junie 1929 verkoop en 'n nuwe kerk word in die nuwe swart woonbuurt gebou (Ferreira, 1988:145). Die kerk is daarna, ongeveer vanaf 1931-1941, deur die *Girl Guides* as saal benut totdat die Voortrekkerbeweging die gebou in 1941 gekoop het wat dit toe as hulle hoofkwartier gebruik het.
(Kyk GIRL GUIDES en VOORTREKKERBEWEGING).

Van sendinggemeente tot NGK in Afrika

Die sendinggemeente van Pellissier is sedert sy dood in 1867, bearbei deur ander lede van die PESG soos Lemue vanuit Carmel en later deur dr Lautre van Smithfield. Ds Cloete, die eerste NG Kerk predikant, het vir 'n tydperk by Martha Pellissier tuisgegaan en dit kan aanvaar word dat hy ook die sendinggemeente bedien het. In 1873 word die nuwe sendingkerk wat Pellissier begin bou het, ingewy deur ds Cloete wat toe 'n onderwyser op die dorp was, nadat hy die bediening bedank het.

In 1874 besluit die NG Kerk se sinode dat elke gemeente plaaslike sendingwerk sal onderneem. Dié situasie het vir die volgende 20 jaar gegeld. In 1879 word die PESG se werk aan die NG Kerk oorgedra. Die NG sendinggemeente word in 1883 in Bethulie tydens ds Olivier se termyn gestig.

Na die Anglo-Boereoorlog verskyn daar in *De Fakkel* (11 Jun 1903) 'n berig dat die oorlog 'n nadelige invloed op die geestelike lewe van die swart gemeente in Bethulie gehad het. Die evangelis, Saul Goeiman, en die dagskool onderwyser, Petrus Mahuma, arbei in die gemeente. In 1910 word die NG Sendingkerk in die Vrystaat gestig met 26 gemeentes, waarvan Bethulie waarskynlik een was. Eerw JF Grobbelaar word vanaf 1917-1925 die eerste sendeling onder die bedeling vir die kerk.

Pellissier se kerk is gebruik tot 27 April 1930 toe die nuwe kerk in die nuwe swart woonbuurt ingewy is. Ds (later professor) G Pellissier, kleinseun van die sendeling, lewer die wydingsrede; hy gebruik dieselfde tema as sy oupa met die inwyding van die eerste sendingkerkie. Dr SH Pellissier, die direkteur van Onderwys en die ander kleinseun van die sendeling sluit die deur oop. Die klok wat in die toring ingebou is, was die oorspronklike sendingkerk se klok, die syfers *1835* was op die klok. (Die huidige klok het die letters *CJS* op en geen datum). Die preekstoel is waarskynlik ook uit die eerste kerk.

Die hoeksteen lees: Ter ere van God. Jesus die Lewende Steen. Jesu lejoe le Phelang. Gelê deur ds JC Oosthuysen en gegee deur mnr AD Herholdt. 2.8.1930.

Van 1932 tot 1934 arbei evangelis J Baholo in die swart gemeente en is eerw Willemse die superintendent. Sendingkandidaat C van Antwerp word in 1935 aangestel om as proefneming Bethulie en Springfontein se swart gemeentes te bearbei; hy doen dit slegs vir 'n paar maande. Eerw RL Barry word bevestig vir die twee sendinggemeentes, die swart en bruin gemeentes, in Bethulie; hy werk in die gemeente vanaf 1939 tot 1942. Ds AL Tsoai is die eerste swart leraar vir die sendinggemeente vanaf 1957-1964. Ds SL Koahela word bevestig as leraar vir die gemeente in 1965 en is hier tot 1977. Hy bedien ook die swart gevangenes van Goedemoed. In 1971 verander die sendingkerk na die NG Kerk in Afrika en raak hulle dus meer selfstandig. Ds JS Pejane word in 1980 bevestig; op daardie stadium is daar 800 lidmate. Sedert 2010 is daar nie 'n predikant nie, maar dienste word elke Sondag behartig deur kerkraadslede.

Nederduits Gereformeerde Kerk

Wat is in 'n naam?

1804-1842: *Gereformeerd* en *Hervormd* word afwisselend gebruik vir die Calvinistiese Kerk van die Hollands-Afrikaanssprekendes in die Kaapkolonie.

Die Voortrekkers verwys na die *Gereformeerde Kerk.*

1854: Met die Vrystaatse onafhanklikheid is dit in die konstitusie die *Nederlandsche Hervormde Kerk* genoem.

1868: die Vrystaatse Volksraad word versoek om die naam na die *Nederduitsch Gereformeerde Kerk* te verander.

Die Gereformeerde of Hervormde kerke in die Kaapkolonie was van die begin afhanklik van die regering en soos 'n staatsdepartement hanteer. Die kerk het duidelike teenstand teen die Groot Trek openbaar en was teen gemeentestigting buite die Kaapkolonie en ook daarteen om in die geestelike behoeftes van sy lidmate buite die grense te voorsien. Eers in 1843 kry die kerk outonomie wat daartoe lei dat gemeentes noord van die Oranjerivier gestig mag word. Met die stigting van die Ring van die Transgariep in 1852 is daar reeds vyf gemeentes, waarvan Smithfield, wat in 1848 gestig is, een is. Die Ring vorm steeds deel van die Kaapse Sinode tot 1862 waarna bande met die Kaapse kerk verbreek word.

Op 22 Oktober 1862 word Bethulie se NG Kerk gemeente die 11de gemeente wat in die Vrystaat gestig is, toe onder die dorpsnaam *Heidelberg.* Voor die stigting van die gemeente het die inwoners van die kerk deel gevorm van die Smithfield-gemeente waar ds Pieter Roux predikant was; hy het gereeld dienste in Bethulie kom hou en die ou sendingkerk daarvoor gebruik. Dit is ook hy wat dan die eerste versoek voorlê vir die stigting van die gemeente. Rouxstraat is waarskynlik na hom vernoem.

Bethulie raak deel van die gemeentes wat op 16 September 1863 in Bloemfontein vergader en 'n versoekskrif opstel om 'n afsonderlike sinode te word. Die Sinode van die NG Kerk van die Oranje-Vrystaat word op 15 November 1864 in Smithfield gestig deur die bestaande 11 gemeentes, waaronder Bethulie, wat toe nog as *Heidelberg* bekend gestaan het. Daartydens is die Vrystaatse kerk ook in twee ringe verdeel, die van Winburg en Smithfield.

Die eerste kerkgebou word in 1864 ingewy en in 1868 word die 27-jarige ds JH Cloete bevestig as eerste predikant. Die gebou dien tans as kerksaal en is die tweede oudste gebou in Bethulie. In 1871 word die pastorie voltooi in wat vandag Pellissierstraat is, daar is egter vandag niks van die ou voorkoms van die gebou behoue nie. In 1895 ontvang die skoolkommissie van Bethulie toestemming om die eerste kerkgebou as skool te gebruik teen huurgeld. Tydens die ABO het dit as huisvesting vir Britse troepe gedien. Na die oorlog het dit weer as skool gedien tot 1923. Dit is later as stadsaal gebruik. Die Metodiste Kerk het vanaf 1940-1950 die gebou as kerk gebruik.

Die tweede kerkgebou is in 1886 gebou en ingewy in 1887. Dit is in die Latynse kruisvorm gebou. In 1987 word dit as 'n nasionale gedenkwaardigheid verklaar (Kyk onder MONUMENTE vir meer inligting). Die oorspronklike toring van die kerk was van steen en was 110 vt (38,6 m) hoog. In 1906 is dit verkort omdat dit te swaar vir die mure was, tot die huidige 75 vt (25 m) en is die steentoring vervang met 'n hout en sinktoring. In 1958 word die toring oorgetrek met gegalvaniseerde plaatyster nadat dit eers oorweeg is om dit met koper te oordek.

Foto met dank aan die Transnet Heritage Library. Foto geneem in 1970's deur fotograwe van die Spoorweë. Foto no 46916

Die NG Kerk het ook twee ander gemeentes as die een in die middedorp gehad: die gemeente in Cloetespark wat steeds deel is van die moedergemeente en die gemeente op Goedemoed wat sedert 1993 by Aliwal-Noord ingelyf is.

Die gemeente in Cloetespark.

Tot 1931 was die bruin gemeenskap deel van die sendingkerk. Daarna rig hulle 'n versoek vir 'n eie gemeente wat op 19 April 1932 gestig word met 140 lede en 50 belydende lidmate. EC Cops en C (Kerneel) Pieterse is die eerste ouderlinge. Bethulie maak geskiedenis omdat dit die eerste plek in die Unie is waar daar in een dorp vir elk van die drie rasse elk afsonderlik 'n gestigte en georganiseerde gemeente bestaan.

Ongelukkig ontbind die bruin gemeente in 1952 en is die omstandighede kommerwekkend. Die jaar daarop word vrywilligers in die kerkraad gevra om Sondae daar dienste te hou. In 1955 word besluit dat die swart en bruin gemeentes deur een wit sendeling bearbei sal word en eerw Potgieter word tydelik in diens geneem. Met die stigting van die NGKA het die kerklike band tussen die swart en bruin gemeentes losser geraak. Later het Bethulie se bruin gemeente deel gevorm van die groter Rietrivier-gemeente van die VGK wat ook Smithfield, Dewetsdorp, Wepener, Rouxville en Gariepdam ingesluit het onder bediening van ds WMD van Zyl vanaf 1966-1974.

Ds Kees Apello wat in Bethulie gewoon het en vir 17 jaar in die gemeentes gearbei het. Met sy vertrek op 29 Oktober 2000 is agt bruin gemeentes herderloos gelaat. Daarop het drie gemeentes, onder andere dié van Bethulie oorgekom na die NG Kerk. Hulle versoek egter dat dienste in hulle eie kerkgebou gehou word. Op 30 Januarie 2001 sluit 80 belydende lidmate van die VGK by die NG Kerk aan. Die pastorie van die VGK was op die suidwestelike hoek van Jim Fouche- en Greystraat waar ds van Zyl en ds Apello gewoon het. Ds Apello het later in die huis, Mooi Uitsig, wat Gert Smith gebou het gewoon.

Die gemeente van Goedemoed

Met die stigting van Goedemoed as arbeidskolonie het 'n gemeente ontwikkel en ontstaan op 6 Junie 1938. Die gemeente was onafhanklik sedert sy stigting in 1938 en ook gedurende Korrektiewe Dienste se oorname, maar in 1964 word Goedemoed by die Bethulie-gemeente gevoeg. Van toe was Bethulie se NG Kerk predikante betrokke in die Goedemoed-gevangenis. Sedert 1965 tot 1972 het ook ds SL Koahela van die swart gemeente in Bethulie onder die swart gevangenes van Goedemoed gearbei. Met die oog op 'n meer voltydse bediening daar kry die Bethulie NG Kerk gemeente in 1979 hulle eerste mede-leraar en eerste kapelaan. Goedemoed-gemeente het egter meer selfstandig geraak en verkry 'n wykskerkraad in 1983. Gedurende 1991 het Goedemoed aansoek gedoen om by die Aliwal-Noord-gemeente ingelyf te word wat toe in Februarie 1993 gebeur.

Die geskiedenis van die NG Kerk is goed gedokumenteer in die volgende bronne:

- Eeufeesalbum, Bethulie 1863-1963.

- Ferreira, IL.1988. 'n Baken vir Bethulie. Die publikasie het verskyn met die 100ste bestaan van die tweede kerkgebou.
- NG Kerk Bethulie, 1862-2012. Saamgestel deur lede van die Feeskomitee met die 150-jarige herdenking van die gemeente.

Gereformeerde Kerk van Suid-Afrika (GKSA)

Tekens van skeuring in die NG Kerk in die Kaapkolonie het al vroeg in die 1800's ontstaan en ontwikkel. Drie oorsake word genoem, Metodisme wat deur Skotse predikante ingebring is, liberalisme aangevuur deur die Franse Rewolusie asook die aanvaarding van Gesange wat deur 'n groep lidmate gesien is as die aanvaarding van 'n ander leer. Die onvryheid van die kerk teenoor die staat was ook 'n beswaar. 'n Groep van die beswaardes het in die afgeleë noordoostelike dele van die Kaapkolonie gewoon en bekend gestaan as *Doppers*. Van hulle het die Groot Trek meegemaak. Van die probleme het hulle egter ook in die Vrystaat en Transvaal herhaal en in 1859 het 15 broeders in die Rustenburg-omgewing besluit om hulle af te skei van die Nederduitsch Hervormde Kerk in die destydse Transvaalse Republiek. Onder hulle was Paul Kruger, latere president van die Zuid-Afrikaanse Republiek. Hulle het op 10 en 11 Februarie 1859 onder 'n seringboom langsaan die Rustenburgse Hervormde Kerk vergader. By hierdie vergadering het 311 lidmate hulle laat inskrywe as lidmate van die Gereformeerde Kerk in Suid-Afrika (GKSA). Ds. Dirk Postma, 'n besoekende predikant uit Nederland, is gevra om hulle predikant te wees, en hy het die beroep aangeneem om hom daarmee permanent in Suid-Afrika te vestig.

In die Vrystaat het JJ (Koos) Venter later van Broekpoort, Bethulie, 'n leidende rol gespeel in die stigting van die Gereformeerde Kerk in die Vrystaat (Kyk HOOFSTUK 8: BEROEMDES...). Hy het sy lidmaatskap van die NG Kerk op 30 Maart 1859 opgesê terwyl hy nog op Kaalspruit naby Bloemfontein gewoon het. Vandaar het hy na Transvaal gereis om ds Postma te ontmoet en hom te ooreed om na die Vrystaat te kom en te help met die beroep van nog 'n predikant uit Nederland. Ds Postma het saam met Venter teruggereis en op 7 Mei 1859 is die eerste Gereformeerde gemeente in die Vrystaat op Reddersburg gestig. Ds Johannes Beijer word eers in 1862 in Reddersburg as predikant aangestel as tweede GKSA predikant. (http://www.gksa.org.za/; Eeufeesgedenkboek, 1963:12-15). Aangesien daar in die beginjare nie plaaslike opgeleide predikante vir die Gereformeerde Kerk was nie, is 'n proses gevolg om begaafde lidmate vinnig op te lei. Een van diegene wat in Reddersburg deur Ds. Beijer opgelei was, was Sarel Daniel (SD) Venter, 'n jonger broer van JJ Venter. In Julie 1862 het 'n versoekskrif gedien waarin gevra word dat Bethulie 'n afsonderlike gemeente kan wees.

Foto: Sarel Daniel Venter

Op 3 September 1866 word proponent SD Venter beroep en word dan in Bethulie bevestig op 21 Oktober 1866 as die eerste Suid-Afrikaans gebore predikant van die GKSA. Hy was op 'n stadium die enigste Gereformeerde predikant in die hele Vrystaat. Onder sy leiding is 'n gemeente ook in Boshof gestig. (Kyk HOOFSTUK 8: BEROEMDES...).

Die eerste gemeente van die Gereformeerde Kerk in Kaapland is in 1860 op die plaas Roosterhoek in die Burgersdorp-distrik gestig. In 1866 aanvaar die eerste predikant ds Dirk Postma daar diens. In 1869 is die Teologie skool vir die Gereformeerde Kerk op Burgersdorp geopen. Prof Dirk Postma en prof Jan Lion Cachet was die eerste twee dosente. Verskeie Gereformeerde predikante is hier opgelei totdat die skool in 1905 na Potchefstroom verskuif het.

Ongelukkig het daar onder ds SD Venter skeuring in die Bethulie-gemeente gekom, want hy het nie met die kerk in breë se toepassing van leerstellinge saamgestem nie en later ook oor sending met Postma verskil. 'n "Donker wolk" hang oor die gemeente met die inwyding van die tweede kerkgebou in 1879, omdat helfte van die gemeente besig is om af te stig onder ds SD Venter. Sy gemeente bestaan tot 1889, daarna het 'n deel van die gemeentelede by die NG Kerk aangesluit, maar die grootste deel het teruggegaan na die Gereformeerde Kerk. Die geskiedenis van die kerk is omvattend beskryf in twee publikasies:

- Eeufeesgedenkboek van die Gereformeerde Kerk in Bethulie 1863-1963
- Eeufeesalbum, Bethulie 1863-1963

'n Gewone dorpshuis is as eerste kerk gebruik en bekend as 'n *kerkhuisje* wat op die hoek van Boshoff- en Pellissierstraat was, regoor die posmeester se huis. Hier was SD Venter predikant vanaf 1866. Met die uitkoop van die grond om Bethulie as dorp te stig in 1862 word vier erwe, erf no 197, 198, 200 en 201, (elk 64 vk vt volgens Janse van Rensburg,1990:245) aan die Gereformeerde Kerk geskenk deur die vier stigterslede van die dorp, op voorwaarde dat 'n kerk daarop gebou sal word en *"ten eeuwige dage alleen voor dat doel gebruik worden"*. Dit is op die grond wat die eerste kerkgebou is. Die plan van die kerkgebou is opgetrek deur EPL Kruger en dit is gebou deur Peter Waugh. (kyk HOOFSTUK 8: BEROEMDES...). Die koste met inbegrip van die banke sou £1,973 wees. Mans en vroue het apart gesit. Die hoeksteen is op 23 Maart 1877 gelê, die gebou is op 22 April 1878 voltooi en op 13 Julie 1879 ingewy. Die gemeente het gegroei en daar is teen 1890 besef dat die kerkgebou te klein is. Ds Vorster was predikant vanaf 1882-1897 en is opgevolg deur ds Willem Postma, wat ook bekendheid verwerf het as onderwysleier, kampvegter van Afrikaans en skrywer onder die skuilnaam dr O'Kulis. (Kyk HOOFSTUK 8: BEROEMDES....).

Met die uitbreek van die ABO is kerkaktiwiteite baie ontwrig. Ds Postma wou veldprediker word en saam met die kommando's gaan, maar word by die skermutseling by die wabrug gevange geneem; aangesien hy nie die Eed van Neutraliteit wou neem nie is hy as gevangene na Middelburg gestuur. Dit laat die gemeente herderloos tydens die oorlog. Een Sondag het die gemeente 'n verdere vernedering onder die Engelse verduur; net nadat die klok gelui is, kom ses Tommies met grawe en pikke by die kerk aan en sonder om te aarsel begin hulle die klok met sy toring uitgrawe. Hulle het dit met 'n groot gesukkel vervoer na die waghuis waar die klok toe vir hulle moes diens doen tot die einde van die oorlog! Gedurende die ABO is die kerkgebou vir 'n tydjie as skool vir die kampkinders gebruik.

Behalwe die 160 lidmate van die gemeente wat gesterf het, was die gevolge van die oorlog armoede, gebroke gesinne en ander probleme sodat daar nie aandag aan 'n nuwe kerkgebou gegee kon word nie. Ds Postma word in 1905 opgevolg deur ds JA (Koos) van Rooy wat ook bekendheid as senator verwerf het. (Kyk HOOFSTUK 8: BEROEMDES...).

Vanaf 1910 word weer beplan vir 'n nuwe kerkgebou; in 1920 word ses erwe van Gunn gekoop en die bekende argitek Gerard Moerdijk aangestel om 'n plan op te stel. In 1923 word goedkeuring verleen om met die bouwerk te begin; die bouer is HK Bennett van Pietersburg. Die nuwe kerk is op 25 Oktober 1924 deur prof JA du Plessis ingewy. Aanvanklik het die kerk 'n toring gehad wat afgebreek moes word as gevolg van konstruksieprobleme. Die Gereformeerde kerk in Bethulie is een van Moerdijk se kleiner kerke wat vir 600 lidmate ontwerp is.

Die Potchefstroomse akademikus en kultuurleier prof. Dirk van Rooy (1896–1964) is in 1919 getroud met Cornelia Adriana Moerdyk (1898–1980). Haar broer die argitek Gerard Moerdyk het die Gereformeerde kerk Bethulie ontwerp, die gemeente waarvan prof. Van Rooy se vader, ds. Koos van Rooy (1868–1962), predikant was van 1905 tot 1931. Moerdyk het ook die Gereformeerde kerke Kaapstad, Kroonstad en Johannesburg-Wes ontwerp. (Morné van Rooyen, Facebook, My Dopperdagboek 18/6/2017).

Die kerkgebou lyk net soos die een in Luckhoff hoewel Luckhoff s'n met blouklip gebou is. Die kerk van Turffontein het ook so gelyk, maar die het in 1922 afgebrand.

Die ou kerkgebou is na die bou van die nuwe kerk as saal gebruik vanaf 1924. Reeds in 1928 is daar aanbeveel dat die gebou en die drie kaal erwe daar rondom verkoop moet word, maar geen eenstemmigheid oor die saak kon verkry word nie. In 1935 vra die Metodiste Kerk of hulle die kerkgebou een maal per maand en wel die derde Sondag van elke maand kan gebruik vir hul dienste. Dit is toegestaan en 'n fooi van 3/6 is vir elke geleentheid gehef. Die Metodiste het die kerk tot 1938 so gebruik en daarna die saal van die NG Kerk. Die ou kerk is steeds as saal gebruik maar 'n nuwe saal is in die vooruitsig gestel, maar dan sou die ou kerk verkoop moes word. Omdat die geskenkte erwe nie verkoop mag word nie moes 'n Hooggeregshof bevel die bepaling tot niet verklaar. Die Metodiste Kerk het 'n aanbod van £800 gemaak om die gebou te koop. Die aanbod is in 1950 aanvaar, op voorwaarde dat die ysterhek wat van geskiedkundige waarde is oorgeplaas word na die nuwe kerk. Die nuwe saal, gebou deur JF Moller, is in Oktober 1956 in gebruik geneem.

Foto van Jean Dunn vanaf webwerf : http://www.artefacts.co.za/main/Buildings/image_slide.php?type=2&bldgid=8907&rank=9

Die Metodiste Kerk het die tweede Gereformeerde Kerkgebou in 2011 verkoop aan mense wat dit in 'n privaat woning omskep het.

Die Bethulie-gemeente het 'n groot bydrae tot die ontwikkeling van Afrikaans gemaak, veral deur die aktiwiteite van ds W Postma en die inisiatief wat van hier uitgegaan het vir die Afrikaanse vertaling van die Psalms. 'n Kenmerk van hierdie gemeente was dat hulle Afrikaans begin gebruik het lank voor ander gemeentes, moontlik as gevolg van ds Postma se passie vir die taal, hoewel hy nooit in Afrikaans gepreek het nie. (Kyk ook AFRIKAANS).

Die bou van die Gariepdam het ook 'n invloed op die kerk gehad. Die Gereformeerde Kerk dui aan dat hulle na aan 40% van hulle lidmate verloor direk as gevolg van die Gariepdam se bou. Met nagmaal moes daar voor die grond se uitkopery stoele in die kerk ingedra word, want tot die galery was stampvol. Na die boere uitgekoop is, het die situasie drasties verander en was die kerk daarna nooit weer vol nie. Die laaste voltydse predikant wat die gemeente gehad het was dr SP van der Walt (2003 – 2005). Hy het daarna 'n pos as professor in Dogmatiek aan die Teologiese Skool te Potchefstroom aanvaar. Daarna is van twee hulpdiens predikante gebruik gemaak, ds RL Vorster en JJ Breedt en teen 2014 preek dr PK Lourens elke 1ste en 3de Sondag van die maand hier. In 2015 verander die situasie en is ds CJ (Neels) Malan as voltydse predikant aangestel.

Die lys van predikante is saamgestel deur Jacs Pretorius:

Venter, SD	1866-1877	11 jaar
Vorster, CH	1882-1896	12 jaar
Postma, W	1897-1905	6 jaar
Van Rooy, JA	1905-1931	26 jaar
Jooste JP	1931-1942	11 jaar
Van der Merwe, WJ	1942-1945	3 jaar
Van Jaarsveld, HS	1946-1952	6 jaar
Du Plessis, WJIM	1953-1956	3 jaar (proponent)
Pelser, AZ	1958-1964	6 jaar (proponent)
Van der Walt, PGL	1965-1970	5 jaar
Laufs, D	1972-1975	3 jaar (proponent)
Coetzee, CN	1976-1984	8 jaar (proponent)
Fourie, WJ	1985-1987	3 jaar (proponent)
Venter, P	1987-1990	3 jaar (proponent)
Van Rooy, HC	1990-1997	8 jaar (proponent)
Viljoen, W	1998-2001	3 jaar (proponent)
Van der Walt, SP	2003-2005	2 jaar (proponent)
Vorster, RL	2005-2010	5 jaar (hulpdiens)
Breedt, JJ	2011-2013	3 jaar (hulpdiens)

Malan, CJ 2015-
(Ds Pelser is in Bethulie-distrik gebore en het hier gematrikuleer)

Metodiste Kerk

Die eerste bediening van lidmate van die Metodiste kerk in Bethulie was vanaf Jagersfontein deur W Clulow teen 1906. Bethulie se Metodiste Kerk was tot 1939 deel van die Jagersfontein en Fauresmith sirkel vanwaar predikante een keer per maand hier dienste gehou het. Hulle het oor geen gebou beskik nie en dienste is in huise van lidmate gehou. Vanaf 1927-1935 is die stadsaal gehuur vir dienste (die huidge AP Kerk), daarna is die ou Gereformeerde Kerk gehuur tot 1938 en daarna die NG Kerk se saal tot 1950. In 1940 is Bethulie onder die Aliwal-Noord en Burgersdorp-sirkel geplaas en omdat daar meer as een predikant was, is dienste elke tweede Sondag gehou. In 1950 koop die gemeente die ou Gereformeerde Kerk wat toe as saal vir die Gereformeerdes gedien het; hulle herstel dit weer tot 'n kerk en 'n nuwe orrel, kerkbanke en preekstoel is ingesit. Die kerk word in 1952 ingewy (Eeufeesalbum, 1963:133-4). In 2011 word die kerk verkoop as gevolg van dalende getalle en finansiële probleme en in 'n privaat woning omskep.

Teen 2018 is hier ongeveer 10 lidmate oor wat elke tweede Sondag bedien word deur ds Pieter du Plessis (Wesleyan Methodist) en hulp prediker Rosemarie Lund van Smithfield.

Anglikaanse Kerk: Bethulie-gemeente: St Peter's

Die Engelse gemeenskap is in Bethulie ook deur twee NG Kerk predikante bedien, soos blyk uit 'n brief (Eeufeesalbum, 1963:125) wat die gemeenskap in 1864 gerig het aan ds Roux en die later konsulent dr Fraser. Een van die 16 ondertekenaars was die latere Sir JB Robinson. (Kyk HOOFSTUK 8: BEROEMDES...).

Die eerste verwysing na 'n Anglikaanse Kerk was in 'n gids van 1866 (Die bron is 'n fotostaat wat uit 'n koerant, moontlik *The Friend*, kom en die opskrif is *"Early days in Bethulie").* Die predikant word as mnr D Wills aangegee (*officiating member*) en is moontlik van Philippolis wat dan maandeliks dienste hier kom hou het. Daar word genoem dat Bethulie toe drie kerke gehad het.

Die eerste kerkgebou (*regs voor op foto*) wat omstreeks 1871/2 gebou is, het noord gefront na Joubertstraat toe. Die eerste voltydse predikant was CWR Reynolds, vanaf 1868 tot Oktober 1880. Vanaf 1880-1882 het die lekepredikant, mnr Crosswait waargeneem. In 1877 skryf ds Reynolds "*The building was created by the people without any external aid at a cost of £450. There is no ceiling...making the church as hot as an oven....The floor is of mud, which raises an amount of dust, ruinous to altar furniture and hangings....it is besides this ... the home of innumerable ants and other insects, which give us much trouble".* Die eerste baba wat in die kerk gedoop is was William Higgs.

Ds Reynolds se opvolger was ds W Winning wat ook 'n privaat skool gehad het net soos ds Reynolds. Martha Pellissier skryf op 7 September 1880 van 'n siekte, "*bastard measles*", wat uitgebreek het in Reynolds se skool en noem ook dat hy 'n beroep na Robertson gekry het (Briewe.., 1973:33, 39).

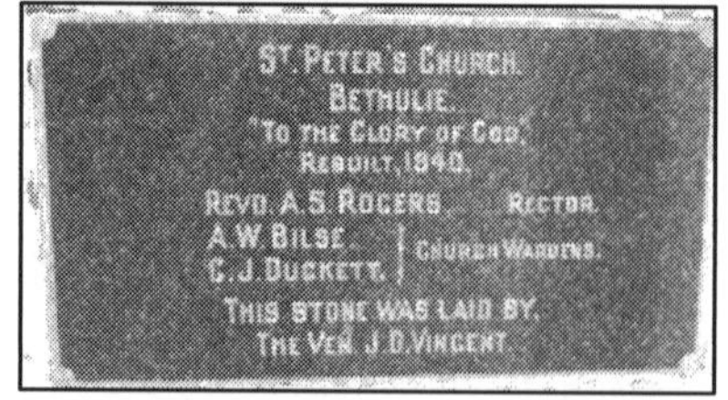

Die ou kerk is afgebreek en die nuwe een op dieselfde perseel gebou in 1940. Die nuwe kerk front egter wes. Interessante items in die kerk is die volgende:

- 'n Geelkoperkruis vanuit St Markus Kerk in Florence, Italië wat uit 1602 dateer is aan ds Glover geskenk toe hy daar besoek afgelê het kort nadat hy georden is; dit word steeds in die kerk bewaar.
- Die deur, vensters en doopbak is deur die Sondagskool aan die kerk geskenk.
- Die eerste Engelse vlag wat tydens die ABO in Bethulie en moontlik ook in die Vrystaat ingekom het, is later jare in die kerk gehang. Dit is in 2014 aan die museum geskenk.

- Oorlewering wou dit hê dat die rooi mat wat in die kerk was 'n deel is van die mat waarop koningin Elizabeth geloop het met haar kroning, enkele kerke het daarvan gekry.
- Die balke het uit 'n katedraal in Engeland gekom wat in 11de eeu gebou is. Daar is egter niks meer daarvan te sien nie.
- Na die inwyding van die nuwe kerkgebou in 1940 het Sir Patrick Duncan, die goewerneur-generaal, die kerk besoek (Verwysing uit TAB argief dokumente).

Predikante deur die jare was die volgende:

CWR Reynolds 1872-1880 (Hy woon in 'n huurhuis)

M Crosswait (lekeprediker)

RW Winning 1882-1885 (Hy woon ook nog in 'n huurhuis)

J Glover (1885-1916) Die eerste pastorie word gebou in sy termyn en is vandag deel van die ouetehuis. Hy het ook die Smithfield-gemeenskap bedien en hulle het bygedra tot die bou van die huis in 1904 (Prinsloo, 1955:499). Hy was getroud met Mildred Gunn en albei is in Bethulie kerkhof begrawe.

P de Laude Faulkner (1916-1920)

H Shallcross (1920-1923)

AS Rogers (1923-1944)

Daarna het die predikante nie meer in Bethulie gewoon nie maar in Springfontein; die volgende predikante het vandaar kom dienste hou:

BG Chatfield (1944-1951)

IG Muir (1951-1952) Vanaf Bloemfontein

WH Webb (1953-1956

C Martyn (1956-1960)

ID Weiss (1960-1963). Hy het as deel van karavaanskema die Suid-Vrystaatse dorpe bedien

WFJ Hartshorn (1963-?? (Bedien Bethulie en Springfontein vanaf Bloemfontein)

(Die meeste van die inligting kom uit die Eeufeesalbum (1963:125-132).

Daar was twee Anglikaanse kerke in Bethulie, St Peter's in die hoofdorp en St Barnabas in Lephoi woonbuurt, hier was Anna Marapela die leier; laasgenoemde het tot niet gegaan en die kerkgebou het verval.

Die Anglikaanse Kerk word sedert 2016 gebruik deur Ou Apostoliese Kerk wat elke Sondag hier vergader. Dit bly die eiendom van die Anglikaanse kerk wat een maal per jaar deur die Biskop besoek word.

Rooms-Katolieke Kerk.

Volgens Patrick Mynhardt se herinneringe: "*The Royal Hotel was run by the Flinks. It was the "sample room" of the hotel that the travelling priest used to say mass for the few Catholics in the village...*". Dit kan wel so wees, want vanaf 1925 -1927 het die priesters geen vaste eiendom hier gehad nie en Flink, wat 'n Duitser was, soos die priesters, is in 1938 hier oorlede.

Die Rooms-Katolieke huis wat in Onder-Noordstraat geleë is. word in 1937 aangekoop vanaf mnr Gunn. 'n Kapel is binne die huis ingerig.

Aangesien skrywer min inligting oor die kerk in Bethulie se dokumente kon vind, word twee webwerwe feitlik woordeliks aangehaal: *http://poshusa.org/en/news/community-update-archive-province-of-south-africa.html ;* (http://catholic-aliwal.org/bethulie/

The first Priests of the Sacred Heart from the German Province arrived in South Africa on November 28, 1923. They established their first mission, St. Teresa, in the Herschel district, which was

later to become part of the diocese of Aliwal North. Rt. Rev. Bishop D O'Leary, O.M.I., who visited it from Bloemfontein. From 1925 to Bethulie as diocese of Aliwal North:

In December 1937 during a canonical visitation held by Very Rev. Father Provincial Schunk, SCJ, who was accompanied by the present Provincial, Rev. Father Driessen, a property was acquired at Bethulie. It was to be a Retreat House for the Priests and Brothers and the residence of the Regional Superior of the Sacred Heart Priests. Rev. Father Holzenkamp, who was appointed the first Superior, and Rev. Brother Ildefons took up residence here, and were joined later by Rev. Father Beirle and Rev. Brother Anthony. The blessing and official opening was performed by Rt. Rev. Bishop F. W. Demont, SCJ on the first of January 1939. From this date onwards the small European congregation of Bethulie attended Holy Mass in the Monastery chapel.

In the location, Divine Service was held in a private hut until 1930 when Rev. Father Schultz bought a house having a fairly large room, to be used exclusively for church services. As years went by, this house became too small for the growing congregation, the number of Catholics having risen to about 300, but war conditions delayed the erection of a church. It was only on the 8th June, 1947 that the patience and perseverance of these Christians were rewarded. On that day His Lordship Rt. Rev. Bishop J. Lueck, SCJ. solemnly opened and blessed the large and beautiful church of St. Peter and Paul, built by Rev. Brothers Kilian and Theodore.

Springfontein, which had monthly services, was the most flourishing out-station of Bethulie. (On 25 January 2004 Springfontein St. Boniface Church is closed for several months because of very bitter fights in the congregation)

Rooms-Katolieke Kerk in Lepoi, gebou in 1947.

In 1949 The Holy Cross Sisters send two Sisters to Bethulie who now lead the household for the three priests.

1992 marks an important change in the pastoral life of the parish. Fr Alfons Nordlohne SCJ leaves the parish and retires after having served the parish continually for forty years. Fr Mathias Ntaka SCJ takes over and tries to introduce the changes which Vatican II and the Pastoral Plan had brought to the Church. A parish council is established as well as Small Christian Communities and the training of lay leaders.

In 1993 the two Holy Cross Sisters are also leaving the parish for the Fatima Old Age Home and their Congregation is unable to replace them. The presence of Religious Sisters therefore ends after many years.

As from 1994 the building which had been the Sister's convent is used as Pre-Novitiate of the SCJ and an additional priest resides there who conducts the formation of the pre-novices.

During the years 1992 to 2003 Bethulie congregation is going through a very difficult phase of change. For forty years it had to follow a highly priest-centred pastoral life and the wave of participation introduced by Vatican II had not touched it. When that pastoral approach ended in 1992 there was much resistance and even passive aggression, recorded in the reports on the Community Weeks. For six years the bishop could not come to the congregation of Bethulie for conducting a Community Week. It was only from 2003 onwards that the people reacted normally like other parishes of the diocese. The Community Week of 2003 thus was a turning point for the parish".

Bethulie het nie meer 'n plaaslike priester vanaf ongeveer 2013 nie; die priester, Makoa, kom een keer per maand na Bethulie vir 'n diens wat altyd 'n vol kerk verseker.

Priests serving Bethulie Parish:

- *1938 – 48 Clemens Holzenkamp SCJ,*
- *1948 Peter Max SCJ*
- *1941 – 51 Johannes Beirle SCJ*
- *1948 – 49 Peter Platten SCJ,*
- *48-51 Gerhard Schultz SCJ*
- *1951 – 52 Hans Schaefer SCJ*
- *1952 – 54 Hermann Harmeyer SCJ at some time also Fr Benedikt SCJ*

- *1952 – 92 Alphons Nordlohne*
- *SCJ, 1962-63 Andries Lemahieu SCJ*
- *1993 – 2003 Mathias Ntaka SCJ, with SCJ Formation priests, eg Fr Zolile1995-98, Peter Surdel*
- *2003 - 2004 Innocent Mabeka SCJ*
- *2005 - 2007 Bernard Sompane SCJ*
- *2007 - 2011 Michael Wustenberg Bishop of Diocese Aliwal North"*
- 2012 - priest Makoa from Aliwal North

Afrikaanse Protestantse Kerk

Die Afrikaanse Protestantse Kerk (APK) het in 1987 tot stand gekom. Die meeste van die eerste lidmate was voormalige lidmate van die NGK, terwyl daar tog ook later lidmate vanuit die ander gereformeerde kerkverbande was wat hulle by die APK geskaar het. Van die sake waaroor daar ongelukkigheid bestaan het na die NGK se Algemene Sinode van 1986, was die groter wordende invloed van die Metodisme in die NGK en die dinamies-ekwivalente metode van Bybelvertaling wat vir die 1983-vertaling van die Bybel in Afrikaans gebruik is, en wat vir amptelike gebruik in die NGK goedgekeur is. Die ander saak waaroor die grootste onrus bestaan het, was die NGK se standpunt oor die eenheid en verskeidenheid van die kerk wat verander het met die aanvaarding van die studiestuk "*Kerk en Samelewing*" deur die 1986-sinode, waarin eenheid ten koste van verskeidenheid beklemtoon is. Later het die klem op eenheid verander in klem op vereniging. Die politieke ontwikkelinge en menseregte het 'n al hoe groter rol begin speel in die verhouding tussen verskillende kulture en nie meer soseer die Woord van God nie, het die ontevrede NGK-lidmate gereken.

Hierdie kerkverband het sy bakermat te midde van die Afrikaner as kultuurgroep. Die kerke wat in 1987 die AP Kerkverband gevorm het, het ook besluit om dadelik te begin met die eie opleiding van leraars. Die eerste student het reeds in 1988 ingeskryf. Dit was die nederige begin van 'n instelling wat later 'n privaat, Gereformeerd-Christelike Afrikaanse Universiteit sou word, onder die naam Afrikaanse Protestantse Akademie met twee kampusse, een in Pretoria en die ander in Germiston (Institute of Christian Psychology). (wikipedia.org/wiki/Afrikaanse_Protestantse_Kerken www. apk.co.za)

Die Bethulie APK-gemeente is op 28 Julie 1991 geregistreer met 22 lidmate. Vanaf Junie tot Oktober 1991 is die sysaal van die stadsaal gehuur vir eredienste totdat die huidige gebou in Voortrekkerstraat gekoop is (Notule 16/5/1991). Die gebou was die eerste landdroskantoor op die dorp en ook die stadsaal. Van die lidmate soos Hannes le Roux, Fanie van der Merwe en Div de Villiers het in die aande in die gebou gaan werk om dit in 'n kerk te omskep; 'n preekstoek is gemaak van swarthoutplanke, mure is gebou onder andere vir 'n moederskamer en matte is ingesit. Die eerste predikant was van Steynsburg en het elke tweede en soms elke derde naweek hierheen gekom. Die tweede predikant was voltyds hier vir meer as 10 jaar, ds Barry Torlage; hy vertrek in 2006. Van toe af het ds Engelbrecht van Smithfield elke Sondag dienste kom hou. Op 'n stadium het die kerk 85 lidmate gehad maar as gevolg van 'n ouer wordende gemeenskap het hulle verminder na 30 in 2018. Hannes le Roux is van die begin af steeds skriba.

AGS Kerk

Die Apostoliese Geloofsending is 'n Pinksterbedieningskerk. Aanvanklik is die lidmate bedien vanaf Springfontein deur pastoor Pieter Roodman wat elke tweede Sondag hierheen gekom het. Die bediening was vanuit huise totdat 'n gebou in Allisonstraat gebou is en vir 'n paar jaar gebruik is as kerk. Daarna is die AGS Eureka kerk in Joubertstraat gebou en vanaf 2004 tot ongeveer 2010 gebruik. (Nuusbrief, Des 2004). Pastoor Roodman het vir jare nog as as mentor in die kerk opgetree. Die bouwerk is deur Dave Bezuidenhout wat toe vise-voorsitter by die kerk was asook die kontrakteur, gedoen. Die kerk het gesluit as gevolg van dalende getalle lidmate en is die lidmate opgeneem in ander kerke.

Sinagoge, Joodse

Die volgende inligting kom uit *Jewish life…* (2012:333-4,338). Hiervolgens kon geen inligting van godsdienstige byeenkonste in Bethulie voor Abe Krisal en die Benn-familie die *Bethulie Hebrew Congregation* in 1910 gestig het, gevind word nie (Kyk onder JODE). Dit was 'n aktiewe gemeente en het dadelik 'n *shochet* (Joodse slagter) aangestel. In 1937 is 'n erf gekoop en 'n fonds gestig vir die bou van 'n sinagoge.*"Although sources show that a synagogue was never built, South African Jewish Board of Deputies, correspondence in 1953 states that the synagogue was sold and the proceeds given to the building fund of the Bloemfontein congregation. The sale might refer to the stand that was bought for the building of a synagogue. The Masonic Hall was apparently used for services. Ministers were appointed from 1922, the first being Rev H Jacobson. The last minister was Rev Elia Kaperson, who died in 1944".*

Patrick Mynhardt onthou hier was 'n sinagoge en Rhona van Rensburg en David Frewen onthou dat dit die gebou is wat deur die Vrymesselaars gebruik word. Skrywer kry egter geen bewyse daarvan nie.

Ministers: Rev J Jacobson, 1922; J Becker 1928-1934; Isaac Wolk 1934-1935; Sacks, 1936; E Kaperson, 1939-1944

In 1926 het Stricovsky as *shochet* opgetree en van 1926 tot 1935 het die gemeenskap vir 'n Hebreeuse onderwyser adverteer. In 1935 het die gemeente met die SAJBD (South Afrian Jewish Board of Deputies) geaffilieer; in 1945 het Isaac Benn geadverteer vir 'n *shochet* en teen 1848 word kosher vleis nog na Bethulie gestuur. Min verwysing is na Joodse onderwys gevind behalwe die herinnering van 'n vorige inwoner wat onthou dat 'n besoekende rabbi een maal per week, op 'n Vrydag, na Bethulie gekom het om die kinders te leer. 1935 was die tydperk wat die Joodse gemeenskap op sy sterkste was in Bethulie, maar daarna het hulle getalle so afgeneem dat hulle teen 1951 nie meer 'n gemeente gehad het nie; teen 1957 was daar slegs een gesin oor.

Bethulie Herlewingsentrum

Die kerk is gestig op 7 April 2002 deur betrokkenes vanuit verskillende kerke soos Piet Smith, Sydney Goodman, Eddy Ludick en Japie Steenkamp. Piet Smith wat pas as pastoor gekwalifiseer het, neem die leiding. Dit word beskryf as 'n charismatiese en onafhanklike vernuwingskerk. Die ou Barclay's bank-gebou, geleë in Joubertstraat 27, dien as kerk. Binne 'n jaar moes 'n galery aangebring word om plek te maak vir meer sitplekke. Stefan Bredenkamp en Fransie Afrika lei onder andere 'n bedieningsaksie onder die jeug (Nuusbrief, Apr 2003). Hulle begin onder andere met 'n sopkombuis. (Kyk ARMOEDE...)

Bethulie family fellowship.

In 2008 smelt twee kerke saam, die *Bethulie Herlewingsentrum* en die *Coastal assemblies of God* onder leiding van Ashley Adam. Hulle het saamgesmelt onder die sambreel van laasgenoemde wat 'n internasionale kerkgenootskap is en die plaaslike gemeente staan bekend as die *Bethulie family fellowship.*

KERKHOWE EN BEGRAFNISSE

Die omgewing is onontgin wat grafte van die Boesmans betref, hoewel verskeie mense al beweer het hulle op onbekende grafte aan die voetheuwels ten noorde van die dorp afgekom het wat moontlik met grafte van Boesmans verband kan hou.

Kerkhof van die Tlhaping: begraafplaas voor dorpstigting

(Kyk ook HOOFSTUK 4: TLHAPING)

Met die vestiging van die sendingstasie en die saamtrek van Tlhaping, Basotho's en westerlinge moes daar noodwendig 'n begraafplaas ontwikkel het nog voor dorpstigting, dus vanaf 1828-1863. Aannames wat gemaak kan word is dat die sendelinge 'n sentrale begraafplaas sou voorstaan. Op 'n skets van 1836 word aangetoon dat die Basotho's oos van die poort en die Tlhaping wes van die poort gevestig was. (Kyk foto onder BASOTHO'S). Die sentrale begraafplaas was waarskynlik die begraafplaas aan die voet van die heuwels van die Rooidorp, wes van Trompstraat tussen die twee vestings van die Basotho's en Tlhaping. Dit word in die algemene omgang na verwys as die *Tlhaping-begraafplaas.*

Ds Beijer van die Gereformerde Kerk van Reddersburg het met sy besoek op 6 Mei 1862 14 huise hier aangetref en teen 1863 was hier ten minste vier gevestigde besighede; dus al 'n hele paar westerlinge, waarvan sommiges waarskynlik hier begrawe is. Ander westerlinge wat van tyd tot tyd in die omgewing was kon moontlik ook hier begrawe wees. Een so 'n sterfte en graf wat nie opgespoor kan word nie is die van JJ van Ellinckhuizen (Kyk onder GENEESHERE). Hoewel daar onsekerheid bestaan met betrekking tot die begraafplaas kan daar aanvaar word dat die volgende mense daar begrawe is:

- Van die oorspronklike Tlhaping wat sedert 1833 hierheen gekom het, is hier begrawe. Moontlik is die kerkhof deur swart inwoners gebruik tot 1929 toe die swart woonbuurt verskuif is; bykans 'n 100 jaar lank.
- Van die Basotho's wat hulle sedert 1834 hier kom vestig het en moontlik tot 1929 hier begrawe is.
- Van die ander groepe wat van die begin af hier aangekom het soos die Hotentotte en vrygestelde slawe.
- Westerlinge wat tydens hulle verblyf of besoeke hier voor dorpstigting, gesterf het, is waarskynlik in die Tlhaping begraafplaas begrawe tot ongeveer 1863. Een so 'n persoon is moontlik Van Ellinckhuizen wat as "vroedmeester" vanaf 1856 in Colesberg praktiseer. (Kyk GENEESHERE). In 1861 het hy iemand in Smithfield-distrik besoek, maar op pad soontoe het hy in 'n geweldige hael en reënbui beland en siek geword. Pellissier het hom laat haal en in Bethulie versorg en verpleeg, maar hy is toe hier oorlede op 13 November 1861 en begrawe deur Pellissier. 'n Moontlikheid is dat hy in die *Tlhaping-begraafplaas* begrawe is, hoewel die graf nie opgespoor kan word nie. (Die drie ongemerkte grafte in die Pellissier-familiebegraafplaas lyk soos die van kinders en en daarom is dit onwaarskynlik dat een daarvan sy graf kan wees).
- Die eerste terrein van die konsentrasiekamp wat sedert April 1901 tot Junie 1901 net oos hiervan geleë was, het ook swart gevangenes gehad. Toe die Engelse die kamp skuif, het die swartmense agtergebly voordat die kamp later opgebreek is. Dit sou onmoontlik gewees het dat daar nie sterftes onder die swart gevangenes was nie, en hulle is waarskynlik ook hier begrawe.

'n Argeoloog, Piet Snyman, se mening oor die begraafplaas is dat dit met 'n oogopslag lyk asof die Christelike invloed reeds gegeld het en min tradisionele artefakte is nog sigbaar. Daar is 'n paar grafte met kopstene, meeste nie meer leesbaar nie.

Pellissier-familiebegraafplaas

Op die erf van die Franse sendeling, JP Pellissier, is 'n begraafplaas waar hyself, sy vrou en vader begrawe is asook vyf van sy kinders en twee van sy kleinkinders. Daar is drie ongemerkte kindergrafte. Die grafte van vier kinders en die van die egpaar is in 'n ry. Die een dogter van die sendeling is eenkant begrawe en daar is ook 'n afsonderlike gedenksteen vir haar. Al die grafte, behalwe die van die sendeling se vader en die dogter het dieselfde bedekking. Die begraafplaas is saam met die huis en die muur om die erf as 'n nasionale gedenkwaardigheid verklaar. (Kyk MONUMENTE...)

Die kerkhof in die dorp

Presies wanneer die kerkhof begin is, is nie bekend nie. Indien die databasis wat deur *Die Genealogie vereniging van SA* saamgestel is ontleed word, word die volgende patroon gekry:

- Die eerste sterfte en die oudste graf wat geidentifiseer kan word, is die van die twee-jarige kind van Willem en Martha van der Merwe wat in 1866 gesterf het.
- Vir die eerste 20 jaar van die dorp se bestaan, dus vanaf 1863-1883 kan 19 grafte geidentifiseer word.
- Daar is ook grafte met sterfdatums binne hierdie tyd waarvan die oorskot herbegrawe is soos die van die Holms. Daar is egter heelwat grafte sonder stene en ook die waarvan stene so verweer het dat niks meer leesbaar is nie en dus nie op die databasis opgeneem kon word nie. Van hulle kan selfs uit die jare vanaf dorpstigting, 1863, dateer, veral as na die eenvoud van 'n hopie klippe gekyk word.

Die kerkhof met sy muur is op die voorgrond. Ander bakens op die foto is die Royal Hotel (1873), die Bethulie Hotel, (1880) en die poskantoor, die eerste goewermentskool (1879), die nuwe NG Kerk wat in 1887 in gebruik geneem is.

Die kerkhof dui momente uit die geskiedenis aan soos:

ABO tydperk

- 22 Britse soldate se grafte word hier aangetref asook twee dokters wat in die konsentrasiekamp gewerk het, drr Dickenson en Fraser.
- 'n Monument vir Vrystaatse burgers wat in die ABO gesterf het; van hulle grafte word hier gevind.
- Daar is twee grafstene van die hanskakie, Hendrik de Villiers, 'n oud-onderwyser.

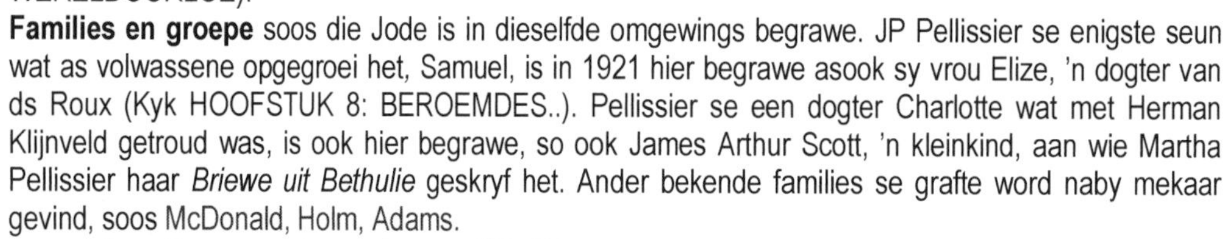

Groot Griep: hier is 10 mense in die laaste vier maande van 1918 begrawe en die afleiding kan gemaak word dat die meeste tydens die pandemie gesterf het, op een graf staan daar: Pieter Aucamp "*aan die griep*" 19 jaar. Daar is veel meer oorlede tot in 1919 (kyk Groot Griep)

Wêreldoorloë: Bethulianers wat aan die Wêreldoorloë deelgeneem het, word herdenk met die Springbokembleem op hul grafte (Kyk WÊRELDOORLOË).

Families en groepe soos die Jode is in dieselfde omgewings begrawe. JP Pellissier se enigste seun wat as volwassene opgegroei het, Samuel, is in 1921 hier begrawe asook sy vrou Elize, 'n dogter van ds Roux (Kyk HOOFSTUK 8: BEROEMDES..). Pellissier se een dogter Charlotte wat met Herman Klijnveld getroud was, is ook hier begrawe, so ook James Arthur Scott, 'n kleinkind, aan wie Martha Pellissier haar *Briewe uit Bethulie* geskryf het. Ander bekende families se grafte word naby mekaar gevind, soos McDonald, Holm, Adams.

In sy Burgemeesterverslag van 1929/30 meen Wardhaugh dat die ringmuur om die kerkhof lelik is en dat daar eerder bome in die omgewing en teen die kop geplant moet word. Dit word gedoen deur R Hefer en die landdros Oettle.

In 1992 is die nuwe gedeelte aan die westekant van die kerkhof in gebruik geneem. Daar is besluit dat geen randstene op grafte hier aangebring sal word nie, slegs kopstene. Daar sal gras aangeplant word en daarvoor sal waterpypleidings geinstalleer word (Notule 27/5/1992). Dit blyk nie of die laaste deel van die besluit uitgevoer is nie.

Die grafskrif van Christiaan H de Wet lees soos volg: "*Wandelaar staan stil, wat ek nou is, sal u ook eens wees, wat u nou is, dat was ek eens*".

Die nuttige databasis van die Genealogiese Genootskap van SA (GGSA) kan gevind word op hul webwerf: www.eggsa.org. Een van die samestellers is 'n oud-Bethulianer, Simon du Plooy (kyk GENEALOGIE). Hierop word inligting wat op grafstene verskyn verskaf.

Kerkhof in die swart woonbuurt

Daar is tans drie kerkhowe in die swart woonbuurt. Die oudste een is anderkant die ou Lephoi skool geleë, maar is lankal vol en word nie gebruik nie. Versoeke vir die omheining daarvan word jaar na jaar gerig; die kerkhof is aan die verval. Dit was hierdie begraafplaas se reste wat op aanbeveling van die Departement van Waterwese en die Departement van Gesondheid in 1982 moes skuif na 'n terrein bo 4,200 voet hoogtelyn van die Gariepdam. Dit het op die einde nie gebeur en die begraafplaas is ook nie oorspoel nie. Die tweede kerkhof is in die tyd, 1982, naby die Rooms-Katolieke kerk begin, naby die eerste swart kliniek. Die is ook nou vol en gelukkig omhein. Die nuwe kerkhof is net anderkant die uitbreiding wat bekend staan as Vergenoeg.

Grafte op die NG Kerk se gronde

Ds JG Olivier, wat hier leraar was vanaf 1873 en hom veral beywer het vir die nuwe kerkgebou, sterf in 1884. Hy is aanvanklik in die dorpskerkhof begrawe, maar word net voor die inwyding van die nuwe kerk herbegrawe op 17 September 1887. Sy vrou MC Olivier (née van der Merwe) wat in 1930 oorlede is, is ook hier begrawe. Hy was die enigste van die NG Kerk van Bethulie se predikante wat in diens oorlede is.

Gedenkmuur op die Gereformeerde Kerk gronde

Dolf van der Walt vertel dat na die dood van hulle tweede kind, Lieb, hy en Anna Maré gewonder het waar hulle hom sou begrawe. Toe Dolfie in 2003 oorlede is, het hulle sy as in die tuin op 'n spesiale plekkie gebêre met 'n mooi steentjie en blad oor die kissie. Maar nou dat hulle weet 'n mens raak ouer en die huis en tuin sal nie vir altyd hulle s'n wees nie, was dit nie die regte ding om ook vir Lieb hier te laat rus nie. Die kerkhof is nie meer 'n opsie nie. Anna Maré het een aand in haar hartseer die idee van 'n gedenkmuur gekry. Dadelik het die praktiese kant van Dolf ingeskop en het hy begin werk maak daarvan: die Gereformeerde Kerkraad het ingestem, die wetlike aspekte is nagevors, Dolf het die muur ontwerp, Cecil Simon se kundigheid en raad as bouer is gebruik en binne 'n paar maande staan daar 'n mooi gedenkmuur op die erf van die Gereformeerde Kerk. Dit is 'n skenking van Dolf en Anna Maré.

Die muur wat op 8 Maart 2013 in gebruik geneem is, maak voorsiening vir 48 nisse. Dit is mooi omhein en gesluit; die sleutel is beskikbaar by die skriba, tesourier en koster. Binne is twee mooi bankies wat deur Nicky van der Walt gemaak en geskenk is.

Die eerste twee stene het die name van Adolf Jacobus van der Walt en Abraham Liebrecht van der Walt. Die steentjie wat oor Dolfie se graf in die tuin was, is gebruik om die mooi gedagte van Anna Maré te herdenk.

Gedenkmuur op die Die NG Kerk gronde

In 2014 het die NG Kerk 'n soortgelyk muur as die van die Gereforeerde Kerk op hulle kerkgronde opgerig

Konsentrasiekampkerkhof

Kyk ook onder MONUMENTE; KONSENTRASIEKAMP.

Gedurende die ABO sterf daar 1,737 mense in die konsentrasiekamp oor 'n tydperk van 13 maande; hiervan was 1,311 kinders onder die ouderdom van 15 jaar. Die oorspronklike kerkhof was suidoos van die dorp, op die stuk grond wat tussen die Engelse monument en die naald van die oorspronklike gedenksuil is. Die oorspronklike klipbedekking is in 1953 afgehaal en elke graf is van 'n betonblad voorsien.

Op 9 Junie 1962 stel die Departement van Waterwese die Kampkerkhofkomitee in kennis dat die kerkhof geskuif moet word aangesien daar 'n moontlikheid bestaan dat die Verwoerddam (nou Gariepdam) die grafte sou bedek. Alle oorskot is opgegrawe en herbegrawe in die gedenkkampkerkhof. Elke oorskot is in 'n eenvormige wit kissie geplaas en begrawe onder die lang sementrye waarvan elke blok 'n oorskot bevat. Van die kopstukke vanaf die grafte is in 'n gedenkmuur ingemessel. Sommige families het van hul familielede afsonderlik naby die muur met name laat begrawe. Op 9 Augustus 1965 was die werk afgehandel en op 10 Oktober 1966 is die gedenkkampkerkhof ingewy.

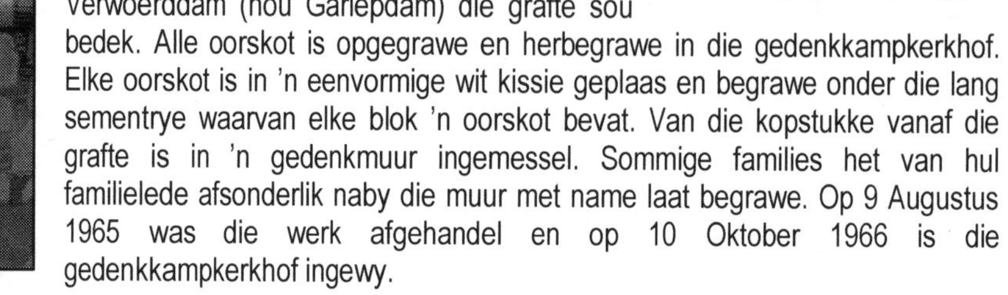

Begrafniswastoor

Op 21 Mei 1907 het die Munisipale Raad 'n begrafniswaentjie wat deur twee perde getrek is, aangekoop en dit op 2 Julie in ontvangs geneem. Die verskillende kerke het bygedra om dit aan te koop. Die waentjie is in 'n gebou in Collinstraat 40 gehuisves. (Die waentjie word teen 2018 by die NGKSA bewaar). Dit was op mnr Roelofse, die skoenmaker, se erf wat ook as skoenmakerswinkel gedien het. Voorheen moes die kiste teen die opdraende uitgedra word tot by die begraafplaas. In 1924 kry die dorp sy eerste lykhuis; dit was moontlik die klein geboutjie net buite die hek van die dorpskerkhof. Verskeie mense en maatskappye het deur die jare begrafnisondernemings hier bedryf.

KLINIEKE

Klinieke was voorheen deel van die munisipaliteit se verantwoordelikheid, afsonderlike wit en swart klinieke is bedryf. Die eerste swart kliniek se bouval staan suid-oos van Die Rooms-Katolieke kerk. Gereelde inspeksies is deur die Departement van Gesondheid gehou. Van die bekende verpleegsters was Suster van Schalkwyk wat teen die einde van 1977 op 70-jarige ouderdom aftree. Sy was in diens van die Raad. Suster Bunny Adam is vanaf 1978 deeltyds aangestel as distrikverpleegster. Op 28 Junie 1979 is Suster Odendaal aangestel deur die Departement van Gesondheid. Suster Marthie Smit is in 1986 as verpleegsuster aangestel in suster van Schalkwyk se plek (Notule 17/1/1978; 14/2/1976).

Moderne kliniek in Bethulie gebou. Piet Smith.

"Die sooispitgeleentheid vir 'n nuwe kliniek van R5,5 miljoen is verlede week hier gehou. Volgens mnr. Charles Mpambo van die Departement van Gesondheid word voorsien dat die kliniek van R5,5 miljoen een van die modernste in die Vrystaat sal wees met alle moontlike geriewe. 'n Oproepstelsel sal ingestel word, wat beteken dat die kliniek 24 uur vir die gemeenskap toeganklik sal wees.

Die kliniek word gebou op 'n perseel wat sentraal geleë is tussen die drie woonbuurte Bethulie (dorp), Lephoi en Cloetespark. Die kontrak is toegeken aan Masakhane Bouers, 'n onderneming van Bloemfontein, wat vandeesweek reeds begin het met die voorafwerk. Bouwerk moet teen 31 Maart aanstaande jaar voltooi wees. Sover moontlik sal van plaaslike arbeid en materiaal gebruik gemaak word.

Benewens gesondheidsdienste sal die ambulansdiens, asook die mobiele gesondheidsdienste wat die plase in die distrik bedien, uit die gebou werk. Die kliniekgebou in Greystraat sal na voltooiing van die nuwe kliniek vir nie-regeringsprojekte gebruik word. Mpambo sê die gemeenskap sal weldra besluit op 'n gepaste naam vir die kliniek." (Volksblad, 24 Nov 2004).

KLIPKRALE

Kyk HOOFSTUK 4: TLHAPING; VEEBOERE; HOOFSTUK 6: ANGLO-BOEREOORLOG

Klipkrale is volop in die omgewing en op plase. Sommige krale is rond en ander is reghoekig. Van die ronde krale het dikwels meer as een kraal wat aanmekaar gebou is, grotes en kleintjies. Rondom die dorp word heelwat ronde krale aangetref. *Die onderste twee fotos dui klein ronde krale aan wat teen die groter kraal gebou is. Die foto is van 'n kraal by die dorpsdam en die lugfoto soos vanaf Google is in een van die klowe naby die dam.*

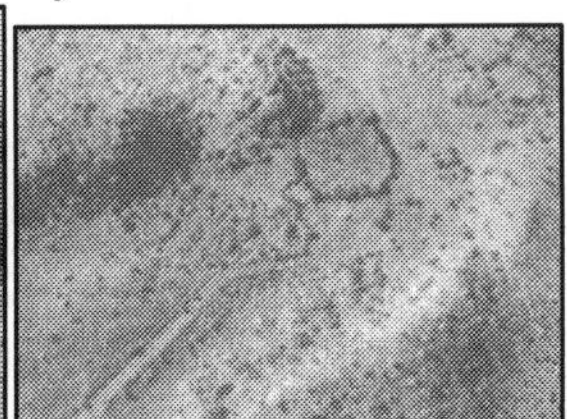

Op plase is vierkantig of reghoekige krale nog goed bewaar en gewoonlik nog in gebruik, soos die fotos van krale op Dupleston en Montgomery toon. Kleiner ronde krale op plase word dikwels teen die skuinstes van randjies gevind of op hoër gebiede.

Dit is vir skrywer nie duidelik wat die oorsprong van baie van hierdie bouwerke is nie en verskillende opinies is al van argeoloë en ander gekry. Daar is drie moontlikhede: Die mening bestaan dat trekboere en boere gewoonlik vierkantige krale gebou het, ander is weer van mening dat hulle ook ronde krale met die kleiner kraal teenaan gebou het – doringtakke is bo-op die mure gesit om sodoende te verhoed dat vee oorspring of dat ongediertes maklik inspring. Die kleiner kraal is vir die persoon wat die vee oppas in die nag. Ouer sketse van onder andere Charles Bell, in die 1835 dui ronde veekrale op boere se werwe aan; so ook in sketse deur Robert Gordon teen die einde van die18de eeu gemaak.

Die Tlhaping wat hulle sedert Oktober 1833 hier gevestig het, het verseker van hierdie krale gebou waar dieselfde praktiese plan van doringtakke en veewagters toegepas kon word.

Skrywer het ook ronde en ander vorms van bouwerke gekry wat met die ABO verbind kan word, dit is dan soms bevestig deur artefakte wat daar gevind is.

Klipmure kyk LANDMURE

KLUB 101

Op 17 September 2001 is Pellies Klub 101 gestig met die doel om 'n nouer band te bewerkstellig tussen Pellissier Hoërskool betrokkenes en inwoners wat sentimente deel en om die gemeenskap se hande so te sterk dat onderwys en opvoeding volgens eie norme en standaarde ondersteun word. Die eerste voorsitter was Naude Stander. (Nuusbrief, Sept 2001).

In Augustus 2006 het die klub sy naam verander na *Klub 101.* Daarmee wou die klub sy "*horisonne verbreed en sy vlerke sprei. Waar ons in die verlede slegs vir ons skool van nut was, is ons nou daar vir die dorp. 'n Klemverskuiwing vind plaas na dit wat elke Bethulianer na aan die hart lê, naamlik ons dorp, ons monumente, die kampkerkhof, ons bejaardes in Huis Uitkoms, maar definitief nog steeds ons skool".* (Nuusbrief, Sept 2006; Apr 2010). Die klub se leuse is "Ons dien".

Fondsinsameling word gedoen deur funksies te reël en met die bok- en beesprojekte. Fondse is al aangewend vir:

- ondersteuning van kinders wat presteer;
- die omheining van die grondslagfase terrein by Pellissier laerskool;
- die bou van opritte vir kinders met rolstoele by dieselfde skool;
- die spesial fonds vir Trenado Paint wat van geboorte gestrem was;
- hulp vir die OVK bestuurder wat ernstig beseer was in 'n ongeluk
- hulp om 'n dokter na Bethulie te bring, onderhandelinge en finansiële steun vir huishuur;
- die eenmalige skoonmaak van die dorpskerkhof in 2010;
- as lid van die Erfenisstigting finansiële ondersteuning vir die onderhoud van die konsentrasiekampkerkhof;
- onderhoud by die Louw Wepener monument asook die SA Legioen monument .

KOMMANDO

In die Nuusbrief van 24 April 1987 verskyn 'n artikel oor die Philippolis-kommando, geskryf deur Rums van Rensburg; daarin word verwys na 'n kommando uit Bethulie. Hierdie gebeure was waarskynlik die eerste waar die kommando van die Bethulie-omgewing opgetree het. Hy vertel hoe die boere van die Philippolis-omgewing in 1845 laer gevorm op die plaas van Adriaan van Wyk van Touwfontein. Dit was in afwagting van 'n aanslag vanaf die Griekwas. 'n Klompie boere van tussen die Caledon- en Oranjerivier, onder bevel van kmdt Jacobus du Plooy, het by die laer aangesluit. Adam Kok van die Griekwas het die hulp van die Britse magte in Colesberg ingeroep. Dit was die eerste voorbeeld van samewerking tussen Philippolis en Bethulie.

Heel waarskynlik is hier na die Geveg van Swartkoppies in 1845 verwys en die opvolgende onderhandeling op Touwfontein waarna die Maitland ooreenkoms gesluit is, met nuwe grense vir die Philippolis en die Griekwagebied (Qriqua records, 1996: xvi). Malan (1929:40-49) beskryf op 'n half komiese wyse die geveg wat onder andere daartoe gelei het dat 'n groepie van 13 Emigrante (Vrystaters) na hulle nederlaag 'n eed van getrouheid aan konining Victoria afgelê het op 1 Mei 1845 voor landdros Rawstore. Die Engelse het die gebied vir 'n tyd beset en nog 316 Emigrante het die eed later afgelê. Ontevredenheid het daarna in die streek geheers omdat kmdt JT Snyman en sy volgeling aan die Caledonrivier uitgekamp het sonder om hulp te verleen. Dat die boere in Bethulie-omgewing betrokke was en bewus was van die gebeure is gewis, hoewel skrywer nie meer besonderhede kon vind nie.

Mev Donovan onthou die volgende wat waarskynlik na dieselfde insident verwys: *"....there were also a large number of Bastards who lived in Philippolis. The Boers went there for the grazing at first – occasionally, then after a time they took up a permanent residence with the consent of the natives. The piece of land occupied by the Bastards consisted of about 400 farms – these Bastards had migrated from the Colony. The Boers seem to have looked with envious eyes on the Bastard's land and came into conflict with them in 1845. Major Donovan hearing of this set out from King with some of the 6th Dragoon Guards and drove off the Boers, it was but a small skirmish".* (Cory, 1900:528).

In 'n notule van die Vrystaatse Volksraad van 26 Februarie 1861 word die volgende aanvaar as die skeidingslyn van die veldkornetskappe van Bethulie-distrik: Grootrivier en Boschjesspruit: van Grootrivier van Damfontein na Kleinmoordenaarspoort; vandaar na Spitskop, vandaar na Vlakfontein, vandaar na Vogelstruisfontein en vandaar na Paljasfontein.

Wordt gelezen:

Concept veldkornets lijn voor het district Bethulie.

Voorstel van den heer Klopper,
Ondersteund door den heer Hoefer:

"De scheidinglijn tusschen de veldkornetschappen Grootrivier en Boschjesspruit, district Bethulie, wordt bepaald als volgt:—Van Grootrivier van Damfontein naar Kleinmoordenaarspoort; van daar naar Spitskop; van daar naar Vlakfontein; van daar naar Vogelstruisfontein, en van daar naar Paljasfontein."

Aangenomen.

Bethulie het as onafhanklike sendingstasie aanvanklik nie deel gevorm van die Vrystaatse regering nie; dit het eers plaasgvind nadat die sendingstasie in 1863 ingelyf is. Die eerste wat ons dan weer hoor van 'n kommando van Bethulie is tydens die aanval op Thaba Bosiu in September 1865 waar Louw Wepener sterf. Hy was waarskynlik die distrikskommandant (of ook veldkommandant genoem). In die boek van Wepener se seun, FDJ Wepener (1866:51) skryf hy dat kmdt Louw Wepener oor Bethulie, Rouxville, Smithfield en Fauresmith was. Hy verwys ook na kmdt Gert Venter en wnd vk Horspul (sic), albei van Bethulie.

In 'n ou bron, waarskynlik 'n koerant van 1866 waarvan die gegewens verlore geraak het, word onder "*Early days of Bethulie*" aangetoon dat die veldkornet vir Grootrivier CG Wilsner is en die vir die wyk Bossiesspruit, PP Jooste; hy was ook distrikskommandant en vrederegter. Daar word ook na RG Hare en AG Heefer as veldkornette verwys.

Haasbroek (1980:52-53) tref die onderskeid tussen die amp van 'n vrederegter en 'n veldkornet; eersgenoemde is veral belas met siviele en administratiewe funksies terwyl laasgenoemde by uitstek 'n militêr - feitlik 'n konstabel - was. Die amp van die veldkornet was van die begin 'n verkose amp. Mettertyd het vrederegters hulle administratiewe funksies verloor en in die Vrystaatse Republiek het hulle hoofsaaklik regterlike pligte gehad.

Die Krygstelsel in die Oranje-Vrystaat in 1891 word in die Wetboek van die Oranje-Vrystaat (1892:17) soos volg beskryf en vry vertaal uit Hollands:

Die veldkornette sal uit en deur die burgers van hulle wyk deur meerderheidstem verkies word;

Die Veldkommandant sal vir elke distrik gekies word uit en deur dieselfde burgers;

Die gesamentlike Veldkornette en Veldkommandante, wat op een Kommando is, sal uit hulle midde in geval van oorlog, hulle eie Kommandant-Generaal kies, wie dan instruksies van die Staatspresident sal ontvang;

Die gesamentlike Veldkornette en Veldkommandante het die reg, gedurende die oorlog, wanneer hulle dit nodig vind, om die deur hulle gekose Kommandant-Generaal te ontslaan en 'n ander te benoem. Hulle sal die Staatpresident daarvan in kennis stel, die sal met ontvangs van die kennisgewing en indien hy die redes gegrond vind, 'n dag bepaal waarop 'n nuwe verkiesing sal plaasvind;

Na die oorlog bestaan die pos van die Kommandant-Generaal nie;

Veldkornette moet in hulle eie wyke woonagtig wees en grond daar besit;

Die Veldkommandante moet in hulle eie distrik woonagtig wees, vaste eiendom ter waarde van 200 pond sterling besit, en al een jaar in die land woon.

Gedurende die ABO het die Vrystaat uit 19 distrikte bestaan, vier van die distrikte het net een wyk gehad, soos Wepener, maar die ander het almal meer as een gehad. Bethulie en sy naaste bure se situasie was soos volg: Bethulie-distrik het twee wyke gehad: Grootrivier en Boschjesspruit; Caledon-distrik (of Smithfield) het twee wyke, Slikspruit (suidwes van Smithfield) en Wilgeboomspruit (noordoos van Smithfield); Rouxville-distrik het twee wyke: Onder-Caledon en Vechtkop; Philippolis-distrik het twee wyke: Dwarsrivier en Knapzakrivier. Springfontein wat nog nie 'n verklaarde dorp was nie, maar slegs 'n spoorwegaansluiting het deel gevorm van Boschjesspruit-wyk. Aan die hoof van elke distrik is 'n kommandant en aan die hoof van elke wyk (ook genoem veldkornetskap) is daar 'n veldkornet, bygestaan deur 'n assistant-veldkornet (Breytenbach, vol 1,1983:32-). Kmdt Floris Jacobus du Plooy is al in 1889 as veldkommandant aangestel vir Bethulie-distrik.

Foto:kmdt en mev FJ du Plooy

Sy kommando was tydens die eerste oproep met die uitbreek van die ABO, 337 man sterk; die eerste oproep het hoofsaaklik burgers ingesluit vanuit die Grootrivier-wyk en van die dorp; daar was slegs 16 burgers uit die Boschjesspruit-wyk wat aanvanklik opgeroep is. Die volgende het met die eerste oproep as veldkornette gedien: WF Robinson en HC de Wet en asstvk JP Kruger vir Grootrivierwyk; VWT Werdmuller en wnd vk JH Coetzee vir die dorp; T McDonald vir Boschjesspruit (Oorlogmuseum se Databasis van Eerste Oproep).

Na die ABO is die kommandostelsel afgeskaf en het vorige lede skietklubs gestig. Kort na Uniewording teen 1912 word die kommandostelsel weer ingestel en geherstruktureer as die Aktiewe Burgermag wat deel gevorm het van die Unie Verdedigingsmag. Abraham Jacobus Griesel word Bethulie-distrik se eerste kommandant; hy het gesê dat hy aangestel is deur genl Hertzog en genl Brand. Aan die einde van 1912 met die eerste groot staking moes hy sy eerste kommando oproep en was met byna 500 man in die veld; hulle was verantwoordelik vir die beveiliging van brûe oor die Oranjerivier. Met die uitbreek van die rebellie in 1914 tydens WO1 tree hy dan vir die regering op om die rebellie te help onderdruk. JA Griesel van Springbokfontein het as veldkornet gedien (Grobbelaar, 2014:120). (Kyk ook REBELLIE.; HOOFSTUK 8: BEROEMDES...)

In 'n artikel deur Retief *(Military History Journal 10 (6) Dec 1997)* beskryf hy die ontwikkeling van kommandos sedert 1912 .

"In die Verdedigingswet van 1912 is die beginsel van persoonlike diensplig neergelê en het die wetgewers wyslik besluit om, afgesien van 'n Staande Mag, ook van albei tradisionele vorms van deeltydse militêre diens gebruik te maak. Burgers tussen die ouderdomme van 17 en 25 jaar kon verplig word om vir vier jaar afgebroke opleiding in die Aktiewe Burgermag te ondergaan, wat bestaan het uit die destydse vrywilliger regimente, asook ander wat gestig sou word. Na voltooiing van hul opleiding, sou hulle ingedeel word in die Aktiewe Burgermag Reserwe A. Burgers kon egter ook verplig word om lede te word van, of vrywillig aansluit by verdedigings-skietverenigings, wat in kommando's gegroepeer was. Laasgenoemde het die Aktiewe Burgermag Reserwe B gevorm. Die skietverenigings was so gewild dat meer as 42,000 burgers binne die eerste jaar aangesluit het... In 1948 het die Nasionale Party-regering besef dat die stelsel van verdedigings-skietverenigings verouderd was en nie meer aan die vereistes van die na-oorlogse Suid- Afrika voldoen het nie. Daar is gevolglik besluit om die verdedigings-skietverenigings op 15 Desernber 1948 te ontbind en dit vanaf 16 Desember 1948 te vervang met 'n nuwe organisasie, die skietkommando's... Met sy ontbinding het die verdedigings-skietverenigings uit 148 kommando's bestaan, met 'n ledetal van 26,500 man... Die skietkommando's was vanaf 1952 deel van die verantwoordelikhede van die Leërstafhoof.

Die aanvaarding van die Verdedigingswet van 1957 het belangrike implikasies vir die skietkommando's ingehou. Die voorvoegsel 'skiet' is weggeneem, sodat die organisasie voortaan net as die kommando's bekend sou staan... Van meer fundamentele belang is die feit dat die kommando's kragtens die Wet 'n volwaardige deel van die Unie-Verdedigingsmag geword het, en gelyke status met die Staande Mag en Burgermag toegeken is. Tot op daardie tydstip het dit die Aktiewe Burgermag Reserwe B uitgemaak".

Ingevolge die Verdedigingswet (Wet No 44 van 1957) wat in 1958 in werking getree het, is die naam van die Unieverdedigingsmag na die Suid-Afrikaanse Weermag (SAW) verander. Hierbenewens het die wet uitsluitsel oor die totale spektrum van verdediging verleen en onder meer voorsiening gemaak vir die insluiting van die Kommandomag by die SAW.

Onder die SAW was kommando-eenhede in streeksgebiede, kommandemente, gegroepeer. Die Vrystaatse kommandemente was in groepe no 24, 25, 26, 34 en 35 ingedeel. Die Philippolis-kommando, waarvan Bethulie deel was het onder groep 26 sorteer.
(https://upload.wikimedia.org/wikipedia/commons/thumb/7/7f/SADF_Commando_Structure_Free_State_Command.jpg/1350px-)

Die eerste gekombineerde kamp vir die drie dorpe, Bethulie, Springfontein en Philippolis word in 1962 te Philippolis onder bevel van kmdt Johan Welgemoed gehou en die nuwe struktuur word gevorm. Van toe af bestaan die Philippolis-kommando soos dit die laaste jare bekend was. Na kmdt Welgemoed word Peet Pelser bevelvoerder met die rang van majoor.

Bevelvoerders daarna was OC Kiessig, Jannie Cilliers, weer OC Kiessig en daarna kapt Japie Schmidt. Onder kapt Japie Schmidt wat in 1981 as bevelvoerder aangestel is, is die kommando hoofkwartiere na Bethulie verskuif. Die huidige *Watchmaker-gebou* in Joubertstraat is deur lede van die gemeenskap en kommando aangekoop, wat dit een van die min kommandos gemaak het met 'n eie gebou. Kapt Piet Joubert neem oor as bevelvoerder in 1984. In 1987 word lt-kol Johan Kotze bevelvoerder met maj Kallie Aucamp as tweede in bevel.

In 1996 het die Smithfield-kommando met die Philippolis-kommando geamalgameer; Smithfield se laaste bevelvoerder is lt-kol SW Dippenaar. Kotze bly in bevel met Dippenaar as tweede in bevel van die gekombineerde kommando. Gedurende Mei 2000 tree lt-kol Kotze uit het lt-kol Dippenaar as bevelvoerder oorgeneem met sy tweede in bevel maj GJ van Zyl. Die kommando het op daardie stadium die volgende dorpe ingesluit: Bethulie, Gariep, Philippolis, Smithfield, Springfontein en Trompsburg. Hulle was ongeveer 400 man sterk (Nuusbrief, 24 Apr 1997).

'n Beretwapen is deur kapt Deon na Zyl ontwerp; dit is in 1998 by die SANVM se sentrale heraldiekafdeling geregistreer. Dit het die Griekse letter P (vir Philippolis) op en die Latynse onderskrif *Vigilem esse* wat "*wees waaksaam*" beteken.

Die skietbaan was altyd deel van kommando se verantwoordelikhede. Die blyk asof die skietbaan op die grond van die dorpskampe is, want in 1972 vra die kommando die Raad of hulle nie die skietbaan kan omhein nie as gevolg van beeste. Die Raad stem in om slegs die geboutjie te omhein; die slagter huur 'n deel van die gronde (Notule 9/3/1972). Die ou skietbane was tussen die dorp en die Oranjerivier, links van die hoofpad wat vanuit Voortrekkerstraat geloop het. Die verpligte verskuiwing van die skietbane met die bou van die Verwoerddam (Gariepdam) en die Raad se oksidasiedamme het finansiële laste op die kommandolede geplaas. Die Departement van Verdediging was nie bereid om te help met kostes nie, want hulle het 'n paar jaar gelede R7,000 spandeer terwyl die hoofkantoor nog in Philippolis was. In Januarie 1976 word die huidige skietbane deur die Departement van Verdediging goedgekeur en die Raad stel die gronde beskikbaar en in Januarie 1977 is dit byna voltooi. 'n Gebou is op die nuwe skietbane opgerig vir bergplek. Later is spoorwegkantore ook gebruik as store en bergplek.

Foto met dank aan Marius Fryer

Die kommandos het die polisie, en soms die weermag, bygestaan in spesiale operasies en was ook baie ingestel op misdaadvoorkoming. Hulle het uitsonderlike werk verrig tydens natuurrampe en ander noodtoestande.

In 2003 word die kommandostelsel deur die regering onder president Mbeki afgeskaf.

KONING EDUARD, KRONING EN DOOD

Op 26 Junie 1902, nie 'n volle maand na vredesluiting na die ABO nie, word koning Eduard V11 gekroon na koningin Victoria se dood op 22 Februarie 1902. In Voortrekkerstraat voor die destydse landdroskantoor het die troepe 'n parade gehou. Die kroning is feestelik gevier en die Munisipale Raad bewillig vir die geleentheid £50 (Eeufeesalbum, 1963:55).

Foto by ou landdroskantoor langs Shopwise

Op 10 Mei 1910 sterf koning Eduard V11 en op 12 Mei moes die leerlinge na die landdroskantoor gaan om die proklamasie aan te hoor waardeur koning George V as koning aangestel is (Eeufeesalbum, 1963:142).

Konsentrasiekamp kyk HOOFSTUK 6: ANGLO-BOEREOORLOG

KOPPE EN RANDJIES VAN DIE OMGEWING

Nie net is die dorp omring met mooi koppe en randjies nie, maar verskeie hoë en uitstaande koppe word in die distrik aangetref. Sommige van die koppe het name. Van die randjies is aaneenlopend en mooi klowe kom dikwels voor soos die historiese Vrouenskloof op Heuningfontein. Van die koppe rondom die dorp is Krugerskop die hoogste met 'n hoogte van 1,588 m. Ook tereg, want hy het 'n belangrike rol deur die jare gespeel. Reeds in 1777 het kol Robert Gordon kennis geneem van die mooi kop en op die panorama wat hy toe geteken het (in die museum is 'n afdruk) noem hy dit die *"Hertog L Brunswijk's berg"*, maar op die kaart wat hy kort daarna teken noem hy dit egter *"Prins Willems de V berg"*. Die kop dien ook as wesgrens van die sendingstasie, *Bushmen Station,* die grens tussen die stasie se grond en die grond van die Griekwas. Toe die sendeling Clarke in 1827 oor die grens onderhandel, het hy dit *Table Hill* genoem (Pellissier, 1956:172). Wanneer en hoekom dit die naam *Krugerskop* gekry het, is skrywer nie seker van nie. In 1899 het HG Kruger die plaas Moordenaarspoort besit, die kop was op die plaas geleë, moontlik is dit na hom vernoem. Op 'n kaart van 1900 word die kop reeds as Krugerskop aangedui. Die kop het ook baie gewild en bekend geraak tydens die epiese pogings van Gert Smit om Bethulie van TV ontvangs te voorsien. (Kyk TELEVISIE).

Die tweede hoogste kop naby die dorp is Spitskop, ook bekend as Donovan's kop, Thaba Nantlenyana (mooi kop) en Thaba Nantlana (kop met punt). Dit is 1,546 m hoog. Dit is onder andere na George Donovan vernoem is, hy het aanvanklik die plaas Glendower gekoop en later as Lephoi se agent opgetree toe die die sendinggrond verkoop het (Kyk HOOFSTUK 8: BEROEMDES...). Joe van Rensburg onthou sy oupa, Sarel Theron, was betrokke by die opsit van die baken bo-op Spitskop.

Die derde hoogste is Maroccokop (soms net Maroksberg genoem) met 'n hoogte van 1,518 m. Die mooi kop is links van die pad net na die oostelike aansluiting van die pad na Smithfield (R701), die een met 'n Telkom-toring bo-op. Waar die naam vandaan kom is onseker. Moontlik verwys dit na die kaptein van die Barolongstam van Thaba Nchu, Moroka wat by verskillende geleenthede die boere in gevegte gehelp het soos by Thaba Bosiu en Vegkop. (Dit was die kaptein se agterkleinkind wat vanaf 1948-1952 president-generaal van die ANC was; die dr Maroka het op 'n stadium vir dr Mynhard kom besoek). Teen 1862 was die plaas Marokko (verskeie wyses van spelling) ook as een van die eerste plase te koop aangebied

Die vierde hoogste is Kameelkop met 'n hoogte van 1,501 m, wes van Bethulie en suidoos van Krugerskop. Dan volg Boesmansberg, net anderkant die Hennie Steynbrug, met 'n hoogte van 1,471 Kromberg wat op pad na die Gariepdam aan die regterkant lê op die plaas Sterkfontein is 1,469 m.

Op die foto is Krugerskop links agter, Maroccokop in die middel en Spitskop regs

Ander hoë en mooi koppe in die omgewing wat selfs hoër is, se hoogtes word soos volg op kaarte aangedui: die kop op Haasfontein is 1,615 m en Aasvoëlkop op Rooikoppiesfontein is 1,614 m. Die hoë reeks koppe op die regterkant op pad na Gariep toe (R701), amper regoor die vliegveld van Gariepdam, se hoogste punt is 1,611 m en Tafelberg op die plaas Tafelberg se hoogste punt is 1,605 m. Die kop tussen Willoughby en Fairydale se hoogte is 1,559 m, Speelmanskop op die plaas Driefontein is 1,518 m. Nog 'n kop wat Spitskop heet is die een op die plaas Nimra op pad Springfontein toe, die is 1,433 m hoog.

KORANAS

Kyk ook GRIEKWAS. (Ook gespel *Korannas.*)

Schoeman (2002:13,32,35,39,64,90-100) verskaf goeie agtergrond oor die Korana. *"The Korana are widely regarded as having been Khoikhoi pastoralists who had migrated north to the idle Orange River during the late 18th century. Owing to the trading relations which they maintained with frontier colonists, they acquired guns and horses. This positioned the Korana as a dominant population group along the Middle Orange River for much of the early 19th century".*

Teen die einde van die 18de eeu het van die Griekwas reeds Korana-groepe raakgeloop langs die Oranjerivier in die omgewing van Kuruman; hulle was *"a pastoral Khoi people ... scattered in small groups".* 'n Groep onder Gert Goeyman wat onder die Griekwa Waterboer se kapteinskap afskei, het naby Luckoff gaan woon en die naam Bergenaars gekry. Van die Koranas het by hulle aangesluit en plundertogte op die meeste ander groepe in die gebied begin uitvoer; dit het vir baie jare aangehou. Verwarring het dikwels voorgekom oor die identiteit van die groepe: "*...the conditions of the Transgariep allegiance was an arbitrary matter of practical convenience, and no clear distinction can be drawn among the various groups of Griquas, Basters, Korana and Bergenaars inhabiting the area around the confluence of the Harts, Vaal, Riet and Orange rivers in the early 1820's".* In 1834 het Adam Kok die Korana as "*most unruly and numerous people, to plundering the neighbouring unprotected tribes of their cattle*" beskryf. Die groep het egter later die gebied verlaat: "*The Korana raiders who had initially been such a serious threat to the peace of the Transgariep in general and the Griqua Captaincy in particular, disapperared from the scene during the 1830's... Kora pastoralists, mainly from the Regshande tribe, were congregated largely along the Riet River in the vicinity of Bethanie...".* Hulle het tot ongeveer 1846 in die omgewing van Bethanie gewoon en is vandaar na die Vaalrivier-omgewing. Dit het gelyk asof die Koranas hulle nomadies leefstyl verkies.

Die Londense Sendinggenootskap en by name dr Philip het die gedagte van 'n sendingstasie vir die Koranas, moontlik gekombineer met die Tlhaping, alreeds in Maart 1833 aan Pellissier genoem, as 'n poging om stabiliteit te verkry. Die Koranas het vir Moshoeshoe probleme veroorsaak met hulle rooftogte, en het volgens Philip dringend sendingwerk nodig gehad...."*and could a mission to them repress their marauding expeditions, it would be of a great blessing to that part of the country, and you might ultimately have missions with both*"..

Pellissier se eerste verwysing na die Koranas was in die tyd toe hy die Tlhaping oorreed het om na Bethulie te kom; halfpad wou die meerderheid van hulle nie verder trek nie "*weens die nabyheid van die Koranas vir wie hulle uitermate bang was*". Teen die einde van 1833 het Lephoi vyf spioene van die Koranas gevang, want hy was bang hulle word aangeval. Casalis, 'n mede-sendeling, skryf op 4 Oktober 1834 van 'n bende Koranas met geroofde vee wat op die stasie aangekom het en gespog het met die omtrent duisend beeste wat hulle by die Tamboekies gebuit het en die groot aantal Tamboekies wat hulle doodgemaak het (Pellissier, 1956:165-6, 201-2). Dit is dus duidelik dat die Koranas nie inwoners van die omgewing van die Bethulie-sendingstasie was nie, maar net van tyd tot tyd onrus hier kom veroorsaak het en in die 1830's ook die gebied verlaat het.

Korrektiewe sentrum kyk **GEVANGENIS**

KOSHUISE

In Januarie 1913 het die dorpsraad nege erwe aan die Provinsiale Administrasie gegee vir 'n skoolhuis. In 1915 word as gevolg van 'n gebrek aan klasruimte 'n kamer in die "*hostel*" as klaskamer gebruik. Die eerste keer dat daar na die behoefte aan huisvesting van leerlinge uit die distrik verwys word, is in die inspeksieverslag van 1919 van mnr White en in 1920 word die ou skoolhuis omskep in 'n seunskoshuis. Mnr Wicht wat in 1924 as skoolhoof aangestel is, word ook huisvader van die seunskoshuis; die koshuis is later weer gesluit maar in 1936 is dit heropen en word tans steeds gebruik. In 1955 is dit vir die eerste keer vergroot (Eeufeesalbum, 1963:140, 144).

Die eerste huis vir meisiekoshuisgangers ontstaan deur die huur van 'n huis in 1928; mej Waugh was in 1932 verantwoordelik as "koshuismoeder". In 1936 het mej AH Grobbelaar en haar suster 'n meisiekoshuis of losieshuis bedryf in Voortrekkerstraat 8

Die huis in Joubertstraat (tans *Watchmaker*) was 'n losieshuis van klompie Frewens, Adams, ens.

Teen 1944 het die Gereformeerde Kerk en die NG Kerk die stigting van koshuise ondersoek. Die bestaande seunskoshuis van die Departement van Onderwys is deur die kerke aangekoop en 'n woonhuis wat voorheen aan senator van Rooy behoort het, is aangekoop. 'n Lening is aangegaan vir die aankoop van meubels vir die meisiekoshuis. Gou was die koshuise te klein. 'n Eetsaal word in die meisiekoshuis in 1954 aangebou, later die *"Dr de Swardt-eetsaal"* genoem. Kort daarna is 'n nuwe gedeelte aan die seunskoshuis aangebou. Teen 1959 blyk die meisiekoshuis nie meer doelmatig te wees nie en het die twee kerke 'n lening aangegaan om die nuwe dubbelverdieping-gebou te laat bou wat op 11 Februarie 1961 in gebruik geneem is. (Eeufees-gedenkboek,1963: p93-5).

Teen 1971 het die kerke nog steeds die koshuise onderhou en toe daar sprake kom dat die Provinsiale Administrasie (PAO) dit sal oorneem het die stadsraad besluit dat die opbrengs van die fondse wat die kerke daarvoor sal ontvang in trust gehou moet word en gebruik sal word ten bate van die koshuise. Indien almal saamstem sal die Raad 'n toelae gelykstaande aan een kerk se bydrae gee. In 1974 is die koshuise dan wel deur die deur PAO oorgeneem.

Met die uitfasering van die swart plaasskole sedert 2009 is die koshuise gevul met kinders vanaf die skole.

In Cloetespark is 'n koshuis in 1986 gestig vir plaaskinders deur ds Apello; hy het dit met fondse uit die buiteland aan die gang gehou tot 2002. In die Nuusbrief van April 2003 word berig dat daar toe net 23 kinders woon en dat die koshuismoeder Kelle Arries is; sy is daar sedert 1986 en moes soms sonder vergoeding werk. Die koshuis het uit twee huise bestaan in Wilgestraat naby die skool

Kragstasie kyk ELEKTRISITEIT

Krugerskop kyk KOPPE EN RANDJIES...

KUNSTENAARS EN KUNSWERKE

Akteurs

Patrick Mynhardt is op 12 Junie 1932 in Bethulie gebore waar hy gewoon het tot hy 14 jaar oud was en die dorp saam met sy ouers in 1946 verlaat het. Deur na homself as *The Boy from Bethulie* te verwys het hy een van Bethulie se grootste ambassadeurs geraak. In 1980 was hy saam met die SAUK in Bethulie waar 'n program oor sy lewe gemaak is. (Nuusbrief, 22 Aug 1980). In 1982 voer hy as lid van SUKOVS *Just Jeripigo* hier op. Op 3 September 1983 kry hy ereburgerskap en die vryheid van die dorp; dit val saam met sy 30ste verhoogjaar. Dit is die enigste persoon wat die eer te beurt geval het. Tydens daardie geleentheid het hy *Boy from Bethulie* gratis opgevoer maar toegangsgeld is in 'n beursfonds gestort wat hy begin het (Notule 24/3/1983). Buiten sy toneelwerk het hy in 26 rolprente en een televisie film, *Vyfster*, opgetree.

Foto uit Boy from Bethulie (Patrick Mynhardt en Rums van Rensburg, die burgemeester)

In Nov 2004 skryf hy in besoekersboek van Catz-teekamer wat deur Ted en Tarina Hope bedryf is op die hoek van Pretoria- en Joubertstraat: *"in my sewende hemel om in Piet Haley se "grach" die beste muffin, koffie en geselskap te verslind".* Sy laaste inskrywing en ook sy laaste besoek aan

Bethulie was op 5 Maart 2005. Hy sterf op 75-jarige ouderdom in London op 25 Oktober 2007, waar hy *Boy from Bethulie* opgevoer het in die Jermyn Street Theatre.

Jacques Loots (1925-1991) is Willem Jacobus Loots gedoop. Op die verhoog het hy verskeie rolle gespeel uit werke van dramaturge soos PG du Plessis, Barto Smit, Peter Shaffer, NP van Wyk Louw en ander. Die televisiereekse *Koöperasie stories* (1983) waar hy die karakter Genis vertolk het en *Orkney snork nie* (1989) het hom wye bekendstelling gegee. Van die 10 films waarin hy gespeel het sluit *Jannie Totsiens* (1970), *Die Kandidaat* (1968), *Boetie gaan border toe* (1984) in; die film *Dirkie* (1969) waarin hy die rol van die dokter vertolk het, is in die VSA en VK versprei. Hy het twee digbundels die lig laat sien, een onder die skuilnaam Ella Meyer en 'n paar dramas vertaal. (Van die inligting uit: Wikipedia).

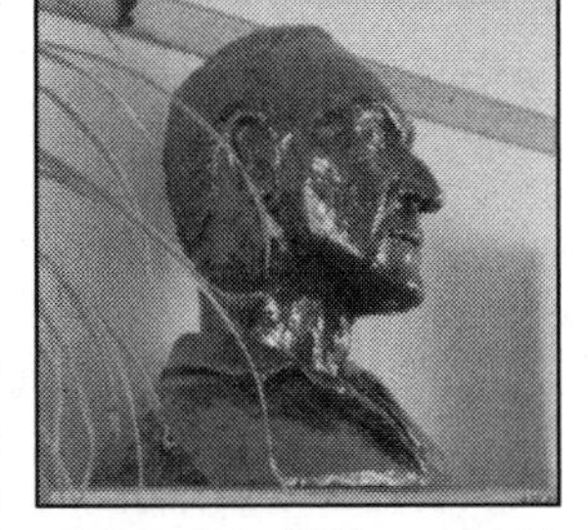

Hy en sy vrou, Wilma, kom woon in 1986 in Bethulie, Pellissierstraat 30. Hulle was aktief betrokke in die dorp en het onder andere 'n koffie- en boekwinkel gehad wat hulle *Die Boekwinkel* noem; Wilma Loots het vir die vier jaar, 1989-1992, inisiatief geneem met die reëlings van feeste wat die dorp aangebied het. (Kyk FEESTE). Hy sterf op 3 Oktober 1991 en word in Bethulie begrawe. 'n Borsbeeld wat in die openbare biblioteek staan, is geskenk deur Wilma en kinders aan die dorp en gemeenskap (Nuusbrief, 28 Nov 1986; 24 Okt 1991). Wilma Loots is in Gauteng oorlede.

Danie du Plessis en Willem Branders: Of die twee oud-Bethulianers akteurs genoem wou of kan word, is te betwyfel, maar dis 'n feit dat hulle rolle in rolprente gehad het. Danie du Plessis (kyk HOOFSTUK 8: BEROEMDES...) het in die film *Karate Olympia* wat in 1976 verfilm is, die rol van Chico vertolk. Willem Branders het in *You must be Joking,* die eerste versteekte kamera film van Leon Schuster, wat in 1986 verfilm is, opgetree.

<u>Beeldhouers en beelde</u> met Bethulie mense en onderwerpe as tema word aangetref waarvan die volgende voorbeelde is:

- Die Louw Wepener borsbeeld en die reliëf van die slag van Thaba Bosiu deur Coert Steynberg word onder MONUMENTE bespreek.
- Die perdemonument gemaak deur die bekende Vrystaatse beeldhouer Laura Rautenbach (1932-1997) (Kyk onder MONUMENTE).
- Hoewel nie bekend buite Bethulie nie, word die beeldhouer van die ossewa en ossies, HJJ Myburgh, onthou (Kyk onder MONUMENTE).
- 'n Borsbeeld van dr SH Pellissier is in 1979 aan die skool geskenk en staan in die personeelkamer. Skrywer kon nie vasstel wie dit gemaak het nie.

<u>Ander kunstenaars</u>

Die bekende keramiekkunstenaar, **Hylton Nel,** het vanaf 1991 tot ongeveer 2002 in Bethulie gewoon. Van sy werke kan steeds gesien word by die huis in Pellissierstraat 5 waar hy gewoon het.

Die borde en bank is van Hylton Nel se werk

Hy is in 1941 in N'Kana, Zambië gebore, gaan skool in Kimberley, studeer aan Rhodes Universiteit en aan die *Royal Academy of Fine Arts* in Antwerp. Hy doseer onder andere aan die Port Elizabeth Technikon en Stellenbosch Universiteit. Tans woon hy in Calitzdorp. Buiten gereelde uitstallings in Suid-Afrika, soos die Fees-kunstenaar van die KKNK in 2009, het hy in Dublin, London, Holtegaar in Denemarke en New York uitgestal. (www.Pamono.com/designers/hylton-nel;stevenson.info/artist/hylton-nel/biography).

Nicolas van der Walt is 'n opgeleide chef wat veral bekend is as suiker en sjokolade kunstenaar. Hy het in Bethulie opgegroei en aan die Hoërskool Pellissier gematrikuleer. Hy is die seun van Nicky van der Walt wat voorheen Protea Handelaars besit het. In 2008 is hy tydens 'n internasionale kompetisie in Holland as die belowendste fyngebaksjef ter wêreld aangewys. Hy besit die *Food and Beverage Institute school of Pastry* (FBI Chef scool) in Johannesburg waar hy gespesialiseerde privaat opleiding gee. Hy bied ook op verskeie ander plekke gereeld sjokalade en suikerklasse aan. *"He has created some extraordinary cakes, from a 3D bulldozer standing almost a metre high to a 1.6m-high wedding cake featuring 1,100 jasmine flowers and 150 white Belgium chocolate roses. Chocolate and sugar work are Van der Walt's passion. He has so mastered the art of making chocolate roses that you would be hard-pressed to tell the difference between one of these and a real rose. He also attempts things others would deem impossible, like turning slabs of chocolate on a wood lathe to create pedestals for his creations*". (www.iol.co.za/.../he-s-our-own-cake-boss-1.67614).

Willem Boshoff is bekend vir sy installasiekuns. Hy het die kunswerk *32,000 Darling Little Nuisances* geskep na aanleiding van 'n opmerking deur koningin Victoria: "*children are such darling little things but they can be a terrible nuisance*". Op die kunswerk verskyn 1,200 name van kinders wat in die konsentrasiekamp in Bethulie gesterf het en op 'n slim manier op die gesigte van vyf Engelse monarge weerkaats. Die kunswerk is gemaak in reaksie op die onaanvaarbare weiering van die koninklikes om verskoning te vra vir die oorlogmisdade. Die kunswerk is in 2002 gemaak en is onder andere in 2011 in die Oorlogmuseun in Bloemfontein uitgestal. Boshoff se ouma was in Bethulie se konsentrasiekamp.

Musiek en sang

Elidius Pretorius (1944-2010) is op 14 Desember 1944 in Bethulie gebore waar hy ook gematrikuleer het. Hy studeer musiek aan die universiteite van die Vrystaat en Kaapstad. In 1987 het hy in Engeland, Skotland en Amerika navorsing in die toepassing van musiekterapie gedoen. Hy verwerf in 1989 sy PhD in musiek aan die Universiteit van Kaapstad. Hy was die eerste persoon wat in Suid-Afrika in musiekterapie gegradueer het. Hy was oor 'n wye front betrokke by musiek en het onder andere musiek vir operettes gekomponeer. As voorsitter van die Vrystaatse Kunsvereniging het hy 'n groot bydrae gelewer tot die ontwikkeling van kuns. Sy laaste optrede in Bethulie was in 2002 met die eeufeesviering van die skool toe hy 'n orreluitvoering in die NG Kerk gelewer het. (Die Volksblad, 20 Mrt 2010). Hy sterf in 2010.

Maisie Flink (1915-1998) was een van Suid-Afrika se bekendste pianiste. Haar ouers was Rudolph en Sarah Flink wat die Royal Hotel in Bethulie in die 1930's besit het. (kyk JODE). Maisie was getroud met Alex Silver en sterf op 11 November 1998. Haar nalatenskap vir musiek was die "*SAMRO/Flink piano study award*" wat sedert 2001 toegeken is.

SAMRO/FLINK PIANO STUDY AWARD

This important study award, funded by a magnanimous bequest from the late Maisie Flink, was offered for the first time in 2001, and continues to be available every fourth year in the "serious"/classical music genre of the quadrennially rotating SAMRO Overseas Scholarships for Keyboard Players. It is specifically intended for talented young South African pianists at advanced level, and will this year have a value of R30 000.

Maisie Flink (1915-1998) studied the piano in South Africa with Adolph Hallis and obtained her LTCL aged only 16. She later studied further in New York with the Russian emigrée Nadia Reisenberg. Ms Flink gave the first local performances of major modern Russian piano works in addition to a wide variety of other repertoire, not only as a concerto-soloist but also as a recitalist, chamber-player and accompanist. These activities were complemented by some 3 decades as a UNISA Music Examiner, as well as many years as an active member of the South African Society of Music Teachers and the Johannesburg Musical Society.

The SAMRO/FLINK Piano Study Award is open to any South African pianist who reaches at least the Intermediate Round of the Scholarships, and may be used for advanced practical music study either at home or abroad.
(www.samrofoundation.org.za/samro-bequests.php)

Benjamin Fourie is 'n internasionaal erkende konsertpianis, klavierdosent, gepubliseerde digter en opnamekunstenaar. Vir die jaar 1991/92 word hy deur die *International Biographical Centre* in Cambridge, Engeland aangewys en ingesluit in hul publikasie van die *Man of the year.* Teen 2000 word hy een van 500 mense wêreldwyd wat die toekenning as *Outstanding Man of the 20th Century* van die Amerikaanse Biografiese Instituut ontvang. Hy woon sedert 2004 in Bethulie vanwaar hy hom toespits op meer vryskutwerk as uitvoerende kunstenaar en tree gereeld op by kunstefeeste, universitieitsouditoriums, optredes in verskeie dorpe en gee gereeld huiskonserte. Hy tree as beoordeelaar op by internasionale klavieruitvoerings. Sy repertoire is omvangryk en in 'n konsertloopbaan van meer as twee dekades het hy verskeie konsertprogramme in openbare uitvoerings in Suider-Afrika en verskeie Europese lande gegee; onder andere het hy sewe konsertreise na Europa onderneem. Hy fokus veral op die musiek van Franse komponiste asook van komponiste van Suider-Afrika. Hy is nie net 'n bekende solis nie maar doen ook ensemblewerk met van Suid-Afrika se voorste instrumentaliste en sangers. Vier CD's met klaviermusiek deur hom van onder andere Suid-Afrikaanse komponiste is al vrygestel. Verskeie van sy Engelse gedigte is gepubliseer deur die *International Library of Poetry* in die VSA asook deur *Noble House Publishers* in die Brittanje. Van eersgenoemde het hy 'n Redakteurskeuse toekenning gekry. (Bron: Fourie se konsertnotas). Benjamin Fourie sterf onverwags op 30 April 2018 na 'n operasie in die Paarl terwyl hy met 'n konsertreis besig was; hy was 57 jaar oud.

Coenie de Villiers se pa het op die plaas Goedehoop grootgeword; sy pa was Coenraad en sy oupa was Coenraad Grabe de Villiers (1869-1951). Sy oupa was die kleinkind van een van die stigters van die dorp, Henning Joubert (kyk HOOFSTUK 8: BEROEMDES...). Coenie het 'n sagte plek vir Bethulie, daarom verskyn 'n roerende werk, *Bethulie,* op sy album, *Solo.* Hy beskryf dit soos volg: *"Tydens die Anglo-Boere-oorlog het 1,737 mense in die Bethulie konsentrasiekamp gesterf. Die meeste van hulle was vroue en kinders. Ek ken van kleins af die geskiedenis. Die name van my voorsate is hier opgeteken, asook die familieplase in die Bethulie-distrik. Al het die teks net ruimte vir 'n paar van die kinders se name, gedenk die snit almal wat in die kampkerkhof lê".* (http://lyrics.wikia.com/Coenie_De_Villiers:Bethulie).

In 'n artikel uit *De Kat* van Oktober 1989 "Seun van Bethulie" onthou hy sy vakansie op die plaas Goedehoop: *Plaasvakansies uit my kinderdae: die Lister-enjin wat reëlmatig in die donker klop, die Farmer's Weekly en Reader's Digest wat langs die vuurherd in die studeerkamer opgestapel lê. Someraande op die donker grasperk: ons eet waatlemoen en soek satelliete in die helder Vrystaatse nag. Rotstekeninge in die koppies en Lee-Metford doppies in die veld. Turksvye in 'n erdebak. Die herinnering prik agter my oë wanneer ons oor die bruggie in die populierbos ry. Hier het ek amper in die slikdam versuip. My swart speelmaat, Sikpounds (waar is hy vandag?), het my met 'n stok uit die honger modder getrek. Hoe formidabel was die bos nie toe nie. Die bome is kleiner as wat ek onthou; die slikdam weinig meer as 'n blink muntstuk tussen die kaal stamrne van die populiere. Ook die werf is verlate. Die fox-terrier is lankal dood; die stemme uit die verlede is weg, of lê begrawe in die familie-akker op die dorp. Ek verloor onherroeplik die spoor".*

Francina Buys (1917-2011) se verhoognaam was Fransi Wietz, 'n begaafde koloratuur-sopraan wat veral in Bloemfontein bekendheid verwerf het tydens en na haar sangopleiding aan die Vrystaatse Universiteit. Sy het verskeie optredes in haar loopbaan wat onder andere oratoriums insluit waarvan die *Skepping* van Haydn deur die SAUK opgeneem is; daarin het sy die rol van Engel Gabriel vertolk saam met die Simfonieorkes van die SAUK. Met die herdenking van die Vrystaatse verjaardag in 1948 het sy gesorg vir een van die hoogtepunte tydens die inwydingskonsert. Vanaf 1948-1950 het sy in Engeland aan die *Royal Academy of Music* verder studeer. In 1955 gee sy 'n uitvoering aan die Goewerneur-generaal, dr EG Jansen, en sy vrou Mabel (née Pellissier, 'n kleindogter van die sendeling); hier tree sy saam met die wêreldbekende tenoor van La Scala, Luigi Infantino, op. Sy het sy aanbod om verdere opleiding in die La Scala te ontvang van die hand gewys omdat sy binnekort in die huwelik sou tree. Sy het in Suid-Afrika gereelde optredes gehad en op uitnodiging van die NG Kerk in Zimbabwe 'n konserttoer in Zimbabwe en Zambië gedoen. In Bloemfontein het sy radioprogramme hanteer, selfs oor die radio gesing en ook 'n hele paar plaatopnames gemaak (Cromhout, 1994: 382-396). Die "Nagtegaal van die Vrystaat" het haar laaste jare in Huis Uitkoms in Bethulie deurgebring waar sy 'n paar keer agter die klavier ingeskuif en gesing het. Sy is in Augustus 2011 oorlede (Volksblad, 2 Aug 2011). Hier in Bethulie woon een van haar oud-studente, Kobus Zaaiman wat sedert 2008. Die tragiese is dat hy eers daarvan bewus geword het dat sy in die ouetehuis gewoon het toe haar doodsberig êrens verskyn het. Hy onthou haar as 'n besondere mens en hoe hy as std 8-9 leerling by haar sang gehad het en hoe sy hom van harmonie geleer het.

Francois Henning met die verhoognaam **Snotkop**, die "gewilde rapperseun van Afrikaanse musiek", woon sedert hy in 2009 eiendom in Bethulie gekoop het tussendeur sy optredes hier. Francois Henning het aan die Pretoria Technikon drama studeer en in 'n paar TV-sepies gespeel. Sy sangloopbaan het begin onder sy Sotho bynaam, Lekgoa, waaronder hy vir vyf jaar in Sotho gesing het. Hy het 'n kwaito-album uitgereik wat baie gewild was. Sy eerste verhoogoptrede was in Soweto voor 10,000 mense (Huisgenoot 8 April 2010:126-9). In 2005 stel hy sy eerste Afrikaanse album bekend. In 2006 begin hy onder die naam, Snotkop, optree – 'n troetelnaam wat sy pa, Jan, aan hom gegee het. Hy spog ook teen 2015 met meer as 150,000 albumverkope en nege toekennings, onder andere 'n SAMA toekennig vir die beste Afrikaanse DVD en in 2015 word hy genomineer vir die Ghoema Afrikaanse musiektoekenning. In 2018 bereik sy album *Cool soos Koos Kombuis,* diamantstatus met meer as 50,000 eenhede. Snotkop se bestuurder, Louis du Plessis van *Backstage Entertainment*, is al meer as tien jaar in die vermaaklikheidsbedryf en is die eienaar van een van Suid Afrika se top kunstenaar bestuursmaatskappye. Hy woon ook in Bethulie.

Theuns Jordaan (1971-). Die sanger en liedjieskrywer wat op die plaas Mooifontein, oorkant die Oranjerivier grootgeword het, was hier op skool tot standerd 7 (nou graad 9). "*Op laerskool...op Bethulie is Theuns getoets vir musiekaanleg. Die juffrou wou hom dadelik agter 'n klavier laat inskuif, maar vir die jong Theuns was daar nie tyd vir sulke dinge nie, daar was rugby om te speel....Ek het losskakel gespeel in dieselfde span as die Springbok AJ Venter... Ja, die skoolhoof het eendag vir ons onder-elfs gesê ons moet die ryp van die gras af speel sodat die veld reg is wanneer die onder-dertiens opdraf*". (Huisgenoot 31 Julie 2003).

Hy was op verskeie gebiede 'n presteerder en het byvoorbeeld as junior kadet eerste plek behaal met 'n korporaalkursus uit totaal van 240 studente in April 1986. Hy het ook die gesogde instrukteurskenteken verwerf as junior kadet. In Julie het hy die Senior Kadet kursus bygewoon en is tot sersant-majoor bevorder. Hy was ook 'n uitstekende skut en het met 'n kadetkompetisie 'n telling van 386 uit 400 gekry (Nuusbrief, 12 Sept 1986).

Hy koop sy eerste kitaar in matriek waar hy toe op Graaff-Reinet skoolgaan. Hy behaal sy B.Ekon.-graad aan Stellenbosch en tree toe tot die arbeidsmark, maar begin vroeg in 1999 voltyds sing; in 2000 verskyn sy eerste CD. (Huisgenoot 31 Julie 2003).

"*Sy eerste twee albums het dubbelplatinum status verbygesteek. 2013 was 'n groot jaar vir Theuns Jordaan met sy album Roeper wat verskeie pryse ingeryg het. Theuns het ook die Diamantprys vir totale verkoopsyfers van meer as 1 miljoen ontvang. Jordaan, wie se algehele albumverkope byna op 1,5 miljoen eenhede staan, sê dit gee hom werkbevrediging om klem te lê op gehalte. In April 2014*

het sy jongste album, Tribute to the Poets, die 100 000-merk verbygesteek: 'n baie skaars rekord in die bedrukte CD-mark. Dus dubbel platinum status".
(https://af.wikipedia.org/wiki/Theuns_Jordaan; http://www.theunsjordaan.co.za)

Andile Tyhokolo het onder sy verhoognaam, Andy T, sy drome bewaarheid toe hy in 2016, sy eerste CD die lig laat sien, *Ubomi Bam.* Die Bethulianer vertel stories deur van musiek gebruik te maak. Sy stories is uit die daaglikse lewe en soms uit eie ervarings.(Sunday World, 5 Febr 2017).

Kore

Die heel eerste sangkompetisie in die Vrystaat het in Wepener plaasgevind op 30 Oktober 1926. Die kwartet van Bethulie onder leiding van E Grote het deur die jare verskeie medaljes gewen. Bethulie wen die skild die eerste keer in 1932 en "*die skool was rasend van blydskap*".

Die eerste leerling van Pellissier Hoërskool wat vir die Vrystaatse Jeugkoor gekies is, was Ena de Wet in 1978 (Geskiedkundige dagboek, 1981:10, 18).

'n Koor van die swart skool waar mnr Melotsi op daardie stadium skoolhoof was, neem in Julie 1976 aan die Kaapse Eisteddford deel. Hulle verower 'n tweede plek (Notule 10/6/1976).

Die seuns van Piet en Marthie Smith, Willie en Jaco, was lede van die Drakensbergse Seunskoor van 1986–1988. Daarna was hulle terug in Bethulie en het beide aan Pellissier Hoërskool gematrikuleer.

Orkeste

Orkeste is nog altyd gewild gewees in die dorp en die oudste waarvan bewys gevind is, is die van 1890 - daar is 'n foto in die museum van die orkes.

In 1974 het 'n Bethulie orkes onder leiding van mnr Fainsinger wat van Windhoek af hier ingetrek het, ontstaan (Nuusbrief, 28 Jun 1974).

Huis of familieorkeste was baie gewild. Gwen van der Walt (nou Louwrens) wat in 1950 hier gematrikuleer het, onthou dat haar ouers 'n orkes gehad het. Met die terugkeer van ons soldate na die Tweede Wêreldoorlog het die orkes vir vermaak gesorg om hulle terug te verwelkom op die Vrydagaand; een van die predikante het dit die Sondag as *'n Belsasar-fees* beskryf! Met hierdie huispartytjies en huis orkeste het menige kind al leer dans; dit was veral op plase waar bure bymekaar gekom het en die musiek dan verskaf is óf deur so 'n orkes óf grammofoonplate.

Denise Jacobs vertel van die tyd wat uitskoponderrokke in die mode was. Dit was 'n uitdaging vir enige langarm-dansery. Behalwe dat van hierdie onderrokke van stywe material gemaak is, het sommiges nog hoepels onderaan gehad. So met die tyd het van die stywe material ook pap geword en 'n oplossing was om die onderrokke dan in sterk suikerwater die laat lê en droog te laat word. Maar wanneer daar gedans is het die suiker begin smelt en 'n klewerige gejeuk teen die dame se bene afgegee!

Skilderye, sketse en tekeninge van Bethulie en omgewing

Die eerste sketse wat van die omgewing gemaak is, was deur die tekenaar wat **RJ (Robert) Gordon** vergesel het in 1777, **Johannes Schumacher** (of alternatiewe spelling: Schoemaker). Daar is egter soms onsekerheid of dit nie moontlik Gordon self is wat die tekeninge gemaak het nie. Sketse is van die fauna en flora gemaak sover hulle gereis het en in die omgewing is die koppe, die Oranjerivier en die samevloei van die Caledon- en Oranjerivier ingesluit. Die werke word in die Rijksmuseum bewaar en is ook op hul webblad beskikbaar. Die museum gee die volgende inligting oor twee van die skilderye. Die panorama wat *Gezicht op de Oranjerivier bij Oranjepoort* genoem word, is op papier gedoen met pen in ink, potlood en kwas (penseel) in waterverf. Die kleure is blou, groen, ligbruin en bruingrys. Onderskrif in potlood aangebring. Dit is 320 mm hoog en 2930 mm lank. Dit is voorsien van 'n rand ("kader").

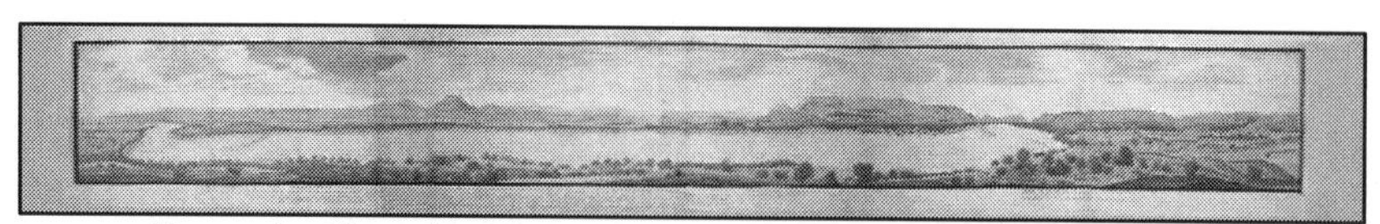

Simon du Plooy (Brakfontein) wat omstreek 1974 die eerste keer afdrukke van die sketse verkry het en aan Bethulie bekendgestel het, meen dat die sketse gemaak is vanaf die plaas waar Dawid du Plessis later gewoon het; hy noem ook dat die plek waar die brug nou is Karoopoort genoem is en meld dat die skildery moontlik vandaar gedoen is. (Nuusbrief, 23 Aug 1974; 30 Mei 1975). Dit is egter nou vasgestel dat die panorama saamgestel is van 'n paar sketse wat vanaf verskeie punte gedoen is. (Kyk HOOFSTUK 8: BEROEMDES...)

Die ander skets wat hy gemaak het is van die samevloei van die huidige Oranje- en Caledonrivier.

Daarna het verskeie sketse ontstaan van besoekers aan die sendingstasie.

Charles Bell, wat saam met die Andrew Smith ekspedisie gereis het, het twee skilderye van Verheullpolis in 1834 geskilder; hulle was van 16-22 September in die omgewing. Die een wat die sendingstasie met sy geboue en die stat van die Tlhaping aandui, gesien vanuit die suide, en die ander waar Pellissier besig is met 'n kerkdiens vir sy gemeente (Pellissier, 1956:207, 224).

Bell, Charles Davidson (1813 – 1882)

Bell wat in Skotland gebore is, was die Sekretaris van die Kaapse regering toe hy as ekspedisie kunstenaar van dr Andrew Smith se reise aangestel is. Bellville is na hom vernoem. Hy was later Landmeter-generaal in die Kaap en het verder naam gemaak as heraldikus, ontwerper van Kaapse medaljes en seëls. "*Bell designed the arms of the South African College (now University of Cape Town), and the "three anchors" badge of the South African Mutual Life Assurance Society ("Old Mutual"), of which he was chairman at one time. Both emblems are still in use, and may well be the oldest academic arms and corporate logo in South Africa*". Volgens Simons (1998:33) was Bell ook teenwoordig toe McKenzie in Slikspruit verdrink het. (kyk SLIKSPRUIT). Bell het na sy aftrede teruggekeer Skotland toe waar hy in 1882 oorlede is (Pellissier, 1956:207; Wikipedia).

Francois Theodore Maeder (1811-1880) ook 'n Franse ambag-sendeling het in 1837 in Basotholand (nou Lesotho) aangekom het baie sketse van alledaagse lewe in die land gemaak. Hy het in 1845 by Bethulie aangekom en 'n skets van die sendingstasie gemaak. Op die skildery in die museum staan daar bloot geduplisseer in Bloemfontein. Klein stylverskille kom voor tussen die oorspronklike werk (ook in die museum) van Maeder en die van die duplikaat. Die oorspronklike werk dui die volgende aan: die huis van Pellissier met sy tuine is sigbaar asook die kerk links agter die huis. Lepoi se huis was nog nie gebou nie. Links van die sendeling se huis is die van Lagua, wat later as skool gebruik is en links van hom is die huis van die messelaar. Regs van die sendeling se huis is 'n skuur of pakkamer en daar agter 'n werkwinkel. Regs daarvan is die fontein.

*Die tekening van die Pellissier-huis is gemaak deur sendeling, **Christol** in 1885*

Lt Kol **Samuel Watson Fenning** (1806-1894) was in die Artillerie in Calcutta in 1837 en word in 1849 as afgetree aangewys.

Presies wanneer hy na die oos-Kaap gekom het en as kunstenaar begin werk het is nie seker nie. Die Brenthurst versameling se katalogus dui aan: "Fenning, Samuel Watson, fl. 1841-1842, artist". Hierdie betrokke werk is een van 15 oorspronklike waterverf skilderye met grootte 177 x 250 mm met die inskrywig agterop: *"French Prvt Mission Station of 'Bethoulie' "*.

***Onbekende kunstenaar** se skets van die ou treinbrug*

'n Paar kunswerke met die ABO as tema

WH Coetzer: Bethulie konsentrasiekamp. Koppe in agtergrond is in noordoostelike rigting vanaf Engelse monument

Farquharson (John?) (1865 – 1931) 'n Brit se skets van 'n blokhuis op 'n koppie met Krugerskop in agtergrond

Gutter, Pauline (1980-)

Die Engelse (of onvoltooide monument) is geskilder deur die bekende Pauline Gutter Die Vrystaatse kunstenaar was onder andere die 2013 Absa L'Atelier wenner. Van die eienskappe van haar werk is 'n "visuele aanval van kleur en aanwending van lae en lae (layering) olieverf", daarom dat die skildery so uitstaande met sy helde oranje agtergrond.

Verskeie kunstenaars het die afgelope paar jare in die dorp of omgewing gewoon en inspirasie gevind uit die landskap, geboue, damme, brûe en mense van die omgewing. Van hulle is Walter Meyer (1965-2018) Barbara Philip (Burgersdorpdistrik), Bets de Bruyn, Christenette Coetzee, Mariaan Eksteen, George Gibson, Munro, ens

Skildery deur Walter Meyer van Slikspruit se brug af

Lake Gariep Projek kyk TOERISME

LANDBOUSKOU EN LANDBOUVERENIGING

Die presies datum vir die stigting van die Landbouvereniging kon nie bepaal word nie, moontlik dieselfde jaar as wat die eerste skou plaasgevind het, in 1896. Die skou was gewild en in 1899 het president Steyn dit geopen. Uit die volgende gegewens blyk dit asof die eerste skouterrein was waar die swembad tans geleë is. Gedurende die ABO was die militêre hospitaal van die Engelse op dieselfde terrein waar die swembad nou is. In 1904 is die sinkgeboue van die hospitaal oorgeneem deur die landbouvereniging en word die terrein vir die landbouskou se doeleindes gebruik (Geskiedkundige dagboek, 1981:6).

In 1935 is die laaste skou voor WO11 gehou. Na die oorlog kon die skou net nie weer aan die gang kom nie; die stalle is afgebreek en die materiaal onder die lede verdeel. Die hoofgebou was 'n sink en houtkonstruksie (die ou militêre hospitaal) wat ook afgebreek is en die materiaal is verkoop.

In 1952 het die sekretaris, PJS (Koot) Pretorius, voorgestel dat die vereniging 'n boeredag reël wat toe 'n groot sukses was en daarna is daar weer 'n landbouvereniging gestig. Die vereniging het nie oor grond of finansies beskik nie; die oorspronklike gronde was nie meer beskikbaar nie omdat die swembad in 1945 daar gebou is. Die stadsraad skenk die bestaande gronde vir gebruik, mits skoolaktiwiteite en die sentrale sportkomitee ook daarvan gebruik kan maak. Die terrein is gelyk gesleep deur Douglas Adam. Elke organisasie het £150 bygedra maar die skool kon nie en daarom het hulle materiaal van hul sportterrein (geleë suid van die dorp) gegee. Die eerste voorsitter, PJS (Koot) Pretorius, het vir nege jaar die amp beklee. Die gimkanaklub skenk fondse na twee jaar. Voorsitters deur die jare was IJC Jacobs, FP de Viliers, Ben Kruger, GP Stander en Dick Collett. Die sekretarisse, H van Rensburg, George Troskie, Basie Schmidt, Giep Stander, Adel Voortman, Piet Smit en Schalk Jacobs. Soveel mense het vrywillig gewerk en bydraes gemaak (Nuusbrief, 31 Jan 1986, geskryf deur PJS Pretorius).

Op 11 Februarie 1978 word die Silwer Jubileumskou gehou. Amerikaanse saalperde het gekompeteer en ruiterkuns word selfs deur 'n Amerikaner gedemonstreer. Vertoners van skape en beeste, en vir die eerste keer ook Angorabokke, het die stalle volgemaak. Ander items was 'n skaaphondvertoning, kadetparade en trompoppies. In die sale het die dames gewedywer met verskillende items onder andere blommerangskikkings, waaraan selfs kinders deelgeneem het (Nuusbrief, 31 Jan 1986).

Die skou is gekenmerk deur vlotte, 'n skoukoningin en items deur die skool gelewer soos die foto verskaf deur Marius Fryer wys.

Mettertyd het al hoe minder plattelandse dorpe nog geskou en in 2002 is Bethulie nog net een van die twee Suid-Vrystaatse dorpe wat wel skou. Die laaste volwaardige skou was van 8-10 Februarie 2007. Dit het drie kompetisies ingesluit, 'n slaglam, 'n Dorperkudde en 'n inter-raskompetisie; 'n Afrino-veiling en vir die eerste keer is 'n Merino-veldramveiling gehou. 'n Biertuin, etes, stalletjies, 'n modevertoning, uitstallings, boeresport en 'n skoudans is aangebied (Nuusbrief, Febr 2007).

Amerikaanse saalperde was vir jare die middelpunt van die skou. Vroeër was hier heelwat Bethulianers wat hul pragtige saalperde na die skou in Bloemfontein geneem het waar die nasionale kampioenskappe aangebied word: Kallie Kruger, Johan Kotze, Saai du Plessis, Piet (Ems) le Roux en Hannes le Roux, Victor le Roux, Gert Smit, Ben Kruger en net oor die grens in Smithfield-distrik, Jan en Koos le Roux. Maar voor die Bloemfontein-skou het die perde hier op Bethulie se skougronde gekompeteer wat ook deelnemers van ander dorpe van die Suid-Vrystaat en Oos-Kaap getrek het. Daar was 'n gesegde dat die perde eers by Bethulie se skou moet verbykom voor hulle Bloemfontein toe kan gaan; dit ook na aanleiding daarvan dat die Amerikaanse Saalperdtelersvereniging in Suid-Afrika in 1975 Bethulie-landbouskou as die vereniging se voorkeurskou erken het. Dick Collett was as vise-president van die vereniging verkies (Nuusbrief, 5 Sept 1975).

Saai du Plessis aan die skou in Bethulie in die laat 1970's of vroeg 1980's. (Foto met dank aan Marius Fryer)

Hoewel Bethulie se laaste skou in 2004 was, het van die telers soos die Du Plessis-broers steeds groot prestasies bereik. Behalwe goeie afrigting is CJ du Plessis betrokke by beoordeling, in 2012 was hy die *Junior Afrigter van die Jaar*; hy is ook 'n nasionale beoordelaar en het al internasionale kampioenskappe beoordeel. Teen 2014 is hy voorsiter van die Nasionale Ryperdbeoordelaarsvereniging in Suid-Afrika. Die Du Plessis-broers se perde was al verskeie kere in die top 30 telers en kampioene. In 2018 is dit net Johan Kotze en CJ du Plessis wat nog met die perde teel. Mike Brummer skou ook nog met sy perd.

In 2018 het CJ du Plessis onder andere die speenoudvul kampioen gehad van die Afrika Saalperd Futurity met die vul The Music Maker

In 2001 word Johan Kotze uitgenooi om as die eerste senior beoordelaar uit Suid-Afrika 'n Amerikaanse perdeskou te beoordeel! In die skouprogram het die volgende verskyn:
Johan Kotze -- For the first time in the United States of America, a South African Senior Judge, Mr Johan Kotze of Bethulie, South Africa has been invited to judge a recognized American Horse Show Association horse show. The distinguished Mr Kotze, currently chairman of the South African Saddlebred Judges Union has graciously accepted the judging assignment. Johan's interest in detail and the youth of South Africa have made him one of the country's most revered and sought after Saddle Seat Equitation judges... he is a trainer and breeder of renown in South Africa and also the gentleman who trained the beautiful and Dynamic War Image, our current World Champion stallion and Reserve World grand Champion in the US... The Tampa Charity Show brings to the United States a well-respected, personable gentleman whose judging will give a fresh perspective to our Saddle Seat industry".

By die skougronde se ingang is daar 'n kundig geboude toegangskantoortjie met twee groot blomhouers weerskante. Bo-kant die hek staan daar: *Rums van Rensburg skougronde*. Die kundigheid waarmee daardie konstruksies gebou is, is opvallend. In antwoord op skrywer se navraag wie vir die bouwerk verantwoorlik was, het Ernst du Ru die volgende op Facebook geantwoord: "*Sy naam was Goliat; hy het op die plaas Rustfontein gewerk en daar ook met plat klip gebou. Oorspronklik van die Collett-plaas, Kransdraai. Die klip kom vanaf die plaas De Rust. Oom Sammy Greyvenstein was in beheer van die bouwerk*".

LANDDROSKANTOOR EN LANDDROSTE

Uit die Oorlogmuseum se versameling. Voor die Landdroskantoor pryk die Union Jack tydens die ABO.

Die eerste landdroskantoor op die dorp was in die gebou wat vandag die AP Kerk huisves in Voortrekkerstraat, destyds Kerkstraat. Presies wanneer dit gebou is kon nie vasgestel word nie; met dorpstigting was daar na 'n *landdroshuis* verwys en in 1866 'n landdroskantoor. Volgens die foto was dit reeds tydens die ABO in gebruik. In 1914 word 'n nuwe landdroskantoor gebou op die kompleks waar dit vandag nog is. Die gebou is tot 1966 gebruik en met die huidige gebou vervang. (Geskiedkundige dagboek,1981: 13).

Die tweede landdroskantoor, 1914

Landdroste

1860-1862 JF van Iddekinge (vir die swart bevolking)

1863-1880 SP de Beer (sommige bronne meen hy was eerste landdros; moontlik vir hele gemeenskap; aangestel op private inisiatief.Hy vertrek in 1880 na Bloemfontein)

1880-1882	J vd Riet
1882-1884	A de Smidt
1884-1889	HA Fosterling
1890-1891	AGW van Meeteren
1891-1894	CML Truter
1894-1900	JA Wolhuter
Teen 1903	AW Baker
1904- 1909	R Chambers
1909-1922	Die groep is se name kon nie vasgestel word nie. Skrywer kry net 'n verwysing na Brand in 1912; hy was 'n seun van die oud-president. (Eeufeesalbum, 1963:61);
Teen 1922	HW Barry
??? -1926	GPS van Heyningen
1926-1933	EF Oettlé
1933-1937	HFW Schulz
1937-1938	VA Wilmot
1838-1940	JC Norval (met simboliese ossewatrek hier)
1940-1942	VG Chowles
1942-1945	nie bekend
1945-1947	RC Murray
1947-1948	PE Bosman
1948-1951	WG Stride
1951-1956	HS van der Merwe
1956-1965	JU Fourie
1965-1970	CJ Groenewald
1970	K Barnard (aflos)

1970-1978	NJ van Blerk
1978-1980	CV Cilliers
1981-1987	NC Patterson
1888-1997	DJG de la Bat
1997-2002	A Calitz
2003-	M Pretorius

Landelike rade kyk MUNISIPALITEIT OF PLAASLIKE BESTUUR

Leiwater kyk WATER

LANDMETERS

Die eerste landmeters in die Vrystaat, Frederick Rex en R Moffat, is op 2 Mei 1848 aangestel. Hulle sou na die opmetings van 'n plaas grondsertifikate van 'n formele kaart en 'n formele titelakte (grondbrief) uitreik wat in die volksmond as "*kaart en transport*" bekend staan; die landmeters sou saam met die grondkommissies werk. Ongelukkig was daar nie altyd 'n eenvormige werkwyse tussen die kommissies nie. In die periode 1850-1854 is 91 plase opgemeet en 'n totaal van 8,788 morg nog onopgemeet. Die volgende landmeters is ook tydens die ORS tydperk aangestel: FH Hopley, JH Ford, FHS Orpen, JM Orpen, AH Bain en J Hopkins. (Janse van Rensburg 1990:107,164,247-8) Die volgende landmeters was ook in Bethulie en distrik werksaam:

Bourdillon, E

Hy was 'n landmeter wat vir ongeveer 20 jaar in die Vrystaat betrokke was en in verskeie distrikte 'n paar plase opgemeet het; hy het ook die grootste deel van Edenburg opgemeet, Bloemfontein in 1890's, en 'n paar erwe in Bethulie in 1899 (Janse van Rensburg, Deel 11.1990).

Jandrell, Benjamin, 1815-1890

Benjamin Jandrell is in Liverpool, Engeland gebore. Hy was 'n landmeter wat in Smithfield gewoon het en volgens Prinsloo (1955:247) "*bankrot geraak het, want hy kon nie sy eie sake reël nie*". Hy was ook betrokke met die uitmeet van strate in Bethulie. Daar is aanvanklik 'n straat in Bethulie na hom vernoem wat later verander het na Jim Fouchestraat. Hy sterf op 25 Julie 1890 in Richmond in die Kaapprovinsie

Vos, Claas.

Claas Vos was van die eerste landmeters in die Oranje-Vrystaat. Hy het na Jandrell ook heelwat erwe in Bethulie opgemeet en feitlik al die erwe in Smithfield, Rouxville en Zastron. Hy was 'n kleurryke karakter met 'n goeie, soms growwe, humorsin. Hy was 'n groot aantreklike man wat Engels, Duits, Hollands en Frans ewe gemaklik kon praat; 'n harde werker wat elke pennie verdien en spandeer het wat hy gekry het. Hy het baie vir die ontwikkeling van die Vrystaat gedoen en was ook betrokke in die Basotho-oorlog in 1856. Vos is in Smithfield begrawe; op sy grafsteen word sy naam as *Class Vos* aangegee met die volgende besonderhede: *"born in Assen, Holland, June 9 1839. Died Smithfield Nov 15 1898"*. Vos het sewe kinders gehad. (Janse van Rensburg, Band 1. 1990:409; Eeufeesalbum Bethulie 1863-1963: 1963: 35-36).

LANDMURE en HEININGS

Kyk ook KLIPKRALE

In 'n artikel oor hoe die plase aanvanklik uitgelê is met die vestiging van die eerste boere in die omgewing beskryf Simon du Plooy (Brakfontein) onder andere die landmure. *"Wat 'n onsettende taak om daardie mure te pak, en deeglik, sonder klei of bindsel en sommige na 'n eeu en meer nog in 'n goeie toestand. Ek kyk soms daar by Abrie Griesel daarna, daardie muur kan werklik vir ons omgewing 'n monument wees"*.

(Nuusbrief, 13 Des 1974). Hier word verwys na die muur op die plase Klein Zuurfontein en Groot Zuurfontein. Saailande se grense is ook met klipmure gestapel.

Hoewel nie in Bethulie-distrik nie, is 'n bekende klipmuur en goeie voorbeeld op die plaas Langzeekoegat, wat van die hoofpad tussen Trompsburg en Jagersfontein gesien kan word, dit is sowat 50 sentimeter breed en tussen 1,2 m en 1,3 m hoog. Dit strek oor 'n afstand van meer as 3 km teen 'n rand op en dan dieper die vlaktes in. Boetie van Schalkwyk, die eienaar, meen die besonderse klipmuur is gebou omdat draad in die 1850's nie vrylik beskikbaar was nie en die boere maar moes klaarkom met dít wat tot hul beskikking was. En in hierdie deel van die land is daar beslis nie 'n tekort aan ysterklippe nie (Landbouweekblad. 10 Febr 2012).

Griesel (s.a.:9-10) onthou hoe die eerste gladde draad gekom het toe hy nog jonk was, moontlik dan in die 1880's; *"dit was 'n dik draad byna so dik as jou pinkie... Die draad het baie yster in gehad, solank dit reguit getrek word hou dit taamlik, maar as dit enigsins buig dan splits dit en breek af. Met die osjuk trek my vader die draad wat agter die wenpaal gesit is, en in die rondte omgedraai word....Omtrent 'n jaar later kom die eerste doringdraad uit. Ek dink die naam was "Johnstons", met goeie skerp dorings".*

Klippale wat gebruik is, waardeur draad gespan is of waar rondom die draad gedraai is word nog op sommige plase gesien

In die Landbouweekblad van 28 Nov 1967 het 'n artikel verskyn waar daar na die oudste draadheining van nog in Suid-Afrika staan, verwys word. Dit is op die plaas, Mimosas, Middelburg in die Oostelike Provinsie en die heining is opgerig in 1874.

LIGGING

Waar op aarde is Bethulie? Dis 'n vraag wat dikwels gehoor word. In die suid-Vrystaat, langs die Oranjerivier, langs die R701, tussen Gariepdam en Smithfield, op die Lake !Garieproete, vanaf die R715 van Springfontein en op die R390 na Venterstad en by S 30 ° 28' 45.2; O 25 ° 58' 15.3 ... dis waar jy Bethulie kry.

Macsmo kyk PLOTTE; WOONBUURTE

McDonald-dam kyk DAMME

Magistrate kyk LANDDROSTE

MARKTE

'n Dorpsmark bestaan sedert 1890 en was op die perseel regoor die Royal Hotel in Voortrekkerstraat. In 1904 word dit geskuif na wat later bekend was as Markplein en in 1938 Trichardt-plein gedoop word, daar waar die stadsaal nou staan (Gedenkalbum, 1963:56).

Op 'n foto geneem in 1906 (Kyk onder HOOFSTUK 5: DORPSTIGTING....) is die mark met sy afdak net soos dit op hierdie poskaart (1920), lyk, daar waar dit toe geleë was, was net oop veld. (Vanaf 1924 was daar ook 'n sokkerbaan op die terrein).

Teen 1956 word nog gemeld dat die mark weekliks deur die munisipaliteit aangebied word (Amptelike SA Munisipale Jaarboek. 1956). In 1968 besluit die Raad om die store vanaf mev CS Adam te koop en die mark na daardie perseel te verskuif; dit was op die erwe tussen Roux- en Pretoriastraat, aangrensend aan Krugerstraat. (Dis waarskynlik ook die perseel waar die SAP se perdestalle was). Sydney Goodman onthou die mark was elke Woensdagmiddag vanaf 14:00. Die mark sluit egter in 1969 en daar word besluit om die markklok na die museum oor te plaas, dit is die oorspronklik klok wat sedert 1890 in gebruik was (Notules 29/8/1968, 22/8/1969).

Meentgronde kyk KAMPE VIR WEIDING OF MEENTGRONDE

MONUMENTE EN GEDENKWAARDIGHEDE

Deur die jare was daar verskeie pogings om die dorp se erfenis te identifiseer en te bewaar; geboue wat huise en openbare plekke insluit, grafte, monumente, ens is opgeteken. Die Genootskap Vrijstatia en die Stigting Simon van der Stel het in 1980 twee takke in die Vrystaat gestig, een vir Bloemfontein en 'n tak vir die platteland wat 30 dorpe insluit. Riglyne is verskaf en projekte is geidentifiseer; Simon du Plooy (Brakfontein) het as voorsitter van die Bethulie Bewaringskomitee waardevolle werk verrig. (Notules word in die museum bewaar). Die stigting van die Historiese Bewaringskomitee word op 28 Julie 1983 goedgekeur deur die Raad en hulle eerste verslag dien op 22 September 1983. As raadslid het Nic Kruger die leiding geneem met Sydie Griesel en Marthie de Klerk in komitee. Geboue in die dorp is geidentifiseer. Skakeling met die Provinsiale Administrasie het daartoe gelei dat van die monumente en geboue as Provinsiale Erfenisterreine verklaar is.

Bewaringsinisiatiewe oor die laaste paar jaar sluit die volgende in: inisiatiewe van die Erfenisstigting wat in samewerking met die Voortrekkerbeweging opnames laat doen het oor alle monumente en gedenkwaardighede; die opname het inligting soos die toestand, die toeganklikheid en die beveiliging daarvan ingesluit. Die inligting sal op 'n nasionale vlak verwerk word. Twee plaaslike inisiatiewe probeer ook die erfenisse bewaar: Klub 101 wat bydra tot die onderhoud van die kampkerkhof en die Bethulie Erfenisstigting wat aanvanklik net met die Pellissier-museum gemoeid was.

Volgens die lys *Provinsiale Erfenisterreine van die Vrystaat* soos uitgegee SAHRA (South African Heritage Resources Agency) het Bethulie vier verklaarde terreine:

59. The property together with the Pellissier House Museum and Graveyard thereon, Voortrekker Street, Bethulie 535, 15-03-85, 9620
62. The Concentration Camp Cemetery, situated on a certain portion of the remainder of the Townlands of Bethulie 1146, 30-05-85, 9759
67. The property together with the Dutch Reformed Church building, Church Square, Bethulie 2836, 27-12-85, 10047
81. The site together with the memorial and grave of Louw Wepener thereon, subdivision 1 of the farm Felicia 457, Bethulie District, 2133, 17-10-86, 10487

(Die eerste nommers bv 59 is die itemnommer in die lys, die tweede nommer, bv 535 is die Kennisgewingnommer, dan die datum en die nommer van die Staatskoerant)

Pellissier-museum

Kyk HOOFSTUK 3: SENDELINGE; HOOFSTUK 8: BEROEMDES...

Die PESG het die sendingstasie oorgeneem van die LSG en Jean Pierre Pellissier vestig hom hier op 5 Mei 1833. Die sendinghuis wat deur C Gosselin gebou is, is in 1835 voltooi; hy was 'n Franse sendeling-bouer wat vroeër in Basotholand gebly het. Die oorspronklike gebou word goed beskryf deur Pellissier (1956:227-9). Die huis was reghoekig met twee gewels met die voordeur aan die oostekant. Die buitemure was 3 voet (byna 'n meter) dik. Die houtwerk is van wilgehout wat langs die Oranjerivier verkry is en die staaldak was met riete gedek. Die platdakvertrekke is in 1852 en 1856 aangebou. Volgens die sketse in die boek van Pellissier, is die huis baie verander deur die jare.

Die huis is een van die oudste huise noord van die Oranjerivier. Toe Lephoi die sendinggronde in 1862 verkoop, het Pellissier die pastorie, die huidige museum self gekoop. Na Pellissier se dood in 1867 het sy vrou, Martha, nog hier aangebly tot haar dood in 1887. Van ongeveer 1874 het die drie kinders van haar dogter Hortense Scott by haar ingewoon. Hul seun, Samuel, het dikwels by sy moeder gekom en sy sewe kinders is ook hier gebore onder andere Samuel Henri, die latere bekende kultuurman. Haar huis het altyd oopgestaan vir besoekers, hooggeplaastes en mense in nood.

Die oorspronklike voordeur was oos.

Die tuin van die sendingpastorie was sekerlik 'n lushof en dit het voorsien in soveel behoeftes; die akkers vir die groentetuine en paadjies wat met klip uitgepak is, is steeds daar asook 'n moerbeiboom, granaatbome en 'n wit vyeboom wat deur Pellissier geplant is. Daar was genoeg water wat onder andere in die dam opgevang is en selfs 'n put wat Martha in 1880 van vertel dat almal in die dorp die water gebruik. Haar kleinseun skryf dat hy dit nog in 1897 self gesien het. Martha skryf ook dat sy meer as 44 verskillende soorte bome geplant het en hoe sy die granate en kwepers in die solder van die huis in die dekgras weggesteek het en so die vrugte vir die wintermaande gebruik het. (Briewe...1973: 13,17-8,32).

Na Martha Pellissier se dood in 1887 is die huis en erf op 'n openbare veiling deur die Holms-familie gekoop wat vir ongeveer27 jaar hier gewoon het. Die *"little garden"* in die noordoostelike hoek is met Martha Pellissier se boedelvendusie verkoop en was sedertdien nie meer deel van die sendingerf nie (Briewe...1973:62). Na die Holms is die huis deur verskeie mense besit en bewoon en is dit selfs op 'n stadium as losieshuis gebruik.

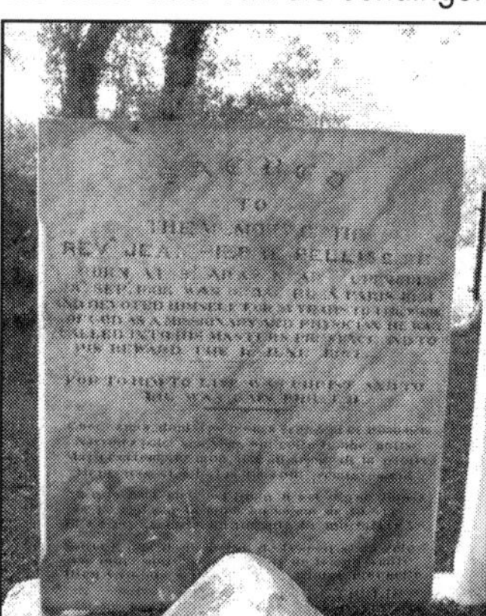

Die volgende grafte is in die familiebegraafplaas op die erf:

- eerwaarde JP Pellissier wat op 28 September 1808 gebore is, is op 11 Junie 1867 oorlede. Die grafskrif bevat ook 'n mooi boodskap wat in Frans geskryf is en vertaald soos volg lui:
  Liewe vriende, van wie die trane hierdie monument benat,
  Moenie julle oë op hierdie somber graf vestig nie.
  Maar dink aan my siel in die verblyf van die heerlikheid,
  Salig en beskerm teenoor alle gekerm.
  O, hoe mooi en benydens- waardig is my lot.
  Ek gaan deur die dood na die plek van die lewe,
  En het deur te sterf, net die sterflikheid verloor;
  Volg my in die vlug van hoop en van geesdrif.
  Die dood skei ons slegs vir 'n beperkte tyd,
  God sal ons verenig in die ewige heerlikheid.
  (Pellissier, 1956: 492).
- sy vrou, Martha Pellissier (gebore Murray) wat op 23 Februarie 1814 gebore is, sterf op 17 Oktober 1887.
- Jean Pellissier, die sendeling se vader wat op 22 Augustus 1779 gebore is, sterf op 2 Augustus 1867 twee maande na sy seun, die sendeling. Hy het in 1854 vanaf Frankryk hier by sy seun kom woon. Sy grafsteen is meer modern, met twee inskripsies daarop wat verskillende tye aangebring is. Op sy steen word 1 Joh 1:7 in Frans aangehaal.

Vyf van die sendelingpaar se kinders wat jonk gesterf het, is ook hier begrawe; dit blyk asof die babas aan witseerkeel dood is:

- Henriette, sterf in 1835; sy was twee weke oud;

- Amelie, sterf in 1838; sy was vier maande oud;
- Angelie, sterf in 1840; sy was vyf maande oud;
- Henri sterf op sewe jaar in 1843 aan ingewande koors;
- Marie Clementine, hul vyfde kind, is in die Kaap oorlede in 1857. In die begraafplaas is twee gedenkstene vir haar opgerig. Toe Pellissier sy vader in Algoabaai gaan haal het in 1854 het hy sy twee dogters, Hortense (13) en Clementine (10), saamgeneem sodat hulle vandaar na Kaapstad kan gaan vir hul skoolopleiding. Marie Clementine het nooit weer teruggekeer Bethulie toe nie en sterf daar na drie jaar. Sy was toe 14 jaar oud.

Daar is ook twee grafte van die sendingpaar se kleinkinders:

- David Samuel Scott wat op agt maande sterf in 1864. Hy was die seuntjie van Hortense, die oudste kind van Pellissier wat met Robert Scott getroud was.
- Charles C Pellissier Klijnveld sterf op twee jaar in 1866. Hy was Charlotte, een van Pellissier se dogters, wat met Herman Klijnveld getroud was, se seuntjie.

Drie ongemerkte kindergrafte in die familiekerkhof het al tot baie spekulasie gelei. Die identiteit van slegs een oorledene kan met redelike sekerheid bepaal word as 'n broertjie van Olive Schreiner.

'n Interessante moontlikheid is dat een van die graffies die broertjie van Olive Schreiner kan wees. Karel Schoeman (1989:36) meld dit in sy boek oor Olive Schreiner dat hy in Bethulie begrawe is. Göttlob en Rebecca Schreiner het in 1837 in Suid-Afrika aangekom as sendeling vir die Londense Sendinggenootskap. Teen die einde van 1838 het hulle na Philippolis gekom. In Julie 1842 is die Schreiners na Beerseba waar Rebecca se halfsuster gewoon het; sy was die vrou van die sendeling daar, Samuel Rolland. Daar het die familie 'n tydjie gebly terwyl Göttlob 'n sendingstasie, Basel, op die huidige Lesotho-grens gaan vestig het. Rebecca raak ernstig siek en daar is besluit dat sy na Colesberg moet gaan. Hulle bly op Bethanie (noord van die huidige Edenburg), by die sendeling, Wuras, oor. Op 16 November 1842 word Albert Göttlob Schreiner daar gebore, hul tweede seun en derde kind. Rebecca en die kinders het na Colesberg gegaan en daar agtergebly terwyl Göttlob terug Basel toe is om 'n huis te bou. In Februarie 1843 is Göttlob na Colesberg om sy gesin na Basel te neem; op pad bly hulle 'n paar dae by Pellissier hulle oor. Hier het Albert siek geraak en hy sterf op 16 Februarie 1843 ('n ander bron meen dis 20 /3/1843 in Bethulie). Mens kan bloot bespiegel dat Pellissier die seuntjie van 'n medesendeling op geen ander plek as in die familiekerkhof sou begrawe nie.

Albert was die eerste van drie seuntjies wat die Schreiners as babas verloor het; na Albert was Oliver (1848) en Emile (1952). Toe Olive op 25 Maart 1855 gebore is, was sy na die drie broertjies vernoem: Olive Emilie Albertina Schreiner.

Dit is jammer dat die enigste seun van die Pellissier-egpaar wat volwassenheid bereik het en die stamnaam kon oordra, Samuel Henri, nie in die familiekerkhof begrawe is nie, maar wel in die dorp se kerkhof. Hy het in 1921 gesterf.

'n Agter-agter-kleinkind van Pellissier, Robin Scott, het in 1987 na 'n besoek aan die huis 'n heerlike leesstuk opgestel waarin die huis sy verhaal vertel; die publikasie is deur die Vrystaatse Museumdiens in 'n brosjure gepubliseer onder die titel *The House at Bushman School.* Die huis se "*gevoelens en menings*" word gegee oor sy inwoners en gebeure, hoewel hy soms sy feite verkeerd onthou, is dit interessant om te lees van die tye vanaf die Pellissiers, Holms (vanaf 1887), die daaropvolgende eienaars wat van hom 'n losieshuis gemaak het en toe weer 'n museum! 'n Kopie van die brosjure word in die museum bewaar.

Die gedagte van 'n museum vir Bethulie het tydens die Van Riebeeck-fees in 1952 ontstaan by me De Swardt, die skoolhoof se vrou. Die komitee wat haar bygestaan het, het net uit dames bestaan: die twee Afrikaanse kerke se predikantsvroue, mevv Wyers en Van Jaarsveld en dan ook mevv M Joubert, D van Coller, CJ de Bruyn, AE Bisschoff, MM Fourie, SM Oosthuizen, H Venter en S Griesel (Penningmeester en sekretaresse). Hulle het waardevolle items begin versamel wat betrekking het op die geskiedenis van die dorp en distrik, maar gou het ander waardevolle items bygekom en daar is besluit om enigiets "*van naald tot ploeg te bewaar*". Die uitdaging was om 'n plek te vind waar so 'n museum gehuisves sou word. Aanvanklik het die NG Kerk 'n kamer in die OVV-gebou beskikbaar gestel en die museum is daar geopen. Die komitee het geld bymekaar begin maak en later die ou biblioteeksaal gehuur waar hulle nog in was teen 1953. Op daardie stadium was Bethulie een van die weinige dorpe in die Vrystaat met 'n museum (Ons Vriend, 5 Mrt 1953; Volksblad, 18 Des 1953). In 1956 is die huis teruggekoop deur die Pellissier-familie wat dit daarna aan die munisipaliteit se Eeufees Museumkomitee skenk om dit in 'n museum te verander. Dit word tot 'n spogmuseum ontwikkel.

In 1952 met die 300-jarige herdenking van volkstigting deur die koms van Jan van Riebeeck is die museum na die gebeurtenis vernoem, Van Riebeeck-eeufees museum.

'n Afskrif van die Notariële Trust en Skenkingsakte word in die museum bewaar.

Die museum is deur die jaar uitstekend bestuur deur die munisipaliteit en die Museumkomitee en die versameling is uitgebrei deur skenkings van die inwoners en ander betrokkenes. Familie erfstukke is dikwels vir veilige bewaring en vir die gemeenskap se onthalwe aan die museum geskenk. In 1974 word 'n nuwe buitegebou opgerig (Notule 9/5/1974).

Vanaf 1974 het die Vrystaatse Provinsiale Adminstrasie se Museumdiens onderhandel om munisipale museums oor te neem; verder beoog hulle om temamuseums deur die Vrystaat op te rig. In 'n skrywe aan die gemeenskap van Bethulie skryf die stadsklerk dat die Provinsiale Administrasie onder prof PJ Nienaber, die direkteur van NALN, die volgende te sê het oor Bethulie se museum: "*Bethulie beskik oor 'n entoesiastiese Museumkomitee en ywerige Stadsraad. As dit nie vir die Museumkomitee was nie, was Bethulie se museum nie so ryk bedeeld met kosbaarhede nie*". Die versameling word selfs as 'n "*buitengewone waardevolle versameling*" beskryf. Die Provinsiale Administrasie stel dit duidelik dat geen artikels verwyder sal word sonder die toestemming van die Raad nie (Notules 14/3/1974, 11/4/1974, 13/1/1977, 24/2/1977). Ongelukkig was die resultaat van die oorname dat heelwat artefakte van die museum weggeneem is en Bethulie se museum gestroop is van sy erfstukke.

In 1977 word die transport van die Van Riebeeck-eeufees museum trust oorgedra aan die Stadsraad, wat op hulle beurt dit dan oordra aan die Provinsiale Administrasie (Notule 17/10/1977). Die geboue, die terrein en die versameling word oorgeneem deur die Vrystaatse Administrasie se Museumdiens; die Stadsraad bly verantwoordelik om die kuratrise, op daardie stadium mev Coombs, se salaris te betaal. Die Administrasie is verantwoordelik vir die onderhoud van die gebou en die museum. Drie temas is toegeken vir Bethulie: die tydperk van die Paryse Evangeliese Sendinggenootskap, die konsentrasiekamp en die prentekabinet wat die geskiedenis van Bethulie en sy mense vertel. So word Bethulie se museum die eerste temamuseum van die provinsie. Dit is blykbaar ook in die tyd dat die museum se naam verander na die Pellissier-huis museum.

In 1979 word die gebou vir die eerste en laaste keer deur die Provinsiale Administrasie gerestoreer en vir 'n kort tyd in stand gehou. 'n Inwydingsgeleentheid het op 21 Julie 1979 plaasgevind. In die notule word opgemerk dat die groot onthaal waarna 163 mense uitgenooi is se kostes deur die munisipaliteit alleen gedra is en dat die Provinsiale Administrasie geen bydrae gemaak het nie! Die terrein wat die gebou, die ringmuur en die kerkhof insluit word as 'n nasionale gedenkwaardigheid verklaar en op 15 Maart 1985 as 'n Provinsiale Erfenisterrein (Notule 25/4/1985).

Die gemeenskap se betrokkenheid by die museum het sekerlik 'n hoogtepunt bereik met die inrig van 'n nuwe kamer waarvoor fondse ingesamel is. Wat as 'n idee van 'n tuinteeparty begin het, het in 'n groot fees vir 1989 ontwikkel. Die Bewaringskomitee het alle moontlik organisasies in die dorp betrek. Aktiwiteite het buiten die tuinteeparty wat deur die burgemeester aangebied is 'n ultramarathon vanaf die Verwoerddam ingesluit asook 'n pretdraf wat by al die besienswaardighede aangedoen het, 'n diamantstormloop, stalletjies, ens was alles deel van die dag (Notules 21/2/1988, 24/11/1988, 8/12/1988, 7/6/1989).

Sedert 2007 is onderhandelinge deur lede van die gemeenskap met die provinsiale regering aangeknoop om die gebou te restoreer en die bestuur van die museum oor te neem. Die historiese gebou is op die stadium al erg verwaarloos en naby verval. Na jare se onderhandeling het die gemeenskapslede in 2013 die *Bethulie Heritage Foundation* (BHF) as 'n geregistreerde nie-winsgewende organisaise (NPO), gestig. Die onderhandelinge met die Vrystaatse regering het gedeeltelik vrugte afgewerp deurdat die Departement van Sport, Kuns, Kultuur en Ontspanning die museum se bestuur aan die BHF op 21 Mei 2014 oorgedra het. Die meeste van die verwyderde artefakte is ook teruggebring. Die Vrystaatse Departement van Openbare Werke sal die verwaarloosde gebou herstel en het 'n opname van die werk kom doen. Die gebou en die grond sal die eiendom van die Provinsiale Regering bly, met gebruiksreg deur die BHF. Ongelukkig het die Departement van Openbare Werke sedertdien geen poging tot herstel aangewend nie. Na verskeie pogings van die BHF is die Pellissier trust genader vir hulp; hul aanbod om die eiendom te koop en te herstel is in 2018 aanvaar.

Pellissier se eerste kerk was op die suid-westelike hoek van Voortrekker- en Beyerstraat, 'n grasdak gebou wat in 1844 voltooi is. Die oorspronklike kerk is teen 1879 deur dr Blake as hospitaal en apteek gebruik en sedert 1880 het hy dit ook bewoon.In 1873 is 'n afsonderlike kerk vir swart mense gebou op die terreinwat agter die ou Rooms Katolieke woning is. Die fondasies is op die erwe tussen Buiten- en Adcockstraat nog sigbaar. Die kloktoring, waarvan die klok weg is, wat deur Pellissier gebruik is vir sy eerste kerk, is steeds op die museum se erf.

Konsentrasiekampkerkhowe

Die oorspronklike kerkhof van die konsentrasiekamp was oos van die tweede kamp, tans op die stuk grond wat tussen die Engelse monument en die naald van die oorspronklike gedenksuil is.

Na Vredesluiting is het die vroue en kinders verseker dat die oorspronklike grafte almal bedek is met klippe wat hulle vanuit die spruit en die omgewing gekry het. Verskeie monumente is deur die jare by die kerkhof opgerig. Onder leiding van ds Becker is daar op 5 Junie 1902 op die konsentrasiekampterrein 'n klipstapel gebou van klippe wat vanuit die berg aangedra is, dit het bekend geraak as die Moeder- of Klipstapel. Die Engelse monument word in 1919 daarnaas opgerig. Op 22 Maart 1924 word die Moeder- en kindmonument, ook bekend as die Engelmonument ingewy. (Die beeld is op erf no 1310 opgerig wat in 1976 aan G van Heerden verkoop is (Notule 22/1/1976).

Die grafte met betonbedekkings wat in 1953 die klippe vervang het en die gedenksuil.

Teen 1953 word besluit om die kerkhof op te knap; eenvormige betonstene as grafbedekkings word op elke graf gesit. Die oorspronklike klippe wat die vroue en kinders as bedekkings op die grafte gesit het, word afgehaal en wes van die Engelse monument op 'n hoop gegooi. Die gedenksuil met die doringboompie en die twee panele word opgerig, op die een paneel is 'n gedig van Cilliers en ook 'n deel van Totius se gedig *Vergewe en vergeet* wat na die doringboompie verwys. 'n Muur word om die kerkhof gebou.

In Junie 1962 stel die Departement van Waterwese die Kampkerkhofkomitee in kennis dat die konsentrasiekamp se kerkhof verskuif moet word omdat die Verwoerddam (latere Gariepdam) dit sou oordek. Die Departement sal verantwoordelik wees vir kostes maar die Komitee moet enige geld beskikbaar oordra aan die Raad van Oorlogsgrafte vir instandhouding.

Reenen van Reenen wat die Engelse monument ontwerp het, was ook 'n skrywer. Van sy boeke is: *Verborge skate, Riena Reinet, Op trek, Die agterste voortrekkers, Celestine* (spookstories) en *Die lokaas.* Volgens Johan van Zyl van die oorlogsmuseum, is mev Steyn, die president se vrou, gedurende die ABO in sy huis aangehou.

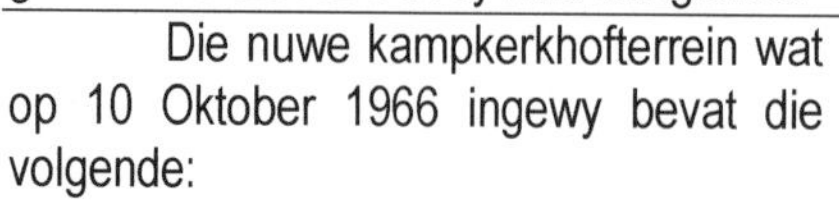

Die nuwe kampkerkhofterrein wat op 10 Oktober 1966 ingewy bevat die volgende:

- Die 1,737 slagoffers is herbegrawe nadat elkeen se oorskot in eenvormige wit kissies geplaas is. Die meeste is onder die blokke in die betonrye begrawe, maar 'n paar families het hulle voorsate afsonderlik begrawe, weerskante van die muur met name daarop.

- Ongeveer 500 kopstukke vanaf die grafte word in 'n gedenkmuur geplaas.
- Moeder- en kindmonument, maar die moeder en kind word geskei.
- die Moederstapel wat op die nuwe terrein in 'n piramide vorm gebou is met die klein engel (kind van die Moeder- en kindmonument) in 'n nis.
- die twee panele van die gedenksuil, terwyl die suil ongelukkig op die oorspronklike terrein agtergelaat word.

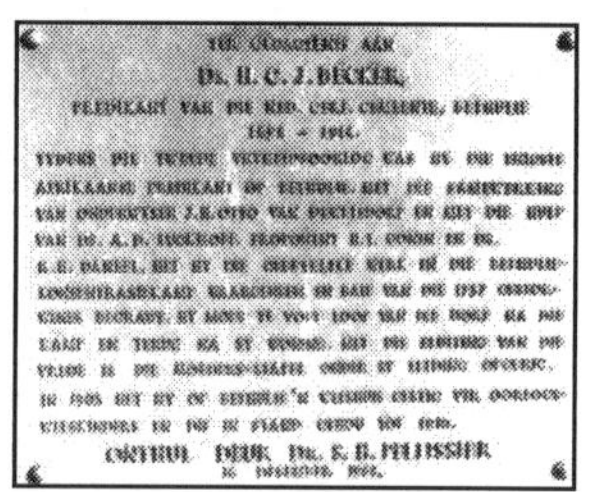

- 'n muur met die name van die slagoffers van die konsentrasiekamp.
- 'n Gedenkplaat ter ere van ds Becker is verwyder na diefstalpogings en word tans in die museum bewaar. Dit was onderaan die staalnaald wat voor die kopsteentjies is.

Die wydingsrede is gelewer deur die Staatspresident, CR Swart en die middag is 'n verdere rede gelewer deur min JJ Fouché. 'n Program van die geleentheid word in die museum bewaar.

Vanaf 1969 het die Bethulie Kampkerkhofkomitee sy verantwoordelikheid aan die munisipaliteit oorgedra. In 1972 word die Stadsraad versoek om die grafsteentjies in die kerkhof met 'n rietdak toe te maak. Die gedagte om die kopsteentjies te bespuit vir bewaring en teen verwering word ook bespreek en in 1975 is besluit om die steentjies met 'n duursame plastiekemulsie te bedek. Die Raad van Nasionale Gedenkwaardighede het in 1991 toestemming gegee dat 'n afdak oor die kopsteentjies gebou word. Hulle beveel ook aan dat van die kopsteentjies verwyder word en in die museum gesit word vir bewaring (Notule 3/11/1972, 17/3/1975, 16/5/1991).

Op 30 Mei 1985 word die terrein as 'n Provinsiale Erfenisterrein verklaar.

Teen 2006 was die kerkhof weer erg verwaarloos en word pogings aangewend om dit deur privaat inisiatief in stand te hou. Die Erfenisstigting, in Pretoria, word genader en in 2012 lewer hulle 'n groot bydrae deur die terrein te laat opknap. Bethulie se Klub 101 (Kyk KLUB 101) onderneem om dit voortaan instand te hou.

Oom Petrus Fourie, een van die konsentrasiekamp se oorlewendes het 'n groot rol gespeel met die instandhouding van die kerkhof en die vestiging van die nuwe terrein. Die oliewenhoutbome wat daar is, is deur hom geplant.

Nederduits Gereformeerde Kerk

Die komitee of, soos hulle genoem is, die sindikaat, wat vir die stigting van die dorp verantwoordelik was, het volgens die kerk se notule van 22 Oktober 1864 verskeie erwe aan die NG gemeente vir kerklike doeleindes geskenk, wat blyk die hele blok te wees waarop die eerste kerk, die tweede kerkgebou en die pastorie later op gebou is (Kyk DORPSTIGTING) (Ferreira, 1988:20).

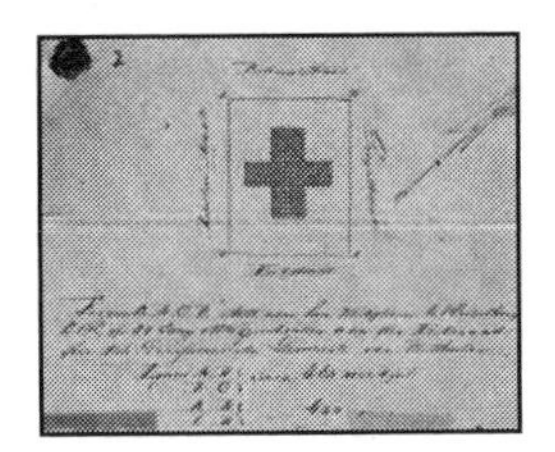

Deel van die transportakte van 1869 wat die kerkgronde beskryf tussen Robertson-, Pretoria-, Grey- en Kerkstraat (nou Voortrekkerstraat).

Die kerkgebou is die tweede van die gemeente en is ontwerp deur die argitek Arthur Henry Reid. Dit is in 1886 gebou en in 1887 ingewy. Die boumeesters was Laing & Royce en die koste was £7,000 alles inbegrepe - traliewerk, orrel, graf en steen van ds Olivier (Die herinneringe van JC De Waal, 1986:47). Dit is in die Latynse kruisvorm gebou. In 1987 word dit as 'n nasionale gedenkwaardigheid verklaar maar reeds op 27 Desember 1985 as provinsiale erfenisterrein.

Van die luggate aan die buitekant van die gebou bevat op 'n kunstige manier die datum 1886.

Die oorspronklike toring van die kerk was van steen en was 110 vt (38,6 m) hoog. In 1906 is dit verkort omdat dit te swaar vir die mure was, tot die huidige 75 vt (25 m) en is die steentoring vervang met 'n hout en sinktoring. In 1958 word die toring oorgetrek met gegalvaniseerde plaatyster nadat dit eers oorweeg is om dit met koper te oordek.

Die argitek, Arthur Henry Reid, is in 1856 in Plymouth, Engeland gebore. In 1877 immigreer hy saam met sy ouers en broers na Suid-Afrika waar hulle in Kaapstad vestig. Hy het 'n privaat praktyk vanaf 1882-1886 in Port Elizabeth en verhuis toe na Johannesburg wat die jaar ook gestig is. As die eerste argitek in Johannesburg ontwerp hy die sinagoge, die Masonic Hotel, die Central Hotel asook 'n paar bekende huise. Reid is in 1897 terug Kaapstad toe waar hy in 1922 sterf. Hy het moontlik gedurende sy tydperk in Port Elizabeth Bethulie se kerk ontwerp.

Die kerkklok is in 1887 deur JW Benson, London, vervaardig. Die firma het vanaf 1840 tot 1975 bestaan.

Die klipmuur rondom die kerkgebou is deur Abrie Griesel (snr) 'n boer van Bethulie en gemeentelid, laat herbou in 1975. Die herbouwerk is deur 'n klipkap-bouwerker, Shorty Malato, en hulpwerkers, waaronder Soko Mothupi, gedoen. Waar klip kortgekom het, is dit uit bronne in die distrik aangevul.

Louw Wepener- monument

Kmdt Louw Wepener (1812-1865) sal onthou word as 'n dapper soldaat. Die SAW het hom vereer deur die Louw Wepener-dekorasie vir dapperheid aan SAW-lede.

Wepener het in die sesde en sewende oosgrens oorloë geveg en wou hom toe al in die Vrystaat kom vestig, maar as gevolg van die feit dat die Vrystaat na die slag van Boomplaats (1848) onder Britse bewind geval het, het hy besluit om hom tussen Aliwal-Noord en Jamestown te vestig op die plaas, De Nek. Hier is ook 'n monument vir hom opgerig. Hy het teen die Britse regering se opdrag tog die Vrystaters gesteun in hulle gevegte met die Basotho's. In 1862 koop hy die plaas Constantia naby Bethulie. Hy het op Thaba Bosiu (tweede Basotho-oorlog, 1865) gesterf en is daar saam met Adam Raubenheimer begrawe (Kyk HOOFSTUK 8: BEROEMDES...). Moshoeshoe se seun, George, het aan Wepener se seun, Dick, die sloot uitgewys waar sy pa begrawe is onder 'n stapel klippe en so kon albei se beendere in 1866 deur sy seun na die Constantia gebring word, waar hulle in die hoek van 'n kraal begrawe is in grafte wat toe nie gemerk is nie. In 1938 word hulle herbegrawe op die plek waar die monument aangebring is.

Die monument is ontwerp deur Coert Steynberg en op 31 Mei 1941 onthul en op 17 Oktober 1986 word dit as 'n provinsiale erfenisterrein verklaar. (Die program vir die onthulling is in die museum beskikbaar).

Die monument bevat ook 'n reliëfplaat wat aantoon hoe die boere Thaba Bosiu bestorm het met die Basotho's wat van bo af verdedig. Onderaan staan: *Die aanval op Thaba Bosibou. Getrou tot die dood*

Monument vir Gesneuweldes

Kyk ook SA LEGIOEN; WÊRELDOORLOË

Ter herdenking aan diegene uit Bethulie en distrik wat tydens WO1 en WO11 en ander oorloë in diens gesterf het, is die monument op 14 Maart 1954 onthul deur die SA Legioen. Die Legioen het tot 1991 op 11 November om 11:00 jaarliks gedenkdienste gehou ter herinnering van die gesneuweldes. (Kyk onder WÊRELDOORLOË vir meer inligting oor elkeen van die gesneuweldes). 'n Program word in die museum bewaar.

Kyk SIMBOLIESE OSSEWATREK

Die monument is opgerig om die simboliese ossewatrek van 1938 te herdenk. Die Louis Trichardt-wa het Bethulie op 13 Oktober 1938 aangedoen en die spore van die wa is op daardie dag in die sementblok wat die stadraad daarvoor voorberei het, vasgelê. In die sement langs die waspore is die volgende bewoording *Oktober 1938 Spore van die Louis Trichardt-wa.* Die klipstapeling (op foto regs) wat deur aanwesiges gemaak is tydens die besoek van die ossewa, het later deel gevorm van die voetstuk van die ossewabeeld.

Die voetstuk en dus die hele monument waarop die beeld staan, is gebou deur Schalk Kruger. (Nico Fick en onthou (Facebook, Friends of Bethulie 17/12/2017) dat Kruger 'n houtwerk besigheid bedryf het en dat hy vier kinders gehad het, Anna, Jakkie Schalk en Tim.) 'n Marmerplaat is op die monument aangebring reg voor die klippe wat daar ingebou is; die klippe is van die klipstapel van 13 Oktober 1938. Op die plaat is die volgende bewoording:

"As blywende herinnering aan die besoek van die Voortrekkerwa Louis Trichardt" aan Bethulie op 13 Oktober 1938 tydens die simboliese ossewatrek op die pad van Suid-Afrika. Onthul op 16 Des 1939 deur die trekkers, Oom Tinnie en Tannie van Schoor."

Op 16 Desember 1939 oorhandig die Ossewa-monumentkomitee die gedenkteken aan die burgemeester en lede van die stadsraad van Bethulie in 'n Akte van Oordrag; die bewoording lui soos volg:

"Hiermee oorhandig die Ossewa-monumentekomitee van Bethulie aan u die Voortrekkergedenkteken opgerig aan die bo-ent van Voortrekkerstraat, ter herinnering aan die besoek van die Voortrekkerwa, Louis Trichardt, alhier op 13 Oktober 1939. Hierdie gedenkteken is daargestel

deur die gemeenskap van Bethulie (dorp en distrik) byhande van Mnr HJJ Myburgh van Rouxstraat. Ter verligting daarvan is daar 'n gloeilamp by aangebring deur die Komitee. Ons dank u dat u goedgunstelik die koste van die elektriese kragsverbruik sal dra asook u voornemen om die gedenkteken mettertyd te omhein en te verfraai. Dit is 'n heiligdom waarop ons opreg trots is, en wil u dus beleefd vra om hierdie gedenkteken met inbegrip van genoemde gloeilamp en voorgenome verfraaiing sodanig te versorg dat dit ongeskonde bewaar mag word vir ons nageslag. Ons koester verder ook die stellige verwagting dat u hierdie verantwoordelikheid nie alleen plegtig sal aanvaar nie, maar ook aan u opvolgers uit toekomstige generasies sal oordra."

Die idee van 'n beeld van 'n ossewa met osse het moontlik al in 1938 by HJJ (Hennie) Myburgh ontstaan. Hy het die beeld van gesmelte patroondoppies gemaak, wat volgens sy kleinseun Hennie Venter, vanuit die ABO kom; die beeld is deur homself onthul op 26 Oktober 1940. (Eeufeesalbum...1963:73; Eeufeesgedenkboek van die Gereformeerde kerk, 1963:90). Die waentjie weeg 198 pond (89,8kg). (Kyk HOOFSTUK 8: BEROEMDES...)

Die blyk asof die totstandkoming van ossewamonument in drie fases geskied het:

- die simboliese trek van 13 Oktober 1938 wat die klipstapel en spore tot gevolg gehad het;
- die inwyding van die voetstuk en moontlik die plasing van die marmerplaat op 16 Desember 1939; (in die Akte van Oordrag word na Myburgh se handewerk verwys
- die onthulling van die wa en ossie-beeld op 26 Oktober 1940.

'n Verdere stel waspore in die sement van die 150 jaar herdenking van die Groot Trek word ook hier gevind: *Uys-wa, 28-11-88.* (Kyk SIMBOLIESE OSSEWATREK).

Die kosbare ossies van die wa en ossie-beeld is in April 1999 gesteel en die wa word sedertdien in die museum bewaar. 'n Paar jaar voor die diefstal is die juk gesteel.

'n Groot geluk het die gemeenskap getref toe 'n kleinkind van Myburgh die gietvorm van die ossies aan Bethulie skenk. Die kleinseun, Hennie Venter (jnr) het die hout-gietvorm van die ossies al die jare by hom gehad. Die gietvorm is met 'n mes uitgesny. Hy vertel dat sy oupa, HJJ Myburgh, sy eie gas gemaak het en dat hy 'n baie handige man was wat dikwels waterpompe vir boere moes heelmaak, en dan sy eie patente ontwerp het om die pompe aan die werk te kry. HJJ Myburgh was met Ellie getroud en hulle het twee dogters en vier seuns gehad. Een van die dogters Magriet, trou met Hennie Venter (snr) en dit is een van hulle kinders, Hennie Venter (jnr), wat die gietvorm van die ossies aan die Bethulie gemeenskap geskenk het. Hennie Venter (jnr) is in 2013 oorlede, 'n jaar nadat hy die vorm geskenk het, en kon ongelukkig nie die replikas sien nie. Die replikas is gemaak deur Gary Johnson-Baker, 'n lugvaart-tegnikus van Gauteng, en befonds deur 'n afstammeling van die bekende Mynhardt-familie, Derry Gerryts,'n dogter van Kathleen Mynhardt.

Die replika ossies is feestelik ontvang tydens 'n funksie op 22 April 2015 en vir 'n wyle het die wa en ossies weer op hulle voetstuk gestaan. Ongelukkig moet dit egter nou in die museum bewaar en uitgestal word.

Die oorspronklike juk het ook 'n storie: dit het al voor die ossies gesteel is, weggeraak. Na al die publisiteit wat die ontvangs van die replika ossies gekry het, het Kallie Kruger, destydse voorsitter van die Rapportryers, 'n oproep gekry van die persoon wat die juk geneem het. Hy het besluit om die juk terug te besorg en het dit op 'n plek vir Kallie Kruger gelaat! Hy het verkies om anoniem te bly, maar die geluk is dat die oorspronklike juk ook nou weer op sy plek is: op die ossies se skowwe.

Nog is dit nie die einde van die ossewamonument se verrassings nie. Aangesien die wa en ossie-beeld steeds in die museum bewaar word en die monument sonder enigiets daarop staan, is 'n groot kleurbord van die beeld gemaak en in November 2017 daarop geplaas, met 'n latere inligtingsbord daarby. Quadeen Grundling, 'n inwoner, wat die borde gemaak het, het ook aangebied om die letterwerk op die marmerplaatjie te herstel. Met die afhaal van die marmerplaat op 6 Februarie 2018 het hy op 'n wonderlike verrassing afgekom: 'n bottel vol dokumente! Die dokumente verwys meestal na die dag van die simboliese ossewatrek op 13 Oktober 1938. Dit is duidelik eers later in die monument geplaas, waarskynlik op 16 Desember 1939, eerder as op 26 Oktober 1940 (Kyk akte verwys reeds na Myburgh se handewerk. Maar nou is die verwarring nog groter want dis Van Schoor se naam op die plaat as die persoon wat dit onthul het anders as wat die Eeufeesalbum aandui dat die Myburgh is wat dit self onthul het). Die dokumente sluit die volgende in: die Akte van Oordrag wat hierbo aangehaal is; 'n gedig van Totius *Die plek van Boerewaens*, in sy handskrif; die toespraak deur die landdros van Bethulie, J Norval; die toespraak deur die burgemeester, dr JT Mynhardt; die toespraak deur komdt AJ Griesel; die toespraak van lt kol JA Grobbelaar by die graf van Wepener; ds JD Barnard se aanddiens preek; 'n verslag van die ossewafees; 'n lys van handtekeninge van die reëlingskomitee en 12 fotos waarvan die meeste in onbekendheid verval het.

Oudefontein-Voortrekkermonument, stene, ens

Kyk ook GELOFTEDAG-VIERINGE

Geloftefeeste is van 1915 tot 1965 op die plaas Oudefontein gehou. Die plaas was oorkant die Oranjerivier in die destydse Kaapkolonie en die eienaar teen 1965 was Josef Coetzee. In 1938 met die simboliese ossewatrek is 'n stapel klippe daar opgerig; die wieletjie bo-op is deur HJJ Myburgh gemaak, wat ook die ossewa met ossies gemaak het; die wieletjie en 'n koperplaat word in 2014 gesteel.

Die 1938 fees het die Groot Trek van 100 jaar terug herdenk en was duidelik 'n belangrike fees. 'n Steen met die name van sprekers is by die monument opgerig; sprekers het van Burgersdorp, Potchefstroom, Bloemfontein, Venterstad en Queenstown gekom. Die Coetzees van Oudefontein het ook hul name op 'n afsonderlike steen aangebring. Op die steen is die volgende name: Vader: GA Coetzee, Moeder: RA Coetzee, dan ook die van die kinders: Josef, Martha, Gert, Hertzog, Breggie, Rensche en Piet.

'n Bronsplaat vir twee rebelle uit die ABO, Ben Kruger en Harm Coetzer, wat op 2 April 1901 verdrink het, was ook op die terrein. Du Plooy (1982:30) werp meer lig op die gebeure: "*Gedurende die oorlog was die kommando waarby Simon du Plooy, beter bekend as Groot Simon, hom bevind het, by Oudefontein aan die Koloniekant van die Oranjerivier. Die Engelse het hulle eintlik daar vasgekeer en uitkomkans was alleen moontlik as hulle deur die rivier sou gaan, maar die rivier was in vloed. Groot Simon en van die burgers het 'n vlot gemaak en die saals en die voorrade daarop gepak. Die manne wat nie kon swem nie moes maar aan die vlot vashou en so moes hulle deurgaan. Mense wat nie kan swem nie word gewoonlik bang en wil dan op die vlot klim. Maar Simon het in sulke gevalle die vuis ingelê. So is die kommando deur en die perde agterna deurgejaag. Barend Kruger en Jan Coetzer het egter hier verdrink. Dit was die kommando's van Generaal Kritzinger en van Reenen".* (Kyk ook Venter, 2011: 51-2).

Die terrein is in 1966 deur die Departement van Waterwese oorgeneem met die bou van die Verwoerddam (nou Gariepdam) en is die monument in 1971 oorgeplaas na Bethulie op dieselfde terrein waar die Osewamonument is. Die versoek vir die oorplasing is deur SJ du Plooy gerig; op 16 Desember 1971 word die replika monument op sy nuwe standplaas, langs die ossewamonument onthul; en aan die Raad oorhandig (Notules 19/8/1971, 25/11/1971). Mev A du Plessis die jarelange sekretaresse van die Oudefontein Geloftekomitee het die monument onthul en ds Jan du Plooy het ook opgetree (Notule van die komitee, 16/12/1971)

Lephoi- monument

Kyk ook HOOFSTUK 4: TLHAPING

'n Monument is in 1963 opgerig op die plek waar kapein Lephoi van die Tlhaping se groot hut vanaf 1833 gestaan het en waar hy sy huis in 1848 gebou het. Die huis is later deur John Horspool gekoop en Mary Horspool, een van sy dogters, het dit as skool gebruik. Teen 1959 was dit gebruik as 'n koeistal en met die beplanning van die dorp se eeufees het dr SH Pellissier voorgestel dat iets gedoen moet word om dit te bewaar. Oorblyfsels van die muur is per abuis in 2004 afgebreek.

Die gedenkteken is in 1963 deur dr SH Pellissier en Alfred Bilse opgerig.

(Skrywer het probeer om die oorspronklike foto van Die Burger te verkry maar dit kon nie opgespoor word nie.)

Perdemonument

Met die oog op die Republiekfeesvieringe van 1981 het raadslid SJ du Plooy die gedagte gelig van 'n perdemonument, veral om die rol van die ryperd in die geskiedenis te herdenk. Die idee is aanvaar en planne vir fondswerwing is gemaak (Notule 14/4/1981). Op 'n vergadering van 28 April 1981 word genoem dat die Rapportryers, onbewus van die feeskomitee se planne, ook dieselfde gedagte gehad het. Daar word besluit om saam te werk; die Saalperdvereniging maak 'n skenking en Kallie Kruger skenk 'n vul vir 'n uitlootkompetisie. Mettertyd het die Rapportryers die verantwoordelikheid van die beeld oorgeneem. Laura Rautenbach was die beeldhouer. Die perd kyk suid vanwaar die westerse beskawing gekom het. Die klip waarop die perd staan kom van die omgewing van die Hennie Steyn-brug. (Nuusbrief, 18 Mrt 1982; 7 Mei 1982). Kallie Kruger destydse voorsitter van die Rapportryers vertel daar is twee plate met inligting oormekaar op die monument.

Kosie Pansegrouw die Bantoe kommissaris van daardie tyd skenk 'n plaat, maar daar is toe spelfoute op! Rapportryers maak toe 'n tweede plaat. Die monument is op 23 April 1982 onthul. As gevolg van vandalism is die monument in 2002 toegemaak met 'n staaltraliehok deur die Rapportryers.

Die dag met die inwyding van die monument, het die trompoppies onder andere opgetree. Uit die foto blyk dit asof die perd met die vlag toegemaak was. (Foto met dank aan Marius Fryer)

Burgermonument

'n Monument word in Bethulie se kerkhof vir Vrystaatse en Bethulie-burgers wat in die ABO gesterf het aangetref; van hulle individuele grafte word ook hier gevind. Hierdie monument is deur genl JBM Hertzog op 20 Januarie 1906 onthul. Die volgende name verskyn daarop:

JJ de Wet
AC De Villiers
L Coetzer
J (L) Vosloo
H Verster
J (A) Venter
(J) H Viljoen
A (J) Roux
P(H) Van Vrede
W (P) Grobbelaar
CJ Roelofse

Die inhuldiging van hierdie monument het saamgeval met die inwyding van die gerestoureerde NG Kerk waarvan die toring onder andere vervang is. 'n Herbegrafnis is gehou van vier burgers wat in die oorlog gesneuwel het. Byna 1,000 mense het die plegtigheid bygewoon. Die oorskot is in een kis geplaas en het voor die kansel gestaan; daarna is daar na die kerkhof beweeg waar 'n "sierlike grafsteen" of monument wag. Verskeie draers en 28 meisies in wit geklee met blommekranse, was deel van die stoet. Slegs drie name vir die herbegrafnis word genoem en die vierde persoon bly onbekend: Roux, Van Vrede en Venter. (Ferreira, 1988:32-33; Eeufeesalbum, 1963:100-1; ABO gids...,1999:52). In die boek oor die ABO deur skrywer word daar meer inligting oor elkeen wie se naam op die monument verskyn gegee (Venter, 2011:170-4).

Van Riebeeck-gedenkplaat

Die gedenkplaat is tydens die 300-jarige herdenking van Jan van Riebeeck se landing aan die Kaap de Goede Hoop aangebring, in 1952. Die hoogtetjie waar dit aangebring is, is aan die westelik ingang van die dorp wat voorheen as Springfontein-hoogte bekend was en daarna Van Riebeeck-hoogte genoem is. Die plaat word in 2015 gesteel.

Die Van Riebeeckfees

Plaaslike feeste oor die hele land moes die weg berei vir die sentrale viering in Kaapstad. Hiervoor het poskoetse, getrek deur perdespanne, uit die uithoeke van die land lang togte na Kaapstad onderneem.

Die fees in Kaapstad het drie weke lank (van 14 Maart tot 5 April, 1952) geduur. 'n Tydelike stadion, die grootste in daardie stadium ter wêreld, het sitplek vir 50,000 mense op die feesterrein gebied. In totaal het sowat 900,000 mense . .

d van oor die hele Suid-Afrika, die destydse Rhodesië, Suidwes-Afrika en Europa het die fees bygewoon en in tentdorpe oral in die Skiereiland tuisgegaan. Die interessantste, en sekerlik veeleisendste aspek van die fees het egter nie in Kaapstad afgespeel nie, maar rondom spesiaal geboude poskoetse, getrek deur perde, oor duisende kilometer op die ver verlate vlaktes van Suid-Afrika. Elk van die vier provinsies en Suidwes het 'n koets van sy hoofstad, Kaap toe gestuur met groeteboodskappe van elke dorp op die roete. Dit was die grootste ge-organiseerde perdetog nog in die land. Meer as 400 perde is gebruik. Vars aflosspanne, verskaf deur boere op die roetes, het die koetse van plek tot plek tot in die Kaap getrek... Die leuse van die fees, was '*Ons bou 'n nasie*' (http://hennievandeventer.com/hvdblog/?p=3882).

Die put van Adam

Een van die oudste putte wat ook van historiese belang is, is geleë op die erf in die blok tussen Joubert en Jim Fouchestraat, waar die ou grofsmit sy plek gehad het. (Die put lê in die hoek van erwe 410, 411, 413 en 414; die ligging is S 30°29'.733 O025°58.774'). Die erwe het in die 1880's aan Will Adam behoort, 'n broer van Gordon en Norman Adam se oupa, James. Die fondasies van sy huis is in die hoek van Joubert- en Ji.m Fouchestraat. Daar was ook 'n houtwindpomp en koringmeul op die erwe. 'n Swanepoel het as bywoner op die Adam-plaas (Roodeplaat, nou Iona) gewoon wat 'n klipkapper was en onder andere die put gebou het volgens Gordon Adam. Die put is ongeveer 16 m diep, 3 m in deursnee en in 2012 was die water 7 m van bo af. Die verdere historiese waarde van die put is dat dit met groot kundigheid en vakmanskap uitgevoer is met sandsteen. Die put is in alle waarskynlikheid in die laat 1880's gebou.

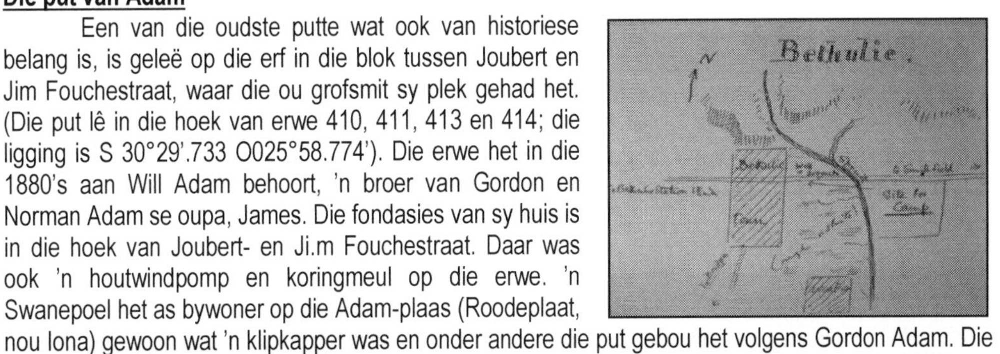

Die pragtige bewaarde put is in 2012 herondek en skrywer het dit as "Adam's well" geidentifiseer wat in die ABO gebruik is om die konsentrasiekamp van water te voorsien. Die eerste konsentrasiekamp, vanaf 22 April 1901, was onder teen noordelike koppe naby militêre kamp en perdedepot. Die belangrikste rede waarom die kamp op 28 Junie 1901 verskuif het van die terrein teen die noordelike koppe, was om nader aan water te kom. Die resident magistraat, Daller, vra vir die verskuiwing en sy motivering sluit die volgende in "*If two watercarts are provided excellent water could be obtained from 'Adam's well' in the outskirts of the town ...and there are always pools in the bed of the spruit adequate for washing purposes"*. Die kamp is egter verder suid opgerig as wat op kaart aangedui is.

Teen 12 Julie 1901 is die put nog nie ten volle benut nie omdat die waterkarre nog nie voorsien is nie; hy versoek pype om die water na die kamp aan te lê. (*Bron: CO2436/01).*

Argeologiese navorsing, deur Piet Snyman, is met die skryf van die boek aan die gang om veral te probeer vasstel watter Engelse regimente hier betrokke was.

Bethulie: Jesus is koning-klippe

Een van Bethulie se bekende bakens is .die wit klippe wat teen die randjie by die westelike ingang gepak is: "Bethulie. Jesus is koning" Volgens Jaco Wessels is die klippe wat "Bethulie" uitspel deur Hannie Botha, die eggenoot van die stadsklerk, Tom Botha, en jare lange bibliotekaresse, en 'n span munisipale werkers gelê. Sy het dit ook meer as een keer geskuif; dit was byvoorbeeld aanvanklik te laag om van die brug af te sien. Dit was moontlik rondom 1965. Volgens Deon Anderson is die "Jesus is koning" klippe in 1995 weer gepak onder leiding van James Taylor as deel van 'n CSV-projek; hy onthou dat ongeveer 30 kinders daaraan deelgeneem het. Hulle het die klippe aangedra en geverf.

Die "koning"-woord word uitgebeeld met 'n kroon (Facebook, Friends of Bethulie, 26/12/2015). Onlangse pogings om die baken in stand te hou was Hekkie en Ina van Wyk wat dit in Desember 2015 reggepak en gekalk het, asook Anton Crafford wat die onkruid daarrondom gespuit het en die klippe geverf het in Januarie 2017 en dit steeds onderhou.

Gedenkstapel op Brakfontein

Op die plaas, 'n onderverdeling van Truitjiesfontein, het die Du Plooys op 10 Oktober 1987 die steen en klipstapel opgerig ter herdenking aan hulle voorgeslagte wie se grond uitgekoop is met die daarstelling van die Tussen-die-Riviere natuurreservaat in 1972 (Die replikasteen wat bo-aan ingemessel is, het onder andere die datum 1850 en die naam SJ du Plooy op). Op die steen staan die volgende: *"Replika van hoeksteen wat ingebou was in die eerste permanente woning van Truitjiesfontein (groot 5,246 morg) aangelê in 1834 deur voortrekkers Simon Johannes du Plooy (1805-1885) en eggenote Catharina Cornelia (gebore Coetzee, 1817-1891). Hy was volksraadslid van Onder-Caledon (1860-1865) en het deelgeneem aan die Slag van Boomplaas.* Daarna volg die name van 9 kinders en hul geboortedatums en die woorde: *Olienhoutboom en besembos; ysterklip en gannabos, dis die hout waaruit hierdie wêreld se mense gesny en die klip waaruit hulle gekap is."*

Simon du Plooy (Potchefstroom) by die monument

Mooi Uitkyk kyk WOONBUURTE; DORPSTIGTING EN ONTWIKKELING

MOOISTE DORP

Bethulie was 'n dorp waarop inwoners kon trots wees; die munisipaliteit en inwoners het saamgewerk om die dorp te verfraai en netjies te laat lyk. Vir jare was Bethulie bekend as die *Tuindorp*. Die hele dorp was 'n lus vir die oog en ontvang die Administrateurs-wisseltrofee wat toegeken was aan die fraaiste kleindorp in die Vrystaat as volg:

- Vier keer die eerste plek, nl 1978, 1979, 1980, 1985
- Een keer derde plek: 1986 (Nuusbrief, Des 2005)
- In 1988 vir mooiste dorp met minder as 1,500 inwoners (Notule 21/3/1989).

Dorpe is op die volgende punte beoordeel: toegange en deurroetes; omgewing en openbare dienspunte, publieke fasiliteite, besienswaardighede, algemene indrukke. Die doel van die kompetisie wat deur die Provinsiale Administrasie uitgeskryf is, was om binnelandse toerisme te bevorder (Notule12/6/1973).

In 1991 verower Cloetespark die derde prys in die jaarlikse verfraaiingskompetisie uitgeskryf deur die Raad van Verteenwoordigers (Notule van die Bestuurskomitee 18/71991).

MOOISTE TUINE

Spoggerige tuine was deel van die dorp se beeld en dit is aangemoedig deur die munisipaliteit wat deur die jare met die betrokkenheid van inwoners wisseltrofeë daargestel het. Teen 1987 was daar die volgende kategorieë waarin tuine meegeding het: Spesiale tuine (Piet Smith wisseltrofee), groot tuine (Jan Heynicke wisseltrofee vanaf 1973), klein tuine (Maxie Botha vanaf 1974 en later Gert Smit wisseltrofee), medium tuine (J Holtzkampf wisseltrofee), sypaadjies en droë tipe tuine (Hannie Botha wisseltrofee) en hoogs aanbevole tuine. Vanaf 1987 was daar 'n kategorie vir nuut aangelegde tuine en later kon openbare inrigtings ook deelneem. In elke kategorie was daar drie pryse; die beoordeling is voor 15 Oktober elke jaar gehou. Die laaste kompetisie was ongeveer in 1990.

In Cloetespark is die eerste tuinkompetisie in 1989 gehou waarvan die wenners die volgende was: Piet en Hester Manusa, Jan Petoors, Koos Perries en Klaas Fortuin met sewe ander tuine wat spesiale vermelding gekry het (Notule van die Kleurlingbestuurskomitee 17/1/1990).

MOSSIES OP DIE KLEINSTE GELDEENHEID

Na Vredesluiting van die ABO het die vroue begin huiswaarts keer en 'n groepie van hulle het by president Steyn se plaas, Onze Rust, aangedoen. Op 'n vraag aan die vroue hoe hulle die Bethulie-kamp oorleef het, het van die vroue geantwoord dat hulle vasgehou het aan die Bybelteks uit Matt 10:29-31: "*Is twee mossies nie vir 'n sent te koop nie. En tog sal nie een van hulle op die aarde val sonder die wil van julle Vader nie. Van julle is selfs die hare op julle kop almal getel. Moet dan nie bang wees nie; julle is meer werd as baie mossies*".

Mev Steyn het die gebeure aan Jan Smuts, die latere eerste minister, oorvertel en toe die muntstelsel weer in 1923 verander het, het hy daarop aangedring dat die mossies op die kleinste geldeenheid kom, die kwart pennie. Dit het Suid-Afrika, sover bekend, die enigste land ter wêreld gemaak wat 'n Bybelvers op 'n munt uitbeeld. So het hierdie verhaal bly voortleef op die latere groot halfsent, die klein halfsent, die groot sent en die klein sent, totdat die kleinste geldeenheid in ongeveer 2007 onttrek is. (Met erkenning aan Joan Abrahams, "Tannie Mossie", wat die ontdekker van die verhaal is en aan baie jong dienspligtiges in die grensoorlog jare die muntstuk gegee het).

Op die stoep van Onze Rust pryk hierdie gedenkplaat met 'n afbeelding van 'n sent daarbo. Die bewoording lees soos volg: "*Op hierdie stoep het die Bethulie-kamp oorlewendes versoek dat die mossies genoem in Mattheus 10:29-31 op Suid-Afrika se nederigste munt as dankbetuiging geplaas moes word. Mev president Steyn het in hierdie saak leiding geneem*". Die mossies het vanaf 1923 op die volgende munstukke verskyn en is ook op verskillende maniere uitgebeeld:

- Kwart pennie of oortjie genoem 1923-1960, mossies kyk na mekaar
- Half sent (groot) 1961-1969
- Half sent (klein) 1970-1989, mossies kyk weg van mekaar
- 1 sent (groot) (1898-1999)
- 1 sent (klein) 2000 tot met onttrekking in 2007, mossies kyk na mekaar.

Bethulie se gholfklub het die mossies as hul embleem.

Dit word in die laaste paar jaar beweer dat dit 'n mev Marais was wat by Onze Rust aangedoen het Volgens die webwerf www.lib.uct.ac.za/mss/bccd was die enigste mev Marais van Bloemfontein-omgewing 'n Susarra Margarita Marais van die plaas Tweefontein. Skrywer kon egter geen bewys daarvan vind dat dit 'n me Marais was nie.

MUNISIPALITEIT OF PLAASLIKE BESTUUR

Kyk ook BRUIN GEMEENSKAP; SWART WOONBUURT.

Infrastruktuur

Nadat die dorp as Heidelberg op 4 Maart 1863 geproklameer is, het die stigtingskomitee die dorp tot 1871 bestuur; teen daardie tyd was net twee van die oorspronklike lede oor, naamlik Kruger en Joubert. Sauer se weduwee is deel van die bestuur en die inwoners kla "*die dorp lê onder die voete van 'n vrou!*" Herman Klijnveld vra die Volksraad vir die goedkeuring van 'n dorpsbestuur wat in 1874 toegestaan word; die eerste regulasies word toe gepubliseer. Klijnveld word in 1879 die eerste voorsitter van die dorpsbestuur. (Kyk HOOFSTUK 5: DORPSTIGTING...; HOOFSTUK 8: BEROEMDES...). Van Olst word in 1895 die eerste betaalde sekretaris van die Dorpsraad.

Die bordjie op die gebou links van die deur lees: "Municipal Offices" en regs van die deur kan "JAS Wardaugh" uitgemaak word. Dit blyk of Wardhaugh as jong nuwe prokureur in 1903 sy kantore beskikbaar gestel het vir die munisipale kantore.

Na die ABO in Junie 1902, is die prokureur WAB Pinchard, as die eerste gesalieerde sekretaris/tesourier aangestel met die titel van "*Town Clerk*". Hy het die taak deeltyds verrig tot 1903. JJ Wardaugh, ook 'n prokureur, volg hom op (Eeufeesalbum, 1963:54-5). In 1903 word Klijnveld as voorsitter van die Raad gekies met die nuwe titel, *Burgemeester.*

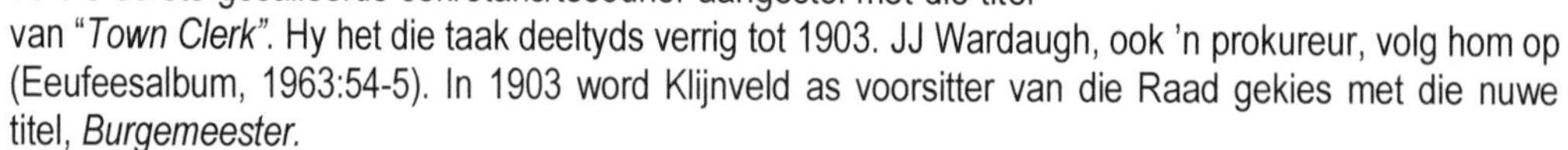

Na die ABO was die notules in die amptelike taal Engels gehou, maar vanaf 4 Junie 1912 word dit weer in Hollands gedoen. Dit verskil van die deftige Nederlands wat vanaf 1890-1900 gebruik was. Toe JA Scott burgemeester word in April 1913 is die notule om die beurt in Hollands en Engels gehou. Op 17 November 1916 word daar besluit om die notule slegs in Hollands te hou, en teen 17 Mei 1918 kruip 'n baster Afrikaans in (Eeufeesalbum, 1963:60-61, 64-5).

In 1911 is munisipale kantore voorgestel maar nie gesekondeer nie; eers in 1914 word die ou landdroskantoor in Voortrekkerstraat 14 van die regering gekoop as eerste gebou van die stadsraad. Dit is vergroot om ook as stadsaal te dien. Voorheen was vergaderings in die kantoor van die voorsitter gehou (Eeufeesalbum, 1963:59,63).

Die eerste voltydse stadsklerk, skutmeester en markmeester is WJ Botha wat op 24 Junie 1911 aangestel is. (Geskiedkundige dagboek ..., 1981:4,6,7). Teen 1929/30 (Burgemeester se oorsig...1930:11) was daar die volgende ampte: stadsklerk, assistent-stadsklerk, lokasie superintendent, waterfiskaal en veld- en straatwagter. MJ van Staden was in 1929/30 reeds stadsklerk; hy tree in 1943 af. JA (Jannie) Venter (die pa van Reggie Venter wat jare lank op die sentrale gewerk het) was vanaf 1943 tot sy dood in 1955 stadsklerk. Hy was met E Waugh getroud en op sy grafsteen staan: "In lewe stadsklerk".

Kyk wat alles in 1928 belas kon word deur die munisipaliteit! Dit is Erfbelasting, Irrigasie water belasting, Tap Water Belasting, Hondebelasting, Sanitêre, Kamp, Rente, Weiding, Visvang, Ground Rent, Water rates, Native Rev (seker revenue), Koeie, Perde

Die is Simon du Plooy (Potchefstroom) se oupagrootjie Jacobus Stefanus du Plooy se belastingfaktuur vir die erf op die suid-westelike hoek van Beyer- en Rouxstraat en betaal op 10 Junie 1928

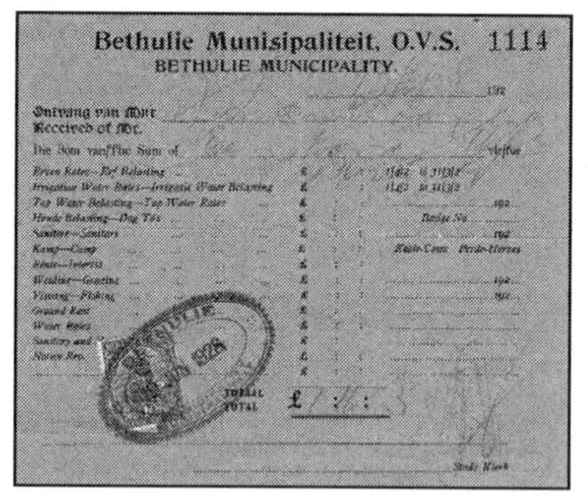
Bethulie Munisipaliteit, O.V.S. 1114
BETHULIE MUNICIPALITY.

Ontvang van Mnr.
Received of Mr.

TOTAAL
TOTAL

In 1929/30 se *Burgemeester se oorsig* (1930:10) skryf Wardhaugh dat die saal te klein raak, dit dien ook as die stadsklerk se kantore en elke keer moet hy oppak as daar 'n funksie is. Dit blyk ook asof die Metodiste Kerk vanaf 1927-1930 die stadsaal gehuur het vir hulle dienste. 'n Nuwe gebou het dus dringend noodsaaklik geraak en eers in 1953 word die Louis Trichardt-plein (voorheen Markplein) daarvoor geidentifiseer. In November 1957 word die nuwe stadsaal ingewy. (Eeufeesalbum,1963:133).

Die stadsaal met die biblioteek wat in die klein vertrek links gehuisves was.

Die stadsaal met sy mooi tuine was onderhou en die trots van die dorp; goeie bestuur en skenkings het daartoe bygedra. In 1958 skenk Adele Voortman 'n nuwe vleuelklavier vir gebruik deur die gemeenskap; hierop het menige kind musiekeksamens gespeel! Die klavier is tans in Huis Uitkoms. Kezia van Rensburg, gade van 'n voormalige burgemeester, AJJ (Apie) van Rensburg, skenk toerusting vir 'n speelparkie. Die speelparkie by die stadsaal het vir jare aan baie kinders vermaak verskaf totdat dit in 1988 verwyder is (Eeufeesalbum, 1963:76; Notule 23/6/1988); so ook die voëlhokke op die terrein wat menige besoeker gelok het totdat dit in 1985 verwyder is.

Die verhooggordyne word in 1986 vervang en nuwe breekware word aangekoop; 13 dosyn van alles. In 1989 word die stoele herstel en gestoffeer (Notules 11/4/1985, 11/9/1987, 19/6/1986, 21/3/1989). 'n Nuwe raadsaal word ingewy en amptelik in gebruik geneem op 24 April 1987. Dit is 'n groot geleentheid waarheen die gemeenskap ook uitgenooi is. 'n Bronsplaat word onthul (Notule 9/4/1987) wat nog steeds teen die muur is. Op die plaat verskyn die volgende: "*Raadskamer. Hierdie nuwe gebou is daargestel deur die staat se werkskeppingsprojek en is op 27 April 1987 amptelik in gebruik geneem deur die burgemeester, raadslid PJ Smith. Raadslede: Dr B Wessels (BK Voorsitter), J Holtzkampf, J Kruger, JHJ van Rensburg, JN Collet, TN Kruger. Stadsklerk: P du Plessis, Argitek: JAR Gaisford. April 1987.*"

Die eens pragtige saal is egter aan die verval omdat geen onderhoudswerk gedoen word nie. Die munisipale kantore waar die raadsaal gehuisves is, brand in Augustus 2010 af as gevolg van brandstigting wat polities geinspireer was. Dit is kort daarna herbou.

Mense kon vir jare lustig in geboue rook. Die stadsaal het asbakkies aan die stoele gehad en op 'n vergadering in 1970 is daar besluit om die chroom asbakkies eerder te spuitverf, om dit weer te chroom sal 50c 'n asbakkie kos (Notule 16/5/1970).

Bestuur van Bethulie

Vanaf 1910 het al vier provinsies 'n Provinsiale Raad, (wat bestaan het uit verkose lede), 'n administrateur (aangewys deur die eerste minister) en 'n uitvoerende komitee (vier lede gekies uit die Raad) gehad. Die verskeie afdelings van die Provinsiale Administrasie soos onderwys, paaie, werke, ens is aan die LUK's toevertrou.

Die meeste dorpe het teen uniewording in 1910 alreeds 'n stelsel van verkose raadslede gehad. Met republiekwording het die grondwet bepaal dat munisipale aangeleenthede die verantwoordelikheid raak van Provinsiale Rade en dat die Rade ordonansies oor sake kan uitvaardig. Die Parlement het ook verskeie wette oor munisipale sake aangeneem. Alle magte ten opsigte van plaaslike bestuur en administrasie het by die munisipale rade berus; hulle het die mag om verordeninge (regulasies) uit te vaardig wat deur die administrateur goedgekeur moes word. 'n Groot verskeidenheid verpligtinge is aan hulle opgedra; hulle moes vir inkomste en uitgawes begroot, personeel aanstel en 'n behoorlike organisasie in die lewe roep om die bestuur te behartig. Hulle funksies was onder andere die bou en onderhoud van strate, verkeerbeheer, voorsiening van water en elektrisiteit, behuising veral vir laer inkomste groepe, dorpbeplanning en boubeheer, parke, begraafplase gesondheidsdienste, slagpale, openbare biblioteke, handelslisensies, vullis, riool en brandweer. Elke vyf jaar is daar verkiesings gehou in al die wyke van die munisipaliteit, waar ten minste vyf lede vir die Raad verkies is.

Die burgemeester, wat as voorsitter vir die Raad dien, word elke jaar uit die Raad verkies; die onderburgemeester is ook so verkies. Verskeie komitees is vir elk van die belangrike verpligtinge van die Raad verkies. Die voorsitters van die komitees het as *ad hoc* lede van die Raad gedien. 'n Raad moes 'n stadsklerk as administratiewe en uitvoerende hoofbeampte aanstel asook 'n penningmeester, ingenieur, stadsgeneesheer, gesondheidsinspekteur, verkeersbeamptes ens, na aanleidng van die behoeftes. Salarisse word deur die Raad bepaal maar die van die stadsklerk is onderhewig aan die beheer van die administrateur en hy kon ook nie sonder die goedkeuring van die administrateur ontslaan word nie. Streng beheer is uitgeoefen oor die geldsake van munispaliteite deur provinsiale owerhede. Die inkomste bronne is deur ordonansies voorgeskryf. Slegs 4% van hul totale inkomste is van provinsiale en sentrale owerhede verkry; dit was hoofsaaklik vir dienste gelewer namens die sentrale en provinsiale owerhede soos gesondheid en brandbeveiliging van provinsiale en sentrale regeringsgeboue.

Tot 1973 is die swart woonbuurte ook deur die munisipaliteite van dienste voorsien wat as agente vir die Departement van Bantoe-admininistrasie en Ontwikkeling opgetree het. Vanaf 1 Julie 1973 word die swart woongebiede direk onder die beheer van Bantoe-administrasie Rade geplaas. Die kleurlinge, in hul afsonderlike woongebiede kon teen 1966 'n raadplegende of bestuurskomitee in die lewe roep met die doel om die munisipaliteite by te staan in die verskaffing van dienste; sekere funksies is mettertyd aan hulle oorgedra en die doel was dat 'n volwaardige munisipaliteit, onafhanklik van die wit munisipaliteite ontwikkel. Die ontwikkeling hiervan het by die Provinsiale Administrasie berus waaroor 'n ordonansie in 1963 uitgevaardig is. (kyk SWART WOONBUURT).

Die Raad van Bethulie het deur die jare ook komitees gehad vir eie en nuwe behoeftes; daar was byvoorbeeld teen 1988 die volgende: biblioteek, museum, oorde, reklame, kampkerkhof, sentrale sport komitee, Bantoe-administrasie Raad, Bantoe-adviserende Raad. Teen 1982 was daar ook komitees soos streeksreklame, hoër Oranje-streeksontwikkeling, vakansieoord, ouetehuis, bewaringskomitee, Kleurlingsake, streeksdiensteraad, dorpsmeent.

Raadslede het nooit van die maksimum toelaes, soos deur die administrateur gemagtig, gebruik gemaak nie. Volgens die notule van 28/4/1980 wat die 80/81 begroting hanteer het, was die toelaes die volgende: burgemeester R720, bestuurskomiteelede R240 en gewone raadslede R162 per jaar. In 1990 was die toelaes soos volg: burgemeester R1,440, bestuurskomiteelede R1,080 en

raadslede R360 per jaar (Notule 28/5/1990).

Die Raad in die 1970's. Agter: D van Zyl, T Botha. CHJ Neethling. Voor: Dr N Fryer en P de Bruyn (Foto met dank aan Marius Fryer)

In 1974 is die volgende deur raadslid Piet Smith tydens die Raadsvergadering genoem: "*...ek wil eers 'n mosie van opregte dank en waardering instel in die Stadsklerk en Tesourier... Mnr Botha is behalwe Stadsklerk, ook gesondheidsinspekteur, bou-inspekteur, werkevoorman, dorpsbeplanner, klerk van die Raad, terreinopsigter, tekenaar en vele meer. Mnr Piet du Plessis behartig naas stadstesourier ook die kantooradministrasie, die leiwater, die vakansieoord en al die ander oneindige kleiner take, wat buite sy sfeer val. Ek verstout my om te sê dat ek nie glo dat ander stadsklerke en stadstesouriere hulle sal opsaal met die hoeveelheid werk wat hierdie twee mense doen nie veral as ons in ag neem dat hulle geen, en ek herhaal geen vergoeding ontvang vir hierdie ekstra take nie*". Smith meld ook dat hulle die vorige jaar die Raad versoek het om nie hulle salarisse aan te pas nie in die lig van die dorp se finansies. En die raadslede? Hulle het tot op datum steeds net die minimumvergoeding ontvang.

Hulle het selfs minder as die 50% van die voorgeskrewe toelaes soos deur die ordonansie bepaal is, gevra. *"Die raadslede het hul dienste op 'n vrywillge en welwillende basis aangebied."*

Botha, Tom (1921-1990) en Hannie

Tom Botha was een van die mense wat vir baie jare sinoniem met Bethulie was. As stadsklerk het hy vir jare die dorp goed bestuur; gedurende sy diensjare is die dorp 'n paar keer aangewys is as die mooiste dorp in die Vrystaat en het dit groei getoon. Hy is in 1956 aangestel as gesondheids- en vleisinspekteur, 'n pos waarin hy 10 jaar was voordat hy in 1966 as stadsklerk aangestel is. In September 1982 tree hy as stadsklerk af maar op versoek van die Raad help hy weer as gesondheidsinspekteur. Hy sterf op 10 Maart 1990 en is in die kerkhof begrawe. Sy vrou Hannie Botha het hom onder andere bygestaan om die dorp te verfraai. Sy was vir jare in die openbare biblioteek werksaam en menige oud-leerling skryf hulle liefde vir lees en boeke aan haar toe. (kyk BIBLIOTEKE).

Die Raad het uit sewe lede bestaan en is vir vyf jaar verkies. Hulle was dan ook lede van die *ad hoc* komitees van die Raad; Raadsvergaderings is maandeliks gehou waarop die stadsklerk en assistent-stadsklerk ook sitting gehad het. Die uitgawes van die maand het daar gedien. Bestuursvergaderings is tweeweekliks gehou en daarop het die burgemeester, die onder-burgemeester, een ander raadslid, die stadsklerk en die assisent-stadsklerk sitting gehad. 'n Kenmerk was dat notules tot die fynste besonderhede bevat het. Elke maand is finansiële state voorgelê.

Teen 1981 het daar reeds veranderinge begin intree; *"Die voorsitter (JS Fryer) spreek sy bedenkinge uit teenoor die tendens wat nou posvat onder sekere stadsrade om voortaan verkiesingsveldtogte op politieke lees te skoei".* Die feit dat stadsrade as derde vlak van regering groter verantwoordelikhede sal kry moet van kennis geneem word (Notule 26/5/1981).

Die Raad in die vroeë 1980's. Agter N Fryer, P Smith, J Heynecke, Philip Schoeman, P du Plessis. Voor: S Du Plooy, R van Rensburg. B Wessels en T Botha. (Foto met dank aan Marius Fryer)

Piet du Plessis, wat al sedert 1962 by die munisipaliteit werksaam was as inkomsteklerk het in 1982 as stadsklerk by Tom Botha oorgeneem. Hy het die pos beklee tot met sy aftrede in 1996. Na hom is die laaste stadsklerk van die ou bedeling 'n mnr T Theart wat tot 1998 in die pos was.

Bestuur van Steekdiensterade (SDR'e)

Teen 1983, na die Referendum, is daar 'n nuwe Grondwet aanvaar wat onder ander voorsiening gemaak het vir 'n driekamer parlement waar wit mense, kleurlinge en Indiërs afsonderlik besluite oor eie sake kon neem; swart mense is steeds uitgesluit. Hierna het baie protesaksies plaasgevind en in 1987 is 'n noodtoestand in die hele Suid-Afrika afgekondig.

Op 30 Junie 1986 het die ou stelsel van plaaslike bestuur tot 'n einde gekom. 'n Meer vaartbelynde stelsel waarin alle gemeenskappe deel het, word in die vooruitsig gestel deur die instelling van Streekdienste Rade (SDR's). Koördinasie van grootmaatdienste aan naasliggende owerhede word voorsien. Dienslewering aan alle plaaslike owerhede sal gerasionaliseer word deur dienste te koördineer aan alle owerhede (ongeag rassegroep). Hierin sal politieke deelname vir alle rassegroepe wees. Die wetgewende mag in die provinsies verdwyn deur die afskaffing van provinsiale rade; die UK en administrateur word aangewys deur die Parlement en hul magte uitgebrei. Adviesrade word daargestel en streekontwikkeling is 'n oogmerk. Die parlement het nou oorhoofse beheer, dus sentralisasie van mag en gesag. Alle verkose verteenwoordigers op derdevlak regering word afgeskaf. Desentalisering vind egter plaas deur uitvoerende funksies aan provinsiale owerhede oor te dra, soos die uitvoerende funksies van die Departement van Staatkundige ontwikkeling en beplanning, en alles

wat gemoeid is met die belange van swartes. Die wyer doel van die inisiatiewe was om 'n grondslag te lê vir verdere politiek veranderinge op plaaslike owerheidsvlak.
(Duvenhage, A, 1986. Resente inisiatiewe ten opsigte van tweede- en derdevlak regering in SA) http://www.samedia.uovs.ac.za/cgi-bin/getpdf?year=1986&refno=2656&topic=27)

In Julie 1987 is die Provinsiale Rade vervang deur agt multikulturle streekdienste-rade (SDR); vier in Transvaal, drie in die Kaapprovinsie en aanvanklik een in die Vrystaat. *"Die SDR'e is gebore uit 'n behoefte om sekere dienste wat tans deur plaaslike owerhede gelewer word, aan 'n streekliggaam oor te dra. Hierdie dienste moes onder andere paaie, vervoerdienste, die voorsiening van water en elektrisiteit en gesondheidsdienste insluit. Munisipaliteite sal in die toekoms onder meer verantwoordelik wees vir die konstruksie en instandhouding van interne paaie en die voorsiening van parke, sportterreine, biblioteke en swembaddens. Die voorsitter van 'n SDR sal deur die Administrateur aangestel word. Hy word vir vyf jaar aangestel, maar kan ná verstryking van sy dienstermyn herkies word. Elke plaaslike liggaam wat in die streekdiensteraad verteenwoordig is, kan 'n maksimum van vyf lede benoem om in die streekdiensteraad te dien. Dit is onder meer om te voorkom dat sogenaamde "ryk" plaaslike liggame die ander oorheers. Die Administrateur sal die grense van 'n gebied vasstel ná onderhandeling met onder meer die plaaslike liggaam en met behoorlike inagneming van die belange van die inwoners, die aard van die dienste wat voorsien word, ontwikkelingspotensiaal, ens. Sakemanne en handelaars sal maandeliks 'n diensheffing aan die streekdiensteraad betaal wat volgens sy inkomste bereken sal word*". (Die Burger 8 Desember 1989:18). Die SDR het die mag gehad om regulasies uit te vaardig en om die voorsiening van dienste in plaaslike gemeenskappe te koördineer. Die SDR's was statutêre liggame wat apart funksioneer het. Gedurende die tye is gepraat van afwenteling of devolusie van gesag.

Wilma Loots is sedert Oktober 1989 as raadslid verkies en skielik moes daar oor hierdie vroulike raadslid besluite geneem word! Sy sal nie as *raadslid mevrou*... nie, maar net as *raadslid* aangespreek word. Daar word ook verwag dat die vroulike raadslid sal opstaan, net soos haar manlike eweknieë, as sy die voorsitter aanspreek (Notule 21/2/1989).

Die Raad van Bethulie was aanvanklik bekommerd dat die afwenteling van take sonder kompensasie saamgaan en dat die bykomende finansiële laste nie geabsorbeer kan word nie. Bethulie het in 1989 by die Bloemarea-SDR ingeskakel.Elke dorp het 'n mini-SDR gehad waarop vier groepe verteenwoordig was: die wit Munisipale Rade, die kleurling Bestuurskomitee, Dorpskomitees en die boeregemeenskap. Die SDR het die munisipaliteite in verskeie opsigte gehelp en in die behandeling van die begroting van 1991/1992 meld die Burgemeester, Piet Smith, dat lidmaatskap "*...aansienlike finansiële voordeel en ontwikkeling vir ons dorp en Lephoi beteken het. Sedert inskakeling op 1 November 1989 tot 30 Junie 1990 is uit die sakesektor R7,165 oorbetaal aan die SDR. Vanaf 1 Julie 1990 tot 30 April 1991 is R16,467 oorbetaal. Sedert inskakeling het die SDR reeds R254,384 aan ons dorp bewillig en R456,166 aan Lephoi. Vir die nuwe boekjaar 1991/1992 is R146,000 vir Bethulie en R163, 200 vir Lephoi begroot. Hierby sal amper 'n soortgelyke bedrag uit werkskeppingsfondse na ons kant toe kom. In minder as drie jaar sou ons dus meer as R400,384 ontvang het van die Bloemarea-SDR... Indien ons hierdie soort van bedrae moet gaan leen om noodsaaklike opgraderings en ontwikkelings in ons dorp te doen, sou dit die verbruiker baie meer kos as die absolute minimale heffing wat nou oorbetaal moet word aan die SDR*". (Notules 8/12/1987, 19/1/1988, 25/2/1988, 21/3/1988, 10/4/1988, 1/11/1989, 30/5/1991,27/5/1992).

In 1995 het Bloemarea se SDR's 'n projek van R175 miljoen aangekondig wat die streek se inwoners ondersteun met voorsiening van water, elektrisiteit en sanitasie (Die Beeld 26/9/1994: 26).

Landelike rade wat die boeregemeenskap verteenwoordig is ingestel as deel van die Bloemarea se SDR, dit het ook die Bethulie-omgewing ingesluit; Johann Grobbelaar (Cyferfontein) is vir die Bethulie /Springfontein-gebied gekies (Notule 10/4/1988). *"Landelike rade het in 'n kort tydjie reeds verskeie suksesse behaal...Sedert die instelling van die landelike raad het 11,840 huise van plaaswerkers water en elektrisiteit gekry. Dit het sowat R15 miljoen gekos. Die program word voortgesit met geld wat van die distrikraad Bloem-area gekry is...Toilette is by 1,680 plaaswerkerhuise teen*

R570,000 ingesit...Nog 2,250 toilette sal binne die volgende drie maande verskaf word in die gebiede van die landelike rade Thaba Nchu, Suid-Vrystaat, Sentraal-Vrystaat en Wes-Vrystaat. Brandweertoerusting van R1,250,000 is aan plaaseienaars verskaf." (Notule, 24 Jul 1999).

Na 1990 het die proses van demokratisering begin en word soos volg deur die *South African Local Government Association* (SALGA) opgesom: *"The transformation of local government was directed at removing the racial basis of government and making it a vehicle for the integration of society and the redistribution of municipal services from the well-off to the poor.* (Uit: http://www.salga.org.za/pages/Municipalities/About-Municipalities)

In 1990 word Nelson Mandela vrygelaat; die ANC word ontperk en die *Wet op die voorsiening van afsonderlike geriewe* is in Oktober 1990 opgehef. In die lig van al die veranderinge het munisipale rade voor verskeie uitdagings te staan gekom. Hulle word onder andere op 'n kursus in onderhandelingstegnieke gestuur. 'n *Wet op Tussentydse Maatreels vir plaaslike regering* (Wet no 128/1991) moes geimplimenteer word.

In 1992 neem Bethulie se Raad kennis van die aankondiging deur die minister vir Plaaslike Regering dat gesamentlike administrasie ingestel moet word vanaf 1 Januarie 1993. Geen staatshulp sal aan dorpe verskaf word wat teen 30 Junie 1993 nog nie ingeskakel het nie. Die Raad skrywe aan die swart dorpsraad en kleurling bestuurkomitee in die verband (Notule 9/4/1992).

'n Gesamentlike vergadering is op 4 Mei 1992 gehou om die gesamentlike administrasie te bespreek tussen Bethulie, Lepoi en Cloetespark. Daar word kennis geneem van die *Wet op Tussentydse Maatreëls* en die vergadering besluit om 'n onderhandelingsforum daar te stel. Mnr Tauoe as burgemeester van Lephoi, M Cloete as voorsitter van die bestuurskomitee van Cloetespark, en die Stadsraad van Bethulie waarvan PJ Smith burgemeester is, verbind hulle tot so 'n forum. Daar word ook besluit om verskeie instansies en persone uit die drie gemeenskappe te betrek.

Die OVS munisipale vereniging het in Trompsburg vergader om oor gesamentlike administrasie te besin. Hiertydens lug C Norton die gedagte van streeksmunisipaliteite. Daar word besluit dat in die lig van KODESA daar nie toe aandag gegee kan word aan een plaaslike owerheid vir 'n dorp nie (Notule 25/6/1992).

Bethulie se drie gemeenskappe se leiers het op 22 Junie 1992 bymekaar gekom. Uit die notule van die Raad word die volgende aangehaal as indrukke en opsomming van die vergadering: "*die persone se standpunt was duidelik dat hulle die Wet op Tussentydse Maatreëls verwerp aangesien hulle nie geleentheid gegun was met die opstel daarvan nie... hulle is egter bereid om binne of selfs buite die Wetgewing ooreenkomste aan te gaan. Die sake wat die ANC sal voorstel asook sake van die ander groepe moet ewewigtig wees sodat elke onderhandelaar geleentheid gebied kan word om 'n inset te lewer... Die Raad is nie polities of rassisties nie en het nog altyd opgetree in belang van sy gemeenskap en sal daar met die instelling van die Onderhandelingsforum hierdie mikpunt ook gestel moet word*". (Notule 25/6/1992).

In die behandeling van die begroting van 1992 sê die burgemeester, PJ Smith, onder andere: *"Die begroting in geheel dink ek sal dus vir u as goeie nuus kom en ook vir die inwoners beslis voordele inhou. In die proses sal ons nog steeds die goedkoopste dorp in die Suid-Vrystaat bly, maar hopelik ook die mooiste dorp wat groei handhaaf en in die proses van groei is ek trots op die aandeel wat die Raad het in die groeiproses en die stimulus wat dit verleen en dus die tafel dek vir positiewe en volgehoue vooruitgang". (Notule 27/5/1992).*

Ongelukkig is die notules vanaf Julie 1992 vernietig, of moontlik slegs ontoeganklik en kon skrywer nie verdere inligting daaruit kry nie.

Bestuur van distrik en plaaslike munisipaliteit

In 2000 het die SDR'e ontbind. Ná die samesmelting van nege dorpe in die Suid-Vrystaat aan die einde van 2000 in een munisipaliteit, het die Bethulie-munisipaliteit sy onafhanklikheid verloor en deel van die groter plaaslike munisipaliteit, geword. Elke plaaslike munisipaliteit het 'n burgemeester. In die huidige struktuur is Bethulie deel van die Xhariep Distriksmunisipaliteit waaronder vier plaaslike munisipaliteite val: Kopanong, Letsemeng, Mohakare en Naledi. Kopanong is die grootste plaaslike munisipaliteit in die Xhariep-distrik met nege dorpe wat deel daarvan vorm. Min of meer vorm elke dorp 'n wyk en Bethulie is Wyk 3. Die ander dorpe in Kopanong is Reddersburg, Edenburg, Jagersfontein, Fauresmith, Springfontein, Philippolis, Gariepdam en Trompsburg wat ook die administratiewe setel is.

Kopanong is 'n Sesotho woord wat *plek van samekoms* of *plek waarheen mense genooi word* beteken; die naam wil eenheid voorstel.

MG Ntwanambi was die eerste swart burgemeester van Bethulie se Plaaslike Oorgangsraad in 1994. Hy was later die Uitvoerende Burgemeester van die Xhariep Distriksmunisipaliteit en sedert 2017 'n raadslid van die Distriksmunisipaliteit. XT Matwa is sedert Mei 2009 burgemeester van Kopanong plaaslike munisipaliteit.

'n Munisipale bestuurder is vir Kopanong se bestuur en administrasie verantwoordelik. Die administrasie is in vier departemente georganiseer elk met sy eie operasionele afdelings: finansiële dienste, korporatiewe dienste, tegniese dienste en gemeenskapsdienste. Kopanong plaaslike bestuur het 15 raadslede waarvan agt wyksraadslede is en sewe gekies uit die proporsionele lys van politieke partye. Teen 2011 was daar 25,157 geregistreerde kiesers in Kopanong. Elke dorp word bestuur deur 'n eenheidsbestuurder met 'n paar personeellede.

Volgens Jacques van Resnburg die spelling Xhariep gekies omdat daar al soveel ander met die spelling van Gariep was. Die keuse tussen die Xhosa en die Boesman-taal uitspraak is deur 'n taalkundige van die UV bestudeer, die ander moontlikhede was Xariep en !Xhariep.

Museum kyk MONUMENTE ...

Musiek en sangers kyk KUNSTENAARS ...

Mynhardt-wildtuin kyk WILDTUIN

NAME VAN BETHULIE

Bethulie staan bekend as die dorp met sewe name waarvan een van die name, *Bethulie,* twee keer voorkom. Hiermee 'n kort beskrywing darvan.

T'Kout'Koo: Die Boesmans wat hier gewoon het, het die plek in die poort T'Kout'Koo genoem. Dit is ook *K'ouk'oo* en *Tk'outk'oo* gespel. In die *OFS monthly magazine* van 1877 verskyn 'n artikel onder die opskrif *A contribution from a Bushman; (*soos aangehaal deur Pellissier 1956:191-4)Die skrywer wat net as HA aangedui word, het die herinneringe van 'n Boesman wie se naam Kwa-ha was net so oorgedra. (Die skrywer meld in die inleiding dat die ortografie of spelwyse van die woorde moontlik nie korrek is nie. Die artikel.).

Moordenaarspoort (Moontlik nog voor 1826–1828). Oor presies wanneer die plek die naam gekry het en waarom, is daar nie sekerheid nie. Verskeie insidente het plaasgevind waar óf die Griekwas wat sedert 1826 in die Philippolis omgewing was, óf die trekboere die Boesmans aangeval het in strafekspedisies omdat hulle vee gesteel het (Kyk HOOFSTUK 1: BOESMANS...). 'n Ander weergawe is dat die Griekwas saam met die Boesmans die Basotho's se vee gaan steel het, maar dat die Basotho's hulle agtervolg het waarna een groep by Skoorsteenberg, naby Palmietfontein, ingehaal en vermoor is; 'n ander groep haal die Griekwas en Boesmans in en keer hulle in hoek vas, naby die poort, waar byna almal vermoor word, vandaar die naam Moordenaarskop en Moordenaarspoort. Die inligting kom uit 'n artikel uit *OFS Monthly Magazine* van Augustus 1879 soos aangehaal deur Pellissier (1956:191-4). Pellissier wys daarop dat die briefskrywer se feite reg is, maar nie sy datums nie.

Bushman school of Bushman station (1828). Die sendingwerk onder die Boesmans in Philippolis het tot 'n einde gekom met die koms van die Griekwas wat hulle verjaag het en daarom het Clark, die sendeling van die LMS, daaraan begin dink om die *Bushman station* te verplaas. Na 'n besoek van Clark en Melville aan die omgewing het hulle die plek aanbeveel onder andere oor die fonteine wat hier aangetref is. In Mei 1828 stig Clark hier 'n stasie wat as *Bushman station* of *Bushman* *school* bekend staan (Schoeman, 1993:132-52). Hier by Boesmanskool het GA Kolbe vir Clark as assistent bygestaan.

Caledonsendingstasie (1833). JP Pellissier (die sendeling van die PESG) het ongeveer 5 Julie 1833 op die stasie aangekom, en die 1800 Tlhaping op 14 Oktober 1833. Die PESG se sendingstasie is toe gestig en het as *Caledonsendingstasie* bekend gestaan. Pellissier se eerste brief aan die PESG op 19 November 1833 dui die adres ook aan as Caledonsendingstasie (Pellissier, 1956:163). Dit is moontlik na die nabygeleë Caledonrivier vernoem. Dit blyk of Pellissier ook 'n persoonlik brief aan die direkteur van die PESG geskryf het op 18 November 1833 waarin hy meld dat die naam verander sou moes word. Moontlik het dr Philip hom reeds versoek om dit te doen aangesien daar ook 'n sendingstasie naby die dorp Caledon in die Kaapkolonie was en verwarring kon intree met die twee stasies.

Verheullpolis (1834). Die eerste president van die PESG, Admiraal die Hertog van Verheull, moes 'n groot indruk op Pellissier gemaak het en daarom vernoem hy die stasie na hom en noem dit *Verheullpolis.* Weer eens is daar nie met sy keuse saamgestem nie en meen die direkteur van die PESG dat die sendingstasies liewer 'n Bybelse naam moet kry, maar dat hy dalk die ou naam, Caledon, moet behou. In 'n brief van 20 Januarie 1835 skryf die direkteur aan Pellissier en versoek hom ook om nie die naam Caledon te gebruik nie as gevolg van die verwarring wat dit kan veroorsaak (Pellissier, 1956:197-8, 230-1). In twee sketse wat C Bell van die sendingstasie in 1834 gemaak het, het hy dit Verheullpolis genoem.

Bethulie (1835). Met die ontvangs van die direkteur se brief was Pellissier al gereed met 'n nuwe naam en dit blyk asof hy Rolland, 'n medesendeling, reeds daaroor geraadpleeg het. In 'n brief van 20 November 1835 gee hy die adres aan as *Bethulie.* Pellissier was bekend met die Apokriewe boeke waarvan die *Boek Judit* een is en waaruit die naam vir die plek kom (Pellissier, 1956: 231-4. 237). (Hieronder word die keuse meer volledig bespreek).

Heidelberg (1863). Met die stigting van die dorp het HJ Joubert van Goedehoop op 4 Maart 1863 'n brief aan die Volksraad gerig met die versoek dat die grond van die voormalige sendingstasie Bethulie onder die naam *Heidelberg* tot 'n dorp verklaar word. Dit is op dieselfde dag deur die Volksraad goedgekeur (Pellissier, 1956:635). Die distrik sou nog as Bethulie bekend staan. Geen redes en duidelikheid bestaan waarom die naam gekies is nie. Teen daardie tyd was daar reeds 'n Heidelberg in Transvaal en een in die Kaapkolonie. Die naam het weer eens verwarring gebring.

Bethulie (1872). Op 6 Mei 1872 dien 'n versoek by die Volksraad om die naam Bethulie weer te aanvaar. Die versoekskrif met 22 handtekeninge onder leiding van die landdros, SP de Beer, redeneer dat verwarring ten opsigte van posstukke voorkom en dat die publiek nooit bekend was met die naam nie en nog altyd van Bethulie gepraat het. Op 14 Junie 1872 besluit die Volksraad dat die ou naam, Bethulie, weer aanvaar word (Pellissier, 1956:635-6).

Die verhaal van Judit van Bethulie soos in die Apokriewe boek, Judit, opgeteken.

Koning Nebukadneser van die Assiriërs het vanuit Nineve regeer, die hoof van sy leër was Holofernes. In opdrag van Nebukadneser het hy die hele omgewing probeer verower; die westelike gedeelte het Juda, waar die Israeliete woon, ingesluit. Hulle was baie bang vir hom en het in hoë berge gaan woon en die dorpe in die berge verstewig. Die hoëpriester het aan die mense van Betulua, wat regoor die Esdralon oorkant die Dotanvlakte is, geskryf dat hulle beheer oor die bergpasse moet kry. Holofernes het hiervan te hore gekom. Omdat hy ook gehoor het die Israeliete nie op die swaard nie, maar op God vertrou, het hy besluit om die inwoners van Betulua se fonteinwater te beset en hulle van honger en dors te laat omkom in plaas daarvan om hulle aan te val. Toe die nood op sy hoogste was en die inwoners besluit het om na vyf dae oor te gee het Judit op die toneel verskyn.

Judit was 'n beeldskone weduwee van Betulua. Sy het al die leiers na haar laat kom en hulle ernstig vermaan omdat hulle nie vertrou dat God sal help nie. Daarna het sy gebid dat sy gebruik kan word om die Assiriërs te verdryf en dat God haar help sodat haar plan slaag. Sy het haar rouklere uitgetrek en haarself mooi gemaak; haar slavin wat 'n sak vol kos saamgeneem het, het saamgegaan. Hulle is deur die stadspoort af na die kamp van die Assiriërs. Aan Holofernes se wagte vertel sy sy is 'n

Hebreeuse vrou, dus 'n buitestander en nie 'n Israeliet nie, en dat sy Holofernes wil inligting gee hoe om die stad in te val. Haar skoonheid het die wagte en almal so verstom dat aan haar versoek voldoen is. Aan Holofernes het sy vertel dat die Israeliete op pad is om te sondig met wat hulle gaan eet as gevolg van die hongersnood en dat God dan nie by hulle sal wees nie en sodoende maklik verower kan word; dan sal sy hom kan lei sodat hy hulle kan aanval en selfs tot in Jerusalem kan gaan. Om tyd te wen vra sy om elke aand te gaan bid en te kyk wanneer die tyd reg is.

Na drie dae het Holofernes haar na sy tent genooi vir 'n ete, sy het die heeltyd nog haar eie kos gehad en daarvan geëet. Holofernes het heeltemal te veel gedrink, sodat dit vir Judit maklik was om sy kop met sy eie swaard wat bokant die bed gehang het, af te kap. Die kop is in haar kossak gesit en die slavin en Judit is uit die tent op pad na die plek waar sy elke aand gaan bid het. Vandaar is sy en die slavin met die kop van Holofernes na Betulua waar dit teen die verdedigingsmuur gehang is. Toe die Assiriese soldate agterkom wat gebeur het, het hulle gevlug maar die Israeliete het hulle agtervolg tot in Jerusalem en vernietig. Judit is geprys en sy het 'n loflied tot eer van God gesing. Judit het in Betulua op haar landgoed gaan bly; sy het nooit weer getrou nie en 105 jaar oud geword; sy is saam met haar man in sy graf begrawe in Betulua. (Betulua word in die vertaling sonder 'n *"h"* gespel, dus nie "*Bethulua*" nie).

BETHULIA (Βαιτουλοόα, Βαιτουλία, Βετυλοόα, Βαιτυλοόα; Vulgate, Bethulia): *"Name of the city which, according to the Book of Judith, was besieged by Holofernes; the home of Judith. In the shorter version of the legend published by Gaster ("Proceedings of the Society of Biblical Archeology," 1894, xvi. 156 et seq.), Jerusalem is the besieged city. The name "Bethulia" may, therefore, be assumed to be an allegorical one, meaning perhaps "Beth-el" (house of God), or it may be a word compounded of "betulah" and "Jah" ("Yhwh's virgin"). In the better-known longer version, however, the whole context points to the situation of the city as having been on the mountains to the south of the large plain of Jezreel. Bethulia is, moreover, spoken of in a way to distinguish it decidedly from Jerusalem. It may therefore be accepted that in the longer version the story has been connected with a definite tradition current in that locality. The original allegorical name, however, may have been applied to a place in that region; but it has not yet been possible to find traces of the name in the region to the south of the large plain"*.http://www.jewishencyclopedia.com/articles/3228-bethulia

In Backhouse (1844:354) se herinneringe van sy besoek aan die plek in Junie 1839 gebruik hy die spelling as *Bethulia*. Die volgende variasies kom ook in verskeie bronne voor: B*etulia en Betulua.*

Soos hierbo blyk is daar al dikwels oor die betekenis van die naam bespiegel. Die meeste menings dui op *die "huis van God"* of "*plek van aanbidding*"; wat sin maak in die lig van die sendingstasie wat Pellissier hier gevestig het en hy 'n naam voor moes kies. Mens kan jou moeilik indink dat hy die stasie, by implikasie van die ander betekenis, "*skone maagd*" sou noem. Laasgenoemde betekenis is deur professor Marais van Stellenbosch gegee met die inwyding van die NG Kerkgebou in Julie 1887 en dit is onkrities aanvaar (Pellissier, 1956:233). Steun vir die meerderheid vertolking kom ook van die volgende bronne. Van der Walt en Tolmie (2005: 67) meen dit beteken waarskynlik "*huis van God*" (soos Bet-El) en uit nog 'n bron: "*The city of Betulia is unknown to geographers. Its Hebrew name, that is Beth Eola, literally means House of God*". (http://pendientedemigracion.ucm.es/centros/cont/descargas/documento25918.pdf).

Op die vraag oor *waarom* die naam gekies is, saam met die verklaring asook die Franse omvorming, kom die antwoord van ds Dirk Laufs aan 'n brief aan Jacs Pretorius:

"Sedert 1972 toe ek as jong proponent hierdie gemeente kon begin bedien, het die naam B*ethulie* my geinteresseer. Tydens 'n onlangse besoek aan ons geliefde eerste gemeente, wys Jacs Pretorius...hy en ek was destyds saam jonk op die kerkraad...my die volgende interessante handgeskrewe mededeling voor in 'n boekie met die Apokriewe wat hy in sy boekery bewaar : *"Aan die Biblioteek van die Pellissier Hoërskool van Bethulie – van S H Pellissier (sy handtekening) 24/4/63. Die* boek Judith in hierdie apokriewe boeke gee die geskiedenis van die stad Bethulia waarna ons dorp Bethulie genoem is. In die Franse Bybel word die stad Bethulie genoem*". Op die aangeduide bladsye wat hy aantoon in sy mededeling word inderdaad dan ook die stad B*ethulia* beskryf en hoe dit aan die voet van die berg by die oorsprong van 'n fontein geleë was.

Kleinseun Samuel Henri gee in bogenoemde inskrywing ons sekerlik met genoeg stelligheid die kennis asook geloofs-gevoelens weer van sy oupa Jean Pierre, toe laasgenoemde sy nuwe woonplek se naam na Bethulie verander het..."*Die Apokriewe boeke was (soos tewens baie ander vertalings) deel van die Franse Bybel en oupa Jean Pierre het die verhale daarin dus ook gelees en geken. Daarom dat hy, toe hy by hierdie pragtige plek in die suid-Vrystaat aanland – ook met 'n fontein en ook aan die voet van 'n berg – dit na die Apokriewe stad Bethulia in die boek Judith vernoem het (In die Franse Bybel geskryf as: Bethulie*)".

Vir die Fransman Jean Pierre Pellissier was dit inderdaad: Bethulie (van *Beth Eloah*, huis van God)."

Die verhaal van Judit en die dorpie waarin sy gewoon het, het meer mense as net vir Pellissier geinspireer. *La Bethulia liberata*, is deur Mozart in 1771 gekomponeer; die teks is deur Metastasio geskryf. Dit was in opdrag van koning Charles VI waar meer as 30 komponiste voor ingeskryf het, maar Mozart s'n is die meer bekende een. Dit was Mozart se enigste oratoria en hy het dit geskryf toe hy 15 jaar oud was. (www.mozartproject.org/compositions/k)

Meer as 114 skilderye en beeldhouwerke het die verhaal as tema, onder andere het Michaelangelo die verhaal in die hoek van die Sistynse kapel geskilder; Boticelli skilder in 1470 *Die terugkeer van Judit na Bethulia*; Goya skilder in 1819 *Judit en Holofernes*. Van die meer bekende beeldhouwerke is die bronsbeeld van Donatello; in Florence by die fontein in die paleis van Lorenzo De Medici is daar 'n beeld van Judit en Holofernes.

NATUURRAMPE

Geen plek is gevrywaar van natuurrampe nie, en omdat dit so ingrypend is word die meeste gewoonlik êrens aangeteken. Vir die omgewing is droogtes en vloede die rampe wat meer dikwels aangeteken is hoewel sprinkane, trekbokke, aardbewings en runderpes nie onbekend was nie.

Vloede: Simon du Plooy (Brakfontein) verwys na die Oranjerivier wat in 1874 die hoogste watermerk bereik het, hy meen selfs hoër as een wat nog in sommige mense se geheue was, die van die 1925 vloed, wat tot 1975 die hoogste was wat die rivier nog was (Nuusbrief, 7 Mrt 1975).

Die vloed van 1881 het bewyse gelaat. Pellissier (1956:562) beskryf dat daar 'n klippaal ingeplant is om aan te toon waar die water gestaan het. Dit was aan die linkerkant van die pad aan die Vrystaatse kant van die rivier ongeveer 300 meter van die rivierwal. Die het ongelukkig ook nou verdwyn met die bou van die Gariepdam.

Ander jare waarin vloede voorgekom het was in 1887, 1890, 1934, 1972, en 1988 (Olivier, 1973:9). Whitey Strydom onthou hoe die varke verdrink het in 1934 se vloede waar hulle in die hokke by die slagpale langs die spruit was. Vroeg in 1972 tref 'n waterramp Bethulie; water loop 5½ vt oor die damwal, 'n deel van die dorp is oorstroom en die tennisbane (wat daardie tyd nog in die Rooidorp was) en die abbatoir is onder water. (Geskiedkundige dagboek, 1981:16). In die swart woonbuurt het 44 huise geheel of gedeeltelik ingestort, 81 gesinne is daardeur geraak; die Raad het huisvesting verskaf deur mense te huisves in die huise wat die Raad aangekoop het. Kragtoevoerkabels en waterpype is beskadig asook die brug by Ondernoordstraat; eiendomme naby die spruit is oorstroom (Notule 24/2/1972). Bome in die park en die sementblad waarop waatlemoenfeeste en klavieruitvoerings gehou is, word weggespoel.

Foto van Jaco Wessels van vloede van 1972; laagwater-bruggie na Rooidorp.

Met die 1988 vloed in Februarie was die skade nog groter en die dorp word as 'n rampgebied gelys. In Ondernoordstraat het albei brugkoppe van die bruggie weggespoel asook 'n groot gedeelte

van die straat. Elektriese kabelaansluitings en waterpype is beskadig. Die laagwaterbruggies onderkant die treinbrug en die een na Jim Fouchestraat het totaal weggespoel. Aanlope na die Joubert-Scottstraatbrug is ernstig beskadig asook die teeroppervlak voor die brug. Die bruggie onderkant die Zebradam in die wildtuin se ryvlak is erg beskadig. Onderkant die damwal is groot Kausarisbome *("Beefwood")* ontwortel, die spruit wyd oopgespoel, die toegangspad in die park se sementblad is weggespoel en leivore erg beskadig. Die tennisbane wat toe nog naby die ou Rooms Katolieke woning was, is so beskadig dat dit herbou sou moes word. Huise is oorstroom of omring deur water en wonings moes ontruim word; meubels word in die stadsaal geberg. Sowat 80 wonings in die swart en bruin woonbuurt het ingestort of gedeeltelik ingestort.

Die dorpsdam met die 1988 vloed, die water het oor die reelings van die wal gestroom

Die SAPD, Burgerlike Beskerming, die Kommando en talle inwoners het bystand gegee en gehelp (Notules 25/2/1988, 22/3/1988). Eise vir die skade aan munisipale eiendom is by die Rampfonds ingedien.

Omdat skrywer nie syfers vir Bethulie kon opspoor van die Februarie-vloed nie word na Bloemfontein s'n verwys "Met die vloede in 1988 het die stad in Januarie 33,5mm en in Februarie 491,1mm gehad – waarvan 310mm net op 21 Februarie 1988 geval het."

Die brug in Joubert-Scottstraat is eers vyf jaar na die vloed, in 1992, deur die Provinsiale Administrasie herstel wat Raubex daarvoor gekontrakteur het. Voorheen was dit 'n enkelbaanbrug maar die Provinsiale Administrasie het besluit om dit met 'n dubbelgangbrug te vervang omdat dit 'n toegangsroete na die dorp is (Notules 8/7/1988,13/2/1992; 25/6/1992).

Vir die herstel van die brug by Ondernoordstraat is daar 24 kasduikers bestel en 'n kwotasie vir die plasing daarvan word afgewag vanaf Raubex (Notule 16/6/1992). Die werk is egter nooit voltooi en die kasduikers lê steeds naby die bruggie.

In Januarie 2011 het dit 200 mm gereën. Gelukkig was die skade beperk en die indrukwekkende watermassas het mense gereeld na die Hennie Steyn-brug en die brug oor Slikspruit gelok. 'n Merrie en haar baie jong vulletjie wat naby die brug naby die riverloop vasgekeer was, het vir 'n dramatiese reddingpoging gesorg.

Droogtes is die omgewing ook nie gespaar nie. 'n Rekord van droogtes en sprinkane is aangeteken deur die sendelinge: 1829, 1831-32, 1834, 1841-42, (hier word gemeld dat slegs drie oeste oor die afgelope 10 jaar ryp geword het), 1849, in 1850-1851 was dit droog met gepaardgaande sprinkane vir twee maande; in 1860 of 1862 het die Oranjerivier vir drie maande geen watervloei gehad nie (Nuusbrief, 7 Mrt 1975). Pellissier skryf dat toe die dorp in 1862 tot stand gekom het, dit die jaar was wat die grootste droogte wat die binneland geken het, geheers het; baie vee het gevrek. Hy haal ook 'n brief aan wat Lemue in 1867 skryf: "*die afgelope ses maande het ons nie 'n enkele bui reën gehad nie. In plaas van reën kry ons stofstorms. Derhalwe is die hele land verskroei. Daar is geen teken meer van plantegroei nie, beeste, perde en skape vrek by die duisende. Die sand hoop op net soos die sneeu in* *ons Europese lande sou doen. Die hongersnood begin algemeen word"* .(Pellissier,1956: 531,476. 678).

Na die ABO was daar 'n droogte wat as die ergste in 40 jaar beskryf is tussen 1902 en 1904 en dit in die tyd wat mense na hulle verwoeste plase teruggekeer het en weer 'n lewe probeer maak het. In 1919 was daar ook 'n ernstige droogte. Dit is egter die droogte van 1933 wat steeds as die ergste beskou word. Ds Groenewald van die NG Kerk in Bethulie skryf hieroor: "*Die diere was so maer en swak dat hulle nie vinnig kon beweeg nie. Ek moes meermale met die kar stilhou dat die uitgeteerde springbokke oor die pad kan beweeg. As een skrik en val, kan hy nie weer op nie. Die skroeiende westewind het die vlaktes kaal gewaai en by tye was die stofstorm so erg dat selfs die kerkgebou op honderd tree nie sigbaar was nie. By geleenthede (22 Augustus, 6 en 22 Oktober) het dit so donker geword dat die kinders op skool in 'n paniek geraak het. Boorgate het opgedroog....op 9 November gebeur dit! Visse begin met die leiwater afkom. Die dam was leeg... Op 12 Desember het dit sag begin reën en dit het deur die nag aangehou totdat byna twee duim reën geval het. Op 24 Desember is daar 'n dankdag gehou".* (Groenewald, 1985:17).

Ander droogtes wat onthou word was die van 1961, 1964/65, 1973 en 1982/83. Simon du Plooy (Potchefstroom) onthou dat daar in 1964/65 'n landwye biddag vir reën gehou is: "*alle besighede het gesluit en die boere en dorpsinwoners het die (NG) kerk volgepak...terwyl die donderwolke buite begin saampak het. Toe die diens verby is moes die kerkgangers in gietende reën na hulle motors hardloop. Die droogte was gebreek*!" (Nuusbrief, Apr 2012). In 1992 het 'n landwye droogte voorgekom. Die Suid-Afrikaanse Weerdiens het op 13 Januarie 2016 'n verklaring uitgereik en aangedui dat die kalenderjaar van 2015 die jaar met die laagste reënval oor die afgelope 112 jaar in Suid-Afrika was. Die gemiddelde reënval vir al nege provinsies was 403 mm terwyl die langtermyn gemiddelde 603 mm is. Gepaardgaande met ander faktore word die droogte as krities beskou (Artikel deur P Theunissen in http://landbou.com/wp-content/uploads/2016/05/LBW_Droogte.pdf).

Oom Roic (Rodrick) McDonald het graag gebid tydens bidure, maar sy gebede was in die vorm van gedigte en ander uniekhede. So onthou Estelle Venter dat hy tydens 'n biduur vir reën gebid het dat die Vader tog reën stuur: "*nie net wat drip-drip nie maar wat tjor- tjor*". Van sy dankgebede was die volgende:

Gebedsverhoringwelketroos.

Die wonde wat 'n droogte slaan
Laat almal na die kerk weer gaan!
Waar almal voor die Heer moes staan –
insak en as ... voor Hom moes gaan.

Nog was dit die veel aangename tyd!
Nog was dit die dag van saligheid!
En kry ons wat ons nie kon koop –
'n Mildereën ... deur gebed en hoop.

O voëltjies tjirrp, o duiwe koer!
O loof tesaam met elke boer!
Gebedsverhoring welke troos
Te weet ... dat ons is tog Sy kroos.

Dit het sowaar weer hier gereën!
Daal weereens neer –
Op ons ou land hier –
Geseënde verfrissende reën.

Sprinkane het die omgewing van tyd tot tyd geteister: in 1834, 1867, 1876, 1892, 1904; in 1906 het die regering byvoorbeeld drie sjielings per sak sprinkane betaal (Prinsloo, 1955: 514). Die sprinkaanplaag van 1934 het net na die droogte gekom, te midde van armoede en werkloosheid. Groenewald (1895:18) onthou die volgende: teen die einde van Mei is sprinkaan-bestrydingspanne saamgestel wat die voetgangers moes bespuit. Daar was egter geen einde aan die sprinkane nie, in die lente het nuwe swerms verskyn, so groot dat hy met een geleentheid byna 20 myl (32 km) in een swerm gery het. Teën die einde van 1934 was die plaag verby.

Trekspringbokke: Simon du Plooy (Brakfontein) skryf *"nog 'n interessante geval uit die vorige eeu, waarskynlik in een van die periodieke droogtes destyds, was die trekspringbokke wat al langs die Oranje, aan die Kaapland kant, opgetrek het, by die duisende en alles platgetrap het sover hulle gegaan het. Hulle het baie naby aan Aliwal teruggedraai en weer net so verdwyn as wat hulle gekom het. Al wat hulle nagelaat het was vertrapte veld. In hulle opmars het hulle nie eers vir die mens geskrik nie, inteendeel die veiligste was om uit hulle pad te bly".* (Nuusbrief, 7 Mrt 1975).

Die **Aardbewings** wat in Smithfield gevoel en aangeteken is, is waarskynlik ook in Bethulie ervaar; dit is die twee van 16 April 1893 en 20 Februarie 1912 waarvan die episentrum in Koffiefontein was en +6 op die Richterskaal gemeet het (Van Lill, 2004:57; Prinsloo, 384, 536). Op 30 Julie 2012 teen 22:30 is 'n bewing van 3,8 op die Richterskaal in Bethulie gevoel.

Runderpes het tussen 1896-7 onbeskryflike verliese en ellende besorg, ook aan die boere van die Bethulie-omgewing. Daar het meer as 2,500,000 beeste in Suid-Afrika gevrek; net in die Vrystaat is daar tussen 45,000 en 60,000 beeste dood. In 1897 word die wabrug oor die Oranjerivier gesluit asook die pad na Smithfield. Simon du Plooy (Brakfontein) vertel dat die Engelse regering in die Kaapkolonie al die driwwe van die Oranjerivier laat bewaak het en feitlik vir alle verkeer gesluit het, behalwe met spesiale toestemming. Ten spyte van die maatreëls het die pes tussen Burgersdorp en Venterstad sy verskyning gemaak. Beeste is van kant gemaak met die gevolg dat daar min beeste in die Vrystaat oor was. Die boere het toe 'n entstof voorberei uit die gal van 'n siek bees wat 'n sekere graad van die pes gehad het; dit was 'n fyn kuns om te weet wanneer die pes ver genoeg in die bees teenwoordig was vir die bereiding van die entstof. 'n Persentasie beeste is wel deurgehaal. Die siek beeste is doodgeskiet en in slote gegooi (Nuusbrief, 7 Mrt 1975). Dit is juis as gevolg van sulke karkasse wat die water in die spruit, noord-oos van die dorp, vergiftig was toe die Engelse soldate daar kamp opgeslaan het gedurende die ABO. Hulle moes toe water vanaf 'n fontein oppomp na die perdedammetjie om drinkbare water te kry.

NATUURRESERVATE

Bethulie is in die omgewing van drie natuurreservate; twee in Bethulie-distrik en weerskante van die dorp en die ander een regoor die dorp in die Oos-Kaap.

Oviston Wildreservaat

Die natuurreservaat is aan die suidelike oewer van die Gariepdam en in die Oos-Kaap geleë. Dit strek van die Gariepdam se wal, verby Bethulie tot by die Hennie Steyn-brug. Die reservaat is 16,000 hektaar groot.
Die grond is aanvanklik deur die regering gekoop vir die bou van die Verwoerddam, nou Gariepdam. In 1968 is die grond van die reservaat oorgedra aan die provinsiale owerheid.

Gariep Natuurreservaat

Die Gariep-natuurreservaat het in 1972 kort ná die amptelike ingebruikneming van die dam ontstaan en is in 1979 as reservaat geproklameer. Die reservaat is ongeveer 13,000 hektaar groot en strek van die Gariepdam-vliegveld in die weste tot anderkant die Hennie Steyn-brug by Bethulie in die ooste. Dit is onder die beheer van die Vrystaatse Departement van Omgewingsake en Toerisme. Dit is in twee dele verdeel, waarvan een deel van 6,000 hektaar afgekamp is en toeganklik is vir besoekers. Die ander deel word hoofsaaklik gebruik as 'n telingskamp vir die grootste trop springbokke en swart wildebeeste in die Vrystaat. Daar is sowat 25 km paaie wat vir wildbesigtiging gebruik kan word. Daar is sowat 4,000 stuks wild in die reservaat, waarvan springbokke meer as die helfte is. Ander bokspesies wat ook in die reservaat voorkom, is eland, koedoe, gemsbok, rooihartebees, blesbok, rooibok, rooi ribbok, duiker, steenbok en klipspringer. Die skaars Kaapse bergkwagga kom ook hier voor. Vanweë die dier se historiese natuurlike verspreiding is die Gariep-natuurreservaat die verste noord wat hy in die land versprei mag word en is dus die enigste plek in die Vrystaat te sien. Daar is geen groot roofdiere in die reservaat nie, maar kleiner spesies soos rooikat, rooijakkels en die wildekat kom voor. In die reservaat is daar ook 248 geïdentifiseerde voëlspesies (land en watervoëls), waaronder die breëkoparend en die roofarend; dit is ook die tweede aangetekende plek in die Vrystaat waar die kelkiewyn broei.

Die reservaat se verblyf is op 'n skiereiland

Die reservaat kan topografies beskryf word as 'n tipiese Karoolandskap wat uit plat tot effens golwende vlaktes, klipperige riwwe en tafelkoppe bestaan. Dié landskap vorm 'n sterk kontras met die watermassa van die Gariepdam. Boesmantekeninge hier is aanduidend dat 'n groep Boesmans in die verlede hul tuiste in die reservaat gehad het. Uit argeologiese inligting blyk dit dat die spesifieke stam tussen Gariepdam en Bethulie rondgetrek het. (Kyk HOOFSTUK 1: BOESMANS). Die plantegroei in die reservaat kan as die oostelike gemengde Nama-Karoo beskryf word en bestaan uit 'n komplekse mengsel van grasse, struike en 'n groot verskeidenheid bome. Benewens die groot verskeidenheid natuurlewe wat die reservaat bied, is daar ook 'n pragtige ruskamp wat op 'n skiereiland geleë is en 'n onbeperkte uitsig oor die waters van Gariepdam het. Die ruskamp het ten volle toegeruste chalets en 'n woonwapark met kragpunte.
(http://www.gariepdam.co.za/gariepdam/NatureReserve/)

Tussen-die-Riviere Natuurreservaat.

Met die groot teleurstelling oor die Verwoerddam se wal wat nie hier naby Bethulie gebou is nie, asook al die negatiewe gevolge van die besluit vir Bethulie het die Raad nie opgegee nie en verskeie pogings aangewend om toerisme in die deel te bevorder. Die idee van 'n jagreservaat is deur dr Fryer, as burgemeester, vir die eerste keer in Mei 1965 op 'n Raadsvergadering genoem. Die Raad het daarna die ontwikkeling van 'n wild en jagplaas tussen die Caledon- en Oranjerivier aan die administrateur voorgestel. As gevolg daarvan het die ontwikkeling plaasgevind. Teen 1975 was daar kantore, 25 km gruispad, drie personeelhuise en huisvesting vir 28 werkers en 'n abbatoir. Later stel die Raad voor dat besoekers of toeriste toegelaat moet word en stel ook die ontwikkeling van 'n bustoerdienste en meer paaie voor; in Oktober 1978 word die reservaat op aandrang van die Raad oopgestel vir toeriste (Notules 24/7/1975, 26/51977, Jaarverslag van die Raad, 1977/78). Altesaam 26 plase is in 1967 uitgekoop vir die Oranjerivier Staatswaterskema en meer spesifiek dan vir die huidige Tussen-die-Riviere natuurreservaat Die lys name van die plase wat uitgekoop is vir die doel verskyn in die koerant en is verkrygbaar op die volgende webwerf :
http://Soer.deat.gov.za/dm_documents/Tussen-die-Riviere Game Farm nSA7D.pdf

Op 17 November 1972 is dit onder die naam "*Wildplaas tussen die riviere*" geproklameer (Administrateursnota no 224/1972 van die Natuurbewarings-regulasies). Die naam is gebruik tot Oktober 1989 toe dit verander het na "*Tussen-die-Riviere natuurreservaat*" soos afgekondig in die Offisiële koerant no 42 vanaf 13/10/1989.

Die reservaat dien vir agt maande van die jaar as natuurreservaat en vir vier maande as jagplaas; tussen 1 Maart en 30 September. Dit beslaan ongeveer 22,000 ha met 'n infrastruktuur wat selfsorg huisies en 'n jagterskamp insluit asook 120 km toeriste roetes.

Die bioversiteit van die reservaat is van groot belang vir bewaring, asook kulturele en natuurlike bates soos grafte, krale, rotskuns, fossiele en die klipstapels. 19 soorte wild spesies, 220 spesies voëls en 43 klein soogdier spesies kom voor. Die eerste swartrenoster in 158 jaar is in die Vrystaat in November 2000 hier hervestig, hy is Fanjan gedoop!
(Kyk HOOFSTUK 7: GARIEPDAM; HOOFSTUK 9: PLASE)

Fanjan gou 'n Vrystater in murg en been *"Die vaalpens-nuweling in die natuurreservaat Tussen-die-Riviere hier, het vinnig 'n smaak vir die Vrystaatse lekkernye ontwikkel. Bloubos, 'n tipiese Suid-Vrystaatse plant, is deesdae een van die gunsteling-happies van Fanjan, die eerste swartrenoster in 158 jaar in die Vrystaat, wat onlangs deur die Vrystaatse Departement van Omgewingsake en Toerisme van 'n teelplaas naby Brits ingevoer is. Hy het die afgelope twee weke so goed in die boma aangepas waarin hy einde November met groot moeite hier vrygelaat is, dat natuurbewaarders beoog om hom dié naweek die eerste keer toe te laat om die volle glorie van die reservaat te beleef.*

Dit behoort die laaste aktiewe stap van sy vestiging in Tussen-die-Riviere te wees. Dr. Pierre Nel, staatsveearts van die departement van omgewingsake en toerisme, sê die plan is om hom môre-oggend met 'n sender in die horing toe te rus. As alles goed verloop, behoort hy teen Saterdagmiddag uit die boma vrygelaat te word. Sedert sy aankoms in die Vrystaat het hy baie goed aangepas. Hy is rustig en eet genoeg van die takke en blare uit die omgewing wat vir hom gepluk word. Gunstelinge is soetdoring, kriedoring en bloubos. Nadat hy losgelaat is, sal hy daagliks dopgehou word om seker te maak dat hy genoeg eet en homself nie beseer nie. Dit sal met behulp van die sender geskied. Vier werkers in die reservaat, wat in spanne van twee elk sal werk, is reeds opgelei om die omgewing te patrolleer en renoster-oppasser te speel. Van die risiko's waarvoor die veeartse en natuurbewaarders op die uitkyk sal wees, is dat hy met die loslatery blindelings 'n rigting in hardloop, in 'n donga of van 'n steil rant val, met waterdrink in die modder vassit of aanhou rondloop sonder om 'n gebied te vind, nie genoeg eet nie en gewig verloor.

Hy behoort hom uiteindelik in 'n gebied van tussen 2,000 ha en 6,000 ha te vestig. Fanjan is die eerste swartrenoster in die Vrystaat sedert dié hoogs bedreigde spesie se vorige Vrystaatse bevolking in 1842 uitgewis is toe die laaste een op die plaas Renosterkop by Kroonstad geskiet is. Fanjan, 'n jong bul, is ná vyf jaar se onderhandelinge ingevoer". (Die Volksblad, 7 Des 2008).

Aanvanklik was daar drie voetslaanroetes in die reservaat waarvan die sewe km, die Middelpuntroete, in die omgewing van die samevloei was. Die Klipstapelroete was 12 km en was min of meer in die middel van die wildtuin. Die 16 km Oranjerivierroete het min of meer langs die rivier geloop. Viertrek en bergfietsroetes was ook beskikbaar (Hoffmann, 1998:48-9). As gevolg van die plasing van renosters het die roetes ophou bestaan.

'n Interessantheid in die reservaat is die groot konsentrasie van klipstapels wat ongeveer 100 morg beslaan. Norman (2006:117) beskryf die tipe rotse soos volg: *"...a fine example of "woolsack" weathering. As the dolerite cooled and solidified after its molten intrusion, joints formed, approximately at right angles to one another. When thes rocks were exposed to the surface, more than a hundred million years later, the rainwater seeped down and along the joints, and the rocks began to weather inwards from the joints. As the process continues and material washes away, the formerly sharply angular block-edges become rounded, giving the impression of rows of stacked-up wool sacks or, to use a more local metaphor, bags of mealies".*

NUUSBRIEF

Die eerste uitgawe van die Bethulie Nuusbrief verskyn op 19 April 1974. Dit was die breinkind van Piet Smith, wat as prokureur in Bethulie gepraktiseer het. Dit het tweeweekliks onder beskerming van die Bethulie Sakekamer verskyn met Jacs Pretorius as redakteur en Alrina, sy vrou, wat die tikwerk en uitleg behartig het. In die vyfde herdenkingsuitgawe van die Nuusbrief word gemeld dat meer as 600 nuusbriewe maandeliks versprei word waarvan 200 gepos word na belangstellendes oor die hele land; dit is dus 300 eksemplare elke twee weke! Bethulie se beeld is uitgedra en 'n effektiewe kommunikasiemiddel is geskep.

Vir baie jare die voorblad van Bethulie Nuusbrief

In Januarie 1980 het Jacs en Alrina bedank. 'n Gesamentlike poging tussen Piet Smith se personeel en die van die munisipale kantore verseker aanvanklik die voortbestaan van die Nuusbrief; Thea du Plessis het onder andere met die tikwerk gehelp. Verskeie persone het deur die jare as redakteurs opgetree soos Katinka van Heerden, Wilma Loots , eggenote van die akteur Jacques Loots, Schalk Jacobs, Ted Hope, Patrick Hays, Dave Spence, ens; die Nuusbrief was steeds die verantwoordelikheid van die Bethulie Sakekamer, later die Bethulie Besigheidsaksie (BBA). Met die ontbinding van die BBA, is die Nuusbrief in 2009 geprivatiseer. Dit het weer nuwe uitdagings gebied, want finansiële steun het verval en 'n nuwe span vrywilligers wat wil of kan bydraes maak moes gevind word. Van almal wat die Nuusbrief later probeer in stand hou het, was Rina Simes sekerlik die langste betrokke as redakteur; sy het vir meer as vier jaar met tussenposes die tikwerk, samestelling en uitleg gedoen, te midde van haar ander werk. Vanaf 2014 het verskeie persone die Nuusbrief aan die gang probeer hou totdat die laaste een in 2016 verskyn het.

Odendaalstroom kyk GOEDEMOED

Olie kyk DIAMANTE, OLIE, GOUD EN STEENKOOL

Ontdekkingsreisigers kyk HOOFSTUK 2: VROEË BESOEKERS

Onderwysers kyk SKOLE

OORD

Kyk ook DORPSDAM; TOERISME;GARIEPDAM

Die oord het sy ontstaan gehad met die ontwikkeling van die Oranjerivierskema en alles wat daarmee gepaardgegaan het. Nadat die damwal nie in die omgewing gebou is nie, soos vir baie jare beplan is, moes ander wyses gevind word om toerisme te stimuleer. Voor dit het Bethulianers net die plesier van die gebruik van die park en die dorpsdam gehad. Tydelike werkers het ook die dorp toegestroom met die ontwikkeling van die skema; werkers aan die brûe, spoorlyn, paaie en selfs die wal en tonnel het in Bethulie verblyf gesoek en daarom besluit die Raad op 16 Augustus 1962 om die Frank Gunn Park as karavaanpark in te rig (Geskiedkundige dagboek...1981:13).

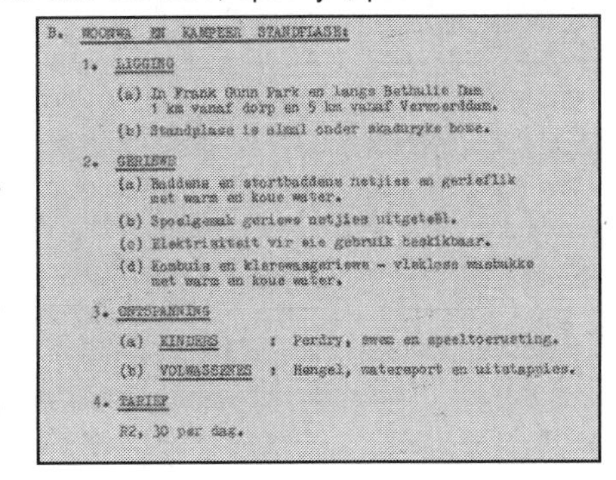

B. WOONWA EN KAMPEER STANDPLASE:

1. LIGGING

(a) In Frank Gunn Park en langs Bethulie Dam 1 km vanaf dorp en 5 km vanaf Verwoerddam.

(b) Standplase is almal onder skaduryke bome.

2. GERIEWE

(a) Baddens en stortbaddens netjies en gerieflik met warm en koue water.

(b) Spoelgemak geriewe netjies uitgeteël.

(c) Elektrisiteit vir eie gebruik beskikbaar.

(d) Kombuis en klerewasgeriewe - vleklose wasbakke met warm en koue water.

3. ONTSPANNING

(a) KINDERS : Perdry, swem en speeltoerusting.

(b) VOLWASSENES : Hengel, watersport en uitstappies.

4. TARIEF

R2, 30 per dag.

Gedurende 1967 is die Administrateur genader met die oog op die ontwikkeling van 'n vakansieoord. Die bou van die eerste twee vakansiehuise en die ontwikkeling van ontspanningsgeriewe word in 1967 goedgekeur met die volgende twee huise in 1969 (Notules 21/9/1967, 21/11/1967, 24/4/1969). Dat die Raad spaarsamig te werk gegaan het in die ontwikkeling is duidelik, want in 1971 met die kompaktering van dorp word nog huise gebou van die materiaal verkry uit die sloping van geboue. (kyk HOOFSTUK 5: DORPSONTWIKKELING....). Die eerste huise beskik oor 'n elektriese tweeplaat-stofie, 5 gelling waterverwarmers, 4.5 kub vt yskaste en beddens en matrasse; in 1971 word ook nuwe meubels vir die huisies aangekoop. Teen Maart 1971 was daar reeds agt huise.

Die woonwapark was in 1971 nog steeds in die Frank Gunnpark en 'n deel van die jukskeibane en hul geboutjie moes opgeoffer word vir die uitbreiding wat tot 45 standplekke voorsien het; uitbreidings soos die aanbring van 'n speelpark en die aanskaf van ryperde is ook beplan (Notule 24/6/1971). Mettertyd het die kampeerders langs die dam in *Happy valley* se omgewing meer geraak en meer geriewe is daar ook nodig. Teen 1974 was daar reeds 20 huise, vier waskamer komplekse vir woonwa en tentkampering, en ander geriewe (Notule 26/8/74). Die oord word 'n gewilde plek; so was daar byvoorbeeld tydens die Paasnaweek van 1978, 56 woonwaens wat hier kampeer het en verblyf moes lank voor die tyd bespreek word. Gedurende die tyd word oorweeg om die vakansiehuise en standplase vir privaatbesit beskikbaar te stel en die gedagte van 'n motel word ook bespreek (Notules 8/6/1978, 26/3/1987, 29/8/78).

Instandhouding aan en in die huise vind gereeld plaas en in 1988 word besluit om twee vakansiehuisies toe te rus met beddegoed en eetgerei vir mense wat net deurry en een nag wil oorbly. In 1992 word nog twee huise gebou, moontlik die laastes (Notule 26/3/1992).

Die oord moes ook vir vermaak en ontspanningsgeriewe voorsiening maak en die dam in sy geheel meer toeganklik; 'n pad na die kom aan die westekant van die dam word in 1967 gebou.

In 'n verslag van die Raad van 18 Mei 1972 word die posisie van Bethulie beskryf onder die opskrif: *Bethulie se posisie nadat die Verwoerddam sy distrik ingesluk het;* 'n enkele paragraaf daaruit lui: "*Die toeristebedryf het reeds 'n geringe mate van voordeel vir die dorp meegebring en ons sien dit as die enigste moontlike groeipunt. Bethulie het die potensiaal maar nie die finansiële krag om so 'n groeipunt te skep nie. Die moontlikheid van 'n vakansieoord by die Bethulie-dam met verskeie fasiliteite het groot potensiaal en ontwikklieng het reeds begin. Die Administrasie word versoek om 'n toegang na die oord daar te stel vanaf die verbypad*".

Plekke langs die dam kry name soos, Daan se kom, Van Rensburgbaai en Arrie Kruger-park. Jacques van Rensburg vertel hoe van Rensburgbaai sy naam gekry het: 'n paar van hulle , hyself en klein Piet Haley het die terrein met klippe en sand opgevul sodat dit 'n baai gevorm het. Piet het detyds vir die SA Lugmag se kartografie-afdeling gewerk en toe hy moes kaarte opstel onder andere van die dam het hy dit op die kaart as Van Rensburgbaai opgegee.

Volgens Jacques van Rensburg het Conroybaai sy naam gekry van Jimmy Conroy wat 'n regatta hier voorgestel het en ook wild aan die wildtuin rondom die dam geskenk het. (kyk WILDTUIN) Die bote het toe in die baai aan die suidekant van die dam vasgemeer, so 'n ent onderkant die damwal. In 1962 is daar voorgestel dat die deel van die park wat aan die Springfontein-pad se ingang grens, (dit is op die hoek van die kruising) die Arrie Kruger-park heet; hy was 'n waterfiskaal.

Watersport het uiters gewild geraak, en gereeld is bote en mense wat ski hier gesien. Mense wat gereeld met hulle bote op die dam was was, Rums van Rensburg, Gert Smit, Willem Naude, Piet Haley, Deon van Zyl, Hannes le Roux en ander. Gert Smit het menige mens leer ski, sommer met gewone toue, 'n vasmeerplek is aangelê, die Rums van Rensburg baai.

Bote op die dam in 1970'er jare geneem met mense wat ski. (Fotos met dank aan Marius Fryer.)

Ander fasiliteite wat mettertyd ontwikkel het was 'n speelpark by die karavaanpark; 'n skaatsbaan (Notule 30/10/1972); 'n wipmat in 1977; 'n groot swembad wat in 1987 voltooi is. In 1991 is 'n braaiplek by die boma van *Happy Valley* beplan (Notule 8/4/1991).

Intussen is daar steeds gehoop om met die ontwikkelinge langs die Gariepdam voort te gaan toe die Provinsiale Administraise skielik die ingang na die Gariepdam sluit met verduideliking dat toegang net tydelik verleen was. Die Raad hoop nog om ontwikkeling te doen, want die Provinsiale Administrasie het hulle in kennis gestel dat hulle dit nie meer gaan doen nie; die gebied ter sprake is vanaf Macsmo-grens tot by die brug en rivier. Die Raad besluit om eers op die Bethulie-dam ontwikkeling te konsentreer en geen kapitaalkoste nou aan te gaan nie aangesien die ontwikkeling in die Verwoerddamkom die daarstelling van 'n hele infrastruktuur vereis, van water, sanitasie , bome, ens (Notule 30/10/1972).

Die dam in die oord was 'n hengelparadys en daar is gereeld vis aangekoop om aan die behoefte te voorsien. Die hengelklub word aangemoedig om uit te brei met die gedagte om toerisme te stimuleer. In 1978 word vis vanaf Marbel Hall aangekoop; 1,000 Aischgrundkarp teen R35 en 500 Swartbaars teen R50. Omdat dit ver en die suurstof 'n probleem kan wees, is Buks Marais gevra om dit in te vlieg vir R200! In 1986 word 2,000 grootskub karp aangekoop vanaf die visteelstasie by Verwoerddam uit die Hengel Reserwefonds. In 1989 word besluit om nie forel aan te koop nie aangesien dit 'n roofvis is, en geelvis, kurper en karp word gekoop. Teen 1990 word nog geelvis (2,000 vingerlinge) vanaf die Verwoerddam aangekoop. Die hengelklub kry in 1989 toestemming om by Conroybaai aan die westekant van die dam te hengel vanaf die bloekombome by Conroy baai tot by Arrie Kruger-park (Notules 22/6/1978, 27/7/1978, 28/1/1986, 25/51989, 25/1/1990, 14/9/1989).

Aangesien die Wildtuin deel van die oord omgewing was, was die besigtiging van wild ook deel van die ervaring.

Uit die notule van 9/12/1980: Die stadsklerk deel die Raad mee dat Rums en Rhona van Rensburg nou reeds vir baie jare op eie inisiatief en koste jaarliks by die oord by Bethulie-dam 'n Kersboomfunksie organiseer. (Jacques van Rensburg onthou dat sy ouers Rums en Rhona al sedert 1963 dit gereel het). Die funksie en die wyse waarop dit aangebied word het nog steeds groot waardering van die publiek en besoekers aan die dam uitgelok en lewer 'n waardevolle bydrae tot die Raad se vakansiebedryf. Die tradisie is deur Jacques en Suzette van Rensburg voorgesit wat in 1988, 1990 ook 'n kersboomfunksie aangebied het.

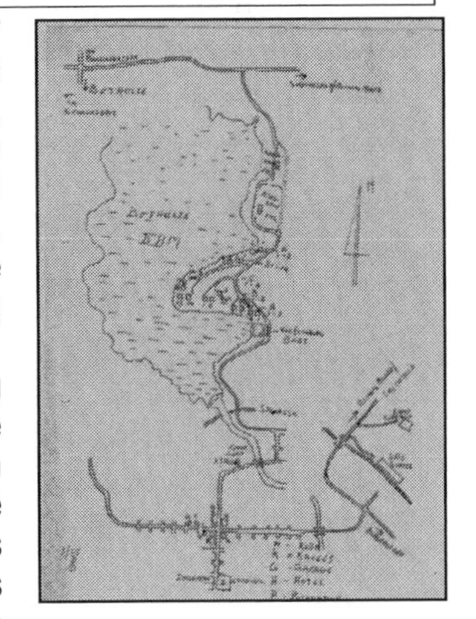

Verskeie programme, saamtrekke, feeste en so meer is deur die jare hier gehou. In 1990 word 'n vermaaklikheidsprogram vir die vakansietyd by die oord gereël, wat die volgende insluit: sokkiejol, staptoere, speletjies, hengelkompetisies, en 'n kersboomfunksie word aangebied deur Jacques en Suzette van Rensburg; die Raad bewillig 'n bedraggie vir klappers en versierings (Notule 12/11/1990). *Bewaar Bethulie feeste* en *Bethulie karnaval* (1998-1992) is by die oord aangebied en die inkomste is aangewend vir die opgradering van die oord.

Op 11 Mei 2004 word 'n verhuringskontrak tussen Kopanong Munisipaliteit en Ikhwezi Holiday Resorts geteken vir die ontwikkeling van die oord. Die wild is verwyder en in die proses is 'n zebra dood. Die kontrak is later nietig verklaar en van toe af is die oord op die afrdraende pad .Vandag is die oord totaal verwoes, alles is gevandaliseer en afgebreek; die wildtuin gestroop en hengelaars vang sonder lisensie vis. Die hele terrein lê vol gemors, hoeke en vislyn.

Opgaardamme kyk onder DAMME

ORANJEJAG EN JAKKALSE

CJ du Plessis se oupagrootjie, Saai (Du Plessis, 1968:31), vertel dat jakkalse hoogty gevier het toe hy begin boer het op Ruigtevlei in 1919. Hy sluit aan by die Vaalkrans jakkalsklub met Robert Grunow as kaptein. "*Ons jagveld het gestrek vanaf Hartebeesfontein, Weltevrede, De Put, Ruigtevlei, Kromberg en Gruisfontein tot aan die rivier, ook Eensaamheid, Buonapartesfontein en die aasvoëlkoppe bokant Knoppiesfontein... Ons het die jakkalsplaag só in beheer gehad dat ons skape laat los loop het*"....Tog het dit weer toegeneem, honde is gebruik en kundige jakkalsvangers is verkry. "*Die skaapdele van die Karoo het hul plase met jakkalsdraad omhein. Reid van River Prospect het stoetskape aangehou. Hulle was die eerste boere wat River Prospect met sifdraad omhein het. Ek het bygedra tot die deel van die grenslyn op die plaatjie tussen Ruigtevlei en River Prospect. Toe koop Alfons Grunow vir Gruisfontein.... Ons span toe sifdraad tussen ons in 1926. Koot Naude en ek ry die boere van Bossiesspruit wyk by om jakkalsproef verklaar te kry. By die eerste vergadering in die Magistraatskantoor in die verband, het ons die meerderheid vir jakkalsproef gekry. Bossiesspruitwyk is toe "Jakkalsproef Omheining" verklaar. Ons span Sterkfontein, Ruigtevlei en Buonapartesfontein in een blok toe. Ou Hans le Fleur span vir my. Die blokstelsel het nie gewerk nie. Die omheining is nie gereeld deur die eienaars laat patrolleer nie... Die groot werk van die omheining het gelê in die ry en toepak met klippe onder die draad en al die sifdraadmatte deur die waterlope, wat nogal baie voorgekom het in die onderste gedeelte van die heining*".

Dit is duidelik dat roofdiere nog altyd 'n probleem vir veeboere was en teen 1965 was daar 34 klein jagverenigings in die Vrystaat. Dit word deur die Provinsiale Administrasie ontbind om 'n enkele vereniging te vorm, Oranjejag, wat bedryf word deur regeringsubsidies en verpligte lidmaatskap van veeboere. In sy bloeitydperk het Oranjejag oor 20 voltydse jagters en meer as 1,000 jaghonde beskik. Vanaf 1971 was lidmaatskap vrywillig, maar as 'n jakkals op jou eiendom is, kon jy beboet word. Gevolglik het lidmaatskapsyfers geweldig gedaal vanaf 15,904 in 1970 tot 5,200 in 1973 (Du Plessis, 2013:8). Almal was nie positief teenoor die poging nie en vandag word die sukses daarvan bevraagteken. "*Wie kan nog vir Oranjejag onthou? Dit was ons Vrystaters se "totale aanslag" teen al wat jakkals was. Die provinsiale owerheid het baie geld gestoot vir hondeteelstasies, personeel, perde en jagters. Ry jy deur die Suid-Vrystaat en die Karoo, sien 'n mens nou nog myle se jakkalsdraad langs die paaie wat destyds deur die staat gesubsidieer was*". (*www.grainsa.co.za/oor-jakkalse-en-wolwe-)*.

In 1993 ontbind Oranjejag.

Die munisipaliteit het steeds lidmaatskap aan Oranjejag betaal tot 1992 (Notules 16/11/986, 23/1/1992).

ORANJERIVIER

Kyk ook BRûE, PONTE ...

Suid-Afrika se langste rivier, die Oranjerivier, is 2,340 km lank; sy naaste mededinger, die Limpopo, is 1,600 km. Die twee grootste damme in Suid-Afrika is binne die Oranjerivier geleë, die Gariepdam met 'n inhoud van 5,341 miljoen kubieke meter en die Vanderkloofdam (eers die PK le Roux genoem) met 'n inhoud van 3,171 miljoen kubieke meter.

Die rivier is deel van elke Bethulianer se ervaring en deel van die dorp se geskiedenis. Dit is die rivier wat as belangrike grens gedien het, wat 'n uitdaging was om oorgesteek te word, wat 'n oorlog ervaar het, waar baie leer swem het, waar ongelukke gebeur het, waar feeste gehou is, en wat op die einde getem is....vele damme wat die eens magtige rivier mak laat word het. "*Ek onthou die opwinding en die sensasie as die rivier afgekom het: ons het afgejaag na die ou brug, gewag om die bruisende, rollende, bruin massa water te sien aankom, te sien hoe dit styg en styg om later die brug se loopvlak net-net te raak; gewag dat die boomstompe wat afspoel die brugpilare tref en geril van opwinding as die brug so tril!*"

"Last Saturday we went for a picnic on the banks of the Orange River. It was a beautiful sunny day. The crowd of us borrowed two wagons with ten oxen each (and the driver and the piccanin to lead) from two of the farmers living near the town. We packed all our eats and drinks on them and climbed on

ourselves and drove in style to the river about three miles away. Some of the older folks came later by cart and horses. It was all very enjoyable". (Uit Emma Klijnveld, kleinkind van JP Pellissier, se dagboek, 10 Junie 1891- *Emma's Diary*).

Die naam van die rivier

Dit is 'n rivier met vele name. Soms word die onderskeid gemaak tussen die *Lae Gariep* (of die *Gariep proper*, dit is die deel onderkant die samevloei met die Vaalrivier; en dan die *Nu Gariep (Swart rivier*) die deel bokant die samevloei met die Vaalrivier wat dan ook die deel in die Bethulie-omgewing insluit. Backhouse verwys in 1839 na die *Zwarte Rivier* en *Nu Gariep* (Schoeman, 2003:10; Pellissier, 1956: 299).

Die eerste inwoners langs sy oewers, die Khoi en die Boesmans, het die rivier verskeie name gegee. Coetzee (1979:595) verwys na 'n groep mense wat hy in 1760 teëkom en hulself die *Eynicquas* noem, wat beteken die 'volk van die rivier *Eyn*'. *Eyn* het blykbaar *kwaai* beteken. Verdere name en variasies op die spelling is: *KhoeKhoen; Garub; Qariep; !Gar-b; Gareb; Garie.* Waar die rivier ontstaan en deur Lesotho vloei word dit deur die Basotho's, S*enqu* wat "kombers" beteken, genoem.

JC Jansz, 'n olifantjagter wat die rivier in 1769 êrens in die noorde van die Kaap bereik het, het daarna as die *Grootrivier* verwys; 'n naam wat vir byna twee eeue vasgesteek het, ten spyte van ander name. In John Philip se verslag skryf hy dat 'n groepie Griekwa-afstammelinge, bekend as Bergenaars, Griekwastad in 1822 en 1823 verlaat en op die grens van Philippolis-distrik gaan bly wat twee dagreise ver vanaf Allemansdrif op die *Cradock* is. Die Oranjerivier is dus ook die *Cradock* genoem deur westerlinge (Schoeman, 2003:16). Allemansdrif is naby Norvalspont (kyk BRûE, PONTE ...).

J Gordon (Kyk HOOFSTUK 8: BEROEMDES) het die rivier in 1777 bereik en vernoem dit op 24 Desember na Prins Willem van Oranje. Gordon het in 1777 die samevloei geskets en die deel onder die samevloei die naam *Oranje* gegee. Hy het die noordelike vertakking (tans die Caledon) *Prinses Wilhelmina Rivier* genoem en die suidelike vertakking (deel van die huidige Oranjerivier) die naam *Prins Willem de V rivier* gegee). Die name vanuit die Nederlandse koningshuis, die Huis van Oranje.

Schoeman (2003:12) wys daarop in dat hoewel Gordon die naam al soveel jaar terug gegee het, die trekboere maar altyd na die rivier as die Grootrivier verwys het. Dit is eers met die stigting van die Oranjerivier Soewereiniteit (1848) en die daaropvolgende Oranje-Vrystaat in 1854, dat die naam Oranjerivier meer prominent geraak het en hoofsaaklik gebruik is.

Dit was nie net die rivier wat aan vele name gewoond moes raak nie, die grootste dam in SA was ook nie gespaar nie. Tydens die beplannings- en beginstadium was dit die *Ruigtevalleidam* genoem, toe die *Hendrik Verwoerddam*, en tans is dit die *Gariepdam.* Op 29 Januarie 2004 het die Vrystaatse premier 'n ontwikkeling aangekondig wat 'n wildreservaat rondom die dam insluit; tydens die geleentheid is die naam verander na Lake !Gariep of Gariepmeer, hoewel laasgenoemde in Afrikaans nie regtig inslag vind nie.

In 1836 het twee van Pellissier se mede-sendelinge, Arbousset en Daumas, Basotholand besoek om meer inligting in te win oor 'n nuwe stam aldaar, die Bagoyas, met die oog op 'n nuwe sendingveld. Tydens die reis het hulle die omgewing waar die rivier, genoem *Senqu*, onstaan, asook die Tugela, Caledon- en Elandsrivier, besoek en dit die Franse naam *Mont aux Source* gegee (Pellissier, 1956:250).

Die ontdekking van die rivier

Die eerste betroubare verslag oor die Grootriver was deur Jacobus Coetsé (1730-1804) van die plaas Groot Klipfontein, Piketberg-omgewing wat die area gedurende 1760 en 1761 besoek het. Hy gaan by Gudaos-drif oor die rivier; dit is naby die huidige Goodhouse (moonlik 'n verwestering van die oorspronklike naam) wat so ongeveer 75 km oos van die huidige Vioolsdrif is. Hy word beskou as die eerste wit man wat die Oranjerivier bereik het. Hy was vergesel van "*12 Hottentots of the Gerigriquas nation remnants of the tribe who had gathered round the Kok family of Basters in the Piketberg region, and who were later to develop into the Griquapeople"* (Coetzee,1979:238,588-601; Schoeman, 2003:10).

Hoewel jagters, soos Jochem Prinsloo, en ander koloniste voor Gordon die Oranjerivier in die omgewing van Bethulie bereik het, kan hulle volgens nie as die effektiewe ontdekkers van die rivier gereken word nie. Robert J Gordon (Kyk HOOFSTUK 8: BEROEMDES...) is volgens Forbes die eerste effektiewe ontdekker van die middelste gedeelte van die rivier as gevolg van die bewyse van die besoek soos dit voorkom in sy joernaal, sy sketse en kaarte. (Forbes korrespondensie met Simon du Plooy (Potchefstroom), 1987).

Waardevolle korrespondensie tussen Forbes en Simon du Plooy (Potchefstroom) het op 17 Augustus 1987 plaasgevind; dit word in die museum bewaar. Volgens die notule van 17/1/1987 het Simon du Plooy fotostate van vyf skilderye van Gordon verkry waarvan hy drie stelle van elk laat maak het - vir die museum, biblioteek en vir homself)

Met Gordon se eerste reis van 1777 na die binneland was van sy doelwitte om 'n einde te probeer maak aan die konflik tussen koloniste en inheemse stamme; hy wou die Xhosa-hoofde en die "Bosjemans" ontmoet. Op pad het hy dikwels tekens van Boesmans gekry, soos vure en plekke waar hulle gewoon het, maar kon nie met hulle kontak maak nie.

Uit sy kaarte blyk dit of Gordon die "Grootrivier" ongeveer 10 km wes en oorkant die rivier van Bethulie op 23 Desember 1777 bereik, daar waar die rivier 'n groot draai gemaak het. Hy het later aan admiraal Stavorinus vertel dat hy die rivier per ongeluk en onverwags bereik het (Forbes, 1965:97) en in sy eie joernaal skryf hy "*all of a sudden we came upon the steep bank of a great river. It flowed from the east, a good hour to the west, through a gateway in these mountains... We called the river the Orange river. It is the same, we believe, that flows out of the Namacquas, the Garie or Great River*". (Cullinan, 1992:44-45).

Gordon gee op 23 Desember die koppe suid van die poort name: *Robertson Macleods Bergen* (op sy kaart noem hy dit egter *die Robertson Strowan Bergen*) "*The gateway through which the river runs is in the same mountain*". Die volgende dag, 24 Desember 1777, na 'n dag se reis langs die rivier het hy, De Beer en die kunstenaar 'n kop uitgeklim, *"ascending a hill he saw that it (the river) divided itself into two branches towards he east"*. Hy vernoem die twee riviere ter ere van die Huis van Oranje: die noordelike vertakking (tans Caledon) het hy *Prinses Wilhelmina Rivier* en die suidelike vertakking *Prins Wilhelm V* genoem. Toe Gordon hierdie sketse gemaak het van die samevloei was die samevloei meer wes as die huidige plek (Forbes, 1965:98).(Kyk CALEDON vir skets)

Gordon het sover hy gereis het sketse gemaak, ook van die landskappe. Van die sketse is met waterverf. Geskiedskrywers is nie altyd seker of dit hy of sy kunstenaar, Schumacher, se produkte was nie. Van die sketse is moontlik soms eers deur Gordon gemaak en later oorgedoen deur die kunstenaar, daarom is daar soms aantekeninge wat verskil en later aangebring is op die sketse. Die eerste rowwe skets wat van die rivier gemaak is, is vanwaar hy dit die eerste keer gesien het. Die skets was die oorsprong van die latere panorama wat ongeveer ses meters lank is, die grootste van sy panoramas; bekend as panorama no 29.

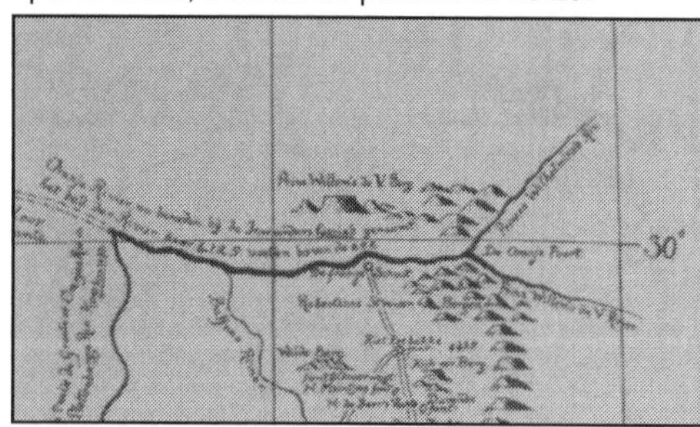

Gordon se kaart van die omgewing en die samevloei van die huidige Caledon- en Oranjerivier in 1777. (Forbes, 1965: 95).

Schumacher: Daar is nie veel bekend oor Schumacher of Schoemaker (Cullinun, 1992:48) nie, Gordon verwys bloot na sy "*draughtsman*" of "*artist*". Dit blyk egter of hy die soldaat Johannes Schumacher was wat ook vir ander ontdekkers soos Masson, Paterson en Le Vaillant as kunstenaar opgetree het en selfs die persoon was wat vir Thomson bygestaan het in 1823 met tekeninge van die Kangogrotte. (Forbes, 1965:116).

Simon du Plooy (Brakfontein) vertel interessante verhale en gebeure wat in die Oranje- en Caledonrivier afgespeel het. Hy vertel ook hoe goed mens en dier geswem het wat langs die riviere gewoon het. Swem was die enigste manier om oor die rivier te kom voor ponte en brûe gebou is. Die krag en verraderlikheid van die water moes bestudeer word en die veiligste oorgangplekke gekies; maalgate en onderstrome moes ingedagte gehou word. Selfs die perde het hulle eie metode gehad om die krag van die stroom te bepaal; hy laat sak sy kop en beruik die water, indien die stroom diep is sodat daar geswem moet word, blaas die perd deur sy neusvleuels dat die water spat, so nie tel hy sy kop op en stap doodluiters in. Om met beeste deur te trek was makliker as daar 'n leier-bees onder hulle is en die water vlak is, andersins is heelwat manne met bloubaslatte nodig wat die trop vinnig nader druk en baie lawaai agter hulle maak, sodat die voorstes inspring. Die aanjaers sorg dat hulle die agterstes se sterte vasvat, hoog teen die lyf en so gaan hulle almal deur. Soms is daar 'n bees wat nie wil swem nie, dan blaas hy hom op soos 'n vaatjie en dryf stroom af. Dan moet daar vinnig agterna geswem word om hom oor sy gevoelige neus te raps sodat hy weer in die regte rigting koers kry! (Nuusbrief, 15 Nov 1974).

ORANJE-VISTONNEL

Kyk HOOFSTUK 7: GARIEPDAM

As deel van die Oranjerivierprojek was Bethulie ook deur die werk aan die tonnel geraak. Dit was veral een van die nuwe dorpies, Oviston, se kinders wat hier kom skoolgaan het en bygedra het tot 'n bloeitydperk van die skool.

In 1875 het dr JC Brown in 'n verslag *Hydrogy of SA* die idee om water uit die Oranjerivier na die Kamdeboo te neem beskryf; hy het egter nie na 'n tonnel verwys nie. Hy was 'n staatsbotanis en 'n professor van botanie aan die SA Kollege in Kaapstad. Eers in in 1928 het dr AD Lewis, direkteur van Besproeiing, die idee van 'n tonnel genoem as oplossing van waterprobleme in die Oos-Kaap. Hy het voorgestel dat dit naby Bethulie gebou word om water na die sytakke van die Groot Visrivier, die Teebusspruit en die Groot Brakrivier, te neem. Die destydse Departement van Besproeiing het met 'n ondersoek na die moontlikheid van die bou van die tonnel in 1944 begin. In hul verslag van 1948 is daar onder andere aanbeveel dat 'n groot dam by Bethulie gebou word en vandaar die tonnel. Daarna is geologiese opnames en ingenieurstoetse uitgevoer op 'n skaal wat ongekend was in Suid-Afrika. Toe die tonnel 'n realiteit word was die hoofdoel daarvan:

- Om landbou-ondersteuning in die Vallei van die Groot Vis- en Sondagrivier te verskaf deur meer besproeiingswater en om met varswater die brakwater van die omgewing se soutinhoud te verlaag.
- Om water aan die stedelike nywerhede van Port Elizaberth-Uitenhage omgewing te voorsien.

Daar is voorsien dat 25% van die Verwoerddam se water deur die tonnel sou vloei.

Die konsultant-ingenieurs was sir William Halcrow en vennote van London en Keeve, Steyn en vennote van Johannesburg; hulle het 'n konsortium gevorm met die naam Orange-Fish Tunnel Consultants.

Drie ingenieur-kontrakteursfirmas het aan die tonnel gewerk. Elk het ongeveer 'n derde van die tonnel gedoen. Suid-Afrikaanse firmas het konsortiums gevorm met Franse, Italiaanse, en Amerikaanse firmas. Op 29 Julie 1963 het konstruksiespanne met voorbereidings begin soos die bou van 'n netwerk van paaie, spoorlyne en selfonderhoudende dorpies (Oviston, Midshaft en Teebus). Waar Oviston nou is het die werk aan die tonnel self op 18 Januarie 1968 begin.

Sewe konstruksieskagtorings is op die tonnelroete oor die Suurbergplato gebou en die werk het op 16 plekke gelyk vanaf die bodems van die sewe skagte begin.

Die inlaat van die tonnel in aanbou.

Die inlaattonnel is aan die suidelike oewer van die Oranjerivier gebou, waar die konstruksiedorp Oviston opgerig is. Water sou op vier verskillende vlakke uit die dam getrek word, en twee bykomende inlate is gebou indien die wal verhoog sou word; inlaatsluise is by die tonnelinlaattoring by Oviston. Rolsluise is aangebring om die tonnel leeg te maak vir instandhouding asook 'n noodafsluitsluis. 'n Restaurant is beplan vir bo-op die toring en 'n uitkykplatform wat ongelukkig nie gerealiseer het nie. Die uitlaat van die tonnel is by Teebus, skag nr 7, waar dit in 'n verspreidingstelsel, onder andere in 'n kanaal, gaan. By hierdie skag is 'n ondergrondse beheerkamer wat hoofsaaklik die hoeveelheid water beheer wat deur die tonnel uit die dam vrygelaat word; die ontwikkeling van hidroëlektrisiteit vind ook daar plaas.

Die tonnel was 'n groot prestasie en daarom is dit nie vreemd dat 'n klein beeld daaraan opgedra is nie. Die bewoording op die plaatjie dui aan dat die raadgewende ingenieurs die beeldhouwerk met die opening van die tonnel aan die Eerste Minister geskenk het:

"Sy edele BJ Vorster Eerste Minister van die Republiek van Suid-Afrika
ORANJE-VISTONNEL – 22 Augustus 1975
Geskenk deur Sir William Halcrow & partners en Keeve, Steyn en vennote".

Dit word in die Argief vir Eietydse Aangeleenthede van die Universiteit Vrystaat bewaar. Die beeldhouer was Coert Steynberg. Op die kant is 'n gravering: *"Coert Jul 1975".*

Weekliks is daar 138 meter gevorder. Die tonnel loop vir sy hele lengte onder deur die Suurbergplato. Die diepte van die tonnel wissel van 75,2 m by skag nr 1 tot 378 m by skag nr 5. Die kromming van die aarde moes in gedagte gehou word met die ontwerp. (As die tonnel 'n reguit lyn was sou die middel van die lyn 111 m dieper onder die aarde gewees het).

'n Helling van 1:2000 was die geskikste vir die maksimum vloei wat benodig word, naamlik 2000 kusek.

Byna 2,5 miljoen kubieke ton rots is uitgegrawe en onopsigtelike heuweltjies is daarmee gebou in die omgewing van die tonnel. Met 'n lengte van 82,45 km en 'n deursnee van 5,33 m was die tonnel met voltooiing in 1975 die tweede langste aaneenlopende waterleiding in die wêreld en die langste in die suidelike halfrond; teen 2015 is dit die vierde langste watertonnel in die wêreld. Die hele lengte is met beton uitgevoer en daarvoor is 842,000 kub ton gebruik. Die Spoorweë het weekliks 14,000 ton sement en slagsement vervoer.

Water gaan na die Mentzmeer in die Sondagrivier en kom by Teebus (naby die Bulhoekvallei waar president Paul Kruger se geboortehuis is) en Koffiebus-heuwels uit. Water word in die Teebusspruit gestort met 'n 3,1 km kanaal nadat 'n gedeelte gebruik word vir die opwekking van hidroëlektrisiteit by skag nr 7. Personeel wat vir die onderhoud verantwoordelik is woon in die omgewing van die uitlaatsluis.

Teebus en Koffiebus heuwels

Die werk wat sewe jaar geduur het, het soms 'n werkerstal van 5,000 ingesluit wat bestaan het uit Engelse, Franse, Italianers, Portugese, Wes-Duitsers, Spanjaarde, Belgiërs en Suid-Afrikaners. Met die bou van die tonnel het 102 mense gesterf.

(Die meeste inligting verkry uit uit 2 pamflette: Orange-Fish Tunnel, 1975; 'n Magtige rivier getem, 1971).

Die konstruksiedorp, Oviston, is in 1964 aangelê deur die Departement van Waterwese om huisvesting te verskaf aan ingenieurs, uitvoerende beamptes en kontrakteurs wat by die tonnel betrokke was. Geen koste is ontsien om die dorp so geriefliklik en aantreklik moontlik vir sy tydelike werkers te maak nie. Na die voltooiing van die tonnel het die munisipaliteit van Venterstad dit oorweeg om die watersuiweringsaanleg van die Departement oor te neem om hulle te help met die probleem van watertekort. Daar is egter besluit om die hele dorp te koop en te ontwikkel in 'n aftreedorp en vakansie-oord. Op 1 Desember 1980 word Oviston by Venterstad ingelyf met al sy geriewe van onder andere 135 huise, 'n magdom enkelkwartiere, 'n skool, 'n swembad, ens insluit. Daarna is 'n moderne woonwapark met 40 staanplekke ingerig. Die oud-administrateur, L Munnik, het met die ondertekening van die kontrak gemeen dit is die eerste keer in die wêreldgeskiedenis dat een dorp 'n ander dorp koop. Twee jaar daarna is al die huise en die dorp aan privaat eienaars verkoop en kon Venterstad die Departement betaal (Volksblad,15 Febr 2012:3).

ORANJE-VROUEVERENIGING

Kyk ook ARMOEDE EN WERKSKEPPING

Die Oranje Vrouevereniging (OVV) is op 25 Maart 1908 gestig op die plaas Onze Rust net buitekant Bloemfontein, deur president en mev M T Steyn in die tye wat armoede en nood geheers het. Dit was die eerste georganiseerde vereniging vir maatskaplike dienste in die Vrystaat. Uit 'n nederige begin in 1908, het 'n dinamiese organisasie gegroei wat na meer as honderd jaar steeds relevant is en hoop gee in die lewe van duisende mense wat in nood verkeer. Op 23 Maart 2006 het die naam verander na: *Vrystaat-versorging in Aksie (VVA) /Free State Care in Action/Tlhokomelo Tshebetsong Ya Freistata.*

Die Bethulie-tak word op 4 Junie 1936 gestig deur die NG Kerk se predikantsvrou, G Groenewald. In 1937 is 'n trofee aan Bethulie-tak toegeken as tak wat die vorige jaar die beste presteer het. Die noue samewerking met die Armsorgkommissie lei daartoe dat die NG Kerkraad die OVV se maatskaplike werker se salaris subsidieer. In 1947 laat bou die NG Kerkraad 'n saal aan by die kerksaal vir die OVV wat aanvanklik bekend staan as die Armsorgsaal. Die kerk gee tot 1962 jaarlikse donasies vir die OVV. Die OVV ontbind in 1978 en skakel nie oor na Vrystaat Vroueaksie nie.

Orkes kyk KUNSTENAARS...

Ossewa kyk SIMBOLIESE OSSEWATREK; MONUMENTE

Oudefontein monument kyk MONUMENTE

OUETEHUIS

Die gedagte van 'n tehuis vir bejaardes bestaan al vanaf die 1930's. In April 1974 het die Gereformeerde Kerk 'n kommissie aangestel om ondersoek na 'n outehuis te doen. Later is lidmate van NG, Metodiste en Anglikaanse Kerke betrek. Teen 1976 (Notule 13/1/76) staan die skoolkoshuise amper leeg na die voltooiing van die Verwoerddam en die Oranje-Vistonnel en daar word selfs voorgestel dat dit as behuisig vir bejaardes aangewend word. 'n Volledige verslag met verskeie moontlikhede word deur Daniel P Vorster, as voorsitter van die Ouetehuiskommissie, op 22 November 1979 voorgelê. Die Gereformeerde Kerk Bethulie het die Gereformeerde Stigting (nou Residentia) genader om 'n tehuis vir bejaardes op te rig. Dit was nodig om 'n deel van Martinstraat en 'n deel van Van Riebeeckstraat te sluit vir die ouetehuis (Notule 25/4/1981). Die planne word finaal goedgekeur op 'n vergadering van 28 Augustus 1980 waarna die Departement van Gemeenskapgesondheid die kompleks goedkeur en 'n lening van R777,000 toestaan. Die tender is aan Murray en Roberts toegestaan vir R950,000. 'n Fondsinsameling deur die Gereformeerde Stigting het dit moontlik gemaak om die verskil te bekom. Die argitek was De Ridder (Notule 25/6/1981).In 1980 word die eerste bestuur aangestel. Die hoeksteen word op 1 Julie 1982 deur Daniel Vorster gelê en op 16 November 1983 het minister SF Kotze van Gemeenskapsontwikkeling die tehuis amptelik geopen. Die naam *Huis Uitkoms* is voorgestel deur Maria Vorster.

In 1974 het die Gereformeerde Kerk die Anglikaanse Kerk se pastorie aangekoop wat deel van die ouetehuis word. Die huis is waarskynlik volgens die inskripsie op die sandsteen in 1905 gebou. Die predikante wat hier gewoon het was:

J Glover (1885-1916) Deel van outehuis
P de Laude Faulkner (1916-1920)
H Shallcross (1920-1923)
AS Rogers (1923-1944)

Met die verkoop van die huis was 'n voorwaarde dat die houtsnywerk van die kaggel bewaar moes bly. Op die kaggel verskyn die woorde *Benediciti ignis et aestus domino*" (Vuur en hitte loof die Here).

Die eerste inwoners was Johanna Pretorius en Maria du Plessis wat op 1 November 1983 ingetrek het. Johanna Pretorius is in 2014 oorlede na 31 jaar se verblyf in die tehuis. Die eerste verpleegsuster was Bunny Adam (foto links) met Maria M'Kefa as verpleegster.

In 1992 is die De Wetsaal aangebou met 'n erflating van Steve de Wet en die Frans Smith-vleuel, vernoem na 'n vorige bestuurder, is in 2000 aangebou.

Die ouetehuis huur ook Huis van Blerk op die suidwestelike hoek van Collins- en Greystraat. In 1988 het die SA Legioen betrokke geraak en fondse ingesamel vir "*a retirement cottage complex*". Hulle het die Van Blerk-huis gekoop maar dit nooit aan oud-gediendes verhuur nie, maar verhuur dit sedertdien aan die ouetehuis wat dit weer onderverhuur. (Die huis was Rhona van Rensburg se tante-hulle se huis. Louis van Blerk was getroud met Mary Norval, 'n suster van Rhona se ma, Agnes Norval wat met Fichardt getroud was).

Die ouetehuis het ook tot 2018 Huis Pienaar op die suidoostelike hoek van Voortrekker- en Collinsstraat besit, 'n nalatenskap van dr Hanna M Pienaar wat self 'n tyd tot haar dood daar gewoon het. 'n Voorwaarde van die nalatenskap was onder andere dat die naam "*Jehovah Jireh*" behou moet bly. Die huis is gebou en bewoon deur Dan MacDonald (Denise Jacobs se oupa en pa van Phoebe de Villiers).

PAAIE

Bethulie het al 'n tolpad en tolhek gehad teen die 1885. Sydney Holm een van Johann Gustav Holm van Holmsgrove se seuns onthou: "*New tolls were introduced by the Divisional Council which was responsible for making the roads passable and they charged tolls to cover their costs. The tolls operated on the same system as the one over the bridge except that they were put out on auction on an annual basis and allocated to the highest bidder. Mother managed to obtain the tolls for the triangle of Burgersdorp, Venterstad en Bethulie for the sum of £100. Instead of gates a chain was spanned across the road.*" Sydney wat nog te jonk was om skool toe te gaan was die een wat die tolgeld moes insamel. "*The new toll-keeper as yet did not know the difference between a and b, but he could differentiate between coins. So to keep proper records he obtained a facsimile from a toll-book and copied it.*

Wagon	*2/6d*
Cart	*1/0d*
Horse	*3d*

If flocks of sheep arrived Mother had to come and deal with them especially as the toll was paid mostly in sheep and not money. Large hand-picked Namaqualand wethers, whose thick round fat tails reached to the ground, were worth 5/-. The toll continued to operate but not everything was rosy. One traveller would want to know what the toll was for, another did not have any money, etc. Nevertheless, at the end of the year when the toll book was added up Mother said: 'Oh well I am totally satisfied the toll has paid well enough' ".

Die stryd met paaie na ander dorpe vanaf Bethulie was amper net so 'n lang saga as die van water vir Bethulie. Hiervan is die Springfontein-pad sekerlik die een wat die ernstigste en langste geveg is. Omdat dit die naaste aansluiting na die hoofpad, teerpad en later N1 was, was dit vir inwoners 'n prioriteit van so vroeg soos die meeste van ons kan onthou. Die toestand van die Springfontein-pad het dikwels veel te wense oorgelaat en menige ongeluk het daarop plaasgevind. In die notules word deurlopend na memorandums verwys aan die Provinsiale Administrasie en dan dikwels ook die teleurstelling in die Vrystaatse politici se houding (Notules 10/8/1978, 27/9/1978, 26/10/1978, 12/3/1979). In 1984 word gesê dat die teer van die pad nou derde op die prioriteitslys is, maar in 1989 laat weet die Administrateur dat daar nie fondse vir die volgende vyf 5 jaar vir die pad is nie! (Notules 24/5/1984, 8/6/1989). Maar uiteindelik is die pad in 2010 geteer!

Amptelike opening van die Bethulie-Springfonteinpad.
As deel van die feesvieringe vir die regering se prestasies is die Bethulie-Springfonteinpad amptelik geopen op 12 Oktober 2010, binne Vervoermaand. Die LUR, Thabo Manyoni het die opening waargeneem en ook die lint geknip. Sy woorvoerder, Zolite Welaza, sê die pad is geteer om die lewensgehalte van mense op die platteland te verbeter asook dienste soos aflewering en vervoer van goedere te vergemaklik.
'n Saamtrek naby die Lepoi- biblioteek was deel van die verrigtinge.

Die pad na Smithfield en Gariepdam of die R701 is in 1974 gebou deur Raubex, as uitvloeisel van die bou van die Verwoerddam. Tekens van die ou grondpad na Smithfield kan nog op plekke gesien word vanaf die R701, soms swenk hy weg om by plekke soos Dupleston aan te gaan. Ou telefoonlynpale was ook al langs die pad en dui ook die roete aan. Voor die bou van die dam was daar 'n Bethulie-Donkerpoortpad, wes van die dorp, dit was ook 'n grondpad. Vanaf 1972 het die firma *Triamic* die Donkerpoort-pad gebou wat in Julie 1974 voltooi is en tans deel is van die R701. *Triamic* het die ou stasie gehuur tot die pad in Julie 1974 voltooi is (Notules 14/7/1972, 13/6/1974).

Die pad na Aliwal-Noord is gedeeltelik deel van die R701, maar 'n gedeelte tot by Goedemoed is steeds grondpad. Gereelde vertoë word steeds gerig vir die teer van die gedeelte veral deur die Taxi-vereniging.

PALEONTOLOGIE

Soos beskryf in McCarthy het die 120 miljoen jaar van sediment versameling in die Karoo gelei tot redelike droë ekologiese omstandighede met volop varswater moerasse en rivierkanale. Hierdie vlakwateromstandighede met modderpoele in die droë seisoen was uitstekend vir die bewaring van dooie reste. As gevolg daarvan bevat die sedimentêre Karoo-gesteentes 'n veelvoud van fossiele van beide land- en waterlewende organismes. Die huidige halfwoestyn klimaat van die gebied is ook besonder gunstig vir die blootstelling en behoud van fossiele na aan die grondoppervlak.

Die aarde is deur vyf groot uitwissings deur die miljoene jare getref; slegs die laaste twee sal hier beskryf word. Die jongste staan bekend as die Kryt-Tersiêre (K/T) tydperkuitwissing. Dit is veroorsaak deur 'n komeet of asteroïde wat die aarde ongeveer 65 miljoen jaar gelede getref het en die einde van reptiele, klein en groot soos die dinosourusse veroorsaak het. Dit was 'n skielike massa-uitwissing van ongeveer 50% van lewe op aarde.

250 miljoen jaar terug het die grootste uitwissing van lewe op aarde bekend plaasgevind. Ongeveer 96% van alle spesies is oor 'n periode van 10,000 - 50,000 jaar uitgewis; vanaf die einde van die Permiese periode en die begin van die Trias-periode en staan bekend as die Perm-Trias (P/T) gebeurtenis. Wat die oorsaak was van daardie uitwissing was vir jare onbekend. Die Karoo en spesifiek

die Caledon-omgewing naby Bethulie het vanaf 1991 vir paleontoloë, soos Roger Smith van die SA Museum in Kaapstad en Peter Ward van die Universiteit van Washington, gelyk of dit die oplossing van die geheim van die P/T gebeurtenis kan bevat. In 1998 is 'n bewys van die relatiewe kort tydinterval hier naby Bethulie ontdek. "*It soon became clear that the site was truly exceptional. In the lowest state, he found a wide diversity of Permian-age mammal-like reptiles. Then, around the sudden transition between the green rocks of the Permian and the red rocks of the early Triassic, there was a 20 yard stretch of rock in which the older therapids mingled with a new animal, a pig-size herbivore known as Lystrosaurus....Smith and his team had discovered a continuous, dense record of life on land before, during and after the Permian-Triassic extinctions*".(Ward, 1998:45-58).

Die omgewing is al voorheen deur die bekende paleontoloog, James Kitching, bestudeer waar hy op die plase Fairydale en Bethel, by die Caledonrivier, fossiele op die grens tussen die twee periodes gevind het; 'n omgewing so ryk aan fossiele dat Ward daarna verwys as "*Triassic-aged graveyard*" geleë in Katberg-sandsteen. In die omgewing het Smith en Ward wonderlike ontdekings gedoen onder andere het hulle bewyse gekry van hoe die Permiese uitwissing plaasgevind het. Ward skryf : "*until 2002, I despaired of ever knowing cause of the Permian mass extinction... The killer it turned out, was hiding in plain sight, in the most obvious aspect of the late Permian and Triassic rocks in the Karoo*". Anders as die skielike gebeurtenis van die K/T het hierdie oor 'n langer tydperk plaasgevind ..."*vast basaltic eruptions, and possibly oceanic overturn, had emitted huge amounts of carbon dioxide which created a sudden 'greenhouse effect', heating and drying the environment to such an extent that it caused a devastating word-wide drought... The world got suddenly hotter, and drier, and all of its creatures... Began to asphyxiate from a lack of oxygen and too much carbodiaxide. Only a few survived... at the end it now seems thee Gorgon died out horribly..of asphyxiation...*". Van die diere wat die uitwissing oorleef het was die Lystrosaurus as gevolg van hul groter longe. Ward (2004): 21,47,129, 132,217, 220).

Bethulie-omgewing is ryk aan 'n verskeidenheid van fossiele omdat dit binne die geologiese Karookom en die Beaufort- groep val.

"*You're getting close to the heart of fossil country... the sediments you see here are formed near the end of the Permian Period (Palaeozoic Era). Around 245 million years ago, just before the Mesozoic Era). During this time and the Beaufort depostional environment, life flourished. Rivers wound their lazy way over the plains: on the floodplains, seasonal pools were home to a variety of fishes and on the swampy ground between them roamed ranges of reptiles, big and small. This part of the Karoo has yielded a wealth of fossils that make us the envy of the collecting world... and equally important, the environment was stable enough for their remains to be preserved.... And although the Karoo reptiles include the most celebrated of all fossils, the dinosoaurs, in these parts they are outranked by another group – a group...marginally predating the dinousaurs, was far better represented. These were the mammal-like reptiles, the family called Therapsides, representing a transitional stage between reptiles and mammals... they fill the gap. In other words, within the Therapsida family, there is a steady progress from more truly reptilian in the lower sediments of the Beaufort, to the more mammal-like fossils in the Stormberg sandstones far above them". (Norman & Whitfield, 2006:115-6).*

Looch (1985:7) beskryf ook die aanwesigheid van fossiele vanuit 'n geologiese oogpunt: binne die Stormberggroep se Elliot Karoosone word die oudste dinosourusfossiele in die wêreld aangetref. Die klimaat was waarskynlik baie droog in die Elliot-tye soos duidelik is uit die eoliese (windafsettings) geaardheid van baie van die sedimente en die teenwoordigheid van playa-mere (oerpanne) wat opgedroog het. Die reste van skaaldiere en longvisse is soms bewaar in die olaya-meer .

Binne die Stromberggroep se *Lystrosaurus* Karoosone is die volgende fossiele oor 'n tydperk in die omgewing gevind:

Thrinaxodon: 'n Feitlik volledige gefossileerde skelet hiervan is in die omgewing gevind. Dit was 'n gevorderde soogdieragtige reptiel, ongeveer 50 cm lank

Procolophon: die akkedisagtige dier was ongeveer 30 cm lang met 'n 'n klein skilpadagtige koppie wat ook in gate gebly het. Hy het gedurende die Perm-Trias periode oorleef

Proterosuchus: die groot dier het tydens die Triassic periode gelewe, was 1,5 meter lank en het baie na 'n krokodil gelyk. Daar is 'n model in die museum asook 'n fossiel van die sykant van sy kop.

Lystrosaurus: 'n Dier wat die vorige uitwissing, die Perm-Trias gebeurtenis oorleef het, deur onder andere in gate te bly. Dit het prominente slagtande. Die akkedisagtige dier het 'n "skopgraaf" snoet het in groepe voorgekom en het van riete en varings,nie gras, geleef. Dit was volop in die Bethulie omgewing soos die fossiele toon.

Lydekkerina fossiele is gevind vanaf die vroeë Trias tydperk, hulle was primitiewe amfibieë wat ongeveer 'n meter lank geword het. In 1996 is 'n byna volledige kopbeen van 'n Eolydekkerina wat 'n voorganger van die Lydekkerina is op Fairydale gevind.

Die Galesaurus planiceps word soos volg beskryf deur die Nasionale museum van Bloemfontein: "Cynodonts were another group of therapsids. Galesaurus was an early Triassic cynodont; the most mammallike of all therpasids and eventually evolved into the first true mammals at the end of Triassic". Butler (2009: 37) beskryf 'n hele paar fossiele hiervan wat op die plaas Fairydale gevind is sedert 1974 waarvan die eerste deur Kitching en later ook deur Smith.

Een van die mooier fossiele van die Galesaurus is deur 'n plaaswerker gevind: "*Specimen NMQR 3678 was collected by Sam Stuurman from the farm Fairydale, Bethulie District in 2008. The specimen consists of at least three skulls and associated postcrania, while all skull roofs are absent. All three specimens were found in situ. One specimen has been prepared, and includes a particularly well preserved right manus" (*Butler, 2009:37).

Ward (2004:193) beskryf ook 'n verder unieke fonds wat deur Roger gedoen is in die Bethel slote: "*just beneath the Permian extinction boundary, he discovered a fossil trackway site... a herd a mammal like reptiles of several varieties had walked across this pond bottom. There were several sizes, within one of the species. The footprints were quite distinctive...They are almost certainly from the Dicynodon, the most common of the mammal-like reptiles at the end of the Permian. Here was a snapshot from right before the extinction....There are many footprints recorded here from many kinds of animals...*".

Japie Schmidt vertel dat Robert Broom op 'n stadium by Faan Griesel hulle gekuier het en baie te vertel het van die fossiele wat in die omgewing gevind is. Faan was nie baie beïndruk nie en het later vertel "*die man was by toe die Here die aarde geskape het*".(Broom in 1951 oorlede)

Op verskeie ander plase is fossiele gevind soos die een op die foto op Vredevlag. Op Onverwag van Jacques van Rensburg is die fossiel van 'n sabeltand tier (sabre-tooth tiger) gevind.

Parke kyk FRANK GUNN PARK

Pellissier-fees, 200-jarige herdenking kyk FEESTE

Pellissier-museum kyk MONUMENTE...

Pellissier hoërskool kyk onder SKOLE

PERDE

Kyk ook LANDBOUSKOU

Die perdemonument (kyk MONUMENTE...) is geskep om onder andere die rol van die perd in die omgewing te erken. Dat dit beslis perdewêreld is, kan vandag nog gesien word met die mooi perde in die distrik, van kampioen Amerikaanse Saalperde (Kyk onder LANDBOUSKOU) tot Arabierperde wat aan uithouritte deelneem

Min herinneringe aan plase en vroeë gebeure sluit nie perde in nie; en in die meeste gevalle word die perde by die naam genoem. Jan Norval van Berseba se Percheronperde is gebruik is om mense deur die Oranjerivier se driwwe te help lank voor ponte en brûe bestaan het. (Olivier, 1973:17). Die Du Plooys van Truitjiesfontein se perd wat vir dieselfde doel gebruik was, se naam was Bloudon en was baie mak en betroubaar in die water. Perde was nie net vir vervoer en as spoggerige karperde gebruik nie, maar ook ingespan vir koringtrap, om snymasjiene vir lusernsny te trek en ander take.

Verdere herinneringe sluit die volgende in: gymkana en perderesies; Jack Schieder, die afslaer, wat in 1881 met resiesperde geboer het; die arme perde van die ABO; die Engelse wat gedurende die ABO 'n perdedepot hier gehad het; perde wat altyd voor in enige parade gery is soos met die simboliese ossewatrek, en baie ander gevalle.

In 1924 was daar beslis heelwat opwinding toe 'n gymkana en perderesiesbaan in die omgewing uitgelê is; dit was waar Lephoi nou is en waar die ou skietbaan was. Die klub se sekretaris was op 'n stadium Sam Tankel. Daar word onthou dat die resies veral tussen 1935 en 1938 floreer het. Elke Saterdagmiddag was daar 'n resies waaraan deelnemers ook van omliggende dorpe en selfs Bloemfontein gekom het. Na die resies is daar gewoonlik 'n dans gehou vir fondsinsameling. 'n Paar van die gereelde deelnemers aan die resies was die volgende, met hul perde se name in hakies: dr PT Viljoen (Doctor), P de Villiers (Geelbooi), WHE Dittmar (Generous), W Vorster (Jakhals), G Wyrley-Birch (Quiver), F Smith (Sieraad), SP Frewen (Smoke), T Azzie (Templar), A Hasset (Tommy), K Frewen (Whynot), D de Klerk (Whisper) en W Shulz (Dust storm). Die resies se name was baie indrukwekkend: *Southern Free State handicap, Farmer's Hack Handicap, Mixed Pickles Handicap*, ens. Daar was ook 'n kafee by die baan. Die drukwerk vir die resies is gedoen deur *De Vrijstater* van LC Myburgh (Nuusbrief, 29 Okt 1979).

Die storie oor 'n perd wat egter die verste teruggaan, na 1777, is die van Gordon en sy perd. Robert Jacob Gordon, 'n Nederlandse ontdekkingsreisiger en soldaat wat die Oranjerivier, toe bekend as die Grootrivier, hier by Bethulie ontdek het, het ook die naam Oranjerivier aan die deel onderkant die samevloei gegee (Kyk HOOFSTUK 8: BEROEMDES....). Hy het drie dae in die omgewing gebly en omdat hy Boesmans aan die oorkant van die rivier gesien het, wou hy deur die rivier gaan, hy het 'n seekoeivoetpaadjie gevolg deur die riete. *"I fell unexpectedly into a pit which the wild people had made for hippopotamus, my horse going with me. While falling, I pulled at the horse bridle violently so that most of the underside of its body fell below. Dust and stones fell on me from all sides so that in order not to smother I struck up with both hands and made an opening. I gripped the horse, by both ears, closing them tightly, because I had heard that this was the right thing. The poor animal stood still, sweating in its deadly fear and suffocating in the pit. Being unhurt and completely in control of myself, I saw the pit was 8 feet high above me and that I had to make an attempt quickly because breathing had become very difficult. I therefore jumped as high as I could and fortunately remained hanging with my shoulders and feet in the hole above the horse that had started to thrash violently..."* (Gordon het op 'n manier toe uitgekom)*"....I talked to my poor horse and the creature was calm once again. I then ran as fast as I could to the wagon and fetched people with a spade in order to save the creature, but when we arrived at the hole we found that the animal had died of suffocation; the sweat stood like water on its body. It would also have taken us more than a half day to dig it out. Since the pit was 16 feet deep it appeared incomprehensible to my travelling companions and to me how I had got out of the hole without help..."*. Gordon het toe net sy saal en toom en pistole van die perd afgehaal en die dier daar gelos. Hoewel die perd 'n harsteer einde gehad het, was Gordon se besorgdheid tog aangryplik. (Cullinan, 1992: 47).

In Januarie 2011 met die baie reën en vloed het Bethulie se mense weer eens getoon hoeveel hulle omgee vir perde. Toe die rivier, of nou die Gariepdam, se waters begin styg het, moes die SAPD met helikopters beeste, skape, perde en selfs wild, weg van die waters verdryf. Na 'n paar dae toe dit net een watermassa was word 'n perd met haar ongeveer twee weke oue vulletjie, amper onder die Hennie Steyn-brug en naby die hoofstroom van die rivier opgemerk. Die vulletjie het gesukkel om sy kop bo die water te hou en die merrie was tot in die middel van haar lyf in die water; nie een van hulle kon kos kry nie en die waters het bly styg. Mense op die brug help sover hulle kan: Nic Strydom laat sak lusern in 'n krat en die merrie vreet! Iemand hou 'n sambreel om skadu op die diere te probeer maak. Na verskeie paniekerige oproepe deur Emmelia Pretorius en Trudie Venter het die DBV reageer; Mike Allen van die Johannesburg-tak en perdekenner en Reinet Meyer van die Bloemfontein-tak het kom help planne beraam. 'n Helikopter was buite die kwessie as gevolg van die brug se nabyheid; motorbote ook as gevolg van die plantegroei en sandwalle. Die SAPD se blitspatrollie en lede van die Weermag kom van Bloemfontein en twee lede "*abseil*" by die brug af en probeer die merrie en haar vul met 'n halter vang; die vul skrik egter en swem weg met die merrie agterna; gelukkig weg van die rivier, maar steeds in diep water.

Daarna word na Gariepdam toe geskakel om te hoor of kleiner vliegtuie of ander tipe bote nie beskikbaar is nie. Toe kom die redding: Wikus Wiese (van Gariep) en Ernie Griesel, ('n boer van Bethulie) vergesel van Mike Allen het met 'n rubberboot die sterk strome trotseer en tot by die perde gekom waar hulle daarin geslaag het om 'n tou om die vul te sit en haar in die boot te laai. Die merrie wat hewig ontstel was, het gerunnik en toe na die rivier se kant toe geswem tot groot ontsteltenis van die mense op die brug. En toe swaai sy skielik terug en swem na die stuk land waar haar vulletjie veilig aan wal gekom het! Nadat albei ondersoek is, veral hulle hoewe van die dae in die water, is hulle as gesond verklaar. Voorwaar 'n spanpoging van 'n betrokke gemeenskap en ander diereliefhebbers.

PHILIPPOLIS

Philippolis is die oudste nedersetting (1822) in die Vrystaat en Bethulie die tweede oudste (1828); albei het as sendingstasies van die LSG begin om sendingwerk onder die Boesmans te doen. Aangesien hulle aanmekaar grens is hulle geskiedenis vervleg. Albei nedersettings bly onafhanklike sendingstasies nadat die Vrystaat as 'n republiek verklaar is in 1854. In 1861 verlaat die Griekwas die Philippolisstasie en in 1863 word die stasie in Bethulie opgesê en word albei deel van die Vrystaatse republiek. Volgens Nienaber (1982:20) het president Pretorius die grond en geboue van die Griekwas in 1861 gekoop en die Volksraad het die transaksie in 1862 goedgekeur. F Höhne is as vrederegter aangestel en die Landdros van Fauresmith het maandeliks hofsittings in Philippolis gehou. Kort daarna, moontlik vroeg 1863, is die gewese landdros van Bethulie, JF van Iddekinge, as landdros aangestel en het hy Philippolis in die Volksraad verteenwoordig. Philippolis is in 1864 as afsonderlike distrik verklaar wat in twee wyke verdeel is: Dwarsrivier en Knapsakrivier.

'n Groep afgeskeidenes van die Griekwas, die Bergenaars, verlaat Griekwastad in 1822 of 1823 en sluit by Jan Goeyman aan wat sedert 1822 in die omgewing van die latere Philippolis is. Die Bergenaars maak 'n lewe uit rooftogte op die Batswana, amaXhosa en Boesmans wat beeste besit. Hulle hoofkwartiere was Goeimansberg naby die huidige Luckhoff. Dieselfde tyd het Piet Witvoet van die Linkshande Korana-groep ook in die area geroof en geplunder. Dit is dan ook waarom Andries Stockenström in 1824 of 1825 die gebied besoek om vrede op die grens van die Kolonie te verseker. Hy was ook bekommer oor die feit dat die Boesmans van hul grond verdryf word en het daarom die LSG versoek om sendingstasies te stig vir hul beskerming (Schoeman, 2003:15-16,30). (Sien GRIEKWAS; HOOFSTUK 3: SENDELINGE).

Die dorp is vernoem na dr John Philip wat die sendingstasie aldaar begin het. Na verskeie gevegte in die omgewing het die Griekwas die gebied in 1861 verlaat en is 'n dorp in 1862 geproklameer en by die Vrystaatse republiek ingelyf. Gedurende die ABO was daar in Oktober 1900 'n beleg van ses dae. Na die oorlog het Emily Hobhouse 'n spin en weefskool hier gesvestig vir die opheffing van jong meisies.

Verskeie historiese geboue word op die dorp aangetref: die kruithuisie gebou in 1870, Adam Kok se huis gebou in 1843, NG Kerk gebou in 1871, asook die museum en biblioteekgeboue.

Philippolis kommando kyk KOMMANDO

Plaasskole kyk SKOLE

Plante kyk BLOMME, BOME EN PLANTE

PLOTTE

Tydens die bestaan van die sendingstasie het die inwoners tussen die spruit, die randjies en die rivier landerye gehad. Daar is koring, mielies, "kafferkoring" (*sic*), pampoene, ens gesaai en die oeste was afhanklik van die reën. Wes van die spruit was daar op kleiner skaal tuine gemaak wat natgelei kon word met water van die fontein (waar die dorpsdam nou is) (Eeufeesalbum; 1963: 60). Uit die beskrywing is dit moontlik dat na die gebied van die Rooidorp verwys word met die *kleiner tuine wes van die spruit***.** Die plotte was die Rooidorp en Macsmo. Die grens tussen die dorp en die plotte was die spruit. Die grens tussen Macsmo en die Rooidorp was Scottstraat.

Rooidorp

Skrywer kon nie vasstel wanneer die plotte wat die Rooidorp genoem is, ontwikkel het nie. Verskillende weergawes bestaan vir die oorsprong van die naam; die mees aanvaarbare is dat die meeste huise met rooi bakstene gebou is en nie almal gepleister was nie. Ander verklarings is dat die grond in die omgewing rooi is, of dat dit verwys het na die rooi baadjies van die Engelse offisiere wat naby die eseldam was tydens die ABO. Op 'n Raadsvergadering van 22 Oktober 1970 word daar aanbeveel om van die benaming *Rooidorp* ontslae te raak en *Sonop* as naam te aanvaar. Daar word selfs goedgekeur dat 'n bord by die brug oor die spruit aangebring sal word met hierdie nuwe naam. Dit het egter nooit inslag gevind nie en daar word steeds van die Rooidorp gepraat!

Mense wat hier grootgeword het onthou landerye en klein boerdery; vrugtebome was volop en Dupie du Plessis onthou dat hulle plot geleë in Oosstraat 3, ongeveer 300 bome gehad het. Hy onthou ook hoe kleinhandelaars onder andere van oom Piet Venter wat sy eie besigheid gehad het; hy het transport gery met 'n 5-ton Bedford. Hy het die bene by kinders aangekoop en dan weer aan 'n groothandelaar in Bloemfontein verkoop om beenmeel te maak. Hy het die bene in sakke in sy garage gestoor. Karakters was daar volop, en hy onthou van iemand wat in 'n boomhuis gewoon het, met die bynaam Oom Spokie. Drien Kleynhans vertel dit was haar oupa se susterskind, Hendrik van der Walt, wat so bang was dat die Broederbond hom sal vang dat hy in die nag vir sy eie veiligheid in die boomhuis geslaap het!

Macsmo

Op 4 Junie 1912 word besluit dat die nuwe uitleg oorkant die spruit *Masimo* sal heet, Sotho vir *lande* met verwysing na die lande wat in die sendingtyd daar gemaak is. Ongelukkigheid het oor die Sotho-naam ontstaan en een van die Joodse inwoners het *Macsmo* voorgestel wat in sy taal *vrugbare lande* beteken. Dit is toe aanvaar (Eeufeesalbum, 1963:61).

Die nuwe dorpsontwikkeling word in 1914 deur die administrateur goedgekeur en Macsmo se 500 erwe word toegeken. 'n Lening is in 1918 aangegaan en die Macsmo-erwe dien as waarborg vir die lening. Water vir besproeiingsdoeleindes was uiters noodsaaklik en die bou van die dorpsdam is goedgekeur. Die dam word in 1921 voltooi waarna besproeiing begin. Met die beplanning van die dam is voorsien dat Macsmo agt leibeurte per jaar sou kry; dit het egter nie so gebeur nie.

Die plotte of hoewes het ontwikkel in ekonomiese eenhede en die kosmandjie van die dorp geword deur die produkte, vrugte en groente, wat daar geproduseer is; 'n algemene gesig was koring wat gedors word. Botha Schoeman se pa was Flip Schoeman. Botha onthou dat die meeste mense gemengde boerderye gehad het, beeste, varke, daar is koring en lusern geplant; onder ander is muile gebruik om die koring te sny.

Mense soos Gawie de Swart-hulle het tabak geplant en in die hoë geboutjie gedroog.

Voorbeele van huise naby die Engelse monument

Dit was 'n dig bevolkte deel wat die skool gebaat het. Whitey Strydom onthou dat daar 47 huise op Macsmo was.

Die Google-kaarte gee 'n mooi prentjie oor hoe groot Macsmo was en hoe sy strate gelyk het; van die strate wat noord-suid geloop het soos Van den Heever, Graham en De Bruyn het doodgeloop teen Goosenstraat wat amper teen die rivier was. De Bruynstraat was naby die huidige pad, R390. Die Engelse monument is in die blok met Van Heerdenstraat aan die ooste, Cachetstraat in die weste met Dittmarstraat noord en De Waalstraat ver suid. Die plek waar die tweede konsentrasiekamp was, is suid van Dittmarstraat, wes van Oosthuizenstraat en oos van Wardhaughstraat. (Kyk ook onder STRATE).

Met die bou van die Verwoerddam word die Macsmo-plotte in 1964 uitgekoop om voorsiening te maak vir die opstoot van die water van die Verwoerddam; 'n verdere 115 morg word aan die Departement van Lande verkoop. Die strate en lanings is ook uitbetaal aan die dorp se Raad vir 'n bedrag van R34,682. In totaal is die omvang daarvan sowat 1,200 morg (Notules 21/7/1966, 11/12/1969). Dit was dan ook die begin van die einde van die kanaalstelsel en leibeurte wat 'n jarelange kenmerk van die groen bewerkte Bethulie was. Die Departement van Landboukrediet en Grondbesit deel die Raad mee dat die eiendomme onderkant die uitkooplyn deur hulle opgeruim gaan word. Die hele Macsmo is opgebreek, huise, lande, ander strukture, heinings, ens – 'n gemeenskap en lewenswyse wat 50 jaar bestaan het, is tot niet gemaak. Alles ingereken blyk dit uit die gemeenskapsgeheue dat daar 'n geskatte sowat 45 gesinne en meer as 100 kinders die gemeenskap permanent verlaat het uit die Macsmo gebied.

Dat daar te veel en onnodig erwe uitgekoop was, blyk uit die notules van die munisipaliteit waar aanbiedinge van die Departement van Waterwese en later deur die Departement van Openbare werke en Grondsake, tot so laat soos 1987 aan die Raad gedoen is om die erwe terug te koop (Notules 25/3/1971, 26/8/1976, 27/4/1978, 12/11/1987). Die Raad het egter nie meer belanggestel nie as gevolg van hoë pryse en die feit dat daar geen infrastruktuur meer oor is nie. Die grond is aan Departement Natuurbewaring gegee vir die groter natuurreservaat om die dam. Niemand beheer dit tans nie en enigeen se vee kan daar wei.

Polisie kyk SUID- AFRIKAANSE POLISIEDIENS

Ponte kyk BRÛE, PONTE....

POORT

Twee foto's van die poort onder die dorpsdam. Die spruit wat daar gevorm het, het al in Martha Pellissier se tyd ontstaan soos water vanaf die fontein aangelê is na haar tuin. Met die bou van die dorpsdam het die spruit vergroot. Daar word dikwels in ou geskrifte na die poort verwys. Die regterkantste foto dui reeds plotte aan na die Rooidorp se kant en die linkerkantste foto dui die ontwikkeling van die park aan.

POSDIENSTE EN POSKANTOOR.

Kyk ook TELEFONE EN SENTRALE

Vanaf 4 Julie 1874 het pos van Burgersdorp oor Bethulie, Smithfield na Bloemfontein gegaan. Die tender vir die pos tussen Bethulie en Smithfiled is aan JP van der Walt en C Wessels toegestaan; dit was 'n tweeweeklikse posdiens met 'n perdekar. Teen die volgende jaar het die pos so vermeerder dat dit te swaar was vir die perdekar en die stringe gebreek het ten spyte van twee goeie ponies. Wanneer die baie gereën het, kon die perdekar nie deur Slikspruit gaan nie en is die pos vertraag. In 1886 is die poskontrak aan HF de Villiers toegestaan (Prinsloo, 1955:339; 368). Met die koms van die motor het dinge verander en in 1929 is 'n motorbusdiens ingestel

Die tweede poskantoor is in 1928 gebou op dieselfde terrien as die eerste gebou.

George Cooper. Posmeester en telegrafis Bethulie (VAB 123) Moontlik ook ongeveer 1891-3.(links)

SE Holm (regs) was assistent posmeester en telegrafis (VAB124), ongeveer 1891-1893. Hy skryf "my childhood years had passed and my youth began at thirteen years of age with the post and telegraph service…." (Fist of steel, ca 2000:5). Hy is na 'n paar jaar Bloemfontein toe verplaas, daarna Winburg, Zastron en later weer terug na die plaas, Holmsgrove.

Poskantoor wat in 1928 gebou is. (Foto no 46921 met dank aan die Transnet Heritage Library soos veskaf deur Johannes Haarhof).

In 1899 was W van Hirschberg die posmeester en telegrafis en sy assistant was Johan Pretorius (Donaldson…1899:165).

Teen 1904 was JJ Daley posmeester en F Maine, assistent-posmeester en in 1905 was dit steeds Daley as posmeester met A Ortlepp as assistant. Van 1909-1920 was J Britz die posmeester (Donaldson… 1904:390; 1905:377;1909: 373). Teen 1930 was W Jardien posmeester. Vanaf 1956 tot 1969 was mnr Mostert die posmeester wat nog in daardie pragtige "posmeesterhuis" in Pellissierstraat 3 gewoon het. Met die koms van televisie in die 70er jare was 'n Coetzee posmeester. Ander posmeesters wat onthou word was mnr Booysen en daarna Tewie Beukes tot laat in 1999, na hom was Tessa Opperman tot 2004 en na haar Jemina Manosa.

In April 2011 verskuif die poskantoor na die gebou wat oorspronklik as Volkskasbank gebou is verder oos in Joubertstraat. Die posbusse word egter nog in die ou gebou behou.

Putte kyk WINDPOMPE EN PUTTE

Raadsaal kyk MUNISIPALITEIT...

REBELLIE

Toe genl Louis Botha, die eerste premier van die Unie van Suid-Afrika, en Jan Smuts as Minister van Verdediging, onder Britse aansporing tydens die Eerste Wêreldoorlog oorlog verklaar teen Duitsland en 'n inval in Duits-Suidwes-Afrika, nou Namibië, geloods het, kon van die Bittereinders uit die ABO nie daarmee saamstem nie. Onder leiding van genls Christiaan de Wet, Christiaan Beyers, Koos de la Rey en Manie Maritz het baie teen die inval gerebelleer en tot 'n gewapende opstand oorgegaan; in die noordelike en oostelike dele van die Vrystaat alleen het die rebelle 7,000 man getel. Bothma (2014:298-9) gee die volgende opsomming van die omvang van die Rebellie: "*Botha en Smuts het 32,000 man tot hulle beskikking. Daarvan is 24,000 in die veld – 12,000 in die Vrystaat, 8,000 in Transvaal en 4,000 in die Kaapprovinsie. Die ander 8,000 is op garnisoendiens in die vernaamste dorpe. Teenoor die regeringsmagte is daar 11,000 rebelle in die veld - min of meer een rebel vir elke drie regeringstroepe. In die Vrystaat het 7,000 Afrikaanssprekendes in opstand gekom en in Transvaal 3,000. Die 1,000 rebelle onder Manie Maritz is óf gevang óf oor die grens na Duits-Suidwes-Afrika gejaag*".

Bothma (2014:202, 209, 236-7) beskryf hoe die rebellie op 9 Oktober 1914 uitbreek toe Maritz met behulp van die Duitsers, die Kaapkolonie inval; hy neem op die dag regeringsmagte as krygsgevangenes wat hy oor die grens na Duits-Suidwes-Afrika stuur, sonder dat 'n skoot geskiet is. Met sy daarop volgende ultimatum aan die regering dat leiers soos De Wet, Beyers, Kemp en Muller vir oorlegpleging na hom toe moet gaan het hy in die hande van die regering gespeel; op 12 Oktober word 'n proklamasie waarin krygswet oor die hele Unie afgekondig word in 'n buitengewone Staatskoerant gepubliseer. Daar mag ook geen protesvergaderings gehou word nie. Voor die afkondiging van krygswet het die regering die versekering gegee dat niemand gekommandeer sal word nie, daar sou genoeg vrywilligers wees wat bereid is om Duits-Suidwes-Afrika in te val en vir Brittanje te verower. In die Vrystaat het George Brand (wat tydens die ABO, moontlik vanaf Junie 1901, die ass-hoofkmdt van Bethulie en Smithfield was) reeds 1,000 vrywilligers gewerf. Na die afkondiging van krygswet word burgers egter gekommandeer.

Bethulie het ook nie die rebellie vrygespring nie. In die boek van Paul Grobbelaar; *1914 Rebellie of protes,* wy hy 'n hele paar bladsye aan die gebeure onder die hoofstuk *Die Bethulie kommando teen die rebelle;* wat volg is hoofsaaklik 'n opsomming daaruit (Paul Grobbelaar is 'n afstammeling van die Grobbelaars van Cyferfontein). Hy beskryf die verdeeldheid tussen bittereinders, families en vriende in die distrik. Op daardie stadium was Apie Griesel kommandant van die Bethulie-kommando. Op 26 Oktober 1914 word kommandeerbriewe uitgereik vir die burgers van die Bethulie-kommando om die distrik teen die rebelle te beskerm. Ongeveer 74 het vir aktiewe diens aangemeld waarvan die name in die boek op 'n lys verskyn. Bevel word gegee dat die spoorwegbrûe oor die Oranjerivier, by Bethulie en Norvalspont beveilig moet word. (Die blokhuise wat 10 jaar terug deur die Engelse gebruik is om die Boere aan te val word nou gebruik vir Boer teen Boer!). Die gewetensbeswaardes moes onskadelik gestel word en hulle wapens inhandig. Brand van die regeringsmagte was De Wet, wat die Vrystaatse rebellie gelei het, se direkte opponent. De Wet wat 'n beroep op hom doen vir samewerking skryf "*hoe hy een van my geliefde en dapperste generaals in die verlede was*". (Bothma, 2014:266). Op 20 November 1914 skryf mnr Baikie, die skoolhoof van Bethulie, dat verskeie kinders van die distrik die skool verlaat het weens die uitbreek van die gewapende verset (Bethulie Hoërskool Jaarblad).

Gou het verveling en kommer oor verlore inkomste die reeds armoedige mense gekwel wat deel was van die kommandos en kmdt Griesel moes daaraan aandag skenk. Teen Desember begin daar bietjie aksie kom op plase in die Trompsburg en Smithfield-distrikte en Griesel onttrek sommige van die burgers by die brûe. Die magistraat van Smithfield telegrafeer aan die magistraat van Bethulie op 5 Desember 1914: *"magistrate Trompsburg wired me that two armed Rebels stopped and robbed cyclist near Trompsburg....van Schalkwyk reported to have 16 armed men on Trompsburg Smithfield border and 8 at Rietgat Smithfield district*". Op 6 Desember 1914 rapporteer hy dat twee van sy verkenners die vorige dag deur rebelle by Breipaal gevang en hulle perde afgeneem is. 'n Sterk rebellemag van 200 is naby Smithfield gerapporteer. In die omgewing van Zuurfontein word twee rebelle gevang. Kort daarna stuur hy 'n patrollie na Tampasfontein. Dit blyk asof die rebelle hulle in klein groepies in die noordooste van Bethulie-distrik bevind. 'n Afdeling word vanuit Smithfield gestuur om die rebelle in die rigting van Boesmansberg te jaag waar Griesel hulle moet voorsit. Dit was die laaste aksies in die distrik. Moontlik is die taak om die brûe te bewaak nog vir 'n tyd volgehou want op 11 Desember is drie onderwysers opgeroep om die brug oor die Oranjerivier te bewaak.

Die regeringsmagte het die Rebellie gou onderdruk; en teen 2 Februarie 1915 het Kemp oorgegee en die laaste voortvlugtende rebelle is op 23 Maart 1915 aangekeer. Aan regeringskant het 132 soldate gesterf en is 242 gewond; ongeveer 190 rebelle het gesneuwel en 350 is gewond (Bothma, 2014:397). Die rebel kapt. Jopie Fourie is weens hoogverraad gefusilleer. Amnestie is verleen aan al die deelnemers, behalwe die aanvoerders; genl De Wet, onder andere, is ses jaar gevangenisstraf en 'n boete van £2,000 opgelê. Alle skadevergoedingseise moes deur die rebelle betaal word waarvan die somtotaal £23,000 was. *Het Volksblad*, (nou *Volksblad*), het dadelik aan die werk gespring en die *Generaal de Wet Halfkroon Fonds* begin om geld in te samel vir die betaal van die boete. In Julie 1915 het ds John Daniël Kestell die Zuid- Afrikaansche Helpmekaar Vereniging gestig om die veroordeelde rebelle by te staan, spoedig is £28,000 ingesamel.

Ook in Bethulie is 'n Helpmekaar gestig met die onderskeiding dat me Issie Grobbelaar en ds van Rooy se vrou onderskeidelik ook die voorsitter en sekretaresse van die Vrystaatse Helpmekaar was.

Later jare het die Vereniging in Bethulie betrokke geraak by die bewaring van die monumente soos die Moederstapel.

Op die plaas Mooifontein is daar 'n oorhangkrans waar 'n groepie rebelle volgens oorlewering vir 'n tyd geskuil het; dit staan bekend as Rebelkrans. Verskeie name en sinsnedes is op die rots gegraveer soos die volgende: *AL du Rand; Hanskakie is brakkies; Helden: J Fourie en Byers, CR de Wet*; dit blyk of die name van *MT Steyn* en *Paul Kruger* later bygevoeg is. Daar is ook Boesmantekeninge of rotskuns op die rotse, die naam *Klaas Geswind*; die jaartal *1931* (Soos aangeteken deur Marthie de Klerk en ook skrywer se fotos).
Die oorhangrots se koördinate is S 30°26'551 en O 026° 10' 607.

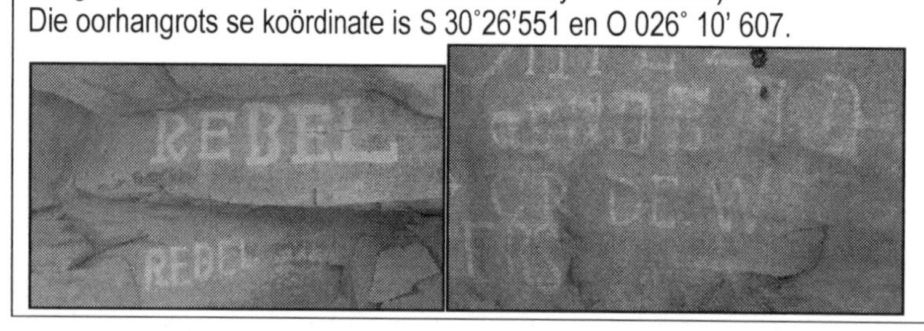

REËNVAL

Kyk ook WEERSOMSTANDIGHEDE

Van 1962-1974 (Nuusbrief, 10 Jan 1975 en Febr 2004)

1962 10.02 dm
1963 24.95 dm
1964 9.65 dm
1965 12.15 dm
1966 16.49 dm

1967 26.59 dm
1968 17.65 dm
1969 16.59 dm
1970 11.26 dm
1971 23.62 dm
1972 18.05 dm
1973 12.5 dm
Gemiddeld reenval in ons omgewing vanaf 1962-1973 was16,62 dm (415.6 mm) per jaar
2007 438 mm
2008 449 mm
2009 383 mm
2010 598 mm
2011 822 mm
2012 478 mm
2013 477 mm
2014 656 mm
2015 380 mm
2016 470 mm
2017 516 mm (gemiddeld vanaf 2007-2017 was 515,18 mm (20.61 dm) per jaar+
2018- Sept 518 mm

Die inligting word by Huis Utkoms teen 'n muur aangebring deur die personeel en dui die reenval per maand aan soos deur skrywer afgeneem

Reklame kyk BEMARKING EN PUBLISITEIT

Reservoirs kyk DAMME

Riool kyk SANITASIE

Rolbal kyk SPORT

Romans kyk SKRYWERS

Rotskuns kyk HOOFSTUK 1: BOESMANS...

ROUXVILLE

Die idee van Rouxville se ontstaan het in die Volksraad sy oorsprong gehad; in Februarie 1856 het die Volksraad die president aangesê om 'n nuwe dorp aan te lê op die wal van die Oranjerivier teenoor Aliwal-Noord en 'n plaas daarvoor aan te koop. Dit het skynbaar nie gebeur nie en toe 'n komitee wat die plaas Zuurbult in die Caledon-distrik aangekoop het vir die doeleindes van 'n dorp, op 12 Februarie 1864 kwytskelding van betaling van hereregte van die Volksraad versoek, asook kwytskelding van hereregte op al die verkoopte erwe, is goedkeuring vir dorpserkenning gegee. Daar was dus nie 'n direkte versoek vir dorpserkenking nie.

Die hoofrede vir die stigting was dat dit 'n groot deel van Aliwal-Noord se handel moes trek; daar is ook gemeld dat die omgewing een van die rykstes in die Vrystaat ten opsigte van produksie van graan, wol en vee was. Daarom is die handelaar en spekulant uitgenooi om die erweverkoping by te woon. Volgens Nienaber (1982:13) was die rede egter om die onreëlmatighede wat plaasgevind het met die versending van pos vanuit die Kaapkolonie te beëindig. 'n Komitee van die NG Kerk in

Smithfield het die plaas Zuurbult van Erenst Wepener gekoop waarna die NG Kerk van die Vrystaat die dorp in 1863 gestig het.

Landmeter JM Orpen het die eerste 90 erwe reeds in 1863 opgemeet en vanaf 1872-1899 het K Vos verdere uitbreidings van Rouxville opgemeet en die naam Zuurbult is na Rouxville verander. Die dorp is vernoem na die NG Kerk-predikant van Smithfield (1853-1875), ds P Roux; hy was ook eerste konsulent van Bethulie se NGK en was vir byna 22 jaar die geestelike vader van die NGK in die suidoos-Vrystaat. (Janse van Rensburg, Band 1.1990:325-7; Oberholster en Van Schoor, 1963:59). Aanvanklik het die dorp in die Smithfield-distrik geval. Sedert 1869 is verskeie pogings aangewend om Rouxville as distriksdorp te verklaar met 'n eie landdros; dit is eers in 1871 toegestaan.

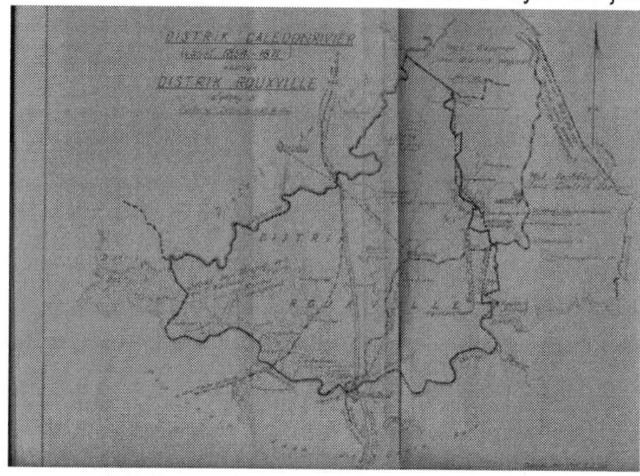

Op die kaart word die oostelike grens van Bethulie-distrik bepaal deur die woorde: Gebied deur Mosjesj aan Sir P Maitland vir die Boere op 30-6-1845 aangebied. Kaart met dank aan Simon du Plooy

SA LEGIOEN

Kyk ook WÊRELDOORLOË; MONUMENTE.

How it all began

"After suffering the horrors of war in France and Flanders thousands of men who fought on the British side in World War One underwent incredible hardship once they had been discharged from the armed services and returned to civilian life. Realising the serious plight in which men found themselves, three prominent soldiers: Field Marshall Earl Haig, General the Rt. Hon. J C Smuts and General Sir H T Lukin founded the British Empire Service League (BESL). The inaugural meeting was held in the City Hall, Cape Town on 21 February 1921.

The South African Branch was titled British Empire Service League (South Africa) but in April 1941 in deference to the pro-war and anti-war factions in the country the name was changed to the South African Legion of the BESL. In 1952 it was again altered, this time to the South African Legion of the British Commonwealth Ex-Service League. Originally in Bloemfontein, the Headquarters moved to Johannesburg in 1942.

The aim of the BESL was to provide care, employment and housing. In South Africa the Legion was equal to the challenge. It built on the foundation and continued this good work after World War Two. Thousands of men and women have been assisted in all manner of means and this work carries on to-day. Former National Servicemen and those who were part of the Armed Struggle are assisted with advice and direction.

Towards the end of World War Two the Legion launched several housing schemes in various parts of the country, including housing projects for coloured and black soldiers.

Remembrance Day At 11.00 on the 11th day of the 11th month of 1918 the guns on the Western Front fell silent. The carnage of the war to end all wars came almost quietly to a close, leaving millions dead and even more suffering the effects of the war. And in the bare wastes of the battlefields grew the poppy, carpeting the graves of the fallen. It was Lord Macaulay who first drew attention to this strange symbolism and it was he who first suggested that the poppy should be known as the flower of sacrifice and remembrance. What more natural that it be chosen to remember all those who died in that war. Colonel John McCrae, a medical officer who witnessed the slaughter of thousands of men in the battles of that war, first wrote of it:

In Flanders fields the poppies blow, Between the crosses, row on row, that mark our place: And in the sky, the larks still bravely singing, fly, Scarce heard amid the guns below.

Before he himself died of wounds he penned another verse of which the last two lines are:

If ye break faith with us who die, We shall not sleep, though poppies grow.

The red poppy is now an international symbol for peace and remembrance and the 11th day of November has become the day of remembrance for all the dead of both world wars, and in South Africa, those of the Korean War, the Border War and the internal conflict". (http://www.salegion.co.za/about-the-sa-legion.html).

In Bethulie is Wapenstilstandsdag gereeld gevier sedert 1954; die laaste diens ter nagedagtenis aan die gesneuweldes was op 11 November 1991. Daarna was daar in die vroeë 2000's weer 'n enkele diens.

Die SA Legioen is 'n nie-politieke welsynsorganisasie wat oud-gediendes van die Weermag, van watter eenheid of tydperk ook al, bystaan, onder andere om te verseker dat 'n oud-gediende wel sy staatspensioen ontvang. Enige oud-gediende kan by die organisasie aansluit (Nuusbrief, 1 Nov 1974).

In 1986 vra die SA Legion toestemmning dat gronde wat aan hulle geskenk is, gebruik mag word vir die oprigting van woonstelle, drie dubbel- en drie enkelwoonstelle vir oud-gediendes hier in Bethulie. Die gronde waarna hulle verwys is in die omgewing van die ouetehuis en is deel van Hugenotestraat. Die versoek lui ook dat 'n landmeter die deel opmeet, dat die straat gesluit word en die grond as erf geproklameer word. Die deel is nog nooit eintlik as straat gebruik nie en die versoek word goedgekeur (Notules 21/2/1986, 28/8/1986). Die plan het egter nie gerealiseer nie en Huis van Blerk is aangekoop; die is op die noordoostelike hoek van Collin- en Greystraat. Dit word later deur die Residentia Stigting as deel van die skema gehuur vir die ouetehuis; die laaste paar jaar word dit onderverhuur aan privaat huurders.

San in Bethulie-omgewing kyk HOOFSTUK 1: BOESMANS

Sangtalent kyk onder KUNSTENAARS...

SANITASIE

In 1909 word die ou sanitêre stelsel van die dorp, die putstelsel, verbied deur die koloniale sekretaris in Bloemfontein. Die emmerstelsel is vir die Raad te duur en hulle koop eerder ontsmettingsmiddels vir die putte om die uitgawes te besnoei. In die *Burgemeester se oorsig* van 1929/30 gee Wardhaugh 'n lang beskrywing oor die ongesonde toestand van emmerontsmetting, en noem dat die putstelsel uitgeskakel moet word. Eers in 1936 word die nuwe sanitêrestelsel ingevoer wat die gebruik van 'n wa en emmers insluit.

Die ou asgate, die rioolverwerkingstelsel waar kompos gemaak is, en die emmerwassery was oos van die spruit en suid van Joubertstraat geleë.

Hierdie "nagwa" of emmerstelsel was 'n baie onaangename werk, en almal was maar sekerlik te dankbaar dat iemand die taak verrig om vol emmers vir leë emmers in die nag om te ruil, maar dit het ook aanleiding gegee tot baie kwajongstreke. So vertel Koot Janse van Rensburg, wat in 1950 hier gematrikuleer het, van sy en sy kamermaat, Andries Bisschoff, se streke. Die seunskoshuis het 'n emmerstelsel gehad wat weekliks op Donderdagaande na 22:00 gelig was. Die nagwadrywer kom weekliks met sy tenkwa, span muile en die draers saggies aangery. Op gedempte toon word daar sag gepraat en gewerk by lanternlig wat naby die agterkant van die latrines neergesit is. Dan was dit Koot-hulle se pret om aan die donkerkant te skuil en óf die muile se tuie los te maak, óf skelm van hulle uit te span, óf blikke met klippe aan hul sterte vas te maak. Dit was in die dae toe George Steytler nog koshuisvader was.

Vanaf 1970 word oor 'n nuwe rioolstelsel gepraat en in 1974 word die besluit geneem om 'n wateraangedrewe rioolstelsel wat suigwerk uitskakel, te ontwikkel. Mnr Pelser van Peetman

Konstruksies het die werk gedoen om die pype te lê, maar op 'n stadium is die werk vir drie maande vertraag as gevolg van buitengewone harde rots wat bereik is met die grawe van slote; die toetsgate het vir 1900 m^3 rots voorsien terwyl die werklike hoeveelheid toe 6000 m^3 was. 'n Verdere probleem was die oormatige grondwater veral by die bou van die pompstasie in Joubertstraat wat dan gelei het tot grondstortings; die toetsgate het dit ook nie uitgewys nie. Die projek is in September 1977 voltooi.

Volgens die notule van 11/5/1977 is daar klagtes dat die rioolskema die water in die Verwoerddamkom besoedel. Die klagtes is gegrond want die nagemmervuil word in putte in die omgewing gegooi. Die Raad besluit dat met die oog op die nuwe stelsel in wording dit nie nou ekonomies geregverdig is om nuwe putte elders te grawe nie. Hulle redeneer ook dat omdat daar nog net 92 emmers uit die wit gebied en 258 uit swart gebied is, Bantoe administrasie die verantwoordelikheid behoort te dra.

So dikwels word die feit dat Bethulie se infrastruktuur so oud is, want die dorp is so oud, voorgehou as die redes vir soveel probleme. Maar as die verloop van die ontwikkelinge in ag geneem word, is die rioolstelsel nuwer as die van die nuutste dorp in die Vrystaat, Gariepdam.

Die dorp se stortingsterrein of "ashope" was eers in die sloot net wes van die eseldamme. In die *Burgemeester se oorsig* van 1929/30 meld Wardhaugh dat die ashoop van die dorp oos van die woonbuurt, naby die swartes se kerkhof en hospitale lê. In 1988 word aanbevelings vir 'n nuwe terrein gemaak. Die Departemente van Waterwese en Gesondheid het besoek gebring, vereistes gestel en na alternatiewe gekyk en was tevrede met die aanbevole terrein. In 1991 het die Afdeling Geologie 'n terrein geidentifiseer naby die gedenkkampkerkhof en steenmakery van Jan en Evert Kleynhans; die gebied is in 'n gruisgroef (Notules 28/7/1988, 14/3/1991). Nêrens word die implikasies wat die stortingsterrein moontlik op die kampkerkhof-monument kon hê genoem nie, wat baie jammer is veral in die lig van al die probleme wat later hier ervaar word. In Kopanong se *Integrated Development Plan* van 2002-2006 (2001:16) word gemeld dat Kopanong geen permit het om die stortingterrein in Bethulie te bedryf nie. As deel van die *Environmental protection and infrastructure programmes* (EPIP) word opgradering van Bethulie se stortingsterrein toegeken aan die Binotype (Pty) Ltd maatskappy. In Februarie 2017 word begin met opleiding; daar word 92 mense aangestel. Teen 2018 is die fondse uitgeput en die werk nog nie voltooi nie.

Die gemeenskap bied weerstand teen die gebruik van plastieksakke vir vullisverwydering in 1985 as gevolg van die hoë koste van die sakke (11,2c!). Die Raad besluit egter om wel voort te gaan en later weer te evalueer (Notule 21/11/985).

Sementdam, eerste ronde kyk DAMME

Sendelinge kyk HOOFSTUK 3

Sentrale sportkomitee kyk onder SPORT

SIMBOLIESE OSSEWATREK

Kyk ook MONUMENTE

Teen 1938 was die Afrikaner nog verarm as gevolg van die ABO, droogtes en depressie, en ook polities verdeeld. Die idee van 'n simboliese trek het gedurende 'n ATKV-kongres in Hartenbos ontstaan. Henning Klopper, die voorsitter van die Raad van die ATKV, was die dryfkrag agter die trek. Die gedagte was net om die Groot Trek te herdenk, dat dit so 'n groot nasionale gebeurtenis geword het, is nie voorsien nie. Toe die eerste twee waens, die Andries Pretorius en die Piet Retief, op 8 Augustus 1938 uit Kaapstad vertrek, het sowat 25,000 mense die waens afgesien. Soos die waens getrek het, het skares dit verwelkom en selfs vir ente saamgetrek. 'n Derde wa, die Hendrik Potgieter, is in die Paarl gemaak wat as poswa gedien het. Daar was op die einde nege waens wat aan die trek deelgeneem het tot in Pretoria. Paartjies is in die huwelik bevestig by die waens, kinders gedoop, monumente oral opgerig, kranse op grafte van ou helde gesit; 'n nasionale gebeurtenis soos nog nooit tevore en daarna nie.

Bethulie het ook deelgeneem (Snyman, 2013:9). Op 15 Oktober 1938 het die ontmoeting met die ossewatrek by Bethulie-wabrug plaasgevind. Om 8:00 het 'n stoet van ossewaens, voetgangers en motors vanuit die dorp vertrek en om 9:00 het die Trichardt-wa oor die brug gekom. Die wa, deur agt mooi vet Afrikaner-osse getrek, het in die middel van die brug gestop waar Bethulie se magistraat, J Norval, die tou geneem het en die wa die Vrystaat ingelei het. Net toe die wa en osse op Vrystaatse grond gekom het, het die skare van 1,000 mense Psalm 146 vers 1 gesing. Nadat die wa in die Vrystaat verwelkom is, het die koor onder leiding van MC Botha Psalm 118 gesing. Daarna is die wa begelei deur 'n perdekommando onder leiding van kmdte Griesel en Grobbelaar. By die dorpshek, net onderkant die dorp, het die Voortrekkerbeweging 'n erewag gevorm; hulle het die wa onder bewaring gehad vir solank dit in Bethulie vertoef het. Aan die bopunt van Kerkstraat (nou Voortrekkerstraat) het die skare toegekyk hoe die spoor van die wa in die sementblok vasgelê word en 'n klipstapel is gebou deur verteenwoordigers. Kransleggings is vir die res van die dag gedoen by verskeie plekke: die Wepener-monument, die vrouemonument, die konsentrasiekampkerkhof, Pellissier-kerkhof en by die burgermonument in die dorpskerkhof. Die aand se verrigtinge het plaasgevind op Markplein wat toe herdoop is na Trichardtplein (waar die stadsaal en munisipale kantore tans is). Die Voortrekkerbeweging het onder andere 'n fakkelopvoering gegee (Gedenkboek van die ossewaens..., 1940:424-5). Die aand het SH Pellissier die hoofrede gelewer: *Ons is 'n nasie.*

Tydens die fees is die ossewabeeld met sy ossies voorgestel wat later deur Myburgh gemaak is (Kyk MONUMENTE). 'n Verdere uitvloeisel van die fees is dat Kerkstraat se naam verander het na Voortrekkerstraat.

Tydens die "*grootste en heerlikste fees wat nog ooit op die dorp gehou is*", het verskeie mense opgetree: ds Barnard as voorsitter van Bethulie se reëlingskomitee, dr Mynhardt die burgemeester, senator JC van Rooy, George Kolbe, Tienie van Schoor, SH Pellissier en eerw Barry. Daar is ook baie gesing, nie net deur die feesgangers nie, maar ook 'n koor wat opgetree het onder leiding van MC Botha.

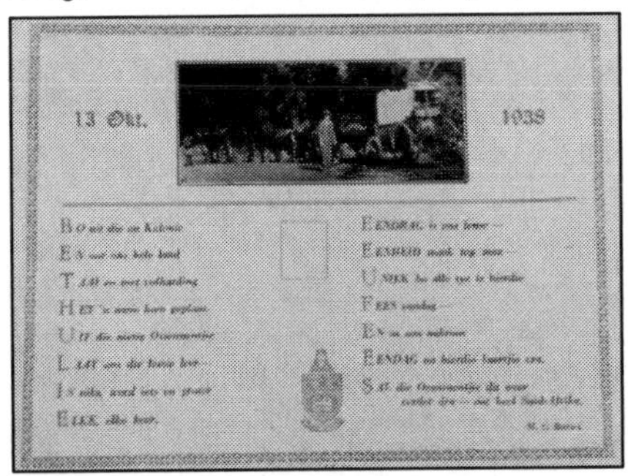

Uit die *Jongspan* van 28 Oktober 1938 is die volgende beriggie gekry: "*onlangs is daar in die distrik Bethulie 'n ou wa opgespoor wat seker een van die weiniges in ons land is wat nog die Groot Trek meegemaak het. Hierdie wa is 105 jaar oud, maar nog in so 'n goeie toestand dat slegs een van die wiele herstel moes word, voordat dit weer op die pad kom. Hierdie ou wa sluit nou by die nuwe trek aan*". Die wa van Bethulie, die Louis Trichardt, het van hier af na Smithfield gegaan waar dit drie waens vanaf Rouxville ontmoet het, die Piet Retief, Hendrik Potgieter en Sarel Cilliers. Op 15 Oktober het die Smithfield-komitee die wa vanaf Bethulie by Slikspruit ontmoet, getrek deur 'n span osse van D Haasbroek, wat die wa by Tampasfontein oorgeneem het. "*Hier het die ou waentjie die hele komitee so aangegryp dat daar trane uit hul oë gevloei het. Die geklop van die wiele het tot die harte van die aanwesiges gespreek op die mees aandoenlike wyse wat die mens hom kon voorstel. Ds AA van Schalkwyk het in*

'n kort toespraak die wa en geselskap verwelkom nadat hy die Akte van ontvangs geteken het ... en dit aan MC van Schoor oorhandig het". Die verrigtinge het die hele naweek in Smithfield plaasgevind en ds DJ Barnard van Bethulie het Sondag die slotdiens gehou en Maandag 17 Oktober het die waens verder vertrek (Prinsloo, 1955:669-670).

Die waentjie het 'n interessante geskiedenis. Dit het aan Denise Jacobs (née de Villiers) se voorgeslagte behoort. Die byskrif uit *Die Volksblad* van 2 November 1938 lui soos volg: *"Hier is afgebeeld die kakebeen-verewaentjie wat deur Henning Joubert van Middelfontein, Bethulie, aan die Nasionale Museum geskenk is, en wat sover nagegaan kan word, uit die tydperk van die Voortrek moet dateer.... In 1871 is die ouers van Henning Joubert, met die waentjie, in Bloemfontein getroud".* (Sy ouers was Petrus Joubert, die seun van Henning Joubert een van die stigters van die dorp en Margaret Kolbe, dogter van John Gersen Kolbe van Kaalspruit wat een van die sendeling GA Kolbe se seuns was). *"By daardie geleentheid is die wa van nuwe bekleedsels voorsien, wat vandag nog aan hom is. Die waentjie het tydens die huwelik aan mnr Joubert se grootvader behoort, wat dit omstreek 1850 in Natal gebruik het.... Die vermoede is dat hy wel gedurende die Voortrekkertydperk gemaak moes gewees het. Dit is van die regte voortrekkerwa-tipe met bakwiele, 'n houtkatel binne in en 'n wakis. Die yster- en houtwerk is van sierlike krulle en knoppe voorsien. Die wa is besonder goed opgepas en die enigste ding wat ontbreek, is die langwaketting. Die tentseil wat op die oomblik aan hom is, skyn die derde te wees."*

Die waentjie is ook gebruik met die verwelkoming van Bethulie se derde NG Kerk predikant, ds JJT Marquard, in 1885. Oud-diaken P Joubert het met sy eie perdewa, 'n veerwa, hom begelei vanaf Colesberg (Ferreira, 1988:68).

Prinsloo (1955:35-6) beskryf 'n ossewa: *"Die lengte van 'n ossewa was omtrent 15 voet en die wydte van bok tot bok 2 voet 9 duim, wat afgewissel het na die smaak van die besteller. Die tent se dele was van bamboes. Oor die bamboes het palmietmatte gekom, daaroor 'n witgeskilderde seil, waaroor weer 'n seildoek wat aan die leerbome weerskante vasgemaak word. Van die buikplank tot die top van die tent was die hoogte 5½ voet...Die asse was volmaak reguit en was met verdrag dunner na die punte... Die agterwiele was 5 voet en die voorwiele 3½ voet in deursnit. Die afstand tussen die voor en agterwiel was 5 voet. Die bande was 2½ duim breed.... Die disselboom was 10 voet lank... Dit was perfek vir doeleindes en vereistes van die Suid-Afrikaanse boer. Die bokke, die buikplanke en die stelle was nie onbeweeglik vas aan mekaar nie... hulle kon meegee, hoe ru die pad ook was. Die omslaan van die ossewa was dan ook tot die minimum gebring".* Woorde wat selde meer gehoor word beskryf onderdele: *skeen, steekluns, platluns, skamels, langwa, voor en agtertangteerputs, remskoenketting*, ens.

1988 was 'n feesjaar vir Suid-Afrika. Dit was 500 jaar sedert Bartolomeus Dias die eerste Europeër geword het om om Kaap die Goeie Hoop te seil, 300 jaar sedert die koms van die Franse Hugenote en dit was die 150-jarige herdenking van die Groot Trek. Landwyd het feeste rondom die gebeure plaasgevind. Met betrekking tot die herdenking van Groot Trek 150, was daar wedywering tussen die FAK en die destydse Afrikanervolkswag. Die FAK-feeste is ondersteun, ook finansieel, deur die destydse Nasionale Party-regering terwyl die Afrikanervolkswag onder leiding van wyle prof Carel Boshoff die konserwatiewe en regsdenkende Afrikaners verteenwoordig het. Albei hierdie organisasies het feeste op groot skaal georganiseer. Die feeste deur die Afrikanervolkswag het reeds in 1986 afgeskop met volksbyeenkomste in 1986 te Vegkop en in 1987 te Paardekraal. Dit het opgebou tot die hoogtepunt op 15-16 Desember 1988 te Donkerhoek toe nagenoeg 150,000 feesgangers die geleentheid bygewoon het. Hierdie hooffees is ingelui met die aankoms van verskeie ossewa-trekke van regoor

die land op 9 Desember 1988 te Kerkplein en 'n byeenkoms die aand in die Amfiteater van die Voortrekkermonument.(http://radiopretoria.co.za/nuus/nuuskommentaar/8-mei-2012-013-herdenkingsjaar/).

Bethulie het ook deelgeneem aan Die *Afrikanervolkswag se Groot Trek 150 jaar fees.* Die program wat in die Nuusbrief van November 1988 verskyn het, toon dat die simboliese wa op 28 November die kampkerkhof besoek het, daar sluit twee ander waens aan om deur die strate na die skougronde te trek; later die middag het die Uys-wa met belangstellendes daarop na die Ossewamonument gegaan en waspore in die sement afgedruk (Kyk MONUMENTE). 'n Marmersteenjie is later ter herinnering hiervoor aangebring (Notules 13/10/1988, 10/11/1988, 9/2/1989).

In Augustus 2001 het 'n derde simbolies ossewatrek in die dorp plaasgevind as deel van die 100-jarige herdenking van die ABO. *Volksblad* van 29 Augustus 2001 berig: "*Volkstrots, maar ook hartseer, was die naweek op talle inwoners hier se gesigte te bespeur met die herdenking van die lyding van vroue en kinders in die dorp se konsentrasiekamp tydens die Anglo-Boereoorlog 100 jaar gelede. Perderuiters het die Hendriena Rabie van der Merwe-ossewa, wat deur 20 vroue en kinders deur die dorp se hoofstraat getrek is, begelei. Kranse is by die kampkerkhof gelê ter nagedagtenis aan die 1,737 mense wat gesterf het tydens die ABO en daar begrawe is. Van der Merwe was 'n Rooikruisverpleegster tydens die ABO wat gevange geneem is en in 'n kamp in Port Elizabeth gesit is. Sy het ontsnap, maar is weer gevang. Sy is toe na Bethulie gebring, maar dit blyk sy was nie baie gewild onder die Engelse nie. Ene sers. Wakefield het later vir Van der Merwe om verskoning gevra omdat sy so sleg behandel is en het aan haar gesê hy skud haar hand met trots*".

SIRKUS

'n Besoek van die sirkus aan die dorp was een van die hoogtepunte vir kinders wat hier grootgeword het. Benn Wessels (Nuusbrief, Nov 2009) onthou van beide Pagel en Boswell se sirkusse wat gereeld na Bethulie toe gekom het: "*Vroegmiddag het die olifante deur die hoofstraat gestap en seker gemaak dat almal van die sirkus bewus is. Miesies Pagel met haar groot diamantring, het self die kaartjies verkoop!*"

Vanaf 1954 was Wilkie se sirkus in Suid-Afrika en in 1963 word dit die *Boswell Wilkie's Circus* genoem. Kinders het voor die vertoning na die diere in die hokke gaan kyk; hulle vergaap aan die opslaan van die yslike tente en almal het in afwagting gehoop om te sien hoe die akrobate oefen en om met die piekies en die hansworse te gesels. Met die vertoning het daar altyd so 'n stofwolk gehang. Die sirkustente was op die oop stuk grond agter die skousaal na die stasie se kant opgeslaan. Die laaste verwysing wat opgespoor kon word van 'n sirkus wat die dorp besoek het was op 11 Desember 1987 (Notule 8/12/1987).

Skape kyk BOERE EN BOERDERYE

Skilderye, sketse en tekeninge van Bethulie en omgewing kyk KUNSTENAARS...

SKOLE

Sendingskole en privaatskole

Die plek waar Bethulie ontwikkel het se derde naam was *Bushman school* en ook *Bushman mission*, gegee deur die LSG se sendelinge. Dat Kolbe en Clark wel 'n skool, of moontlik eerder 'n katkisasieklas, hier gehad het, blyk uit Clark se brief van 23 April 1833; hy skryf dat 10 volwasse Boesmans en 20 kinders die skool bywoon asook 10 volwasse Hotentotte wat in die omgewing woon, hy hoop dat hulle teen die einde van die jaar in staat sal wees om die Nuwe Testament te lees; dus ook geletterdheidsklasse. Toe Pellissier hier kom, het hy so gou moontlik 'n skoolgebou opgerig en hy skryf in November 1834 dat die skool deur 350 leerders bygewoon word. Die skool se mure was pale en riete wat gepleister is, met 'n skuins rietdak (Pellissier, 1956:170, 214). Martha Pellissier het 'n dagskool vir leerlinge begin waarby sy 30 jaar betrokke was.

Die eerste skool verskyn op die skets wat in 1845 deur F Maeder gemaak is en blyk suid van die sendinghuis te wees; die grootte word aangegee as 45 vt x15 vt; ('n afdruk is in die museum; kyk onder KUNSTENAARS...). Op 'n skets wat in 1862 gemaak is om te toon watter geboue in die nuutgestigte dorp bestaan, word 'n skool, twee geboue suid van die sendeling se huis, aangedui (Pellissier, 1956:526). Huisonderwysers of rondgaande onderwysers is reeds in 1869 algemeen (Ferreira, 1988:48-9). Moontlik was die eerste huisonderwyser Robert Scott (kyk HOOFSTUK 8: BEROEMDES...) wat in die sendinghuis onderwys aan die drie jongste kinders van Pellissier gegee het vanaf 1860 tot ongeveer 1861. Die eerste rondgaande onderwyser waarvan kennis gedra word, is Johannes Mahne wat in 1865 skryf dat hy al 18 maande 'n skool in die omgewing bedryf.

BETHULIE BOARDING SCHOOL,
CONDUCTED BY
J. W. HAYGARTH.
SUBJECTS TAUGHT:
Reading, Plain and Ornamental Writing, Grammar, Composition, Geography, History, Drawing, Modern Science, Latin, Arithmetic, Mensuration, Algebra, Euclid, Vocal and Instrumental Music, Dancing, Gymnastics, &c.
N.B.—Music is an extra. 29/4
Terms per Annum (payable Quarterly):
£30 State currency.
£15 in Produce, as per arrangement. 1869

Uit die interessante advertensie wat *Bethulie Boarding School* in 1869 adverteer, blyk dit dat die onderwyser ene JW Haygarth was wat die volgende vakke aanbied: *"Reading, Plain and Ornamental writing, Grammar, Composition, Geography, History, Drawing, Modern Science, Latin, Arithmetic, Algebra, Euclid, Vocal and Instrumental music, Dancing, Gymnastics. NB Music is an extra".*

Meer as een privaatskool het teen die 1870's in die dorp bestaan. Onder andere het die eerste predikant van die NG Kerk, ds Cloete, 'n skool met verblyfgeriewe vir plaaskinders begin; dit nadat hy sy emeritaat op 16 September 1872 gekry en aangebly het op Bethulie. Die skool het op 'n stadium 47 kinders gehuisves. Daar word ook verwys na Hortense Scott (née Pellissier) wat weer teen 1874 haar skool geopen het (Pellissier, 1956:534). Mary Horspool wie se ouers kaptein Lephoi se huis gekoop het, het vanuit die huis 'n privaatskool bedryf. Gedurende dieselfde tyd het die eerste predikant van die Anglikaanse kerk, CWR Reynolds, asook sy opvolger, W Winning, ook privaatskole gehad. Toe Reynolds weg is in Oktober 1880 het mej Prior van sy leerlinge oorgeneem; sy het in totaal 52 gehad. Martha Pellissier verwys daarna dat mej Prior die skool in die dubbelverdiepinghuis op die erf bedryf het; die Priors was bure van die Pellissiers. (Dit lyk asof die skool op die erf wat Hannes Janse van Rensburg tans het was, naamlik Voortrekkerstraat 5, eerder as op die erf met die adres van Voortrekkerstraat 3, waar 'n waenhuis omstreeks 1880 was). Mnr Pepler van die dorpskool het teen November 1880, 72 leerlinge gehad (Briewe.., 1973:13, 33, 40, 43).

'n Vorige skoolhoof van Pellissier Hoërskool, CHJ Neethling, het in die Eeufeesalbum (1963:138-153) 'n interessante en volledige beskrywing van onderwys in Bethulie gegee van die beginjare af tot 1962; wat hier volg is hoofsaaklik 'n opsomming van die hoogtepunte uit die artikel met toevoegings uit ander bronne soos aangedui.

<u>Plaasskole</u>

Met die vestiging van plase was formele onderwys van kinders in die hande van rondgaande onderwysers, wat deur die hoof van 'n gesin of groep gesinne in diens geneem was. Die eerste onderwyser in die omgewing was Johannes Mahne wat in 1865 aansoek doen vir staatsondersteuning vir sy skool wat al 18 maande aan die gang was; daar kon nie vasgestel word of die skool in die dorp of op 'n plaas was nie.

"Die plaasskole kan gewoonlik net vir ses maande en hoogstens vir 'n jaar aan die gang bly... dan word maar weer gevra om op 'n naburige plaas 'n skool te begin. Meester moes veral die kinders onderwys gee in Bybelgeskiedenis, lees, skrif en rekene. Daarby moes die onderwyser ook 'n klas instandhou vir kinders wat belydenis van geloof moes aflê. As loon het die onderwyser gewoonlik 'n halwe sak meel en 'n slagskaap per maand ontvang plus 10 sjielings of 'n skaapooi per kind per maand. As skoolboeke is die "Trap der jeugd" gebruik en 'n boekie van ds J de Ridder wat hy opgestel het toe hy nog 'n onderwyser was" (Eeufees-gedenkboek, 1963:56-7).

SJ (Simon) du Plooy van Brakfontein onthou dat die skole gewoonlik in 'n buitevertrek was, of soms in 'n gebou wat spesiaal daarvoor ingerig is op 'n plaas wat sentraal geleë was. Meubels is deur die Departement van Onderwys voorsien en aan die einde van die jaar het 'n inspekteur die skool besoek. Dit was geen maklike taak vir die onderwysers nie, want hulle moes dikwels tot agt klasse waarneem, afhangende van die ouderdomme en vordering van die kinders (Nuusbrief, 11 Jul 1975). Brakfontein het op 'n stadium 27 leerlinge gehad, waarvan al die buurplase se kinders met perde skool toe gekom het, vir die doel het die goewerment blykbaar die perde gesubsidieer en het hulle as goewermentsperde bekend gestaan (Du Plooy, PW: s.a.: 27).

Een van die oudste skoolgeboue se ruïnes staan vandag nog op die plaas Mooifontein, vroeër deel van Badsfontein. NP Fourie het die skool daar laat bou; osse moes die brakgrond deurtrap sodat stene daarvan gevorm kan word. (Eeufeesgedenkboek, 1963:56-7,108).

In 1877 is daar drie wykskole in die distrik: mnr Naude op Bankfontein as wyk Dwarsrivier met 28 leerlinge; JH Otto met 26 leerlinge op Tafelberg as wyk Grootrivier en A van Bergen op Kraalfontein as wyk Slikspruit met 16 leerlinge. Mnr Pepler het teen 1880 op Knoppiesfontein skoolgehou; hy het later in die dorp skoolgehou totdat hy na Stellenbosch is om vir predikant te leer. Die verskillende plase in 'n wyk het beurte gemaak om die skole te huisves soos die wykskool van Tafelberg wat na Palmietfontein (nou Ems) verskuif is in 1883; meer voorbeelde word deur Pellissier beskryf (Briewe, 13,15; Pellissier, 1956:567).

Die skool op Broekpoort se foto is verskaf deur Jakkie Venter. Hy skryf: "My oorlede moeder staan links voor met die wit trui aan; sy was Catharina Cornelia Venter met Rina as noemnaam, gebore 1914 en toe woonagtig te Alfalfa. Die foto moes so ±1926 geneem wees. Dit moet waarskynlik die kinders van Kleinfontein en Broekpoort (Lokspoort, Elim, Alfalfa) en Glassford wees. My ma het agter op die foto geskryf dat mnr Kruger die onderwyser was".

Denise Jacobs vertel dat die skool op Broekpoort (nou Elim) grappenderwys "*St Broek's University*" genoem is.

Op die kennisgewingbord: Go

CNO-skole (Christelik-Nasionale onderwys) het 'n ideaal gebly en na die ABO was daar ook kerkskole op plase soos Vogelfontein, Vergelegen en Vlakfontein. Drie ander kerkskole in die distrik was, Boschenduivenkop wat in 1906 begin het met 21 leerlinge (mnr Deale was die eerste onderwyser), Damfontein wat in Oktober 1905 begin het met 10 leerlinge (Zillah Theunissen as onderwyseres) en Erfdeel in 1906 met 20 leerlinge; hier was die eerste onderwyser SH Pellissier, die latere direkteur van Onderwys (Kyk HOOFSTUK 8: BEROEMDES...). (Ferreira, 1988:72-3; Eeufeesgedenkboek, 1963:57).

Nadat die skool op Boschenduivenkop gesluit het, is die meeste kinders van die gebied na die skool op Donkerpoort; die skool het ongeveer 80 leerlinge gehad. Daantjie Hauman was die eienaar van die plaas. Die skoolhoof vanaf 1914-1917 was Arnold Dykman. Tot 1917 was die skool 'n Junior Hoërskool en moes die standerd 7-klas die *Hoger Taaleksamen* aflê. Dykman is deur Japie Jacobs opgevolg, na hom 'n mnr van der Walt en Nic du Plessis. 'n Mooi prinsipaalwoning en nuwe skoolgebou is opgerig, maar ongelukkig was dit tyd dat plaasskole sluit en mnr Wessels was die laaste skoolhoof daar (Olivier, 1973:114).

Op Springbokfontein het bekendes soos Rums van Rensburg en AJ Griesel skoolgegaan; dr Haarhof was die skoolhoof. Op soveel ander plase was skole, soos Diepfontein, De Put, Brakfontein, Zuurfontein, ens.

Olivier (1973:114) merk tereg op dat die "*plaasskole 'n fase in die geskiedenis verteenwoordig het; toe die platteland nog dig bevolk was, vervoer moeilik en afstande groot was, het die plaasskole sy onmisbare bydrae tot die opvoeding van ons Afrikanerseuns en dogters gelewer. Hierdie plaasskoolonderrig het hom veral gerig op 'n verbondenheid aan die bodem. ...Omdat hulle op die aarde van die platteland gestaan het. ...Hulle het die Christelik-nasionale ideaal in die opvoeding ongemerk en soms miskien onbewus sterk gedra...hulle is die mense wat die Afrikaanse taal op sy voete gestel het...*".

In die laaste ses Nuusbriewe van 1975, vanaf 17 Oktober, word notules geplaas van 'n skoolkommissie se vergaderings wat gehou is vanaf 29 Mei 1912 tot 20 Januarie 1913; slegs twee plase se name word genoem, Middelplaat en Waterval. Daaruit blyk dit dat die ouers van die leerlinge self sorg moes dra vir die gebou, toerusting soos die swartbord en het ook die verantwoordelikheid gehad het om genoeg leerlinge en 'n onderwyser te bekom en sy salaris te betaal. Die oorspronklike notuleboek is deur Kotie Pretorius geskenk en word in die museum bewaar. Hieruit blyk dit asof die skool later na Tweefontein verskuif het.

PW du Plooy wat later self 'n onderwyser en skoolhoof geword het, onthou die dae voor lyfstraf verbode was waar hulle op hul plaas Brakfontein 'n skool gehad het met mnr Van Vuuren as onderwyser, of soos hulle hom genoem het *Mister a Vure*; dit was ongeveer laat 1920's. "*Hy was 'n onderwyser maar geen opvoedkundige. Die roede was 'n rou riem, omtrent 30 duim lank met 'n harde agterkant en 'n slappunt wat so lekker voorslag oor die sitvlak gemaak het. Daar is ook nie gebuk nie. Die seun moes op sy maag oor die kant van die verhoog op die vloer gaan lê en dan het die riem in sy volle lengte 'n boog deur die lug beskryf en katsagtig in die sitvlak ingebyt....'n Geliefkoosde straf vir seuns en meisies was 'eenbeentjiestaan' op die verhoog. En glo my, dit kon vir 'n halfuur so aanhou". (Du Plooy, PW; s.a:26-27).* Sy broer FD du Plooy (s.a.:60) beskryf in sy herinneringe die eenbeentjiestanery soos volg: "*...met 'n klok in die een hand en 'n pak boeke (of wat hy in die hande kon kry) in die ander hand, hoog in die lug gehou. Vir ou Bos wat al harde baard gehad het, wou hy eendag die straf nog swaarder maak. By die klok en boeke in die hande het hy nog die lampolie-verwarmer met 'n tou om Bos se nek vasgemaak...*". Hy skryf verder dat die onderwyser se handelswyse die goedkeuring van die grootmense weggedra het: "*as hy nie wil leer nie, foeter hom! Die onderwyser het dikwels ook dogters soos seuns deurgeloop deur hul koppe tussen hul bene in te druk en hulle dan op die sitvlakke gelooi, wreed en deeglik*".

Plaaskole vir wit leerders het almal ongeveer teen 1952 gesluit. Plaasskole vir swart kinders van plaaswerkers het sedert 2009 begin uitfaseer. Op 4 Mei 2009 het 55 leerders van vier verskillende plaasskole in die Suid-Vrystaat by die Pellissier Hoërskool aangesluit en later in dieselfde jaar weer 22 leerders. Die leerders woon in die koshuise in Bethulie, twee onderwyseresse het ook saamgekom. Die laaste plaaskole het in 2011 gesluit (Nuusbrief, Jul 2009; Okt 2009).

Op sommige spoorweghaltes soos Providence was daar ook skole vir die kinders van die amptenare en ander nabygeleë plase. Japie Schmidt het ook vir 'n tyd daar skoolgegaan en hy onthou twee onderwysers, mnre Droskie en De Beer.

Regeringskole in die dorp tot voor die ABO

Na die dorpstigting is daar in *The Friend* van 5 Mei 1865 'n pos vir 'n onderwyser geadverteer vir *die "Governementsschool te Heidelberg"* (Pellissier, 1956:663-4). AT Kolver aanvaar die pos op 1 Februarie 1866. Die eerste skoollokaal vir die dorpskool is deur Henning Joubert op eie koste in 1866 opgerig en teen 'n geringe koste aan die skoolkommissie verhuur. Skrywer kon nie vasstel waar daardie gebou was nie. In 1875 was PJR Botha met 43 leerlinge die onderwyser en in 1877 HJ

Tadema met 36 leerlinge. 'n Mnr Beukes was Tadema se opvolger; die is egter ontslaan. In 1879 word die eerste gebou vir die goewermentskool opgerig, 'n tweevertrek wat regoor die poskantoor gebou was op die hoek van Joubert- en Rouxstraat; WD van Alphen is op 1 Januarie 1878 aangestel. AJ Pepler wat op die plaas Knoppiesfontein skoolgehou het, begin in die dorp skoolhou in Oktober 1880 (Briewe...1973:13, 39). Hy vertrek egter in 1883 om vir predikant te gaan studeer en JJ Van Heerden wat hom opgevolg het, is dorpsonderwyser tot met die uitbreek van die ABO. In 'n verslag van die NG Kerk aan die sinode in 1893 word aangedui dat hier 'n dorpskool, drie "vaste" wykskole en 'n rondgaande skool is (Ferreira, 1988:49). Kort voor die oorlog was die leerlingtal 109 en het drie assistente die skoolhoof bygestaan, mejj Flint, Waugh en Lindenberg.

Inspeksie verslae vanaf 1878-1898 is in die museum beskikbaar en bied 'n insiggewende beeld op die tydperk se onderwys. Kommentare soos die volgende toon die uitdagings en verwagtinge:

"de geest die in die school heerscht is goed; en men heft redden te verwachten dat eene Gouvermnetsschool te Bethulie windelik zal bloeien".

"Er is gebrek aan levendigheid en energie bij het onderwijzen, en het antwoorden van de leerlingen is bijzoner traag".

Onderwysers wat aan die hoof van die skole was:

1863 Johannes Mahne 'n rondgaande onderwyser, (in 1865 skryf hy dat die skool al 18 maande funksioneer).
1866 AT Kolver as goewermentsonderwyser aangestel
1873 JH Cloete (verhuis in 1974 na Lady Grey)
1875 PJR Botha met 43 leerlinge
1877 HJ Tadem met 16 leerlinge
1878 WD van Alphen
1881 Pepler en JJ van Heerden

Skole gedurende en na die ABO

JJ van Heerden het met die uitbreek van die oorlog by die Boere-ambulans aangesluit en vir 'n kort tyd het 'n mnr Füssel as onderwyser gehelp en later JH Dykman totdat die skole moes sluit. Ds Becker van die NG Kerk het tot met die besetting van Bethulie deur die Engelse op 15 Maart 1900 vrywillig in die pastorie skoolgehou.

Die kinders in die konsentrasiekamp is aanvanklik na die Gereformeerde Kerk in Beyerstraat gestuur vir onderrig, maar baie gou is hulle in die kamp self onderrig en tente is vir die doel opgeslaan. Hoewel daar teen Augustus 1902, 419 kinders op die skoolrol was, was die gemiddelde bywoning slegs 194 as gevolg van siekte en ander omstandighede (Venter, 2011:116-7).

Na die ABO het twee soorte skole bestaan. Die regeringskole wat toe onder die Engelse gesag is, en die Christelik-nasionale onderwys (CNO) skole. Die eerste CNO-skool in die dorp word op 16 Januarie 1905 geopen, met AD Heroldt as skoolhoof. Die weeskinders uit die ABO wat in die weeshuis op die NG Kerkterrein gehuisves was, het die skool bygewoon. Die skole is hoofsaaklik as protes teen verengelsing gestig. Finansiële hulp is vanaf Duitsland en Holland ontvang. Die CNO-skool in die dorp het slegs ses maande bestaan; op 9 Junie 1905 amalgameer die skool met die regeringskool en word AD Heroldt die onderhoof. Drie CNO-skole word in 1905 en 1906 in die distrik gevestig op die plase Boschenduivenskop, met mej C Kolbe as een van die onderwysers, Damfontein met Zillah Theunissen as onderwyseres en Erfdeel waar die eerste onderwyser SH Pellissier was (Ferreira,1988:72-3).

Volgens die inligting agterop die foto: Bethulie se goewermentskool 1902, mnr Dykman, die skoolhoof staan agter; mej Waugh heel regs, Mabel Pellissier agter, tweede van links. Die skoolgebou was die Gereformeerde Kerk.

In 1903 word J Baikie vanuit Skotland as hoof van die regeringskool aangestel. In die regeringskole was alle onderrig in Engels behalwe vir drie ure per week vir onderrig in Hollands vir die doel van godsdiensonderrig.

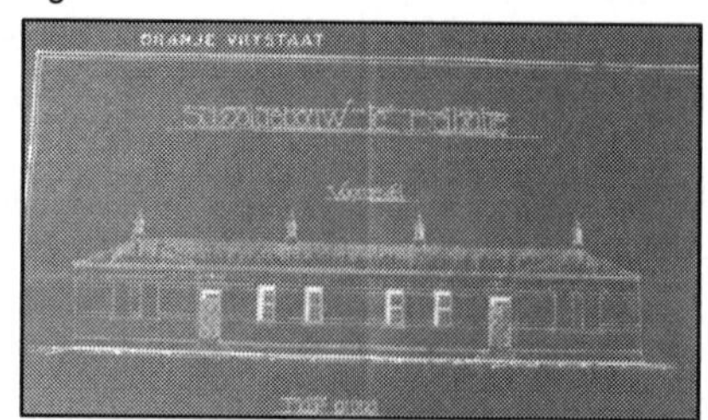

Die ou gebou op die hoek van Roux- en Joubertstraat word nog gebruik, maar op 20 Augustus 1904 word die huidige primêre skool se gebou geopen deur Sir Hamilton Goold-Adam. Dat die skool al voor die oorlog beplan is blyk uit die bloudrukke van die argiteksplanne wat in Maart 1899 opgestel is. Die handtekening van die argitek ontbreek. Die gebou is met wysigings in 1904 gebou.

Die skool is deur mnr Waugh gebou (CO vol 5, 303/01). Dit was volgens J Baikie die eerste nuwe skoolgebou in die kolonie. As gevolg van stygend getalle is daar reeds in 1907, 1912, 1913, 1918 en 1919 aangebou. Om in die behoefte aan klaskamers te voorsien, is van verskeie plekke in die dorp gebruik gemaak: in huise, die NG Kerksaal, in die koshuis, die sinkgebou van die skou, ens.

In 1912 het die skool status van 'n sekondêre skool verkry. 'n Afsonderlike hoërskoolgebou word op 21 Oktober 1921 ingewy, maar baie gou is ruimte weer eens 'n probleem met die leerlinggetal wat in 1922 op 536 staan en van die klasse trek weer na die stoep, na die NG Kerksaal en na die koshuise toe.

Die eerste twee leerlinge wat die *School Elementary Examination* van die Universiteit van die Kaap de Goede Hoop (later UNISA) geslaag het was SH Pellissier en Mabel Gunn in 1903. In Desember 1904 is SH Pellissier die eerste leerling wat die *School Higher Examination* slaag en in 1907 slaag die eerste drie leerlinge die matrikulasie-eksamen: Ada Tromp, Felix Tromp en Frank Joubert.

Agter: Charl (CJ) du Plessis, Mabel Pellissier en J van Staden. Voor: Mnr J Baikie (Hoof), mnr JS Herholdt (Onderhoof). Die foto is in 1905 geneem toe die leerlinge in standerd 8 was.

Skoolhoofde van *Bethulie school* (1903-1939) later Pellissier Hoërskool (1940-)

J Baikie 1903-1922
AJ Herholdt 1922-1924 (waarnemend) (Nuusbrief, 30 Mei 1975)
CL Wicht 1924-1936
JA Basson 1936-1937 (waarnemend)
CP Venter 1937-1940
GH le Roux 1941-1947
AH de Swardt 1948-1954
CHJ Neethling 1955-1972
DJ Van Zyl 1973-1987
Charl Botha waarnemend in1983 vir kwartaal met DJ van Zyl se hartaanval
J Pretorius neem waar vir drie kwartale in1987en van Jan- Des 1988
O Botha 1989-1991
J Pretorius neem waar vanaf Jan- Oktober in 1992
H Gericke begin Okt 1992 –Des 1993
H van Straten 1994-2002
Marius Willemse 2002-2009
Russel Sylvester 2010-

Onderwysers maak op baie lewens 'n indruk. Die Du Plooy-broers wat in die 1920's en 1930's op Brakfontein en in die dorp skoolgegaan het hul herinneringe deeglik aangeteken; dit word in die museum bewaar. Ds Jacs van Rooy het in die Nuusbriewe van 7 en 21 Maart 1980 sy herinneringe neergeskryf van onderwysers uit die eerste drie dekades van die 20ste eeu. Dit het die skoolhoof mnr Baikie en onderwyseresse soos *miss* Cummins, Rose, Glass, Thornton, Waugh, Halsey, Ross en ook mej du Toit (dogter van die taalstryder SJ du Toit) ingesluit. Van die onderwysers wat hy beskryf was mnrr le Roux, George, Van der Walt, Drodsky (hy twyfel oor die spelling), Groenewald, Van der Riet en Van der Merwe. Van Rooy skryf: "*Elkeen het op 'n eie manier 'n deel bygedra. Hulle bouwerk sal bly*".

Sommige onderwysers word deur 'n paar dekades se leerlinge onthou omdat hulle so lank hier skoolgehou het. Soos dit goeie onderwysers betaam het hulle byname gehad; gewoonlik met "ou" vooraan en baie dikwels net hul name, bv J Basson wat bekend was as Ou Dolf en Paul Branders as ou Paul ,of net met die titel en naam soos Miss Gwen vir Gwen Wardhaugh, wat Engels en Latyn gegee het. Sy word onthou vir haar moeite om die tale meer toeganklik te maak, onder andere het sy haar leerlinge na Shakespeare plate laat luister, ver meer as die voorgeskrewe werke. Koot van Rensburg (1950 matriekklas) onthou: "*sy het ons boerkinders tot Engels bekeer en groot moeite gedoen deur haar eie afrolstelsel te ontwikkel om aan ons leerlinge korrek gespelde en bondige Engelse notas te voorsien op eie koste*". Estelle Venter onthou haar mantra in die Latynklas: "*children, tempus fugit, carpe diem*" (die tyd vlieg, gryp die dag) waarmee sy leerders wou inspireer.

Ander se byname was meer uniek, soos George Steytler wat hier skoolgehou het vanaf 1937 (oorlede in 1977); sy bynaam was Snam, vir sy gebruik van "*hoe se naam*" wanneer hy nie dadelik 'n woord of naam kon kry nie. (In die Nuusbrief van 17 Junie 1977 verskyn 'n berig oor hom). Die eerste skoolhoof van die CNO-skool in 1904, AD Heroldt se bynaam was Reier, en mens kan net bespiegel dat hy lang bene gehad het waarmee hy lang treë gegee het (Nuusbrief, 30 Mei 1975). Van die vroegste herinneringe wat opgespoor kon word, was die van FD du Plooy wat van 'n paar onderwysers praat tydens sy hoërskool jare in die 1930's; daar was die hoof, CL Wicht met byname van Baas of Chloor, laasgenoemde na aanleiding van sy voorletters, dan EF Grote wat Duits gegee het met die bynaam van Ou Kas omdat hy altyd 'n kas as voorbeeld gebruik het van 'n selfstandige naamwoord in Duits wat manlik is. Ander onderwysers wat amper instellings geword het was:

- R Burger of ou Riem omdat hy so lank en maer was, was verantwoordelik vir die standerd 4 klas. Sommiges onthou hom met 'n klein silwer "*2-seater*" kar met 'n oop kattebaksitplek agter; die kar is "*die silwer vissie*" genoem; 
- mej H de Klerk bekend as Geelslang was die Sub A onderwyseres en soos haar naam aandui, gevreesd. (*Sy sit op foto regs in die middel van haar klassie)*
- Jan Louw, bekend as Ou Gom het 38 jaar diens gehad; sy bynaam was aanvanklik Gompou omdat hy sulke blink-blou pakke gedra het. Die naam is later verkort na ou Gom. Hy was verantwoordelik vir Afrikaans en Geskiedenis in die hoërskool.
- Dr Le Roux bekend as ou Knopkop
- Harry Brandt houtwerk, hulpklas en tennisafrigting, was oom Harry
- Danie van Zyl (vanaf 1953- 1987) se bynaam was Muggie omdat hy 'n klein en skraal persoon was. Die graad 11 en 12 seuns was feitlik almal groter as hy. Hy was verantwoordelik vir Rekeningkunde, Handel en Tik en later skoolhoof. "*Pa Daan was onderwyser en later skoolhoof. Hy het Ma-Issie op Bethulie ontmoet waar hy en sy skoolgehou het - sy 'n nooi Piek van Colesberg. Hy was jonk toe hy begin skoolhou het, 20 of so - en die bynaam Muggie by die hoërskool kinders gekry - waar hy Handel of Rekeningkunde gegee het. Hulle was koshuisvader en moeder in die seunskoshuis toe ons klein was*". (Johan van Zyl op Facebook, Pellissier... 20/7/2016)

- Izak Pretorius bekend as ou Kuif, blykbaar agv 'n besonderse dik bos hare as jong onderwyser; maar volgens sy dogter, Hettie, het die meeste skoliere hom nie so geken nie en het dit Kyf geword
- Mnr Assie Neethling het by sy oupa Van Aswegen in die distrik groot geword vandaar die Assie (deur Henry Jordaan vertel Nuusbrief, Des 2011)

Benn Wessels wie sy pa, Joe Cahi, se kafee oorgeneem het en hyself toe later Ben Kafee geword het onthou: *"Hierdie was die tyd van manne soos Krappie Coetzee, Tang Venter, Ben-oni van der Walt, Hymie Kristal, Patrick Mynhardt (ons buurman) die Adam seuns (Gordon, Ronald, Norman, et al), Cecil Simon, Gert Uil Coetzee en Pat Frewen. Ons uithangplekke was die randjies, die Bethulie-dam, die Frank Gunn park en die Mynhardt-wildtuin – never a dull moment! Debataand, gevolg deur Volkspele was gereel en vertonings deur Parker's Talkie Tours is deur niemand misgeloop nie - veral nie as 'n Tarzan fliek vertoon nie!.... Piet Haley was die kleurvolle nuweling op die dorp. Almal was daarvan bewus dat hy vinniger (en veiliger!) as enigiemand ter wêreld met 'n motorkar kan jaag... Waarvan ek egter oortuig is, is dat ons een en almal nog steeds sentiment omtrent Bethulie het en dat ons ons plattelandskap vir niks sal verruil nie."* (Nuusbrief, Nov 2009).

CHJ Neethling beskryf die tydperk van die skoolhoofskap van CL Wicht as die 13 gelukkige jare, 1924-1936. Dit was egter ook die jare van die Groot Depressie en die droogte wat sy tol ook op skoolgebied geeis het; ouers het weggetrek stede toe op soek na werk en dit het gelei tot dalend getalle, onderwysers se salarisse is verminder en een onderwyser is hier afgelê. Tog was die ontwikkeling en vestiging van verskeie fasette van die skool in die jare merkwaardig. Op sportgebied is verskeie sportsoorte gevestig, ontwikkel en is daar aan kompetisies deelgeneem onder andere aan die Interhoër. Op kultuurgebied neem leerlinge deel aan voordrag- en sangkompetisies, debatte, toneelopvoerings. Die skool se identiteit ontwikkel: 'n vaandel, die skoolwapen en die leuse, *Lux Fiat,* is in 1928 aanvaar; eenvormige skooldrag word ingestel en die patroon van 'n skoolbaadjie; die eerste skoollied word in 1929 aangeneem en in 1933 met woorde deur PJ Lemmer vervang (Johan de Klerk onthou dit was op die wysie van Lili Marlene). CL Wicht se huis is na sy vertrek deur die Gereformeerde Kerk gekoop om as pastorie te dien. (Dit is die huis in Collinsstraat 28, waar Jacs en Arina Pretorius tans woon). Die vaandel was oranje, wit en blou, maar na 1994 was die gevoel dat dit te veel aan die ou landsvlag herinner en 'n nuwe vaandel met 'n wit agtergrond is gemaak.

Skoollied soos in 1936 se Jaarblad verskyn
Bethulie Skool, Bethulie Skool
Jou naam is oral groot,
Want menig man van naam en faam,
Het eens aan jou behoort.
Hier leer ons fluks elkeen van ons, en blink ook uit in sport.
Ons leuse is: "*Laat skyn jou lig,*
Lux Fiat, Lux Fiat."
En H.S.B. doen steeds haar plig.
Bethulie skool, Hoera!

FD du Plooy (s.a.:94) vertel die volgende oor hulle matriekafskeid in 1935: *"Die einde van die jaar het aangebreek. Van die matriekklas sou afskeid geneem word, maar ook van die leerkragte. Dit was destyds die gewoonte, en ek beskou dit vandag nog as die mooiste gebruik, dat net die personeel en die matrieks byeenkom om ordentlik afskeid van mekaar te neem. Daar was die ongeskrewe reël dat elkeen wat iets teen 'n ander het, hetsy onderwyser teen leerling of andersom, dit daar sal sê sodat alle vetes uit die weg geruim sal word. Hoe gunstig vergelyk dit nie met deesdae se niksseggende modeparades nie?"*

Tydens CP Venter se skoolhoofskap is 'n hulpklas vir leerders wat leerprobleme het, in 1940 gevestig; mej CSG Theron is as die eerste onderwyseres daarvoor aangestel. (Baie van ons onthou ook vir *oom* Harry Brandt wat in die 1960's ook die klas hanteer het.) Die skool het in 1938 deelgeneem aan die simboliese ossewatrek en van die leerlinge het die hoeksteenlegging van die Voortrekkermonument in Pretoria bygewoon.

Op 9 Mei 1941 terwyl GH le Roux skoolhoof was, is die skoolsaal ingewy en het die skool se naam van Hoërskool Bethulie na Hoërskool Pellissier verander. Die naamplaat met die nuwe naam van die skool is onthul; die skool is vernoem na die sendeling JP Pellissier en sy kleinseun SH Pellissier, wie onder andere direkteur van Onderwys was. 'n Verdere hoogtepunt onder die skoolhoofskap van GH le Roux was die inwyding van die swembad op 24 Maart 1945. (Kyk ook onder SPORT).

Gedurende dr AH de Swardt se skoolhoofskap het die skool 'n goeie biblioteek gekry. Die biblioteekgebou is geskenk deur kmdt en mev Griesel en is op 4 Junie 1948 ingewy. (Kyk BIBLIOTEKE). 'n Beursfonds is gevestig wat uit erkentlikheid na hom vernoem is, die bestaan nie meer nie. Die studiesaal is na hom vernoem en 'n borsbeeld is van hom gemaak wat in die personeelkamer by die hoërskool is.

Tydens CHJ Neethling se termyn as skoolhoof het die jarelange behoefte aan koshuise tot die vergroting en modernisering van die seunskoshuis en die bou van 'n nuwe meisiekoshuis gelei (Kyk KOSHUISE). Uitbreiding aan klaskamers het 'n nuwe houtwerkeenheid ingesluit asook twee nuwe klaskamers en 'n kindertuineenheid. Die ou skoollied is in ongeveer 1960 vervang met een waarvan die komposie die van PJ Lemmer is en die woorde deur B Kok. In 1957 is erekleure ingestel en die eerste ontvangers was Coert Reynecke vir rugby en in 1958 Patricia Henshaw en Hansie Herbst. Met die voltooiing van die Oranjerivierskema is die negatiewe invloed van die ontvolking van die omgewing ook op die skoolrol ervaar; in 1971 was daar slegs 245 leerling in die skool.

Skoollied

Waar Bethulie skilderagtig tussen hoë rantjies rus
Waar die suiwer lug ons opwek om te lewe met 'n lus;
In die buurt van die Oranje, grootste stroom aan seëning ryk
Staan ons skoolgebou verhewe trots, 'n sieraad wat fier pryk.
Dit is ons alma mater Pellissier, met leuse *Lux Fiat, Lux Fiat.*
'n Baken wat ons strewe rig, 'n lewenslig op lewenspad.
Rein van hart met flink gemoed, vol van dank'bre liefdesgloed,
Roem ons trots jou geestesgoed, bring ons jou ons huldegroet
Roem ons trots jou geestesgoed, bring ons jou, bring ons jou, ons huldegroet.

Onder DC van Zyl wat sedert 1953 hier onderwyser was, (met 'n jaar onderbreking) en in 1973 skoolhoof geword het, het die getalle gestabiliseer op gemiddeld van 225 leerlinge. Gedifferensieërde onderwys tree in werking, die geboue en die terreine word opgeknap en verfraai; die wetenskaplaboratorium word omskep in 'n goed toegeruste biologielaboratorium, 'n rondtebaan word uitgelê en deur fondsinsameling kon 'n nuwe skoolbus, 'n Mercedes, op 27 April 1976 in gebruik geneem word. Die meisiekoshuis word in 1976 vernuwe, die seunskoshuis en laerskool word in 1977 herbeplan en gerestoureer. In 1977 word die effekleurige skoolbaadjie in gebruik geneem. In 1980 word die hoërskool se geboue en die swembad herstel. *"Die geboue en terreine en sportvelde is beslis van die beste in die Suid-Vrystaat, iets waar almal trots op is en 'n goeie indruk skep".*

Vanaf 1983 was hier sporadies aflos-skoolhoofde; in daardie tyd het Charl Botha waargeneem na 'n hartaanval van mnr van Zyl, Jacs Pretorius het vir 3 kwartale in 1987 en vir 1988 waargeneem. Twee skoolhoofde was maar 'n kort tyd hier, nl Okkie Botha vir drie jaar en Henco Gericke vir net 5 kwartale.

In 1988 het Phil Louw tweede in die Suid-Vrystaat en ook later 2de in die Vrystaat geeindig met die Wiskunde Olimpiade.

Hannes van Straten wat sedert Januarie 1994 skoolhoof was, het in Desember 2002 uitgetree as gevolg van gesondheidsredes. Hy sterf in 2008 in 'n motorongeluk. Tydens sy termyn het hy die amalgamasie van Pellissier en Excelsior Primêre skole hanteer; hierdeur het die skool heelwat leerders bygekry asook bekwame onderwysers; dit het die voortbestaan van Pellissier verseker. Mnr van Straten was ongetroud en het as hoof van die seuns- en meisiekoshuise in die seunskoshuis ingewoon waar hy ook koshuisvader was. Hy word onthou as 'n geliefde, streng persoon met 'n groot liefde vir sy vakgebied, Afrikaans (Nuusbrief, Okt 2008).

Tydens Marius Willemse se termyn as skoolhoof, is die laerskool se hoofgebou wat in 1904 opgerig se 100-jarige bestaan gevier. As deel van die feesvieringe is 'n groot reunie gedurende die naweek van 20 Augustus 2004 gehou waarheen alle oud-leerlinge genooi is. Hiertydens is verskillende bome deur die skoolhoof en die laerskool leerlingraad in die vierkant van die laerskool geplant. Daar is ook kranse gelê op die Pellissier-grafte. Die oudste oud-leerlinge het staaltjies vertel: Dick Frewen, Anna Kruger, Anna Louw, Marthie de Klerk, Cecile Roos en Hetta Heynecke. Herinneringe is verder geskep deur Elidius Pretorius wat die orrel in die NG Kerk gespeel het, 'n onthaal in die skoolsaal, wyn wat gebottel is met die skoolwapen daarop en soveel meer. In 2007 is Pellissier Laerskool in 'n departementele kompetisie, *"Best Performing Primary School"*, aangewys as een van die beste 100 skole in die Vrystaat. Gedurende sy termyn het leerlinge ook op verskeie gebiede presteer. Ciska Vermaak, 'n graad 5 leerling word deur die Eisenhower Instituut uitgenooi na die "*World Leadership Forum"* in Washington wat in 2008 plaasgevind het, dit is deel van die "*People to people ambassador*" program (Nuusbrief, Sept 2007). Landloop raak al hoe meer gewild en in Augustus 2007 is drie atlete gekies vir die Vrystaatspan: Freddie Williams, Ria Andreas en Johannes Andreas.

Een van die grootste uitdagings tydens Russel Sylvester se termyn was die inkorporering van die plaasskole; die plaasskole is toegemaak en die projek is oorgedra aan skole met koshuise. *Teen 2014 het die skool reeds vir 5 jaar 'n 100% matriekslaag syfer gehad.*

Getalle:

1904 was daar 162 leerlinge

1905	205
1914	360
1917	400
1922	536
1962	360
1970	304
1971	245
1981	241

Die getalle het teen 1986 so afgeneem dat daar nooit meer as 100 leerlinge in die hoërskool was nie en die gevaar begin bestaan het dat van die onderwysers hulle poste kon verloor. In 1998 het die amalgamasie met Excelsior skool plaasgevind, en later met die sluit van die swart plaaskole is die getalle ook versterk. In 2018 is die leerlingtal 559.

Buiten die eerste drie leerlinge wat matriek in 1907 geslaag het, is die kleinste matriekklas wat skrywer kon opspoor die van 1980. Die vier leerlinge was Petro Marx, Piet van Staden, Marietjie de Wet en Andre Nel (Met dank aan Petro Marx (nou Coetzee) Facebook, Pellissier Hoërskool, Aug 2016.)

"Onthou julle ons eerste skoolbus? Dit was oom Tommie Hodgson met sy bakkie. Hy het bankies op die bak aangebring en 'n seil met raamwerk opgesit. Toe kry ons, ons eerste werklike skoolbus, 'n Austin met sulke vensters op die hoeke aan die voorkant. Lekker ou dae. Dit was nie 'n baie groot bus nie, maar

dit was 'n staatmaker. Sam Kotze het altyd as dit so baie gereën het, so gly-gly in Macsmo se grondstrate baljaar met die bus. Meeste van die tyd moedswillig". (Dup du Plessis. Facebook, Friends of Bethulie 12/5/2014). Hierdie eerste skoolbus is in 1956 aangekoop; kinders is vanaf Macsmo, die Rooidorp en die Cottages, die eerste spoorweghalte op pad na Springfontein opgelaai (*Foto met dank aan Jacs Pretorius*).

In 1962 word die volgende skoolbus, 'n Bedford, gekoop. Die groepie (wat skrywer insluit) op die foto is met die bus in Maart 1967 na die Kruger Wildtuin. Marianne Visser onthou (Facebook, Pellissier Hoërskool, 12/5/ 2014): "*ons klas van 1975 was die laaste klas wat met hierdie bus gery het en het een keer oppad na 'n wedstryd in Reddersburg net voor Edenburg gaan staan. Blou dampe het binne-in die bus veroorsaak dat ons langs die pad gaan staan het en dat Reddersburg-bus ons moes gaan haal het. Ons het in matriek geld ingesamel vir 'n nuwe bus, wat nou nog gebruik word, maar waarmee ons nooit die voorreg gehad het om mee te ry nie*".

Die nuwe skoolbus, 'n Mercedes, is op 27 April 1976 in gebruik geneem. In 2018 word die bus steeds gebruik. Gerhard Muller, adjunk-hoof, wys dokumente van die aankoop: die bus is vir R16,701.00 aangekoop en die ou bus vir R1,200 ingeruil, die nommerplate het R10 elk gekos en die verf van die naam en die skoolwapen daarop, R85. Die nommerplaat was PAO 621.

Laerskool kinders op uitstappie na Bloemfontein in Nov 2014 met die bus. (Foto: Hettie Nel Muller Facebook 12/11/2014

Tydens 'n reunie van die klas van 1950 wat in Januarie 2011 gehou is, is die volgende staaltjies en herinneringe gedeel deur Gwen van der Walt (nou Lourens), Koot (Abie genoem) en Finie Janse van Rensburg (née van der Merwe) en Jimmy Adam. Van hulle helderste en lekkerste herinneringe was die sop en brood wat op sekere dae by die skool gegee is; die kaalvoet skooltoe stap, soms vyf myl (8 km) ver vanaf die plotte; oom Fanie Strydom wat onder andere opsigter by die swembad was en orde moes handhaaf, seuns en dogters wat afsonderlike swemtye het. Ontberinge word as groot pret onthou soos die "skoolbus" (die bakkie van Tommie Hodgson (1933-2015), wat in die modder vassit en dan moet almal stoot en sakke onder die wiele sit; die koue op 'n trok met 'n seil oor vroegoggende as hulle op pad is na Philippolis vir 'n atletiekbyeenkoms; daar aangekom moet voete en hande eers in warm water in baddens warm gemaak word. Omdat kinders nie spykerskoene kon bekostig nie, het die skool net 'n paar pare nommers spykerskoene gehad wat om die beurt deur die kinders gebruik is wanneer hulle deelneem!

Pieter Jacobus Swart skryf op *Faceboek*, Pellissier Hoërskool, 24/3/2013: " *'n Paar van ons tonnel en dambouer kinders het in 1971/72 in Bethulie beland omdat die skool 'n reputasie gehad het van goeie dissipline en dat 'n kind sommer nog sy standerd sou slaag ook! Ek kan nou nogal glo dat dit vir ons ouers 'n uitkoms kon wees, want ons pa's het sulke lang skofte gewerk dat ons hulle maar min gesien het en dan ook meestal as hulle slaap. Die gevolge was voorspelbaar en plan moes gemaak word. Sommer gou het die woord geloop daar teen die tonnel af van die goeie gevolge van so 'n slim skuif en het die getalle kinders met rasse skrede begin groei en is daai koshuise oorlaai. Ek glo egter dat al die lekker stories wat ons klomp oor Bethulie teruggedra het huistoe die eintlike rede was dat die meeste kinders daarop aangedring het om Bethulie toe te gaan. Ons kon enige ander skool toe gaan, maar Bethulie was die plek om te wees. 'n Klompie het selfs na die tonnel voltooi is eers nog matriek daar klaargemaak. Ons was maar vir 'n paar jaar daar, maar die dorpie en skool het sy merk en invloed deeglik gelaat en ek glo almal sal soos ek met trots te kan sê "Ek het in Bethulie skool gegaan".*

Ingrid de Villiers (nou Maritz) wie in 1965 hier matrikuleer het, dogter van Piet en Enid de Viliers van Rietpoort en suster van Pierre en Francois onthou die sestiger jare soos volg: "*...we were teenagers and scholars in die wonderful sixties. I say 'wonderful" because that is the image my own children, as well as my pupils have of the sixties. They have actually expressed their envy of us "flower children".... But being a sixties' teenager in Bethulie was a far cry from the sixties' teenager portrayed in American films and TV... the IT of those days consisted of the wireless, the local party line and either The Friend or Die Volksblad (depending on your political affiliation) and Weekly Mirror or Pathé in the cinema on Saturdays.... What we did have was LP's of Elvis Presley and the Beatles, the beehive, crimplene skirts, stovepipes, neon socks and sloppy pullovers; and we have the mini, the Mary Quant shift and ghastly make-up. ... and could we well-brought-up Bethulie Protestants dance: everything from the foxtrot, waltz, bop, the twist, the shake, the cha-cha – you name it, we did it!*"

Die Jaarblad van die skool het sporadies verskyn. Die heel eerste een was in 1936 en *Jaargang 1 vol 1* gemerk. Hoeveel daarna verskyn het, is onbekend aangesien net een uitgawe van 1938 opgespoor kon word. In 1965 verskyn daar weer 'n jaarblad wat weer *Jaargang 1 vol 1* gemerk word. (Hettie Bean een van die onderwyseresse was die redaktrise.) Slegs die volgende uitgawes kon opgepoor word, 1966, 1968 en 1969. In 1986 het dit volgens die Nuusbrief van 9 Mei 1986 onder die naam van *Novea Factum* verskyn met die redaktrise Liesl Hugo. Ongelukkig kon geen kopie daarvan opgespoor word nie.

Aktiwiteite anders as sport het trompoppies en kadette ingesluit. Hoewel trompoppies nou 'n gevestigde sport is en in Suid-Afrika wat deur die *Suid Afrikaanse Trompoppie Assosiasie* (*SAMCA*) gerig word, was Pellissier Hoërskool se trompoppies slegs sporadiese vrywillige deelnemers aan gebeure soos die skou, feesvieringe, ens veral in die tagtiger jare.

Fotos met dank aan Marius Fryer: Trompoppies en kadetorkes ongeveer 1983; en Trompoppies, 1980.

Viljoen (1985:1-12) gee 'n interessante oorsig oor die kadetstelsel in Suid-Afrika. Dit lyk asof die "*eerste kadetkorps deur 'n Duitse sendeling in die Greytown-distrik in 1868 gestig is. Die Oos-Kaap begin teen 1877 en die redes was hoofsaaklik om huis- en haard te beskerm.*

Kadetafdelings of enige vrywillige elemente het eers na Uniewording in die Oranje-Vrystaat tot stand gekom. Met Uniewording was die bestaan van 'n algemene kadetstelsel in die Unie Verdedigingswet Wet No 13 van 1912 opgeneem en het kadette 'n statutêre aktiwiteit binne in die Verdedigingswet geword.... In 1913 het daar 'n handboek vir kadetopleiding verskyn. Dit dui die doel van kadetopleiding soos volg aan: "It is intended that the training of Cadets shall be carried out in such a way that when the time arrives for them to join either the Permanent or Active Citizen Force of the Country, they will have been properly instructed in a variety of military subjects."

Op 31 Augustus 1923 word daar egter in die Goewerment Gazette 'n amptelike leerplan voorgeskryf vir Graad 1 en vir Graad 2 kadette onderskeidelik.

Aangesien daar aanvanklik geen geskrewe ooreenkoms tussen die Weermag en Onderwys bestaan het nie en kadette as 'n jeugaktiwiteit in die Verdedigingswet ingeskryf is, was dit nodig om nuut na die stelsel te kyk teen 1967. Die diensplig het intussen sy volle beslag gekry en in Weermagkringe het die gedagte posgevat dat skoolkadette 'n deeglike ondersoek vereis ten einde die skoolgaande seun vir sy komende nasionale diensplig te orienteer...

Samesprekings tussen die Minister van Verdediging en die Minister van Nasionale Opvoeding in 1974 het gelei tot die implementering van 'n nuwe stelsel... Alle seuns van St 6-10 in alle sekondêre skole in die land word by die stelsel betrek. Kadetopleiding kry sy eie tydstoekenning. Die skoolprogram moet sodanig georganiseer word dat ongeveer een uur per week aan kadette toegewys word op 'n tyd wanneer almal daaraan kan deel neem. Die bedryf van kadette moet dus gesien word as 'n vennootskap tussen die Onderwys en die Weermag.....die Kadetorganisasie moet so geimplementeer word dat dit 'n voorloper tot nasionale diensplig moet wees. Die affiliasie van kadetafdelings by Burgermag-en Kommando-eenhede lei tot 'n soort voogdyskap oor die afdelings en is hulle behulpsaam met opleiding en uitrusting.

Die klem van kadetopleiding val op motivering, skiet, dril en deelname aan kompetisies. Die hoofkomponente van die kadetprogram is: Dril, Skietkuns, Kaartlees en navigasie, Radiospraakprosedures, Salueer en eerbewys, Veld-kuns, Militêre dissipline en leierskap, Organisasies in die SA Weermag, Interne dienste in 'n eenheid, Inligting en sekerheid, Beskerming van huis en haard wat skool- en koshuisbeskerming insluit en laastens moet kadette kennis neem van die bedreiging teen die land".

Volgens ds Jacs van Rooy (Nuusbrief, 21 Mrt 1980) wat in die vroeë 20ste eeu hier skool gegaan het, is die kadette begin deur 'n mnr de Wet. Bethulie se skoolkadette het al in 1929 aandag getrek. Met 'n saamtrek in Bloemfontein waar daar 1,600 kadette was, het die skool die skild vir die beste drilwerk ontvang onder kapt FH Bedford. (Geskiedkundige dagboek, 1981:10). Hy was 'n onderwyser hier vanaf 1926-1937 en was verantwoordelik vir Latyn en Engels. (Hy is die pa van die Springbok, Tommy Bedford). Kadette het by belangrike funksies opgetree soos die inwyding van die konsentrasiekampkerkhof, die eeufeesvieringe, met die opening van die landbouskou, ens. Mettertyd het meisies ook aan die kadette kon deelneem. Vanaf 1994 was kadette nie meer verpligtend by skole nie en Pellissier Hoërskool s'n het gedurende 1992 uitfaseer.

1989 Kadette. *(Foto deur Riaan van Zyl Facebook, Pellissier Hoërskool 6/6/ 2014)*

Skole in Lephoi

Die eerste skool in Lephoi is volgens mnr Moekwena nou 'n woonhuis in Jim Fouchestraat, so twee blokke vanaf die NG Kerk van Afrika, op linkerkant. Dit is moontlik gebou met die finale verskuiwing van die swart woonbuurt in 1929.

Vir jare was hier slegs 'n primêre skool vir die swart leerlinge. Teen 1984 was Lephoi naas Wepener die grootste swart woonbuurt in die Suid-Vrystaat, met ongeveer 5,000 inwoners. Sterk pleidooie wat deur middel van 'n memorandum deur verskeie gemeenskapsleiers opgestel en geteken is, is aan die Departement van Onderwys voorgelê vir die daarstelling van 'n swart sekondêre skool in Bethulie. Die enigste sekondêre skool in die Suid-Vrystaat vir swart leerlinge was op Wepener. Daar is verskeie probleme om die leerlinge soontoe te stuur, onder andere was die voertaal Sotho en Bethulie het toe 40% Xhosa-sprekendes. Op daardie stadium was daar buiten die primêre skool ook vyf plaasskole met 300 leerlinge in die distrik. (Die memorandum is deel van Notule 11/12/1984). Die versoek is toegestaan en die skool het vinnig gegroei sodat daar in 1987 beplan word om die primêre skool op te gradeer tot standerd 9 en in 1988 tot standerd 10 (Notule 27/1/1987).

Die eerste sooi vir die nuwe skool word op 14 September 1989 gespit. Probleme ontstaan toe die kontrakteur nie die werk kon afhandel nie; daarna word Gert Smit aangestel om te help met die voltooiing van die projek. Die skool word *Wongalethu* genoem en dit beteken "*my trots*".

Tshegare, Daniel Moses Bethuel 1912-1979

Daniel Tshegare was vanaf 1944-1972 skoolhoof in Bethulie. Hy is in Noupoort, gebore en gaan skool op Vryburg. Hy begin sy onderwysloopbaan in Kroonstad. Nadat hy in Bethulie kom skoolhou word die skool die eerste skool in suid-Vrystaat wat op atletiek gebied in Vrystaat meeding. Hy was ook skeidsregter vir VS voetbalklub. In 1977 vertrek hy na Thaba Nchu waar hy die Albert Moroka High School stig. (Nuusbrief, 13 Jul 1979)

Skole in Cloetespark

In 1931 dien die NG Kerk van Bethulie 'n aansoek by die Vrystaatse Administrasie in vir 'n lening vir 'n skool in die bruin gemeenskap. Die Excelsior Laerskool word in Louwstraat geopen. Excelsior beteken volgens Sydney Goodman "*al hoe hoër en hoër*" en die naam is voorgestel deur mnr Grote van Pellissier Hoërskool wat op die beheerraad van die nuwe skool was. Die skool word finansieël deur die NG Kerk se moedergemeente gesteun soos met die onderhoud van die gebou in 1972 en met aanbouings in 1975 en in 1977 en weer eens met opknappingswerk in 1983.

Jossie du Plessis onthou dat sy in 1983 daar begin skoolhou het, later het Em Frewen, Hestel Griesel en Louisa Coetzee bygekom met bruin onderwysers soos mnrr Craill, Pietersen, Whatney, ens. Omdat die skoolgebou te klein geraak het, het Jossie du Plessis se klas in 1984 na die Metodiste Kerk verskuif.

Die skool is na die nuwe woonbuurt Cloetespark verskuif en is in asbesgeboue gehuisves vanaf 1986. Dit was op die terrein waar die huidige kliniek is. Excelsior Laerskool sluit in 1998 en die leerders word oorgeplaas na Pellissier Hoërskool.

Met die oog op die stigting van die nuwe woonbuurt, Cloetespark, en die oorplasing van die skool daarheen, beveel die NG Kerk se kerkraad aan dat die skoolgebou as 'n gemeenskapsaal gebruik word (Ferreira, 1988:158). In 1987 vra Lephoi dorpskomitee of hulle dit kan bekom vir gebruik as biblioteek (Notule 26/2/1987). Nie een hiervan het gerealiseer nie, maar vanaf 1994 word 'n kleuterskool hierin bedryf; teen 2018 is daar 66 kleuters, tussen 3-6 jaar oud, met die matrone Dinah Makutoane en twee "*practitioners*" Lerato Lefata en Cynthia de Wee.

Voor die ou Excelsior skool staan Sydney Goodman en Cynthia de Wee.

Van die skoolhoofde van Excelsior was deur die jare was EC Cops, S Long, 'n mnr Jones, G van Heerden, E Louw, Moses of "Meester" Cloete en 'n mnr Du Plooy.

Die koshuis is in 1986 gestig deur ds Apello; hy het dit met fondse uit die buiteland aan die gang gehou tot 2002. Dit was twee huise in Wilgestraat naby die sokkerbaan en skool. In April 2003 se Nuusbrief word berig dat daar tans 23 kinders woon en dat die koshuismoeder sedert 1986 Kelle Arries is. Sy moes soms sonder vergoeding werk. Sy was daar werksaam tot na ds Apello se vertrek in 2000.

Bethulie Christian School

Die skool is op 18 Oktober 2007 gestig met skoolhoof Bryona Adam. Die *Accelerated Christian Education* (ACE) program word gevolg wat die Bybelgebaseerde *School of tomorrow* se kurrikulum gebruik. In 2013 word Lodene Haasbroek, dogter van Danie en Hantie, die eerste matrikulant aan die skool (Nuusbrief, Nov 2007, Jul 2008, Apr 2014). Die skool sluit aan die einde van 2015 sy deure.

Skou kyk LANDBOUSKOU

SKRYWERS

'n Paar skrywers het verbintenis met die dorp of skryf oor die dorp:

Uit die Postma familie (Kyk HOOFSTUK 8: BEROEMDES ...) was daar drie skrywers. Ds **Willem Postma** wat vanaf 1897-1905 predikant van die Bethulie se Gereformeerde Kerk-gemeente was. Hy was ook bekend vir sy liefde vir Afrikaans en as taalvegter skryf hy onder die skuilnaam **dr O'Kulis**. Boeke soos die *Eselskakebeen*, *Die Doppers* en die rubriek in 'n koerant, *Oogdruppels vir nasionale siektes,* is deur hom geskryf. Willem Postma se derde seun en vyfde kind was **Philippus Postma** wat 'n onderwyser in Bethulie was vanaf 1930-1936. Hy was getroud met Magdalene Wille wat onder die skuilnaam **Minnie Postma (1908-1989)** meer as dertig boeke vir kinders en volwassenes geskryf het, onder meer die Meintjie- en die Legende-reeks. Laasgenoemde is ook in Engels vertaal en in Amerika uitgegee (Die Beeld, 16 November 1989). Die Meintjie-reeks is volgens haar outobiografies. *Meintjie word mevrou,* speel in Bethulie af, die karakters het skuilname en die dorp Oranje is Bethulie. Daaf of Dawid is haar man Philip, Meintjie is syself, Welma is haar eerste dogter, Wille (die latere skryfster) en Meida haar dogter Philmi wat jonk oorlede is. Minnie Postma word ook beskou as 'n simpatieke verteller van Basotho-legendes, soos *Legends uit die misrook* (1950) en *Legendes uit Basoetoeland* (1954). Philippus en Magdalene (of dan Minnie Postma) se een dogter is Wille gedoop en het in Bethulie gematrikuleer. Sy het na haar studies aan die UOVS as joernalis by *Die Volksblad* gewerk. Hier ontmoet sy haar man, Earl Martin, ook 'n skrywer. **Wille Martin** (née Postma) is bekend vir haar liefdes- en jeugverhale; sedert sy begin skryf het in 1958 het meer as 200 titels verskyn. Van haar jeugboeke is in skole as bykomende leesstof gebruik. Sy het ook 'n erepenning en oorkonde van die ATKV vir haar diens aan Afrikaans ontvang. Wille Martin sterf op 25 Junie 2016 op 81-jarige ouderdom.

Foto: Wille Martin

Mabel Jansen, kleindogter van die sendeling JP Pellissier (Kyk HOOFSTUK 8: BEROEMDES....) het in 1914 'n historiese melodrama, *Afrikanerharte,* gepubliseer en in 1919 verskyn 'n bundel verhale, *Die veldblommetjie*; albei is van geskiedkundige belang omdat dit onderskeidelik voorbeelde is van die historiese melodrama en die sosiaal-realistiese prosa in die Afrikaanse letterkunde. In 1940 verskyn *Sommerso* en *Erfenis. Sommerso* bevat sketse en herinneringe uit Bethulie; fiktiewe name word gebruik. Sy verwys ook in van haar vertellinge na Klein-Snel, 'n Boesman wat vir jare by die familie gewerk het. Sedert 1919 het sy die vroueafdeling, *Huisvrou* en later *Huisblad,* van die *Landbouweekblad* behartig. (Inligting onder andere uit: a*f.wikipedia.org/wiki/Mabel_Jansen)*.

Nico (Nicolaas Abraham) **Coetzee,** is op 11.09.1911 op Platrand naby Standerton gebore. Nico het in Oos-Transvaal in sy geboortewêreld grootgeword, waar hy tot met sy elfde jaar gewoon en skoolgegaan het. 'n Jaar lank was hy op kosskool op Graaff-Reinet waarna het hy na die hoërskool op Bethulie gegaan, waar hy in 1928 gematrikuleer het. Sy verdere studie was van 1929 af aan die Universiteit van Kaapstad en die Universiteit van Pretoria waar hy in 1950 die M.Ed.-graad behaal. Sy loopbaan het geeindig terwyl hy registrateur van die Pretoriase Kollege vir Gevorderde Tegniese Onderwys (later die Pretoria Technikon) was. Hy is op 13.02.2003 in Pretoria oorlede. Sy skryfwerk sluit digbundels in soos *Uit die skatkamers* (1968), kinderstories soos *Hasie verloor sy stert* (1953), kortverhale soos *Die jongosse verdryf die kalwerliefde en ander verhale* (1883). Hy was ook bekend vir sy genealogiese navorsing oor drie families: *Die Heystek familieboek* (1997), *Die Du Plessis familieboek 1688–1988* (1987), *Die stamouers Coetzee en nageslag* (1979) en in 1997 skryf hy *Die geskiedenis van Rustenburg 1840–1940.* (Facebook. My Dopper dagboek, Morne van Rooyen 10/9/2018).

SH Pellissier publiseer in 1960 *Die kaskenades van Adriaan Roux en die kordaatstukke van Klein-Snel.* Hy is 'n kleinseun van die sendeling wat bekendheid verwerf het as kultuurman. Sy suster is

Mabel Jansen wat onder andere *Sommerso* geskryf het. Hy is ook die skrywer van die biografie, *Jean Pierre Pellissier van Bethulie.*

JJG Grobbelaar en PW Grobbelaar publiseer in 1965 *Die Nagberg* wat 'n historiese jeugroman oor Louw Wepener is.

Ingrid Winterbach skryf in 2002 *Niggie*. Sy gebruik onder andere die dagboek van ds Luckhoff van Bethulie konsentrasiekamp waar hy die fiktiewe karakter van ds Rijpma is in die Roodespruitkamp. Niggie is 'n verpleegster in die kamp

D Möller-Malan skryf in 1966 *Ver vlam die Oranje.* Die boek speel in Bethulie af, eintlik voor die bou van die dam. Die stofomslag lui: "*Hierdie verhaal is gebaseer op 'n aktuele probleem en verweef met Suid-Afrika se grootste rivier... Dit is 'n verhaal van mense wat langs die bo-lope van die Oranje woon en werk, oor die bewaring van die eie bodem en die lewenskrag wat daar van die Oranjerivier uitgaan*".

A Lubbe skryf *Tussen twee riviere* in 1970. Dit is nostalgies-humoristiese sketse oor die verlede. Die essay *Deur Bethulie loop water* handel oor Bethulie en omgewing

Derick van der Walt publiseer in 2012 *Daan Dreyer en die blou geranium.* Die karakter Daan Dreyer het op Bethulie grootgeword waar sy pa 'n onderwyser was.

Dries Brunt publiseer *Dagboek van 'n eensame* in 2003. 'n Lid van die Antarktiese span skryf sy dagboek in Bethulie-distrik.

Nico Moolman: *Karren-Melk vir ta' Nonnie* word op 22 April 2015 in Bethulie bekend gestel deur die skrywer. Die titel is afgelei van mev Griesel wat tydens die ABO in Bethulie se konsentrasiekanp sterf en aan ds Luckhoff gesê het "*Ach, mynheer, en moet ik nou sterve en dit zonder eers een glas karren-melk*".

Hoewel nie van Bethulie nie, was die gewilde skrywer van 64 ligte liefdesverhale, **Nan Henning,** die halfsuster van Paul Branders, onderwyser van Bethulie. Sy is in 2003 in Dewetsdorp oorlede op 92-jarige ouderdom. NALN (met dank aan Me Diederick vandaar) verskaf die brokkie inligting: Kleindogter Nicola het ook vertel dat haar ouma eers 'n ander minnaar gehad het, 'n sendeling. Die Sendinggenootskap het egter vereis dat sy "mediese" opleiding moes hê as sy hom wou vergesel na die sendingveld. Sy het dus hierdie opleiding in Bethulie gekry, maar is toe nie met die sendeling getroud nie, maar met die polisieman. Waarom sy dit nie vemeld het in haar lewensskets nie? "*Oumatjie was 'n baie privaat mens*".

Johan de Klerk wat in 1964 hier gematrikuleer het, het onder andere die volgende geskryf: *Al langs die glooiing langs: 'n jarelange reis deur die natuur;* 'n boek met gedagtes oor alles en nog wat gedurende die loop van 'n jaar; dit het in 2002 verskyn. Hy was ook voorsitter van 'n groep wat die *Sterrekundewoordeboek / Dictionary of Astronomy* saamgestel het. Dit is onder sy naam, JH de Klerk gepubliseer. Dit is gedoen in samewerking met die Vakterminologiediens van destyds (1990).

Tony (of Anthony) Hocking woon sedert 1983 in Bethulie. Hy is die skrywer van ongeveer 25 boeke, waaronder *Oppenheimer and Son* die bekendste is. Meeste van die ander werke is naslaanwerke vir kinders en korporatiewe geskiedenisse.

Dr Gerdie van der Merwe wat vanaf 2006-2011 predikant van die NG Kerk in Bethulie was, is 'n bekende kerkhistorikus waarvan meer as 40 gedenkboeke van verskeie gemeentes al verskyn het.

Die volgende storie is van die internet afgetrek; die skrywer is onbekend. (home.global.co.za/~gfjh7up/s_jpv03.htm)

DIE HERFS IN BETHULIE. Deur Pieter Honiball

Dit was altyd of hy lief was vir die rotte. Tog tragies. Ons ander het tot vervelens toe valletjies gestel, of gif uitgesit. Hy was anders. Menige male het ek op valletjies in die kaste of agter die stoof afgekom, wat net oënskynlik vanself afgegaan het. Hy het dit ontken, maar ek kan hom nou nog sien glimlag as die rotte ritselend oor die plafon hardloop. So amperse grynslag.

Sy CD-speler het ek gedink skort iets mee. Die het permanent vasgehaak op *L'Autunno*; Herfs van Vivaldi. Oor en oor, tot vervelens toe moes ons dit aanhoor. Dit was ook sy gunsteling tyd van die jaar, herfs, en die winter was al in sy doodsnikke, dan kon jy nog die herfs in sy oë sien. Hy het maar meesal in sy bed gelê, en moenie probeer om die verdomde CD aan te skuif nie. Dan bars die hel los. So het ons geleef saam met die skrywer, Vivaldi se Herfs en die rotvoetjies oor die plafon. Ons het hom nooit sien skryf nie, maar sy huur was vooruit betaal, en dit het gelyk of hy geld het. Hy het darem goed geëet, en daar was die Hi-Fi.

Astraal, het hy beweer, kon hy homself projekteer. Oor sy lêery op die bed het hy gesê, dit was net sy anker vir wanneer hy agter die herfs aan vlieg en vry tussen die vallende blare rondsweef en in die goud van die skemerson baai. Ons het hom maar gelos, sy huur was betaal.

Net die rotte wat my so gepla het. Dit was asof dit erger geword het, miskien selfs vandat hy daar ingetrek het, maar 'n mens kan nie sê nie. En toe kom die ding oor ons pad.

Ek het vroeg wakker geword, dit was vrek koud. Ek wou bietjie koffie gaan maak, want ek was styf in die bene. Dit was nog stik donker, net my flitsliggie teen die swaar donker. Die houtvloer het gekraak onder my al was ek versigtig om nie die ander wakker te maak nie. Ek moes verby sy kamer. Snaaks ek hoor nou nog die Herfsmusiek, en dan klokhelder die fyn gepiep en geritsel en gekraak. Ek sien ook nou nog in my flou flitsliggie die duisend blink ogies gulsig van die bed af opkyk. Tog tragies.

Die ambulansman sê hy het nie eers wakker geword nie. Sy huur is nog vir 'n jaar vooruit betaal, maar jy kan maar die kamer kry as jy wil.

SKUT

Die frustrasies en skade wat in 'n dorp ontstaan sonder 'n skut word wel deeglik besef. In Bethulie soos so baie ander dorpe waar daar nie so 'n diens bestaan nie, is rondloper vee soos bokke, donkies, perde en beeste veral in die wintermaande volop, om nie eers te praat van maer uitgeteerde rondloper varke met kleintjies nie. Toe 'n skut nog bestaan het, was daar beheer deurdat diere geskut is en die eienaar 'n stewige boete opgelê is voor hy weer sy diere kon kry. In 1963 het GJ Kotze die skut by munisipaliteit gehuur en bedryf. Teen 1989 was die dorp se skut nog in bedryf. Die skut was suid van Joubertstraat geleë, net voor dit oor die bruggie op pad na Macsmo gaan. Skutgelde was deel van die munisipaliteit se inkomste. Volgens Louisa Klopper, wat jare lank by die munisipaliteit gewerk het, was die skutmeester meestal die voormanne van die munisipaliteit, sy kan nog vir Daniel en Koekemoer onthou.

'n Skut is die plaaslike owerheid se verantwoordelikheid en in die Vrystaat is 'n ordonansie in die *Free State Gazette*, no 82 van 9 Desember 2011 uitgevaardig met reelings in die verband. In Kopanong is daar egter teen 2018 geen skut te vinde nie.

Skyfskiet kyk SPORT

SLIKSPRUIT

Die spruit wat in die Caledonrivier inloop se naam word ook *Slykspruit, Slekspruit, Slukspruit* gespel. Reeds in Desember 1827, tydens hulle ekspedisie om 'n plek vir 'n tweede Boesmanskool of stasie te vind naas Philippolis, het die twee sendelinge, James Clark en John Melville, na die spruit op sy naam verwys: "*we crossed the country to the Slyk Spruit or riverlet, which is only a chain of pools most of the year, here we saw two springs and the country around is good pasturage for sheep, as well as for horned cattle*". (Pellissier, 1956:172).

Twee tragedies is opgeteken by die spruit. Kpl G McKenzie wat die ekspedisie van dr Andrew Smith in 1834 vergesel het, het in September 1834 in die spruit verdrink. Hy het 'n eend geskiet en in die water gegaan om dit te gaan haal, maar verdrink, moontlik het hy verstrengel geraak in die digte watergras. As gevolg van skielike donderweer en 'n paar dae se reën kon die liggaam nie gevind word nie (Pellissier, 1956:208). Volgens Simons (1998:33) was Charles Bell (kyk onder KUNSTENAARS...) deel van die geselskap en het hy 'n soort van vlot gemaak en daarop vir ure in Slikspruit na die liggaam van McKenzie gesoek. Gedurende die Tweede Wêreldoorlog het vader Schönen wat in die Rooms-Katolieke woning geinterneer was, sy eie lewe geneem by Slikspruit. Hy sterf op 18 November 1943 'n week voor sy 32ste verjaarsdag. Hy is in die dorpskerkhof begrawe.

Andrew Smit wat die gebied in 1834 besoek het, vertel van 'n Carl Kruger (Kyk HOOFSTUK 8: BEROEMDES...) wat in die omgewing woon en hulle gehelp het met een van die waens wat se as gebreek het; hy beskryf hom as 'n goeie smid. As een van die eerste boere in die omgewing het hy sy landerye volgens Smit natgelei met water uit Slikspruit (Pellissier, 1956:207-12).

Die spruit het met die bepaling van die sendingstasie se grense die oostelike grens gevorm; op 13 Februarie 1835 word die grense van die stasie bepaal en onderteken deur Pellissier en Adam Kok te "Slekspruit" (Pellissier,1956:295). Die bekende sendingreisiger, James Backhouse, het op 2 Julie 1839 in sy dagboek aangeteken "*we crossed the Slyk Spruit, Muddy Branch...*" (Pellissier, 1956:300).

Gedurende 1894 was daar vertoë vir 'n brug oor die spruit; dit het veral van handelaars en Smithfield se gemeenskap gekom omdat Bethulie hulle naaste spoorwegstasie was. Reeds in 1904 is die brug goedgekeur maar eers in 1914 begin bou, dit sou die boere baie help in die vervoer van wol en ander produkte. (Prinsloo, 1955:387,545). Die huidige brug is in 1969 oor die spruit gebou as deel van die nuwe pad nadat die Verwoerddam gebou is (nou Gariepdam). (Kyk BRÛE, PONTE...).

Sliksprit met 2011 se vloed

Op kaarte lyk dit asof Slikspruit twee takke het wat op Klein Bloemfontein bymekaar kom. Die oostelike tak het ook twee takke wat op Klein Kinderfontein bymekaar kom; een vanaf die plaas Mooi en Goed, noord van Kriegerskraal, en die ander een vanaf Oud-Uitkyk. Die westelike tak het ook twee takke wat op Cyferfontein bymekaar kom; die een vanaf sover as Jakhalsfontein met 'n hele paar kleiner takke en die ander een vanaf Klein Marsfontein ook met heelwat kleiner takke.

SMITHFIELD

Bethulie as tweede oudste nedersetting, sedert 1828, en Smithfield as derde oudste dorp in die Vrystaat, gestig in 1848, se geskiedenis is in vele opsigte nou verweef en daarom volg hiermee 'n kort opsomming van sy stigting. Die dorp is aanvanklik op die plaas Waterval gestig, wes van die huidige Smithfield. Die plaas het sedert 1841 aan Charles Halse behoort. Dit is vernoem na 'n waterval van ongeveer 10 m wat uit 'n lopie kom.

Van die redes vir sy beoogde anneksasie van die Vrystaat het sir Harry Smith, goewerneur van die Kaap de Goede Hoop, beweer dis om behoorlike kerke vir inwoners te voorsien. In die tyd het die Kaapse Kerk kort vantevore onafhanklik geraak en is Afrikaanse predikante soos Krige, reeds in 1846 na die Trekkers gestuur om verhoudige te versterk en waar nodig te herstel. Kort daarna is 'n kommissie benoem om te help kerke stig in die Transgariep en het daarom ook kerkplase aangekoop. Die Vrystaat word in Februarie 1848 deur sir Harry Smith geannekseer. Op 18 September 1848, kort na die Slag van Boomplaats, lê Harry Smith die fondament van die eerste kerk in die Soewereiniteit op die plaas Waterval. Op 25 November 1848 word dit die derde gemeente in die Soewereiniteit met die besoek van die kommissie van die Kaapse Kerk. As gevolg van te min water was die plek nie geskik vir dorpsontwikkeling nie en word die plaas Rietpoort, 14 myl (22,4 km) noordoos van Waterval gekoop en Smithfield in Junie 1849 daar gevestig. Ds Roux was vanaf Mei 1853 Smithfield se eerste voltydse predikant. (Oberholster, 1964:45-54).

'n Meer volledige beskrywing is die van Prinsloo (1955:64-107). Hy skryf dat die Vrystaat na anneksasie in drie distrikte verdeel is, Winburg, Caledon en Bloemfontein. Op eersgenoemde twee is magistrate aangestel en 'n hele infrastruktuur met kommando's, konstabels en voorskrifte vir kerke en skole word bepaal. *"Op 15 Mei 1848 het James O'Reilly,* (van die Oostelike Provinsie*) sy dienste op die plaas Waterval aanvaar. Van die dag af dateer die stigting van die dorp...*". O'Reilly gee sy adres aan as "*Waterfall Caledon River"* en reeds op 18 Mei 1848 suggereer hy: "*we all wish to name the intended village either Smithdorp or Smithtown. So I hope Sir Harry will not object*". In 'n brief van 27 Junie 1848, nog steeds vanaf die plaas, gee hy vir die eerste keer die adres aan as *"Smithfield, Caledon River"*. O'Reilly het op 21 Julie 1848 oor die Oranjerivier gevlug met die dreigende opstand onder Pretorius teen die anneksasie. Daar is toe reeds na rebelle verwys as diegene wat saam met Pretorius die Engelse regering van Warden, die Britse Resident van die Oranjerivier Soewereiniteit, wou omverwerp en in Smithfield word ses name opgegee deur O'Reilly. Sy opvolger was TW Vowe. Onder Vowe het die dorp amptelik sy naam as Smithfield gekry, planne is opgetrek en erwe afgemeet op die plaas Waterval. Op 18 September het sir Harry Smith die fondament van die kerk daar gelê en op 11 Oktober 1848 is die eerste onderwyser op Waterval aangestel, EB Auret; daar was egter geen behoorlike huisvesting of skool vir hom nie. Die inwoners wou egter nie hier erwe koop nie, want daar was nie genoeg water nie en sommiges het gemeen dat dit net 'n geldmakery is deur Halse, die eienaar van die plaas. Teen Mei 1849 het Warden die idee laat vaar dat die dorp op Waterval moes wees en op 18 Junie 1849 het hy 'n kennisgewing uitgereik dat die dorp op Rietpoort gestig mag word en noem dit 'n kerkplaas. Die fontein in die poort sou genoeg water kon verskaf vir die dorp. Vowe het sy setel hierheen verskuif. Die voltooide kerk en 'n paar huise het op Waterval agtergebly. Volgens Janse van Rensburg (1990:310-1) het landmeter Rex die opmeting van erwe hier op Rietpoort gedoen en is die eerstes op 1 November 1849 te koop aangebied. Volgens Nienaber (1982:15) was die aanvanklike naam "*New Smithfield*" en het die dorp in 1860 'n dorpsraad gekry.

Die dorpsplan van Rex is moontlik tydens die brand in die landdroskantoor in Januarie 1859 vernietig. Landdros CS Orpen het egter 'n kopie na die Akteskantoor gestuur. Later is vasgestel dat die opmetings so swak was dat latere landmeters nie kon vasstel watter maateenheid Rex gebruik het nie. Dit sou later nodig wees om Smithfield in sy geheel weer op te meet. Die distrik was al goed gevestig en daar was onder andere 115 plase langs die laer Caledon en Slikspruit volgens 'n verslag van 1850.

Mev Donovan onthou die stigting van Smithfield

George Donovan, van Ierse afkoms, is in 1845 met Elizabeth Adendorff getroud toe sy slegs 16 jaar oud was. Haar ouers was deel van die Franse Hugenote en sy vertel dat Pellissier, die sendeling van Bethulie, hulle hier in die huwelik bevestig het. Donovan het al voorheen die plaas Glendower in Bethulie-distrik bekom wat hy na een van sy voorsate vernoem. (Die plaas behoort vandag aan George Annandale). Hier het hy bekendheid verwerf as handelaar en landmeter. Die bekende Spitskop oos van Bethulie se oorspronklike naam is Donovanskop. Lephoi die Tlhaping-kaptein stel hom aan as sy agent wat Bethulie se sendinggronde verkoop het.

Op 11 Januarie 1900 voer sir George E Cory 'n gesprek met mev Donovan (Conversation with Mrs Donovan, Cory Library and Cory notes vol 6:528-531). Sy beskryf haar man as Majoor Donovan wat in 1845 vanaf King Williamstown gekom het as deel van die 6th Dracon Guards om die Boere te verdryf. Sy beskryf onder andere hulle leefwyse en hoe sy alle verbruiksartikels soos skoene self moes maak; die Slag van Boomplaats en sir Harry Smith se toespraak waar hy die Vrystaat tot Britse kolonie verklaar. *"I was born in Stellenbosch and lived in the west until I married and left for up country in 1845. My home was about 2 days journey from where Bloemfontein now stands".* Haar beskrywing van die stigting van Smithfield lui so: *"the town formed on this place is called Smithfield. I remember the ceremony – notice had been sent to all around, some wagon canvases had been set up so as to make a kind of enclosure and the public stood around anyhow, while Sir Harry stood on a table and made his speech – it was not very long. About 4 years after this Basuto [war] broke out, Sir G Cathcart came up to quell them but was repulsed-- driven over the rocks-- he wrote to the Home Government saying that the country was worthless and very difficult to defend and advice its abandonment, which was done. A meeting was held at Bloemfontein... where all the educated people strongly protested against England giving up the country – while one Venter and some doppers were in favour of it. Venter became the first President, he was our neighbor".* (Die Venter waarna sy verwys was JJ Venter wat drie maal die waarnemende president van die Vrystaat was en op die plaas Broekpoort wes van Slikspruit, net voor mens die brug oorgaan op linkerhand gewoon het. Die Donovans het Bethulie-distrik in 1870 verlaat en in Barkly-Wes gaan woon.

SPOORLYN EN STASIE

Kyk ook BRÛE

"The railway station was often the hub of public and business life: a social rendezvous for arriving and departing passengers, and a point of collection and delivery for townsfolk and businessmen. At this point the mail and newspapers arrived regularly, as well as milk and fresh produce, and from here farmers would dispatch their harvests to the markets. The station master ranked among the pillars of society in the town or village, along with the headmaster, the doctor, the bank manager and the clergyman. He prided himself on the condition and the appearance of his station and competed enthusiastically with other station masters to see whose station looked the best. For many years the SAR&H ran a nationwide competition in this regard, annually rewarding the most impressive venue with a coveted title."
http://www.transnetfreightrail-tfr.net/Heritage/150years/150YearsRail.pdf

Die plan vir die konstruksie van 'n spoorlyn na die Vrystaat is vir die eerste keer geopper toe diamante in 1857 ontdek is. Die bou van die spoorlyn na die Vrystaat het nie sonder ernstige politieke tweespalt verloop nie. Nadat Brittanje die diamantvelde in 1871 geannekseer het, het hulle die Vrystaat onder andere £15,000 aangebied as hulle binne vyf jaar 'n begin maak om 'n spoorlyn te bou na die Kaap of Natal. President Brand was ten gunste daarvan, maar die meerderheid van sy Volksraad was daarteen, hoofsaaklik omdat hulle hul onafhanklikheid wou behou en eerder saam met die ZAR werk aan 'n haweverbinding na Delagoabaai. Die groep is die "remskoen party" genoem. Een van hulle was Herman Klijnveld van Bethulie; hy het dit as 'n risikofaktor gesien omdat die vyand dan vinnig kon inval en die hoofstad bereik *"while we struggle in the rear to reach it on horseback."* (Hoe reg was hy nie!). Ander sien dit ook as bedreiging vir transportryers wat hulle werk kan verloor. Selfs die geraas van treine kon die koeie laat opdroog! Ook was die Afrikanerbond van die Vrystaat wat in 1881 gestig is, daarteen. Dit was 'n groot stryd wat tot 1888 geduur het. Die wat vir die treinspoor was, het selfs sover gegaan om 'n strooipop (*"effigy")* van Klijnveld te maak en dit in Bloemfontein te verbrand! (kyk HOOFSTUK 8: BEROEMDES...). In 1889 het die Volksraad die bou van die Colesberg-Bloemfonteinlyn goedgekeur (Malan, 1995:97-102). Die spoorlyn vanaf Oos-Londen het Bethulie op 4 April 1892 bereik. Intussen moes die treinverkeer voortgaan op die lyn wat toe reeds tot by Springfontein gebou is. Dus was die spoor gebou vanaf Burgersdorp tot by die Oranjerivier. Oorkant die rivier was die spoor ook gebou tot by Springfontein. Die spoorwegbrug oor die Oranjerivier word eers in Februarie 1894 geopen en die passasiersterminaal saam met heelwat van die ander geboue op die stasiegronde ook in gebruik geneem.

Landmeter C Vos het die stasie opgemeet. Die stasie en die "wachthuis", wat nader aan die rivier was en moontlik langs die treinspoor, word ook op die kaart wat al gebruik word sedert die stigting van die dorp, aangebring in 1895. Die stasie is drie morg, 217 roeden groot. (Kyk HOOFSTUK 5: DORPSTIGTING...).

Volgens De Swardt (2010:21,49) was daar met die uitbreek van die Anglo-Boereoorlog reeds 5,024 myl (8,038.4 km) spoorlyn in Suid-Afrika. Daarvan was 392 myl (627.2 km) in die Vrystaat wat deur die *Cape Government Railway* gebou en in 1898 aan die *Orange River Government Railway* oorhandig is, daarom was die meeste spoorwegwerkers oorspronklik van die Kaapkolonie. Die spoorlyn en stasie was van die begin van die ABO van strategiese belang. Eers is die spoorlyn gebruik om sommige burgers na die Suid-Vrystaatgrense te vervoer en hier van Bethulie na die Stormberg-omgewing. Na die Slag van Stormberg sien Bethulie hoe 561 Britse krygsgevangenes vanaf die stasie noorde toe gestuur word. Vier maande daarna op 10 Maart 1900 val die Engelse Bethulie in en van toe af is die stasie en spoorlyn in hulle hande en troepe, voorrade en ammunisie word na die omgewing gebring. Verskeie ander gebeurtenisse speel hier af: soldate wat hier gestasioneer is, die sabotering van spoorlyne deur die Boere, belangrike besoekers wat hier aandoen; maar wat die langste onthou sal word is die vroue en kinders wat vanaf treinwaens afgelaai is en vandaar per voet na die konsentrasiekamp gestap het, ongeveer vier kilometer. Die eerste kind wat in Bethulie sterf as gevolg van die konsentrasiekampbeleid het in die sinkgebou van die stasie gesterf. Vir 'n vollediger beskrywing kan Venter se boek, *Bethulie en die Anglo-Boereoorlog,* geraadpleeg word. (Kyk ook HOOFSTUK 6: ANGLO-BOEREOORLOG).

Daar was al van vroeg af heelwat "*sidings*" of spoorweghaltes langs die spoorlyn in Bethulie se omgewing. 'n Halte was 'n plek waar lang treine bymekaar kon verbygaan en waar treine kon omdraai. Daar was ook sylyne waar treine van water voorsien is en en waar treine afgehak kon word op 'n derde lyn. Volgens die *Map Bethulie Imperial* was die volgende haltes op die Kaapstadlyn wat oor Norvalspont na Springfontein, Trompsburg en Edenburg gaan: Donkerpoort, Driekuil, Priors, dan Springfontein en Trompsburg daarna Kruger's siding, Pompie en dan Edenburg.

Van Bethulie op pad na Burgersdorp was daar ook 'n paar haltes: Volgens Piet du Plessis was Cottages 69 aan die Vrystaatkant van die rivier, daar was twee spoorweghuise waarin sy pa-hulle, Paul du Plessis, en Corrie du Ru gewoon het. White Strydom onthou die volgende: Olive met drie huise oorkant die rivier; dan Swaartrek (waar daar ook mense gewoon het) dan Knapdaar waar treinkaartjies verkoop is; hier was ook 'n winkel, petrolpompe, drie spoorweghuise ens. Daarna volg die haltes Strydom, Osfontein, Dreunberg met huise, dan die Albert-aansluiting, waar die spoor in twee skei en een na Aliwal-Noord en die ander na Burgersdorp gaan.

Op pad na Springfontein was daar eers die "Cottages 70" (Piet du Plessis, die latere stadsklerk se pa was daar die ploegbaas). Die ongeveer 15 huise was in die omgewing van die brug wat nou oor die spoorlyn gaan. Die huise was aan weerskante van die ou spoorlyn en vandaar is kinders met die skoolbus opgelaai. (Geskiedkundige dagboek, 1981:11). Regoor Driefontein se ingang op pad na die spoorlyn was daar 'n halte bekend as Swalu volgens Sydney Goodman. Drien Kleynhans (née Jordaan) onthou ook van 'n tydelike halte en kruising in die omgewing wat tydens die bou van die nuwe spoorlyn bestaan het. Dan onthou sy ook die volgende: Valley Dora wat anderkant Driefontein was, en dan die bekende Providence waar 12 huise was, daarna was Kirtham en dan Springfontein.

In 2014 kuier die 90-jarige MC Botha in Bethulie om ou herinneringe en plekke op te soek. Hulle het op Providence gebly, waar hy ook aanvanklik skoolgegaan het; sy pa het vir die spoorweë gewerk. Hy vertel dat die dokter en predikant met die trein huisbesoek kom doen het en dat kruideniers en vleis met die trein afgelewer is nadat die bestelling in die dorp geplaas is. Die haltes het 'n eie kultuur gehad.

Drien Kleynhans (née Jordaan) hulle wat vir vier jaar op Providence gewoon vertel dat daar huise was met baie mooi blomtuine. Japie Schmidt het ook vir 'n tyd daar skoolgegaan en hy onthou twee onderwysers, mnre Droskie en De Beer.

Jacques van Rensburg onthou: "*Sit en dink oor die ou stasie aan die westekant van Bethulie. Die gefluit van stoomtreine in die nag, jy kon weer voorspel deur na die treine te luister, as dit klink of die trein deur jou huis loop dan moet jy weet reën is naby. Die beweging van mense en goedere na en van die stasie, alles en enigiets is per spoor vervoer. Boere het room in roomkanne by die stasie afgelewer wat so ver as Queenstown vervoer is vir die kaas- en botterfabriek dan word die leë kanne weer terugversend. Ek onthou nog so vaagweg, die De Ru familie, Koos, Kerneels en Willem hulle het by die stasie gewoon. By die goederelloods was oom Staffie altyd netjies en hulpvaardig, so 'n tyd gelede by 'n winkel in Bethlehem ingestap en oom Staffie se suster ontmoet, daar die eerste keer gehoor dat sy naam eindelik Stephanus was. Oom Whitey Strydom per fiets werk toe en terug, meeste mense het hom nooit gesien want hy het hoofsaaklik nagdiens gewerk. Daardie jare was groot vragmotors 'n rariteit op ons dorp, wol, kleinvee, grootvee, kos, drank bykans alles het in en uit die dorp per spoor plaasgevind. Mis die mense en die egtheid van hul lewe*" (Facebook, 20/4/2014).

Tragedies was nie uitgeskakel naby en op die spoorlyn nie. Op 2 Augustus 1910 het 'n 20-jarige jongman, Gabriel Jacobus Myburgh, om 20:00 suid van die stasie blykbaar as gevolg van 'n liefdesteleurstelling voor die "16-Op" trein ingeloop. Die treindrywer vertel hy het na 'n verskietende ster gekyk en die volgende oomblik het iemand oor die enjin getrek. Dr Wolhurs het ook 'n verslag daaroor uitgebring (VAB ATG no 15 Ref 2019/10). Whitey Strydom onthou van die ongeluk waarin Piet Swanepoel (ook bekend as swart Piet) dood is in die sestigerjare, nadat sy perde met hom in sy perdekarretjie voor die trein beland het. Hy het altyd die pos gaan haal en weggeneem met sy perdekar. Die twee swart perde van hom was altyd verbouereerd oor die treine. Op 'n dag het die trein gefluit en die perde het geskrik terwyl Piet by die padkruising gewag het; hulle het met hom en die waentjie voor die trein ingespring. Whitey Strydom vertel hoe die perde geskiet moes word en hoe Piet met sy laaste woorde voor hulle gesterf het. Tjaart Venter wat op Elim grootgeword het, onthou ook die geval en beskryf die twee swartperde met wit tuie.

Hennie Venter, kleinseun van Myburgh wat die ossewa en ossies gemaak het, onthou dat die stasie in die vyftiger jare gedeeltelik afgebrand het. Sy oom was Nicolaas van Pletsen, en hy was op daardie stadium stasiemeester.

Koot Pretorius vertel van 'n treinroof in die veertigerjare. Daar teen die hoogte op net anderkant die stasie op pad Springfontein toe het twee Coetzee-broers die trein beroof terwyl hy nog stadig ry; een laai af en die ander laai die buit op 'n perdewaentjie. Op Kraalfontein het Coetzees gebly en vir een of ander rede is hulle verdink. Met besoek van die polisie het die tannie op 'n kis gesit waarin gesteelde linne was. Die kruideniers en ander goed is in Vrouenskloof, op Heuningfontein, weggesteek onder een van die bloubosse; die klippe is nog daar.

Stoomtrein vertrek uit die ou Bethulie-stasie. (Foto met erkenning aan Rhudi Rousseau).

Die ontwikkeling van die Oranjerivierskema het tot gevolg gehad dat die spoorlyn en die stasie verskuif moes word. Die spoorlyn moes 19 km herlei word om oor die nuwe Hennie Steyn-brug te gaan. Die historiese stasie wat in die westekant van die dorp was, is in 1970 gesluit en die nuwe stasie wat aan die oostekant gebou is, is op 20 Junie 1970 in gebruik geneem. Die Raad het probeer om 'n mooi luukse stasiekompleks te kry en rig vertoë. Die stadsklerk se brief het die toerisme waarde van 'n mooi stasie wat in die omgewing van die brug en ander besienswaardighede is, uiteengesit: "*...Om iets daar te stel wat van besondere estetiese en kunswaardige voorkoms is...veral omdat die stasie so 'n belangrike posisie in hierdie toeriste kompleks inneem...*". (Notule 15/6/1966). Die luukse stasie het nie gerealiseer nie, maar 'n goeie funksionele stasie is gebou.

Die ou stasie met sy mooi tuine en bordjie wat aandui dat Oos-Londen 288 myl ver is. Foto met dank aan Transnet Heritage Library, met hulp van Johannes Haarhoff Foto no M8413_015 geneem deur die fotograwe van die Spoorweë se destydse Publicity and Travel Department.

Die hele projek wat die nuwe stasie insluit, die herleiding van die spoorlyn, die Hennie Steyn-brug, die brug in die park en die padverlegging het R8,4 miljoen rand gekos waarvan R4,4 miljoen vir die Hennie Steyn-brug was. Die brug in die park het R353,000 gekos en die nuwe stasie R200,000 (Volksblad, 22 Jun 1970).

Brug in die ou park. Foto: vanaf Facebook, fotograaf onbekend

Met die inwyding van die nuwe stasie word 'n spesiale treinrit gereël vir Bethulianers; vanaf die ou stasie word die laaste rit op die ou trajek en oor die ou treinbrug tot by Olivehalte gery. Vandaar het die lokomotief omgedraai en die nuwe trajek gevolg om oor die nuwe brug tot by die nuwe stasie te ry. P Kruger, hoofbestuurder van die Spoorweë was die eregas en hoofspreker tydens die geleentheid. Hy was ook 'n oud-leerling van Bethulie. (Geskiedkundige dagboek,1981:14-15). "*Met 'n enkele skor fluit van 'n diesellokomotief het 'n trein Saterdag vir oulaas by die ou spoorwegstasie van Bethulie uitgetrek na die dorp se nuwe stasie. Vyf passasierswaens vol gaste en inwoners van Bethulie, klein en groot, het die rit meegemaak... Terwyl kinders in die spesiale trein vrolike Republiekvlaggies en stringe gekleurde papier by die vensters van die waens uitgewaai het, het die burgemeester van Bethulie, mnr CD Kruger, die trein 'n ruk later by die nuwe stasie "ingevlag". 'n Paar honderd mense het gesien hoe mev Kruger, vrou van die Spoorweë se hoofbestuurder, 'n lint voor die nuwe stasiegebou knip om die trein by die nuwe stasie in te laat*". (Volksblad, 22 Jun 1970).

Die versierde lokomotief met die stasie se inwyding. Foto met dank aan die Transnet Heritage library, foto no 8413_18

Bethulie se stasies het al erg deurgeloop deur brande. In die 1950's het die ou stasie gedeeltelik afgebrand en die

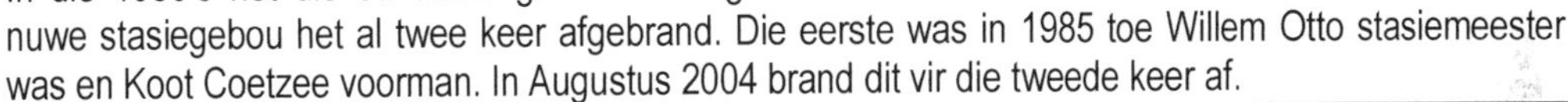

nuwe stasiegebou het al twee keer afgebrand. Die eerste was in 1985 toe Willem Otto stasiemeester was en Koot Coetzee voorman. In Augustus 2004 brand dit vir die tweede keer af.

Bethulie-stasie brand af sodat net mure oorbly.

"*Die stasiegebou hier het Saterdagaand afgebrand sodat net die mure oorgebly het. Niemand kan lig werp op wat presies gebeur het nie. Mnr. Peet Boshoff, plaaslike verkoopsagent van Spoornet, was slegs bereid om te sê dat toe hy daarheen ontbied is, vermoedelik deur 'n sekuriteitswag, die gebou reeds aan die brand was. Omdat daar geen brandweer in Bethulie is nie, was daar niks wat hy en die sekuriteitswag kon doen om die brand te blus nie en dit het in 'n kort tydjie uitgewoed. Hy het bygevoeg dat Spoornet 'n volledige ondersoek sal doen. Geen passasierstreine het Bethulie aangedoen nie en die stasie was verlate ten tyde van die brand. Sover vasgestel kon word, is niemand beseer nie. Dit is die tweede keer in die 40-jarige bestaan van die stasie dat dit afbrand. In 1985 het dit afgebrand en is daarna herstel. Die skade was destyds soortgelyk, ook weens die gebrek aan 'n behoorlike brandweer. Hoewel die stadsklerk en sy personeel destyds hulp verleen het, het dit nie veel gehelp nie*". (Volksblad, 30 Aug 2004).

Teen 1972 is die ou stasie nog nie onteien nie ten spyte van gesprekke met die betrokke minister; die stem egter in dat die firma, Triamic, wat die Donkerpoort-pad bou, die huise en geboue kan huur vir sy werkers. Later in dieselfde jaar het SA Spoorweë die stasie aan die Raad verkoop; dit het die lyne, gruisgroef en stasie geboue ingesluit vir die bedrag van R1,139.27. Die gronde was 31,3135 morg groot. Triamic het die stasie gehuur totdat die pad in Julie 1974 voltooi is (Notules 14/7/1972, 13/6/1974).

Die ou stasie is deur die jare aan verskeie mense en firmas verhuur. In 1975 is die goedereloods aan C Grobbelaar, 'n skrynwerker verhuur. Daarna het *Meulspruit Transport* van Ficksburg aansoek gedoen om die perseel te huur; sedert 1978 is die goedereloods aan Prodkor, 'n verspreider van koringprodukte, mieliemeel en veevoere, verhuur en in 1980 word die stasie (erf no 1656) voetstoots aan Prodkor (Tiger Oats) verkoop vir R13,000 (Notules 13/11/75, 11/8/1977, 18/7/1978,15/11/1979, 15/4/1980, 11/6/1981). Daarna het die naam verander na Delmas Milling wat die ou stasie in 2000 aan Tony Hocking verkoop.

Die Raad het in 1978 die idee ondersoek om 'n ou lokomotief vir bewaring te bekom en dit by die ou stasiegebou te plaas. Die moontlike herstel van die geboue wat toe vervalle voorgekom het, is bespreek (Notule 12/10/1978).

Vanaf 1960 het diesellokomotiewe hulle verskyning gemaak. In 1981 het die ou SAS & H, na transformasie na 'n meer besigheidsgerigte onderneming, ook 'n naamsverandering ondergaan en staan bekend as die SA Vervoerdienste. In 1990 verander dit van 'n staatsbeheerde organisasie na 'n beperkte onafhanklike maatskappy en word Transnet genoem met die spoorlyn afdeling as Spoornet. In 2007 word Spoornet se naam verander na *Transnet Freight Rail.*
http://www.transnetfreightrail-tfr.net/Heritage/150years/150YearsRail.pdf

In 1982 breek die einde van 'n era aan toe stoomlokomotiewe onttrek word. Die Stasiemeester, mnr Brits, stel die Raad in kennis dat hulle nie langer die pompinstallasie by die stasie sal benut nie en dat die Raad dit moontlik kan oorneem (Notule17/11/1981). Die amptelike ingebruikneming van die geelektrifiseerde spoorlyn deur SA Vervoerdienste tussen Bethulie en Springfontein vind 19-20 Oktober 1982 plaas.

Ek en my een suster het van kleins af vir my ouma op Edenburg gaan kuier met die trein. Vrydagmiddag so drie uur klim ons hier op en dan is ons so na vyf uur op Edenburg. Soms was daar vertragings op pad; een so vertraging wat ek baie goed onthou was in die winter en ons het koud gekry. Die kondukteur het ons kom haal en na die enjin toe geneem waar die drywer ons toegelaat het om te staan om warm te word; daardie ervaring om so na aan die vuur te wees, die stoker se harde werk te sien, hoe die drywer daardie hefbome trek; die warm koffie uit die blikbeker en beskuit is iets wat my altyd sal bybly as deel van die romantiek van die stoomtreine en 'n vervloë lewenswyse (Skrywer).

SA Vervoerdienste wil vanaf 2 November 1987 sekere passasiersdienste inkort en dit sou die kansellering van die trein op Sondae insluit. Die Raad besluit om 'n skrywe te rig omdat soveel mense, veral swart pendelaars, Sondae na Bloemfontein gaan vir werk. Daar is aan die versoek voldoen en in die volgende notule word gemeld dat daar wel elke dag 'n passasierstrein sal loop en dat dienste ook verbeter sal word (Notules 27/8/1987, 24/9/1987).

'n Beampte wat op die stasie werk het die volgende inligting in 2018 verskaf: Tans loop en stop hier die volgende passasierstreine, die Shosholoza: die wat na en van Kaapstad toe gaan op Dinsdae en Vrydae en die Johannesburg-Oos-Londen trein op Woensdae, Vrydae en Sondae. Die Johannesburg-Oos-Londen goederetrein stop nie hier nie. Kaartjies word nie op die stasieverkoop nie, maar wel op die trein.

SPORT

Hieronder word sportsoorte alfabeties geplaas. Die Sentrale Sportkomitee (SSK) word aan die einde van die sportsoorte geplaas.

Atletiek

In 1924 word die eerste interskole atletiek in die Suid-Vrystaat in Springfontein gehou en Bethulie neem deel. Die eerste skoliere wat aan Interhoër in Bloemfontein deelneem is Jahn Jardin en Otto Holm in 1928. Die atletiek en rugbyvelde word verskuif in 1927 na die gymkanaveld naby Lephoi en 'n sinkpaviljoen word daar opgerig. In 1958 word begin met die aanbou van 'n doeltreffend atletiekbaan, rugbyveld en skougeboue op die Sentrale Sportkomitee (SSK) se gronde (Geskiedkundige dagboek, 1981:9,12).

Gwennie Louwrens (née Van der Walt), wat in Bethulie gebore is en in 1954 gematrikuleer het, skryf haar uitkyk op die lewe en haar omgee vir mense toe aan haar vormingsjare op Bethulie. Sy was Jannie en Mona van der Walt se oudste kind. Hulle het op Macsmo naby die ou konsentrasiekampkerkhof gebly. Van haar beste vriendskappe is langs die sportveld of op die veld gesluit. "*Sport bring mense bymekaar... Die geborgenheid van 'n stabiele ouerhuis, onderwysers en die gemeenskap van Bethulie het in my vormingsjare dissipline, integriteit, deursettingsvermoë en trots gekweek... sport het die grootste rol hierin gespeel het. Ek het vroeg-vroeg geleer dat sport 'n karakterbouer is*". Sy onthou haar eerste deelname aan 'n Interhoër soos gister. Sy was net nege jaar oud en hulle was drie atlete wat met die trein van Bethulie na Bloemfontein gereis het en in al hulle nommers eerste plekke losgehardloop het.

Op atletiekgebied het Bethulie verskeie presteerders gelewer waarvan **Petro du Plessis** (sy is met Piet Theron getroud) sekerlik die mees veelsydige was. Sy het die volgende inligting verskaf in 'n dokument wat hulle klas vir die 2014 reunie opgestel het:

Gewigstoot: silwermedalje op SA atletiekkampioenskappe, 1964,
Goue medalje in Vrystaat kampioenskappe vir seniors, 1984
silwermedalje in SA kampioenskappe, 1984;
Werpskyf: SA kampioen in 1963,
Goue medalje in Vrystaat kampioenskappe vir seniors en SA kampioenskappe, 1984;
Spiesgooi: Silwer medalje in Vrystaat kampioenskappe vir seniors en in SA kampioenskappe, 1984;
Netbal: lid van Vrystaat senior A-netbalspan 1963-7,
Lid van die span wat 'n goue medalje op SA spele verower, 1964.
Talle bydraes in skole-atletiek en -netbal in afrigting en bestuur.

Sydney Foster 'n oud-onderwyser van Bethulie skryf op *Facebook*: "*Ek was bevoorreg om saam met Petro in Bloemfontein skool te hou. Sy was by verre die beste netbal, gewigstoot en werpskyfafrigter met wie ek saamgewerk het. Sy was gekies vir die Springbokspan, maar moes die toer misloop agv die feit dat sy met Dawie verwagtend was, maar die mooi van die ongelukkigheid was, toe Dawie Springbok geword het, het hy vir sy ma gesê dat hy nou sy Springbokbaadjie vir haar bring*". (Facebook, Pellissier Hoërskool,14/10/2013).

Petro was in 'n tyd hier op Bethulie wat daar verskeie presteerders was soos die foto en byskrif vanaf Marius Fryer getuig:

Agter: Johan (Vink) Mostert, Hendrina van der Colff (wen 100 en 150 tree), Gert Coetzee, Petro du Plessis (wen gewigstoot en werpskyf), Johann Fryer (wen hekkies). Voor: Paul Branders, Mej J. Claassen, Sam Kotze. Petro du Plessis behaal plekke op SA's en Johann Fryer 4de in finaal op SA's.

Bethulie was gelukkig om een van die beste atletiekafrigters in die land te hê: **Paul Branders**: "*Sy*

atletiekafrigting het reeds in 1948 aan die Hoërskool Bultfontein begin, waarna hy van 1951 tot 1965 drie Vrystaatse junior atlete van Bethulie afgerig het, en tot 1992 as hoofbestuurslid van die Vrystaatse Atletiekvereniging gedien het... In 1957 het hy as atletiekbeampte en skeidsregter gekwalifiseer, gevolg deur talle afrigtingskursusse en eerbewyse vir sy bydrae om veral skole-atletiek lewend en in tred met die tyd te hou. Hy het dekades as voorsitter van die Vrystaatse Atletiekafrigtersvereniging gedien en was lid van die stigtingskomitee van die Suid-Afrikaanse Skole-atletiekvereniging". (Volksblad, 4 Jun 2010).

Branders, Paul Karl (1924-2010)

Op 1 Junie 2010 is 'n oud-onderwyser van Bethulie, Paul Branders, op 86-jarige leeftyd oorlede. Baie onthou hom as "ou Paul", soos hy met groot respek genoem is, langs die swembad en die atletiekveld. Hy het nie net as afrigter indruk op baie van Bethulie se leerlinge se lewens gemaak nie, maar ook as onderwyser (in handelsrekeningkunde) en die manier waarop hy almal met respek behandel het; 'n netjiese, fier man, altyd aan die aanmoedig. Hy was die laaste keer in 2008 in Bethulie met die reunie van die klas van 1968; na 'n lekker dag het hy nog die aand self teruggery na Kroonstad waar hy gewoon het.

Sy Springbokkleure het hy in 1971 in atletiekafrigting verwerf. Volgens die *Volksblad* was hy vir 32 jaar betrokke by die Vrystaatse Skole-amateuratletiekvereniging, 'n groot deel daarvan as voorsitter. Hy het bekend gestaan as Mnr Atletiek. Vanaf 1951-1965 het hy drie Vrystaatse junior atlete van Bethulie afgerig wat groot hoogtes bereik het onder andere Petro du Plessis (nou Theron) en Patricia Henshaw.

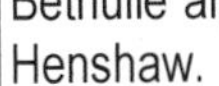

Van sy ander prestasies was dat hy as skole-inspekteur afgetree het, twee trusts gestig het vir atletiekbevordering en afrigting, afrigtingskursusse geskryf het, as skeidsregter gekwalifiseer het, ens. Hy het selfs nog in 2010 drie atlete vir die SA's afgerig.

Sy ouers was Willem HS Branders en Josephine Branders (née Poisat) (1900-1982), die vierde kind van Paul V Poisat. Hy was getroud met Jacoba (Kobie) MW Gerber. Hulle twee seuns, Willem en Dolf, was albei hier op skool. Sy suster was die skryfster Nan Henning (1910-2003). (Van die inligting uit Volksblad, 4 Jun 2010).

Christel Smit (later van Vollenhoven) het haar Springbokkleure in atletiek, vir verspring, in 1976 verwerf met 'n sprong van 6.55 m. Sy het in 1970 hier gematrikuleer. (*Foto met erkenning en dank aan Kaai Preller, via Sydney Foster Facebook, Hoërskool Pellissier, 15/10/ 2013).*

Johan Oosthuizen wat van 1969-1974 in Bethulie op skool was, was die Suid-Afrikaanse en Afrika-rekordhouer in spiesgooi. Johan het ongelukkig nooit die geleentheid gehad om Suid-Afrika internasionaal te verteenwoordig nie; hy het in 1990 sy beste vertoning gelewer met 'n gooi van 80.92 m. Sy seun Robert volg in sy voetspore: "*Die 27-jarige Olimpiese spiesgooier Robert Oosthuizen het Vrydagoggend hier by die Suid-Afrikaanse atletiekkampioenskapsbyeenkoms sy sewende agtereenvolgende SA titel verower. Oosthuizen het 'n wenafstand van 78.80 m behaal. Oosthuizen, 'n Bolander, is nou die atleet met die naasmeeste SA spiesgooi-titels. Oosthuizen is die seun van die oud-Springbokspiesgooier Johan Oosthuizen*". *(*Beeld, 11 Mei 2014).

In 1963 het **Hettie Kruger** en **Bettie Cilliers** Vrystaatkleure verwerf in gewigstoot.

In 1996 word **Carel Aucamp** die onder 13 SA spiesgooi kampioen toe hy die rekord met 6 meter verbeter! In 1997 is hy weer die SA kampioen in die onder 15-groep toe hy die bestaande rekord met 5 uit 6 gooie verbeter. Die belowende atleet het sy arm seergemaak met die onder 17 spiesgooi, waarna 'n onsuksesvolle operasie die einde van die deelname beteken het.

Willem Branders het die foto uit Die Volksblad van êrens in 1965 verskaf van die grootste en kleinste atleet op die OVS skole Interhoër atletiekbyeenkoms. Hierop verskyn Willem en die latere beroemde John van Reenen wat toe in matriek was (lg was nie hier op skool nie). Willem was in std 3 en hy dink hy het aan die 80 of 100 treë wedloop deelgeneem. (Facebook, Pellissier Hoërskool, 3/2017)

Fietstoere en fietsrenne

Die eerste fietstoer om die Gariepdam het van 16-18 Julie 1975 plaasgevind onder leiding van DJ Henning en Izak Pretorius met 17 hoërskool leerlinge wat die tog aangedurf het. Naomi Pretorius onthou dit soos volg: "*Gewapen met pleisters, smeergoed vir seer spiere, lemoene, koeldrank, water, ens is Izak en ek met die karavaan saam. By Bossiesspruit was die eerste stop om lemoene te eet. Verder by Saai-hulle was dit tee en verversings. Die aand by Gariep het 'n oud-leerling van die skool (Dupie du Plessis en sy vrou Dora) ons ontvang en slaapplek en 'n heerlike braaivleis vir ons gereël... Die volgende oggend het die klomp al klaend oor die styfheid in die saal gespring en getrap tot by Oviston. Daar is ons weer gul ontvang deur Helen Polson se ouers. Sy was daardie jaar hoofdogter van ons skool. Sondagoggend het ons die laaste stuk terug huistoe aangepak. Dit moes 'n merkwaardige ondervinding gewees het, want my kinders onthou dit vandag nog baie goed. Hettie wat toe op kollege was, het dit ook meegemaak, en dit op 'n dikwielfiets wat Izak self gebou het!*" (Nuusbrief, Febr 2004; Apr 2004).

Ernst Coombs onthou: "*Op die dag met die vertrek uit Bethulie het die wind so sterk gewaai van voor af dat ons gestaan en trap het teen die afdraande Bossiesspruit toe. Met die terugtog Bethulie toe het die sweet aan die een kant afgeloop terwyl die ander kant half verys was. Dit was alles deel van die geldinsameling vir die bus*". (Facebook, Pellissier Hoërskool, 31/5/2014).

Op 6 Januarie 2001 is die eerste nie-amptelike "Om die Gariep Toer" as wedren aangebied. Daar was 120 inskrywings waarvan nege Bethulianers. Die moordende 150 km in die hitte is deur Bethulie se Johan Botha, Ben Dauth, Leon Botha en Martineau van Rensburg voltooi. Daar is beplan om dit 'n jaarlikse instelling te maak. Om fietsryers die geleentheid te gee om te oefen word 'n "*off road*"-baan by die Bethulie-oord in 2001 uitgelê wat vir ongeveer twee jaar gebruik is (Nuusbrief, Jan 2001).

Ry saam om die Gariepdam in fietsren: Groot pryse kan gewen word en aflosspanne kan ook deelneem (Danie van Huyssteen)

"Die eerste geskiedkundige Om die Gariepmeer-fietswedren word Saterdag deur die Bethulie-Fietsryklub aangebied. Dit is die eerste keer dat 'n fietswedren reg rondom Gariepdam gehou word. Die wedrenroete begin en eindig in Bethulie, en volg daarna 'n skilderagtige roete al langs die oewer van die dam tot by die dorp Gariepdam.

Daarna volg die ryers 'n roete oor die damwal en ry dan aan die suidekant van die dam verby Oviston tot by Venterstad en dan terug na Bethulie. Ongeveer 9 km voor Bethulie sal die fietsryers oor die Hennie Steyn-brug ry, wat die langste brug van hierdie tipe in die suidelike halfrond is.

Die afstand van die fietswedren is 150 km en die paaie is in 'n goeie toestand. Fietsryers kan die 150 km alleen aandurf of dit in 'n aflosspan van drie ryers doen. Die aflosgedeelte bestaan uit drie gedeeltes naamlik Bethulie na Gariepdam (58 km), Gariepdam na Venterstad (40 km) en die laaste skof Venterstad na Bethulie (52 km). Alle voltooiers van die wedren sal medaljes kry en daar is groot prysgeld op die spel vir die verskillende kategoriewenners. Schalk Jacobs, organiseerder van die wedren van die Bethulie-Fietsryklub, sê dié wedren is die "Comrades" vir fietsryers... Jacobs vertel hoewel dit hoofsaaklik 'n fietswedren is, die gemeenskappe van Bethulie, die dorp Gariepdam, Oviston en Venterstad almal by die reëlings betrokke is en dat dit 'n gemeenskapsprojek geword het om die groter gebied te bemark.

By die begin en eindpunt in Bethulie word daar oor die hele naweek talle feestelikhede aangebied. Die wedren is ook in die fietsrytydskrif Ride Mag van April 2004 as een van die aanbevole roetes van die maand aangewys".

"Die belowende 150 km wedren is dus vir die eerste keer op 22 Mei 2004 as 'n amptelike wedren aangebied. Schalk Jacobs, voorsitter van die Bethulie Fietsryklub, het dit geinisieer en ter voorbereiding het 39 lede van die klub aan die Argus in Maart deelgeneem waar almal die wedren voltooi het. Die Bethulie Fietsryklub het die wedren aangebied met ondersteuning vir die reëlings deur Bloemfontein Fietsryklub. Beamptes en beoordelaars wat opgetree het, was geregistreer by die SA Fietsry Federasie. Prysgeld was in 2004 R25 000 en in 2005 R15 000. Die tweede wedren het op 21 Mei 2005 plaasgevind, dit het meer as 400 mense na die resies gelok, toeskouers ingesluit (Nuusbrief, Mrt 2006). Die derde wedren is op 20 Mei 2006 gehou met 'n totaal van 120 inskrywings. Dit het ook vir die eerste keer afstande van 30 km en 80 km ingesluit. Ongelukkig was dit die laaste wedren."
(Volksblad se Kontrei, 19 Mei 2004; Nuusbrief, Jan 2004, Mrt 2004, Apr 2004, Apr 2005, Jul 2006).

Hughie van den Heever wat in 2006 begin fietsry het om hom te help herstel na 'n ernstige motorongeluk-besering het die Vrystaat in 2010-2012 in die Suid-Afrikaanse kampioenskappe vir liggaamlik gestremdes verteenwoordig. Hy het al verskeie medaljes verower.

Soos Gert Smith (links op die foto) fietsrenne benader het, was dit nie net 'n ernstige saak nie; vir die fietsren om die dorpsdam het hy sy fietskarretjie gebruik. Die karretjie was heeltemal padwaardig met remligte, flikkers en 'n nommerplaat met sy voorletters en geboortejaar, CJS 1933, daarop. Hy het ook 'n volstruis gebou wat die karretjie kon trek met 'n meganisme wat die bene oplig; die volstruis moes nog net al sy vere kry.

Gholf

Op 4 Augustus 1903 word toestemming verleen om 'n gholfbaan net buite die dorp uit te lê. Die eerste bof of afslaanplek was naby William Gunn se huis en hotel, op die hoek van die huidige Murray- en Joubertstraat. (Langs en noord van die rugbyveld wat op die hoek van Grey- en Murraystraat was). Die tweede bof was net voor die gevangenis (wat in 1907 gebou is) en vandaar het dit suid gestrek oor die pad wat na die stasie lei. Op daardie stadium was Murraystraat die grens van die beboude deel van die dorp; net die gevangenis en skool was wes daarvan (Eeufeesalbum,1963:55).

Foto met dank aan Transnet Heritage Library. Foto no 46924 geneem in Januarie 1940 deur die fotograwe van die Spoorweë se destydse Publicity and Travel Department.

In 1977 deel die gholfklub die Raad mee dat hulle van voorneme is om 'n grassetperk, nr 9 putjie by die klubhuis, te ontwikkel. Vir besproeiing van die setperk wil die klub die SSK vra om by die rolbalklub se bedieningspyp aan te skakel (Notule15/9/1977). Teen 1991 versoek die gholfklub die Raad om water aan te koop aangesien die boorgate nie voldoende water lewer nie; daar word egter aanbeveel dat hulle by die SSK affilieer en dan van die boorgat by die rolbalbaan gebruik maak (Notule 25/4/1991). Tydens 'n vergadering van 25 Julie 1991 word genoem dat die SSK goedgekeur het dat die gholfklub water uit die boorgat by die rolbalbaan kan kry, en dat die aansluiting reeds voltooi is (Notule 25/7/1991).

Marius Fryer wie die foto verskaf, skryf: Legendariese Bethulianers in hierdie groepie by die Bethulie Gholfklub in die laat sewentigs: Faan van Huyssteen, Roelf le Roux, Tom Botha, Apie Muller en Jan "Tronk". "Die Gholfbaan waar dit wettig is om jou bal op te tel en op 'n graspolletjie op te "tee"."

Hengel

Die Hennie Steyn Hengelklub is 'n plaaslike sosiale klub wat nie meer by Vrystaat Hengel geaffilieer is nie. Ten spyte van dalende getalle is hulle steeds teen 2018 'n aktiewe klub met ongeveer 18 lede. Hulle probeer een maal per maand kompeteer, of in die Bethulie-dam of in die Swakara-pan; dit hang af van die watervlakke en moontlik nie so gereeld vanaf Mei - Julie nie. Die hengelklub het in 2012 'n voorlegging aan die Vrystaatse Varswater Oewerhengel Vereniging gedoen om in die OVS voorsiening te maak vir hengelaars van onder 13 jaar, bekend as die penkoppe, sodat hulle nie saam met die onder 19's moet deelneem nie. Daar is goedkeuring verleen dat penkoppe in beide ligas kan deelneem. In November 2013 is Bethulie se penkoppe as die beste span in die Vrystaat aangewys; die jong hengelaars was Marco Langenhoven, CJ Combrink, Handré Hayes en Mariska Olivier. Die kategorieë waarin meegeding word is veterane, senior mans en senior vroue, juniors en penkoppe. Die Klub probeer een maal per jaar 'n deurnag hengelkompetisie aanbied as 'n fondsinsamelingsgeleentheid vir Huis Uitkoms. Die huidige voorsitter, George Brummer, sê hulle beskou hulself as 'n groot huisgesin wat gesellige saam verkeer, raad en wenke uitruil en mekaar help.

Victor Lemue (1938-2009) het sy Springbok-kleure in rots en strandhengel verwerf. Hy is op die plaas Tafelberg gebore waar hy gewoon het totdat die plaas verkoop is. Hy het sedert die middel 2000's in Bethulie gewoon waar hy in 2009 oorlede is. Hy was van kleins af lief vir visvang en ten spyte van die feit dat hy in die Vrystaat groot geword het, het die see hengelgogga, (of soos dit beter bekend staan as rots en strand), hom vroeg in sy lewe gebyt. As jongman het hy gereeld in Port Elizabeth, gaan kuier. Dit het hom dan die geleentheid gebied om hierdie passie van hom te beoefen. Hy het ook gereeld in Plettenbergbaai gaan vakansie hou en het veral die rotshengel op en om Robberg en ook by Keurbosstrand baie geniet. Hier het hy mosselkraker, poenskop en leervis uitgetrek. Dit is na sy verhuising na Port Elizabeth in die 1960's en later Uitenhage dat hy ernstig en kompeterend begin hengel het. Hy was sedert die1970's tot met sy afsterwe 'n lid van die St Croix hengelklub. Hy het nie net as hengelaar en spankaptein St Croix verteenwoordig nie, maar het ook op administratiewe vlak presteer deur as voorsitter en as lid van verskeie uitvoerende komitees op te tree. In die 1980's en 1990's het hy ook die Oostelike Provinsie rots en strandhengel verteenwoordig en was selfs kaptein van die OP-span en voorsitter. As OP-hengelaar het hy aan die nasionale kampioenskappe deelgeneem en oor 'n tydperk van drie jaar as vierde in Suid-Afrika geklassifiseer wat voldoende was om aan hom sy nasionale kleure te besorg. Ongelukkig was dit die era van isolasie en kon die nasionale span nie internasionaal meeding nie. Beide sy seuns, Jean en Victor, het later ook St Croix, OP en die Suid-Afrikaanse B-span verteenwoordig; Victor het ook sy SA kleure verwerf. (Inligting met dank aan sy seun).

Herman Calitz en **Kerneels Simes** het Vrystaatkleure gekry in rots-en strandhengel in 2012. Hulle het as lede van die Bloemfonteinse SAPD-hengelklub deelgeneem aan die kuslynkompetisie, wat sand, strand en rotshengel insluit. In 2011 was hulle gekies vir die SAPD nasionale span wat onder andere in Namibië sou deelneem, maar wat nie gebeur het as gevolg van gebrek aan departementele fondse nie.

'n Oud-leerling van Pellissier Hoërskool, **Jana le Roux**, wat baie veelsydig was en Vrystaatkleure op skool verwerf het in swem is in die proses om haar Springbokkleure in varswaterhengel te verwerf. (Sy is die dogter van Hannes en Toeks le Roux)

Hokkie

In 1924 word hokkiebane aan die suidooste kant van die kerk op die NG Kerk-grond aangelê (Geskiedkundige dagboek, 1981:9). Dit is nie bekend vir hoe lank die sport beoefen is nie.

Jukskei

In 1940 is jukskeibane in die Frank Gunnpark aangelê. In 1971 is 'n deel van die jukskeibane en die geboutjie opgeoffer vir die uitbreiding van 45 karavaanstaanplekke (Notule 24/6/1971). Die bane was vir jare in gebruik en in 1983 vra die Jukskeiklub hulp in verband met die omheining en gebruik van die waskamers in die Frank Gunnpark (Notule 8/9/1983). Tot wanneer die bane gebruik is kon nie vasgestel word nie; finansiële hulp word aangevra deur "*lede van 'n te stigte Jukskeiklub*" om twee bestaande bane in 1990 te verskuif en in 1991 word goedkeuring verleen om die getal bane van vier na 11 te vermeerder met die oog daarop om toernooie aan te bied (Notules 25/1/1990, 8/8/1991).

Korfbal

Korfbalbane word in 1924 uitgelê op die terrein waar die stadsaal tans staan; die mark was ook op die terrein. Die skool se eerste rugby en korfbalwedstryde vind in Mei 1925 plaas en dit teen Springfontein (Geskiedkundige dagboek, 1981:9).

Krieket

Krieket was die gewildste sport voor die ABO en plattelandse spanne het gereeld teen mekaar gespeel. Prinsloo (1955:363, 511) skryf van 'n wedstryd tussen Bethulie en Smithfield in Desember 1883. Teen 1906 het 'n paar dorpe 'n eie *Country Cricket Club* gehad en was hulle ook lede van die *ORC South East Cricket Union*; die dorpe was Edenburg, Trompsburg, Smithfield, Rouxville, Springfontein, Zastron, Boesmanskop en Bethulie. Hulle het gereeld teen mekaar gespeel.

Gedurende die ABO in September 1900 vind 'n krieketwedstryd in Springfontein plaas tussen die *South Lancashire Regiment* en 'n regimentspan van Bethulie. In Bethulie se span was 'n De Villiers, wat moontlik die hanskakie is wat in die konsentrasiekamp gewerk het. Na die eerste superintendent se dood in Springfontein-kamp is JH (Jimmy) Sinclair, die reeds bekende krieketspeler, daar aangestel op

31 Oktober 1901. Of van Bethulie se soldate ooit teen hom gespeel het is nie bekend nie (De Swardt, 2010:107-8).

Die Cronje familie

In die boek van King (2005:25, 27) skryf hy dat **Ewie Cronje** se fassinasie met krieket ontstaan het deur hul pa, Frans, se vriendskap met die Engelssprekende Jood, David Marks, wat die Royal Hotel toe besit het. Marks het as jongman vir die *South Western Districts* teen die 1927 MCC-span wat na Suid-Afrika gekom het, gespeel. Die vriendskap beskryf hy as "*a fortuitous conjunction of culture, one that would pay dividends for South African cricketing excellence decades later*". **Frans en Bessie Cronje** het drie seuns gehad: Ewie, Hendrik en Kerneels. Ewie Cronje is in 1939 in Bethulie gebore. Op die familieplaas, Ebenhaezer, speel hy van kleins af krieket saam met die ander plaaskinders. Hy word onder andere die President van die Vrystaatse Krieketunie en word in 2012 deur Krieket Suid-Afrika (KSA) op sy jaarlikse prysuitdeling vir sy bydrae as jare lange krieketadministrateur in die Vrystaat vereer. Hy het 2 seuns **Frans Cronje** wat in 1967 in Bloemfontein gebore is (Hy het 4 oa die films *Faith like potatoes*, en *Hansie: a true story*, gemaak) en **Hansie** gebore in 1969, wie later die Suid-Afrika se krieketkaptein geword het.

Rian van Zyl wat die foto verskaf, skryf dat hy dink dat krieket vir die eerste keer in 1988 deur die skool gespeel word (Facebook, Pellissier Hoërskool, 6/6/2014).

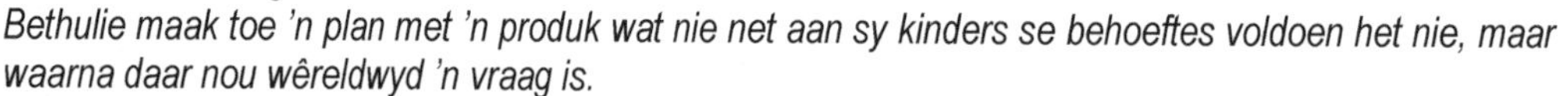

" 'n Pa met kinders wat versot is op krieket het op 'n dag besluit hy sal 'n plan moet maak voordat hy weer met 'n woonwavakansie sy tuinstoel as 'n krieketpaaltjie moet afstaan of om 'n vergete vullisdrom uit die straat te gaan haal. Mnr Naudé Stander van Bethulie maak toe 'n plan met 'n produk wat nie net aan sy kinders se behoeftes voldoen het nie, maar waarna daar nou wêreldwyd 'n vraag is.

Ek het 'n besemstok gaan koop en 'n ou luidspreker gevat en die magnete daarin gebruik om onderaan die paaljies te sit. Dan het ek 'n basisplankie geneem wat gesny is soos die letter `H' en daarop is ook drie ronde magnete op 'n ry in die middelplankie geheg, waarop die drie paaljies dan staan. 'Almal wat die paaltjies teë gekom het op Bethulie of waar ons ook al met vakansie was, was baie geesdriftig daaroor en het my aangemoedig om die produk te patenteer.' Hy vertel dat hulle in 'n stadium op die dorp se vullishope gaan krap het op soek na ou luidsprekers om die magnete daarin vir die paaltjies te gebruik. Stander en sy broer Gideon van King William's Town het toe met 'n onderneming begin waarin hulle die Magni-wickets op klein skaal vervaardig het. Later het hulle 'n magneetinvoerder genader om sterk genoeg magnete van China in te voer. Fabrieke is op King William's Town en in Bloemfontein begin om die magnete roesbehandeling te gee. Hulle het die paaltjies verder ontwikkel sodat daar nou drie produkte is wat op drie verskillende oppervlaktes gebruik kan word. Die teerpad, 'n krieketveld met 'n grasoppervlak en 'n harde oppervlak soos 'n sementblad. Die paaltjies vir die teerpad is volgens Stander gerig op die sosiale mark, of soos hy dit stel `die woonwavakansiemark' en word van 'n spesiale pyp gemaak wat nie maklik breek nie.

Stander se krieketpaaltjies het gou ongekende gewildheid geniet. Die internasionale vervaardiger van sportgoedere Kookaburra in Australië het die alleenreg gekry op 2,000 stelle van die Magni-wickets. Hulle onderhandel met ondernemings in Amerika en Brittanje vir vervaardigingsregte van etlike miljoene rande. Magni-wicket word landwyd gebruik vir krieketopleiding sowel as vir wedstryddoeleindes." ... (Die Burger, 19 Sept 2000).

Die vervaardiging hiervan het 'n tyd lank gesloer maar daar is in 2018 weer sprake van produksie.

Kroukie (*Croquet)*

Al inligting oor hierdie spel is dat kroukiebane in 1904 in die Frank Gunn park geopen is. Dat daar voor die datum wel kroukiebane was, blyk uit Emma Klijnveld se dagboek van 1890 (kyk onder Tennis): "*The croquet court is close by and a number of older ladies had come along to play in the croquet matches. Mamma is one of our best players and a great lover of the game.*"

Landloop

Landloop raak al hoe meer gewild en in Augustus 2007 is drie atlete gekies vir die Vrystaatspan: Freddie Williams, Ria Andreas en Johannes Andreas. Tans word dit nie beoefen nie.

Muurbal

Bethulie is bevoorreg om oor 'n muurbalbaan te beskik wat steeds gebruik word. Die gebou en baan is in 1983 opgerig (Notule 22/71982, 14/7/1983).

Netbal

Petro du Plessis (nou Theron) is die Bethulianer wat die bekendste is op die gebied. Buiten haar prestasie in verskeie atletiek items (kyk Atletiek) het sy talle toekennings in netbal gekry wat die volgende insluit: vanaf 1963-1967 was sy lid van die Vrystaat senior A-netbalspan; in 1964 was sy lid van die span wat 'n goue medalje op die SA Spele verower het; sy het talle bydraes in skole-atletiek en -netbal in afrigting en bestuur.

Pellissier Hoërskool se netbalbane word steeds onderhou en benut.

Rolbal

Vanaf 1971 is die behoefte en die beplanning aan 'n rolbalbaan in die Raad bespreek asook moontlike finansiële hulp van die Provinsiale Administrasie. Teen 1972 het die Raad hulp verleen om die rolbalbaan te vestig, toe water vanaf die SSK se gronde voorsien is. Die klubgebou is in 1978 in gebruik geneem na 'n skenking van George Reynecke (Notules 22/7/1971, 26/1/1978, 27/2/1978). Rita Reynecke (voorheen Engelbrecht) wat vir baie jare die voorsitter van die klub was, onthou dat George Reynecke die stene vir die bouer geskenk het en dat Fice de Villiers die arbeidskoste gedra het.

In 2003 word een van Bethulie se rolbalklublede, **Flip Walker**, gekies as deel van die Suid-Afrikaanse span om aan die *International Quadrangular Tournament* deel te neem wat in Kaapstad gehou is; daarmee verdien hy sy Proteabaadjie. Wat dit prestasie nog groter gemaak het was dat hy swaksiende is en het in die B3 afdeling deelgemeen; dit was vir deelnemers met 'n sig van 4-8%. Flip en Hancke was tydens hulle verblyf in Bethulie (2001-2004) die eienaars van die Royal hotel. Hy is steeds aktief en het nog byvoorbeeld in 2011 in Israel aan die wêreldkampioenskappe deelgeneem waar hy die pare en enkels gewen het. In April 2018 het hy en sy spanmaat in die pare gedurende die Statebondspele 'n silwermedalje verower in die kategorie B2/B3

In 2014 verwerf **Elma Davis** (née Pretorius) op 46 jaar haar Proteakleure; sy is 'n oud-leerling van Hoërskool Pellissier wat in 1986 hier gematrikuleer het. Haar ouers is die oud-onderwysers, Izak (Kuif) en Naomi Pretorius. Sy het reeds vanaf 11 jaar saam met haar pa balle gerol op hulle grasperk by die huis en wanneer sy hom vergesel het na die rolbalbaan het sy graag met teetye lede se balle op die baan gerol. Sy het egter eers op 24-jarige ouderdom ernstig begin speel. In 2016, het sy saam met haar spanmaats 'n bronsmedalje in die drietal gewen tydens die "2016 *World Outdoor Bowls Championship*" in Christchurch. Elma wat tans in George woon speel vir die Eden-distrik. Hierdie harde werk van haar is beloon, in 2018 het sy die Meesters gewen en is gekies vir die Statebondspele. In April 2018 word Elma die eerste oud-leerling van Hoërskool Pellissier wat saam met haar spanmaats 'n medalje, en dit 'n silwer een, op die Statebondspele wen; sy was die skipper van die vierspel.

Die rolbalklub het volgens Hannes le Roux in 2018 weer 'n oplewing getoon; vanaf die agt lede van 2014 het dit gegroei na 20 lede in 2018. Hy skryf dit onder andere daaraan toe dat die klub die eerste is wat van die no 5 en 3 balle laat kleiner maak het, selfs na 'n no1, en dit makliker hanteerbaar maak vir spelers. In 2018 word 'n nuwe besproeiingstelsel ingesit en ook spreiligte om die speeltyd te verleng.

Rugby

Krieket was die spel tot voor die oorlog, maar daarna het voetbal en later rugby ook gewild geraak. In Julie 1905 het Smithfield se span hier teen Bethulie kom voetbal speel (Prinsloo, 1955:504). Marthie de Klerk skryf dat die eerste voetbalbaan op die hoek van Murray- en Greystraat was (waar tannie Maria Hattingh se huis was). (Langs en suid van die gholfbaan wat op die hoek van Joubert- en Murraystraat was). Dit moes ongeveer teen 1905 gewees het, want op daardie stadium was Murraystraat die laaste straat aan die westekant van die dorp, en hoewel erwe uitgesit is soos die 1902 kaart aandui, is daar nog nie gebou nie. (Kyk HOOFSTUK 5: DORPSTIGTING)

Foto van Bethulie rugbyspan, 1908. Agter: Referee JH de Klerk, I Vorster, D Kruger, F Grunow, R Gronuw, (beskadig), S Wiesner. Middelste ry: RD Collins, E Dittmar, WM Knipe, (beskadig). Voorste ry: B Wynn, JF Wiesner, HAB Kruger.

Die skool se eerste rugby en korfbalwedstryde vind in Mei 1925 plaas en dit teen Springfontein (Geskiedkundige dagboek, 1981:9).

Teen 1935 was die rugbyvelde nog 'n grondveld, besaai met fyn klippies en baie duwweltjies. Die lyne is oopgekap met pik en graaf, want kalk is nog nie gebruik nie (Du Plooy, PW: s.a.:42).

Hendri en Ewie Cronje het in 1949 die eer gehad om vir die onder 19 skoolspan in 'n voorwedstryd te speel toe All Blacks in Aliwal-Noord speel.

In 1958 word begin met die aanbou van 'n doeltreffend atletiekbaan, rugbyveld en skougeboue op die SSK se gronde (Geskiedkundige dagboek, 1981:12).

Foto met dank aan Schoeman Botha vir die eerste voetbalspan van 1954.

Piet Joubert vertel dat die dorp- en skoolspanne se rugbyveld op 'n stadium op die terrein was van die dorpsdam, want wanneer die dam bietjie laag is, is dit al plek waar daar gras was. Dit was die laat vyftiger en vroeë sestigerjare. Boet (Johann) Fryer onthou dat daar ook aan die sportgronde gewerk was en daarom moes 'n alternatief gevind word. Daar was volgens

Nicky van der Walt pale en alles wat nodig was! Piet Joubert vertel ook van die oom Killian wat 'n vegvliënier in WO11 was en in die hotel gebly het; hy was by elke wedstryd en het die tuisspan passievol ondersteun. Eendag het hy so betrokke geraak dat hy sommer die senter van die besoekende span platgeduik het toe die op pad was na die doellyn. *Foto verskaf deur Marius Fryer*

Waarom is die rugbypale so hoog? Fanie van der Walt wat 'n leerling en ook onderwyser vanaf 1967 aan Pellissier Hoërskool was, vertel dat hy en Pine Pienaar, (toe onderskeidelik president en sekretaris van die dorpspan) die pale gaan haal het op die konstruksieterrein van die Hennie Steyn-brug, dit is agter bakkies aangesleep tot hier. Die pale was abnormaal lank, maar hulle het dit maar so gehou!

Frederick James Dobbin beter bekend as **Uncle Dobbin**, is op 10 October 1879 in Bethulie gebore; sy pa was 'n broer van William Dobbin wat die hotel in 1878 gekoop het. Uncle Dobbin was die eerste rugbyspeler van Bethulie wat Suid-Afrika verteenwoordig het; dit was in 1903 toe Suid-Afrika teen die Britse Eilande in Johannesburg gespeel het. Hy het in nege toetswedstryde gespeel as skrumskakel van 1903-1912. Hy speel in twee buitelandse toere en is in 1912 die onder-kaptein van Paul Millar se span. "*Dobbin was brought into the South African team for the First Test, partnered at half-back with seasoned international Jackie Powell. The game was very tight, with both teams scoring two converted tries to leave the final score 10-10. Dobbin celebrated his first cap by scoring one of the two South African tries*". Hy sterf op 5 Februarie 1950 in Kimberley. (Van die inligting uit Wikipedia).

Uncle Dobbin sit regs voor

Kerneels Cronje, 'n oud-leerling van Bethulie wie se pa hier 'n onderwyser was, is vir die Springbokspan as flank gekies in 1965 met die toer na Australië; as gevolg van 'n besering het hy egter nooit 'n wedstryd gespeel nie.

Eben en Herma Jansen

Die oud-Springbokflank boer sedert 2009 tussen Bethulie en Smithfield op Gelukwater. Hy het die onderskeiding behaal dat hy kaptein was van elke span waarin hy gespeel het, selfs van die Springbokke, van die ander spanne was die Griekwaland-Wes se Cravenweekspan, die junior Springbokke, die Gaselle, die SA Barbarians, Vrystaat en later Boland. Hy was ook kaptein van die betogertoer in 1981 na Nieu-Seeland. Hy het in 1980 sy Springbokkleure verwerf as vleuel. Hy het in 11 wedstryde die Springboktrui gedra. (www.sarugby.net).

Eben Jansen is steeds betrokke by veral Vrystaatrugby as lid van Vrybos (Bond vir oud-Vrystaatspelers) wat onder andere 'n wakende ogie oor die bestuur en gehalte van die spel van die Cheetahs hou.

Eben is getroud met Herma (du Toit) wat ook 'n uithaler sportvrou is; sy het Boland in netbal verteenwoordig en vir WP op die SA's hooggespring. As perdeliefhebber het sy die Fauresmith nasionale uithourit as junior en senior gewen. Sy is 'n opgeleide vlak 2-instrukteur en ook skou- en ruiterbeoordelaar van die *South African National Equestrian Federation.* (Volksblad, 13 Mei 2009).

AJ Venter, gebore in Bethulie op 29 Julie 1973, was 'n leerling aan die Hoërskool Pellissier vanaf 1980-1986. Reeds vanaf 1985 het hy deelgeneem aan die Cravenweek. Daarna speel hy vir die SA Weermagspan, die OVS onder 21, 'n jaar lank in Italië, daarna vir die Vrystaat en Cats (1994-1998) en is in 1998 as opkomende Springbok aangewys en in dieselfde jaar speel hy vir die Sewes Springbokspan. Vanaf 2000 speel hy vir Natal Sharks. Hy speel vanaf 2000-2006 vir die Springbokspan in 25 toetswedstryde as vleuel en slot (voorspeler) en tree uit nasionale rugby in 2007.

In Junie 2012 dra **Abrie Griesel**, (foto) seun van Jan en Riëtte, die Springboktrui toe hy gekies is vir die SA/20 wêreldbekerspan as skrumskakel (Nuusbrief, Mei 2012). Van sy ander prestaies is skrumskakel vir Noord Transvaal (Bulle), in 2011-2013; in 2014 -2015 speel hy vir Vrystaat Cheethas en Griekwas, in 2016-2017 vir Munster, Ierland, en in 2018 vir die Pumas.

Die Springbok rugbyspeler, Tommie Bedford, se pa, FH Bedford, was 'n onderwyser hier vanaf 1926 tot 1937. Nadat hy met Ella van der Post (die dogter van die skrywer, Laurens van der Post) in die huwelik tree, het hulle na Ladybrand vertrek.

'n Merkwaardige prestasie van drie **Du Plooy-broers** wat almal vir die PUK en vir Wes-Transvaal rugby gespeel het, is soos volg beskryf deur JH van Zyl in *PUK Rugby 1906-1989*:

Voor: JF (Jan) in 1925-26. Agter: FD (Floors) 1937 en PW (Piet) (1939-40).

Verdere prestasies van Piet was vir die volgende spanne: Wes-Transvaal:1939-1940; Noord-Transvaal:1941; Transvaal: 1942-1948 en Vrystaat: 1949. Op 31-jarige ouderdom het hy ook Springbokproewe gespeel – dit was oud vir daardie tyd. Daar word gesê dat weens WO11 hy nie Springbok geword het nie, omdat daar nie wedstryde was nie.

Die drie Du Plooys was almal oud-leerlinge van Bethulie en die broers van Simon du Plooy van Brakfontein en oud-burgemeester van Bethulie (Kyk HOOFSTUK 8: BEROEMDES). Hulle het soos volg gematrikuleer: Jan in matriek, ca 1924/5; Floors, ca 1934 en Piet, 1936.

Dit lyk asof rugby in die gene is: Simon du Plooy wat in 1969 hier gematrikuleer het speel in 1974 en 1975 vir die Shimlaspan, die Kovsies se eerste span. In 1974 was hy in die span wat in Europa gaan speel het.

Twee ander Bethulianers en tydgenote van die Du-Plooy broers wat ook provinsiale rugby gespeel het was **Otto Holm** en **Beyers Aucamp** (Du Plooy, PW. *s.a.*:41).Dan was daar ook Hector Weir wat vir Vrystaat skrumskakel gespeel het in die 1930's of 1940's.

Volgens Marius Fryer wat die foto verskaf het wat geneem is deur sy suster, Linda Schmidt, vroeg in 1980's, is Nic Schmidt die outjie met die bal en op die foto is ook die toekomstige Springbok, AJ Venter.

JC Coetzee of beter bekend as Koos Kiesies, het in 1960 vir die Vrystaat rugby gespeel volgens Simon du Plooy (Potchefstroom).

Mark Frewen het vir Suid-Rhodesië (nou Zimbabwe) as skrumskakel uitgedraf in 1976-1978 en ook daarna vir die NOK as skrumskakel en losskakel.

Phil Louw onthou die prestasies: in 1989 het **Jaco (Boef) Meiring** Suid-Vrystaat rugby en in 1991 het **Gerrit Pretorius** Vrystaat rugby gekry en in 1992 het Herman Ackerman vir Noord-Vrystaat uitgedraf.

In 1996 het **Carel Aucamp** die Cravenweek span gehaal.

Bethulianers wat presteer maar elders skoolgaan is onder andere die **Griesel-broers**: Arnold wat in die 1968 en 1969 Vrystaat Cravenweek rugby gespeel het en Jan wat Vrystaat Cravenweek in 1975, Noord Vrystaat in 1980-1981 en Vrystaat in 1982-1984 gespeel het. Meer onlangs is Handré Hayes wat in 2018 vir O/17 Vrystaat gekies is. Die twee **Terblanche-broers** maak ook hulle merk: Gerhard het in 2016 OP Akademies Cravenweekspan verteenwoordig in Durban en in 2017 het hy OP Platteland O/19 verteenwooridg in die VKB Toernooi in Reitz. Die jonger broer, MJ, het in 2018 die OP plattelandspan O/19 gehaal en die VKB rugby toernooi in Reitz verteenwoordig.

Sokker

In 1924 word sokkervelde aangelê op die blok tussen Voortrekker-, Robertson-, Pellissier-, en Klopperstraat (Geskiedkundige dagboek, 1981:9). Die sokkerveld in die bruin woonbuurt, Cloetespark, is in 1990 gebou met fondse uit die werkskeppingsprojekte (Notule 12/7/1990). Die sokkerbaan in Cloetespark was toegerus met ligte, ses storte en 6 toilette waarvan daar vandag niks oor is nie.

Skyfskiet

In die *De Tyd* koerant van Bloemfontein verskyn daar op 13 Maart 1867 'n berig oor Bethulie se "*skyfskietery*" wat op 23 Februarie plaasgevind het en waar daar om die "*Gouvernements prijs*" meegeding is. Die 58 mededingers het oor die algemeen swak gevaar. Die eerste drie wenners was GD Hefer, J Norkier en RD McDonald.

Gereelde skyfskietkompetisies in die streek het reeds in 1923 plaasgevind toe daar om vyf bekers meegeding is en Bethulie drie daarvan verower het; daar is onder andere met Smithfield, Knapdaar en Philippolis gekompeteer. In 1924 het Smithfield teen Bethulie meegeding in Bethulie en "*Smithfield het Bethulie ver uitgestof, sodat die Bethulianers die volgende dag moes kla dat mens nie teen Smithfield kon skiet nie, omdat die kaptein die hele nag bid. Waarheid was dat die kaptein aan asma gely het, en omdat die slaapruimte beperk was, moes hy snags op sy knieë staan om asem te skep...*". (Prinsloo,1955:587, 590).

Bisley-skiet was reeds in 1927 'n baie gewilde sport. Die ou skietbaan was suid van Lephoi links van die pad na die ou padbrug. (Geskiedkundige dagboek, 1981:9)). Later is dit verskuif na die westekant van die dorp waar die deur die Kommando gebruik is.

In 1928 was daar 'n wapenskou in Bethulie waaraan twee vliegtuie ook deelgeneem het; een het homself raakgeskiet, gelukkig nie geval nie, maar kon nie weer opstyg nie. Die res van die deelnemers en items was kadette, perdekommando's, skyngevegte en skietkompetisies waaraan die skietverenigings deelgeneem het. (Du Plooy, FD: *s.a*:81-82).

Jimmy Adam wat in 1950 hier gematrikuleer het, kry in 1995 sy Springbokkleure in pistoolskiet. Hy is een van Alf Adam van Draaidam se seuns. Hy was ook 'n Suid-Afrikaanse keurder en op die uitvoerende komitee van die SA Pistoolvereniging; vanaf 1998-2012 was hy president in die Vrystaat van die vereniging. Sy seun, Eddie, het ook Springbokkleure in pistoolskiet verwerf.

Swem

Die terrein waarop die swembad gebou is, is gedurende die ABO deur die Engelse gebruik as militêre hospitaal en later tot 1945 deur die landbouskou-vereniging. Skoliere soos Hannes Haasbroek, Pieter Grobbelaar en Tjaart van der Walt het die gat vir die swembad gegrawe met die hulp van 'n skrop wat met toue en stokke getrek is onder toesig van die onderwyser wie se bynaam Teems was. Die swembad is op 24 Maart 1945 deur die administrateur en direkteur van Onderwys geopen. Die munisipaliteit was tot in die sestigerjare verantwoordelik vir die swembad se onderhoud. Vanaf Januarie 1964 het die SSK water uit hulle boorgat aan die swembad voorsien (Notule 16/1/1964). Vanaf 1973 het die Provinsiale Administrasie die swembad oorgeneem. Bethulie is een van die min plattelandse dorpe wat steeds oor 'n swembad beskik.

Marius Fryer onthou: "*Saterdagmiddae van November tot April. En weeksmiddae ook sommer. Jy't jou 5 sent by Oom Fanie betaal. Of dalk jou seisoenkaartjie gewys. Jou klere mooi op 'n hopie gebêre. Deur die voetbadjie gestap met jou handdoek kordaat oor jou skouer gedrapeer. Na jou asem gesnak van die koue water met die eerste induik. Die reuk en proe van chloorwater. En daarna was die middag jou oester. Dit was die lewe. Regtig Egtig.*" (Facebook, Pellissier Hoërskool, 25/10/2013.

Ander onthou ook: "*Een van my reukherinneringe is die vroegoggend opstap swembad toe so na 5:00 om die 30 lengtes te gaan oefen. Dit was so 'n klam en skoon oggendreuk en dan die swembad se chloor.*" (Skrywer). "*Ek onthou ook die 5 uur swem in die oggende. Ons moes altyd Maandae 1 myl (1.6km) doen. Ek dink dit was 50 of 52 lengtes. Mnr Naude was die afrigter. Goeie tye.*" (Schalk de Villiers; Facebook, Pellissier Hoërskool, 25/10/2013).

Om die prestasies in perspektief te stel: 26 lengtes is een myl. (1,6km).

Philip Malherbe hou die rekord dat hy die lengte twee maal onder die water deur geswem het!

Die geborduurde sakwapen wat leerlinge wat ereklere ontvang het gekry het; dit behels onder andere om soos in die geval, vir Vrystaat, te swem

Chris Steyn 'n oud-skolier het in 1967 vir SA Magte geswem; later jare toe hy by die skool afgerig het, het van sy leerlinge Vrystaatkleure gekry soos **Vivian Nel**, **Pietman Pretorius**, **Tienkie Stander** en **Karien van Niekerk** wat in 1978 die eerste dogter was wat Vrystaatkleure vir swem verower (Geskiedkundige dagboek, 1981:18)

Jana le Roux het vir drie jaar agtermekaar Vrystaatkleure in swem verwerf met vlinderslag en vryslag en in 1996 was sy kaptein van die Vrystaatse swemspan.

Carel Aucamp het in 1996 en in 1997 Vrystaatkleure vir swem verwerf en aan die SA's deelgeneem in die onder 13 en onder 15-groep.

Tydens 'n gala in Bloemfontein in 2007 het die skool vir die derde agtereenvolgende jaar die trofee ontvang vir die skool met die meeste inskrywings. In dieselfde jaar is 'n vriendskaplike gala vir plattelandse skole in Bethulie aangebied. Jacobsdal het in 2006 met die gala begin. Vandag vind daar geen galas meer plaas nie, veral omdat daar nie fondse is om leerlinge te vervoer nie. Bethulie is die enigste skool in die suid-Vrystaat wat nog met swembad het.

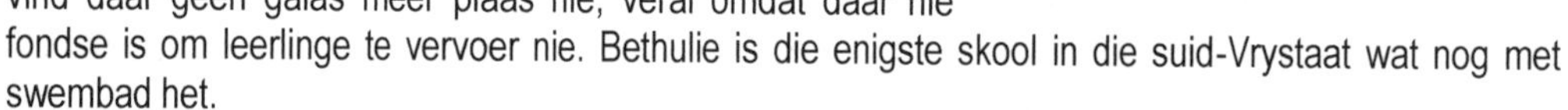

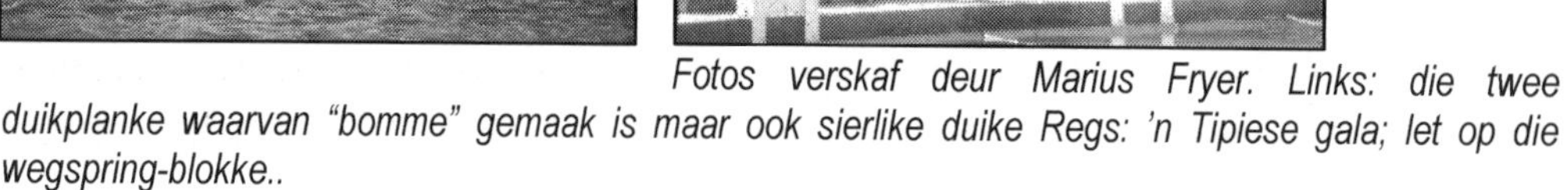

Fotos verskaf deur Marius Fryer. Links: die twee duikplanke waarvan "bomme" gemaak is maar ook sierlike duike Regs: 'n Tipiese gala; let op die wegspring-blokke..

In 'n ou brief wat in die museum se korrespondensie opgespoor is, word daar deur 'n familielid van Piet Botha, as een van die *Vyf swemmers* van ABO-faam, gevra of hy so goed kon swem omdat hy moontlik in die Oranjerivier leer swem het. Die vraag het skrywer laat dink dat ongeag waar Bethulianers leer swem het, die meeste baie goed kon swem! Piet Botha was egter die een wat die langste onthou is. (Kyk HOOFSTUK 6: ANGLO-BOEREOORLOG)

Tennis

Tennis is seker die oudste sport wat nog steeds bedryf word in die dorp. Die heel eerste baan was by die sendelinghuis wat deur Martha Pellissier vir haar kleinkinders aangelê is, lank na die sendeling se dood. (Dit is moontlik na die bane wat Emma Klijnveld hieronder verwys, want die bane in die park soos meeste inwoners dit nog onthou, is eers in 1905 aangelê). In plaas van kalklyne is wit bande gebruik wat met spykers vasgeslaan is; die gebruik was tot voor die ABO ook op ander tennisbane praktyk (Pellissier, 1956:540-1).

Hierdie beskrywing van 'n tenniswedstryd verskyn in die dagboek van Emma Klijnveld, een van Herman en Charlotte (née Pellissier) Klijnveld se kinders. Emma trou met Fritz Knauff van Dewetsdorp. (Met dank aan Christelle de Necker 'n agter-agterkleinkind wat die inligting uit die dagboek aan skrywer verskaf het. 'n Kopie daarvan is in die museum.) Skrywer wonder oor Emma se datums want die spoorlyn is eers in 1892 gebou en in 1894 in gebruik geneem, moontlik is die deel tussen Springfontein en Bethulie toe voltooi, maar nog nie amptelik in gebruik geneem nie. (kyk SPOORLYN EN STASIE).

***Tennis Game:* 15th April 1890**

"Last Saturday the Springfontein Tennis Club came to play the return matches here. For the first time I was also chosen to be one of the team players. Jenny and I were partners in the Ladies Doubles and did quite well against our opponents. Jim was my partner in the mixed doubles. He is an excellent player and we won all our sets. It was really all good fun. The Springfontein crowd came down in the Bloemfontein train which goes to East London. It arrived at Springfontein in the middle of the night and was at Bethulie station a couple of hours later.

It had been arranged that the visiting players would be given rooms at different houses. Two men and two women were to sleep at our house. A group of young people, among them Jim and I, went to meet the train and bring the visitors to the various houses. We were a jolly party walking singing to the station which is at the edge of the town. On the return trip we parted at the market square to go to the various houses. It must have been near 5 am by the time we all had coffee and rusks, and had settled in bed. It had been decided that we would all sleep until eight as the matches were to start at ten.

The tennis lasted all day. Picnic baskets were brought to the courts at one, and we all sat eating under the trees of the park that surrounds the two tennis courts. The croquet court is close by and a number of older ladies had come along to play in the croquet matches. Mamma is one of our best players and a great lover of the game.

At six all play stopped and we went back to our homes. Then we began the preparations for the dance to be held in the Town Hall in honour of the visitors. Jim, my tennis partner, came to fetch me. Jenny came with us as Wessel, her fiancé in Dewetsdorp, was of course not there. Dewetsdorp is many hours of travel from Bethulie. It was a lovely dance. I am a good dancer, as are all my sisters too, and I have never been a wallflower. As Jim had brought me I of course had the first, last and the supper dances with him. For the rest I had a different partner for every dance. This I think is great fun, as it gives one the change of meeting and dancing with anyone new in the town too. Jim is not a local boy. He was transferred from Bloemfontein to the local Magistrate's Office a few months ago. As we are both keen on tennis and dancing we have seen a good bit of each other at the various parties and on the tennis courts. At twelve the dance ended and everyone went back to their homes to change and be ready to go back to the station in time for the Springfontein train". (Emma's diary, 1890-1967)

Die eerste openbare tennisbaan is aangelê net langs die suidekant van ou NG Kerk (tans die kerksaal) in 1900; dus gedurende die Britse besetting

81053 Tennis- klub tydens die Anglo- Boereoorlog

Met dank aan die Oorlogmuseum, byskrif is: tennisklubtydens die ABO.

In 1905 word die bane in die Frank Gunn park in die poort aangelê (Geskiedkundige dagboek, 1981:5,7). Teen die middel van 1936 word die bane verskuif vanuit die park na Onder-Noordstraat, langs die spruit en oorkant die destydse woning van die Rooms-Katolieke priester.

Die klubhuis word op 27 Februarie 1954 ingewy. Die bane word later na **Fice de Villiers** vernoem wat 'n bekende in tenniskringe was, en selfs in die eerste uitgawe van die nasionale *Who's Who in Tennis, 1980* verskyn het. Hy dien sedert 1949 periodiek as voorsitter van die klub.

DE VILLIERS, Francois Petrus (Fice)
Gebore 9-10-1910 te Bethulie. Gematrikuleer te Bethulie Pellisseur Hoërskool. Speel 1ste span vir skool. Na Universiteit Kaapstad 1930. Speel 2de span mans residensie tennis. Begin boer 1-1-1931 te Goede Hoop. Getroud 1938 met Phoebe McDonald. Twee kinders Denise en Grabe. Hulle speel ook altwee 1ste span liga Suid O.V.S. Bond. Het self 1ste liga tennis vir dorp sowel as Suid-Vrystaat Bond tot 190[illegible] gespeel. Het in afgelope jare rekord vir onafgebroke lid van klub, 50 jaar. Was in die tyd vir 37 jaar, en is tans nog die President van die Klub. Die klub is vernoem na Fice de Villiers Tennisbane.

Die Pellissier Hoërskool neem in 1969 twee tennisbane en twee tennissetbane met weervaste oppervlaktes in gebruik (Geskiedkundige dagboek, 1981:14).

Reeds in 1971 word finansiële steun gevra om tennisbane en rolbalbane by die Sentrale Sportgronde aan te lê (Notule 22/4/1971). In Maart 1972 tref 'n waterramp Bethulie. Die water loop 5 1/2 vt of 1,6 m oor die damwal en 'n deel van dorp asook die tennisbane oorstroom.

Die tennisbane onder water in 1972. Fotos met dank aan Jaco Wessels

Die tennisbane het langs die spruit gebly totdat dit weer 'n keer deur 'n vloed beskadig is en wel in 1988. Die Provinsiale Administrasie keur fondse en die bou van die nuwe tennisbane op die SSK se terrein goed. Die ou tennisklubhuis word gesloop. Pat Frewen en Barry Griesel het die leiding geneem met die bou van die nuwe bane (Notules 10/3/1988, 16/5/1988, 15/8/1988).

Dorp Tennisspan in die vroeë 1970's (Foto deur Riaan van Zyl op Facebook Pellissier Hoërskool 6/6/2014)
Agter: Fred Kapp
Middel: Grabe de Villiers, Jannie van der Merwe), Daan Van Zyl, Barry Wessels and Philip Malherbe.
Voor: Izak Pretorius

Volgens Jaco Wessels en Laetitia Wessels was Van der Merwe, Kapp en Malherbe aldrie polisiemanne. Daar was volgens Naomi Pretorius en Laetitia Wessels net ses spelers in die span. Kapp was 'n reserwe - aangesien die ander twee polisiemanne se skofte of bystand soms 'n probleem was en daar 'n man kort was.

Die SA Polisie het ook twee tennisbane gehad en gereeld teen die dorpsklub wedstryde gespeel. Dit was op die hoek van Oranje- en Robertsonstraat.

Een van die kranigste tennisspelers wat in Bethulie gebore is en Springbokkleure verwerf het, is **Ralph Burls**. Hy was op Grey Kollege op skool en gekies vir die Vrystaatspan; as veteraan het hy internasionaal deelgeneem en was kaptein van die Springbokspan wat in 2006 in Turkye deelgeneem het (Fourie, 2006:15-16). (Kyk Hoofstuk 8: BEROEMDES EN BEKENDES).

Tweekamp

Dit sluit deelname aan hardloop en swem in. In 1996 het **Carl Aucamp** die Vrystaat verteenwoordig by die SA's onder 13 en ook in 1997 in die onder 15 groep. Sy suster, **Marina Aucamp**, het tydens haar hoërskool loopbaan, 1995-1998 vier maal haar Vrystaatkleure verwerf en aan die SA's deelgeneem

Ander sport prestasies

Vivienne Nell en **Johan Kotze** verwerf Springbokleure in Koreaanse Krygskuns (Nuusbrief Jan 2004). **Francois Archer** kry nasionale kleure in karate.

Sentrale Sportkomitee (SSK)

Die afhanklikheid van water en die beskikbaarheid van grond het sekerlik daartoe gelei dat groter samewerking tussen die verskillende sportsoorte ontstaan het; nogtans het al die klubs nie dadelik deel geword van die SSK nie. Die munisipaliteit was 'n geaffilieerde lid. In 1958 word begin met die aanbou van 'n doeltreffende atletiekbaan, rugbyveld en skougeboue op die SSK se gronde en word die gronde vernoem na Rums van Rensburg wat hom hiervoor beywer het. Adele Voortman skenk op 26 Oktober 1962 'n nuwe paviljoen vir die skool en dit word in ontvangs geneem op die SSK se gron. (Geskiedkundige Dagboek, 1981:12,13).

Die stigtingsdatum van die SSK kon nie presies vasgestel word nie, maar is moontlik 1958.

Op 'n Raadsvergadering van 16 Januarie 1963 is dit genotuleer dat die SSK geen beswaar sal hê as die swembad vanaf die boorgat by die sportgronde van water voorsien word nie. 'n Aparte pypleiding sal na die swembad aangelê word. In 1988 word 'n besproeiingstelsel goedgekeur en in 1989 word 'n boorgat in die suidwestelike hoek van die rolbalbaan gesink wat 8,000 gelling per uur lewer. Teen 1991 ondervind die gholfklub waterprobleme en daar word aanbeveel dat hulle by die SSK aansluit om te deel in die gat wat by die rolbalklub beskikbaar is. Vanaf 1991 is die wateraansluiting voltooi en kry die gholfklub water van die boorgat by die rolbalbaan (Notules 21/2/1988, 25/5/1989, 25/4/1991, 25/7/1991).

In 1990 word die geboue wat deur die gholf- en tennisklub gebruik word en deel uitmaak van die oorspronklike ooreenkoms van die gholfklub, oorgedra aan die Bethulie Buiteklub waarby die rolbalklub sal inskakel. In 1991 was daar 'n versoek dat die munisipaliteit die geboue oordra aan die Buiteklub. Die implikasies is dat dorpstigting of onderverdeling moet plaasvind en dat die Buiteklub 'n belastingbetaler sou word (Notule 14/3/1991).

Die rol van die SSK het mettertyd vervaag en die laaste poging van 'n vergadering waarop die moontlike herstel van die damme op die skouterrein bespreek is, het ongeveer 2007 plaasgevind.

SPRINGFONTEIN

Springfontein het as 'n spoorweg-aansluiting ontstaan. Janse van Rensburg (Band 11, 1990:9) dui aan dat drie "plase" onder Bethulie-distrik in November 1893 opgemeet is, al drie met die naam Springfontein; no 239 en 240 is elk 1 morg groot en no 241 is 12 morg. Die landmeter was C

Vos. Op 2 Junie 1893 word 'n memorie in die Vrystaatse Volksraad bespreek wat versoek dat 'n kommissie van ondersoek aangewys word om oor dorpsverklaring te Springfontein te rapporteer. Die voorstel in nie positief deur raadslede ervaar nie en daar is voorgestel dat 'n kommissie nie uitgestuur sal word nie. (In 1892 toe Trompsburg ook aansoek doen vir dorpstigting het Bethulie se NG Kerk-gemeente beswaar aangeteken en gemeen dat die plaas Springfontein 'n beter ligging vir 'n dorp is (Janse van Rensburg, Band 1, 1990:374). In die memorie vanaf Springfontein word na 'n vendusie verwys wat op 27 April 1892 plaasgevind het en waar 64 droë-erwe verkoop is; daar is nog 140 droë-erwe en 36 watererwe beskikbaar. Die memorie verwys ook na 70 volwasse inwoners en 'n groot getal "kleurlinge".

Die navorser, Janse van Rensburg (Band 1, 1990:379-80) kon egter geen kaarte of planne hiervan opspoor nie. Hy het gevind dat die eerste erwe volgens die aktekantoor se rekords in 1904 geregistreer is, wat bevestig dat die dorp toe opgemeet is en dat Springfontein op 8 Februarie 1904 as dorp verklaar is. Sy verklaring van die teenstrydigheid is dat die landmeter, G Baumann, in 1904 die vorige opmetings verontagsaam het en weer van nuut af opmetings gedoen het. Volgens die Eeufeesalbum (1963:55) het 'n munisipale deputasie van Bethulie na Springfontein-stasie gegaan om daar voor 'n kommissie te protesteer teen die stigting van 'n dorp op die plaas Springfontein. In 1906 word die eerste resident-magistraat aangestel vir Springfontein (VAB CO vol 422 ref 2889/06). Die dorp het in 1912 munisipale status gekry. In 1918 het die NG Kerk-gemeente van Springfontein afgestig van Bethulie.

Springfontein het nie sy eie distrik nie, maar wat interessant is, is dat Bethulie na die Anglo-Boereoorlog vir 'n tydperk saam met Philippolis en Springfontein die Springfontein-distrik gevorm het. Springfontein is as distriksdorp aangewys, maar omdat Springfontein oor geen infrastruktuur beskik het nie, is Bethulie as administratiewe setel behou vanwaar byvoorbeeld die regsproses steeds uitgeoefen is deur 'n magistraat. Die reëling het blykbaar gegeld solank die repatriasieproses aan die gang was. (Van Zÿl, JJR. 2017).

Stadsklerke; Stadsaal en raadsaal; Stadsraad kyk MUNISIPALITEIT...

Stasie kyk SPOORLYN

Steenkool kyk DIAMANTE, OLIE, GOUD EN STEENKOOL

STEENMAKERY

Die Raad moes die gronde vir die steengroewe goedkeur; grondtoetse was deel van die proses. Baie geboue in die dorp is dan ook met stene wat plaaslik gemaak is gebou, onder andere die ouetehuis. Steengroewe is gereeld geinspekteer en lisensies moes vir die bedryf uitgeneem word. Water is aan die terrein verskaf. Teen die 1980's was daar twee steengroewe, een suid van die oorspronklike kampkerkhof se terrein en die ander naby die ou stasie en die twee spoorwegdamme. Voor laasgenoemde ontwikkel is, was daar ook 'n steengroef naby die abattoir aan die noord-ooste kant van die dorp. Vir baie jare was die steenmakery bedryf deur Piet Venter en Herklaas Coetzee. Die munisipaliteit het ook vir 'n tyd alleen stene gemaak en verskaf met April Ramaleka as werker.

In 1988 is die steenmakery in kamp K gestaak en moes die besigheid na die steenmakerstandplase naby die huidige kampkerkhof skuif. Die laaste inskrywing in 'n beskikbare notule (9/4/1992) in verband met die steengroewe verwys daarna dat DJ (Mos) Opperman die steenbedryf by Kleynhans koop. Die steengroewe se huurgeld was ook 'n deel van die munisipaliteit se inkomste. Tans word die steenmakery besit deur Charles Smouse wat ongeveer vier mense in diens het. Hulle maak stene vir baie van die bouwerke in Bethulie. Die waterprobleme het hulle opgelos deur water vanaf die boorgat naby die eseldam te herlei na tenks op die terrein.

Stortingsterrein sien SANITASIE

STRATE EN PLEINE

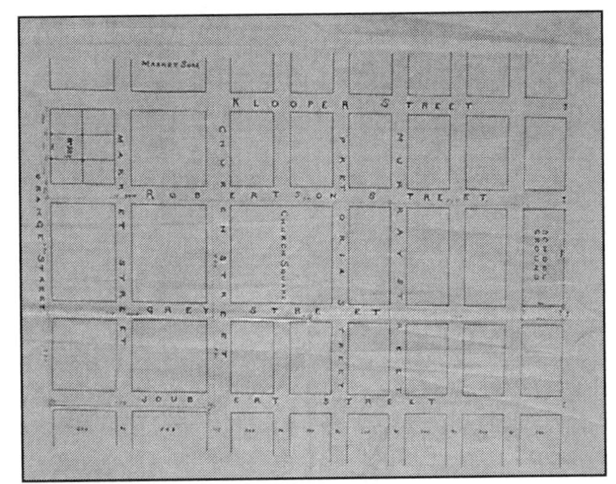

'n Kaart van al Bethulie se strate soos in 1902. Strate van Oranje- tot Murraystraat wat van oos na suid loop (Vrystaatse argief 2/156)

In die *Burgemeester* se *oorsig* van 1929/30 skryf Wardhaugh oor die probleem met die breë strate en wye sypaadjies en die onderhoudskoste: "*Ongelukkig lê die strate wat die meeste gebruik word in die holte van die dorp, en elke keer wat ons 'n stortreën kry moet hulle die meeste water dra, vernaamlik Joubertstraat, wat dan lelik verspoel. Voorsiening sal moet gemaak word om die watervore aan die kant groter te maak en die uit te lê met klippe, in plaas van dat die strate hoog is in die middel, is hulle meestal hol... In sommige strate is daar slegte gebruik gemaak van die vloedwatervore...en in stortreëns is die uitkeerplekke te klein om die water te hou, gevolglik stoot die water die middel van die straat af*". Hy verwys ook na watervore wat vir die eerste keer gemaak is in Joubert-, Murray- en Wesstraat (voor die skool verby op pad na die stasie en die latere Greystraat). Strate wat 80 vt breed is, sal soos volg verdeel word: 40 vt vir verkeer, 20 vt elke kant vir sypaadjies ("*sypaaie*") insluitend vloedvore, 6 vt vir stoepe en verandas en bome, 2 vt vanaf die kant, dus 12 vt vir wandelpaadjie. Die ander strate moes maar vir nog 'n rukkie spruite wees met die groot reëns... 'n probleem waarmee daar steeds in 2014 en 2017 geworstel is! Die "*pynbome*" word in 1930 langs die strate aangeplant.

Strate is deur die jare verbeter soos Joubert- en Voortrekkerstraat wat in 1963 geteer is; Voortrekkerstraat wat middeleilande in 1969 gekry het en die randsteenprojek wat in 1971 heelwat strate verbeter het. In 1985 is die teerstrate herstel en die grondstrate is met 'n produk, ISS, behandel om dit te beskerm en stof te bekamp. In 1991 is nuwe straatnaamborde aangebring (Notules 2/8/1963, 22/7/1971, 14/11/1985, 8/8/1991). Met die bou van die teerpad tussen Springfontein en Bethulie in 2010 is die hele Joubert/Scottstraat ook geteer. In 2012 is Jim Fouchestraat oorgedoen en met sementblokke geplavei as deel van die werkskeppingsprojekte (of *EPWP*). Daarna is heelwat strate in Lepoi en ander tradisionele swart en bruin woonbuurte met die sementblokke uitgelê. Geen ander onderhoud is egter vanaf 1994 aan die strate in die tradisionele wit deel van die dorp gedoen nie as net sporadiese skraapwerk.

Met die uitleg van die dorp in 1863 is drie strate na lede van die sindikaat wat die grond verkoop het vernoem: Joubert, Kruger en Klopper. Sauer is nie vernoem nie, moontlik omdat hy nie in Bethulie of die distrik gewoon het nie, maar van Smithfield was (Eeufeesalbum, 1963:25-6). Om strate na politici en amptenare te vernoem, was nog altyd 'n gebruik.

- Greystraat is vernoem na Sir George Grey die destydse goewerneur van die Kaapkolonie (die straat was eers Wesstraat).
- Collinsstraat kon volgens die Eeufeesalbum (1963:25) na 'n hoë staatsamptenaar in Bloemfontein vernoem wees, maar watter amptenaar word nie gemeld nie. 'n Ander moontlikheid is dat dit na lt-kol Richard Collins wat die omgewing in 1809 besoek het, en die Caledonrivier sy naam gegee het vernoem is; (hy het die rivier na die graaf van Caledon, Alexander Caledon (1777-1839) vernoem). Dit kan ook na RD Collins vernoem wees, wat in die 1870's skriba-kassier van die NG Kerk was en ook penningmeester en sekretaris van die skoolkomitee vanaf 1866 (Pellissier. 1956:563).

- Pretoriastraat is waarskynlik vernoem na president Pretorius wat president was toe die dorp gestig is volgens die Eeufeesalbum (1963:25), maar dis totaal onverklaarbaar waarom dit Pretoria en nie Pretorius is nie.
- Allisonstraat dra die naam van die goewerneur-sekretaris in Bloemfontein.
- Morkelstraat dra die naam van die resident-vrederegter in die dorp in 1862.
- Burnetstraat is vernoem na die landdros van Aliwal-Noord!
- Jandrellstraat is vernoem na die landmeter B Jandrell wat die dorp opgemeet het en in erwe verdeel het met die stigting. Die straat se naam is later verander na Jim Fouchestraat.

'n Paar predikante het die eer gekry om vernoem te word:

- Louwstraat is vermoedelik vernoem na ds AA Louw van Fauresmith.
- Rouxstraat na ds P Roux wat 'n groot rol gespeel het in die stigting van die NG Kerk se gemeente in Bethulie.
- Murraystraat is vernoem na ds Andrew Murray vroeë predikant van Bloemfontein.
- Venterstraat kon moontlik na die waarnemende president JJ Venter vernoem gewees het of selfs na sy broer, ds SD Venter, die eerste predikant van die Gereformeerde Kerk, Bethulie.

Maar die "predikante" of sendelinge, Kolbe, Clark en Pellissier wat die nedersetting begin het is gladnie vernoem nie! (Pellissier, 1956:531). Pellissier is eers in 1938 vernoem toe Markstraat se naam verander is na Pellissierstraat.

'n Paar strate het funksionele name gekry soos Markstraat, Kerkstraat, Wesstraat, Bergstraat, Bovennoord, Buiten, Ondernoord en Oosstraat.

Skrywer kon nie vasstel na wie die volgende strate vernoem is nie, Martinstraat en Adcockstraat; ander kon moontlike na oud-Bethulianers vernoem wees of na ander bekendes soos aangedui:

- Coetzeestraat: die Coetzees het nog altyd 'n groot rol in die omgewing gespeel dit is waarskynlik na een van hulle vernoem.
- Robertsonstraat: moontlik na Bloemfontein se stadsargitek.
- Beyersstraat: moontlik na die Boere-generaal.
- Boshofstraat: moontlik na die Vrystaat se tweede president.

Strate in Macsmo is moontlik almal na raadslede vernoem uit die tyd toe die dorpsdam gebou is en Macsmo ontwikkel is (Eeufeesalbum, 1963:61): Viljoen, Hefer, Tromp, Klijnveld, Venter, Wardhaugh, Oosthuizen, Cachet, Van den Heever, Graham, De Bruyn is strate wat noord-suid geloop het. Strate wat oos-wes geloop het was Scott, Dittmar, De Waal, De Villiers, Engelbrecht, Brand (na 'n seun van die ou-president wat toe landdros was) en die straat naaste aan die rivier is na Goosen vernoem.

Straatname het deur die jare verander. Kerkstraat na Voortrekkerstraat in 1938; Markstraat na Pellissier in 1938; Markplein word Louis Trichartplein in 1939 ter herinnering van die simboliese ossewatrek. (Dit is waar die munisipale kantore en stadsaal is). Jandrellstraat het al drie name gehad: dit is aanvanklik vernoem na die landmeter wat die dorp opgemeet het, maar as gevolg van swak uitspraak van die naam besluit die Raad om dit te verander! Daar was teenvoorstelle dat dit dan eerder na Vos of Irwin verander moes word, die latere landmeters, maar dit is nie aanvaar nie en die straat word Oosstraat genoem (Notules 17/3/1966, 18/5/1967). Later word dit weer verander na Jim Fouchestraat. Wesstraat verander na Greystraat. In 1970's was daar pogings op Greystraat na Kerkstraat te laat herdoop wat toe nie gebeur nie (Notule 14/4/1970).

Twee nuwe straatname word in 1974 gegee: *Macsmostraat* wat uit Scottstraat die erwe bedien van onderverdelings nr 1138 en *Stasiestraat* wat uit Trompstraat 'n dienspad na die goedereloods uitmaak (Notule 18/11/1974).

Die dorp se hoofstraat, Joubertstraat, bestaan in der waarheid uit drie dele en dus drie name. Met die verlenging van Joubertstraat in 1973 na Van Riebeeckhoogte is besluit om daardie deel van die straat Olienstraat te noem (Notule 12/7/73). Teen 1981 verander Joubertstraat oos van die bruggie oor die spruit na Scottstraat. Daar was eers 'n enkelvoertuigbruggie (Notule 4/4/1981). Scottstraat is sekerlik vernoem na een van Pellissier se kleinkinders wat later hier as prokureur gepraktiseer het en ook burgemeester was, JA Scott.

Sommige name het in onbruik verval omdat die strate nie meer gebruik is nie soos Hugenoteweg wat die straat was wat na die ou stasie geloop het. In 1971 sluit die Louw Wepenerplein en word as 'n erf verklaar waarop die nuwe biblioteek gebou is (Notule 27/5/1971). In 1962 stel dr SH Pellissier voor dat strate in die swart woonbuurt Lephoi na Baartman en Miles vernoem word. Die Raad het egter daarteen besluit.

Streekdiensterade (SDR) kyk onder MUNISIPALITEIT...

SUID-AFRIKAANSE POLISIEDIENS EN POLISIESTASIE

Die eerste grondwet of *Constitutie* van die Oranje-Vrystaat wat op 10 April 1854 aanvaar is, verwys net na "*Policiezaken*" maar nie na die daarstel van 'n polisiemag nie; misdaad is aanvanklik deur die landdros, vrederegter of veldkornet hanteer. In 1861 word die eerste regulasies deur die Uitvoerende Komitee goedgekeur vir die vestiging van 'n polisiemag in Bloemfontein, hoewel kontabels al voor dit aangestel is. Met die 1867-begroting word vir die eerste keer begroot om vir 'n paar plattelandse dorpe, onder andere Smithfield, elk een konstabel aan te stel. In die 1872-begroting kon meer dorpe polisielede aanstel, onder andere Bethulie wat 'n sipier-hoofkonstabel en twee konstabels kon aanstel. Die polisiemag het jaarliks uitgebrei namate nuwe dorpe gestig is of meer konstabels benodig is. Teen die einde van die Vrystaatse Republiek met die uitbreek van die ABO in 1899 was die totaal in die plattelandse dorpe 22 sipier-hoofkonstabels, 33 wit en 117 swart konstabels, asook vier berede wit konstabels wat sommige distrikte gepatroleer het. (Van der Bank, 2004 :24-27).

Die eerste polisiebeamptes in Bethulie waarvan kennis gedra word is hoofkonstabel G Haag en konstabels Grass en Zwartbooi wat in 1867 in Bethulie gestasioneer was. In die lig van bogemelde geskiedenis is dit moontlik dat die aanstellings deur die munisipaliteit self gedoen is.

Na die Britse besetting bly Bethulie die hoofkwartier van die Suidwes-, Suid-, en Suidoos-Vrystaat. In 1903 word die voorste deel van die huidige gebou op die hoek van Oranje- en Klopperstraat in gebruik geneem.

Polisieperde is aangehou op terrein naby nuwe stasie waar stalle opgerig is in 1902.

Die perdestalle was later in die dorp op die erwe tussen Roux- en Pretoriastraat, aangrensend aan Krugerstraat.

Die eerste twee huise, geleë naby die polisiestasie, van die SAP is in die 1950's gebou en die ander twee in die 1960's.

In die laaste helfte van die 20ste eeu was Bethulie se stasie bekend as die Bethulie Distrikshoofkwartier, dus die hoofkantoor van 21 stasies wat onder andere grensposte ingesluit het en die stasies van dorpe van die suidoos en suidwes Vrystaat. Die SA Polisie se finansies is altyd sentraal hanteer maar in die 1980's was Bethulie die eerste een in die Vrystaat wat opleiding ontvang het en van toe af self sy eie finansies hanteer het. Hiervoor was adjudant-offisier Kobus Combrinck vir jare verantwoordelik as rekenmeester.

Die Diens het ook oor tennisbane op die hoek van Robertson- en Oranjestraat beskik en ook oor 'n skietbaan waar met verskeie vuurwapens geskiet is, min of meer in dieselfde omgewing; hier het lede van die Distrikshoofkwartier om verskeie wisseltrofeë meegeding. Dit was in die jare vanaf 1950's.

Bekers is geskenk deur PH de Bruyn, WHS Branders,Dr PT Viljoen, lt LJP Coetzee, kapt JP Jonker, Dr JT Mynhardt, CL Smith, R Dippenaar, HBM Coetzee en FC Rabie.

Die FC Rabie wisseltrofee met twee gewere daarop.

SWART WOONBUURT

Kyk ook MUNISIPALITEIT OF PLAASLIKE BESTUUR

Tydens die bestaan van die sendingstasie het die Tlhaping en die Basotho's hulle aan die voet van die koppies aan die noordekant van die sendinghuis gevestig en voor die poort aan die oorkant van die spruit. Volgens 'n skets wat in 1836 gemaak is en in die museum hang, was die Tlhaping aan die westekant en die Basotho's, oos (kyk BASOTHO'S). Die begraafplaas in die omgewing was dus tussen die twee groepe geleë (Kyk onder KERKHOWE).

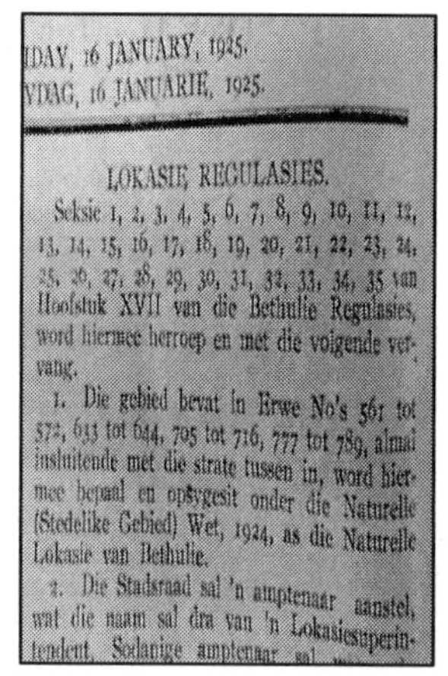

DAY, 16 JANUARY, 1925.
VDAG, 16 JANUARIE, 1925.

LOKASIE REGULASIES.

Seksie 1, 2, 3, 4, 5, 6, 7, 8, 9, 10, 11, 12, 13, 14, 15, 16, 17, 18, 19, 20, 21, 22, 23, 24, 25, 26, 27, 28, 29, 30, 31, 32, 33, 34, 35 van Hoofstuk XVII van die Bethulie Regulasies, word hiermee herroep en met die volgende vervang.

1. Die gebied bevat in Erwe No's 561 tot 572, 633 tot 644, 705 tot 716, 777 tot 789, almal insluitende met die strate tussen in, word hiermee bepaal en opsygesit onder die Naturelle (Stedelike Gebied) Wet, 1924, as die Naturelle Lokasie van Bethulie.

2. Die Stadsraad sal 'n amptenaar aanstel, wat die naam sal dra van 'n Lokasiesuperintendent. Sodanige amptenaar sal [illegible]

Nadat die meeste Tlhaping onder Lephoi wat die stasie verkoop het, Bethulie in 1861 verlaat het, het ongeveer 300 oorgebly in die omgewing voor die poort. Teen Oktober 1892 word besluit om die woonbuurt of soos destyds bekend, lokasie, voor die poort te verskuif na die suidoostelike kant van die dorp; twee blokke erwe word afgestaan vir 'n nuwe woonbuurt, en wel erwe 561-566 en 567-572. Onder die swart inwoners het hierdie nuwe woonbuurt as "*Frankfort se lokasie*" bekend gestaan (Eeufeesalbum, 1963:49). Dit is oos van Fouchestraat, tussen Kruger-en Coetzeestraat. Die naam het egter nie die tyd oorleef nie.

In die Offisiële Koerante van die Oranje-Vrystaat van 16 Januarie 1925, no 591, en 9 Februarie 1925 word Regulasie 10 van 1925 afgekondig waarin Bethulie-lokasie se regulasies uiteengesit word.

Volgens die *Burgemeester se oorsig* van 1929/30 verskuif die woonbuurt na die ABO na die suidhoek van die dorp. Dit lyk egter of die finale verskuiwing eers teen 1929 plaasgevind het. Hy meld ook dat die ashoop van die dorp oos van die woonbuurt, naby die swartes se kerkhof en hospitale lê. Die Raad gee nog grond aan die suide in die boekjaar van 1929/30; daar word reeds probleme met drinkwater ervaar. Pellissier se tweede kerk (agter die ou Rooms-Katolieke woning) is gebruik tot 27 April 1930 toe die nuwe kerk in die nuwe swart woonbuurt ingewy is. In 1963 skuif die swart spoorwegkamp wat suid van die ou stasie was ook na die swart woonbuurt.

Planne vir nog 'n verskuiwing van die swart woonbuurt het reeds in 1961 begin wat versterk is deur die bou van die Verwoerddam (nou die Gariepdam). Die volgende is 'n opsomming wat in die munisipale notule van 22/1/1976 verskyn na aanleiding van die pogings op die swart woonbuurt te verskuif: Op 29 November 1961 het die Munisipaliteit ministeriële goedkeuring ontvang om die swart woonbuurt meer na die suide te verskuif, onder andere om die behuisingtoestand te verbeter. Op 23 Maart 1962 is die bou van Verwoerdam aangekondig wat toe daartoe lei dat die beoogde uitbreiding binne die damkom sou val. Sedert 1961, is daar vir 15 jaar tot 1976, 'n verbod geplaas op die bou van nuwe geboue; aanbouings of grootskaalse verbetering is ook ontmoedig. Selfs wat dienste betref soos sanitêre dienste is niks verbeter nie, sodat dit teen 1976 in 'n haglike toestand was.

Die probleem met die Verwoerddam se waterhoogtelyn het ook die verskuiwingsproses beïnvloed. Op 3 Maart 1966 is daar in 'n brief deur die Sekretaris van Waterwese die volgende gemeld: Die huidige volvoorraadhoogte is 4,130 vt bo seespieël. Dit word verwag dat die damwal na ongeveer 50 jaar verhoog sal word en dan sal die volvoorraadhoogte na 4,150 vt bo seepieël verander met vloedhoogte van 4,165 vt. Die Departement het binne die munisipale gebied tot 'n hoogte van ongeveer 4,165 vt uitgekoop, soos deur Waterwese se bestaande omheining geidentifiseer word. Die Departement maak dus reeds voorsiening vir die volgende verhoging van die damwal. Die Departement meld ook dat die finale stadium waarskynlik oor 'n paar honderd jaar kan kom met 'n vloedhoogte van 4,200 vt bo seespieël. Indien dit sou gebeur kan 75% van die bestaande dorp binne die Verwoerddamkom val. Geen beperkings ten opsigte van ontwikkelings tussen 4,165 vt en 4,200 vt kontoerhoogtes binne die wit gebied word deur die Departement van Waterwese vereis nie. Daar kan dus geen rede wees waarom die ontwikkeling ten opsigte van behuising vir swartes nie binne die genoemde zone toegelaat word nie (Notule 22/1/1976).

In 1971 is Bantoe Administrasierade in die lewe geroep waarmee die munisipale besture hulle verantwoordelikheid ontsê word om huisvesting, dienste, ens aan swart inwoners te verskaf. Teen 1975 was daar 22 sulke rade in die RSA, waarvan een in die Suid-Vrystaat met sy 22 dorpe; plaaslike munisipale rade kon aanvanklik drie lede vir die rade benoem; later is plattelandse dorpe almal saam deur net een lid verteenwoordig! In 1979 word dit Ontwikkelingsrade genoem en in 1986 afgeskaf. In 1982 word die Wet op Swart Plaaslike Besture aanvaar waardeur swartes inspraak kry op plaaslike bestuursvlak.

Statistiek van swart en kleurling bevolking teen Februarie 1971 (Notule 25/2/1971). Swartes: Ongeveer 3,100; leerlinge op skool 1,000; geregistreerde werkers 570, pensionarisse 250, wooneenhede 283. Kleurlinge: 444; 60 pensionarisse en 61 wooneenhede.

Teen 1971 is besluit om die verskuiwing van die swart woonbuurt eers vir vyf jaar uit te stel. Dit lyk asof die beplanning van die nuwe oord langs die dorpsdam die groot rede was (Notule 15/2/1971). In Desember 1972 word die uitlegplan van die woonbuurt wat ontvang is, bespreek. Verskeie besware word ontvang onder andere van die Rooms-Katolieke Kerk wat meen dat die bou van 'n nuwe kerk net te duur sal wees, en nie die kostes dek wat die regering vir die ou kerk wil betaal nie. Dit blyk ook asof die kerkhowe moet verskuif word (Notule 4/12/1972). Die probleem om 'n geskikte terrein vir die nuwe ontwikkeling te kry word in die notules van 23/1/1974 en 11/2/1975 bespreek; ses alternatiewe plekke soos Florence en Borderlands word genoem.

In 1972 is gebiede geproklameer as kleurlinggebiede en ontwikkelingsgebiede, onder andere in Bloemfontein en Heilbron. Heilbron skryf aan die Stadsraad dat hulle werkgeleenthede vir kleurlinge het en sal help met die vervoer (Notule 27/4/1972).

Gedurende die 1974 was 'n bykomende rede vir die verskuiwing van die swart woonbuurt die vereiste van die Departement van Bantoe Administrasie en Ontwikkeling dat daar 'n bufferstrook tussen wit en swart woonbuurtes moet wees. Die Raad stel hulle in kennis dat dit die ontwikkeling te duur maak (Notule 12/9/1974).

Dit was 'n lang uitgerekte storie - die van die nuwe woonbuurt; die onsekerheid wat bestaan in verband met die oordrag of vervreemding van munisipale grond aan die Departement Bantoe Administrasie en Ontwikkeling het ook sy tol geeis. Op 9 Desember 1975 besluit die Raad dat Bethulie nie ekonomies opgewasse is om die laste wat 'n nuwe Bantoedorp gaan meebring te aanvaar nie en hulle laat weet die Departement dat hulle nie 'n verskuiwing kan bekostig nie, maar die huidige dorp sal kan opknap en uitbou. Daartoe stem die Departement skielik in; hulle sal die hervestiging en ontwikkeling in die onmiddellike omgewing van die bestaande Bantoedorp ten volle ondersteun! (Notules 22/1/1976, 29/4/1976).

Die nuwe Bantoe Administrasieraad bestaan teen 1976 net uit stadsraadslede van Bloemfontein en om Bloemfontein. Bethulie se Raad en by name raadslid B Wessels, rig 'n versoek om 'n besprekingspunt op die Munisipale Vereniging se kongres in September te hanteer waar hulle versoek dat die administrasie van die Bantoe-woonbuurt weer onder plaaslike owerhede val: "*Dit vat nie veel verbeelding om te besef dat 'n Raad wat nie direkte belange in 'n gemeenskap het nie, nie daardie gevoel van simpatieke benadering by sake rakende sodanige gemeenskap kan openbaar nie. Stel jou voor Bloemfontein moet bestuur word deur 'n Stadsraad wat saamgestel is uit persone wat elders woonagtig is... Die ondervinding hier in Bethulie is dat die Bantoes ontevrede voel dat hulle nie meer na die Stadsraad kan kom met hul behoeftes nie..."* (Notule 22/7/1976).

Van Zyl som die onverkwiklike situasie op in die *Geskiedkundige dagboek* (1981:17) met die inskrywing onder 13 Januarie 1977: "*Na baie jare word daar uiteindelik tot 'n skikking gekom ten opsigte van die plasing van die nuwe Bantoe-woongebied tesame met die terreinplan. Voor die aankondiging van die Verwoerddam was 'n terrein met planne reeds gefinaliseer, maar as gevolg van die bou van die dam is 'n streep deur alles getrek. Die nuwe woongebied sal suid van die dorp geleë wees*".

Die haglike toestande in die swart woonbuurt is vir die Raad 'n bekommernis en hulle neem die Departement kwalik wat niks doen nie. In 1977 laat weet die Departement van Gemeenskapsbou dat geen fondse vir enige behuisingskema vir 1977/78 boekjaar beskikbaar sal wees nie; dit geld vir kleurlinge en swartes se behuising (Notule 13/1/1977). Tog word daar in 1978 114 ha aan die Departement oorgedra vir die vestiging van 'n nuwe Bantoe-dorp. Die voorgestelde behuisingskema is ook nie vir die Raad aanvaarbaar nie, aangesien daar beter huise in die huidige woonbuurt is as die wat vir die nuwe voorgestelde buurt beoog word; die Raad is verder bekommerd dat die inwoners nie ten volle vergoed sal word nie (Notule 22/8/1979).

Daar blyk geen einde aan die onsekerhede te wees nie en die hoofredes is kostes en die feit dat swart inwoners nie genoeg inspraak in die saak gehad het nie. Die ontwikkeling van die buurt is vir begin 1982 beplan; planne om bykomende boorgate en 'n reservoir daar te stel word in 1980 bespreek. Die vertraging van die behuisingsplan lei daartoe dat 'n selfbouskema selfs oorweeg word (Notules 13/8/1980, 17/11/1980).

Die grootste probleem was dat die Raad nie meer die volle verantwoordelikheid gehad het vir die ontwikkeling nie, maar dat besluite by die Departement van Bantoe Administrasie se Rade, by die Gemeenskapsraad en by die Minister berus het. Dit het aanleiding tot baie frustrasies gegee en die Raad kry die skuld vir vertragings. Gedurende Oktober 1982 was daar vurige debatte en verskille oor die verskuiwing tussen die Raad en die Bantoe Administrasie Raad en die swart gemeenskap onder leiding van SE Philips, tot so 'n punt dat die situasie plofbaar raak (Notules onder andere van 6/10/1982 en 28/10/1982).

Na deeglike besprekings in Januarie 1983 oor die verskuiwings, die duur infrastruktuur en die hoë huur, dui die inwoners skriftelik aan dat hulle verkies om te bly waar hulle is en dat huise en infrastruktuur verbeter en ontwikkel moet word (Notule 26/1/1983). Die huurgeld sou byvoorbeeld aanvanklik (1980) R13,67 per maand wees, maar is teen 1983 al R83,93 per maand volgens 'n skrywe van die Bantoe Administrasie Raad. Die jaarverslag van die Raad van 1983/84 bevestig dat die woonbuurt nie verskuif sal word nie, maar opgegradeer word deur beter behuising deur middel van 'n selfbouskema. Riolering en 'n waterskema sal aandag kry. Nou eers kan die beplanning van die kleurling woonbuurt aandag kry, want dit was afhanklik van die vestiging van die swart woonbuurt.

In Oktober 1983 is daar nog steeds 'n gesloer en die Bantoesake kommissaris wil nog steeds aandring op die verskuiwing, maar die Administrasie Rade het nie fondse daarvoor nie en ook nie die Staat nie. Die swart gemeenskap se memorandum aan die minister het nog geen reaksie van die minister gekry nie. Die Raad skryf op 8 November 1983 'n brief aan die Minister van Gemeenskapontwikkeling; die feit dat nie 'n nuwe swart of kleurling woonbuurt nog gevestig kan word nie, word bespreek, laasgenoemde is afhanklik van die skuif van eersgenoemde. Fondse vir die kleurling woonbuurt is al bewillig maar omdat dit op 'n gedeelte van die huidige swart woonbuurt moet kom, kan nog niks gedoen word nie. Die Suid-Vrystaat Administrasie het nog nie so 'n swart woonbuurt uitgelê nie aangesien die finansiële laste te groot is vir die swart en wit inwoners van die dorp. Die regering het besluit om die swart woonbuurt te skuif as gevolg van die bou van die Verwoerddam en daarom behoort die regering dit self te finansier. Hierdie saak sloer toe al meer as 20 jaar en intussen mag die swartes geen onderhoudswerk aan bestaande eiendomme maak nie. Die Adminstrasie doen ook niks en daar is toenemend onrus en spanning onder die swart mense. Die Raad dring aan op klarigheid van die situasie, ook omdat daar gewag word met die nuwe kleurlingdorp se vestiging.

Intussen is 'n landmeter aangestel om die kleurling woonbuurt op te meet (Notules 18/10/1983, 28/6/1984).

Op 20 November 1980 het die inhuldiging van 'n gemeenskapsraad vir die swart gemeenskap plaasvind (Notule 1711/1980).

Die Dorpskomitee het 'n skenking en ander fondse gekry vir die voltooiing van 'n sportkompleks (Notule 23/11/1987).

In 1985 was daar nog geen uitsluitsel oor die toekenning van erwe nie, hoewel daar al fondse toegeken is vir die ontwikkeling van 66 nuwe erwe. In 1986 word tenders uitgesit vir die bou van 10 twee slaapkamer huise met 'n kombuis/eetkamer en badkamer. Privaatbouers kan die erwe kontant koop of huurders kan dit oor 30 jaar afbetaal (Notules 22/8/1985, 24/3/1986, 12/5/1986).

'n Dorpskomitee vir Lephoi word in 1987 gestig met die volgende ampsdraers; SE Philips (burgemeester) MA Philips (onder-burgemeester), P van Heerden (sekretaris), en die ander lede is H Tuku, I Makutoane en D Taua. In dieselfde jaar word gedeeltes van agt strate opgesê vir die uitbreiding van die woonbuurt; samewerkingsooreenkomste is opgestel tussen die Raad en die Lephoi se Dorpskomitee met betrekking tot die verskaffing van water, elektrisiteit, riolering en die gebruik van emmerwasgeriewe, die gebruik van die bestaande stortingsterrein en hulp met betrekking tot nooddienste - alles met koste (Notules 13/8/1987, 13/10/1987).

Dat die Raad moeilike tye deurgemaak het sedert 1976 toe soveel eksperimentele strukture daargestel is met betrekking tot die swart woonbuurt, is duidelik, so ook die oorgangsfases na demokrasie. Kommunikasie en samewerking het soms veel te wense gelaat soos in 1990 toe die wit Stadsraad beswaar aanteken dat hulle nie geken is in die beplanning van die hoërskool nie en dat daar op geen stadium verneem is of die infrastruktuur voldoende is vir die ontwikkeling nie (Notule 10/4/1990). Dat die swart inwoners sedert 1961 tot 1883 in die grootste onsekerheid en slegte omstandighede moes leef oor die verskuiwing, was tragies.

Op Waterwese se grond was 'n plakkerskamp wat *Silvertown* genoem is, dit is as deel van Lephoi verklaar maar is later verskuif (Notule 8/8/1988).

Intussen is die *Bethulie Civic Association* gestig wat op 15 Junie 1990 'n memorandum aan die Raad oorhandig het met 'n wye reeks versoeke soos openbare toilette in die dorp, een dorp en een munisipaliteit, openbare telefone in woonbuurtes, hulp met verkryging van TV-kanale en versoeke met betrekking tot werksomstandighede en salarisse (Notule 26/6/1990). 'n Jaar later maak hulle beswaar daarteen dat die Raad in gesprek gegaan het met die Lephoi Dorpskomitee in verband met dienstegelde. Die Raad wys daarop dat die Dorpskomitee demokraties verkies is en dit toelaatbaar (Notule 12/9/1991).

Goedkeuring word verleen dat die begraafplaas op die huidige terrein langs die oksiedasiedamme behou word; die kleurlinge sal ook die begraafplaas gebruik (Notule 14/3/1991).

Vandag bestaan geen wetlike skeiding meer vir die woonbuurte van verskillende rasse nie. Historiese nalatenskappe en laekoste behuising lei steeds daartoe dat woonbuurtes nog afsonderlik ontwikkel. Die regering se Heropbou en Ontwikkelingsprogam (HOP) wat sedert 1994 geimplementeer word, wil sosiale probleme aanspreek waarvan behuising een van die doelstellings is, HOP-huise of gesubsidieerde huise word steeds op 'n groot skaal gebou.

Die woonbuurt Lephoi bestaan uit verskeie buurtes wat spontaan name gekry het, gewoonlik tydens die ontwikkeling daarvan. Die oudste woonbuurt is Frankie (of Ou box) genoem, daarna was Cape Stands; die twee was deel van die "ou of eerste lokasie". Ander woonbuurtes is byvoorbeeld Phelindaba, Vergenoeg, New Stands ook genoem Dibining, Extention 3 ook genoem Orlando, Extention 7. Sommige strate het name, gewoonlik die wat 'n verlenging is van die groter Bethulie se strate soos Suid-, Morkel-, Kruger-, Allison-, Louw-, Klopper- Jim Fouche- en Coetzeestraat. Tog is daar ook unieke name soos Tau, (verlenging van Kruger) Goodman, Mahuma-, Mampe-, Mutla-, Hospitaal- en Kopsstraat. Die neiging het later ontstaan om nie meer straatname te skep nie, maar om elke erf slegs van 'n nommer te voorsien.

Swembad kyk onder SPORT

TELEFONE EN SENTRALE

Volgens Prinsloo (1955:414-5, 609) het Smithfield eers in 1919 'n telefoondiens gekry en moontlik dan ook Bethulie in die jare daar rondom. Die telefoondiens is in 1925 uitgebrei na die plase, met buite stasies soos Dupleston wat hulle eie telefoonlyne gekry het.

Plaaslyne was deel van 'n hele kultuur en lewenswyse. 'n Groepie boere van 'n omgewing deel 'n lyn, byvoorbeeld die 24-lyn, wat dan verskillende luitone het om die individu se nommer mee te skakel; dit was 'n kombinasie van kort en lang luie. Indien iemand op dieselfde lyn byvoorbeeld 2411 wil skakel, word een kort en een lang draai gegee met die slingertjie van die foon; of as 2412 geskakel moet word, is dit een kort en twee lank. Voor daar geskakel kon word dan vra mens "*lyn besig*?" Indien iemand wat op 'n ander lyn is, byvoorbeeld die 23-lyn, moet skakel, dan moes mens deur die sentrale werk. Weer eens word gevra *"lyn besig?"* en indien nie, gee jy een lang lui, waarop die sentrale antwoord met *"nommer asseblief"* en jy die verlange nommer verskaf. Met die stelsel kon mense op dieselfde lyne hoor wie gebel word. Wanneer die gesprek beeïndig word, word die telefoon neergesit en 'n kort aflui-luitjie gegee, sodat almal op die lyn weet die lyn is weer beskikbaar. 'n Era van bedagsaamheid.

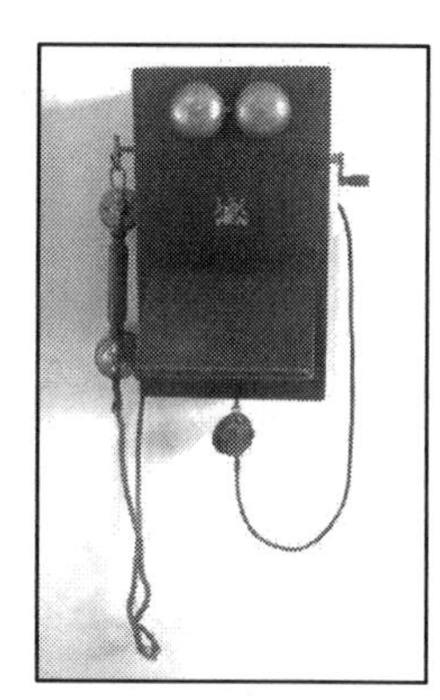

Baie van die ou plaastelefoonapparate het behalwe die praat en luisterstuk ook 'n klein luisterstukkie gehad; daarmee kon meer as een lid van die gesin dan saam luister wat die persoon aan die anderkant van die lyn sê. Die feit dat mens geweet het wie gebel word, en die gerieflike luisterstukke byderhand is, het aanleiding tot baie saamgesels, dikwels ongenooid, en inluister, gegee; die nuuskierige inluisteraar het die kuns vervolmaak om sy telefoon baie saggies van die mikkie af op te tel en in te luister! Maar almal het eintlik geweet wie inluister, want die asemhaling, of steungeluide wanneer daar op die stoel plaasgeneem word, of ander agtergrondgeluide was kenmerkend!

Bethulie se telefooninstallasies of sentrale was in dieselfde gebou as die poskantoor gevestig, aan die agterkant.

In die veertigerjare was daar twee openbare telefone in die dorp, een op die stoep van die hotel en die ander op die stoep van die poskantoor. Patrick Mynhardt onthou dat Bessie Venter met die bynaam Bessie Droogte, omdat sy so maer was, op die sentrale gewerk het. "*One of our favourite pastimes was to go onto the veranda of the Royal Hotel or post office, crank the handle and, when Bessie responded with 'Bethulie exchange, number please' say "Hello Bessie, what numbers have you got hey?' and run like hell"*. (Mynhardt, 2003:17).

Die ekstra "dienste" wat die sentrale, soos die personeel genoem is, gelewer het, het baie dinge ingesluit. Kom daar dood, siekte, geboorte of uitsonderlike tydings, gee jy 'n lysie by die sentrale af en hulle doen die belwerk. Die sentrale was die inligtingbron van mense se bewegings, en kon jou byvoorbeeld inlig dat die persoon waarna jy soek stad toe is vir die dag of êrens kuier. Van die oud-leerlinge onthou ook dat wanneer jy as koshuiskind nie geld het om te bel nie jy oom Fanie (van der Merwe van die sentrale) vra om die ouers te bel om jou terug te bel (Facebook, Pellissier Hoërskool 11/1/2015).

Foto vanaf Facebook, Pellissier Hoërskool 11/5/2015 met dank aan Jaco Wessels

Die handsentrale in die dorp is op 12 Maart 1998 om 11:00 vervang met 'n elektroniese sentrale. Dit het tot gevolg gehad dat 700 inwoners se telefoonnommers verander het (Volksblad, 24 Febr 1998) en dat personeel nie meer vir die taak nodig was nie. Die laaste personeellede wat hier op die sentrale gewerk het, was onder andere Ria Venter wat 30 jaar diens gehad het, Mara Henning en Petro Combrink. Ander persone wat op die sentrale gewerk het wat nog goed onthou word, was Bessie Venter, (sy het personeel opgelei), Joey Jansen van Rensburg, Johanna Coetzee, Fanie van der Merwe, Reggie Venter, Antoinette Nienaber, Maxie Engelbrecht (nou Devan) (Nuusbrief, Apr 2012). Die posmeester was ook oorhoofs hoof van die sentrale personeel.

Daar is blykbaar ook in drie minute se praat-eenhede betaal, want na drie minute, of wanneer die sentrale jou genadig is na 'n baie lang drie minute, word daar gesê *"drie minute om"* en dan kan jy maar nog drie minute aanvra. Die sentrale se personeel het gebruikgemaak van klein metertjies om die tyd aan dit dui. (Foto by Ria Venter geneem)

Later jare het plaaslyne swak begin werk om verskeie redes waaronder koperdiefstal van die telefoondrade. Plase was vir lank uitgesluit van selfoonontvangs en ongerief en veiligheidsrisikos het ontstaan; Marnet-radiostelsels was hoofsaaklik gebruik vir veiligheidsdoeleindes of die Burgerlike Beskermingstelsel. Verskeie vertoës is gerig vir die outomatisering van die lyne wat in 2012 verwesenlik is. Dit was die einde van die *nommer asseblief* era.

TELEVISIE

Bethulie het nie maklik aan sy televisie-ontvangs gekom nie. In Januarie 1976 is televisiedienste landwyd ingestel, maar Bethulie kon eers sedert Maart 1977 opvangs kry, danksy die ywer van 'n paar individue, veral Gert Smit. Op 'n Raadsvergadering van 22 Januarie 1976 word vir die eerste keer verwys na die belangstelling van die gemeenskap daarin en is besluit om die SAUK te kontak. Daarop het die SAUK laat weet dat Bethulie nie binne die beplanning van fase 1 resorteer nie (Notule 25/3/1976). 'n Privaat televisieklub is in September 1976 gestig en verskeie mense word onthou wat vir Gert Smith op verskillende maniere gehelp het om ontvangs vir die dorp te kry: sy seuns, Frans en Frikkie, Hannes le Roux, Hannes van Rensburg, mnr Coetzee (posmeester), Geelbooi en Fanie van der Merwe, asook Piet Smith, Eric Saaiman en dr G de Klerk.

Die volgende is 'n opsomming van die artikels van Sean Frewen in die *Bethulian* (Januarie tot Augustus 2007) waarin hy vertel hoe Gert Smit daarvoor gesorg het dat Bethulie televisie-ontvangs gekry het.

Dit was in die begin jare van televisie en Bethulie was een van die min dorpe wat net nie 'n sein kon kry nie. Die gedagte was om 'n reguit lyn van mikrogolfontvangs van Bloemfontein te kry, en Gert het uitgewerk dat die enigste plek daarvoor vanaf Krugerskop was. Die gevolg was dat verskeie toerusting onder andere 'n groot televisie, 'n antenna en 'n 220 volt opwekker op Krugerskop moes kom. Na vele pogings om 'n beeld te kry, en op en af teen die kop met bykomende toerusting, vang hulle sowaar *Haas Das* op...bo-op Krugerskop!

Nou moes die sein in die dorp kom en met vele planne en ander toerusting word die eerste sein op die skougronde opgevang waar stoele reggesit word vir die kykers en daar het Bethulianers vir 'n paar dae gesit en kyk. Intussen is daar nog vir weke deur Gert en 'n paar ander mense op en af teen Krugerskop geklim met onder ondere batterye wat herlaai moes word.

Die SAUK vind uit Bethulie kyk televisie en teken beswaar aan dat daar nie aansoek gedoen is vir 'n frekwensie nie; 'n gebied vir die *"repeater"* moes geregistreer word. Dit het Gert ook reggekry en die plek laat registreer op, wat vandag nog bekend staan as, *Gert se berg,* die koppie anderkant die ou spoor, die een met die gruisgroef in. (Die UHF toerusting is in Mei 1979 opgerig).

Daarna was dit die wind wat dikwels die antenna omgewaai het en elke keer het Gert maar weer teen Krugerskop opgegaan. Om die antenna windbestand te maak het hy dit laat vasmessel, en dit met behulp van 'n helikopter wat die nodige sement, water, ens daar bo afgelaai het.

En so het Bethulie se televisie-ontvangs begin, met baie moeite, planne, sweet en tyd van Gert! (Kyk ook vir meer inligting oor Gert Smit in HOOFSTUK 8: BEROEMDES...)

Doreen Smit Keyser, dogter van Gert Smit, onthou dat haar broer Frans nog vir lank nadat die projek suksesvol afgehandel is, weekliks teen Krugerskop moes uitklim om die klok of horlosie. te gaan instel. (Facebook, Friends of Bethulie,15/9/2018)

Die Munisipaliteit het die bates en laste van die private televisieklub oorgeneem en alle televisiekykers wat van Bethulie se herleistasie gebruik gemaak het, het 'n intreefooi van R35,00 en maandelikse fooi van R1,00 betaal. Dit was volgens die Administrateursregulasie wat in 1975 afgekondig is en vanaf 1979 ook op Bethulie van toepassing was (Notule 28/6/1979). Die Munisipaliteit het tegniese hulp en probleme van die televisiedienste hanteer. Die antenna-toerusting is in Junie 1979 verwyder. Die Kramberg seintoring naby Aliwal-Noord het vanaf 1 April 1980 in werking getree vanwaar Bethulie opvangs verkry het (Notule 51/4/1980).

Bo-op Krugerskop hard aan die werk op 'n sein te kry vir die televisie ontvangs

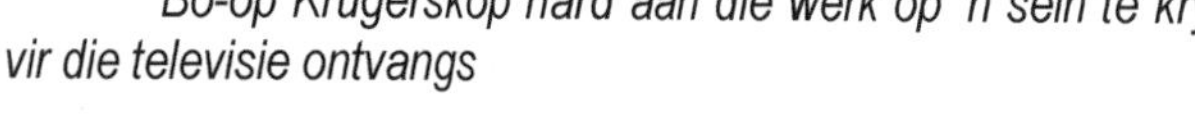

Temperature kyk WEERSOMSTANDIGHEDE

Tentoonstelling kyk LANDBOUSKOU

Tlhaping kyk HOOFSTUK 4

TOERISME, BEMARKING en PUBLISITEIT

Kyk ook OORD

Deur die jare is daar baie gedoen om Bethulie te bemark. Dit was aanvanklik hoofsaaklik Bethulie se munisipale Raad wat daarvoor verantwoordelik was. In die sestigerjare was Bethulie deel van die oos-OVS Streeksvereninging se suid-substreek. Die vereniging was deel van 'n landwye en provinsiale poging om die reklame gedagte tot op plaaslike bestuursvlak te bring. Hieraan het Bethulie se Raad heelhartig deelgeneem. Een van die *ad hoc* komitees van die Raad was die Reklamekomitee wat in die sewentigerjare ingestel is; dit het in die tagtiger jare die Streeksreklame komitee geword.

Die munisipaliteit en ander het vroeg reeds van poskaarte gebruik gemaak as reklamemiddel en twee stelle poskaarte kan nog gevind word. Die een stel is voor 1920 gemaak (gedruk in Engeland) en die latere stel in die 1970's. EH Bilse het ook 'n paar poskaarte gemaak na 1905, onder andere van die eerste damwal, Joubertstraat en tennis in die park. Dit was egter veral na die bou van die Gariepdam dat daar daadwerklike pogings aangewend is om die dorp te bemark. Teen 1974 word brosjures, poskaarte en aanwysingsborde beplan (Notule 24/6/1974). In 1989 is daar byvoorbeeld 20,000 kleurbrosjures vir die doel gedruk (Notule 28/8/1989).

Bethulie het ook publisiteit gekry deur radioprogramme, artikels in verskeie publikasies, televisieprogramme en advertensies. Verskeie televisieprogramme het klem gelê op die dorp of persoonlikhede soos Patrick Mynhardt en JB Robinson (Notule12/5/1986; Nuusbrief, 22 Aug 1980); Radio SA het op 24 April 1990 onderhoude met verskeie mense gevoer vir 'n joernaalprogram (Notule 14/4/1990).

Mettertyd is die bemarking deur individue oorgeneem en publisiteit is deur instansies van buite gegee. *Going nowhere slowly* besoek Bethulie op 9 Maart 2008; *Pasella* op 1 Augustus 2007 en *Fiesta* gee dekking vir die Legendefees en die Pellissierfees in 2008 (Nuusbrief, Aug 2007; Apr 2008, Nov en Des 2008). In Augustus 2015 verfilm *Showville* die dorp se talent. Bethulie is ook 'n gewilde omgewing vir reklame films; die Poskantoor se opvoedkundige film is deur *Fresh Eye films* in 2002 hier in Bethulie verfilm met byspelers van die dorp en die Nokia Roadshow sluit Bethulie in 2003 ook in. (Nuusbrief, 21 Nov 2002; Sept 2003). Reklame artikels oor Bethulie verskyn gereeld in tydskrifte soos *Weg, Country life, Getaway, Die Huisgenoot* en koerante. Selfs bemarking deur die Internet word self deur inwoners van Bethulie hanteer, wat Webwerwe en *Facebook*-blaaie insluit.

In die jaarverslag van 1977/78 van die Raad word weer verwys na die negatiewe impak wat die bou van die Verwoerddam op die dorp gehad het. Tog het die Raad ander weë gevind om toerisme na die dorp te stimuleer, waarvan die ontwikkeling van die oord die mees suksesvolle was. Die feit dat die Raad ook daarin geslaag het om die Tussen-die-Riviere natuurreservaat toeganklik te maak vir toerisme was 'n verdere groot stimulus (Notule 8/6/1978). Van die voorstelle wat nie geslaag het nie was die ontwikkeling van 'n toeristeroete wat mense per bus vanaf die Aliwal se spa na Bethulie, Oviston en Oranjekrag (tans Gariep) kan neem (Notule 10/7/1975).

In April 1988 het die Provinsiale Administrasie verneem of die Raad nie belangstel in die ontwikkeling van gronde vanaf die Hennie Steyn-brug tot by die ou grense van die dorpsgronde vir ontspanningsdoeleindes nie. Die Raad het dit egter nie aanvaar nie aangesien daar geen infrastruktuur bestaan nie en boonop veroorsaak die wisselende watervlak dat watersport nie tot sy reg sal kom nie (Notule 28/4/1988).

Bethulie vorm deel van die Xhariep toeristeroete wat die gebied rondom die Gariepdam insluit.

Verskeie pogings is deur die jare aangewend om die area bekend te stel; onder andere is 20 lede van die pers op 29 April 1988 in Bethulie onthaal om die Transgariep toerisme potensiaal te bespreek (Notule 14/4/1988). Op 29 Mei 1998 is 'n Toerismeraad vir Bethulie gestig. Die stigtingsvergadering is gelei deur Oos-Kaap en Noordoos-Kaap se toerisme personeel en die hoofdoel was om die ekonomiese groei van Bethulie te verseker (Lux Fiat, Junie 1998).

Nuwere ontwikkelinge was die Lake Gariep Projek. Die ontwikkeling van die Gariepdamomgewing het met die stigting van die *Drie Provinsie Alliansie* in 2002 weer verwagtinge geskep. Samewerkingsooreenkomste is onderteken deur die plaaslike regerings van Xhariep-distrik munisipaliteit, die Kopanong plaaslike munisipaliteit van die Vrystaat, die Karoo-distrik munisipaliteit en die Umsobomvu plaaslike munisipaliteit van Noord-Kaap en Ukhahlamba-distrik munisipaliteit en die Gariep plaaslike munisipalitelt van die Oos-Kaap. Almal deel die Gariepdam as grens; die doel was om die sosio-ekonomiese welsyn van die gemeenskappe te

verbeter. Die beoogde integrale ontwikkeling oor provinsiale grense heen sou bekendstaan as die *Lake !Gariep* inisiatief. Die oogmerk sou die ontwikkeling wees van omgewingsbewaring, toerisme, landbou, beter benutting van die water, ekotoerisme en water avontuur toerisme. Die eerste was om die *Lake !Gariep Toerisme roete* (ook "*Red river route*" genoem) te ontwikkel waarvoor die memorandum op 22 Junie 2005 geteken is (Nuusbrief, Jun 2005). Die nasionale Departement van Omgewingsake en Toerisme se Sosiale Verantwoordelikheid Projekeenheid het R9 miljoen vir die hele projek bewillig, wat onder andere die toerismekantoor in Bethulie ingesluit het. Sedert die gebou in ongeveer 2010 voltooi is, is dit nog nooit benut nie en vandalisme het reeds ingetree. Weer een van die projekte met baie potensiaal wat die regering nie kon implementeer nie ten koste van die gemeenskap.

Die ou munisipale bestuur het sukses behaal met hulle pogings om toerisme te stimuleer; die later pogings van samewerking, provinsiale inisiatiewe ensomeer het min of geen vrugte afgewerp nie. Die pogings van individue in Bethulie die afgelope paar jaar om inligting te verskaf, toere aan te bied, inligting op webwerwe en ander media te plaas stimuleer toerisme aan die dorp.

Treinbrug kyk BRÛE, DRIWWE EN PONTE...

Treinroof kyk SPOORLYN EN STASIE

TREKBOERE

Kyk ook GROOT TREK; HOOFSTUK 10: PLASE

Die term "trekboer" word redelik buigsaam gebruik in verskillende bronne en dikwels sluit dit ook die Voortrekkers in. Vir die doel van hierdie afdeling probeer skrywer slegs verwys na die groep wat die gebied voor die Groot Trek besoek het en hulle selfs hier in die omgewing gevestig het. Selfs met die begin van die Groot Trek in 1834 was daar sekerlik steeds trekboere. Presiese datums van wanneer die trekboere oor die Oranjerivier gekom het op soek na weiding, is moeilik om te bepaal, van die bronne meen dat daar al sedert 1813 gereelde besoeke aan die omgewing was en dat sommiges permanent of semi-permanent begin woon het tussen die Modder- en Rietrivier en in die Caledonvallei veral in die Bossiespruit en Slikspruit-omgewing. Bewyse hiervan is grafte soos die van Heyla de Beer wat in 1804 in Winburg-omgewing begrawe is en mev Olivier, née Snijder (38 jaar oud) wat op 4 November 1809 naby die huidige Springfontein begrawe is.

Veldkornetskappe waaruit ook die Trekboere gekom het (Uit:Van der Merwe, 1988:304)

Oberholster en Van Schoor (1964:21-25) gee 'n goeie opsomming van die trekboere. Trekboere of veeboer was die spontane noordwaartse beweging wat meer as 'n eeu lank aan die gang was, veroorsaak deur die vinnige aanwas van die bevolking en veekuddes en gepaardgaande gebrek aan plaasgrond en weiveld, in die eerste 20-30 jaar van 19de eeu is die trek versnel deur herhalende en langdurige droogtes, sprinkane en trekbokke wat vernietig ten suide van die Oranjerivier. Die doelstelling van die trekboere was om meer weiveld te bekom en hulle het geen begeerte gehad om hulle los te maak van koloniale gesag nie.

Dit teenoor die Groot Trek wat 'n doelbewuste, georganiseerde, massabeweging van ongeveer 10,000 mense was om hulle van Britse gesag vry te maak en in die binneland 'n onafhanklike staat te vorm. Teen die einde van die 18de eeu het die trek van die veeboere vanuit die Kaapkolonie teen die Bantoe in die ooste, teen die Boesmans in noordooste en die droë onherbergsaamheid noorde naby die Oranjerivier, te staan gekom en het die trek byna tot stilstand gekom. In die begin van die 19de eeu het dit weer momentum gekry en het trekboere tot teen die Oranjerivier gekom en in droogte tye toestemming van die Kaapse regering gekry om oor die Oranjerivier te gaan. Hulle het meestal uit die wyke Winterveld, Middenveld en Onder-Seekoeirivier gekom. Aanvanklik was die trekke periodiek maar vanaf die jare twintig het dit seisoenmigrasies geword. Dit is veral as gevolg van die droogtes in die jare twintig en dertig in Noord-Kaapland en daarom het meer hulle sedert 1825 permanent noord van Oranje gevestig.

Janse van Rensburg (Band 1,1990:65) dui aan dat die trekboere dan ook volgens die internasionale erkende reg van eiendomsreg deur okkupasie, waaraan hulle vir bykans twee eeue gewoond was, op die "*uitvlugt-plase*" aanspraak gemaak het. Die hele gebied suid van die Modderrivier en ook tussen die twee groot riviere, Caledon- en Oranjerivier, is tussen 1825 en 1840 deur trekboere beset. In 1832 rapporteer dr Philip van die LSG dat daar reeds 1,500 boere in die Transgariep is en in 1834 rapporteer GA Kolbe, wat toe sendeling in Philippolis was, dat daar ongeveer 1,120 boeregesinne tussen die Oranje- en Modderrivier woon. Hulle leier in die gebied was MA Oberholzer wat naby die Rietrivier gewoon het. Die groep was sonder 'n georganiseerde kerk, en daarom het huisgodsdiens so 'n belangrik plek ingeneem. Die meeste trekboere was vanuit die Ring van Graaff-Reinet met die gemeentes in Graaff-Reinet, Cradock en Beaufort-Wes. Die trekboere het gereeld teruggegaan na die gemeentes vir doop, aanneming en huwelikbevestiging. Die sendelinge het eers sedert 1826 noord van die Oranjevier in die omgewing begin vestig.

Verwysings na die trekboere in die Bethulie-omgewing, dus noord van die Oranjerivier, is skaars. Gedurende September 1824 het die Oranjerivier die noordelike grens van die Kaapkolonie geword en in 1825 gedurende 'n groot droogte het Stockenström die boere toegelaat om tydelik oor die Oranjerivier te gaan vir weiding. Pellissier (1956:191-4) haal 'n artikel of brief aan wat in *"The OFS monthly magazine"* van Augustus 1879 verskyn. Hy wys daarop dat die skrywer se datums waarskynlik nie korrek is nie, want Clark wat vanaf Mei 1828 noukeurig verslag doen, verwys nie na die insidente nie. Dus kon die insident wat die skrywer beweer in 1829 plaasgevind het, waarskynlik plaasgevind het voor Clark se koms. Volgens Schoeman (2003:23-29) het Stockenström die gebied in 1824 en 1825 besoek - dit kan die geleentheid wees wat die briefskrywer onthou. Die briefskrywer vertel hoe Sir Andries Stockenström, landdros van Graaff-Reinet, saam met kmdt Tjaart van der Walt, kmdt Gideon Joubert, veldkornet Piet Aucamp en ander in die omgewing aankom. Die doel van die besoek was om die Boesmans se toestemming te verkry dat boere uit die Kaapkolonie in die winter oor die Oranjerivier trek en die veld tussen die Oranje- en Rietrivier vir weiding gebruik. In ruil daarvoor sou die Boesmans tussen 300 en 400 beeste en 2,000 skape en bokke kry.

In 1828 skryf Clark vanaf die sendingstasie dat welwillende boere in die omgewing 40 skape aan die sendelinge gegee het om uit te deel aan die Boesmans in 'n poging om hulle by die sendingstasie te hou. Maar in 1830 beskryf Clark die probleme wat trekboere vir die Boesmans veroorsaak deurdat hulle vee die weiding van die wild vertrap en dat hulle selfs die wild verjaag waarvan die Boesmans so afhanklik is.

'n Trekboer wat hom in die Smithfield-omgewing gaan vestig het, was Jan Johannes Botes. Hy verklaar dat hy al in 1830 na die Transgariep getrek het en dat hy saam met 'n trek van 14-15 huishoudings uit die Nieuweveld gekom het. Hulle het hulle op Zevenfontein (later Beersheba) gaan vestig (Van der Merwe, 1988:342).

Van die trekboere het later by die Voortrekkers aangesluit. *"In Mei 1833 byvoorbeeld trek CJH Kruger van Vaalbank, die vader van Paul Kruger, saam met sy twee broers, Gert en Theunis, oor die Oranje... Hierdie trekkie het bestaan uit ongeveer 20 koppe - dus waarskynlik uit die drie families Kruger. Hulle het hulle plase in die Kolonie verkoop en getrek tot aan die Caledon, waar hulle tot 1836 vir Hendrik Potgieter gewag het."* (Van der Merwe, 1988:374. Hy haal aan uit: Gedenkschriften van Paul Kruger, bewerkt door F Rommel:1-3).

Met Andrew Smith se besoek aan *Bushmen School* op 12 Augustus 1834 verwys hy na heelwat boere, veral langs Slikspruit, en plekke wat reeds name het, plase, riviere en koppe soos dit nog vandag bekend is (Pellissier, 1956:209). In 1839 het Backhouse ook heelwat boere in die omgewing tussen Bethulie en Beersheba gevind wat ploeg en plant.

Die volgende is van die min gedokumenteerde en goed nagevorsde inligting oor trekboere wat na die Bethulie-omgewing gekom het, die inligting is verskaf deur Simon du Plooy van Brakfontein: *"Petrus Jacob du Plooy se seun Daniel Johannes, gebore 26 Nov 1827, se sterfkennis dui sy "geboorteplaats" aan as "Caledonskop". Die plaas Caledonskop is gelëe enkele kilometers vanaf Badsfontein en die plase is geleë weerskante van die Oranje, met eersgenoemde nog in die Kolonie. Dus het Petrus Jacob na 1827 sy kleim op Badsfontein gaan afsteek. Lidmateregister Cradock meld dat toe Simon J du Plooy in Mei 1826 "aangenomen" was sy "woonplaats Grootrivier" was terwyl sy jonger susters wat na hom belydenis afgelê het se woonplek terugverwys na hulle vader Mechiel se plaas Rietfontein. Die afleiding kan dus gemaak word dat hy as jong ongetroude verder as sy ouers getrek het – tot aan Grootrivier (of die Oranje) - en nie meer by sy ouers aan huis was nie. Na sy huwelik met Catharina Cornelia Coetzee word met hul eerste 3 kinders se dope hulle woonplek aangegee as in die kolonie maar met die doop van die vierde - Florus Jacobus – gebore 22 Jan 1840- as "over de grenzen". Dit is dus veilig om te aanvaar dat hy na sy huwelik in 1832 en sy vader Roelof se oorlye in 1833 sy penne finaal versit het om voor 1840 permanent op Truitjesfontein te gaan woon.* (Die plaas is tussen die Oranje en Caledonrivier geleë). *Sommige familielede beweer dat dit alreeds in*

1834 was wat hy ingetrek het maar dit is ongesubstansieerde beweringe en blote bespiegeling (wat nie onwaarskynlik is nie maar weens gebrek aan afdoende bewyse nie aanvaar kan word nie)".

Die trekboere, politieke onrus en Bethulie-sendingstasie

In die begin van die 1840's het die trekboere wat hulle steeds as Britse onderdane beskou, maar in die Transgariep gevestig, MA Oberholzer as hulle leier erken. 'n Groep wat egter nie meer onder Britse gesag wou staan nie het onder Jan Mocke 'n republikeinse ideal gepropageer. In 1842 het 'n groep Boere onder Mocke na Lephoi gekom en gedreig om Bethulie in te lyf in die republiek. Pellissier jaag in die nag na Colesberg om die Koloniale owerhede in te lig oor Mocke se planne.

Die groeiende onrus tussen die Griekwas, die sendelinge en die trekboere het daartoe gelei dat die Britse regering hom al meer bemoei het met sake in die Transgariep. Adam Kok het sy gesag probeer uitoefen oor 'n groter gebied en ook oor al die trekboere; dit het daartoe gelei dat beide republiekgesindes en lojaal-gesindes na wapens gegryp het. Die Britse troepe het die Griekwas te hulp gesnel en die trekboere in April 1845 by Swartkoppies uiteengejaag (Janse van Rensburg, Band 1, 1990:74). Dit is ook hiertydens dat die Bethulie-kommando vir die eerste keer gemeld word. (Kyk ook KOMMANDO; GRIEKWAS).

Keegan (1987:194) som die tydperk so op: *"In the 1840's the communities north of the Orange, black and white, were fluid, volatile and ill-defined, based on systems of clientship and involved in relationships of conflict and interdependence with each other. In order to secure stability and peace on the northern borders of the colony, not least to facilitate commerce, the imperial power was drawn steadily into that troubled region in the l840's as an arbiter in the increasingly bitter disputes over land and jurisdiction between indigenous peoples and the surrounding Boers. Finally, in l848, after their system of treaties of alliance with major chiefs (namely Kok and Moshoeshoe of Lesotho) had proved ineffective, British sovereignty was declared over the territory between the Orange and Vaal rivers".* In 1848 vind die Slag van Boomplaats plaas, waartydens Brittanje beheer oor die Vrystaat verkry en dit toe bekendstaan as die Oranjerivier-Soewereiniteit. Bethulie se sendingstasie bly onafhanklik terwyl die res van die Vrystaat onder Britse beheer geplaas is. (Kyk kaart onder DISTRIKVESTIGING). Die regering begin grondtitelaktes uitgee ook in die Bethulie-omgewing onder andere aan boere. Intussen sluit Adam Kok 111 en Lephoi 'n ooreenkoms oor grense waartydens die sendingstasie se gebied met ongeveer die helfte verklein word. Dit lei onder andere daartoe dat meer as 200 mense die stasie teen 1850 verlaat en teen 1852 skryf Pellissier dat 'n kwart van die stasie se bevolking getrek het.

In 1854 word die Britse gesag vervang tydens die Bloemfontein Konvensie.op 23 Februarie en word die gebied 'n Boererepubliek. Bethulie sendingstaise behou steeds sy onafhanklikheid. Pellissier was toe al baie bekommerd oor die toekoms van die stasie. (Kyk HOOFSTUK 3: SENDINGTYDPERK)

Veekrale gebou deur trekboere en van die eerste gevestigde boere

Veekrale asook oorblyfsels van huisvesting is volop in die omgewing. In die vallei suid van die dorpsdam is oorblyfsels van ongeveer 13 veekrale. In die kloof aan die noordooste kant van die dam is 'n groot kraal wat nog goed behoue is. Op baie plase word krale aangetref sodat een plaas se naam selfs Kraalfontein is. Die meeste van die krale is rond en daar kan bespiegel word of dit krale is wat deur veeboere uit die Kaapkolonie of deur Tlhaping gebou is. Argeoloë waarmee skrywer hieroor gesels het, is van mening dat swart mense ronde krale gebou het en wit mense vierkantige krale. Dat die nie as riglyn kan dien nie is duidelik uit sketse van vroeë reisgers soos Robert Gordon en Charles Bell, waar veekrale op boere-erwe as ronde krale aangedui word. Die kraal op die foto is 'n ronde kraal met 'n opening; dit het ook klein ronde soortgelyke konstruksie wat daaraan vas is. Dit is by Bethulie dam. Dit is volgens oorlewering die plek waar die veewagter, dikwels die veeboer se seun geslaap het, om naby die meer weerbare diere te bly.

Met die aanleg van plase is semi-permanente krale vir beeste en skape gebou van klippe en doringtakke. Indien die ligging geskik was, in sig van die woning teen 'n skuinste, sodat die veekrale uit die huis verdedig kon word (SJ du Plooy uit Nuusbrief, 13 Des 1974). Vierkantige, meer permanente krale word ook op baie plase aangetref en dit is moontlik gebou toe veeboere hulle meer permanente kom vestig het.

Trekboere het gewoonlik in hul ossewaens gebly maar die wat semi-permanent in die omgewing begin woon het, het huise gebou. 'n Voorbeeld van 'n stooikleihuis in die omgewing is op Brandewynsgat waar oorblyfsels van die mure nog aangetref kan word. (Kyk ook ARGITEKTUUR; KLIPKRALE).

Trekspringbokke kyk **NATUURRAMPE**

TROMPSBURG

Op 13 Mei 1892 versoek die Volksaad die kommissie wat met die stigting van dorpe gemoeid is om die geskiktheid van die plaas Middelfontein, Fauresmith-distrik, te besoek met die oog op dorpserkenning. Die eienaar van die plaas is Bastiaan Tromp. (Hy was 'n voorsaat van die skrywer Karel (Tromp) Schoeman). Landmeter C Vos die eerste 310 erwe alreeds in Februarie 1892 uitgemeet waarvan 95 reeds verkoop is. (Die lysie erwe in die boek van Janse van Rensburg (Band 11, 1990:347) dui egter net 17 erwe aan wat deur Vos opgemeet is). Die kommissie se verslag word op 3 Junie ter tafel gelê. Hulle rapporteer ook dat die NG Kerk-gemeentes van Bethulie en Edenburg beswaar aanteken en voer onder andere aan dat die plaas Springfontein 'n beter ligging vir 'n dorp sal wees. Die Volksraad vra 'n aanbeveling van die NG Kerk se sinode. Die tyd het verloop en nie die sinode of die Volksraad neem 'n besluit nie, ten spyte van bykomende versoeke van inwoners en aanbevelings van die kommissie. Teen 1898 met die Volksraadsitting word die aansoek van die hand gewys. Eers op 1 Mei 1899 is die plek as dorp erken.

Trompsburg is egter na die ABO in Desember 1903 deur landmeter G Baumann in sy geheel hermeet (Janse van Rensburg, Band 11, 1990:373-6). Die dorp is eers Jagersfontein Road genoem, toe Hamilton en daarna na die eienaar van die plaas waarop die dorp gestig is. Trompsburg is sedert 2000 die hoofsetel van Kopanong plaaslike munisipaliteit asook van die Xhariep Distrikmunisipaliteit.

UFO'S kyk VREEMDE VLIEËNDE VOORWERPE

Veekrale kyk TREKBOERE; KLIPKRALE

VENDUSIEKRALE

In 1929/30 (*Burgemeester se oorsig*) word genoem dat die vendusiekrale uit die dorp skuif tot nader aan die stasie; dit het egter nie die probleem van diere wat steeds deur die strate aangejaag word, uitgeskakel nie.

Met die bou van die nuwe stasie in 1970 moes die krale weer skuif, hierdie keer nader aan die nuwe stasie. Jan Horn afslaers stel belang om die krale oor te neem en nuwes op te rig. *Die Karoonuus* van 11 Augustus 1973 berig soos volg. "*Tydens die inwyding van die nuwe vendusiekrale op Bethulie, het mnr Giep Stander, voorsitter van die Bethulie Boeredistriksvereniging, die munisipaliteit bedank vir die aanbou van die kraal, en ook mnr Jan Horn bedank vir die wyse waarop hy die veilings opbou. Ander afslaers het ook al voortdurend probeer, maar kon geen sukses behaal om hier 'n konstante veiling op te bou nie.... Altesaam 935 skape en 54 beeste is aangebied en slegs 33 skape is nie verkoop nie. Die pryse: ooie, R24,40; lammers, R19,50; hamels, R20,30. Die omset van die veiling was R18,814.70*".

Later is die krale deur Horn verkoop aan Karoo Oche en van meer as een eienaar verwissel, onder andere CMW. Ongelukkig is die krale afgebreek en geen veilings kon meer gehou word nie.

By die ou skougronde is daar skaaphokke wat die naam dra van Saai du Plessis. (1919-1972) en 'n ander bord wat aandui: "Materiaal geskenk deur Bethulie Ko-op Handelshuis". Dit is opgerig om veral veilings tydens die skoutye te hanteer. Die hokke word tans een of twee maal per jaar gebruik vir Afrino en Merino ramveilings.

VENTERSTAD

Venterstad wat in die Oos-Kaap geleë is, is 46 km vanaf Bethulie. Volgens die boek van *Seringboom tot kerkgebou* (2010:267) het die lidmate wes van Burgersdorp in Desember 1874 die kerkraad van Burgersdorp versoek om 'n dorp te stig op die plaas Kareefontein wat deur hulle gekoop is. Die plaas het behoort aan HIT Venter en die dorp sou Ventersburg heet. "*Drie maande later het die dorpskomitee berig dat sewe erwe aan die Gereformeerde Kerk afgegee is vir die oprigting van 'n kerkgebou en pastorie. Op Saterdag 26 Junie 1875 het ds Postma en ander predikante....op Ventersburg vergader. Tydens die vergadering is die nuwe gemeente gestig...*" Ongeveer Oktober is die naam verander na Venterstad. Volgens die Wikipedia het die dorp in 1895 munisipale status verkry, tot toe was die Gereformeerde Kerk die enigste geregistreerde eienaar van die dorp. Beheer het egter eers in 1930 na die munisipaliteit oorgegaan.

Met die bou van die Verwoerddam, nou Gariepdam, is die konstruksiedorp Oviston ongeveer 8 km noord van Venterstad gevestig om vir die werkers en infrastruktuur vir die bou van die inlaat van die Oranjerivier-Vistonnel voorsiening te maak. Na die voltooiing daarvan het Venterstad munisipaliteit die dorp gekoop, die eerste keer in die geskiedenis dat een dorp 'n ander dorp koop. (Kyk ORANJE-VISTONNEL).

VERKEERSAFDELING

Denise Jacobs kan onthou dat die kantore van die Verkeersafdeling in Greystraat was, binne Bethulie se tweede oudste huis wat nog bestaan, en later verskuif is na die derde oudste gebou, naamlik die een in Rouxstraat.

Denise Jacobs onthou ook dat voor die huidige toetsterrein gebou is, is kandidate vir hul rybewyse op interessant plekke in die dorp getoets. Om te toets of die kandidaat teen 'n opdraende kan wegtrek sonder dat jou motor agteruit loop, is die styl opdraendetjie in die oord, wat aanvanklik 'n grondpaadjie was, onder andere gebruik.

Hantie Jordaan vertel dat die toetsterrein later op die erf van Voortrekkerstraat 48 was. Teen daardie tyd was die verkryging van motorlisensies en ander administrasie by die Landdroskantoor gedoen totdat die nuwe gebou en terrein voltooi is in Maart 1993 en alles gesentreer word. Die terrein is in Coetzeestraat 30 geleë.

VERVOER

Kyk ook SPOORLYN EN STASIE

SJ du Plooy (Brakfontein) gee 'n interessante beskrywing van 'n kapkar, of ook tentkar genoem, en 'n bokkiekar wat as vervoermiddel gedien het voor die koms van motors. Hy vertel dat ritte selfs oor 'n afstand van 25 myl (40 km) maar beperk was en die karre hoofsaaklik gebruik is vir "groot kerk" (nagmaal) en uitsonderlike gevalle, verder is 'n perd maar gebruik om sodoende die karperde te spaar. Met so 'n kar moes daar altyd rekening gehou word met die weer; somer, winter, reën en hael het elk sy uitdaging gebied. Die perde het hulle stilhouplekke langs die pad geken en in die dorp is hulle na die dorpshuis of die stalle van winkeliers soos Kahn en Edelstein geneem. Perde word uitgespan, koudgelei, dan na die watervoor of fonteinvoor by die Pellissier-huis geneem, terug stal toe waar die sak voer wag wat saam met die kar gekom het. 'n Kapkar het min sitplek gehad, hoogstens vir ma, pa en twee klein kinders; groter karre waarop nog twee kinders gelaai kon word, het die vrag vir twee perde bietjie swaar gemaak, veral met opdraendes. Die kapkar se sitplek was 'n kis met 'n neusie waaraan 'n slot geheg kon word. Voor die voete teen die spatbord was nog 'n smal bankie vir die laai van 'n koffer en sitplek vir twee klein kinders. Agter is die bak uitgebou met 'n rooster waarin een of twee koffers of die perdevoer gelaai is. Die bokkiekar het 'n plat bak met 'n bankie op twee staanders en 'n rugleuning gehad. Die vrag kon na goeddunke gelaai word, solank die druk op die perde se nekke nie te swaar sou wees nie (Nuusbrief, 8 Aug 1975).

Seker die oudste bestaande verewa uit die distrik staan in die Nasionale museum in Bloemfontein; die het behoort aan Denise Jacobs (née de Villiers) se oupagrootjie. Kyk onder SIMBOLIESE OSSEWATREK vir die storie van die waentjie wat nog die Groot Trek meegemaak

Die eerste "horseless carriage" in Suid-Afrika is deur JP Hess van Pretoria in Desember 1896 tentoongestel en aan president Kruger gewys. Dit was 'n Benz met een en 'n half perdekrag enjin. Kort daarna het die eerste motors in Durban en Kaapstad verskyn, maar dit was eers na die ABO dat dit meer algemeen geraak het. (Rosenthal, 1961:349) Wanneer die eerste motorkar in Bethulie sy verskyning gemaak het, kon skrywer nie vasstel nie; in Smithfield is die eerste motorkar in 1905 aangeskaf. Teen 1920 kon jy hier in Bethulie selfs 'n motor huur om na enige deel van die land te reis (Foto uit Braby's Directory 1920).

Joan Naude vertel: Deon van Zyl het die eerste Mercedes in die Vrystaat gehad: 'n 1959 Merc 219, so 'n gryse. Hy het van pure windmakerigheid al in die rondte gery en so die as van die motor gebreek. Het het dit stil-stil laat regmaak, die as is ingevlieg ... en Mercedes het die gebeure ontken!

Spoorweg-busdienste tussen dorpe is op 5 Oktober 1928 ingestel om diens te lewer aan dorpe wat nie 'n spoorverbinding het nie, na die wat het; in die omgewing was dit tussen Smithfield na Edenburg, Wepener, Bethulie en Rouxville. Die busdiens tussen Smithfield en Bethulie was drie keer per week en het onder andere die pos vervoer. Maxie Engelbrecht wat op Strydfontein grootgeword het onthou dat daar 'n klein kamertjie op Montgomery langs die pad was waar roomkanne gelaat is wat deur die bus vervoer is. Dis daar waar hulle ook opgeklim het wanneer hulle in die dorp gaan kuier het. Luukse busdienste is vanaf 1948 ingevoer tussen die dorpe (Prinsloo, 1955:414); dit was spoorwegbusse wat passasiers vervoer het. Van die ouer inwoners kan 'n Langeveldt onthou as busbestuurder. Whitey Strydom onthou hoe daar soms tot ses busse op die stasie gestaan het; hy onthou ook van die goederebus wat wes van Dupleston naby Strydfontein omgeslaan het; die drywer is ernstig beseer en die assistent het onder andere 'n glasstuk in sy hand gehad. Whitey Strydom is saam met die stasiemeester na die toneel waar hulle noodhulpopleiding en die noodhulpkassie handig te pas gekom het om die glasstuk uit die man se hand te haal. Om die bloeding te stop is Fryer's balsem gebruik wat vreeslik brand - maar die doel is bereik.

Op 'n stadium het Piet Haley wat die garage besit het motorfietse ingevoer vanaf Japan, nuwes en tweedehandses. So het baie mense in Bethulie motorfietse besit (skrywer het êrens die getal van 65 gehoor) as hul enigste of addisionele vervoer. Dr Johan Fryer was een van hulle; hy het vir hom 'n Honda 125 Scrambler aangekoop vir sy besoeke aan veral plase. Maar nou ja... daar val hy toe op 'n plaaspad.... en Jacques van Rensburg word die eienaar van die Scrambler.(Dankie aan Jacques van Rensburg vir die storie)

VLIEËNIERS, VLIEGVELD EN VLIEGONGELUKKE

Vier Bethulianers wat aan die Suid-Afrikaanse Lugmag verbonde was gedurende WO11 sterf en hul name verskyn op die Monument van Gesneuweldes (Kyk WÊRELDOORLOË): GJ Duckett, LC Wessels, HAR Male, JI Venter. Ander oud-vegvlieëniers wat bande met Bethulie gehad het was "oom Kilian", Dirkie Gildenhuis, en Tuxie Blau wat al drie vegvlieëniers in WO11 was. Jan Lodewicus Kilian (1911-1974) het later in die Royal hotel gebly en baie onthou hoe hy op die stoep gesit het en graag met verbygangers gesels het. Daar word ook onthou dat hy by elke rugbywedstryd in die dorp was en die tuisspan passievol ondersteun het.

Naftali Norman (Tuxie) Blau, seun van mnr en mev H Blau, is in 1927 in Bethulie gebore. In 1943 het hy by die SA Lugmag aangesluit, nadat hy gematrikuleer het toe hy slegs 16 jaar oud was. Gedurende WO11 het hy vliegtuie en personeel na en van Egipte aangevlieg. Met die begin van die Israel se onafhanklikheidsoorlog in 1848 het hy as vrywilliger by die Israelse Lugmag aangesluit. In 1951 het hy by EL AL aangesluit en vlieg binnelandse vlugte. Later het hy die Lockheed Constellatoin, die Britannia en die Boeing 707 gevlieg. Hy het in 1968 afgetree as vlugkaptein van die EL AL en in Johannesburg gaan woon (Jewish Life...2012:337-8).

Tydens Israel se onafhanklikheidsoorlog het hy 'n noue ontkoming gehad tydens die hoogs geheime Operasie Velvetta ook bekend as as Operasie Alabama. *"The first leg of the journey took place on September 24 1948. This section, which took an hour and a half, went well for the most part. We had a good northerly wind on this flight. We landed at our base in Niksic' at noon after a flight of only 4 hours and 10 minutes. About three hours after our landing the first flight of 6 "Spitfires" appeared. They landed one after the other. The last one was flown by a South-African volunteer called Norman (Tuxie) Blau who was a fighter-pilot with the Royal South-African Air-Force during WW2 and when his turn came to land he buzzed the airfield at a very low altitude then pulled up and went into a steep turn so as to avoid the hills around the field and landed on his belly, forgetting to lower his undercarriage (wheels). The airplane was damaged and went on resting on the wet grass. All of us were boiling-mad but nobody uttered a word."*

https://odedabarbanell.wordpress.com/2014/12/03/operation-velveta-1-part)

Gedurende die Koreaanse konflik, 1952-3, het 2 Eskader van die SA Lugmag as deel van die Weermag meer as 12,000 sendings oor vyandelike gebied onderneem. Die eskader, wat bekendheid verwerf het as die "Flying Cheetahs", het 34 vlieëniers in die oorlog verloor. Skrywer kon nie vasstel of Bethulianers hierby betrokke was nie.

Sekerlik die bekendste vegvlieënier uit Bethulie se omgewing is Brig-Genl Abel Grobbelaar wat een van Suid-Afrika se top vegvlieëniers en 'n spesialis in nagaanvalle geword het. Hy het in Bethulie-distrik grootgeword en hier skoolgegaan. In 1968 verwerf hy sy vleuels en was 16 jaar op Bloemspruit Lugmagbasis, waarvan hy vanaf 1989-1994 bevelvoerder was en ook die bevelvoerder van 42 Eskader en 8 Eskader. Met 4,000 vliegure is hy een van die veterane van die Lugmag wat vele vlieëniers opgelei het. Hy het self ondermeer vir 21 jaar die Harvard, Impala, Mirage111 en Buccaneers gevlieg. Hy het sy Mach 2-kenteken verwerf nadat hy met 'n Mirage deur die klankgrens gebars het en die snelheid verder tot 21 myl per minuut, oftewel Mach 2.1 opgejaag het. Hy het sy loopbaan verruil vir boerdery op Vrede; hier het hy 'n nie-geregistreerde grondlandingstrook ontwikkel. "*Die Suid-Afrikaanse Lugmag (SALM) en die Suid-Afrikaanse Polisiediens gebruik dit gereeld vir operasionele nagvliegopleiding en toetsvlugte met Augusta- en Oryx-helikopters van die 87 Helikopter-vliegskool by Bloemfontein. Die SAPD se lugvleuel in Bloemfontein gebruik die aanloopbaan vir hul BE105-helikopters en PC6 Pilatus-vastevlerkvliegtuie tydens misdaadbestrydings-operasies*". Verder maak jagters wat op sy wildplaas kom jag ook gebruik van die baan (Volksblad, 14 Jul 1994; Landbouweekblad: 30 Okt 2015:84-5)

Bethulie het al sedert 1924 fasiliteite gehad waar vliegtuie kon land. Naby die ou skietbaan, wat suid van Lephoi en oos van die grootpad was wat brug toe gegaan het, is daar in 1924 'n veld uitgelê waar gymkanawedstryde gespeel is asook 'n perderesiesbaan. Die resiesbaan is soms as vliegveld gebruik. 'n Nuwe baan naby die stasie word uitgelê en op 9 September 1931 geopen deur administrateur CTM Wilcocks. (Geskiedkundige dagboek, 1981:9,10). Die vliegveld word ook na hom vernoem. Gedurende WO11 het propeller-vliegtuie hier kom land vir tegniese instandhouding.

In 1963 word die vliegveld opgeknap; dit is deur Burgerlike Lugvaart beplan en deur die Departement van Vervoer goedgekeur. Daarna word dit geregistreer (Notule 12/12/1963). In 1965 doen Douglas Adam aansoek om brandstofpompe en 'n loods by die vliegveld op te rig; die loods word in 1966 opgerig. In 1970 is besluit om slegs een baan op die vliegveld te onderhou. Die Raad besluit "*om die lisensie van die vliegveld te kanselleer en om die een baan naaste aan die stasiepad wat in die heersende windrigting geleë is te behou en dit in 'n goeie en veilige toestand te onderhou*". Daar word ook besluit dat registrasie nie meer geregverdig is nie op grond van die beperkte gebruik. Die Raad ontvang ook geen inkomste of bydrae tot enige koste met betrekking tot die onderhoud nie (Notule 17/4/1970). Daar is blykbaar nie lank met die onderhoud volgehou nie want in 1977 versoek Buks Marais, 'n oud-Bethulianer, dat die bane gesny word; daar word besluit dat die gholfklub daarmee kan help aangesien hulle die gebruik van die snyer het (Notule 24/3/1977).

Met die oog op 'n moontlike besoek van die Staatspresident in September 1982 is die vliegveld weer bespreek. Diep slote op die landingstrook is reggemaak. 'n Lugvaartinspekteur het die landingstrook besoek en met Dokota geland en dit selfs vir groter vliegtuie goedgekeur. Die windkous is in 1990 vervang (Notules 25/3/1982, 10/4/1990).

Al wat vandag nog oor is van die vliegveld.

Lugvertonings wat selfs lugsirkusse genoem is, was deel van die plattelandse ervaring en verskeie maatskappye het vlugte en lugvertonings gereël. "*In 1932/33 Sir Alan Cobham brought a touring British air show to South Africa. His roving circus was not the first, the only or even the biggest contribution to 'airmindedness' in the Union... In 1928... the owner-pilot of a light plane named de Voortrekker did brisk business giving passenger 'flips' at Bethulie, Aliwal North and Smithfield. Wepener's mayor, town clerk and magistrate were among those taken up in thirteen flights. The day, the joyriding, and the Bloemfontein-based African Aerial Travel Company came to an abrupt end, however, after de Voortrekker crashed irreparably*" *(Pirie, 2012)*. Prinsloo (1955:613) verwys ook daarna dat die groep op 7 Februarie 1928 in Smithfield was met 'n Voortrekker Vliegmasjien, die loods was Lomax en die hulploodse IJ Kruger en Gordon waar hulle selfs ook mense uit die gemeenskap laat saam vlieg het. Hulle is later na Wepener waar die vliegtuig geval het (Prinsloo, 1955:613). Dit was gelukkig nie 'n noodlottig ongeluk nie.

'n Tipiese lugvertoning deur Cobham uit Pirie (2009)

Wie die vlieëners was met die Cobham-vertoning is nie seker nie, moontlik Hughes, aangesien van sy fotos in die Bethulie-versameling in die Vrystaat Argief is. "*FL Lt Turner Hughes the famous upside down flyer and stunter joined the Cobham air circus. This travelling air display and joy-riding concern was the biggest of its kind in the world*". Later jare het hy meer ernstig gevlieg: "*His flying hours exceeded 6,800 on over 160 different types*".

Pirie (2009) het in sy uitgebreide artikel oor die lugvertonings 'n laaste interessante opmerking wat mens laat wonder of dit een van die redes is vir Bethulie se nuwe vliegveld in 1931. "*Cobham's South African circus was propelled by personal ambition and imperial anxiety. In addition to cultivating, spreading and capitalising on familiarity with flight, Cobham hoped to impose a specifically British orientation. The 1932/33 tour was less than it set out to be because 'airmindedness' already existed in the Union, because the event failed to secure multiple new municipal airports, and because it did not anchor a British airline permanently in South Africa. The circus was more than it appeared to be because it sought advantages not just for South Africa, but also for Britain".*

'n Paar vliegongelukke waarvan een ongelukkig noodlottig was, het in die omgewing plaasgevind. Die ongeluk waarin Japie de Vos tydens 'n lugskou teen die gruisgroef by die ou stasie vasgevlieg (ander onthou hy het op die skouterrein neergestort) en gesterf het word soos volg beskryf: Volgens Pollock (1943:22) het kol. Dan Pienaar 'n goeie verhouding met boere gehad en gereeld ook plattelandse sentrums besoek waar militêre vertonings gelewer en skietkompetisies gehou is. *"...One day at an agricultural show at Bethulie in the Southern Free State a militiary aircraft crashed during a stunt flight. The Colonel was amongs the first at the scene of the accident and helped to extricate the pilot from the machine. The man was seriously injured. Dan (Pienaar) sat with the pilot all through the bitterly cold night. In the early morning the man died and the Colonel broke down. He hated to see men die, although he was no stranger to death".* Die vlieënier was Japie de Vos. Ds Groenewald (1985:27-28) onthou ook die ongeluk: *"in die namiddag van 21 Mei 1935 het ek gestaan en kyk hoe luitenant JW de Vos kunsvlugte uitvoer. Later kom die berig dat hy met die vliegtuig neergestort het... Die publiek van Bethulie het ten spyt van die ongeluk voortgegaan met hulle dansparty tot 2 uur in die more".* Nog 'n ooggetuie het sy herinneringe hieroor neergeskryf, FD du Plooy van Brakfontein (*s.a.*:81) *"...'n sekere luit. de Vos het met sy vliegtuig op die huidige tentoonstellingsterrein neergestort, nadat hy "tricks" in die lug gemaak het. Die vliegtuig het naby Piet en Beyers Aucamp geval, en hulle moes eintlik weghardloop om nie getref te word nie. Ek en Koos het die petalje by die huis staan en dophou".*

Ook Mimmie Postma (Kyk SKRYWERS) vertel in haar boek *Meintjie word mevrou* wat in Bethulie (onder die fiktiewe naam Oranje) afspeel: *"Die jongman het met sy vliegtuig kom kunstoertjes uithaal met die geleentheid van Oranje se jaarlikse landbouskoutentoonstelling, hy kry moeilikheid bo in die lug en stort voor die oë van die ganse dorp in die veld neer. Hy is op slag dood ... ek het so gestaan en kyk hoe die baas daar rondvlieg en toe ek weer sien, fuut, toe het sy son ondergegaan toe dit nog dag is...Ou Joop-slagpaal se mening is dat die flaaimasjien daarbo 'n punksjer gekry het".* (Hy is volgens die vertelling uit die Gereformeerde Kerk begrawe. En sy skryf ook dat hy die eerste is wat met die nuwe begrafniswaentjie vervoer is. Die skrywer het in Bethulie gewoon vanaf 1930-1936. Indien sy ook na De Vos se ongeluk verwys, is dit duidelik dat alles nie feite is nie, want hy is nie in Bethulie begrawe nie en die begrafniswaentjie is reeds in Mei 1907 aangekoop).

Max Oettlé

In 1959 val 'n vliegtuig wes van Bethulie op pad na die ou stasie. Die vliegtuig was die eiendom van Max Hugo Oettlé (1924-1999), 'n elektriese ingenieur. Ingrid Maritz (née de Villiers) onthou dat hy naby die landingstrook in die telefoondrade verstrengel geraak het; hy was getroud met Marthie Hattingh se dogter, Cecily, hulle het later in Saldanha gewoon. Hy het 'n boek geskryf, *The sky is mine,* waarin hy van sy vlieg-safaries dwarsdeur Suider-Afrika in sy Tiger Moth vertel. Die vliegtuig en ongeluk is so op die webwerf beskryf:

www.dehavilland.co.za/DH85_Leopard_Moth.html.aangeteken: *DH85 LEOPARD MOTH. ZS-AFI VP-KCO SAAF2036 ZS-BKE. Written off Bethulie 23.6.59 Tail to SAAF Museum.*

Nog twee ongelukke word deur Kotie Pretorius onthou. Die eerste is die waarin sy broer, Johan, en Cronje van Coller in betrokke was. Johan wat vliegopleiding verskaf het, het vanaf Pretoria na Aliwal-Noord gekom waar Cronje een van sy leerlinge was. In een van die sessies het hulle oor Heuningfontein gevlieg waar hulle in 'n land wou land; ongelukkig hak die vliegtuig se wiel aan telefoondrade vas en daar val hulle onderstebo in die land - ongedeerd. Die tweede ongeluk waarvan hy ook ooggetuie was, was die waarin Pietie van Heerden op die ou aanloopbaan wou land; die baan is nie behoorlik onderhou nie en hy tref 'n gat, slaan gat-oor-kop en kom ook ongedeerd daaruit!.

'n Snaakse storie, en dit net omdat dit nie tragies geeindig het nie, was die amperse ongeluk met Hennie Terblanche se vliegtuigie of "*powerparachute*" met sy seun Geórge aan die stuur en Thea du Plessis (née Bisschoff) as passasier. Hannelie, Hennie se vrou vertel hoe 'n opgewonde Thea al vroeg gereed is om oor die landskap te vlieg wat sy so goed ken en dit vanuit 'n hoër perspektief te ervaar en te besigtig. "*Ge-suit en ge-tie, spesiaal die serpie wat haar kind vir haar saamgebring het, van daai nuwe's... kleurvol, vol gaatjies en veertjies wat saggies om die nek fladder en tog so lekker warm is... spesiaal vir 'n spesiale geleentheid. Die aarde daar onder is tog so indrukwekkend, maar ook 'n bietjie ver... o gaats... gaan ons nou 'n "happy landing" maak of wat. Geórge begin 'n plekkie soek om die tannie sagkens op 'n veilige plekkie neer te sit...kan tog nie die herinneringe vir ewig skend nie, om nie eers vir haar te sê dat die mooi serpie die oorsaak is van 'n vroeë landing op die panne buite Bethulie nie. Wie kon nou dink 'n serpie, mooi en spesiaal kan teen die propellor vaswaai en die motor laat stol. Gelukkig met Geórge se vaardighede en die Hoër Hand land die tweetjies bietjie stamperig, maar tog veilig, 'n entjie uit die dorp, sonder selfoonontvangs waar hulle later opgelaai is....*" Die vliegtuig en albei is ongeskonde. (Nuusbrief, Aug 2005).

Gert Smit (kyk HOOFSTUk 8: BEROEMDES...) het 'n groot avontuur en groot drome gehad met sy vliegtuigie. In die begin 1990's koop hy drie "*microlight*"-pakette en sit hulle self aanmekaar. Met 'n handleiding leer hy homself vlieg. Kort daarna doen hy aansoek om 'n fabriek in die dorp te begin, maar die munisipaliteit sê dat die plotte nie gesoneer is vir fabrieke nie! Hy hou self die vliegveld in stand. Een van sy "*microlights*" is gekoop deur die Israeliese ambassadeur en uitgevoer na Israel. Hy het ook *girocopters* gebou. Ras Venter en Johan Kotze het twee van sy "*microlights*" gekoop. Gert oorleef ook 'n ongeluk, nadat hy met een geval het wat as gevolg van 'n misverstand 'n foutiewe vergasser ingehad het. Die oorblywende een het hy toegebou, versterk en meer instrumente ingesit.

Die jaarlikse Staatspresident-wedvlug vir ligte vliegtuie het in Mei 2009 vir groot opwinding vanaf die Hennie Steyn-brug gesorg. Dis die grootste wedvlug van sy soort in die wêreld. Die vliegtuie gebruik nie elektroniese navigasiemiddele nie, net 'n kompas en kaart en die doel is om vlieg- en navigasievernuf te toets. Een van die bene van die wedvlug het die volgende ingesluit: vanaf Bloemfontein, oor Barkly-Oos, Aliwal-Noord en met die draaipunt oor die suidelike punt van die brug en dan terug na Bloemfontein toe. Roetes word eers 'n paar uur voor die vlug bekend gemaak. Daar was 113 deelnemers waarvan een Denise Jacobs se skoonseun, Chris Burger, was. Soos met baie gebeure in die brug omgewing het Bethulianers hulle daar ingewag: vlieëniers het vir die toeskouers gewaai of met rookstrepe gegroet; sommiges het egter nie hulle draai gekry nie en skoon die brug gemis!

VLU kyk VRYSTAAT VROUE LANDBOU-UNIE

VOËLS

Voëlkykers sal nie teleurgesteld wees in die omgewing nie; die drie natuurreservate, die dorpsdam en die distrik bied talle geleenthede om voëls te besigtig. Die Gariepreservaat alleen se voël populasie tel 242 verskillende spesies, onder andere die skaars breëkoparend en die roofarend; dit is ook die tweede aangetekende plek in Vrystaat waar die kelkiewyn broei. By Bethulie se dorpsdam word ten minste 12 soorte eende aangetref, dit is die jagveld van visarende en die witkruis arende (nou die Verreaux genoem) wat in die gruisgroef hul nes het. Swerms kraanvoëls word gereeld in die distrik gesien en flaminke by plaasdamme en soms by die dorpsdam is nie 'n vreemde gesig nie.

Riëtte Griesel van die plaas Cyferfontein (of die Garingboom Gasteplaas) is 'n kundige op die gebied van voëls en lê haar veral daarop toe om roofvoëls te beskerm. Op haar webwerf is 'n lys van ongeveer 190 voëls wat op die plaas aangetref word. Sy skryf: "*Bethulie distrik is werklik baie spesiaal wat voëllewe aanbetref! Die rede hiervoor is dat twee biome mekaar hier oorvleuel en sodoende spesies van beide Karoo en grasveld gebiede hier voorkom. Klein groepies van die uiters skaars en bedreigde Burchell's Courser / Bloukopdrawwertjie, word op 'n gereelde basis naby die dorp dopgehou en aangeteken*".

Nog 'n voëlkundige wat met Bethulie verbind word, is dr Jan Gunning (kyk HOOFSTUK 8: BEROEMDES*...)*; 'n spesie is selfs na hom vernoem: die spesie *Sheppardia gunningi,* ook is Gunning se Janfrederik (*Gunning's Robin* or *Gunning's Akelat),* na hom vernoem. Hy het saam met Alwin Karl Haager in 1910 *A Checklist of the Birds of South Africa* gepubliseer. (Uit: Wikipedia).

VOETSLAANPAAIE

Die skool oorweeg dit in 1985 om 'n planteroete of wandelpad in die randjies ten noorde van die dorp in die wildtuingrond uit te lê. Hulle beoog om 'n katalogus van gemerkte plante as deel daarvan uit te gee. Die Raad verleen goedkeuring (Notule 30/9/1985). Ongelukkig was dit nie 'n standhoudende inisiatief nie.

Bethulie munisipaliteit het in die 1990's twee voetslaanroetes gehad: Die Hamerkop (12 km) en die Kiepersol (28 km) roetes. Dit was uitgemerk met wit voetjies, 'n kaart was beskikbaar en daar was selfs op die Kiepersol-roete 'n oornaghut. Beide roetes het by die oord begin. Die roete is uitgelê deur Derek Odendaal van die Departement Kultuursake; hy was ook Voorsitter van die OVS Voetslaanklub. Plaaslik het Erna O'Connell gehelp. Die roete is amptelik geopen met die *Bewaar Bethulie dag* in September 1990 (Notules 11/12/1989, 14/6/1990). Die roetes het ongelukkig ook doodgeloop nes die Klipstapelroete wat in die Tussen-die-Riviere wildreservaat was.

VOLKSPELE

Samuel Henri Pellissier, die kleinkind van die sendeling, JP Pellissier, is in 1887 in die huis wat vandag die museum is, gebore. Dit was toe die dorpshuis van sy ouers wat op Rekwesfontein geboer het. Na skool het hy onderwys studeer en het selfs 'n rukkie op die plaas wat Herman Grobbelaar nou besit, Erfdeel, skoolgehou. As jong onderwyser het hy 'n beurs na Europa gekry en tydens sy vakansie in Mei 1912 gaan hy na Swede. In die dorpie Näas neem hy in die aande deel aan hulle eiesoortige volksdanse en spele en leer van die piekniekliedjies wat hulle sing. Terug in Suid-Afrika en as onderwyser in Boshof verwerk hy die spele en danse en vertaal van die liedjies; op 28 Februarie 1914 word die eerste Volkspele in Suid-Afrika gespeel! Dit was tydens 'n Sondagskoolpiekniek op die plaas Vuisfontein, Boshof-distrik. Hy het vier Sweedse liedjies in Afrikaans vertaal, *Bloemfaderella, Nikko-Dikkom-Dei, Die vaste band* en *Ses wakker meisies;* laasgenoemde was volgens Roché Petersen (Facebook, My Dopperdagboek, 28/2/2018) nooit regtig gewild nie en is al vroeg laat vaar .

Met die inwyding van die skoolsaal en die herdoop van die skool na Hoërskool Pellissier op 9 Mei 1941 is 'n groot volkspele-aand in die saal gehou. Bethulie se volkspele laer het as die SH Pellissier Volkspele laer bekend gestaan. In 1972 skryf Alida Haasbroek van die suksesvolle kursus wat hier aangebied is en deur laers van die omgewing bygewoon is. Ds D Laufs was op daardie stadium voorsitter van die laer (Nuusbrief, 30 Mei 1975).

Die laer in Bethulie het volgens herinneringe in 1977 of 1978 ontbind.

Ek was deel van die Volkspele laer van Oom Hannes en tannie Alida Haasbroek. Die volkspele is in die Gereformeerde kerk se saal gehou en ons het baie saamtrekke bygewoon in Bloemfontein. Ek het 'n geel rok gehad het hom nou nog. Dit was lekker ou dae!!! (Alida Nadel Facebook, Pellissier Hoërskool 24/11/2014)

Voortrekkereeufees kyk SIMBOLIESE OSSEWATREK

Voortrekkers kyk TREKBOERE; GROOT TREK

VOORTREKKERBEWEGING

Die behoefte aan 'n jeugorganisasie is reeds in 1929 op 'n konferensie bespreek en op 30 September 1931 word Die Voortrekkers in Bloemfontein gestig met die leuse: "*Hou koers*". Die beweging is vandag steeds aktief, maar ongelukkig nie in Bethulie nie. Dr NJ van der Merwe is tot hoofleier verkies en mev MM Jansen tot onderleier; sy was die kleinkind van die sendeling Pellissier. (kyk HOOFSTUK 8: BEROEMDES...) (Steyn, JC 2016:307).

Op 12 September 1933 het dr Groenewald (die NG Kerk se predikant) op 'n vergadering van die skoolkommissie die stigting van die Voortrekkerbeweging in Bethulie voorgestel. Die amptelike stigting was op 'n ouervergadering van 17 November 1933. Die inlywing van die kommando het op 15 Junie 1934 plaasgevind: die onder-provinsieleier, Gertruida van den Heever en die provinsie se sekretaris, JM Buys, het die verrigtinge waargeneem. Ds Groenewald wat van 1932-1938 in Bethulie was, trou tydens sy bediening met Gertruida van den Heever in 1935 (Geskiedkundige dagboek, 1981:10; Ferreira, 1988:85, Groenewald, 1985:23).

Op 10 Oktober 1941 het die nasionale beweging sy 10de bestaansjaar gevier. Deelname daaraan in die omgewing is gedoen met 'n fakkelloop tussen Bethulie en Smithfield; Bethulie se Voortrekkers het die fakkel gedra tot by Tampasfontein en vandaar het Smithfield oorgeneem (Prinsloo, 1955:691).

Onder ds van der Merwe van die Gereformeerde Kerk (vanaf 1942-1945) se aansporing is die ou Pellissier-kerkie gekoop (dit is die tweede kerk van Pellissier, geleë agter die eertydse Rooms-Katolieke priester se huis) vir die gebruik van die Voortrekkers. (Eeufeesgedenkboek,1963:95). Die *Girl Guides* het die ou kerkie van Pellissier gebruik totdat die Voortrekkerbeweging dit gekoop het. Die kerksaal van die Gereformeerde Kerk is later vir baie van die beweging se aktiwiteite gebruik.

Die Voortrekkers het deur die jare aan baie seremonies hier in Bethulie deelgeneem. In 1938 tydens die simboliese ossewatrek het die Voortrekkers die Louis Trichardt-wa begelei en daarna by die wa 'n erewag gevorm en deur die nag wag gestaan; gedurende die aand het hulle 'n fakkeluitvoering gegee (*Bethulie Hoërskool Jaarblad, 1938:27).* Gedurende een van die grootste Geloftefeeste, die van 1963, het die Voortrekkers 'n erewag gevorm terwyl perde met perdekarre met die landsvlag die staatspresident begelei het. Hierdie optrede van die Voortrekkers moes moontlik van hulle laaste gewees het, voor hulle ontbind het.

VREEMDE VLIEËNDE VOORWERPE (VVV)

Op 5 Mei 2017 sien 'n paar inwoners 'n vreemde verskynsel wat aan 'n VVV (of UFO) hierinner. Reaksie op *Facebook* is interessant en onder andere antwoord Jaco Wessels op 8 Mei 2017 onder *Friends of Bethulie* soos volg

"Wel, laat ek dit so verduidelik. Dis nie die eerste keer wat die goed in Bethulie gesien is nie. Vroeg 80's maak my sussie my wakker diep in die nag en sê "Haley se komeet is hier." (My Pa was redelik kundig op die goed, so daar is baie gesels oor sterrestelsels en meteoriete, ens.) Ek staan op, en dis helder lig buite. Soos in blou flourescent helder lig. Die wat nie weet nie, ons het in die huis gewoon waar Anne Pretorius nou bly. (Dis nou in Pres Steynsingel). *Die slaapkamers was agter teen die rantjie. Ek gaan kyk toe uit by die "naaldwerkkamer" se venster, skuins oorkant my kamerdeur en reg bo die huis, nie meer as 100 m bo ons nie, "hang" 'n wit lig; wel soos 'n bal, maar jy kan beslis uitmaak dis nie rond in die vertikale lyn ook nie, alhoewel die horisontale lyn rond is.*

My suster hardloop na my Ma-hulle se kamer toe om hulle te roep. Maar sy het die manier gehad om met stories in die nag by hulle in die bed te gaan klim, so ons was op die stadium waar sy 'n blatante "gaan slaap" gekry het. Ek sou reken die "ding" was so 40 m in deursnee van onder af gesien. Stadig het die lig begin beweeg na my regterkant toe, oor die huis waar oom Tom en tannie Hanni Botha gebly het, tot waar oom Roelf le Roux later sy huis gebou het teen die pad in. (op daai stadium was daar net ons huis en die huis van die Botha's aan daai kant van die singel). Die besigheid het vir so paar oomblikke rondgehang daar waar oom Roelf sou kom bou en toe met 'n helse spoed daar weggetrek. Rofweg met Joubertstraat langs, maar omtrent waar die Wolmaranse gebly het, het dit skielik hoogte gekry soos iets wat moet styg, en het in sekonde of twee letterlik so vinnig kleiner geword dat dit weg is.

Nou die volgende more verduidelik ek toe die storie aan my Ma-hulle, my suster dring daarop aan dat haar redes vir by hulle wil kom slaap nie oorbodig is nie en hulle moet haar meer genadig wees. My Ma het dit vir my baie duidelik gemaak dat ek nie 'n dooie woord van die twak vir enigeen vertel nie - want "more, oormore is dit in die koerant" en dan lyk hulle soos gekke. Paar dae later staan ek in die biblioteek saam met my Ma oppad terug van die skool af, soos ons baie gedoen het, my sussie ook by. Sy hak af en vra vir tannie Hanni of sy die komeet gesien het. Op daardie oomblik stap Ds Danie toe ook die biblioteek in, en tannie Hanni (sy was die plaaslike verslaggewer vir die Volksblad op daai stadium) sê nee, maar watse komeet was dit? En daar hak die Dominee af, en sê hy was toevallig die nag oppad terug van 'n sterfte op 'n plaas op die Knapdaar-pad, en met die wat hy die dorp daar onder by sy plot oor die bruggie inkom, toe kom die ongelooflike skerp lig-bal in Joubertstraat af hier reg oor sy bakkie, nie 50 m bo hom nie en verdwyn erens agter hom in die nag in 'n sekonde. Daar was selfs van die denneboom takke in Joubertstraat wat afgeruk was van die Koöperasie af tot by oom Flippie de Bruin se plot.

Wel nodeloos om te sê, toe die Dominee nou ook die storie bevestig toe mag ek vir almal vertel, trouens vir 'n ruk daarna was ek geroep as die grootmense bymekaar was vir tee of iets sterkers om die storie te kom vertel. Tannie Hanni het dit in die koerant laat plaas, die keer was niemand blykbaar opgetrek daaroor nie. Hulle het Bethulie toe gekom en met my en Dominee Danie onderhoude kom voer. Was groot nuus vir so week. Basie Schmidt was saam met my in die klas, hulle het dit ook gesien. Met die koerante wat toe die storie optel is dieselfde verskynsel binne minute van mekaar gesien in Paarl, en êrens aan die Wes-Rand, ek dink Klerksdorp of Orkney of so plek, as ek reg onthou, en ook Bothaville. So daar het julle dit. Die goed gebeur. In Bethulie ook".

VRYMESSELAARS

Vanuit 'n ou Nuusbrief (31 Okt 1975:8) kom die volgende inligting: "*Perusing through the Master's Board and the attendance register, it appears that Alan B Gordon was founded in 1895. The Lodge meetings were held in a wagon house opposite the Royal Hotel... The Lodge went into recess during the Anglo-Boer War, and was refounded in 1911 on the present site on which occasion the present temple was consecrated.*"

Uit 'n webwerf word die volgende geskiedenis van die Vrymesselaars in Bethulie gekry: *Masonry in Bethulie started with a Lodge of Instruction established in 1908 as a satellite of Evening Star Lodge in Burgersdorp. The independent Alan B Gordon Lodge was established in 1911 as part of the Eastern Division which at the time included the Free State. It was named in honour of the then District Grand Master of the Eastern Division, Bro Alan B Gordon of King Williamstown. Before long, Lodges were established in several neighbouring towns in the southern Free State among them Springfontein, Trompsburg and Smithfield* (lg al in 1871 as Hollandse losie). *Sadly all later closed or moved northwards and today Alan B Gordon is the last surviving Masonic lodge in the southern Free State. However, it retains strong ties with Lodges in Aliwal North, Burgersdorp and Colesberg, all three part of the Eastern Division.*

Most of Alan B Gordon's members are living in and around Bethulie though the Lodge also attracts members from other towns. From 2000 the Lodge went through a difficult period when membership dwindled and activity was limited. It has since revived and is developing bold plans for the future. (http://englishlodgesofs.co.za/free-state-lodges-chapters/).

Volgens fotos in die gebou is die losie op 11 April 1911 gestig met FP Gunn as eerste meester vir die tydperk 1911-1912, maar die wyding van die losie is op 11 April 1924 deur Alan B Gordon behartig; die losie is ook na hom vernoem.

Foto: Alan B Gordon

Die Joodse gemeenskap het volgens oorlewering van die gebou gebruik gemaak vir hulle dienste (Kyk onder KERKE: sinagoge)

Die gronde van die organisasie is in Pretoriastraat 31 op erwe 144 en 145. Die eerste transaksie wat opgespoor kon word met betrekking tot die erwe is die volgende: Erf nommer 144 is aangekoop vanaf IPL Kruger; dit is gekoop deur J Main, 'n apteker van Bloemfontein vir die bedrag van £8. Erf 145 (die adres word as Rouxstraat aangedui) is ook aangekoop van IPL Kruger vir dieselfde bedrag deur George Knowles 'n *"mineral water manufacturer"*. Oordrag en registrasie van beide erwe is op 29 Oktober 1903 gedoen.

Hoewel daar tans nie baie lede in Bethulie is nie, word die losie steeds gebruik deur besoekers vanaf Bloemfontein.

VRYSTAAT VROUE LANDBOU-UNIE (VVLU)

Volgens hul webwerf (*www.vvlu.co.za)* is die VVLU 'n opvoedkundige organisasie wat geleenthede tot verruiming aan vroue met dieselfde waardes bied en hulle toerus as tuisteskeppers en om n positiewe bydrae tot die ontwikkeling van die gemeenskap en land te lewer.

"In 1930 word daar 'n kongres van boereverenigings in Bloemfontein gehou waar onder andere besluit word dat die Vrystaatse vrou ook geaktiveer moet word om georganiseerde opheffingswerk te doen aangesien die land in daardie tyd in 'n treurige ekonomiese toestand verkeer het. Die mans het met hul terugkoms na afloop van die kongres, verskeie dames genader met die versoek om werksgeselskappe te stig. Teen die einde van 1930 word al hierdie werksgeselskappe en huisvlyttakke genooi om 'n kongres in Bloemfontein by te woon ten einde saam te snoer in een provinsiale organisasie. Hierdie kongres, gelei deur Manie Wium, LPR en voorsitter van die Vrystaatse Landbou-unie, vind plaas op 5 Desember 1930 en bygewoon deur 60 afgevaardigdes. In sy voorsittersrede het hy daarop gewys dat die vrou, in samewerking met die man, moet help om die plaaslewe vir die jong seuns en dogters aantreklik te maak om sodoende ontvolking van die platteland te stuit. Saamstaan moet ook die leuse van almal wees sodat die boer 'n seggenskap in die ekonomiese afset van sy produkte kan hê. Mev. D.F. Malherbe word as die eerste presidente van die Vrystaat Vroue Landbou-unie gekies.

88 Jaar later, is dit met trots dat ons kan sê: Die VVLU het ongeveer 1,900 lede in die Vrystaat met 'n tak/ke op bykans elke dorp. Die vrou is steeds betrokke by die plaaslewe en nie net met opheffingswerk in haar eie gesin besig nie, maar ook in die gemeenskap en veral onder voorheen benadeelde gemeenskappe. Die VVLU het uitgekring van organisasie vir plaasvrou na 'n moderne organisasie vir die vrou uit elke denkbare omgewing – 'n groot getal werkende, professionele vroue en besigheidsvroue is ook lede van VVLU vandag. Die VVLU is ook lid van Vrystaat Landbou en gaan haar voortaan beywer om ook hier 'n duidelike verskil te maak".

Teen die einde van 2018 bestaan die VVLU uit 9 areas en 57 takke: Bethulie was deel van area 9 wat ook Dewetsdorp, Smithfield, Hobhouse, Wepener, Zastron ingesluit het. Een van die presteerders in Bethulie was Corrie Grobbelaar wat in 2007 haar 40 jaar erewapen ontvang, sy was ook 'n hoofbestuurslid en sameroeper van naaldwerk in die Vrystaat asook lid van die beoordeelaarspaneel. Die Bethulie se VLU ontbind Oktober 2012.

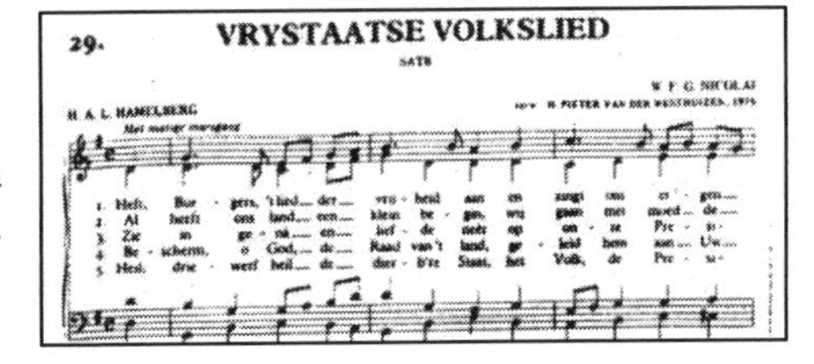

VRYSTAATSE VOLKSLIED

Die Vrystaatse Volkslied, *"Heft Burgers, 't lied der vrijheid aan.. " se woorde* is geskryf deur die eerste volksraadslid vir die dorp, advokaat HAL Hamelberg; die komponis was WFG Nicolai, die direkteur van die musiekkonservatorium in Den Haag en ook 'n bekende komponis in Nederland. Hamelberg kom in 1855 na Suid-Afrika waar hy in 1856 'n regspraktyk in Bloemfontein open. In 1858 word hy as volksraadslid verkies en in 1864, nadat Bethulie as dorp geproklameer is, is hy as volksraadslid vir Bethulie verkies. Hy het egter nie in Bethulie gewoon nie.

Die Vrystaatse Volksraad het op 23 Februarie 1866 as deel van die 12-jarige bestaan van die Vrystaatse Republiek na Hamelberg se voorstel en uitvoering van die lied geluister; volgens hom was 'n volkslied nodig om vaderlandsliefde uit te beeld. Met die sitting van 24 Februarie het raadslid Snyman, gesteun deur JJ Venter, (albei van Bethulie) voorgestel dat die lied as volkslied aanvaar word wat dan goedgekeur is. Die Volkslied is amptelik gebruik tot 1902.

Hamelberg bly in die Volksraad tot 1871 toe hy na Holland terugkeer waar hy as Vrystaatse konsul-generaal optree.(Oosthuizen, s.a: 1-9.).

WATER

Kyk ook DAMME; BLOEMWATER; HOOFSTUK 7: GARIEPDAM

SH Pellissier skryf: "*Die geskiedenis van Bethulie is dus een lang verhaal van water, water, water.... Daarom is dit vir my tragies dat toe die dam uiteindelik in die Oranjerivier gebou staan te word, dit 'n bedreiging eerder as 'n uitkoms vir ons dorp word. ...Hierdie dorp, ons dorp, moes voortdurend spook om genoeg water vir persoonlike gebruik en vir tuine te hê. Water uit die wolke, water uit die poort en moontlik water uit die Oranje en Caledonrivier was sy begeerte en sy droom...*". (Eeufeesalbum, 1963:75,77).

Fonteine, watermeulens en masjiene

Die fonteine in die omgewing het die deurslag gegee vir die plek van vestiging van die sendingstasie wat later Bethulie geword het. Met die vestiging van meer mense en die stigting van die dorp blyk dit steeds of fonteine die enigste bronne van watervoorsiening was. Hoewel hier twee groot riviere in die omgewing en heelwat spruite is, was die uitdaging nog altyd om water vir die dorp te kry. Putte het in die 1880's gevolg en windpompe is eers op 'n groter skaal na die ABO gebruik.

Watermeul op Wintershoek in 1952.

Watermeulens het moontlik al so vroeg soos 1855 van die water gebruik wat uit die fontein in die poort gekom het. Kennis word van twee geneem. SH Pellissier verwys na De Beer se watermeul in die poort wat in 1894 gesloop is, vermoedelik is dit gebruik vir die maal van koring (Eeufeesalbum, 1963:51). 'n Waterwiel en meul was op die erf wat tans aan Dolf van der Walt behoort op die hoek van Joubert- en Jim Fouchestraat; dit is tussen 1855-1858 daar gebou. Oorblyfsels van 'n dam wat met sandsteen gebou is, word nog daar aangetref.

Die dorp het eers water van die fontein aan die noordekant van die dorp en anderkant die poort gekry, daar waar die dorpsdam gebou is. Daar was van gravitasievore gebruik gemaak wat 'n 1/4 vt diep was om die water te laat vloei. Die voor het later in 'n erosiesloot en spruit verander en met vloede moes sandsakke gegooi word. Die eerste keerwal word in 1892 gebou, die wal was 15 m hoog. (VAB Ref MB1/4/2/4).

Voor die uitvinding van die masjien kon water uit die riviere, spruite en fonteine nooit werklik benut word nie, nie op plase en ook nie in die dorp nie. In 1906 is daar besef dat meer water vir besproeiingsdoeleindes in die dorp nodig is. Twee oplossings is gedebateer, om meer water vanaf die spruit en fontein op te vang, of om water uit die Oranjerivier te pomp. Eers in 1912 word 'n skema aanvaar waar meer water uit die fontein opgevang moet word; die ontwikkeling van Macsmo word aanbeveel en in 1914 word die hele ontwikkeling goedgekeur. (kyk PLOTTE)

Op plase was die Van Eedens, Fanie en Koos, in 1909 die eerste om water vanuit die rivier te pomp op hul plaas Klipfontein wat deel van Vergelegen was, vertel Simon du Plooy (Brakfontein). Die masjien het hout gebruik om gas te voorsien vir die krag; daar is tot 200 bokwavragte hout aangery per jaar om mee vuur te maak. Min of meer dieselfde tyd het die Holm's ook 'n pompstasie opgerig aan die oorkant van die Oranjerivier op Holmsgrove (Nuusbrief, 21 Mrt 1975). In 1915 het die maatskappy Mangold Bros 'n deel van Boschenduivenkop gekoop en dit onder die naam Riverprospect geregistreer. 'n Mnr Reid van die maatskappy bou sy huis by die mond van die spruit op die rivierwal en hier word die eerste gaspomp in die distrik gebruik, veral met die doel om lusern te besproei (Olivier, 1973:33).

Putte, boorgate en windpompe

"Putte en boorgate was aan die begin van 19de eeu nog onbekend op plase in die Kaapkolonie, tog het putte soms voorgekom vir huisgebruik. Boere het veral die noodsaak van die benutting van ondergrondse water gesien en teen 1830 was daar al 'n waterwyser in Graaff-Reinet. Fonteine is teen daardie tyd al oopgegrawe, maar die nodige gereedskap vir putgrawery was min.

Teen 1828 was daar sprake van die invoer van gereedskap vir boorgate deur ene Bourke. Jare lank het boere gesukkel met die uitdaging om die water bo die oppervlakte te kry. Die Noria-bakkiespomp het eers teen die einde van die 19de eeu verskyn, die moderne windpomp het net kort voor die ABO in die handel gekom. Innoverende pompmakers was daar wel voor die tyd en teen 1875 is daar soms windpompe ingevoer. Sover bekend het 'n sekere Du Toit in die 1880's Suid-Afrika se heel eerste windpomp op sy plaas naby Hopetown opgerig. Dit was 'n Halliday Standard wat uit Amerika ingevoer is en dit was 'n houtstruktuur.

Die windpomp het eers praktiese betekenis vir die ekonomiese ontwikkeling in Suid-Afrika gekry toe die Aermotor-maatskappy in Amerika windpompe met staalwiele gemaak het, voor dit was daar net lomp houtwiele in Suid-Afrika. In 1893 het Lloyd en Kie die eerste Aermotors ingevoer en die eerste aan 'n paar boere verkoop. Voor die Groot Trek was boere dus nog afhanklik van fonteine, panne, waterkuile en gronddamme en daarom kon plase nie oral aangelê word nie. Die windpomp het die bevolkingsdrakrag in die land verhoog. Die meeste windpompe is uit Amerika, Engeland, Kanada en Duitsland ingevoer. Later is windpompe soos Climax, Southern Cross en Aermotor plaaslik onder lisensie vervaardig. Na 1940 het plaaslik-ontwerpte pompe soos Springbok en Steward & Lloyds die lig gesien".

(Van der Merwe, 1988:331-3; http://www.bronberger.co.za/index)

In ou fotos van Bethulie is dit opvallend hoeveel windpompe in die dorp was; van hulle op fonteine. Daar is ook putte gegrawe waar fonteine was. Martha Pellissier skryf op 2 Maart 1880 aan haar kleinkind *"I suppose you heard all about the well, everyone in the village use that water now, it is very convenient and so clean"*. Die put was in die tuin van die sendingerf, nou die museumgronde en haar ander kleinseun, SH Pellissier, skryf in 1973 dat hyself dit nog in 1897 gesien het, maar dat dit sedertdien toegegooi is (Briewe...1973:13). Dit moes van die eerste putte in die dorp gewees het.

Een van die oudste putte is geleë op die erf op die blok noord van Joubertstraat en tussen Burnett- en Jim Fouchestraat, waar die ou grofsmit sy plek gehad het. Die erwe het in die 1880's aan Will Adam behoort, 'n broer van Gordon en Norman Adam se oupa, James. Die verdere historiese waarde van die put is dat dit met groot kundigheid en vakmanskap uitgevoer is met sandsteen. Die put is in alle waarskynlikheid in die 1870-1880's gebou. Die pragtige bewaarde put is in 2012 herondek en as die "Adam se put" deur skrywer geidentifiseer; die put is in die ABO gebruik om die konsentrasiekamp van water te voorsien. (Kyk MONUMENTE...).

Daar was nog ander putte in die dorp, sommiges daarvan nog sigbaar en duidelik dat dit 'n toegegooide put is. Op plase in die omgewing is dieselfde gevind. Bethulie het nog as dorp in 1930 onder andere van 'n put gebruik gemaak om water te verskaf volgens die Burgemeerster se oorsig 1929/1930:7. Wardhaugh wat toe die burgemeerster was skryf *"na enige jare het die water in die put minder geword en in droogte was daar byna niks. Dit was die begin van ons watersmarte. 'n Boorgat is toe in die put gesink, nog 20 voet. Dit kon nie dieper nie omdat harde ysterklip bereik is".*

Die dorp was ook aangewese op water uit boorgate. Reeds in die *Burgemeester se oorsig* van 1929/30 word verwys na 'n enkele boorgat en put wat drinkwater asook aan 'n reservoir aan die dorp verskaf. Daar word dus onderskei tussen drinkwater en lei- of besproeiingswater. Drinkwater in pype is in 1903 in strate beskikbaar gemaak. Hierdie pype en enjin is verkry nadat daar na die ABO met Chamberlain onderhandel is om vir £300 die waterstelsel van die konsentrasiekamp se boorgat, te koop. 'n Lening van £400 is aangegaan en Bethulie kry vir die eerste keer drinkwater in pype met krane in sy strate. Probleme met masjiene en onderdele en 'n gat wat droog word in droogtes word beskryf.

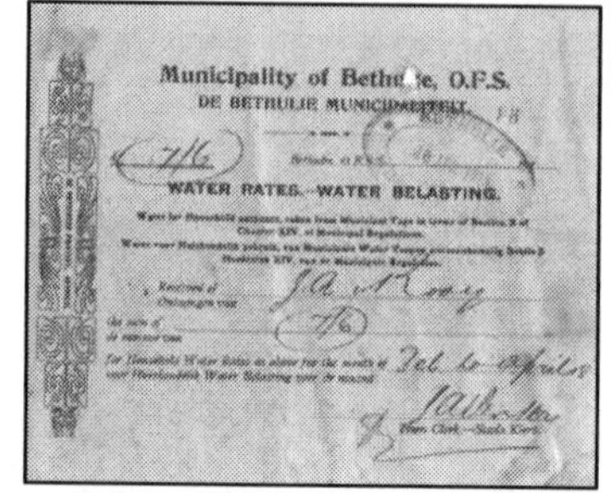

Municipality of Beth[illegible]e, O.F.S.
DE BETHULIE MUNICIPALITEIT.

7/6

WATER RATES.—WATER BELASTING.

7/6

Stempel op die kwitansie vir waterbelasting is 30 April 1913

Deur die jare is die boorgate aangevul. Van die gebruikers van water is die sportklubs. Vanaf Januarie 1964 het die SSK, wat moontlik in 1958 gestig is, water uit hulle boorgat aan die swembad voorsien. In 1985 word 'n nuwe boorgat by die sportterrein gesink; hoewel water al op 75 vt gekry is, is tot tot 300 vt geboor. In 1988 word 'n besproeiingstelsel by die sportgronde goedgekeur en 'n boorgat gesink in die suidwestelike hoek van die rolbalbaan wat 8,000 gelling per uur lewer. Die gholfklub ondervind waterprobleme teen 1991 en daar word aanbeveel dat hulle by die SSK aansluit en dan deel in die gat wat by die rolbalbaan beskikbaar is; die aansluiting vir hulle water is teen Julie 1991 voltooi. (Notules 15/10/1985, 21/2/1988, 25/5/1989, 25/4/1991, 25/7/1991). (Kyk ook onder SPORT, Sentrale Sportkomitee).

'n Boorgat is by die stadsaalgronde in 1970 geboor, 202 vt diep en 2,000 gelling per uur (Notule 10/7/1970) en in 1980 is 'n nuwe boorgat by die biblioteek gesink. In 1982 word 'n nuwe boorgat in die omgewing van die nuwe swart woonbuurt beplan. Die boorgat by die ou stasie kry 'n dompelpomp in 1988 en water word na die twee spoorwegdamme gepomp. Die damme het later dakke gekry (Notule 10/11/1988). Volgens Piet du Plessis is die spoorwegdamme voorsien van water uit die waterwerke by die dorpsdam. Die infrastruktuur is so beplan dat ekstra water daar gestoor kan word en ook water aan die swart woonbuurt voorsien. In 2014 was een van die dakke so gevandaliseer en die dam so verniel dat dit in onbruik is, die tweede dam was wel vol water maar het gelek asook die pype wat daaruit kom; die munisipaliteit se amptenare het geen kennis van die damme gedra nie! In 'n gesprek wat skrywer met Boemwater gehad het in 2018 het hulle aangedui dat hulle nie die twee damme gebruik nie.

Volgens die verslag van Kopanong se *Integrated Development Plan* vir 2014/15 is daar 14 boorgate in Bethulie in gebruik.

Boormanne en waterwysers was onontbeerlik vir die dorp se waterprobleme. Van die mense wat onthou word wat in die dorp watergewys en geboor het was Jannie van der Walt; Gert du Plooy, Jan Kleynhans en Piet van Heerden. Frans Breedt het op menige plase water aangewys.

Die Dorpsdam

Die dorpsdam met sy kanale word in 1921 voltooi. Tog was dit steeds nie voldoende nie. Die *Burgemeester se oorsig* van 1929/30 gee 'n omvattende beskrywing van die waterprobleme. "*Toe die dam in aanbou was het ons almal die indruk gehad dat water oor die gehele dorp gelei kan word. Dit was slegs toe die dam byna klaar was, dat dit gevind was dat 'n taamlike groot deel van die dorp nie gelei kon word nie, maar dat die water na 'n hoër oppervlakte moes gepomp word met masienerie* (sic). *As daar baie water in die dam is kan een deel, (die bo-dorp), nog gelei word... maar vir die boonste dorp moes altyd gepomp word".* Die dorp is in vier dele verdeel, boonste dorp, bo-dorp, middel-dorp en onder-dorp; en dit lyk asof die laaste twee altyd leiwater kon kry sonder dat daar gepomp moes word en dat hulle nie veel empatie met die boonste groep se probleem gehad het nie! Om die druk op die masjien te verlig is 'n watervoor om die kerkhof gemaak wat vandag nog te siene is.

Deur die jare is heelwat deskundiges gekry om die waterprobleem te help oplos. Die swart bevolking was teen 1930 2,000 en die wit bevolking 1,700. Daar is toe al besef dat die enigste oplossing vir standhoudende watervoorsiening die pomp van water uit die Oranjerivier is. Verdere behoeftes waarvoor water uiters noodsaaklik was, was vir die abattoir, steenmakery en die sanitêre stelsel. Teen 1930 was daar ongeveer 15 krane in die strate, en water is na 53 huise aangelê. In 1937 word die twee opgaardammetjies bo-op die koppie, noord van die dorp, voltooi. (Kyk onder DAMME).

Water uit die Oranjerivier

Kyk ook HOOFSTUK 7: GARIEPDAM

Dat die idee van water uit die rivier en 'n dam in die Oranjerivier wat uitgeloop het op die Oranjerivierprojek en die huidige Gariepdam, uit en uit 'n idee was wat in Bethulie gebore is, is duidelik uit die Raad se notules

Reeds in 1907 oorweeg die Raad 'n skema waar 'n groot waterwiel water uit die Oranjerivier sou trek. "*Die stroom van die rivier sou die wiel draai en die wiel met bakkies aan die speke sou dan water uitgooi in 'n voor om na die dorp gelei te word. Hierdie skema is egter onprakties gevind*". (Eeufeesalbum, 1963:57).

Om in die behoefte na standhoudende water te voorsien skryf Wardhaugh in sy *Burgemeester se oorsig* van 1929/30 "*Volgens die hoeveelheid water wat nodig is sou gesê word dat ons water uit Groot Rivier moet suiwer. Wat dit betref was ondersoek ingestel en die beraamde koste sal sowat £15,000 behaal waar nie aan te dinke is nie. Een dag in die toekoms sal dit tog moet gebeur.*"

Dit was teen 1933 dat die Raad aan die regering geskryf het om 'n groot dam by Florence in die Oranjerivier te bou - die eerste amptelike voorstel wat later gelei het tot die bou van die Gariepdam! Teen 1943 spook die Raad steeds vir 'n dam in die Oranjerivier by Bethulie. Gerugte dat daar 'n kanaal aan die oorkant van die rivier gebou sou word en water in Kaapland versprei, lei tot deputasies, briewe en sprekers op kongresse wat pleit vir 'n kanaal uit die rivier aan die Vrystaat-kant, sodat die dorpsdam in tye van droogte water daaruit kan kry. In 1951 is dit opgevolg en ook weer versoek dat 'n dam in die rivier, met die wal in die poort gebou moes word (Eeufeesalbum,1963:69, 76). (Kyk ORANJE-VISTONNEL)

In 1962 met die aangekondig van die damprojek was daar geweldige groot teleurstelling oor die ligging van die wal, want sedert 1933 spook die dorp al vir die bou van die dam met die wal op die plaas Florence. Die Hendrik Verwoerddam word in 1972 ingewy met min voordele vir Bethulie (Kyk HOOFSTUK 7: GARIEPDAM).

In die Munisipale Jaarverslag van 1977/1978 word die kwessie van die toename in huishoudelike waterverbruik genoem en die effek wat die nuwe wateraangedrewe rioolstelsel op die gebruik het. Kommer word uitgespreek oor watervoorsiening in droogtetye; 'n opmerking dat die beproeiingswater of leiwater nie altyd waardeer word nie en dat die vroeë samewerking in die verband nie meer bestaan nie, dui op die kwesbare toestand van die dorp.

Die dorp was selfs na die bou van die Verwoerddam weer eens aangewese op sy eie planne om meer water te kry; die oë was steeds op die water van die Oranjerivier, toe die Verwoerddam, gerig. JS Fryer skryf in die Nuusbrief van 16 November 1979 van die stryd in die dorp onder die inwoners oor die voorstel van 'n waterskema en vra eensgesindheid. "*Ons mense moet nie weer gekategoriseer word in "watermense" en "konserwatiewes" nie. Die "remskoene" moet afgehaal word en die "wilde-dromers" effe in toom gehou word*". Meer inligting hieroor word in die notules gevind. (Notules 14/5/1979, 28/5/1979, 8/11/1979; verslag 30/1/1980). Pogings om water uit die Verwoerddam te pomp, deur 'n pompinstallasie lei tot vurige bespreking. Nadat al die ingenieursfeite ingewin is, word die pomp van water uit die Verwoerddam weer volledig bespreek en word dit duidelik gestel dat die finansiële las nie op inwoners geplaas mag word nie. 'n Memorandum word aan die Minister van Waterwese gestuur om geldelike en tegniese bystand aan Bethulie te verleen vir die implementering van 'n pompskema vir besproeiing, huishoudelike en nywerheidsdoelstelling om te kompenseer vir die gevoelige terugslag wat die dorp op ekonomiese en finansiële gebied gely het as gevolg van die Verwoerddam-projek. Daar word op gewys dat in die proses van ontwikkeling van die Verwoerddam die nadelige posisie van die dorp en die distrik onder die aandag gebring is van Jim Fouche, die destydse Minister van Waterwese. Hy was simpatiek oor die vertoë en het belowe dat Bethulie toegelaat sal word om water uit die Verwoerddam te onttrek. Die onderneming is skriftelik deur die Minister gegee, daarom word nou versoek dat ondersoek ingestel sal word vanaf die Staat vir die hulp.

Van nou af lees die notules soos 'n riller! Die wyse waarop die Administrasie van die Vrystaat en die Departement van Waterwese die Raad van Bethulie hanteer het, is skokkend.

Op die versoek van die beloofde hulp en die voorgestelde pompskema het die Adminstrateur geantwoord dat daar na aanleiding van 'n verslag van 'n senior ingenieur *"so 'n skema weens hoë kapitale en lopende kostes nie ekonomies uitvoerbaar is nie en dus ook nie tot voordeel van die dorp en sy inwoners kan wees nie".* Daarop het die Raad die ingenieursverslag aangevra en hierop het die Administrateur laat weet dat dit nie beleid is om verslae vir buite instansies beskikbaar te maak nie! Tog blyk dit of die verslag later wel ontvang is en na samesprekings met die LV, F Olivier, het die Raad die onekonomiese uitvoerbaarheid van die projek aanvaar en die aangeleentheid as afgehandel beskou (Notules 26/6/1980, 25/9/1980, 23/10/1980, 27/11/1980).

Intussen is skriftelike bevestiging van die Departement Waterwese ontvang waarin die Raad meegedeel word dat geen finansiële hulp vir besproeiingskemas gegee sal word nie, behalwe in gevalle van bestaande skemas wat deur ondergang bedreig word. Die Raad kom ooreen dat dit hier net gaan oor huishoudelike water. Daar word besluit om eers af te sien van die pompskema en ander moontlikhede te ondersoek (Notule 24/10/1980).

In 1981 doen die Raad hulle eie beramings en tydens 'n openbare vergadering dui die gemeenskap aan dat hulle teen enige leningslaste in die verband is en dus teen die pompskema vir praktiese en ekonomiese redes (Notules 27/8/1981, 19/10/1981, 17/11/1981). Daarna duik die kwessie weer sporadies op; in 1983 word die nuwe kosteberaming van die Provinsiale Administrasie bespreek asook die moontlikheid om die pomptoerusting van die SA Vervoerdienste te koop (Notule 9/8/1983).

In 1988 word 'n nuwe ingenieursverslag en kosteberaming van die SA Vervoerdienste met betrekking tot water uit die Verwoerddam ontvang; hierin word gemeld dat die toerusting al sewe jaar in onbruik is, dat slik 'n groot probleem is en dat 'n nuwe onttrekkingspunt nodig is. Die aanbevelings was dan dat dit finansieel beter sou wees in die omstandighede om die beskikbaarheid van ondergrondse water naby die dorp te ondersoek (Notule 23/6/1988).

Eers 23 jaar na die dam gebou is en dit na aanleiding van die idee wat in Bethulie ontstaan het, kry die dorp water uit die rivier. Bloemwater open 'n watersuiweringseenheid hier op die dorp

In 1995 kom Bloemwater tot die redding van Bethulie en word die jarelange droom om water uit die Oranjerivier te pomp bewaarheid; Bloemwater het sy dienste uitgebrei na die Suid-Vrystaat en Bethulie en Philippolis ingesluit. (Kyk BLOEMWATER). 'n Watersuiweringsaanleg is in Bethulie (in die ou Frank Gunn park) opgerig vanwaar water vir Bethulie, Springfontein en Trompsburg verskaf word.

Die skema het egter 'n tyd geneem om te voltooi en die droogte van 1997 het spesiale maatreëls vereis; die Bethulie-dam was toe al twee jaar droog en die boorgate se vlakke laag. *Die Volksblad* van 15 November 1997 berig onder die opskrif *"Bethulie se waternood dalk gou iets van die verlede danksy ooreenkoms"*, dat die Stadsraad 'n ooreenkoms met kontrakteurs en subkontrakteurs van die 26 miljoen rand skema bereik het om water uit die Oranjerivier te pomp na Trompsburg, Springfontein en Bethulie. Water is as 'n noodmaatreel dieselfde week in die reservoir van Bethulie gepomp.

Leiwater

Daar is voor die bou van die dorpsdam beplan dat Macsmo en die dorp agt leibeurt per jaar uit die dam sou kry wat toe nie gerealiseer het nie. Die dorspdam en sy kanale is in 1921 voltooi. Die dorp is in vier dele verdeel, boonste dorp, bo-dorp, middel-dorp en onder-dorp; en dit lyk asof die laaste twee altyd leiwater kon kry sonder dat daar gepomp moes word en dat hulle nie veel empatie met die boonste groep se probleem gehad het nie! (*Burgemeester se oorsig* van 1929/30). Om die hele dorp te lei het drie weke geneem.

Dit is nie elke dorp wie se inwoners die voorreg gehad het van leiwater en die herinneringe aan leiwaterbeurte het nie.

Piet Smith het 'n skreeusnaakse storie in die Nuusbrief van Februarie 1975 geskryf oor hoe hy as nuweling vir die eerste keer op sy eie in die nag moes waterlei, met 'n ego wat hulp sommer voor die tyd van die hand wys. Gewapen met 'n nuwe flits waarvan hy die battery laat pap word het, 'n graaf en kaalvoete moes hy twee ure voor sy beurt teen wil en dank die water vat; met die op en af hardlopery om die water in die akkers in en uit te keer, het hy in die modder gegly, sy toon met die graf "afgesteek" en boonop weier sy buurman ondertoe om sy leibeurt voor sy vasgestelde tyd te vat! Op die einde was dit maar 'n kwessie van "laat Gods water oor Gods akker loop"!

Van die herinneringe aan die leiwaterbeurte is op Facebook, gedurende November 2013 gedeel:

Jacques van Rensburg: *Iets wat net die ou crowd sal onthou is die waterbeurte, water is uit Bethulie-dam gelaat sodat tuine en die plotte gelei kon word. Partykeer was jou beurt in die nag dan het almal met hul lanterns water gelei. Die dorp het soos `n fee-landskap gelyk met al die lanterns wat rond dobber op 'n see van donkerte.*

Jaco Wessels:. *Ons het 'n oom Jan Fiskaal gehad wat toesig kon hou. En mense was erg as die water laat by hom is, want dan het so en so voor-op weer water gesteel, dit was groot skindernuus wie steel water en wie nie... Die huise bo-kant die meisieskoshuis het nie lei-vore gehad nie, ons water was gepomp van die meisieskoshuis af op. So ons moes maak doen met water wat teen 'n helse stroom uit 'n groot dik pyp met 'n kraan stroom, maar ons het dit darem reggekry om eweneens ons fun te hê daarmee.*

Louisa Klopper: *Oom Jan Kruger was tierkwaai oor leiwater... R9.00 per maand, ek is seker van my saak!*

Hettie Terblanche: *Ons het altyd met die waterbeurte in die vore gespeel. Ek, Danie, en die klomp daar om ons, Johanna Kruger, Emmery du Plessis, Naude Stander, het bootjies en vlotte gebou, dan launch ons dit bo in Murraystraat en wag dit dan in, al onder deur die bruggies. Ek onthou altyd hoe teleurgesteld ons was as die sluise hoër op geruil word en ons water dan opdroog. Soms het ons die boonste sluise dan net effens gelig dat daar darem water deurkom vir ons bootjies, maar nie lank nie dan kom oom Attie du Plessis, die barbier, kyk hoekom sy hoeveelheid water dan nou nie is wat dit moet wees nie! Dan het ons geduik agter die voorstoep se muur in.*

Ernest Coombs: *Ek en Leon Westenberg se gatte is een dag behoorlik brand geslaan deur my oupa toe hy ons vang kondome opblaas en in die leivore gooi dat hulle stroomaf kan dryf en dan te kyk wat die mense doen as die goed by hulle strand. Nie eers geweet hy sal weet wat dit is nie maar nou ja, op daai stadium weet jy alles en die oumense niks.*

Ernst De Ru: *En wie onthou die derduisende vissies wat saam gekom het toe die siwwe deurgeroes was?*

Vleis Terblanche: *My pa Jan en Oom Jan Kleynhans, Oom Koos Wolmarans, Oom Marx, Oom Griesel van Heerden het mekaar se water gesteel en dan het hulle mekaar aangetree oor wie dit gedoen het.*

Chris van Heerden: *Ja, dit is iets wat vandag se kinders nie sal verstaan. Hoeveel nagte is ons enige tyd van die nag wakker gemaak om te help met die water geleiery, en as jy daar klaar is, is dit voete en hande was wat gewoonlik met rooiklei beplak was, jou "brekfis" eet en pad vat skool toe.*

Hierdie mooi bewaarde vore wat vir leibeurte gebou is, is op die erf van die Gereformeerde Kerk en ook nog op baie van die ouer erwe te kry. Let op die uitlate wat met sinkplate gesluit word.

Die inwoners het danksy die water die voorreg gehad van vrugte en groente in oorvloed en pragtige blomtuine. Deur die jare het mense se behoeftes verander en in 1988 dui 'n opname aan dat 71,5% van die inwoners nie meer belangstel om leiwater te kry nie en dus ook nie meer leibeurte nie (Notule 28/7/88).

Waterfiskale het 'n belangrike rol in die dorp gespeel. Op pad na die ou oord en dam is daar nog fondasies van 'n ou huis, die van 'n waterfiskaal. Die *Burgemeester verslag van 1929/30* noem 'n Wiggill en Arrie Kruger as waterfiskale. Dupie du Plessis onthou vir Kerneels van Rooyen wat tot so begin 1960's daar was; na hom was Gert Kotze ook waterfiskaal en Piet Smith onthou 'n mnr Oelofse.

Voor die biblioteek is 'n voorbeeld van 'n handpomp wat gebruik was vir huishoudelike water op persele. Dit is in 1976 geskenk deur Pieter Coetzee om die oorheersende aandeel en rol van water in Bethulie se geskiedenis te simboliseer.

WEERSOMSTANDIGHEDE

Kyk ook REËNVAL; NATUURRAMPE

Op 'n vergadering van 22 April 1971 het die Raad besluit om minimum en maksimum temperature vir elke dag te neem en daarvoor is die nodige instrumente aangekoop.

Mense tref nie altyd 'n verskil tussen sneeu of kapok nie en verwys dikwels na albei. Dit is nie baie algemeen in die omgewing nie en daarom word sekere neerslae goed onthou. De Waal (1986:36) verwys na kapok wat in Desember 1874 geval het. Die sneeu tydens die ABO het in twee agtereenvolgende jare, 1901 en 1902, bygedra tot die ellende in die konsentrasiekamp. In Junie 1922 het kapok 9 tot 14 dm dik gelê in die omgewing (Prinsloo, 1955:574).

Skywer het self as kind sneeu of kapok in die somer ervaar; dit was in die laat 1950's. Die Oujaaraand kuier die omgewing se mense by Schalk en Rita Engelbrecht op die plaas, Strydfontein; almal dans en na die nuwejaar verwelkom is om 24:00 moet ons huis toe ry, maar dit is so koud en dit sneeu!; komberse en warmgoed word aan almal geleen. Die motors het nie verwarmers gehad nie en ek kan tot vandag onthou hoe erg was dit om die hekke op pad na ons plaas, Kinderfontein, oop te maak.

In die 1968 was Bethulie se strate getooi in die sneeu. Fotos met dank aan Jaco Wessels

Haelbuie wat gewoonlik kol-kol val tref soms ook die omgewing soos die foto regs wat geneem is deur skrywer in April 2008 op die ou grondpad tussen Bethulie en Springfontein, aantoon.

WEESHUIS-TERREIN

Na die Anglo-Boereoorlog was heelwat kinders wees gelaat. Die NG Kerk, in samewerking met die Gereformeerde Kerk, het geld ingesamel vir 'n weeshuis vir die kinders. Tot op die stadium is die kinders in privaat huise versorg. 'n Gebou van hout en sink is op die NG Kerk se terrein opgerig wat op 31 Augustus 1903 geopen is met 80 kinders. Dit was waarskynlik die huis waarin die kampsuperintendent in die konsentrasiekamp gewoon het, en wat op 'n vendusie gekoop is. Ds Becker het as voorsitter en tesourier van die weeshuiskomitee opgetree en gereeld in *De Fakkel* melding gemaak van skenkings en ook skenkings gevra. Teen die einde van 1903 word 'n tweede huis opgerig as deel van die weeshuis. Probleme met die regeringskool noodsaak die kerk om die ou NG Kerk-gebou as skoollokaal vir die weeskinders en ander in Januarie 1905 in gebruik te neem met 35 leerlinge; teen Desember was daar reeds 53 leerlinge. Ds Becker was ook voorsitter van die Skoolkommissie. Dit was deel van die Christelike Nasionale kerkskole. In Januarie 1910 is 35 kinders van hier af na Ladybrand se kinderhuis oorgeplaas. Bethulie-gemeente het gereeld tot in die 1990's finansiële bydraes aan die Ladybrand Kinderhuis gemaak. Oorlewering wil dit hê dat die bruinstam-bloekoms op die NG Kerk se terrein deur hulle aangeplant is.

Wepener monument kyk MONUMENTE...

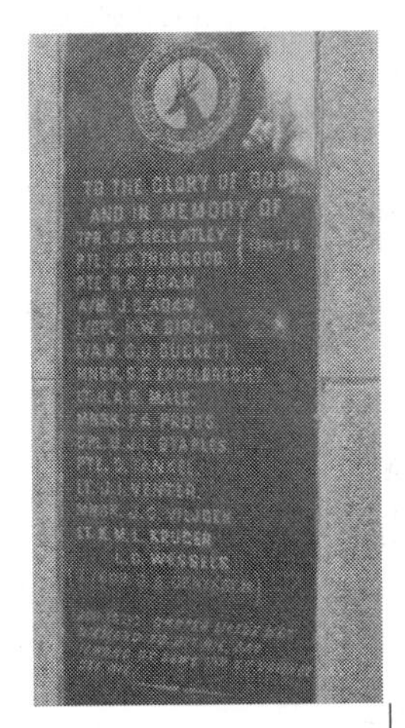

WêRELDOORLOË

Kyk ook REBELLIE ; SA LEGIOEN

Bethulie is nie onaangeraak deur die twee Wêreldoorloë nie. (Die meeste inligting oor die gesneuweldes is op die webwerf http://twgpp.org verkry

Tydens WO1 (1914-1918) sterf twee Bethulianers, GS Gellatley en JC Thurgood. Albei se name verskyn ook op die monument vir gesneuweldes.

Gellatley, George Stuart
Cemetery: Nairobi British And Indian Memorial
Country: Kenya
Area: Nairobi
Rank: Private
Official Number: 6072
Unit: 3rd South African Horse
Force: Army
Nationality: South African
7th September 1916

Met die uitbreek van die oorlog meld George Gellatley, een van die skoolseuns hom vir aktiewe diens aan en word hy in die *Transvaal Scottish* by Booyes-kamp opgeneem (Eeufeesalbum, 1963:66,142). (Kon die Gellatley moontlik enige verbintenis gehad het met die ingenieur wat later in 1913 'n verslag opgestel het vir Bethulie se dam; die verslag is toe aanvaar. Hy was teen 1920 resident-ingenieur).

Thurgood, James Gilby
Cemetery: Plymouth (Efford) Cemetery
Country: England
Area: Devon
Rank: Private
Official Number: RX4/235414
Unit: 2nd Remount Depot. Army Service Corps.
Force: Army
Nationality: British
8th November 1918. Age 25. Son of Walter Gilby Thurgood and Hester Catherina Thurgood (formerly Janse van Rensburg) of Wonderboom Bethulie Orange Free State.

Dit is die seun van die Walter Gilbey Thurgood wat in Brittanje gebore is in 1863 en in 1942 in Bethulie sterf en hier begrawe is. James Gilby (Jim) Thurgood (1873-1918) sterf aan die einde van WO1 aan koors op see en is begrawe in Plymoth. Hy was 'n broer van Otto Wolgang se vrou Iris Eugene (1907-1989).

Bethulianers het ook aan WO11 (1939-1945) deelgeneem en sommiges het daartydens gesterf; hulle name verskyn ook op die monument vir gesneuweldes.

Die eerste twee name is die van twee Adam-broers, **RP Adam** en **JC Adam**. Norman Adam onthou sy twee broers was nog op skool, maar het in die middae geoefen om soldate te wees. Hulle het ook aan die vrywilige jeugprogram deelgeneem. Raymond het tydens opleiding in 'n mortierbomontploffing in Pretoria gesterf. Op sy grafsteen in die dorpskerkhof word verskyn die volgende: "*597109V Private RP Adam Y.T.B. 19th November 1945*".
JC Adam is in die Noorde gewond vanwaar hy met 'n trein na Durban gestuur is waar hy aan sy wonde sterf. Op sy grafsteen in die dorpskerkhof staan dat hy ongeveer 1923 gebore is en 7 Junie 1944 sterf. "*SAAF P6846V Air mechanic JC Adam SAAF 17th June 1944, age 21)*"

Wyrley-Birch, H
Cemetery: Bolsena War Cemetery
Country: Italy
Area:
Rank: Lance Corporal
Force: Army
Official Number: 9376
Unit: Die Middelandse Regiment, S.A. Forces
Nationality: South African
Details: 28/01/44 I, E, 1.

Die monument dra 'n fout deur sy naam as HW Birch op te gee, en was dit nie vir David Frewen nie het skrywer nie die inligting oor hom opgespoor nie. David Frewen onthou dat die van eintlik **Wyrley-Birch** was en dat hulle op Kransdraai geboer het, hy het saam met een van hulle seuns by mev Duckett loseer tydens die oorlog. Patrick Mynhardt (Mynhardt, 2003:14) onthou ook dat die pa van een van sy maats. "Sunbun" Birch tydens die Tweede Wêreldoorlog "vermis" geraak. Hy is gewond, gevange geneem deur die Italianers en gedood toe die Geallieerdes per ongeluk 'n Rooikruis-trein waarin hy was, gebombardeer het.

Duckett, G J
Cemetery: Bloemfontein (In Memoriam) Cemetery
Country: South Africa
Area: Free State
Rank: Leading Air Mechanic
Official Number: 543964
Unit: South African Air Force.
Force: Army
Nationality: South African
19th September 1942. Age 62. Son of Robert G. Duckett and Mary Duckett of Bethulie. Plot A. Grave 197.

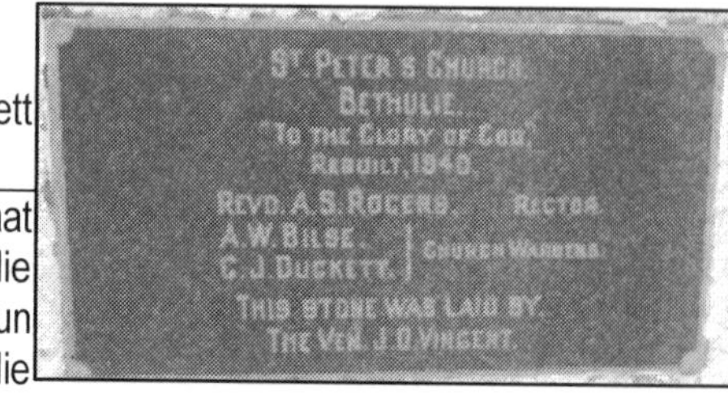

G J Duckett se naam verskyn op 'n gedenkplaat van 1940 van die Anglikaanse kerk as een van die kerkopsieners. David Frewen onthou dat hy as skoolseun by die Ducketts loseer het in Greystraat, net oos van die hoek met Voortrekkerstraat. Daar het het mnr Duckett as ou man en boonop oorgewig aansoek gedoen om oorlog toe te gaan. Hy sterf in Bloemfontein, moontlik van natuurlike oorsake.

Engelbrecht, S.C
Cemetery: Tel El Kebir War Memorial Cemetery
Country: Egypt
Rank: Private
Official Number: 198317
Unit: 2nd South African Police
Force: Misc.
Nationality: South African
16/06/42 Age 31 3. B. 7. Son of Schalk C. Engelbrecht and Mary Engelbrecht, Bethulie; husband of Maria S. Engelbrecht, of Lindley, Orange Free State, South Africa.

Op die plaas Strydfontein is daar 'n klipstapel wat Schalk gebou het as jong seun wat vandag nog daar staan volgens sy broer Gawie Engelbrecht.

Male, H A R
Cemetery: Krakow Rakowicki Cemetery
Country: Poland
Area: Krackow
Rank: Lieutenant
Official Number: 21586V
Unit: 31 Sqdn. South African Air Force
Force: Air Force
Nationality: South African
15/08/44 Aged 26 Coll.grave 1. E.3-7. Son of Mr and Mrs H.J.Male of North Shepstone, Natal, South Africa

Proos, F A
Cemetery: Castiglione South African Cemetery, Emilia-Romagna, Italy
Country: Italy
Area:
Rank: Private
Official Number: 289613V
Unit: First City/Cape Town Highlanders, S.A. Forces
Force: Army
Nationality: South African
Died: 04/01/45 Age 27 II, H, 24. Son of Leon L. Proos, and of Anna S. Proos, of Bethulie, Orange Free State

Proos is ca 1918 gebore en was waarskynlik ongetroud met geen kinders.

Staples, Ullyn J L.
Cemetery: Halfaya Sollum War Cemetery
Country: Egypt
Area:
Rank: Private
Official Number: 32039

Unit: 1st Bn. 1st Transvaal Scottish, S.A. Forces
Force: Army
Nationality: South African
02/12/41 Age 27 24. D. 7. Son of Eric R. Staples, and of Irene M. Staples, of Springfontein, Orange Free State, South Africa.

Kpl Staples was familie van die Staples van Kuilfontein Springfontein, sy naam verskyn moontlik hier op die monument omdat daar nie een in Springfontein opgerig is nie.

Tankel, Samuel
Cemetery: Knightsbridge War Cemetery, Acroma
Country: Libya
Area:
Rank: Private
Official Number: 21719
Unit: Regiment President Steyn, S.A. Forces
Force: Army
Nationality: South African
23/11/41 5. B. 23. Nephew of Mr. B. Kristal, of Senekal, Orange Free State

Sammy Tankel, een van die Joodse vriende waarvan Patrick Mynhardt skryf, het tydens WO11 vrywillig gaan veg teen die Italianers in Afrika, waar hy gesterf het in 'n kar wat gebombardeer is en uitgebrand het, by Sidid Rezegh .

Venter, J I
Cemetery: Alamein Memorial
Country: Egypt
Area: El Alamein
Rank: Lieutenant
Official Number: 102266
Unit: 22 Sqdn. South African Air Force
Force: Air Force
Nationality: South African
15th January 1944. Age 26. Column 283. Son of Karel N. and Anna M. Venter; husband of Marian D. Venter.

(Sy ouers is albei in Bethulie begrawe. KN Kruger 1888-1959 en Anna M Kruger (nèè Vorster) 1893-1967).

Viljoen, J S
Cemetery: El Alamein War Cemetery
Country: Egypt
Area:
Rank: Private
Official Number: 84686
Unit: 1st Royal Natal Carbineers, S.A. Forces
Force: Army
Nationality: South African
06/07/42 Age 26 Coll. grave XIX. F. 12-13. Son of Petrus C. Z. and Petronella Viljoen; husband of Anna S. C. Viljoen, of Krugersdorp, Transvaal, South Africa

(Sy ouers is albei in Bethulie begrawe. PCZ Viljoen (1885-1955 en P Viljoen (nèè Roux) (1882-1979).

Wessels, L C
Cemetery: Malta Memorial
Country: Malta
Area: Valetta
Rank: Lieutenant
Official Number: 542536V
Unit: 60 Sqdn.
Force: Royal Air Force
Nationality: South African
Details: 04/03/44 Panel 17, Column 2.

Rhona van Rensburg onthou die "mooi jongman" wat Chom genoem is tussen sy vriende. Hy het twee broers gehad en hul ouers het aan die westekant van die dorp geboer.

Denyssen, D A
Cemetery: Assisi War Cemetery
Country: Italy
Area: Assisi
Rank: Bombardier
Official Number: 124238 V
Unit: 18 Bty. South African Artillery
Force: Army
Nationality: South African
Details: 04/07/44 Aged 26 V. C. 4. Son of Daniel S. and Edith A. Denyssen, of Normandale, Springfontein, Orange Free State, South Africa.

Soos die inligting by elkeen aandui, is hulle naby die plekke waar hul gesterf het begrawe; net twee van die gesneuweldes is in Bethulie begrawe, die Adam-broers.

In die *OVK nuusbrief* van September 2006 vertel MC Fourie die volgende van Sidney Holm wat op Holmsgrove grootgeword het: *"Tydens die Tweede Wêreldoorlog was Erik Holm (sr), pa van Erik en seun van oubaas Sidney Holm, die destydse eienaar van Holmsgrove, die omroeper in Europa wat radioberigte met 'n kortgolfradiosender deur "Radio Zeesen" vanuit Europa na Suid-Afrika uitgesaai het, van alles oor die gang van die oorlog. Hy was natuurlik Duitsland goedgesind, en was teen Jan Smuts se SAP-regering. SA was natuurlik ook deel van die geallieerde magte wat Engeland so goedgesind was. Om in Suid-Afrika na "Neef Holm" se uitsending te luister was 'n oortreding, en die Natte in SA het baie versigtig na hierdie suisende kortgolf uitsendings van Holm geluister, opwindende, vars nuus, warm uit die oond, alles in Afrikaans! (Hierdie was die eerste Afrikaanse radiosender en dit het agt uur per dag, net in Afrikaans, uitgesaai. Die Unie-sender was toe uitsluitlik in Engels). Holm het ook propaganda vir die Ossewabrandwag gemaak. Erik (sr), eintlik gedoop Sidney Eric, is uiteindelik gevang en oorgebring na Suid-Afrika waar hy aan hoogverraad skuldig bevind is, en in die tronk gesit is. Hy is na 'n paar jaar, in 1949, vrygelaat. Sidney was 'n argeoloog, en hy het hom naby Hartebeespoortdam gevestig. Hy het onderrig, huise gebou en hom besig gehou met die skryf van boeke. Hy kon egter nooit weer 'n staatspos kry nie, en het ook sy stemreg weens daardie skuldigbevinding verbeur, tot sy dood".*

Dennis Mcdonald onthou die volgende Bethulianers wat in WO11 deelgeneem het : Piet de Villiers, Abe McDonald, Eric Collett, Arthur Ramsay, Leslie Frewen en Rums van Rensburg. Hy en Rhona van Rensburg vertel die volgende storie:

Rums van Rensburg het net die gebruik van een oog gehad en toe hy aansoek doen as drywer in die oorlog moes hy vir 'n oogtoets gaan. Hy hou sy een hand oor sy nie-siende oog en toe die deel afgehandel is moes die ander oog getoets word: Hy ruil toe net hande oor dieselfde oog en die siende oog word weer getoets ... en so kry hy sy lisensie! Hy word toe bestuurder vir die oorlogkorrespondent

Jacques Botha in Italië. Die lisensie het net gegeld vir die oorlogstyd en toe hy burgemeester word in 1963 moes hy vinnig aansoek doen vir 'n siviele lisensie wat darem voorsiening maak vir die probleem.

Phillip Daniel was in die 2nd Light infantry Battalion in Noord Afrika en het by Tobruk en El Alamein geveg, dit volgens sy seun Philip Daniel. Hy was volgens Louisa Klopper Voorman van Werke vanaf 1984 tot 1990, so hy was nie tydens die oorlog van Bethulie nie.

Nadat Frankryk 'n skietstilstandverdrag met Duitsland geteken het en Japan tot die oorlog toegetree het, het Brittanje bekommer geraak oor die beheer van die Indiese Oseaan. Suid-Afrika as een van Brittanje se bondgenote is versoek om die Franse eiland, Madagaskar, te beset. In die proses is die goewerneur-generaal, mnr Ponvienne, sy vrou en dogter as krygsgevangenes geneem. Die Suid-Afrikaanse regering het hulle onder huisarres geplaas onder die toesig van landdros Victor Chowles van Bethulie. Hier het hulle in die huis op die hoek van Grey- en Burnettstraat gewoon. (Die huis was die huis van "Gompou" Louw, die Afrikaans onderwyser). Sommige mense onthou egter dat hulle in die huis van die Rooms-Katolieke priester gebly het. Die landdros was tog baie tegemoetkomend en het selfs toegelaat dat hulle soms na Bloemfontein reis saam met dr Mynhardt. Hulle het na die oorlog teruggekeer na Frankryk. Na die oorlog het een van dr Mynhardt se kinders (Danie, en dus Patrick se broer) 'n dogter van die Ponvienne's in Casablanca opgesoek en het ook 'n besoek aan die ouers gebring waar hy gul ontvang is in hul luukse verblyf in Parys. Selfs Kathleen, die suster van Patrick, het jare nog met Jeanette gekorrespondeer (Nuusbrief, Mei 2009).

Gedurende WO11 is Italianers hoofsaaklik in die huidige Libië en Ethiopië krygsgevange geneem, daar waar die Suid-Afrikaanse magte geveg het. Die groot meerderheid is na die Zonderwater-gevangenis by Cullinan naby Pretoria gestuur waar daar ongeveer 63,000 aangehou is. Kliener groepe is na Koffiefontein, Paarl, Robertson, Pringlebaai en Durban gestuur. *"Die eerste Italiaanse krygsgevangenes het in 1941 in Suid-Afrika aangekom; tot 1947 was daar ongeveer 93,000 in Suid-Afrika. Vir 'n tydperk kon hulle as arbeiders op plase gaan werk".* Hulle nalatenskap in bergpasse, paaie, gebou, damwalle ens is volop in Suid-Afrika.
(wikipedia.org/wiki/Italiaanse_krygsgevangenes_in_Suid-Afrika).
http://samilitaryhistory.org/vol011jb.html)

Prinsloo skryf (1955:697) dat baie boere in die omgewing vanaf 1943 van die dienste van Italiaanse krygsgevangenes gebruik gemaak het. Hulle was veral bekend vir hul kennis in die kweek van groente. Benn Wessels (Nuusbrief, Nov 2009) onthou van die boer, Pieter Hattingh, wat ook Italiaanse krygsgevangenes op sy plaas gehad het. Jacques van Rensburg vertel van 'n sementdam op sy plaas waarop die letters POW uitgekrap is, wat deur hulle gebou is en steeds in gebruik is.

Duitsers wat in Suid-Afrika geinterneer is, is of in interneringskampe soos by Koffiefontein aangehou of soos sommige priesters, onder huisarres geplaas. Hier in Bethulie is priesters in die huis van die Rooms-Katolieke priester in Ondernoordstraat aangehou. Een was Vader Schoenen wat selfmoord gepleeg het by Slikspruit. Vader Nordlohne het vertel hoe die manne uit pure verveeldheid, as gevolg van die huisarres, die erf agter die woning se klippe en gemors opgeruim het, dit gelyk gemaak het met terrasse en baie groente daar begin kweek het (De Klerk, 1987:16).

Op die grafsteen staan: Rev Fr J Schoenen 1911 -1943. Bo aan kruis staan "SJC"

Werkskepping kyk ARMOEDE EN WERKSKEPPING

Wildboerdery kyk BOERE EN BOERDERYE

WILDTUIN

Bethulie was een van die min dorpe wat oor sy eie wildtuin beskik het. Die wildtuin was geleë aan die noordekant van die dorp, die gebied wat die dam en koppe insluit. Die area was 427 ha waarvan die dam 110 ha beslaan het. Die wildtuin is in 1935 gestig en in 1936 na dr TJ Mynhardt

vernoem wat toe burgemeester was. Die ou mense het nie altyd van die wildtuin gepraat nie, maar dit 'n dieretuin genoem.

Die bou van die Verwoerddam het ook daartoe gelei dat 'n nuwe pad na Donkerpoort gebou is wat die wildtuin kon verdeel. Daar is besluit om die grense van die wildtuin te verander. Die nuwe gebied sluit die gronde rondom die dam in, soos begrens deur die nuwe pad (tans deel van die R701), die Springfonteinpad en die nuwe spoorlyn asook die grenslyne wat kampe K22 en K25 verdeel. Die Administrasie het die padgrense met wildproefomheinings voorsien (Notule 24/8/1972).

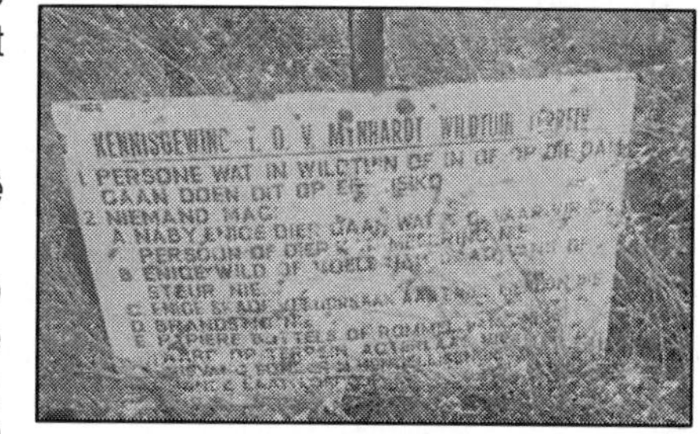

Die eens belangrike kennisgewing lê tussen die gras.

Deur die jare is wild aangekoop en uitgedun. So is daar in 1965 twee elande, twee Rhodesiese waterbokke, een takbok en een springbok aangekoop; twee volstruise is as skenking ontvang. In 1970 is 60 ribbokke en 40 blesbokke uitgedun (Notule 23/7/1970). Daar is gereeld aan die Raad verslag gedoen oor die getal diere en die laaste gegewens wat opgespoor kon word was in 1991 (Notule 28/2/1991); die wildtelling was 22 blesbokke, 14 gemsbokke, 3 rooi hartebeeste, 6 zebras, 3 swartwildebeeste, 8 rooibokke, 15 springbokke en 5 volstruise. Die getal was binne die dravermoë van die kamp. Daar was ook poue wat gereeld gevoer is.

Jacques van Rensburg onthou ons eie zebdonk: "*Die navraag oor die sebra donkie kruising het my so n bietjie laat terugdink oor die dam se diere-geskiedenis. Die zebdonk was n kruising tussen 'n sebra en 'n donkie wat die "nagkar" getrek het, die indiskresie het plaasgevind toe die nagkar donkies in die slagpale kamp gesit is, en wie dink 'n draad gaan die liefde keer. Kobus Combrink is reg as hy sê dat hulle deur die weerlig gedood is een sebra hings, sy vel hang teen my muur, een sebra merrie en die zebdonk.*" (Facebook, Friends of Bethulie, 19/3/2017).

Rampe het die wildtuin dikwels getref, soos twee zebras wat in 1965 deur die weerlig doodgeslaan is, 'n rooi hartebeeskoei wat in 1989 verdrink het, pas nadat sy hier aangekom het, en onwettige jag op diere wat te dikwels plaasgevind het. Iemand onthou ook dat die kombinasie van wilde diere en mense nie altyd goed gegaan het nie. 'n Rooibok het 'n persoon wat hom wou voer met die horing gesteek, volstruise het 'n hele paar mense kits swemlesse gegee. Maar die verhaal van die kameel is nog die mees tragiese: Die kameel het Johannes Botha in die bo-arm gebyt terwyl hy hom van naderby besigtig het en 'n swart werker, Hohn, se voorarm is afgebyt terwyl hulle die dier aangeja het na 'n ander kamp. Die dier is toe van kant gemaak (Notule 16/ 9/1965). Jacques van Rensburg onthou: "*Die geskiedenis van die kamele is eintlik tragies. Hulle was 'n klein groep kamele wat destyds diens gedoen het in die ou Suid-Wes Afrika se polisiediens en 'n persoon met die naam Jimmy Conroy het hierdie en ander diere aan die wildtuin geskenk. Die baai aan die westekant van die dam is na hom vernoem (Conroy-baai). Terug na die kamele, hulle is deur 'n dom persoon met 'n voertuig gejaag en gestamp op hul agterbene tot die bloed loop, daarna was die kamele beduiweld en eintlik gevaarlik. Ali was die kameel wat Oom Johannes Botha amper gedood het*". Duppie du Plessis onthou: "*Die einste Ali het my van my fiets geruk. Gelukkig was die dam my redding*". (Facebook, Friends of Bethulie 19/3/2017 en 210/3/2017)

Bethulie se eie twee kamele. Foto met dank aan Transnet Heritage Library.Foto no 46933

Die lot van die diere het uiteindelik deel gevorm van die ongelukkige gebeure rondom die "verhuring" van die oord in 2004. Hulle is gevang om na 'n veilige plek oorgeplaas te word terwyl daar veranderinge aan die oord aangebring sou word. Met die vangs het van die diere gevrek. Daar kon later geen rekenskap van die diere gegee word nie. Dit was dan ook die laaste episode in die gewilde wildtuin verhaal.

Windpompe kyk WATER

WOONBUURTE

Hierdie is slegs 'n lysie en opsomming van die verskeie woonbuurte in Bethulie. Kyk vir meer inligting onder BRUIN WOONBUURT; PLOTTE; SWART WOONBUURT; HOOFSTUK 3: DORPSONTWIKKELING

- Macsmo kyk PLOTTE
- Rooidorp kyk PLOTTE
- Hongerbult. Die woonbuurt wat aan die suidwestelike kant van die dorp geleë is, was so genoem as gevolg van potklei en vlak grond waar niks wou groei nie en die inwoners dan daarom sou honger lei. Blikkiesdorp was 'n ander naam vir Hongerbult omdat daar blykbaar soveel sinkhuisies na die oorlog was.
- Noordvoor. Skrywer kon nie vasstel waar dit was nie, en dis blykbaar 'n naam wat nie ingang gevind het nie.
- Mooi Uitkyk. In 1962 word daar besluit om 'n nuwe ontwikkeling te vestig en 30 erwe word uitgelê aan die westekant van die dorp wat op 'n openbare veiling in 1965 verkoop word (Geskiedkundige dagboek, 1981:13). Die naam, Mooi Uitkyk, het mettertyd uitgebrei na die woonbuurt; dit was aanvanklik net die huis wat Gert Smith gebou het en waar Riaan Hayes tans woon, se naam.
- Lephoi kyk SWART WOONBUURT
- Vergenoeg
- Pelindaba
- Cloetespark kyk CLOETESPARK; BRUIN WOONBUURT). Dit is vernoem na meester Cloete, (kyk onder BEROEMDES...)

Francois Maeder (1811-1888) wat sedert 1837 in Basotholand gaan woon het, se skildery van Bethulie in 1845, waarvan daar twee weergawes is, die een wat in die museum hang is 'n duplikaat van die oorspronklike, en verskil net effens in styl. (kyk onder KUNSTENAARS...) Hierdie is 'n afdruk van die oorspronklike skildery. Hierop is notas aangebring wat die volgende inligting verskaf: die huis van Pellissier met sy tuine sigbaar asook die kerk links agter die huis. Lepoi se huis was nog nie gebou nie. Links van die sendeling se huis is die van Lagua en links van hom is die huis van die messelaar. Regs van die sendeling se huis is 'n skuur of pakkamer en daar agter 'n werkwinkel. Regs daarvan is die fontein. Nog geen sprake van verskeie woonbuurtes nie!

(Afdruk met dank aan 'n nasaat van Maeder wat dit aan skrywer verskaf het in 2018).

BRONNELYS

Boeke, verslae, ens

Amptelike Suid-Afrikaanse Munisipale jaarboek 1956. Pretoria: Vereniging van munisipale werkers.

Backhouse,J. 1844. A narrative of a visit to the Mauritius and South Africa. London: Hamilton, Adams & co.

Barnard, CJ. 1988. Die vyf swemmers: die ontsnapping van Willie Steyn en vier medekrygsgevangenes uit Ceylon, 1901. Kaapstad: Tafelberg.

Biographical notice of late reverend Prosper Lemue, French missionary. 1870. Morija Printing Works.

Bothma, LJ. 2014. Rebelspoor. Epping: ABC Press.

Breytenbach, JH. 1983. Die geskiedenis van die Tweede Vryheidsoorlog in Suid-Afrika, 1899-1902. Pretoria: Staatsdrukker. 5 volumes.

Briewe uit Bethulie negentig jaar gelede. Geredigeer deur SH Pellissier,1973. Die redakteur.

Butler, E. 2009. The postcranial skeleton of the early triassic non-mammalian cynodont galesaurus planiceps. MSc. Bloemfontein: Universiteit Vrystaat.
(ook: http://etd.uovs.ac.za/ETD-db//theses/available/etd-0818201143535/unrestricted/ButlerE.pdf)

Cilliers, DH. 1982. Albert se aandeel in die Afrikaanse beweging tot 1900. Burgersdorp: Burgersdorpse Seëlkomitee.

Cloete, PG. 2000. The Anglo Boer war: a chronology. Pretoria: Van der Walt.

Coetzee. NA. 1979. Die stamouers Coetzee en nageslagte. Pretoria: Perskor Boekdrukkery.

Coetzer, O. 2000. Fire in the sky: the destruction of the Orange Free State, 1899-1902. Weltevredenpark: Covos-Day Books.

Collins, WW. 1907."Free Statia" or reminiscences of a lifetime in the Orange Free State, South Africa from 1825 to end of 1875. Bloemfontein: The Friend.

Cory, GE. 1900. Conversation with Mrs Donovan, Jan11 1900. Cory notes vol 6:528-531.

Cromhout, J. 1994. Die musieklewe in Bloemfontein van 1940-1955. Bloemfontein: UV.

Cullinan, P. 1992. Robert Jacob Gordon, 1743-1795. Kaapstad: Struik Winchester.

De Kock, WJ. en Kruger, DW. 1968. Suid-Afrikaanse nasionale woordeboek. Kaapstad: Nasionale Boekhandel.

De Swardt, B. 2010. 963 Days at the junction: a documented history of Springfontein during the Anglo-Boer war 1899-1902. Springfontein: Die skrywer.

De Wet, CR. 1959. Die stryd tussen Boer en Brit. Vertaal deur JJ Human. Kaapstad: Tafelberg.

Detailed history of the railways in the South African War. 1904. Chatham: Royal Engineers Institute.

Donaldson and Hills, Orange River Colony Directory. 1904. Johannesburg: s.n. (verskeie jare vanaf 1904-)

Doyle, C. 1901. The Great Boer War: a two year's record 1899-1901. London: George Bell.

Du Plessis, J. 2013. Towards development of sustainable management strategy for *Canis mesomelas* and Caracal caracal on rangeland. D Phil. University of the Free State.

Du Plooy, FJ. 1977. Aliwal-Noord: eenhonderd jaar. Die skrywer.

Du Plooy, J.F. & S.J. 1982. Die wildtuin tussen die twee riviere; en, Die geslagregister van die immigrant Simon du Plooy van 1714-1982. Bethulie: Die skrywer.

Eeufeesalbum Bethulie, 1863-1963. 1963. Stadsraad van Bethulie.

Eeufees-gedenkboek van die Gereformeerde Kerk Bethulie, 1863-1963; onder redaksie van AZ Pelser, et al. Bethulie: Kerkraad.

Egodokumente: persoonlike ervaringe uit die Anglo Boereoorlog 1899-1902. Geredigeer deur A. Wessels, A.W.G. Raath en F.J. Jacobs. 1993. Bloemfontein : Oorlogmuseum van die Boererepublieke.

Ensiklopedie van die wêreld, deel 4.1973. Stellenbosch: Albertyn.

Ferreira, IL. 1988. 'n Baken vir Bethulie. Bloemfontein: NG Sendingpers.

Fletcher-Vane, FP. 1903. The war and one year after. Cape Town: South African Newspaper.

Forbes, VS.1965. Pioneer travellers of South Africa. Cape Town: Balkema.

Gedenkboek van die ossewaens op die pad van Suid-Afrika, Eeufees: 1838-1939. 1940. Kaapstad: Die Nasionale Pers.

Geskiedkundige dagboek, 1820-1981. 1981. Saamgestel deur DC van Zijl. Bethulie: Pellissier Hoërskool.

Giliomee, H. en Mbenga, B. 2007. Nuwe Geskiedenis van Suid-Afrika. Kaapstad: Tafelberg.

Griesel, AJ. s.a. 'n Oud-stryder kyk terug: kinder en oorlogsherinneringe van Abraham Jacobus Griesel. s.l.: NGSP.

Griqua records: the Philippolis captaincy 1825-1861. 1996. Compiled and edited by Karel Schoeman. Cape Town: Van Riebeeck Society.

Grobbelaar, ML. 2011. Unisa se musiekeksamensisteem. M.Mus.Stellenbosch: Universiteit Stellenbosch..
Grobbelaar, P. 2014. 1914 Rebellie of protes? Vryheid teen imperialisme. Calitzdorp. Die skrywer.
Grobler, J. 2013. Die Groot Trek: gids tot monumente, terreine en gedenkplekke in SA. Pretoria: Kontak-uitgewers.
Grobler, J. 2007. Uitdagings en antwoorde: 'n vars perspektief op die evolusie van die Afrikaners. Brooklyn: Grourie Entrepreneurs.
Haasbroek, J. 1980. Die rol van die Engelse Gemeenskap in die Oranje-Vrystaat, 1948-1859. Bloemfontein. Memoirs van die nasionale museum .Vol 15. Desember 1980.
Harvey, AQ. 1938. Report on the cost of providing electric light schemes for Bethulie, OFS.
Die herinneringe van JC De Waal; vertaal en geredigeer deur Karel Schoeman. 1986. Kaapstad: Human en Rousseau.
Hobhouse, E. 1902. The brunt of the war and where it fell. London: Methuen.
Janse van Rensburg, JF. 1990. Die opmeet en toeken van grond in die Oranje-Vrystaat tot 1902, band 1 en 11. D.Phil. Bloemfontein: UOVS.
Jewish Life in the South African Country Communities: vol 5 Goldfields, Mountain Route, Riemland, Southern & Western Free State. 2012. Johannesburg: Hatefutsoth.
Joyce, P. 1999. A concise dictionary of South African biography. Cape Town: Grancollin Publlishers.
Kestell, JD. 1999. Met die Boere op kommando. Vertaal deur D.P.M. Botes. Pretoria: Protea Boekhuis.
King, G. 2005. The Hansie Cronje story: and authorised biography. Cape Town: ABC Press.
Krog, A. 2010. Begging to be black. Cape Town: Struik.
Kruger, DW. 1974. Die ander oorlog. Kaapstad: Tafelberg.
Kruger, R. 1964. Good-bye Dolly Gray: the story of the Boer war. 5th ed. London: Cassell.
Lawrence, J. 2001. Buccaneer: a biography of Sir Joseph Benjamin Robinson, 1st Baronet. Cape Town: Gryphon Press.
Lombard, PS. 2002. Uit die dagboek van 'n wildeboer. Pretoria: Bienedell uitgewer.
Luckhoff, AD. 1904. Woman's endurance. Cape Town: SA News.
McCarty, T. 2009. Hoe op aarde? Antwoorde tot die raaisels van ons planeet. Kaapstad: Struik.
Malan, JH. 1929. Die opkoms van 'n republiek of die geskiedenis van die Oranje-Vrystaat tot die jaar 1863. Bloemfontein: Nasionale Pers.
Markram, WJ. 2001. Die lewe en werk van Petrus Lafras Uys, 1797-1838. DPhil. Stellenbosch Universiteit.
Meintjes, J.1974. President Paul Kruger: a biography. London: Purnell Books Services.
Meintjes, J. 1969. Sword in the sand: the life and death of Gideon Scheepers. Kaapstad: Tafelberg.
Mynhardt, P. 2003. Boy from Bethulie: an autobiography. Johannesburg: Wits university press.
Nash, MD. 1982. Bailie's party of 1820 Setlars. Cape Town: Balkema.
Nienaber, PJ en Le Roux, CJP. 1982. Vrystaat-fokus. Roodepoort: CUM-boeke.
Norman, N and Whitfield, G. 2006. Geological journeys. CapeTown: Struik.
Norman, N. 2013. Geology: off the beaten track. Cape Town: Struik Nature.
Notule van die Volksraad van die Oranje-Vrystaat. Deel V-V11, 1860-1863. 1990. Geredigeer deur SPR Oosthuizen. Pretoria: Staatsdrukker,
Oberholster, JJ. en Van Schoor, CME. 1964. Die Nederduitse Gereformeerde Kerk in die Oranje-Vrystaat. Bloemfontein: NGK.
Olivier, B. 1973. So onthou ons die oewerbewoners van ou "Grootrivier". Bloemfontein: NG Sendingpers.
Panhuysen, L. 2015. Ontdekkingsreisiger of soldaat? Die verkenningstogte van Robert Jacob Gordon (1743-1795) in Suider Afrika. Vertaal deur Wium van Zijl. Kaapstad: Africana uitgewers.
Pellissier, SH. 1956. Jean Pierre Pellissier van Bethulie. Pretoria: Van Schaik.
Pellissier, SH. 1960. Die kaskenades van Adriaan Roux en die kordaatstukke van Klein Snel. Pretoria: Van Schaik.
Pollock, AM. 1943. Pienaar of Alamein. Kaapstad: Cape Times.
Preller, GS. (red) 1918. Voortrekkermense. Deel 1. Pretoria: Nasionale Pers.
Prinsloo, A. 1955. Die geskiedenis van Smithfield en die Caledonrivierdistrik (1819- 1952). Bloemfontein. NG Sendingpers.
Raath, AWG. 1999. The British Concentration camps of the Anglo Boer War, 1899-1902: Reports on the camps. Bloemfontein: War museum.
Raath, AWG en Louw, RM. 1993. Die konsentrasiekamp te Bethulie gedurende die Anglo-Boereoorlog, 1899-1902. Welkom: Prisca.

Report of the Good Hope Society for aid to sick and wounded in war; South African War 1899-1902. 1902. Cape Town: Richards.
Rosenthal, E. 1961. Encyclopaedia of Southern Africa. London: F Warne en Co.
Rust, W, 2011. Margie van die Seminary. Kaapstad: Human & Rousseau.
Schoeman, K. 2002. The Griqua captaincy of Philippolis, 1826-1861. Pretoria: Protea books.
Schoeman, K (comp and ed). 2003. Early white travellers in the Transgariep, 1819-1840. Pretoria: Protea Books.
Schoeman, K 1989. Olive Schreiner: 'n lewe in Suid-Afrika, 1855-1881. Kaapstad: Human & Rousseau.
Schoonees, MM.1985. Familie Norval: afstammelingstabel. Stellenbosch: Die skrywer.
Seringboom tot kerkgebou. 2010. Krugersdorp: Admin Buro van die GKSA.
Simons, PB.1998. The life and work of Charles Bell. Vlaeberg: Fernwood Press.
Smith, A. 1975. Journal of his expedition into the interior of South Africa, 1834-36. Cape Town: Balkema
Standard Encyclopedia of Southern Africa. 1976. Kaapstad: NASOU.
Steyn. JC. 2016. Afrikanerjoernaal. Bloemfontein: FAK.
Stow, GW. 1905. The native races of South Africa. London: Swan Sonnenchein.
Suid-Afrikaanse Argiefstukke. Oranje-Vrystaat no 2. Ca 1958. Gepubliseer deur die Publikasie-afdeling van die Argiewe van die Unie van Suid-Afrika. Parow: Cape Times Ltd.
Suid-Afrikaanse Argiefstukke. Oranje-Vrystaat no 3. 1960. Uitgegee deur die Publikasie-afdeling van die Kantoor van die Hoofargivaris. Parow: Nasionale Handelsdrukkery Bpk.
Suid-Afrikaanse Argiefstukke. Oranje-Vrystaat no 4. 1965. Uitgegee deur die Publikasie-afdeling van die Kantoor van die Direkteur van Argiewe. Kaapstad.
Suid-Afrikaanse biografiese woordeboek, deel 1. 1986. Onder redaksie van WJ de Kock, CJ Beyers en DW Kruger. Kaapstad: Tafelberg vir RGN.
The Times history of the war in SA, 1899-1902. Edited by L.S. Amery. 1900-. London: Sampson Law, Martson.
Twentieth century impressions of the Orange River Colony and Natal. 1906. s.l.: Lloyd's.
Van Aswegen, HJ. 1977. Die verhouding tussen Blank en Nie-Blank in die Oranje-Vrystaat, 1854-1902. Argiefjaarboek vir Suid-Afrikaanse geskiedenis, deel 1. Pretoria: Staatsdrukker.
Van der Merwe, PJ. 1988. Die Noordwaartse beweging van die boere voor die Groot Trek (1770-1842). Pretoria: Die Staatsbiblioteek.
Van der Walt, J en Tolmie, F. 2005. Apokriewe: Ou en Nuwe testament. Vereeniging: Christelike Uitgewersmaatskappy.
Van der Walt, R. 1965. Dagboek van 'n Bethulie kampdogter. Saamgestel en in Afrikaans verwerk deur Kezia Hamman. Bloemfontein: NG Sendingpers.
Van Heyningin, E. 2007. Women and gender in the South African war, 1899-1902. In: *Women in South African history: they removed boulders and cross rivers*. Edited by N Gasa. Cape Town: HSRC. p91-127. (Ook op internet: www.hsrcpres.co.za).
Van Lill, D. 2004. Van Lill se Suid-Afrikaanse trivia. Kaapstad: Zebra press.
Van Zÿl, JJR. 2017. Bethulie 1896-1907, met spesifieke verwysing na die Anglo-Boereoorlog, Phd navorsing, Universiteit van die Vrystaat..
Van Zÿl, J., Constantine, R. and Pretorius, T. 2012. An illustrated history of black South Africans in the Anglo-Boer war 1899-1902. Bloemfontein: The war museum of the Boer Republics.
Van Zyl, PHS. 1948. Waar en trou. Pretoria: Bienedelle Publishers.
Venter, T. 2011. Bethulie en die Anglo-Boereoorlog. Bloemfontein. Die skrywer.
Viljoen, PJJ. 1976 Tot anderkant uit: die pad van die trekboer in die geskiedenis van suidelike Afrika. Die skrywer.
Visagie, JC. 2014. Voortrekkerleiers en trekroetes. Pretoria: Die Erfenisstigting.
Walton, J. 1955. Vroeë plase en nedersettings in die Oranje Vrystaat. Kaapstad: Balkema.
Ward, PD. 2005. Gorgon: the monsters that ruled the planet before dinosaurs and how they died - the greatest catastrophy in earth's history. New York: Penguin.
Webster, R. 2001. At the fireside. Claremont: Spearhead.
Wepener, FDJ. 1934. Die Oorloë van die Oranje Vrystaat met Basoetoeland. Pretoria: De Bussy.
Wessels, E. 2002. Veldslae: Anglo-Boereoorlog, 1899-1902. Pretoria: Lapa uitgewers.
Who's who in tennis, 1980. Johannesburg: Owen, Gordon, Williams/Cue promotions.
Widd, JA .1966. Weeropbou, 1902-1908. In Geskiedenis an Suid-Afrika. 2de uitgawe. Geredigeer deur DW Kruger, et al. Elsiesrivier: Nasou.
Willcox, AR. 1986. The Great River: the story of the Orange river. Durban Drakensberg Publications.

Wilson, HW.1902. With the flag to Pretoria, vol 11. London: A Harmsworth.

Tydskrifartikels en koerantberigte

Bezuidenhoud, PJ. 1985. Forte en verdedigingswerke op die Kaapse Oosgrens 1806-1836. *Scientia Militaria, South African Journal of Military Studies*, 15 (4).
Du Plooy, S. 2005. Tussen-die-riviere wildtuin: momente en fragmente. *Genesis*, 6(6): 1-20.
Du Plooy, S. 2007. Voorheen bekend as Bethulie. *Maoires,* Febr (1): 8-12.
Du Plooy, S. 2007. Die unieke grafkelders van die Suid-oos Vrystaat: Smithfield. *Maoires,* Febr (1): 6-8.
Du Plooy S. 2014. Louw Wepener, swart maanhaar van die Suide. *Genesis,* 28 Febr (42):52-58.
Fourie, MC. 2015. Bethulie se Ruston Hornsby-enjins. *OVK Nuusbrief,* 18(3):60-61.
Fourie, MC. 2006. Iets oor die Holms van Holmsgrove, Bethulie. *OVK Nuusbrief*, 8(3):16-17.
Fourie, MC. 2008. Inligting oor die twee brûe by Bethulie. *OVK Nuusbrief,* 10 (2):37.
Fourie, MC. 2006. Ralph Burls van Clarens vroeër van Bethulie. *OVK Nuusbrief*, 8(3):15-16.
Frewen, S. 2007. Epic TV struggle. *Bethulian,* June-August.
Hagen, HS. 2002. The railway crossings of the Orange River at Bethulie. *SANRASM Courier,* 11-12.
Hoffmann, M. 1998. Tussen die Riviere. *SA Country Life*, Nov/Dec:48-9.
Keegan, T. 1987. Dispossession and accumulation in the South African interior: the Boers and the Tlhaping of Bethulie, 1833-1861. *Journal of African history,* 28:191-207.
Malan, SF. 1995. The OFS and the race for the rand a century ago: the story of the Cape-Bloemfontein-Johannesburg railway line. *Kleio*, 27: 97-102.
McDonald, J. 2009. Encounters at "Bushman Station" reflections on the fate of he San of the Transgariep frontier, 1828-1833. *South African historical journal*, 61(2):372-388.
Pirie, G. 2009. British air shows in South Africa, 1932/33: 'airmindedness', ambition and anxiety. *Kronos,* 35(1). ook: *www.scielo.org.za/scielo.php?pid=S0259sci)*
Pottas, J. 2009. Die moord van 'n stamvader in die Vrystaat. *Maiores,* Maart (2): 1-6.
Retief. JJ. 1997. Die rang van Hoofkommandant in die Suid-Afrikanse weermag. *Military History Journal*, 10(6) Dec 1997.
Roggeband, I. 2003. Plaastoe saam met Theuns Jordaan. *Die Huisgenoot*, 31 Julie: 16-19.
Schoeman, K. 1993. Die Londense Sendinggenootskap en die San: die stasie Boesmanskool en die einde van die sending, 1828-1833. *South African historical journal*, 30 Mei: 85-97.
Schoeman K. 2002. Some notes on Blacks in the Orange Free State during the nineteenth century. *Quarterly Bulletin of the NLS,* 56(3):113-5.
Schoeman, K. 1993. Die LSG en die San. *South African Historical Journal,* Nov: 132 -152.
Van der Bank, DA. 2004. Polisiemagte van die Vrystaatse republiek. *Navorsing Nasionale Museum Bloemfontein*, 20(2):24-27.
Van Ellinckhuyzen, A. 2017. The murder of three police consables. *Servamus,* Augustus:5.
Van Wyk, J. 2013. Gariepdam steeds 'n uitsonderlike prestasie. *Landbouweekblad*, 22 Augustus: 63.
Viljoen, MD. 1985. Die ontstaan en die ontwikkeling van die skoolkadette-stelsel in die RSA. *Scientia militaria: South African journal of military studies*, 15(13):1-12.
(Ook : http://scientiamilitaria.journals.ac.za/pub/article/viewFile/483/516).
Ward, PD. 1998. The Greenhouse extinction. *Discovery,* Aug: 54-58.
Wessels, A. 1988. Die veggeneraal van Colesberg: Hendrik Lategan en die Anglo-Boereoorlog, 1899-1902. *Military history journal,* 7(5):185-92, 199. (ook by: http://samilitaryhistory.org/journal.html).
Wessels, A. 2011. Die Anglo-Boeroorlog (1899-1902) in die Afrikaanse letterkunde: 'n geheelperspektief. *Die Joernaal vir Transdissiplinêre Navorsing in Suider-Afrika*, 7(2):185-204.

Artikels waarvan skrywer detail verloor het

(Skrywer het ongelukkig deur die jare tydskrifartikles en koerantberigte laat verlore raak, dus kan titels en verslaggewers nie meer in alle gevalle gegee word nie. Daarom word slegs die tydskrif en koerant en die onderwerp in die meeste gevalle aangetoon)

SA Medical Journal van 28 Augustus 1965: 720. (Geneeshere in die Vrystaat.)
Landbouweekblad 10 Febr 2012. (Landmure)
Landbouweekblad 30 Okt 2015 (Abel Grobbelaar)
Landbouweekblad van 28 Nov 1967. (Oudste draadheining).
Huisgenoot 8 April 2010:126-9. (Snotkop).

Die Beeld, 16 November 1989 (Minnie Postma)
Die Beeld, 11 Mei 2014 (Johan Oosthuizen)
Die Burger, 19 Sept 2000 (Stander se krietketpaaltjies)
Cape Argus, 19 Februarie 1874 (Eerste Joodse huwelik)
De Fakkel, 11 Jun 1903 (Sendingkerk)
The Frontier Post & Times, 14 February 1964:7 (Gariepdam en uitkoop van plotte)
Die Karoonuus, 11 Augustus 1973 (Inwyding van die nuwe vendusiekrale)
Ons Vriend, 5 Maart 1953 (Museum)
Sunday World, 5 Febr 2017 (Andy T)
Die Volksblad, 2 November 1938 (Waentjie uit Groot Trek)
Die Volksblad, 18 Desember 1953 (Berig oor die museum)
Die Volksblad,21 Maart 1963 (Eeufees)
Volksblad, 22 Junie 1970 (Inwyding van nuwe stasie)
Volksblad ,30 April 1994 (Bloemwater)
Volksblad,14 Julie 1994 (Hayes, P: Een van SA se top-vegvlieëniers vlieg vir oulaas oor Bloemfontein)
Die Volksblad, 27 Januarie 1997 (Dorp 3 dae sonder elektrisiteit)
Die Volksblad, 15 November 1997 (Bloemwater)
Volksblad, 24 Februarie 1998 (Sentrale)
Volksblad, 24 Julie1999 (Streekdienste rade)
Volksblad, 29 Augustus 2001 (100-jarige herdenking van ABO)
Volksblad se Kontrei, 19 Mei 2004 (Gariepmeer se fietswedren).
Volksblad, 30 Augustus 2004 (Die stasie wat afbrand)
Volksblad, 24 November 2004 (Smith P. Moderne kliniek in Bethulie gebou)
Volksblad, 7 Januarie 2005 (Smith, C. Boesmanskuns dui op fyn waarneming).
Volksblad, 7 Oktober 2005 (Groot griep)
Volksblad, 24 September 2006 (Mzi Thoyokolo)
Volksblad, 7 Desember 2008 (Tussen-die-riviere se renoster, Fanjan)
Volksblad, Januarie 2009 (Centlec)
Volksblad, 13 Mei 2009 (Eben and Herma Jansen)
Volksblad, 20 Maart 2010 (Moll, J. 2010 Elidius Pretorius 'n Renaissance-mens)
Volksblad, 4 Junie 2010 (Paul Branders
Volksblad, 2 Augustus 2011 (Fransi Wietz)
Volksblad,15 Februarie 2012 (Oviston)
Volksblad, 18 Februarie 2012 se bylae By (Holm)
Volksblad, 2 November 2013 (Bome)
Volksblad, 5 Februarie 2015 (Korrektiewe Dienste)
Volksblad, 17 Maart 2017 (Munisipaliteit se skuld aan Bloemwater).

Pamflette, vertelling, herinneringe, verslae, ens

Becker, HCJ. s.a. *My ondervinding tydens die Boere-Engelse oorlog in 1899-1902 te Bethulie en in die vrouekamp aldaar*. Boek no1 en no 2. (bladsynumering deur skrywer).
Burgemeester se oorsig vir die jaar 1 April 1929 tot 31 Maart 1930. Bethulie.
De Bruin, JL. s.a. Ons ouers Fanie en Ellie in familieverband: De Bruin en Venter.
De Klerk, JH. *s.a.* Bome van Bethulie en omgewing.
Du Plessis, CJ. 1968. Die lewensgeskiedenis van Charl Johannes du Plessis, 1889-1972. Soos verwerk deur MM du Plessis
Du Plooy, FD. *s.a.* Die herinneringe van FD du Plooy, 1916-1992.
Du Plooy, PW. *s.a.* As hartetroewe is: 'n outobiografie, 1918-1994.
Du Plooy, S.1987. Robert Jacob Gordon en Bethulie.
Du Preez, RJ .2012. Die storie van Koos en Annie van der Walt.
Emma's diary, 1890-1967. (Emma Hermine Knauff (née Klijnveld) se dagboek soos verskaf aan skrywer deur haar kleindogter, Cristelle de Necker [cristelleden@telkomsa.net].
A Fist of steel: the life and times of Sidney Holm in the Orange Free State, 1878-1944. (ca 2000). Cardiff: Ted Thurgood.

Groenewald, EP.1985. Werk en wedervaringe op Bethulie, Oktober 1932 tot Januarie 1935. Gordonsbaai: Die skrywer.
Harris, P.s.a. (Biographical introduction on Donovans).
Janse van Rensburg, C. s.a. [Argitektuur van Bethulie, Philippolis en Springfontein].
Le Roux, CJP. 1979. Die konsentrasiekamp van Bethulie. Pellissier-huismuseum reeks, nr 3. Vrystaatse Museumdiens
Le Roux, CJP. 1980. ER Snyman: Die Transgariep museum reeks nr 8. Vrystaatse Museumdiens.
'n Magtige rivier getem: die verhaal van die Oranjerivier-projek. 1971. Pretoria: Departement van Inligting.
NG Kerk Bethulie (1862-2012), 2012. Saamgestel deur Arnold Griesel, Henry Jordaan en Trudie Venter.
Oosthuizen, SPR. 1994. Leierspersoonlikhede uit Bethulie. Vrystaatse Museumdiens.
Oosthuizen, SPR. s.a. Die geskiedenis van die Vrystaatse Volkslied. Vrystaatse Museumdienste.
Orange-Fish tunnel. 1975. Pretoria: Departement van Inligting.
Die Oranjerivier-projek. 1968. Pretoria: Departement van Inligting.
Poppie Dik. Uit 'n huldeblyk deur haar seun Jan Adriaan Johannes Coetzee.
Scott, R. s.a. The house at Bushman school. Vrystaatse Museumdiens.
Smith, Roger: 198?. The day the world nearly died: what caused the end Permian mass extinction. (Talk given by R Smith, Earth Science division SA Museum).
Taming a river giant: the story of South Africa's Orange River Project. 1971. Pretoria: Department of Information.
Werdmuller, VWT. 1933. Herinnering en ondervindinge van 'n ou medicus. Malmesbury. Die skrywer.

Ander

Geen lyste word gemaak van die volgende nie:

Nuusbrief: Die naam word gebruik, hoewel die naam met die tyd verskil het soos Bethulie Nuus, Bethulie News, Bethuliana, Bethulianer, ens. Die datum van elke verwysig word in die teks aangedui.

Webwerwe: die volledige verwysing van elke webwerf waaruit aangehaal is word in die teks gegee

Facebook sover moonlik word die FB-blad, die persoon wat die inset gemaak het asook die datum, in die teks vermeld.

Argiefdokumente soos VAB, SAB, RC ens se besonderhede word volledig in die teks weergegee.

Kaarte: hiervan word die besonderhede sover moontlik ook in die teks verskaf.

Made in the USA
Columbia, SC
24 May 2021